KB184964

2025 최신개정판

LOGIN

전산세무 1급
핵심요약 및 기출문제집

김영철 지음

머리말

회계는 기업의 언어입니다. 또한 이러한 회계의 자료를 가지고 기업의 경영성과에 대하여 기업은 사회적 책임을 집니다.

회계는 매우 논리적인 학문이고, 세법은 회계보다 상대적으로 비논리적이나, 세법이 달성하고자 하는 목적이 있으므로 **세법의 이면에 있는 법의 취지를 이해하셔야 합니다.**

회계와 세법을 매우 잘하시려면

왜(WHY) 저렇게 처리할까? 계속 의문을 가지세요!!!

1. 회계는 이해하실려고 노력하세요.

   (생소한 단어에 대해서 네이버나 DAUM의 검색을 통해서 이해하셔야 합니다.)

2. 세법은 법의 제정 취지를 이해하십시오.
3. 이해가 안되시면 동료들과 전문가에게 계속 질문하십시요.

전산세무를 공부하시는 수험생들 중 대다수는 이론실력이 없는 상태에서 전산프로그램 입력연습에 너무 많은 시간을 할애합니다. 그런 수험생들을 보면 너무 안쓰럽습니다.

법인세는 회계이론의 정립된 상태에서 공부하셔야 합니다. 법인세는 세무회계의 핵심입니다. 법인세는 회계나 마찬가지입니다. 회계를 잘하시면 법인세도 잘합니다. 법인세는 세법의 꽃입니다. 법인세를 모르면 세법을 안다고 할 수 없을 정도로 우리나라의 가장 중요한 세법입니다.

필자도 불혹의 나이에 세무사에 도전할 때 법인세에 대해서 외우다시피하여 세무사 시험에 합격하였습니다. 법인세 부분만 인터넷강의를 4명의 유명 강사들에게도 들었습니다. 그러나 이해가 되지 않았습니다. 그만큼 법인세가 어렵습니다.

LOGIN전산세무1급(법인조정)과 LOGIN전산세무1급(회계, 부가, 소득)으로 이론과 실무를 심도 있게 공부하시고, 마지막 본인의 실력을 테스트하고, 시험시간의 안배연습, 그리고 최종적으로 본인의 부족한 점을 체크하시기 바랍니다.

아시다시피 전산세무1급 자격증은 합격률도 낮고 별로 강의하는 학원도 많지 않습니다. 그러나 최근 전산세무1급은 합격률이 높아지는 추세로서 쉬워지고 있습니다.

기출문제에서 합격율을 참고하셔서 본인의 실력을 체크하시기 바랍니다.

또한 본서에 있는 법인조정은 반드시 수기와 프로그램입력 연습으로 최종 정리를 하시기 바랍니다.

법인세가 36점(이론 및 결산자료입력) 배점이 되어 있는데 33점을 목표로 하시고 나머지 부분에서 37점만 획득하시면 됩니다.

무엇보다도 전산프로그램 입력은 단순 반복적인 작업입니다.

회계나 세법실력과 무관하나,

전산세무1급에 합격하기 위해서는 회계와 세법이론에 입각한 입력을 하셔야만 합니다.

수험생 여러분!!

법인세에 힘을 쓰십시요!! 법인세는 회계와 똑같습니다. 원리를 이해하시고 공부하세요. 그리고 자신을 이기십시요!!!

마지막으로 이 책 출간을 마무리해 주신 도서출판 어울림 임직원에게 감사의 말을 드립니다.

2025년 2월

김 영 철

다음(Daum)카페 "로그인과 함께하는 전산회계/전산세무"

로그인카페

1. 실습 데이터(도서출판 어울림에서도 다운로드가 가능합니다.)

2. 오류수정표 및 추가 반영사항

3. Q/A게시판

NAVER 블로그 "로그인 전산회계/전산세무/AT"

핵심요약(순차적으로 올릴 예정입니다.)

오류수정표 및 추가반영사항

개정세법 외

합격수기

DAUM카페 "로그인과 함께하는 전산회계/전산세무"에 있는 수험생들의 공부방법과 좌절과 고통을 이겨내면서 합격하신 경험담을 같이 나누고자 합니다.

"로그인 기출문제 문제집으로 전산세무 1급 합격했습니다."

김지인님

이번에 73점으로 61회 전산세무1급 합격했습니다.

저는 케이렙 되기 전에 아이플러스일 때 전산세무 2급도 로그인책 + 다른 책으로 공부해서 합격했었는데.. 그 때 로그인 책이 너무 많이 도움이 되서요.

그 다음에 1급을 준비하면서 별 책을 다 구경해봤지만 **로그인 책만의 특유의 구성이 있다는 사실을 알게 되었습니다.**

원리를 일깨워 준다고 할까요? 표로 정리되어 있는 것도 그렇고.. 요즘은 시험대비로만 공부하는 저서가 너무 많이 나와 있어서 솔직히 책의 접근이 올드하다고 생각하실 수도 있습니다.

저자는 수기로 하는걸 강조하기 때문인데요.

그런데 진짜 아 진짜!!!!!!!!!! 그게 정말 도움이 됩니다!!!!!!!!

왜냐하면 솔직히 전산세무2급까지는 스킬암기 정도로도 합격이 가능한 것 같은데.. 1급 부터는 단순 스킬을 외우는게 아니라 세무조정의 원리랑, 원리의 이해? 같은게 필요합니다.

부가세도 그렇고 회계 쪽도 그렇고........... 뭔가 2급이랑 깊이가 묘하게 다릅니다.

원래 회계나 세법이라는게 쌩판 처음 공부하면 차대변이 뭔지도 모르는 상태에서 단순 암기로부터 시작을 하는거긴 하지만 공부를 하다보면 분개하는 것도 그렇고 가산세 때리는 것도 그렇고 다 근거가 있고 이유가 있습니다.

심지어는 세법도 그 세법이 법으로 재정되게 된 이유가 다 담겨 있는건데.. 우리는 시간이 없으니 그냥 외울뿐 ㅋㅋ

로그인 책은 그런게 정말 잘 되어있습니다.

이유를 알려줍니다. 왜 그런지 원리를 깨우치게 해준다고 할까요?

수학으로 치면 공식을 단순 암기하는게 아니라 그 공식이 왜 나오는지 유도가 가능하게 해서 시험 중에도 당황하거나 까먹지 않게 해주는 그런 내용으로 구성되어 있습니다.

책만 실제로 구입하면 등업도 쉬운 편이고요!!

저는 원래 다른 저서로 공부를 시작했으나 직장인이라 그런지 시간이 너무 없어서 앞에 한 5장 보다 포기하고 ㅋㅋㅋㅋ

막 이패X에서 강의하는 인강도 신청해놨으나 재무회계의 기초만 보다가 끝나고 ㅋㅋㅋㅋㅋ 아 큰일났으니 일단 법인세만이라도 어떻게 해보자 싶어서 (법인세부분을 한개도 몰라서) 로그인법인세부분책을 구입한 다음 그걸 천천히 봤습니다.

그러다 결국 시험이 얼마 안남아서 마음이 급해 로그인 기출문제집을 추가 구입해서 공부했습니다.

실기는 기출문제 풀어보면서 카페에 공개된 동영상 강의로 모르는 부분 짚어 가면서 그렇게 공부 했습니다.

실기는 왕도가 없었던 것 같습니다.

원리를 깨우친다 → 직접 풀어본다. 이게 진리인것 같아요..

수기로 풀 시간이 없으신 분들은 그냥 프로그램 켜놓고

이게 여기에 왜 들어가는지, 어떻게 계산이 도출되는지를 중점적으로 공부하는게 중요한 것 같습니다.

그 다음 이론 문제는 그냥 기출문제 한 6년치? 이론 부분만 따로 뽑아서 달달 외우다 싶이 공부를 했습니다.

시간이 있었으면 세법책이나 회계책이나 이론이 나와 있는 것들을 봤겠지만 개정된 세법 부분은 다 포기하고 그냥 기출문제집을 진짜 달달 외웠습니다 ㅠㅠ

제가 생각해도 어처구니가 없었는데 ㅋㅋㅋ 똑같은 문제가 나온다는 보장도 없었는데 미친척하고.. 그럼에도 이번에 이론은 11개 정도 맞았던 것 같습니다. 의외로 기출이랑 정말 비슷하게 나오더라구요??????

실기는 당연히 기출문제 테두리 안에서 비슷하게 나오고..

이론도 기출 테두리안에서 비슷하게 나옵니다....

특히 원가는 진짜.......... 똑같이 나옵니다.....

원가 다맞으면 10점 벌 수 있습니다!!!! 가장 범위도 적고 가장 똑같이 나옵니다!!!

그 다음 100점 맞을거 아니기 때문에 막 잘 안나오는 부분은 과감하게 버렸습니다. (이번에 나온 재활용 폐자원 같은 문제들......)

그리고 로그인기출문제집 앞부분 보면 이론도 요약이 다 되어있어서 기출문제집 한권을 스스로 다 풀 수 있을 정도만 되면 누구나

저처럼 턱걸이 합격이 가능하다고 봅니다!!

정말 이 책은 혁명입니다!!!!!!!!!!!!!!!!!!!!!!!!!!!!!!!!!!

정말 제가 책팔이 같은데 ㅠㅠㅠㅠㅠㅠㅠㅠㅠㅠㅠㅠㅠㅠㅠ

법인세책보다가 저자가 누구야 천재야? 하면서 책을 봤던 기억이 있습니다.

이제는 세무회계2급을 준비해봐야겠습니다!

"98회 전산세무1급 합격했어요!!"

송다솜님

운 좋게 첫 시험에서 전산세무 1급 합격했어요~!!!

세무사TV
자격시험 취업 및 합격수기 바로가기

합격자발표

시행일	종목 및 등급	수험번호	점수	합격여부
2021.10.03	전산세무1급		73	합격

※ 출력은 합격자발표 기간에만 가능합니다.(합격자 발표일로부터 30일간)

출 력　자격증신청 바로가기

진짜 운 좋게 합격했습니다. 전 회차인 97회의 합격률이 1%대였던거와 최근 기출유형을 보면 신유형들이 나오는 것들을 보고 많이 긴장을 한 상태에서 시험을 보았습니다.

다행히 신유형 문제는 나오지 않았지만, 긴장을 많이 한 상태여서 그런지 문제가 눈에 잘 들어오지 않아서 시간이 부족했어요.

그 결과 이론 문제 5개 정도를 다 찍게되는 결과를 가져 오게 되었습니다. 역시나 찍은 문제들은 다 틀렸습니다 ㅠㅠ

법인 조정 문제에서도 세무조정은 다 맞았지만 작성부분에서 실수들을 했더라구요.

저 같은 경우는 실수를 하면 무조건 틀렸다고 채점을 해서 가채점 결과 60점대 후반대라 어느 정도 떨어질 가능성을 가지고 공부를 하고 있었는데 운 좋게 합격이 되서 너무 기쁩니다.

세무조정은 맞아서 그 부분에서 부분 점수를 받을 수 있었던거 같아요.

저 처럼 부분 점수를 받으셔서 합격하실 수 있으니 끝까지 포기 안하셨으면 합니다.

총 공부기간은 3개월 정도 입니다.

이 기간중에 절반 정도를 법인조정을 공부하는데 투자를 했었습니다.

저 같은 경우는 따로 **인강듣거나 학원을 다니지 않고, 로그인 법인조정기본서, 회계*부가*소득기본서, 기출문제집과 유튜브에 올려주신 영상**만으로 공부를 하였습니다. 올려주신 영상들 진짜 최고입니다!!

법인 조정의 경우 처음에 이해를 하는거에 초점을 뒀어요 그래서 1회독 하는데도 오랜기간이 소요되었습니다. 최대한 이해 할려고 노력하면서 다른 분들이 올리신 질문 내용도 찾아 보고, 검색들도 하고 질문도 올리면서 공부를 해나갔습니다.

1회독만 하는데도 3주 정도의 기간이 걸렸던거 같아요. 저 같은 경우는 이해가 되지 않으면 아무리 외울려고 노력해도 머리속에 저장이 안되더라구요ㅠㅠ

아무래도 전산세무 2급에 비해서 이론양이 2배정도 많다 보니깐 이론 공부를 하는데도 많은 기간이 소요가 됬던거 같아요

그래서 불안감도 더 컸던거 같습니다. 그래서 실기보다는 이론에 더 치중하면서 공부를 했던거 같아요.

실기는 한 일주일 정도 공부를 했었는데, 일주일 동안 정말 무식하게 단기간에 기출 문제들을 몰아서 풀었었습니다.

다른 분들은 저처럼 이렇게 하시지 마시고 어느정도 기간을 가지고 실기 연습을 해 보시는 것을 추천 드립니다.

그래서 시험에서도 이론부분과 연결된 세무조정은 고민없이 작성했었지만 작성 부분에서는 여러 고민을 하다가 시간을 소비 했던거 같습니다. 작성법 익히는 것도 중요하다는 것을 크게 느낄 수 있었어요

그리고 실기 문제 3번 문항 까지는 무조건 다 맞으셔야 합니다. 아무래도 문제 4번 부터는 부가가치세 관련 부분과 법인세 관련 서류 작성 부분에서 실수를 할 가능성이 많기 때문이에요!!

부분점수가 있다고는 하지만 제 생각만큼 줄지도 확실한 부분이 아니라 최대한 점수를 받을 수 있는 부분은 확실히 해두시는 것이 좋아요.

분개 부분에서도 뭔가 세무 2급 때 보다 뭔가 세부적인 느낌으로 어려워진 느낌이라 처음에 살짝 당황했었어요

그래서 저는 헷갈리는 부분의 분개를 따로 정리를 해서 그것을 반복적으로 보았습니다. 그 결과 시험에서 분개 부분은 제가 문제를 잘못 읽어서 틀린 한 문제 빼고는 다 맞을 수 있었어요.

저처럼 한번에 정리를 해서 반복해 보시는 것을 추천드려요

회계*부가*소득세 부분도 세무2급 때 공부했던 내용 보다 더 세부적으로 내용이 들어가는 느낌입니다. 세무 1급 시험을 공부하시는 분이라면 법인조정 책 만 구입 하셔서 공부하시는 것보다 회계*부가*소득세 부분도 같이 구입하셔서 공부 하시는 것을 추천 드립니다.

전체적으로 확실이 회계1급에서 세무 2급으로 넘어 올때보다 세무 2급에서 세무 1급으로 넘어갈 때 몇 배로 어려운 느낌이었어요.

약 4개월 전에 전산세무 2급 합격 수기를 올렸었는데 오늘 전산세무 1급 합격 수기를 다시 쓸 수 있게 되어서 너무 좋아요

그리고 전에 쓴 합격수기에 달아주신 댓글이 공부하면서 힘들때 자신감을 가질 수있게 많은 도움이 되었습니다. 너무나 감사드려요!!

전산세무 1급과 TAT1급 시험을 보면서 느낌 점은 작은 실수 하나로 합격과 불합격이 나뉠 수 있다는 점이었어요.

입력에 있어서 실수 하나로 떨어지면 진짜 아깝잖아요 ㅠㅠ 저는 이번에 입력에 있어서 정말 잔 실수들을 많이 했었습니다.

이 실수를 줄이는 연습이 꼭 필요한거 같아요!! 어떻게 보면 이부분이 가장 중요한 부분 이었던 거 같습니다.

다른 분들은 저처럼 작은 실수로 후회를 안하셨으면 합니다.

TAT1급 합격후기도 작성하러 오고 싶지만..... 세무 1급 때 보다 더 긴장을 했어서 기초적인 부분에서도 실수를 많이했더라구요 ㅠㅠ 전산세무 1급 처럼 운 좋게 합격하게 되면 TAT1급 학격 수기도 작성하러 오겠습니다.

백데이타 다운로드 및 설치

1 도서출판 어울림 홈페이지(www.aubook.co.kr)에 접속한다.

2 홈페이지에 상단에 [자료실] – [백데이타 자료실]을 클릭한다.

3 자료실 – 백데이터 자료실 – [로그인 전산회계1급 핵심요약 및 기출문제] 백데이터를 선택하여 다운로드 한다.

4 데이터를 다운받은 후 실행을 하면, [내컴퓨터 ➜ C:₩KcLepDB ➜ KcLep] 폴더 안에 4자리 숫자폴더 저장된다.

5 회사등록메뉴 상단 F4(회사코드재생성)을 실행하면 실습회사코드가 생성된다.

이해가 안되시면 도서출판 어울림 홈페이지에 공지사항(81번) "로그인 케이렙 실습데이타 다운로드 및 회사코드 재생성 관련 동영상"을 참고해주십시오.

[로그인 시리즈]

전전기	전기	당기	차기	차차기
20yo	20x0	**20x1**	20x2	20x2
2023	2024	**2025**	2026	2027

[2025년 전산세무회계 자격시험(국가공인) 일정공고]

1. 시험일자

회차	종목 및 등급	원서접수	시험일자	합격자발표
118회	전산세무 1,2급 전산회계 1,2급	01.02~01.08	02.09(일)	02.27(목)
119회		03.06~03.12	04.05(토)	04.24(목)
120회		05.02~05.08	06.07(토)	06.26(목)
121회		07.03~07.09	08.02(토)	08.21(목)
122회		08.28~09.03	09.28(일)	10.23(목)
123회		10.30~11.05	12.06(토)	12.24(수)
124회		**2026년 2월 시험예정(2025년 세법기준으로 출제)**		

2. 시험종목 및 평가범위

등급	평가범위	
전산세무 1급 (90분)	이론	재무회계(10%), 원가회계(10%), 세무회계(10%)
	실무	재무회계 및 원가회계(15%), 부가가치세(15%), 원천제세(10%), 법인조정(30%)

3. 시험방법 및 합격자 결정기준

1) 시험방법 : 이론(30%)은 객관식 4지 선다형 필기시험으로,
실무(70%)는 수험용 표준 프로그램 **KcLep(케이렙)**을 이용한 실기시험으로 함.
2) 응시자격 : 제한없음
3) 합격자 결정기준 : 100점 만점에 70점 이상

4. 원서접수 및 합격자 발표

1) 접수기간 : 각 회별 원서접수기간내 접수
(수험원서 접수 첫날 00시부터 원서접수 마지막 날 18시까지)
2) 접수 및 합격자 발표 : 자격시험사이트(http : //www.license.kacpta.or.kr)

차 례

제4편 소득세

제5편 법인세

제6편 기출문제

2024년~2020년 시행된 기출문제 중 합격율이 낮은 20회분 수록

1분강의 QR코드 활용방법

본서 안에 있는 QR코드를 통해 연결되는 유튜브 동영상이 수험생 여러분들의 학습에 도움이 되기를 바랍니다.

방법 1

❶ 스마트폰에서 다음(Daum)을 실행한 후 검색창의 오른쪽 아이콘 터치

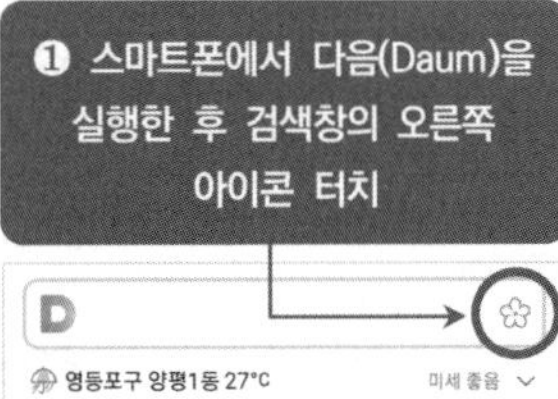

❷ '코드검색'을 터치하면 카메라 앱이 실행됨

❸ 도서의 QR코드를 촬영하면 유튜브의 해당 동영상으로 자동 연결

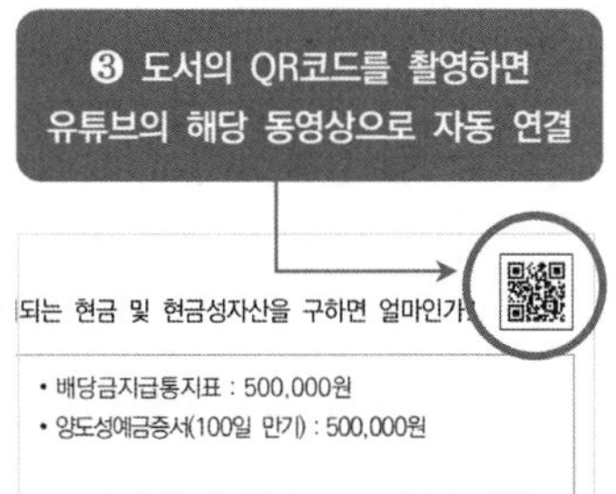

방법 2

카메라 앱을 실행하고, QR코드를 촬영하면 해당 유튜브 영상으로 이동할 수 있습니다.

개정세법 반영

유튜브 상단 댓글에 고정시켰으니, 참고하시기 바랍니다.

✔ 과도한 데이터 사용량이 발생할 수 있으므로, Wi-Fi가 있는 곳에서 실행하시기 바랍니다.

Part I

재무회계

Chapter

핵심요약 1

Login

1 목적적합성 vs 신뢰성 : 상충관계

목 적 적합성	예측역할 (예측가치)	정보이용자가 기업실체의 미래 재무상태, 경영성과 등을 예측하는데 그 정보가 활용될 수 있는지의 여부를 말한다.
	확인역할 (피드백가치)	회계정보를 이용하여 예측했던 기대치를 확인하거나 수정함으로써 의사결정에 영향을 미칠 수 있는지의 여부를 말한다.
	적시성	
신뢰성	표현의충실성	기업의 재무상태나 경영성과를 초래하는 사건에 대해서 충실하게 표현되어야 한다는 속성이다.
	중립성	회계정보가 특정이용자에 치우치거나 편견을 내포해서는 안된다.
	검증가능성	다수의 독립적인 측정자가 동일한 경제적 사건이나 거래에 대하여 동일한 측정방법을 적용한다면 유사한 결론에 도달할 수 있어야 함을 의미한다.

☞ 보수주의 : 추정이 필요시 자산이나 수익이 과대평가(이익이 과대평가)되지 않도록 주의를 기울이라는 것을 말한다. 이러한 보수주의는 논리적 일관성이 결여되어 있다.

2 목적적합성과 신뢰성이 상충관계 예시

	목적적합성 高	신뢰성 高
자산측정	공정가치	역사적원가(원가법)
손익인식	발생주의	현금주의
수익인식	진행기준	완성기준
재무보고	중간보고서(반기, 분기)	연차보고서

3 재무상태표(대차대조표) 

1. 구분표시의 원칙	
2. 총액주의	☞ **매출채권과 대손충당금은 순액표시가능 → 단 주석기재사항**
3. 1년 기준	결산일 **현재 1년 또는 정상적인 영업주기를 기준으로 구분**, 표시
4. 유동성배열	
5. 구분과 통합표시	1. 현금 및 현금성자산 : **별도항목으로 구분표시** 2. 자본금 : **보통주자본금과 우선주 자본금으로 구분표시** 3. 자본잉여금 : **주식발행초과금과 기타자본잉여금으로 구분표시** 4. 자본조정 : **자기주식은 별도항목으로 구분하여 표시**

4 손익계산서 

1. 발생기준 : **실현주의(수익) 및 수익비용대응(비용)의 원칙**	
2. 총액주의	**수익과 비용은 총액으로 기재한다.(예 : 이자수익과 이자비용)** ☞ 동일 또는 유사한 거래 등에서 발생한 차익, 차손 등은 총액으로 표시하지만 중요하지 않는 경우에는 관련 차익과 차손 등을 상계하여 표시할 수 있다.
3. 구분계산의 원칙	**제조업, 판매업 및 건설업 외의 업종에 속하는 기업은 매출총손익의 구분표시를 생략할 수 있다.**
4. 환입금액표시	영업활동과 관련하여 비용이 감소함에 따라 발생하는 **퇴직급여충당부채환입, 판매보증충당부채환입 및 대손충당금 환입 등은 판매비와 관리비의 부(−)의 금액으로 표시**한다.

5 보고기간 후 사건

보고기간말(결산일)과 재무제표가 사실상 확정된 날(이사회 승인일) 사이에 발생한 기업의 재무상태에 영향을 미치는 사건

1. 수정을 요하는 보고기간 후 사건(보고기간말 현재 존재)	**1. 자산의 가치가 하락되었음을 나타내는 정보를 보고기간 이후에 입수하는 경우** **2. 손상차손금액의 수정을 요하는 정보를 보고기간 후에 입수하는 경우** **3. 소송사건의 결과가 보고기간 후에 확정되는 경우** **4. 자산의 취득원가 또는 매각한 자산의 금액을 보고기간 후에 결정하는 경우** **5. 종업원에 대한 이익분배 또는 상여금지급 금액을 보고기간 후에 확정하는 경우등**
2. 수정을 요하지 않는 보고기간 후 사건	※보고기간말 현재 미존재※ 대표적인 예로 **유가증권의 시장가격이 하락한 경우**이다.

6 중소기업회계기준

1. 재무제표	- **대차대조표, 손익계산서, 자본변동표 OR 이익잉여금처분계산서(결손금처리계산서)** 해당연도만 작성 가능
2. 대차대조표 - (자본) 표시	- 자본금, 자본잉여금, 자본조정, 이익잉여금(결손금)
3. 수익인식	- 회수기간이 1년 이상인 할부매출은 할부금 회수기일에 수익인식가능 - 단기간(1년 내)에 완료되는 용역매출 및 건설형공사계약에 대하여는 완성한 날에 수익인식가능
4. 법인세비용	- **법인세법에 따라 납부하여야 할 금액**
5. 유무형자산의 평가	- **내용연수와 잔존가치는 법인세법에 따라 결정가능** - 상각방법(선택가능하다.) ① 유형자산 : 정액법, 정률법, 생산량비례법 ② 무형자산 : 정액법, 생산량비례법
6. 유가증권평가	- 장부금액과 만기금액에 차이가 있는 경우 **유효이자율/정액법으로 상각**하여 이자수익에 반영한다. (매출채권이나 매입채무평가도 동일하게 정액법 사용 가능)
7. 매출채권(매입채무)평가	- **현재가치평가 배제가능**

8. 회계변경	-감가상각방법은 정책의 변경 **-정책, 추정의 변경시 : 전진법**
9. 오류수정	-당기 영업외손익으로 회계처리

7 재무비율분석

구분		내용	
1. 단기 유동성비율	유동비율	$\frac{\text{유동자산}}{\text{유동부채}}$	기업의 단기부채에 대한 변제능력을 평가하는 비율
	당좌비율	$\frac{\text{당좌자산}}{\text{유동부채}}$	
2. 장기 유동성비율 (안전성)	부채비율	$\frac{\text{부채}}{\text{자기자본}}$	장기채무에 대한 원금과 이자를 원활하게 지급할 수 있는지를 평가 *1. 총자본=부채+자기자본
	자기자본비율	$\frac{\text{자기자본}}{\text{총자본}^{*1}}$	
3. 수익성비율	자기자본 순이익율(ROE)	$\frac{\text{당기순이익}}{\text{평균자기자본}}$	기업의 이익창출능력
	매출액 (총)순이익률	$\frac{\text{당기순이익}}{\text{매출액}}$ $\frac{\text{매출총이익}}{\text{매출액}}$	매출로부터 얻어진 이익률
4. 활동성비율	매출채권 회전율	$\frac{\text{매출액}}{\text{평균매출채권}}$	매출채권이 현금화되는 속도
	매출채권 평균회수기간	$\frac{\text{365일}}{\text{매출채권회전율}}$	매출채권을 회수하는데 평균적으로 소요되는 기간
	재고자산 회전율	$\frac{\text{매출원가}}{\text{평균재고자산}}$	재고자산이 회전속도, 즉 재고자산이 당좌자산으로 변화하는 속도
	재고자산 평균회전기간	$\frac{\text{365일}}{\text{재고자산회전율}}$	재고자산을 판매하는데 소요되는 기간

8 어음의 할인

	무이자부어음	이자부어음
1. 어음의 만기가액	액면가액	액면가액+**액면이자**
2. 어음의 할인액	**어음의 만기가액×할인율×할인월수/12개월**	
3. 현금 수취액	1-2	1-2
4. 할인시점의 어음의 장부금액	액면가액	액면가액 + **할인일까지의 액면이자**
5. 매출채권처분손실	4-3	4-3

9 매출채권의 양도

〈금융 자산(매출채권)을 제거할 수 있는 사례〉

1. 금융자산으로부터 현금흐름에 대한 **계약상 권리가 소멸하거나 결제된 경우**
2. 금융자산과 관련된 **유의적인 위험과 보상 모두를 상대방에게 양도한 경우**
3. 금융자산과 관련된 유의적인 위험과 보상의 일부를 보유하더라도 **양수자는 그 자산 전체를 매각할 수 있는 실질적인 능력을 가지고 있으며 일방적으로 행사할 수 있는 경우**

☞ 상환청구권 : 매출채권을 양도한 후 채무자가 채무불이행시 매출채권양수인(금융기관)이 채권 양도자에게 채권의 지급을 요구할 수 있는 권리를 말하는데, 이러한 상환청구권 유무에 따라서 매각거래와 차입거래의 구분과 관련이 없다.

-상환청구권이 있는 경우 : 대손비용을 매출채권의 양도자(기업)가 부담
-상환청구권이 없는 경우 : 대손비용을 매출채권의 양수자(금융기관)가 부담

10 장기채권 · 채무의 현재가치 평가

현재가치평가대상	현재가치평가대상제외
1. 장기매출채권 또는 장기매입채무(기타채권 포함) 2. 장기금전대차거래 : 투자채권, 장기대여금, 장기차입금, 사채 등	1. 선급금, 선수금, 선급비용, 선수수익 2. 이연법인세자산과 이연법인세 부채

☞ **현재가치로 측정하는 데 적용할 할인율은 유효이자율이다.**

11 매출채권의 평가 - 대손충당금설정

1. 대손시	(차) 대손충당금(우선상계) ××× (대) 매출채권 ××× 대손상각비 ×××
2. 대손처리한 채권회수시	★ **대손세액공제적용 채권** (차) 현 금 등 ××× (대) 대손충당금 ××× **부가세예수금 ×××** ★ **대손세액공제미적용 채권** (차) 현 금 등 ××× (대) 대손충당금 ×××
3. 기말설정	★ 기말대손추산액 〉 설정전 대손충당금잔액 (차) 대손상각비(판관비) ××× (대) 대손충당금 ××× ★ 기말대손추산액 〈 설정전 대손충당금잔액 (차) 대손충당금 ××× (대) **대손충당금환입(판관비) ×××**
4. 대손상각비의 구분	(아래 표 참조)
5. 대손충당금 표시	**총액법(매출채권과 대손충당금을 모두 표시)으로 할 수 있으며, 순액법(매출채권에서 대손충당금을 차감)으로 표시한 경우 주석에 대손충당금을 기재한다.**

	설 정	환 입
매출채권	대손상각비(판관비)	**대손충당금환입(판)**
기타채권	**기타의대손상각비(영·비)**	대손충당금환입(영·수)

12 재고자산의 기말평가

1. 적용방법	개별항목별(조별 예외적으로 인정하나, 총계기준 불인정)	
2. 공정가액	① 원재료	현행대체원가 **다만, 원재료의 경우 완성될 제품의 원가 이상으로 판매될 것으로 예상되는 경우에는 그 생산에 투입하기 위해 보유하는 원재료에 대해서는 저가법을 적용하지 않는다.**
	② 상품, 제품, 재공품 등	**순실현가능가치(정상판매가격 – 추정판매비)**
3. 회계처리	가격하락시	(차) 재고자산평가손실 ××× (대) 재고자산평가충당금 ××× (매출원가가산)
	가격회복시	(차) 재고자산평가충당금 ××× (대) 재고자산평가충당금환입* ××× (매출원가차감) * 당초 평가손실 인식액까지만 환입

13 유가증권회계처리

<table>
<tr><td colspan="2">1. 취득시</td><td colspan="3">**취득원가 = 매입가액 + 부대비용(수수료등)**
☞ **단기매매증권은 부대비용을 수수료비용(영업외비용)**
유가증권의 단가산정방법 : 총평균법, 이동평균법</td></tr>
<tr><td rowspan="8">2. 보유시</td><td rowspan="5">기말
평가</td><td>단기매매증권</td><td>공정가액</td><td>**단기매매증권평가손익(영업외손익)**</td></tr>
<tr><td>매도가능증권</td><td>공정가액
(원가법)</td><td>**매도가능증권평가손익
(자본 : 기타포괄손익누계액)**</td></tr>
<tr><td>만기보유증권</td><td>상각후원가</td><td>–</td></tr>
<tr><td>지분법적용투자주식</td><td>지분법</td><td>영업외손익</td></tr>
<tr><td colspan="3">**단기매매(매도가능)증권의 기말장부가액 = 시가(공정가액)**</td></tr>
<tr><td rowspan="3">수익</td><td rowspan="2">1. 이자(채무증권)</td><td colspan="2">2. 배당금(지분증권)</td></tr>
<tr><td>현금배당금</td><td>주식배당금</td></tr>
<tr><td>이자수익</td><td>배당금수익</td><td>**회계처리를 하지 않고 수량과 단가를 재계산**</td></tr>
<tr><td colspan="2">3. 처분시</td><td colspan="3">단기매매증권처분손익 = 처분가액 – 장부가액
매도가능증권처분손익 = 처분가액 – 취득가액(= 장부가액 + 평가손실 – 평가이익)</td></tr>
<tr><td colspan="2">4. 손상차손</td><td colspan="3">**유가증권 손상차손 = 장부가액 – 회수가능가액**
☞ 단기매매증권은 손상차손을 인식하지 않는다.</td></tr>
</table>

14 단기매매증권과 매도가능증권

	단기매매증권	매도가능증권
의 의	단기간 시세차익목적	언제 매도할지 모름
취득가액	**매입가액**	**매입가액 + 부대비용**
기말평가	공정가액	공정가액(공정가액이 없는 경우 원가법)
	미실현보유손익 : 실현됐다고 가정 **(영업외손익 – 단기매매증권평가손익)**	미실현보유손익 **(자본 – 기타포괄손익누계액)**
처분손익	처분가액 – 장부가액	처분가액 – 취득가액(= **장부가액 + 평가손실 – 평가이익**)

15 유가증권의 재분류 - 보유목적 변경

<u>유가증권과목의 분류를 변경시 재분류일 현재의 공정가치로 평가한 후 변경한다.</u>

에서	으로	비고
단기매매증권	단기매매증권	
매도가능증권	매도가능증권	**단기매매증권이 시장성상실**
만기보유증권	만기보유증권	

가능 ⟶ 불가능 ·······▶

16 유형자산의 취득원가 : 철거비용

	타인건물구입후 즉시 철거	사용중인 건물철거
목 적	**토지 사용목적으로 취득**	**타용도 사용**
회계처리	**토지의 취득원가**	**당기비용(유형자산처분손실)**
폐자재매각수입	토지 또는 유형자산처분손실에서 차감한다.	
분개	(차) **토 지** ×× (대) 현금(건물구입비용) ×× **현금(철거비용)** ××	(차) 감가상각누계액 ×× **유형자산처분손실** ×× (대) 건물 ×× **현금(철거비용)** ××

17 유형자산의 취득원가 : 교환취득

	동종자산	이종자산
회계처리	장부가액법	공정가액법
교환손익	인식하지 않음	인식(유형자산처분손익발생)
취득가액	제공한 자산의 장부가액	**제공한 자산의 공정가액**[*1]
	*1. 불확실시 교환으로 취득한 자산의 공정가치로 할 수 있다. 현금수수시 신자산의 취득가액=구자산 공정가치+현금지급액−현금수취액	

〈이종자산 교환거래 – 유형자산, 수익〉

	유형자산 취득원가	수익인식
원칙	**제공한 자산의 공정가치**	**제공받은 재화의 공정가치**
예외(원칙이 불확실시)	**<u>취득한 자산의 공정가치</u>**	**<u>제공한 재화의 공정가치</u>**

18 차입원가 : 금융비용의 자본화

1. 원칙	**기간비용(이자비용) ☞ 선택적으로 자본화를 허용**
2. 자본화대상자산	1. 재고자산 : 제조(구입)등이 개시된 날로부터 의도된 용도로 사용(판매)할 수 있는 상태가 될 때까지 1년 이상의 기간이 소요 2. 유무형자산, 투자자산, 비유동자산
3. 대상금융비용	1. 차입금과 사채에 대한 이자비용 2. 사채발행차금상각(환입)액 3. 현재가치할인차금[*1]상각액 4. 외화차입금에 대한 환율변동손익 5. 차입과 직접 관련하여 발생한 수수료 ☞ **<u>제외 : 받을어음 매각시 매출채권처분손실, 연체이자, 운용리스료</u>**

*1. 장기성 채권(채무)의 미래에 수취(지급)할 명목가액을 유효이자율로 할인한 현재가치와의 차액을 말한다.
현재가치할인차금＝채권(채무)의 명목가액 - 채권(채무)의 현재가치

19 감가상각비 : 수익비용대응 → 취득원가의 합리적 · 체계적 배분

1. 감가상각대상금액(A) **<u>(취득가액 – 잔존가치)</u>**	정액법	A/내용연수
	연수합계법	A×잔여내용연수/내용연수의 합계
	생산량비례법	A×당기실제생산량/예상총생산량
2. 장부가액(B) **<u>(취득가액 – 기초감가상각누계액)</u>**	정률법	B×상각률
	이중체감법	B×(2/내용연수)
초기 감가상각비	**<u>정률법(이중체감법)[*1] ＞내용연수합계법＞정액법</u>** *1. 정률법의 상각률과 이중체감법의 상각률(2/내용연수)에 따라 달라질 수 있다.	

3. 감가상각제외자산	1. 토지 2. 건설중인자산 **3. 폐기예정인 유형자산** **cf) 일시적으로 운휴 중에 있는 자산은 감가상각대상자산임 (영업외비용)**
4. 자본적지출(추정의 변경)	**감가상각비 = (취득가액 - 감가상각누계액 + 자본적지출액)/ 잔여내용연수** ☞ 잔여내용연수=당초 내용연수−경과된 내용연수+자본적지출로 연장된 내용연수

20 정부보조금

1. 상환의무가 있는		**부채**
2. 상환의무가 없는	자산취득	**자산의 취득원가에서 차감하여 표시한다.** 그리고 **그 자산의 내용년수에 걸쳐 감가상각액과 상계하며, 해당 유형자산을 처분시에는 정부보조금잔액을 처분손익에 반영**한다. **※ 감가상각비(정액법) = (취득가액 - 잔존가치 - 정부보조금)/내용연수**
	기타	특정조건을 충족할 필요가 없는 경우 수익으로 처리한다. 정부보조금이 특정비용 보전 목적일 경우 그 비용과 상계처리한다.

21 유형자산의 재평가모형 

[재평가모형]

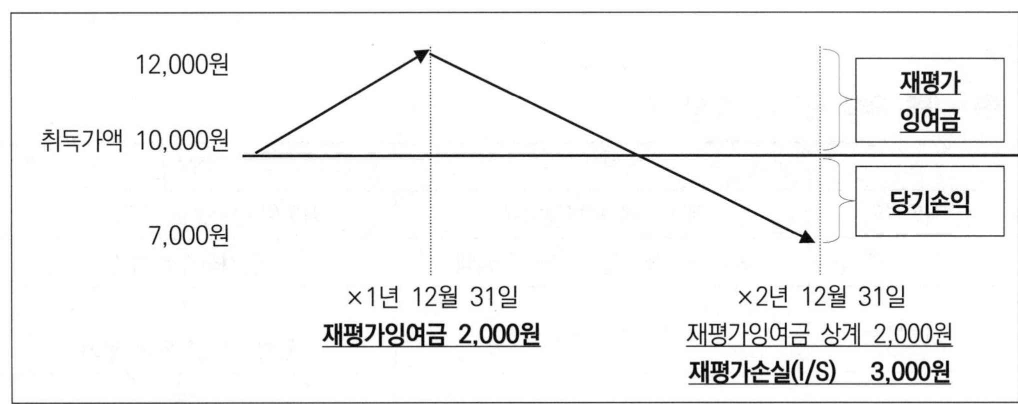

전액제거법이란 **총장부금액에서 기존의 감가상각누계액 전부를 제거하여 자산의 순장부금액이 재평가금액이 되도록 수정하는 방법**이다.
즉 재평가일에 **공정가치에서 감가상각누계액을 차감한 재평가금액을 장부금액**으로 한다.

<table>
<tr><td rowspan="2">재평가증</td><td>(차) 감가상각누계액 ×××
유형자산 ×××</td><td>(대) 재평가손실(I/S)[*1] ×××
재평가잉여금 ×××
(자본 – 기타포괄손익누계액)</td></tr>
<tr><td colspan="2">*1. 당기이전에 재평가손실액이 있는 경우 우선 상계한다.</td></tr>
<tr><td rowspan="2">재평가감</td><td>(차) 감가상각누계액 ×××
재평가잉여금[*2] ×××
재평가손실(I/S) ×××</td><td>(대) 유형자산 ×××</td></tr>
<tr><td colspan="2">*2. 재평가잉여금 잔액이 있는 경우 우선 상계한다.</td></tr>
</table>

22 유형자산의 손상

1. 손상가능성의 판단기준	1. 유형자산의 시장가치가 현저하게 하락한 경우 2. 유형자산의 사용강도나 사용방법에 현저한 변화가 있거나, 심각한 물리적 변형이 초래된 경우 3. 해당 유형자산으로부터 영업손실이나 순현금유출이 발생하고, 이 상태가 미래에도 지속될 것이라고 판단되는 경우 등
2. 인식기준	1. **유형자산의 손상차손 = 회수가능가액 – 손상전 장부금액** 2. **회수가능가액 = MAX[ⓐ순공정가치, ⓑ사용가치]** ⓐ 순공정가치 = 예상처분가액 – 예상처분비용 ⓑ 사용가치 = 해당 자산의 사용으로부터 예상되는 미래 현금흐름의 현재가치

23 유형자산 VS 무형자산

	유형자산	무형자산
취득가액	매입가액 + 부대비용	좌동(간접지출도 포함 가능)
잔존가액	처분시 예상되는 순현금유입액	**원칙적으로 "0"**
내용년수	경제적 내용연수	좌동 **원칙 : 20년 초과 불가**
상각방법	정액법, 정률법, 내용연수합계법, 생산량비례법 등	좌동 **다만 합리적인 상각방법이 없는 경우 "정액법"**
재무제표 표시	간접상각법	**직접상각법, 간접상각법 가능**

24 충당부채와 우발부채

	신뢰성있게 추정가능	신뢰성 있게 추정불가능
가능성이 매우 높음	**충당부채로 인식**	**우발부채 – 주석공시**
가능성이 어느 정도 있음	**우발부채 – 주석공시**	
가능성이 거의 없음	공시하지 않음	

[충당부채]

1. 측정	① 보고기간말 현재 **최선의 추정치**이어야 한다. ② 명목가액과 현재가치의 차이가 중요한 경우 **현재가치로 평가**한다.
2. 변동	보고기간마다 잔액을 검토하고, 보고기간말 현재 **최선의 추정치**를 반영하여 증감조정한다.
3. 사용	최초의 인식시점에서 **의도한 목적과 용도에만 사용**하여야 한다.

25 퇴직연금

	확정기여형(종업원 책임)	확정급여형(회사책임)
설정	–	(차) 퇴직급여 ××× (대) 퇴직급여충당부채 ×××
납부시	**(차) 퇴직급여 ×××** **(대) 현 금 ×××**	**(차) 퇴직연금운용자산[*1] ×××** **(퇴직급여충당부채 차감)** 수수료비용(판/제) ××× **(대) 현 금 ×××**
운용수익	회계처리없음	(차) 퇴직연금운용자산 ××× (대) 이자수익(운용수익) ×××
퇴직시	회계처리없음	(차) 퇴직급여충당부채 ××× 퇴 직 급 여 ××× (대) 퇴직연금운용자산 ××× 현 금 ×××

*1. 퇴직연금운용자산이 퇴직급여충당부채와 퇴직연금미지급금의 합계액을 초과하는 경우에는 초과액을 투자자산의 과목으로 표시한다.

26 사채의 상각 - 유효이자율법

[사채장부가액과 사채발행차금상각(환입)액]

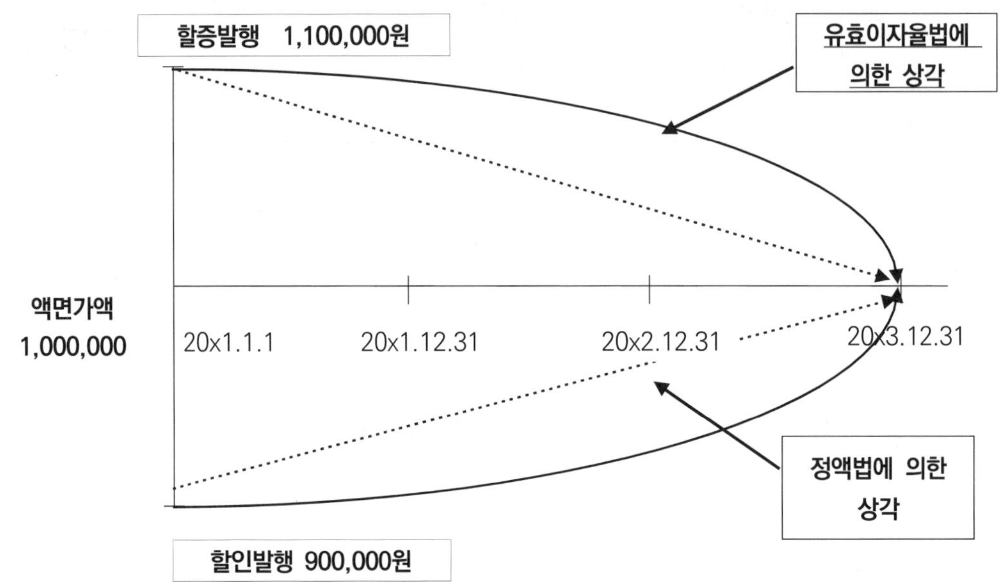

발행유형	사채장부가액	사채발행차금상각	총사채이자(I/S이자비용)
액면발행(1,000,000)	동일	0	액면이자
할인발행(900,000)	매년증가	**매년증가**	매년증가(액면이자 + 할인차금)
할증발행(1,100,000)	매년감소		매년감소(액면이자 – 할증차금)
조기상환	**사채할인(할증)발행차금을 상환비율만큼 제거하여야 하고 잔여금액을 사채상환손익으로 회계처리한다.**		

27 전환사채 및 신주인수권부사채

	전환사채(CB)	신주인수권부사채(BW)
내　　용	사채를 주식으로 전환할 수 있는 권리	신주를 인수할 수 있는 권리
발행가액	일반사채의 현재가치+**전환권가치(전환권대가)**	일반사채의 현재가치+**신주인수권가치(신주인수권대가)**
재무제표 표시	비유동부채 전환사채 xxx 사채상환할증금 xxx 전환권조정 (xxx) xxx 자본(기타자본잉여금) 전환권대가 xxx	비유동부채 신주인수권부사채 xxx 사채상환할증금 xxx 신주인수권조정 (xxx) xxx 자본(기타자본잉여금) 신주인수권대가 xxx
권리행사 후	**사채권이 소멸되고 자동적으로 사채투자자가 자동적으로 주주가 된다.** *→ 부채감소, 자본증가*	**사채권은 만기까지 존속하고, 주금납입시 주주가 된다.** *→ 부채불변, 자본증가*

28 자산 · 부채의 차감/가산 항목

	자산	부채
차감항목	**대손충당금(채권)** **재고자산평가충당금(재고자산)** **감가상각누계액(유형자산)** **현재가치할인차금(자산)** **정부보조금(유무형자산)**	**사채할인발행차금(사채)** **퇴직연금운용자산(퇴직급여충당부채)** - **현재가치할인차금(부채)** -
가산항목	-	**사채할증발행차금(사채)**

29 자본의 분류 및 표시

<table>
<tr><td>1. 자본금</td><td colspan="4"><u>보통주자본금과 우선주자본금은 구분표시한다.</u></td></tr>
<tr><td rowspan="2">2. 자본잉여금</td><td colspan="4"><u>주식발행초과금과 기타자본잉여금으로 구분표시한다.</u></td></tr>
<tr><td>주식발행초과금</td><td>감자차익</td><td>자기주식처분익</td><td><u>전환권대가</u>
<u>신주인수권대가</u></td></tr>
<tr><td rowspan="2">3. 자본조정</td><td colspan="4"><u>자기주식은 별도항목으로 구분하여 표시한다.</u></td></tr>
<tr><td>주식할인발행차금</td><td>감자차손</td><td>자기주식처분손</td><td>자기주식
출자전환채무등</td></tr>
<tr><td>4. 기타포괄손익누계액</td><td colspan="4">매도가능증권평가손익, 해외사업환산차손익, 현금흐름위험회피 파생상품 평가손익, 재평가잉여금 등 미실현손익</td></tr>
<tr><td rowspan="2">5. 이익잉여금</td><td colspan="2">(1) 기처분이익잉여금</td><td colspan="2">㉠ 법정적립금 ㉡ 임의적립금</td></tr>
<tr><td colspan="4">(2) 미처분이익잉여금</td></tr>
</table>

30 자본잉여금 VS 자본조정

	자본잉여금	자본조정
신주발행	주식발행초과금	주식할인발행차금
자본감소	감자차익	감자차손
자기주식	자기주식처분익 –	자기주식처분손 자기주식

자본잉여금은 발생시점에 이미 계상되어 있는 자본조정을 우선 상계하고, 남은 잔액은 자본잉여금으로 계상한다. 또한 반대의 경우도 마찬가지로 회계처리한다.

31 배당

	현금배당	주식배당
배당선언일	(차) 이월이익잉여금 ××× (미처분이익잉여금) (대) 미지급배당금 ×××	(차) 이월이익잉여금 ××× (미처분이익잉여금) (대) 미교부주식배당금 ×××
	(투자자) (차) 미 수 금 ××× (대) 배당금수익 ×××	(투자자) - 회계처리없음 -
배당지급일	(차) 미지급배당금 ××× (대) 현 금 ×××	(차) 미교부주식배당금 ××× (대) 자 본 금 ×××

	이익잉여금의 이입	이익잉여금의 처분
배당선언일	(차) 사업확장적립금 ××× (대) 이월이익잉여금 ×××	(차) 이월이익잉여금 ××× (대) 사업확장적립금 ×××

32 주식배당, 무상증자, 주식분할, 주식병합

	주식배당	무상증자	주식분할	주식병합
주식수	증가	증가	증가	감소
액면금액	불변	불변	감소	증가
자본금	증가	증가	불변	불변
자 본	불변	불변	불변	불변

33 건설형 공사계약

1. 수익인식조건	**① 총공사수익금액을 신뢰성있게 측정할 수 있다.** **② 계약과 관련된 경제적 효익이 유입될 가능성이 매우 높다.** **③ 공사원가와 공사진행률을 모두 신뢰성있게 측정할 수 있다.** **④ 공사원가를 신뢰성있게 측정할 수 있어서 실제 발생된 공사원가를 총공사 예정원가의 예상치와 비교할 수 있다.**
2. 공사진행률	**(누적)공사진행률 = 실제공사비(누적) 발생액/총공사 예정원가**
3. 공사수익인식	**당기공사수익 = 공사계약금액 × (누적) 공사진행률 − 전기말 누적공사수익**
4. 공사손실	**향후 공사손실의 발생이 예상되는 경우에는 예상손실을 즉시 공사손실충당부채로 인식한다.**

34 용역수익

1. 수익인식조건	**① 거래전체의 수익금액을 신뢰성 있게 측정할 수 있고, 경제적 효익의 유입가능성이 매우 높다.** **② 진행율을 신뢰성있게 측정할 수 있다.** **③ 이미 발생한 원가와 거래의 완료를 위하여 투입하여야 할 원가를 신뢰성있게 측정할 수 있다.**
2. 진행기준의 배제	발생한 **원가의 범위내에서 회수가능한 금액을 수익으로 인식**하고 발생한 원가 전액을 비용으로 계상한다.
3. 용역손실 예상시	총원가의 합계액이 해당 **용역거래의 총수익을 초과하는 경우**에는 그 **초과액과 이미 인식한 이익의 합계액을 당기 손실로 인식**한다,

35 수익인식 요약

위탁판매		**수탁자가 고객에게 판매한 시점**
시용판매		고객이 구매의사를 표시한 시점
상품권		**재화(용역)을 인도하고 상품권을 회수한 시점**
정기간행물		구독기간에 걸쳐 정액법으로 인식
할부판매(장 · 단기)		**재화의 인도시점**
반품조건부판매		**반품가능성을 신뢰성있게 추정시 수익인식가능** ☞ **반품가능성이 불확실하여 추정이 어려운 경우에는 구매자가 재화의 인수를 공식적으로 수락한 시점 또는 반품기한이 종료된 시점에 수익을 인식**
설치용역수수료		진행기준
공연수익(입장료)		행사가 개최되는 시점
광고관련수익		방송사 : 광고를 대중에게 전달하는 시점 광고제작사 : 진행기준
수강료		강의기간동안 발생기준
재화나 용역의 교환	동종	수익으로 인식하지 않는다.
	이종	**판매기준**(수익은 교환으로 취득한 재화나 용역의 공정가치로 측정하되, 불확실시 제공한 재화나 용역의 공정가치로 측정한다.)

36 회계변경

1. 의의		**인정된 회계기준 → 다른 인정된 회계기준 적용**
2. 이론적근거와 문제점		표현의 충실성 확보 → 회계정보의 유용성의 증가 ☞ **비교가능성이라는 회계정보의 질적특성을 저해**
3. 정당한 사유	비자발적 회계변경	기업회계기준의 변경 **(세법의 변경은 정당한 사유가 아니다)**
	자 발 적 회계변경	1. 기업환경의 중대한 변화 2. 업계의 합리적인 관행 수요
4. 회계변경의 유형	**1. 정책의 변경**	**1. 재고자산의 평가방법의 변경(선입선출법 → 평균법)** **2. 유가증권의 취득단가 산정방법(총평균법 → 이동평균법)** **3. 표시통화의 변경** **4. 유형자산의 평가모형(원가법에서 재평가법으로 변경)**
	2. 추정의 변경	발생주의 회계(추정)에 필연적으로 수반되는 과제 **1. 유형자산의 내용연수/잔존가치 또는 감가상각방법 변경** 2. 채권의 대손설정률 변경 3. 제품보증충당부채의 추정치 변경 4. 재고자산의 순실현가능가액

37 회계변경의 기업회계기준

1. 정책의 변경	**원칙**	**소급법**
	예외	전진법(누적효과를 계산할 수 없는 경우)
2. 추정의 변경		**전진법**
3. 동시발생	1. 누적효과를 구분할 수 있는 경우	정책의 변경에 대하여 소급법 적용 후 추정의 변경에 대해서 전진법 적용
	2. 구분할 수 없는 경우	전체에 대하여 전진법 적용

38 오류수정

1. 의의	**잘못된 회계기준 → 올바른 회계기준**
2. 유형	1. 당기순이익에 영향을 미치지 않는 오류 : 과목분류상의 오류 2. 당기순이익에 영향을 미치는 오류 ① **자동조정오류** : 1기(오류발생) → 2기(반대작용) → 2기말(오류소멸) - 기말재고자산의 과대(과소)평가 - 결산정리항목의 기간배분상 오류(선급비용, 선수수익 등) ② **비자동조정오류** - 자본적지출과 수익적지출의 구분 오류 - 감가상각비의 과대(소)계상
3. 회계처리	(아래 표 참조)

	중대한 오류	중대하지 아니한 오류
회계처리	**소급법** (이월이익잉여금 - 전기오류수정손익)	**당기일괄처리법** (영업외손익 - 전기오류수정손익)
비교재무제표	재작성(주석공시)	해당없음(주석공시)

39 보고기간말의 외환환산방법

		계정과목	환산방법	외환차이인식	
화폐성 외화항목		현금, 금융상품, 매출채권, 미수금, 대여금, 차입금 등	**마감환율**	당기손익	
비화폐성 외화항목	**역사적 원가로 측정**	재고자산, 선급비용, 투자자산, 유무형자산, 선수금 등	**거래일의 환율**	-	
	공정 가치로 측정		**공정가치가 결정된 날의 환율**	**평가손익 : 당기손익**	**당기손익**[*1]
				평가손익 : 기타포괄손익	**기타포괄손익**[*1]

*1. 기타포괄손익으로 인식하는 경우에 그 손익에 포함된 환율변동효과도 기타포괄손익으로 당기손익으로 인식하는 경우에는 그 손익에 포함된 환율변동효과도 당기손익으로 인식한다.

40 법인세회계 

<table>
<tr><td rowspan="3">1. 인식</td><td>세무조정</td><td>일시적차이</td><td>계정과목</td><td>실현가능성</td></tr>
<tr><td>가산조정
(유보)</td><td>(미래에) 차감할
일시적차이</td><td>이연법인세
자산</td><td>실현가능성이 거의 확실한
경우에만 재무상태표에 반영
(미래 과세소득 충분)</td></tr>
<tr><td>차감조정
(△유보)</td><td>(미래에) 가산할
일시적차이</td><td>이연법인세
부채</td><td><u>실현가능성을 요구하지 않는다.</u></td></tr>
<tr><td>2. 측정</td><td colspan="4">1. 당기 법인세 부담액 : 보고기간말 현재의 세율과 세법을 적용한다.
2. 이연법인세자산과 부채 : 보고기간말 현재까지 확정된 세율에 기초하여 <u>미래 예상 법인세율을 적용하여 측정</u>한다.
3. <u>이연법인세자산과 부채는 현재가치로 할인하지 않는다.</u>
4. <u>이연법인세자산의 실현가능성은 보고기간말마다 재검토</u>되어야 한다.</td></tr>
<tr><td>3. 공시</td><td colspan="4">1. 이연법인세자산과 이연법인세부채는 관련된 자산항목 또는 부채항목의 재무상태표 상 분류에 따라 재무상태표에 유동, 비유동으로 표시한다. 세무상결손금은 예상소멸시기에 따라 1년 기준으로 분류한다.
2. 동일한 유동 및 비유동 구분내의 이연법인세자산과 이연법인세부채가 동일한 과세당국과 관련된 경우에는 각각 상계하여 표시한다.</td></tr>
</table>

41 현금흐름표 

간접법 = 발생주의 당기순이익 ± (I/S)영업현금흐름과 무관한 손익항목제거

가산조정항목	차감조정항목
(현금지출없는 비용)	**(현금유입없는 수익)**
• **감가상각비, 무형자산상각비** • 사채할인발행차금 상각액 • **유형자산처분손실 등**	• **유형자산처분이익** • **단기투자자산의 처분이익** • 사채상환이익

± (B/S)영업활동으로 인한 자산·부채의 변동

가산조정항목	차감조정항목
• 매출채권, 재고자산 감소 • 매입채무, 미지급비용 증가	• 매출채권, 재고자산 증가 • 매입채무, 미지급비용 감소

Chapter

분개연습

2

Login

1. (주)금성의 주식(시장성 있음) 300주를 1주당 23,000원에 처분하고 대금은 보통예금에 입금되었다. 주식처분에 따른 증권거래세 20,700원과 거래수수료 12,000원은 현금으로 지급하였다.

※ (주)금성의 취득 및 변동내역 전년도 10월 20일 500주 취득 : 1주당 20,000원(취득부대비용은 50,000원 소요됨) 전년도 12월 31일 시가 : 1주당 22,000원

㈜ 금성의 주식이 단기매매증권일 경우와 매도가능증권일 경우 각각 분개하시오.

[분개 – 단기매매증권]

[분개 – 매도가능증권]

2. ㈜천안에 대한 외상매입금(잔액 : 3,300,000원)을 전액 보통예금으로 이체하여 상환하다. 외상매입금은 모두 10일내 상환시 2% 할인조건으로 원재료에 대한 것이며 할인 조건을 충족하며, 이에 대해서는 (–) 수정세금계산서를 교부받았다.

[과세유형] **[공급가액]** **[세액]**

[분개]

3. 장기소유 목적으로 구입한 ㈜금성 주식 500주(1주당 액면가액 10,000원)를 주당28,000원으로 취득하였으나, 전년도 결산시 공정가액 주당 35,000원으로 평가하였다. 당해년도 결산시 ㈜금성이 금융기관으로 부터 당좌거래 정지처분을 당하여 주식의 회수가능가액이 2,000,000원으로 평가되었다.

[분개]

4. 영업부 업무용으로 사용할 3,000cc 승용차를 구입시 이에 대하여 의무적으로 구입해야 하는 액면가액 5,000,000원, 공정가치 3,500,000원인 채권(만기까지 보유할 예정이고 만기보유능력도 있다.)을 액면가액으로 취득하면서 채권에 대한 대가는 현금으로 지급하였다.

[분개]

5. 정부보조금에 의하여 취득한 다음의 기계장치가 노후화되어 ㈜천안에 외상(매각대금 10,000,000원, 부가가치세별도)으로 처분하고 전자세금계산서를 교부하였다.

• 기계장치	50,000,000원
• 처분전 까지 감가상각누계액	20,000,000원
• 정부보조금(자산차감)	15,000,000원

[과세유형] **[공급가액]** **[세액]**

[분개]

6. (주)목성에 대해 40,000,000원의 단기차입금을 보유하고 있다. 동 채무의 만기는 차기 5월 31일이지만 회사가 소유하고 있던 건물(취득원가 50,000,000원, 감가상각누계액 20,000,000원, 공정가액 60,000,000원)과 현금 3,000,000원을 지급하고 단기차입금을 상환하면서 세금계산서(공급가액 60,000,000원, 세액 6,000,000원)를 발행하였다.

[과세유형] **[공급가액]** **[세액]**

[분개]

7. 영업부 업무용으로 사용하기 위하여 금융업을 영위하는 국민은행 두정동 지점에서 사용하던 차량을 다음과 같이 구입하기로 하고 대금은 자기앞수표로 지급하였다.

〈차량매각회사인 신한은행의 자료〉

① 차량명 : 3000CC 에쿠스 승용차	② 취득가액 : 50,000,000원
③ 감가상각누계액 : 35,000,000원	④ 판매가격 : 10,000,000원

⑤ 국민은행 두정동지점 담당자는 세법상의 적격증빙을 발급하였다.

[과세유형] **[공급가액]** **[세액]**

[분개]

8. 당사와 동일 업종을 영위하는 ㈜토성을 매수합병하고 합병대금 14,000,000원은 당좌수표를 발행하여 지급하다. 합병일 현재 ㈜토성의 자산은 토지(장부가액 10,000,000원, 공정가액 12,000,000원)와 개발비(장부가액 780,000원, 공정가액 2,000,000원)와 부채는 신한은행의 단기차입금 3,000,000원만 있다. 본 거래는 사업의 포괄양수도에 해당되어 재화의 공급에 해당하지 않는다.

[분개]

9. 정부로부터 2월 3일 무상지원 받은 정부보조금(10,000,000원, 예금차감항목으로 회계처리)으로 반도체를 검사하는 기계장치를 (주)금성으로부터 50,000,000원(부가가치세 별도)에 구입하면서 보통예금을 인출하여 지급하였으며 전자세금계산서를 수취하였다.

[과세유형] **[공급가액]** **[세액]**

[분개]

10. ㈜지구는 ㈜화성이 발행한 다음의 회사채를 만기까지 보유할 목적으로 현금취득하였다.

- 만 기 : 20x3년 12월 31일(발행일 : 20x1년 1월 1일)
- 액면이자율 : 8%(시장이자율 : 10%) • 액면가액 : 10,000,000원
- 3년, 이자율 10%의 현가계수 : 0.75131 3년, 이자율 10%의 연금현가계수 : 2.48685

[분개 - (주)화성]

[분개 - (주)지구]

11. 결산일 현재 토지의 장부금액 20,000,000원에 대해서 손상징후가 있다고 판단되어 검토한 결과 토지의 사용가치는 15,000,000원이고 처분가치는 14,000,000원인 것으로 판단되어 이를 손상차손으로 인식하다.

[분개]

12. 영업부사원 김길동씨의 퇴직으로 인하여 퇴직금을 다음과 같이 정산 후 현금으로 지급하였다.

- 퇴직금 총액 20,000,000원
- 국민연금(퇴직금)전환금 회사납부액 1,000,000원
- 학자금 대출액 10,000,000원(주.임.종 단기채권에 계상되어 있음)
- 퇴직소득세 및 지방소득세 500,000원 • 퇴직전 퇴직급여충당부채잔액 12,000,000원

[분개]

13. 당사가 발행한 사채의 액면가액은 30,000,000원이고, 회사 자금사정의 회복으로 인하여 이중 액면가액 10,000,000원의 사채를 금일 중도상환하기로 하고 상환대금 11,000,000원을 전액 당좌수표를 발행하여 지급하다. 상환전 사채할증발행차금 잔액은 6,000,000원이다.

[분개]

14. 회사는 사용인의 퇴직을 보험금 지급사유로 하는 퇴직연금(확정급여형) 10,000,000원을 보험사로부터 현금으로 수령하여 홍길동의 퇴직금으로 15,000,000원을 현금으로 지급하였다. 퇴직소득에 대한 원천징수세액은 400,000원으로서 퇴직일 현재 퇴직급여충당부채의 잔액은 충분하다고 가정한다.

[분개]

15. 자기주식 300주(취득가액 주당 10,000원) 중 200주를 주당 12,000원에 현금을 받고 매각하였다. 단, 자본조정 중 자기주식처분손실계정의 잔액에 300,000원이 있다고 가정하고 회계처리하시오.

[분개]

16. 이월결손금 15,000,000원의 보전을 위하여 주식 10주를 1주로 병합하는 감자를 실시하였다. 감자 전 당사의 자본은 자본금 20,000,000원(액면가액 @10,000원, 주식수 2,000주)과 이월결손금 뿐이다.

[분개]

17. 회사는 액면금액 5,000원인 자기주식을 1주당 4,000원에 1,000주를 취득했었는데, 자기주식을 금일 전량 소각하였다. (단, 장부상 감자차손이 300,000원이 존재한다.)

[분개]

18. 전기 10월 3일 1,000,000원에 취득하였던 자기주식을 모두 소각하여 처리하였다. 자기주식의 전기말 12월 31일 공정가치는 800,000원이었고, 액면가액은 700,000원이었다.(단, 장부상 감자차익이 200,000원이 존재한다.)

[분개]

19. 전기의 이익잉여금처분계산서의 내역이다. 이익잉여금 처분확정일과 현금배당금,주식배당금 지급일에 회계처리하시오.

이익잉여금처분계산서

20x0. 1. 1 ~ 20x0. 12. 31

처분확정일 20x1. 2. 20

Ⅰ. 미처분이익잉여금		70,000,000원
1. 전기이월이익잉여금	65,000,000원	
2. 당기순이익	5,000,000원	
Ⅱ. 임의적립금 이입액		10,000,000원
1. 연구및인력개발준비금	10,000,000원	
Ⅲ. 합계		80,000,000원
Ⅳ. 이익잉여금 처분액		61,000,000원
1. 이익준비금	1,000,000원	
2. 현금배당*1	10,000,000원	
3. 주식배당*2	20,000,000원	
4. 사업확장적립금	30,000,000원	
Ⅴ. 차기이월미처분이익잉여금		19,000,000원

*1 현금배당액은 20x1년 3월 10일 현금으로 지급하였다.(배당소득세를 300,000원을 원천징수하였다.)

*2. 주식배당액은 20x1년 3월 20일 주식으로 지급하였는데, 주권발행에 따른 제비용 200,000원을 현금지급하였다. 또한 주식배당시 주식발행초과금 잔액이 500,000원이 있다.

[분개 – 처분확정일]

[분개 – 현금배당금 지급일]

[분개 – 주식배당금 지급일]

20. 당사는 주주총회의 결의로 다음과 같이 주식을 할인발행하였다. 신주발행비는 현금으로 지급하고 주식발행 대금은 당사의 보통예금계좌로 납입되었다. 주식할인발행차금 계정잔액을 조회하니 7,000,000원이 존재한다.

발행주식수 : 10,000주(액면가 : @5,000원) 발행가액 : @6,000원, 신주발행비 2,000,000원

[분개]

21. ㈜로그인은 사용하던 기계장치(공정가치 1,700,000원)를 ㈜천안의 차량과 교환하기로 하였다. 동 기계장치는 취득가액 10,000,000원, 감가상각누계액 8,500,000원이고, 추가로 500,000원을 현금지급하였다. 부가가치세는 고려하지 마시오.

[분개]

22. (주)금성과의 제품외상매출 중 일부가 환입되어 부가가치세법에 따라 (-)수정전자세금계산서(공급가액-3,000,000원, 세액-300,000원)를 발급(작성일자는 공급한 재화가 환입한 날)하였다. 이와 관련하여 수정전자세금계산서에 대한 회계처리를 하시오.

[과세유형] **[공급가액]** **[세액]**

[분개]

23. 당사는 수출업자와 수출재화임가공용역계약을 체결한 (주)목성에 제품(공급가액 5,000,000원, 부가가치세 별도)을 외상으로 납품하고 전자세금계산서는 부가가치세법 규정을 준수하여 발행 교부하였다.

[과세유형] **[공급가액]** **[세액]**

[분개]

24. 제품을 납품하는 과정에서 다음과 같은 문제가 발생하였다.

> ① 4월 20일 회사는 (주)토성으로부터 제품 1,000개를 개당 1,000원에 납품주문을 받았다. (부가가치세 별도)
> ② 4월 29일 대량 납품에 따른 에누리를 100,000원 해주기로 하고, 제품을 인도하였고 검수를 진행하였다. 제품을 검수하는 도중 10개의 제품에서 중대한 하자가 발생하여 반품하기로 하였고, 미미한 하자 20개의 제품에 대하여 개당 100원씩 판매가격을 인하하고 검수를 완료하였다.
> ③ 상기사항을 고려하여 세금계산서를 발급하고 대금은 한달 후에 받기로 하였다.

[과세유형] **[공급가액]** **[세액]**

[분개]

25. 당사는 5월 20일에 (주)화성에 제품 1,000,000원(부가가치세 별도)을 판매한 바 있다. (주)화성은 이 거래에 대하여 외국환은행장으로부터 7월 15일자 외화획득용 '구매확인서'를 발급받아 이를 당사에 제출하였다. 이와 관련하여 추가로 발행된 수정전자세금계산서에 대한 회계처리(5월 20일)를 하시오.

☞ 재화 또는 용역을 공급한 후 공급시기가 속하는 **과세기간 종료 후 25일 이내**에 구매확인서가 발급된 경우 그 **작성일자는 당초 세금계산서 작성일자를 적고** 비고란에 구매확인서의 발급일자를 부기하여 영세율 적용분은 검은색 글씨로 세금계산서를 작성하여 발급하고, 추가하여 당초에 발급한 세금계산서의 내용대로 세금계산서를 붉은색 글씨로 또는 부(負)의 표시를 하여 작성하고 발급한다.

〈수정세금계산서 - 당초세금계산서 취소〉

[과세유형] **[공급가액]** **[세액]**

[분개]

〈수정세금계산서 - 영세율세금계산서 발급〉

[과세유형] **[공급가액]** **[세액]**

[분개]

26. 회사는 (주)금성에 완성도지급기준에 의하여 20x0년 1월 25일에 수주한 기계제작이 완성되어 20x2년 3월 31일 인도하였다. 잔금 2,000,000원(부가가치세 별도)은 당초 지급약정일에 보통예금으로 수취하였으며, 현행 부가가치세법에 의하여 ㈜금성으로부터 전자세금계산서를 발급하였다.(기계제작은 제품매출로 회계처리한다)

완성도	완성도 달성일	대금지급약정일	금액 (부가가치세 별도)	비 고
30%	20x0. 11. 30	20x0. 12. 5	3,000,000원	선수금 처리함
80%	20x1. 11. 30	20x1. 12. 5	5,000,000원	
100%	20x2. 3. 31	20x2. 3. 31	2,000,000원	

[과세유형] **[공급가액]** **[세액]**

[분개]

27. ㈜토성의 매출실적이 당초 목표를 초과하여 본사와의 약정에 따라 판매장려금을 본사의 제품(원가 7,000,000원, 시가 10,000,000원)으로 제공하였다.

[과세유형] **[공급가액]** **[세액]**

[분개]

28. (주)명왕성과 다음과 같은 임가공계약 내용에 의해 원재료를 납품받고 세법에 적합한 전자세금계산서를 수취하였다. 대금은 11월 6일에 현금으로 송금한 착수금을 상계한 잔액을 보통예금으로 지급하였다. 다만, 착수금에 대해서는 선전자세금계산서를 수취한 바 있다.

계 약 내 용(공급가액)		
계 약 일 자	20x1년 11월 6일	
총계약 금액	23,000,000원	
착 수 금	20x1.11. 6.	3,000,000원
납품기일 및 금액	20x1.11.13.	20,000,000원

[과세유형] **[공급가액]** **[세액]**

[분개]

29. 미국의 ABC사에 총 $20,000에 수출하기로 계약한 제품을 4월 3일 선적하고, 4월 1일에 수취한 계약금 $2,000을 제외한 나머지 대금은 4월 30일에 받기로 하다. 단, 4월 1일에 외화예금 통장으로 수취한 계약금은 나머지 대금을 수령한 후 일시에 원화로 환가하기로 하였다.

4월 1일 기준환율 1$ = 1,300원 4월 3일 기준환율 1$ = 1,100원
4월 30일 기준환율 1$ = 1,200원

[과세유형] **[공급가액]** **[세액]**

[분개]

30. 회사는 건물을 ㈜화성으로부터 매입하였다. 토지와 건물을 합하여 매각대금은 150,000,000원(부가가치세별도)이고 현금지급하였다. 계약조건에 따라 전자세금계산서와 계산서를 수취하였다.

구 분	토 지	건 물
기준시가	80,000,000원	40,000,000원

■ 토지와 건물의 공급가액을 기준시가 비율로 안분계산하여 ㈜화성이 발급하였다.

〈계산서〉

[과세유형] **[공급가액]** **[세액]**

〈세금계산서〉

[과세유형] **[공급가액]** **[세액]**

[분개]

31. 거래처 (주)금성으로부터 6월5일에 영세율세금계산서를 교부받은 원재료매입대금 전액(12,230,000원)을 외환은행의 외화 보통예금 통장에서 송금하여 결제하고 다음과 같은 거래계산서를 교부받다.

환전/송금/금매매 거래계산서				
거 래 일 : 20x1년 6월 17일			고객명 : (주)지구	
거래종류 : 국내자금당발이체 실행(창구)				
구 분	통화	외화금액	환율	원화금액
외화대체	USD	10,000.00	1,250.00	12,500,000원
적요 당발이체수수료 10,000원 내신외화금액 USD 10,000.00 수취인 : (주)금성			내신원화금액 : 10,000원	

[분개]

32. 당사가 발행한 사채에 대한 자료이다. 기말에 사채의 액면가액과 발행가액의 차액에 대한 상각비를 일반기업회계기준에 따라 회계처리하시오.

① 사채액면가액 : 100,000,000원	② 사채발행가액 : 115,000,000원
③ 사채의 액면가액과 발행가액의 차액 상각비	
• 유효이자율법 적용시 : 3,000,000원	• 정액법 적용시 : 2,000,000원

[분개]

33. 당사는 당사의 제품을 구입한 후 1년 이내에 발생하는 하자에 대하여 무상보증수리용역을 제공하고 있으며, 이에 대하여 판매금액의 1%에 해당하는 장기제품보증부채를 제품보증비로 설정하고 있다. 결산일 현재 무상보증기간이 미경과된 판매금액은 200,000,000원으로서 장기제품보증부채 잔액은 1,200,000원이다.

[분개]

34. 결산일(20x1년) 현재 보유중인 유가증권에 대하여 기업회계기준에 따라 회계처리를 행하시오.

20x0년 취득원가	20x0년 결산일 시가	20x1년 결산일 시가
8,100,000원	7,900,000원	8,400,000원

[분개 – 단기매매증권]

[분개 – 매도가능증권]

35. 9월 1일 회사는 단기적인 자금운용을 위해 당해년도 1월 1일 14,750,000원에 취득한 국채를 경과이자를 포함하여 현금 14,930,000원을 받고 매각하였다. (발행일 전년도 5월 1일, 액면가액 15,000,000원, 표시이자율 3%, 이자지급일은 매년 12월 31일, 만기는 2033년 4월 30일, 이자는 월할 계산하기로 하고 채권중도 매도 시 원천징수는 생략함)

[분개]

36. 6월 30일 다음의 1기 확정 부가가치세 신고내용과 관련된 회계처리를 부가가치세 확정과세기간 종료일에 하시오.(대손금에 대한 대손처리와 대손세액공제에 대한 회계처리도 하시오. 대손충당금은 충분하다고 가정한다.) 납부할 부가가치세는 '미지급세금' 계정으로 처리한다.

구 분			금 액	세 액
과세표준 및 매출세액	과 세	세금계산서교부분	400,000,000	40,000,000
		기 타	0	0
	영 세 율	세금계산서교부분	100,000,000	0
		기 타	50,000,000	0
	대 손 세 액 가 감			-5,000,000[*1]
매입세액	세금계산서 수취분	일 반 매 입	280,000,000	28,000,000
		고 정 자 산 매입	0	0
	그 밖의 공제매입세액	의 제 매 입 세액	104,000,000	4,000,000[*2]
납 부 할 세 액				3,000,000

*1. 외상매출금의 소멸시효완성으로 대손세액공제를 신청한 것이다.

*2. 의제매입세액공제적용요건은 충족되었으며 원재료구입과 관련된 것으로 구입시 의제매입세액을 반영하여 다음과 같이 회계처리하였다.

(차) 원재료	100,000,000	(대) 현 금	104,000,000
부가세대급금	4,000,000		

[분개]

37. 법인세등은 결산서상 법인세차감전순이익(500,000,000원)에 해당 법인세율을 적용하여 다음과 같이 계상한다. [장부상 선납세금 계정(7,000,000원)에는 법인세 중간예납세액 및 원천납부세액이 계상되어 있다.]

- 법인세등 추산액 = ① + ②
  - ① 법인세 산출세액 - 법인세 감면세액(5,000,000원)
  - ② 법인세분 지방소득세 = 법인세 산출세액의 10% 라고 가정한다.

※ 법인세 세율은 2억 이하 9%, 2억 초과 19%라고 가정한다.

[분개]

참고

지방소득세(독립세)

- 지방소득세의 표준세율

과세표준	세율	비고
2억 이하	과세표준의 1%	
2억~200억 이하	2백만원 + (2억원 초과금액의 2%)	
200억 초과~3천억 이하	3.98억 + (200억 초과금액의 2.2%)	
3천억 초과	65.58억 + (3천억 초과금액의 2.5%)	

☞ 지방세법에서는 공제감면세액이 별도 규정되어 있는 게 없습니다.

분/개/연/습 답안

[1]

- 단기매매증권일 경우

(차) 보통예금	6,900,000	(대) 단기매매증권	6,600,000
		현 금	32,700
		단기매매증권처분이익	267,300

☞단기매매증권처분손익 = 처분가액 - 장부가액 = (6,900,000 - 32,700) - (300주×22,000) = 267,300원

- 매도가능증권일 경우

(차) 보통예금	6,900,000	(대) 매도가능증권(투자)	6,600,000
매도가능증권평가이익	570,000	현 금	32,700
		매도가능증권처분이익	837,300

☞매도가능증권처분손익 = 처분가액 - 취득가액
= (6,900,000 - 32,700) - (500주×20,000 + 50,000)/500×300 = 837,300원

[2]

유형	매입과세	공급가액	△60,000	세액	△6,000

(차) 외상매입금	3,300,000	(대) 보통예금	3,234,000
부가세대급금	- 6,000	매입할인(원재료)	60,000

[3]

(차) 매도가능증권손상차손 (영업외비용)	12,000,000	(대) 매도가능증권(투자)	15,500,000
매도가능증권평가이익	3,500,000		

☞손상차손 = 회수가능가액 - 취득가액(매도가능증권) = 2,000,000 - (500주×28,000) = 12,000,000원
제거되어야 할 매도가능증권평가손익 = (35,000 - 28,000)×500주 = 3,500,000원

[4]

(차) 차량운반구	1,500,000	(대) 현 금	5,000,000
만기보유증권(투자)	3,500,000		

☞ 국공채등을 불가피하게 매입하는 경우 채권의 매입가액과 현재가치(공정가치)와의 차액은 차액의 취득부대비용에 해당한다.

[5]

유형	매출과세	공급가액	10,000,000	세액	1,000,000

(차) 감가상각누계액(기계) 20,000,000 (대) 기계장치 50,000,000
정부보조금(기계) 15,000,000 부가세예수금 1,000,000
미수금 11,000,000
유형자산처분손실 5,000,000

[6]

유형	매출과세	공급가액	60,000,000	세액	6,000,000

(차) 감가상각누계액(건물) 20,000,000 (대) 부가세예수금 6,000,000
단기차입금 40,000,000 건물 50,000,000
현금 3,000,000
유형자산처분익 1,000,000

[7]

유형	매입면세	공급가액	10,000,000	세액	0

(차) 차량운반구 10,000,000 (대) 현금 10,000,000

☞ 은행은 면세사업자로서 일시·우발적으로 공급하는 경우에는 비록 과세재화일지라도 면세재화로 보아 계산서를 발급한다.

[8]

(차) 토지 12,000,000 (대) 단기차입금(신한은행) 3,000,000
개발비 2,000,000 당좌예금 14,000,000
영업권 3,000,000

☞ 합병시 공정가액을 초과하여 지급하는 대가는 영업권에 해당한다.

[9]

유형	매입과세	공급가액	50,000,000	세액	5,000,000

(차) 기계장치 50,000,000 (대) 보통예금 55,000,000
부가세대급금 5,000,000 정부보조금(기계장치) 10,000,000
정부보조금(보통예금) 10,000,000

[10]

-(주)화성 : 사채발행인

(차) 현금 9,502,580 (대) 사채 10,000,000
사채할인발행차금 497,420

☞ 사채의 발행가액＝액면가액의 현재가치＋액면이자의 현재가치(부채의 사채를 참고하십시요.)
＝액면가액 × 현가계수＋액면이자 × 연금현가계수
＝10,000,000 × 0.75131＋800,000 × 2.48685

-(주)지구 : 사채투자자

(차) 만기보유증권 9,502,580 (대) 현금 9,502,580

[11]	(차) 유형자산손상차손	5,000,000	(대)	손상차손누계액(토지)	5,000,000
	☞ 유형자산손상차손＝회수가능가액(MAX[순공정가치, 사용가치])－장부가액 ＝ MAX(14,000,000, 15,000,000)－20,000,000＝－5,000,000원				

[12]	(차) 퇴직급여충당부채	12,000,000	(대)	국민연금전환금	1,000,000
	퇴직급여(판관비)	8,000,000		주.임.종단기채권	10,000,000
				예 수 금	500,000
				현 금	8,500,000

[13]	(차) 사 채	10,000,000	(대)	당 좌 예 금	11,000,000
	사채할증발행차금	2,000,000		사채상환이익	1,000,000
	☞ 사채할증발행차금＝6,000,000원 × 10,000,000원/30,000,000원＝2,000,000원				

[14]	(차) 퇴직급여충당부채	15,000,000	(대)	현 금	4,600,000
				퇴직연금운용자산	10,000,000
				예수금	400,000

[15]	(차) 현 금	2,400,000	(대)	자 기 주 식	2,000,000
				자기주식처분손실	300,000
				자기주식처분이익	100,000

[16]	(차) 자 본 금	18,000,000	(대)	이월결손금	15,000,000
				감 자 차 익	3,000,000
	☞ 감자액＝자본금(20,000,000) ×9/10(10주를 1주로 병합)＝18,000,000원				

[17]	(차) 자 본 금	5,000,000	(대)	자 기 주 식	4,000,000
				감 자 차 손	300,000
				감 자 차 익	700,000
	☞ 감자차익과 감자차손은 서로 상계하여 표시하여야 한다.				

[18]	(차) 자 본 금	700,000	(대)	자 기 주 식	1,000,000
	감 자 차 익	200,000			
	감 자 차 손	100,000			
	☞ 자기주식은 자산이 아니므로 평가대상이 아니다. 따라서, 전기말 공정가치는 고려되지 아니한다.				

[19] - 이익잉여금처분확정일

(차) 이월이익잉여금	51,000,000	(대)	이익준비금	1,000,000
연구및인력개발준비금	10,000,000		미지급배당금	10,000,000
			미교부주식배당금	20,000,000
			사업확장적립금	30,000,000

- 현금배당금지급일

(차) 미지급배당금	10,000,000	(대)	예수금	300,000
			현 금	9,700,000

- 주식배당금지급일

(차) 미교부주식배당금	20,000,000	(대)	자본금	20,000,000
주식발행초과금	200,000		현 금	200,000

[20]

(차) 보 통 예 금	60,000,000	(대)	자 본 금	50,000,000
			현 금	2,000,000
			주식할인발행차금	7,000,000
			주식발행초과금	1,000,000

☞ 주식할인발행차금 잔액이 7,000,000원을 먼저 상계하고 잔액은 주식발행초과금으로 계상한다.

[21]

(차) 차량운반구	2,200,000	(대)	기 계 장 치	10,000,000
감가상각누계액	8,500,000		현 금	500,000
			유형자산처분익	200,000

☞ 이종자산간 교환시 신자산의 취득가액=제공한 자산의 공정가치(1,700,000)+현금지급액(500,000)
처분손익=처분가액(1,700,000)-장부가액(10,000,000-8,500,000)=200,000(처분익)

[22]

유형	매출과세	공급가액	-3,000,000	세액	-300,000

(차) 외상매출금	-3,300,000	(대)	제 품 매 출	-3,000,000
			부가세예수금	-300,000

☞ 당초 공급한 재화가 환입된 경우 재화가 환입된 날을 작성일자로 적고 비고란에 당초 세금계산서 작성일자를 부기한 후 붉은색 글씨로 쓰거나 부(負)의 표시를 하여 발급한다.

[23]

유형	매출과세	공급가액	5,000,000	세액	500,000

(차) 외상매출금	5,500,000	(대)	제 품 매 출	5,000,000
			부가세예수금	500,000

☞ 수출임가공용역계약의 경우 수출업자와 직접 도급계약에 의한 경우만 영세율이 적용되며 기타의 경우에는 영세율이 적용되지 아니한다.

[24]

유형	매출과세	공급가액	888,000	세액	88,800

(차) 외상매출금 976,800 (대) 제 품 매 출 888,000
부가세예수금 88,800

☞ 총매출액(공급가액) : 1,000,000원 사전에누리(대량구매) : △100,000원
매출환입 : △10개×1,000원= △10,000원 매출에누리(하자)=20개×△100원=△2,000원
순매출액(공급가액)=1,000,000−100,000 - 10,000−2,000=888,000원

[25]

-5월20일자 수정세금계산서(당초세금계산서 취소)

유형	매출과세	공급가액	-1,000,000	세액	-100,000

(차) 외상매출금 -1,100,000 (대) 제 품 매 출 -1,000,000
부가세예수금 -100,000

-5월 20일자 수정세금계산서(영세율수정세금계산서)

유형	매출영세	공급가액	1,000,000	세액	0

(차) 외상매출금 1,000,000 (대) 제 품 매 출 1,000,000

[26]

유형	매출과세	공급가액	2,000,000	세액	200,000

(차) 선수금 8,000,000 (대) 제 품 매 출 10,000,000
보통예금 2,200,000 부가세예수금 200,000

☞ 완성도지급기준의 경우 부가가치세법상의 공급시기는 대가의 각 부분을 받기로 한 때이다.

[27]

유형	매출건별	공급가액	10,000,000	세액	1,000,000

(차) 판매장려금 8,000,000 (대) 제품(타계정으로대체) 7,000,000
부가세예수금 1,000,000

☞ 판매장려금의 경우 금전으로 지급하는 경우에는 재화의 공급에 해당하지 아니하며 현물로 지급하는 경우에는 사업상 증여이므로 현물의 시가를 과세표준으로 한다.

[28]

유형	매입과세	공급가액	20,000,000	세액	2,000,000

(차) 원재료 23,000,000 (대) 선 급 금 3,000,000
부가세대급금 2,000,000 보통예금 22,000,000

-선세금계산서 수취시

(차) 선 급 금 3,000,000 (대) 현금 등 3,300,000
부가세대급금 300,000

[29]

유형	매출수출	공급가액	22,000,000	세액	0

(차) 선수금 2,600,000 (대) 제 품 매 출 22,000,000
외상매출금 19,800,000 외환차익 400,000

☞ 계약금을 외화상태로 보유한 경우 과세표준은 선적일의 기준환율을 적용한다.
과세표준=$20,000×1,100원/$=22,000,000원
외상매출금=$18,000×1,100원/$=19,800,000원

☞ 계약금을 환가한 경우 과세표준
과세표준=2,600,000(환가시)+$18,000×1,100원/$=22,400,000원으로 하고, 회계처리는 위처럼 하면 된다.

[30] -계산서

유형	매입면세	공급가액	100,000,000	세액	0

-세금계산서

유형	매입과세	공급가액	50,000,000	세액	5,000,000

(차) 토 지 100,000,000 (대) 현 금 155,000,000
건 물 50,000,000
부가세대급금 5,000.000

☞ 건물의 과세표준 $= 150,000,000 \times \frac{40,000,000}{120,000,000} = 50,000,000$원

[31] (차) 외상매입금((주)금성) 12,230,000 (대) 보 통 예 금 12,500,000
수수료비용(판) 10,000 현 금 10,000
외 환 차 손 270,000

[32] (차) 사채할증발행차금 3,000,000 (대) 이자비용 3,000,000

☞ 사채할증발행차금 상각은 유효이자율법을 적용하는 것이 원칙이며 사채할증발행차금 상각액은 이자비용감소를 초래한다.

[33] (차) 제품보증비(판) 800,000 (대) 장기제품보증부채 800,000

☞ 충당부채설정액=200,000,000 × 1%−1,200,000=800,000원

[34] -단기매매증권일 경우
(차) 단 기 매 매 증 권 500,000 (대) 단기매매증권평가익 500,000

☞ 단기매매증권평가손익=공정가액−장부가액=8,400,000−7,900,000=500,000원(평가익)

-매도가능증권일 경우
(차) 매 도 가 능 증 권 500,000 (대) 매도가능증권평가손 200,000
매도가능증권평가익 300,000

☞ 매도가능증권평가손익=공정가액(8,400,000)−취득가액(8,100,000)=300,000원(평가익)

[35]

(차)	현금	14,930,000	(대) 단기매매증권	14,750,000
	단기매매증권처분손실	120,000	이자수익	300,000

[유가증권(채권) – 중도처분]

1.처분가액	14,930,000
2.장부가액	1.장부가액(1/1) = 14,750,000 2.경과기간에 대한 액면이자 = 15,000,000×3%×8/12(1.1~8.31) = 300,000(이자수익)
3.처분손익	처분가액 – 장부가액 = △120,000원(처분손실)

[36]

(차)	부가세예수금	40,000,000	(대) 부가세대급금	32,000,000
	대손충당금	50,000,000	외상매출금	55,000,000
			미지급세금	3,000,000

[대손처리]

(차)	부가세예수금	5,000,000	(대) 외상매출금	55,000,000
	대손충당금	50,000,000		

[부가세 회계처리]

(차)	부가세예수금	35,000,000	(대) 부가세대급금	32,000,000
			미지급세금	3,000,000

[37]

(차)	법인세비용	77,500,000	(대) 선 납 세 금	7,000,000
			미지급세금	70,500,000

- **법인세차감전순이익 = 500,000,000원**
- **법인세산출세액 = 18,000,000원 + (500,000,000원 – 200,000,000원) × 19% = 75,000,000원**
  - **① 75,000,000 – 감면세액(5,000,000) = 70,000,000원**
  - **② 법인세분 지방소득세 = 법인세 산출세액(75,000,000) × 10%(가정) = 7,500,000원**
- **법인세 등 = 법인세(70,000,000) + 지방소득세(7,500,000) = 77,500,000원**

Part II

원가회계

Chapter

핵심요약 1

로그인 전산세무1급 핵심요약 및 기출문제

1 조업도 변화에 따른 고정비와 변동비

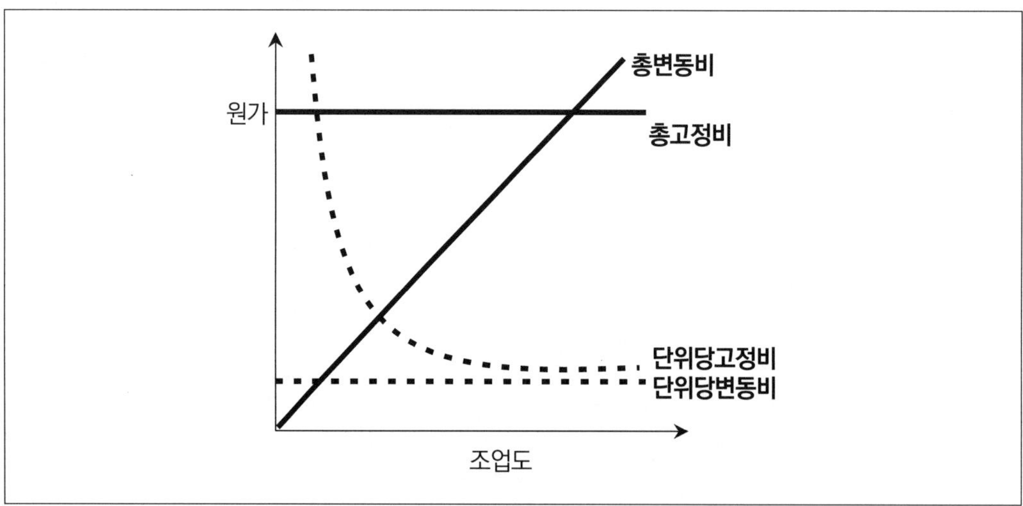

2 원가계산의 종류 : <u>상이한 목적에 따라 상이한 원가가 사용</u>

<table>
<tr><th>생산형태</th><th>원가계산의 범위</th><th>원가측정방법</th></tr>
<tr><td rowspan="2">개별원가계산</td><td rowspan="2">전부원가계산
(제품원가 : 제조원가)</td><td>실제원가계산
(실제발생액)</td></tr>
<tr><td rowspan="2">정상원가계산
(제조간접비예정배부)</td></tr>
<tr><td rowspan="2">종합원가계산</td><td rowspan="2">변동(직접)원가계산
(제품원가 : 변동비)</td></tr>
<tr><td>표준원가계산
(직재, 직노, 제간 표준설정)</td></tr>
</table>

3 개별원가계산 VS 종합원가계산

구 분	개별(작업별)원가계산	종합원가계산
적용생산형태	**주문생산(다품종소량생산)**	**대량연속생산(소품종대량생산)**
업 종	조선업, 건설업, 항공기제조업	자동차, 전자제품, 정유업
원 가 계 산	**작업별원가계산 (제조지시서, 작업원가표)**	**공정별원가계산 (제조원가보고서)**
특 징	1. **<u>정확한 원가계산</u>** 2. 시간과 비용이 과다 (직 · 간접비 구분) 3. **핵심과제 : 제조간접비 배부**	1. **<u>지나친 단순화로 정확도가 떨어진다.</u>** 2. 시간과 비용이 절약 (투입시점에 따라 원가구분) 3. **핵심과제 : 완성품환산량**

4 정상(예정)개별원가

1. 기초에 예정배부율 산출
제조간접비 예정배부율 = 제조간접비 예산액/예정조업도(기준조업도)

2. 기중에 실제조업도에 따라 배부
① 제조간접비 예정배부액 = **<u>개별작업의 실제조업도 × 제조간접비 예정배부율</u>**
② 제조간접비 실제발생액 집계
③ 제조간접비 배부차이 집계

3. <u>기말에 제조간접비 배부차이를 조정</u>

<과대배부와 과소배부> 

1. 과대배부 : 실제발생액 < 예정배부액

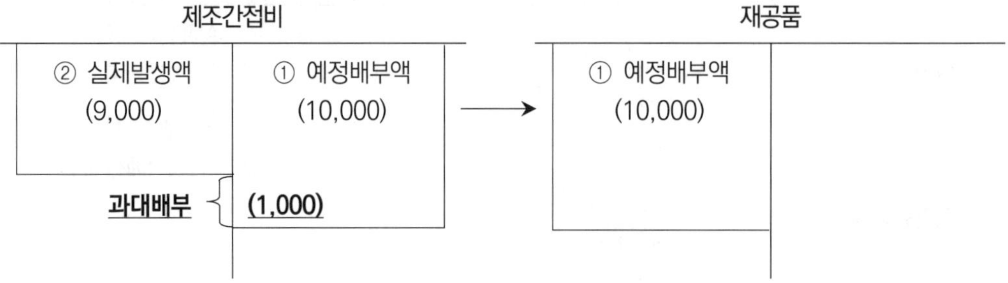

2. 과소배부 : 실제발생액 > 예정배부액

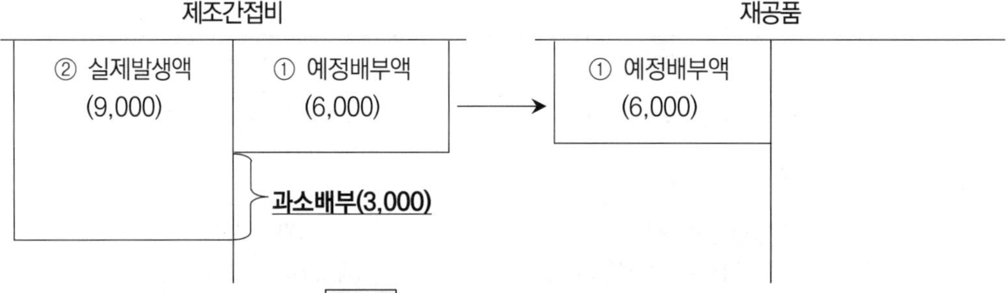

3. 제조간접비 배부차이 조정 

무배분법	1. 매출원가조정법
	2. 영업외손익조정법
비례배분법	3. 총원가기준비례배분법 : 기말재공품, 기말제품, 매출원가의 기말잔액 비율에 따라 배분
	4. 원가요소별비례배분법 ; 기말재공품, 기말제품, 매출원가에 포함된 제조간접비 비율에 따라 배분 → 가장 정확하다.

5 종합원가계산(선입선출법과 평균법)

선입선출법과 평균법의 차이	1. 기초재공품의 완성품 환산량차이임. 2. **평균법의 완성품환산량 = 선입선출법의 완성품환산량 + 기초재공품의 완성품환산량** 3. **If 기초재공품이 없다면 선입선출법 = 평균법**
선입선출법의 우월성	1. 당기와 전기의 완성품 환산량당 단위원가를 구분 계산하므로, 전기와 당기성과가 구분된다 → 원가통제, 성과측정면에서 유리 2. 실제물량흐름과 유사하고, 표준종합원가계산의 적용에 용이

6 공손

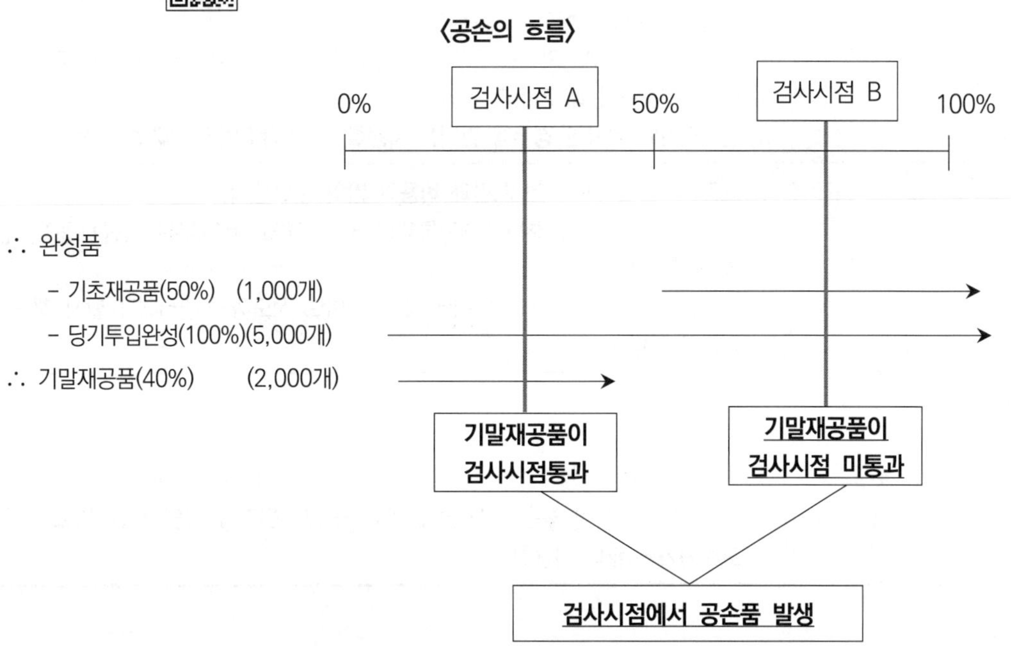

정상공손원가	**제조원가**	기말재공품이 **검사시점 통과**	완성품과 기말재공품에 배부
		기말재공품이 **검사시점 미통과**	완성품에만 배부
비정상공손원가	**영업외비용**		

☞ 작업폐물(scrap) : 원재료로부터 발생하는 찌꺼기나 조각을 말하는데 판매가치가 적은 것을 말한다.

7 결합원가 : 정유업 : 원유, 가솔린, 등유, 경유 낙농업 : 우유, 버터, 치즈

<table>
<tr><td>1. 물량기준법</td><td colspan="2">•분리점에서 연산품의 생산량, 중량, 부피, 면적 등을 기준으로 결합원가를 배분</td></tr>
<tr><td rowspan="2">2. 분리점에서 시장가치법</td><td>1. 판매가치법</td><td>• 분리점에서 상대적 판매가치를 기준으로 배분</td></tr>
<tr><td>2. 순실현가치법</td><td>• <u>최종판매시점에서 순실현가치(제품의 최종판매가액－추가가공원가－판매비)</u>를 기준으로 배분하는 방법</td></tr>
<tr><td>3. 균등이익율법</td><td colspan="2">• 연산품의 매출총이익율이 모두 동일하도록 결합원가를 배분</td></tr>
</table>

8 표준원가 계산의 유용성 및 한계

<table>
<tr><td>1. 유용성</td><td>1. 표준원가(SQ×SP)를 이용하여 제품원가계산을 한다.
2. 제품단위원가가 변동되지 않는다.
3. 실제원가(AQ×AP)와 표준원가와의 차이를 분석함으로써 <u>성과평가에 유용</u>하다.
4. 예산을 편성하는데 기초가 된다.
5. 실제원가와 유사한 경우에 편의상 사용할 수 있다.(기업회계기준 수용)</td></tr>
<tr><td>2. 한 계</td><td>1. 표준원가를 설정하는데 <u>시간과 비용이 많이 소요</u>된다.
2. 표준원가는 재무적 측정치(원가통제)만을 강조하고 <u>비재무적 측정치(품질, 납기 등)을 도외시</u>한다.
3. 표준원가와 실제원가와의 차이에 대해서 어느 정도까지 관리해야 할지 <u>객관적인 기준이 없다</u>.</td></tr>
<tr><td>3. 종류</td><td>1. 이상적 표준
2. 정상적 표준
3. <u>현실적 표준</u> : 달성가능한 표준원가로서 종업원의 동기부여에 긍정적인 영향을 미친다. 현재 <u>표준원가계산제도에서의 표준원가라 하면</u> 일반적으로 현실적 표준원가를 많이 사용하고 있다.</td></tr>
</table>

9 표준원가의 차이분석 

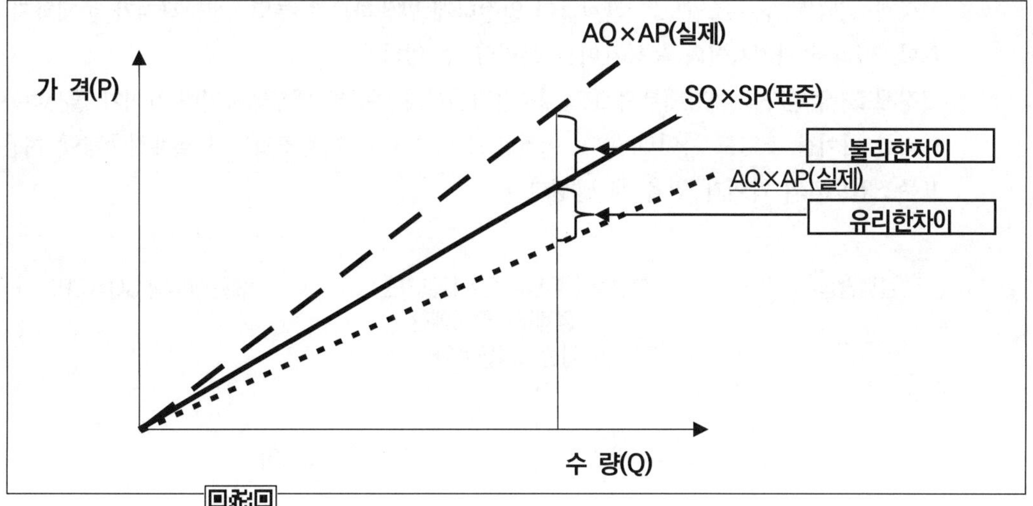

1. 변동제조원가

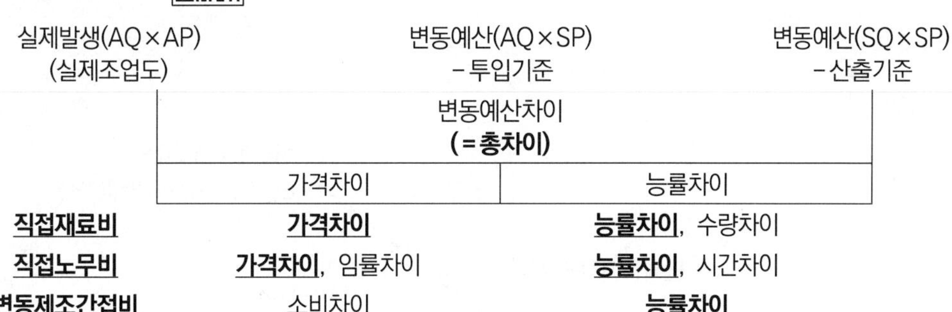

	가격차이	능률차이
직접재료비	**가격차이**	**능률차이**, 수량차이
직접노무비	**가격차이**, 임률차이	**능률차이**, 시간차이
변동제조간접비	소비차이	**능률차이**

AQ : 실제투입량 　　　　　　　　　　AP : 실제가격
SQ : 실제산출량에 허용된 표준투입량(표준조업도) 　　SP : 표준가격

※ 재료가격차이를 **구입시점에서 분리**하는 경우(직접재료비) 

[구입시점]

[사용시점]

AQu×SP 　　　　SQ×SP
능률차이

AQp : 직접재료의 실제구입량
AQu : 직접재료의 실제사용량

[재료가격차이를 구입시점에서 분리하는 경우 장점]

① 원가차이의 계산은 빠를수록 좋다.(생산, 구매부서의 성과측정)

② 원가흐름의 가정이 필요없게 되어 회계처리가 간편해진다.

2. 고정제조원가

① 고정제조간접원가는 **조업도와 관계없이 일정하게 발생하므로 투입-산출관계가 존재하지 않는다.** 따라서 **가격차이와 능률차이로 분리할 수 없다.**

② **고정제조간접원가를 예정배부시 고정제조간접원가의 예산과 배부액사이에 차이가 발생하는데 이러한 차이를 조업도 차이**라 한다. 이러한 조업도차이는 **기준조업도와 실제산출량에 허용된 표준조업도와의 차이가 있을 때 발생**한다.

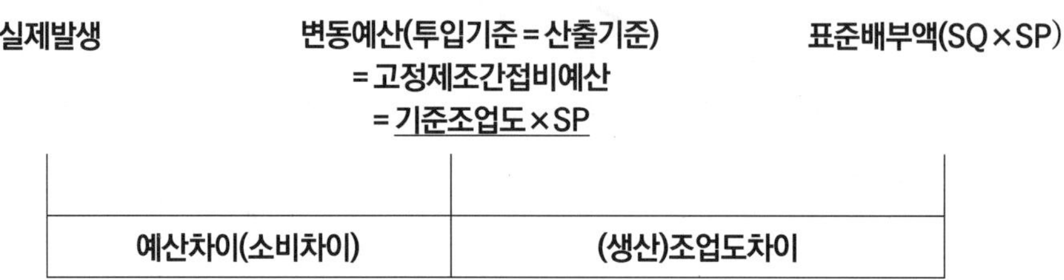

〈조업도 차이〉

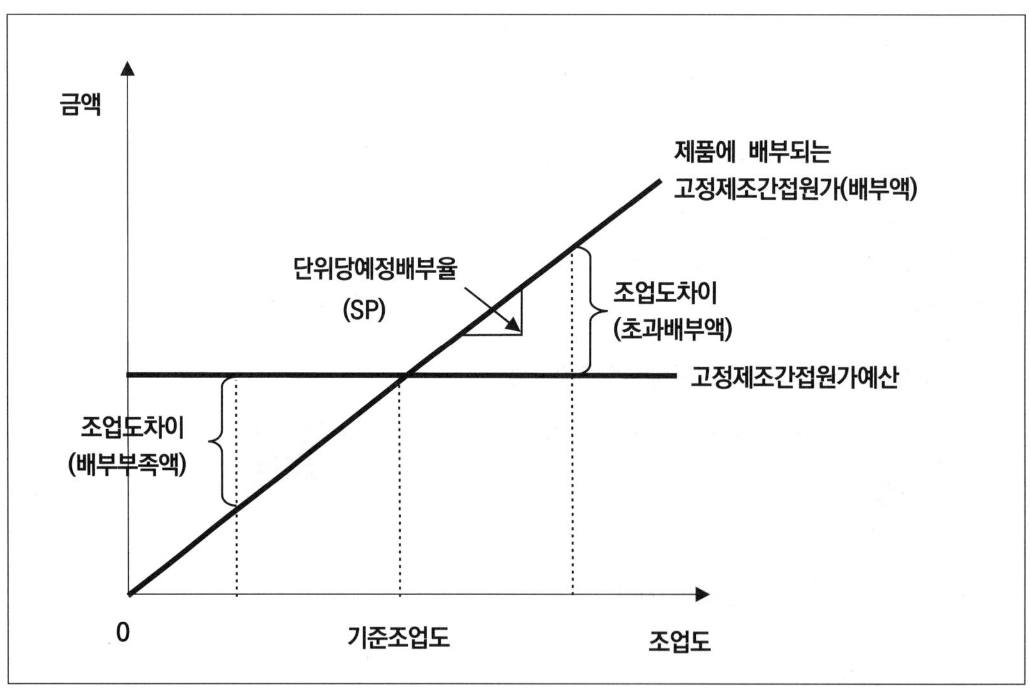

3. 원가차이발생

	직접재료비	직접노무비	제조간접비
가격차이 (임률차이 소비차이)	- 재료시장의 가격변동 - 긴급주문 - 가격할인	- 임률의 변경 - 정시외 작업증가	- 물가의 변동 - 계절적인 소비량의 증가 - 예산편성의 오류
능률차이 (수량차이 시간차이)	- 생산방법의 변경 - 불량재료 사용 - 가공상의 실패	- 근로자의 과다배치 - 작업방법의 변경 - 작업자의 불성실	- 능률차이 : 직접노무비와 동일 - 조업도차이 : 제품수요감퇴 / 기계고장/생산계획의 차질

10 표준종합원가계산의 특징

1. 완성품 환산량단위당 원가를 계산하지 않는다.
2. 선입선출법을 적용해야 한다.
3. 기초재공품원가와 당기발생원가는 역산해서 구한다.

Chapter

원가계산 2

01. 다음의 원가자료를 이용하여 다음을 계산하시오.

1. 당기총제조원가는 20,000,000원이다.
2. 직접재료비는 당기총제조원가의 30%이다.
3. 제조간접비는 직접노무비의 60%이다.

① 기초원가(기본원가)

② 가공원가(전환원가)

02. 다음 자료를 참고하여 1월 중 제조간접비를 계산하시오.

- 1월 중 500,000원의 직접재료를 구입하였다.
- 1월 중 직접노무비는 300,000원이었다.
- 1월 중 직접경비인 외주가공비는 200,000원이었다.
- 1월 중 매출액은 1,300,000원이며, 원가에 30%의 이익을 가산하여 결정한다.
- 재공품과 제품의 기초재고와 기말재고는 같다.
- 원재료의 1월초 재고가 200,000원이었고, 1월말 재고가 600,000원이다.

03. (주)로그인의 매출총이익은 매출액의 20%를 설정하고 있다. 다음 자료를 이용하여 (주)로그인의 기말 재공품을 구하시오.

직 접 재 료 비	3,000,000원	직 접 노 무 비	5,000,000원
제 조 간 접 비	2,000,000원	기 말 재 공 품	?
기 초 제 품	4,000,000원	기 말 제 품	7,000,000원
당 기 매 출 액	12,000,000원	기 초 재 공 품	6,000,000원

04. 다음 자료에 의하여 당기제품제조원가를 계산하시오.

- 기초재공품재고액 : 300,000원
- 기초원가 : 1,000,000원
- 기말재공품재고액 : 400,000원
- 가공원가 : 1,200,000원
- 제조간접원가는 직접노무원가의 2배만큼 비례하여 발생한다.

05. 다음 자료에 의하여 기말재공품 가액을 구하시오.

- 기초원재료 : 100,000원
- 당기매입원재료 : 500,000원
- 기말원재료 : 200,000원
- 직접노무비 : 1,000,000원
- 기초재공품 : 1,000,000원
- 외주가공비 : 400,000원
- 당기제품제조원가 : 2,500,000원
- 제조간접비는 직접노무비의 120%를 부과하고 있다.

06. 다음 자료를 이용하여 당기 말 제품재고액을 계산하시오.

1) 당기 말 재공품은 전기 말에 비해 500,000원 증가하였다.
2) 전기 말 제품재고는 500,000원이었다.
3) 당기 중 발생원가집계
   - 직접노무비 : 400,000원
   - 직접재료비 : 300,000원
   - 변동제조간접비 : 500,000원
   - 고정제조간접비 : 600,000원
4) 당기 손익계산서상 매출원가는 1,500,000원이다.

07. ㈜로그인의 전력부문은 조립부문 및 절단부문에 용역을 공급하고 있다. 전력부문에서 발생된 원가는 변동비가 400,000원이고 고정비가 600,000원이다. 전력부문에서 발생된 원가를 조립부문 및 절단부문에 배부하고자 한다. 다음과 같이 배부할 경우 금액을 구하시오.

구 분	조립부문	절단부문	합 계
실제제공시간	400시간	600시간	1,000시간
최대제공시간	900시간	600시간	1,500시간

① 단일배부율법(실제제공시간으로 배부하고자 한다.)

② 이중배부율법

08. 제조부문(조립,절단) 과 보조부문(식당, 전력)이 있다. 각 부문의 용역수수관계와 제조간접비 발생원가가 다음과 같다. 배부후 조립과 절단 부문의 총제조간접비는 얼마인가?

	보조부문		제조부문		
	식당	전력	조립	절단	합 계
자기부문발생액	200,000원	300,000원	300,000원	200,000원	1,000,000원
[용역공급비율]					
식당		20%	40%	40%	100%
전력	50%		30%	20%	100%

① 직접배부법

② 단계배부법(식당부문부터 먼저 배분한다.)

09. ㈜두인의 공장에는 두 개의 보조부문 X, Y와 두 개의 제조부문 A, B가 있다. 상호배분법에 의해 보조부문의 원가를 제조부문에 배부할 경우 B에 배부될 보조부문의 원가는 얼마인가?

구분	X	Y	A	B	합계
X	–	10%	30%	60%	100%
Y	20%	–	40%	40%	100%
발생원가	200,000원	470,000원	3,000,000원	3,700,000원	

원/가/계/산 답안

[1] 직접재료비 = 20,000,000원 × 30% = 6,000,000원,　　직접노무비를 x라 하면,

가공원가 = 직접노무비 + 제조간접비 = x + 0.6x = **<u>14,000,000원②</u>**

직접노무비(x) = 14,000,000원 ÷ 1.6 = 8,750,000원

기초원가 = 직접재료비 + 직접노무비 = 6,000,000원 + 8,750,000원 = **<u>14,750,000원①</u>**

[2] 매출원가 : 1,300,000/1.3 = 1,000,000원

원 재 료

차변	금액	대변	금액
기초재고	200,000	**직접재료비**	**100,000**
매　　입	500,000	기말재고	600,000
계	700,000	계	700,000

재고자산(재공품 + 제품)

차변	금액	대변	금액
기초재고(재공품 + 제품)	0	**매출원가**	**1,000,000**
당기총제조비용	1,000,000	기말재고(재공품 + 제품)	0
합　　계	1,000,000	합　　계	1,000,000

당기총제조비용 = 직접재료비 + 직접노무비 + 직접경비 + 제조간접비

1,000,000 = 100,000 + 300,000 + 200,000 + 제조간접비　　　　∴ ***<u>제조간접비 400,000</u>***

[3] 매출원가 : 12,000,000원 × 80% = 9,600,000원

제　　품

차변	금액	대변	금액
기　　초	4,000,000	매출원가	9,600,000
당기제품제조원가	12,600,000	기　　말	7,000,000
	16,600,000		16,600,000

재 공 품

차변	금액	대변	금액
기　초	**6,000,000**	당기제품제조원가	12,600,000
직접재료비	3,000,000		
직접노무비	5,000,000		
제조간접비	2,000,000	**<u>기　　말(?)</u>**	**<u>3,400,000</u>**
	16,000,000		16,000,000

[4] 기초원가 = 직접재료원가 + 직접노무원가 = 1,000,000원

가공원가 = 직접노무원가 + 제조간접원가(직접노무원가 × 2) = 1,200,000원

따라서 직접노무원가는 400,000원이다.

당기총제조비용 = 1,000,000(기초원가) + 400,000 × 2(제조간접원가) = 1,800,000원

재 공 품

기초재고	300,000	**당기제품제조원가(?)**	**1,700,000**
당기총제조비용	1,800,000	기말재고	400,000
	2,100,000		2,100,000

[5]

원재료

기초재고	100,000	**직접재료비(?)**	**400,000**
매입	500,000	기말재고	200,000
계	600,000	계	600,000

재공품

기초재고	1,000,000	당기제품제조원가	2,500,000
직접재료비	400,000		
직접노무비	1,000,000		
직접경비(외주가공비)	**400,000**	**기말재고(?)**	**1,500,000**
제조간접비	**1,200,000**		
계	4,000,000	계	4,000,000

[6]

재공품

기초재고	0	당기제품제조원가	1,300,000
직접재료비	300,000		
직접노무비	400,000		
제조간접비	1,100,000	기말재고	500,000
계	1,800,000	계	1,800,000

제 품

기초재고	500,000	매출원가	1,500,000
제품	1,300,000	**기말재고(?)**	**300,000**
계	1,800,000	계	1,800,000

[7] ① 단일배부율법

구 분	실제제공시간	총원가	배부원가
조립부문	400시간(40%)	1,000,000원	400,000원
절단부문	600시간(60%)		**600,000원**
합 계	1,000시간	1,000,000원	1,000,000원

② 이중배부율법

구 분	① 변동원가 (실제제공시간 기준)	② 고정원가 (최대제공시간기준)	③ 총배부원가 (=①+②)
조립부문	160,000원(40%)	360,000원(60%)	520,000원
절단부문	240,000원(60%)	240,000원(40%)	**480,000원**
합 계	400,000원	600,000원	1,000,000원

[8] 식당에서 식당으로의 용역공급을 자기부문 소비용역이라 하는데 배부시 고려할 필요가 없다.

① 직접배분법

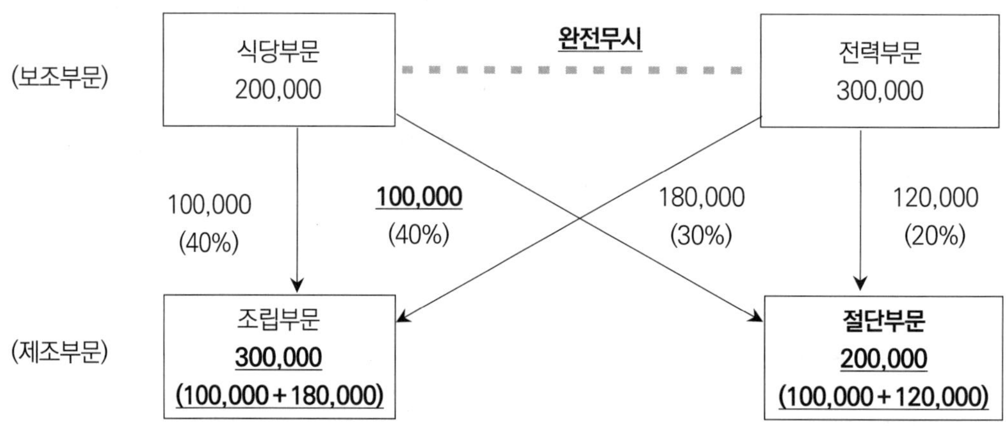

② 단계배분법

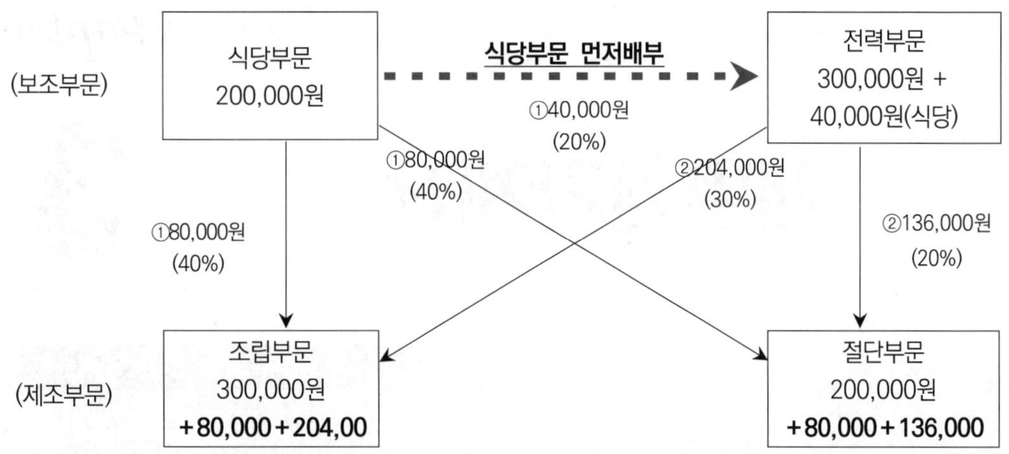

제공부문 \ 사용부문		보조부문		제조부문	
		식당부문	전력부문	조립부문	절단부문
배부전원가		200,000	300,000	**300,000**	**200,000**
보조부문배부	식당부문(20% : 40% : 40%)	(200,000)	40,000	**80,000**	**80,000**
	전력부문(0 : 30% : 20%)	–	(340,000)	**204,000**	**136,000**
보조부문 배부후 제조간접비		–	–	**584,000**	**416,000**

[9]

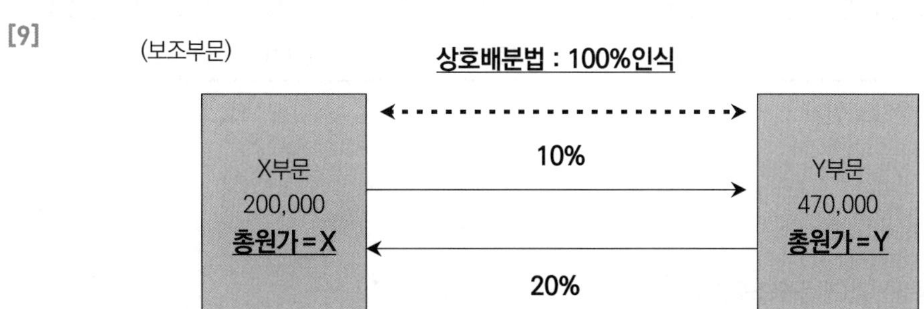

X=X부문발생원가(200,000)+Y부문에서 배부받은 원가(Y×20%)=200,000+0.2Y
Y=Y부문발생원가(470,000)+X부문에서 배부받은 원가(X×10%)=470,000+0.1X

X=300,000원, Y=500,000원

B에 배부될 보조부문원가=(300,000×0.6)+(500,000×0.4)=380,000원

Chapter

개별원가계산

3

01. 개별원가계산을 채택하고 있는 로그인(주)의 생산과 관련한 원자자료는 다음과 같으며, 당기말 현재 제조지시서 #101 · #102가 완성되었고, #103은 미완성상태인 경우 다음 물음에 답하시오.

제조지시서	#101	#102	#103	계
전기이월	5,000			5,000
직접재료비	3,000	5,000	2,000	10,000
직접노무비	3,000	4,000	2,000	9,000
제조간접비	2,000	3,000	2,000	7,000
계	13,000	12,000	6,000	31,000

① 당기총제조원가

② 완성품원가(제품제조원가)

③ 기말재공품원가

02. 당기 제조간접원가 200,000원을 직접재료원가에 비례하여 배부하는 경우 다음을 계산하시오. 단, 기초 재고자산은 없고, 다음 세가지 제품 중 NO.1과 NO.2는 완성되었고 NO.3는 미완성이다.

구분	NO.1	NO.2	NO.3	합계
직접재료원가	120,000원	120,000원	160,000원	400,000원
직접노무원가	120,000원	130,000원	120,000원	370,000원

① 완성품원가(제품제조원가)

② 기말재공품원가

03. (주)로그인은 개별원가계산제도를 채택하고 있으며, 제품 A의 작업원가표는 아래와 같을 때 제품 A의 제조원가는 얼마인가?

• 직접재료 투입액	100,000원
• 직접노동시간	100시간
• 직접노무원가 임률	500원/시간
• 기계사용시간	300시간
• 제조간접원가 예정배부율(기계시간당)	1,000원

04. (주)로그인은 제조간접비를 직접노무시간을 기준으로 배부하고 있다. 당해 제조간접비 배부차이는 100,000원이 과대배부 되었다. 당기말 현재 실제제조간접비발생액은 6,000,000원이고, 실제직접노무시간이 1,000시간일 경우 예정배부율은 얼마인가?

05. (주)로그인은 직접노동시간에 근거하여 제조간접비를 예정배부하고 있다. 실제직접노동시간은 800시간이었고, 예정직접노동시간은 1,000시간이었다. 실제제조간접비는 4,000,000원 발생했다. 만일 제조간접비를 200,000 과소배부했다면 제조간접비 노동시간당 예정배부율은 얼마인가?

06. 로그인전자는 제조간접비를 직접노무시간을 기준으로 예정배부하고 있다. 당해 연도 초의 예상직접노무시간은 1,200시간이다. 당기 말 현재 실제제조간접비 발생액이 1,200,000원이고 실제 직접노무시간이 1,000시간일 때 제조간접비 배부차이가 300,000원 과대배부된 경우 당해 연도초의 제조간접비 예산액을 계산하시오.

07. 다음 자료를 보고 제조간접원가 과소배부액 1,500,000원을 총원가비례법을 적용하여 배부할 경우 기말재공품, 제품, 매출원가의 금액을 계산하시오.

원가구분	재공품	제품	매출원가
직접재료비	1,500,000원	1,500,000원	1,000,000원
직접노무비	1,500,000원	2,500,000원	1,500,000원
제조간접비	1,500,000원	1,500,000원	2,500,000원
합계	4,500,000원	5,500,000원	5,000,000원

08. 정상(예정)원가계산하에서 제조간접비 배부차이를 총원가비례배분법으로 배부한다고 가정할 때 기말재공품, 제품, 매출원가의 금액을 계산하시오.

1. 재조간접비 실제발생액 : 10,000,000원
2. 기말재공품 : 2,000,000원
3. 기말제품 : 4,000,000원
4. 매출원가 : 10,000,000원
5. 제조간접비 예정배부액 : 14,000,000원

※ 기초재공품과 기초제품은 없는 것으로 가정한다.

09. 제조간접비 예정배부율법에 의하여 원가계산을 하고 있으며 기말에 제조간접비 배부차액을 총원가비례법에 의하여 조정하고 있을 때 기말재공품, 제품, 매출원가의 금액을 계산하시오.

매출원가	기말재공품	기말제품
50,000원	20,000원	30,000원
기말재공품을 감소시키는 제조간접비 배부차액조정액은 3,000원이다.		

개별원가계산 답안

[1] #101, #102은 완성품, #103은 기말재공품

재 공 품

차변	금액	대변	금액
기 초	**5,000**	당기제품제조원가 (#101,#102)	② **25,000**
직접재료비	10,000		
직접노무비	9,000		
제조간접비	7,000	기말(#103)	③ **6,000**
	31,000		

당기총제조원가 = 직접재료비(10,000) + 직접노무비(9,000) + 제조간접비(7,000) = *26,000원①*

[2]

구분	NO.1(완성품)	NO.2(완성품)	NO.3(재공품)	합계
직접재료원가	120,000원(30%)	120,000원(30%)	160,000원(40%)	400,000원(100%)
직접노무원가	120,000원	130,000원	120,000원	370,000원
제조간접원가	60,000원(30%)	60,000원(30%)	80,000원(40%)	200,000원(100%)
계	**①300,000원**	**①310,000원**	**② 360,000원**	970,000원

① 완성품원가 : 610,000원 ② 기말재공품원가 : 360,000원

[3] 제조원가 = 직접재료비 + 직접노무비 + 제조간접비
= 100,000원 + 100시간 × 500원/시간 + 300시간 × 1,000원 = ***450,000원***

[4]

제조간접비

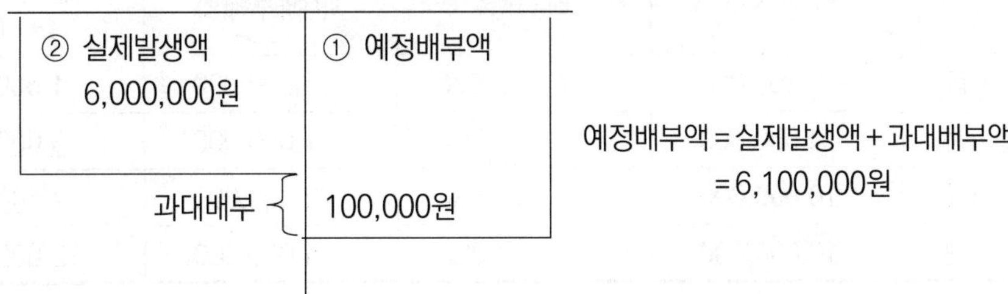

예정배부액(6,100,000) = 예정배부율 × 실제조업도(1,000시간) ∴ **예정배부율 = 6,100원/직접노무시간**

[5]

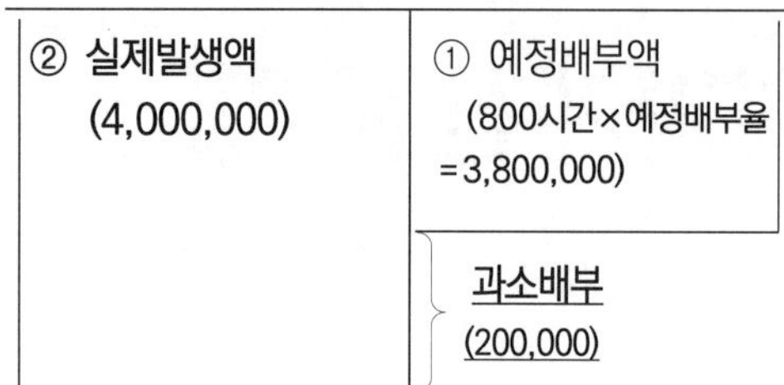

따라서 ***예정배부율은 4,750원/직접노무시간***이다.

[6]

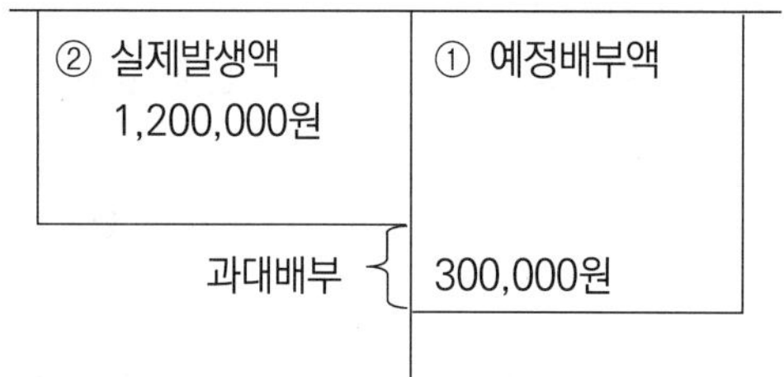

예정배부액 = 실제발생액 + 과대배부액
= 1,500,000원

예정배부액(1,500,000) = 예정배부율 × 실제조업도(1,000시간)

예정배부율 = 1,500원/직접노무시간

예정배부율(1,500원) = 제조간접비예산(?)/예정조업도(1,200시간)

제조간접비 예산(추정제조간접비) = 1,500원 × 1,200시간 = 1,800,000원

[7]

	총원가(A)	배분비율	과소배부액(B)	배부후 가액(A+B)
재 공 품	4,500,000	30%	450,000	***4,950,000***
제 품	5,500,000	36.67%	550,000	***6,050,000***
매출원가	5,000,000	33.33%	500,000	***5,500,000***
합 계	15,000,000	100%	1,500,000	16,500,000

[8] 과대배부액 = 예정배부액 - 실제발생액 = 4,000,000

	총원가(A)	배분비율	과대배부액(B)	배분후 가액 (A-B)
재 공 품	2,000,000	12.5%	500,000	**1,500,000**
제 품	4,000,000	25%	1,000,000	**3,000,000**
매출원가	**10,000,000**	62.5%	2,500,000	**7,500,000**
합 계	16,000,000	100%	4,000,000	12,000,000

[9] 제조간접비 배부차액 = 재공품배부차액 조정액/원가요소비율 = 3,000원/20% = 15,000원

구　분	총원가 (A)	원가요소비율	제조간접비 배부 차액(과대배부) - B	배부후 가액 (A - B)
매출 원가	50,000원	50%	7,500원	**42,500원**
기말재공품	20,000원	20%	3,000원	**17,000원**
기말 제품	30,000원	30%	4,500원	**25,500원**
합　계	100,000원		**15,000원**	85,000원

Chapter

종합원가/결합원가계산

4

01. 다음 자료를 보고 종합원가계산시 당기에 완성된 제품의 제조원가와 기말재공품을 구하시오. **재료는 공정초기에 모두 투입되고 가공비는 공정전반에 걸쳐 균등하게 투입된다.**

- 기초재공품 원가 – 재료비 : 13,000원, 가공비 : 23,320원
- 당기총제조 비용 – 재료비 : 35,000원, 가공비 : 39,680원
- 기초재공품 수량 – 100개(완성도 : 40%)
- 기말재공품 수량 – 200개(완성도 : 50%)
- 당기완성품 수량 – 600개

① 평균법

② 선입선출법

02. **재료비 및 가공비가 공정전반에 걸쳐 균등하게 발생하는 경우** 완성품 환산량 단위당 원가를 하시오.

구 분	월초재공품	당월제조원가	당월완성품	월말재공품
재료비	27,000원	123,000원		
가공비	52,000원	158,000원		
수 량	80개(완성도 50%)		250개	100개(완성도 50%)

① 평균법

② 선입선출법

03. 다음은 ㈜로그인의 제조활동과 관련하여 발생한 자료이다. 당기 중에 발생한 정상공손 및 비정상공손 수량은? (단, 공손품을 제외한 파손품이나 작업폐물은 없는 것으로 전제한다.)

- 기 초 재 공 품 : 200개
- 기 말 재 공 품 : 300개
- 당 기 착 수 량 : 3,000개
- 당기완성수량 : 2,500개
- 완성품의 10%를 정상공손품이라 가정한다.

04. (주)로그인은 평균법에 의한 종합원가계산을 실시하고 있다. 재료는 공정의 초기에 전량 투입되고 가공비는 제조진행에 따라 균등하게 발생한다. 다음 자료를 이용하여 정상공손수량과 비정상공손수량을 계산하면 각각 얼마인가?

- 기초재공품 500개(완성도 60%)
- 당기착수량 6,500개
- 완성품수량 5,200개
- 공 손 품 800개

다만, 검사는 완성도 50%인 시점에서 실시하고, 당기 검사에서 합격한 수량의 10%는 정상공손으로 간주한다. 기말재공품의 완성도는 70%이다.

05. (주)로그인은 품질검사를 통과한 정상품(양품)의 10%만을 정상공손으로 간주하며 나머지는 비정상공손이다. 다음 물음에 답하시오.

재 공 품	
기초재공품 100개(완성도 45%) 당기투입분 900개	당기완성품 700개 공 손 품 100개 기말재공품 200개(완성도 45%)
계 1,000개	계 1,000개

① 품질검사를 공정의 40%시점에서 한다고 가정하였을 경우에 정상공손품 수량은?

② 품질검사를 공정의 50%시점에서 한다고 가정하였을 경우에 정상공손품 수량은?

06. 로그인(주)는 동일한 원재료를 투입하여 동일한 공정에서 A, B, C 세 가지의 등급품을 생산하고 있다. 세 가지 제품에 공통적으로 투입된 결합원가 5,000,000원을 각 제품에 배부하고자 한다. 다음 자료에 의하여 결합원가 중 배부될 결합원가를 계산하시오, 비율계산시 소숫점 2째자리까지 계산하시오.

구분	생산량 (개)	분리점에서의 단위당 판매가격(원)	추가가공원가 (원)	판매시점에서의 단위당 판매가격(원)
A	300	30,000	5,000,000	50,000
B	400	50,000	1,000,000	50,000
C	300	40,000	3,000,000	80,000

① 물량기준법

② 판매가치기준법

③ 순실현가치법

종합원가/결합원가계산 답안

[1] ① 평균법

〈1단계〉 물량흐름파악 〈2단계〉 완성품환산량 계산

평균법		재료비	가공비
완 성 품	600	600	600
기말재공품	200(50%)	200	100
계	800	800	700

	재료비	가공비
〈3단계〉 원가요약	13,000 + 35,000 = 48,000	23,320 + 39,680 = 63,000
〈4단계〉 완성품환산량당 단위원가	800개 = @60	700개 = @90

〈5단계〉 완성품원가와 기말재공품원가계산

- 완성품원가(제품제조원가) = 600개 × @60원 + 600개 × @90원 = 90,000원

- 기말재공품원가 = 200개 × @60원 + 100개 × @90원 = 21,000원

② 선입선출법 : 평균법과 선입선출법의 차이는 **기초재공품의 완성품환산량(100개,40%) 차이이고, 원가요약시 당기투입원가로만 계산한다.**

	재료비	가공비
〈2단계〉 완성품환산량 계산	(800 - 100)개	(700 - 40)개
〈3단계〉 원가요약(당기투입원가)	= 35,000	= 39,680
〈4단계〉 완성품환산량당 단위원가	700개 = @50	660개 = @60.12

〈5단계〉 완성품원가와 기말재공품원가계산

- 완성품원가(제품제조원가) = (13,000 + 23,320) + 500개 × @50원 + 560개 × @60.12원 = *4,988원*

- 기말재공품원가 = 200개 × @50원 + 100개 × @60.12원 = *16,012원*

[2] ① 평균법

〈1단계〉 물량흐름파악 〈2단계〉 완성품환산량 계산

평균법		재료비/가공비
완 성 품	250	250
기말재공품	100(50%)	50
계	350	300

〈3단계〉 원가요약(기초+당기투입원가) (27,000+123,000+52,000+158,000)

〈4단계〉 완성품환산량당 원가 300개

=@1,200

② 선입선출법

〈1단계〉 물량흐름파악 〈2단계〉 완성품환산량 계산

선입선출법		재료비/가공비
완 성 품-기초	80(50%)	40
-투입	170	170
기말재공품	100(50%)	50
계	350	260

〈3단계〉 원가요약(당기투입원가) (123,000+158,000)

〈4단계〉 완성품환산량당 원가 260개

=@1,080

[3]

재공품

기초재공품	200개	완성품		2,500개
		공손품	**정상공손(?)**	**250개**
		(400개)	**비정상공손**	**150개**
당기투입	3,000개	기말재공품		300개
계	3,200개	계		3,200개

[4]

재공품

기초재공품(60%)	500개	완성품		5,200개
		공손품	**정상공손**	**570개**
		(800개)	**비정상공손**	**230개**
당기투입	6,500개	기말재공품 (70%)		1,000개
계	7,000개	계		7,000개

합격품 = 완성품 + 기말재공품(검사시점 50%를 통과) - 완성품중 기초재공품(전기에 검사시점을 통과)
= 5,200개 + 1,000개 - 500개 = 5,700개

정상공손은 합격품의 10%이므로 570개이고 나머지 230개가 비정상공손수량이다.

[5]

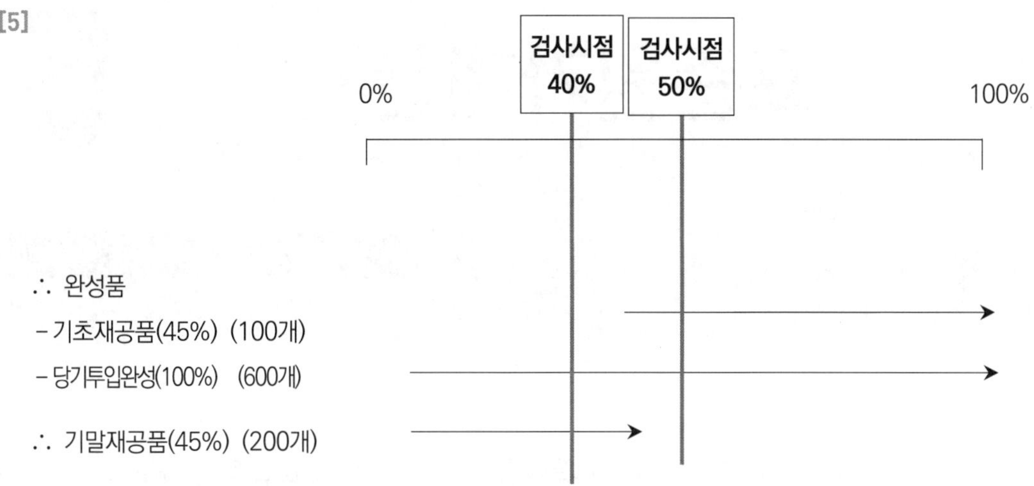

① 검사시점 40% : 정상공손품 = (600개 + 200개) × 10% = ***80개***

② 검사시점 50% : 정상공손품 = (100개 + 600개) × 10% = ***70개***

[6] ① 물량기준법 및 ②판매기준법(분리점에서의 생산량 및 판매가치)

구분	생산량 (물량기준)		총판매가격 (판매가치기준)		결합원가	
					물량	판매가치
A	300	30%	9,000,000	21.95%	**1,500,000**	**1,097,500**
B	400	40%	20,000,000	48.78%	**2,000,000**	**2,439,000**
C	300	30%	12,000,000	29.27%	**1,500,000**	**1,463,500**
계	1,000	100%	41,000,000	100%	5,000.000	

③ 순실현가치법(최종판매시점에서의 순실현가치)

구분	생산량 (A)	판매시점 단위당 판매가격(B)	추가가공원가 (C)	순실현가치 (A×B-C)		결합원가
A	300	50,000	5,000,000	10,000,000	20%	**1,000,000**
B	400	50,000	1,000,000	19,000,000	38%	**1,900,000**
C	300	80,000	3,000,000	21,000,000	42%	**2,100,000**
계	1,000		9,000,000	50,000,000	100%	**5,000,000**

Chapter

표준원가계산

5

로그인 전산세무1급 핵심요약 및 기출문제

01. 당월 직접노무원가발생액은 2,100,000원이며 이에 대한 실제작업시간은 5,200시간이었다. 당월에 제품 1,000개를 생산하였고, 제품단위당 표준작업시간이 5시간, 제품단위당 표준노무원가가 2,000원이다.

① 가격차이

② 능률차이

02. 당기 중에 발생된 직접노무비 자료는 아래와 같다.

• 표준직접노동시간 : 4,500시간	• 실제직접노무비 : 700,000원
• 표준임률 : 100원/시간	• 임률차이 : 50,000원(불리)

① 실제 직업노동시간

② 능률차이

03. ㈜로그인의 4월 직접노무비 자료는 다음과 같다.

- 직접노무비 임률차이 : 6,000원(불리)
- 노무비 총액 : 130,000원
- 실제직접노동시간 : 40,000시간
- 표준직접노동시간 : 41,000시간

① 표준임률

② 능률차이

04. 표준원가계산을 적용하는 ㈜로그인의 20x1년 5월 중 재료비에 대한 원가자료는 다음과 같다.

- 예상생산량 : 5,000단위
- 실제생산량 : 5,500단위
- 실제수량 : 160,000kg
- 실제단가 : 550원/kg
- 표준수량 : 30kg/단위
- 표준단가 : 520원/kg

① 가격차이

② 능률차이

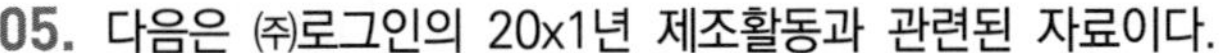

05. 다음은 ㈜로그인의 20x1년 제조활동과 관련된 자료이다.

- 단위당 표준 직접노무시간 : 3시간
- 실제 직접노무시간 : 15,000시간
- 생산된 제품단위 : 4,200개
- 변동제조간접원가 표준 : 표준 직접노무시간당 5원
- 실제변동제조간접원가 : 60,000원

① 소비차이

② 능률차이

06. 제품 12,000단위가 생산될 때, 변동제조간접원가 40,000원과 고정제조간접원가 125,000원이 발생하였다. 변동제조간접비 표준원가배부율이 1.5원이고 고정제조간접비 표준원가(예산)는 120,000원이다. 표준배부율은 25,000기계시간을 기준으로 계산되었다. 제품 단위당 표준기계시간은 2시간이다. 총 24,000기계시간이 실제 발생하였다.

① 예산차이

② 조업도차이

표준원가계산 답안

[1]

AQ	AP	SQ	SP
5,200시간	?	1,000개×5시간 =5,000시간	2,000원/5시간 =400원
2,100,000원		-	

AQ×AP(Ⓐ)
5,200시간×**AP**
=2,100,000원

AQ×SP(Ⓑ)
5,200시간×400원
=2,080,000원

SQ×SP(Ⓒ)
5,000시간×400원
=2,000,000원

①가격차이(Ⓐ − Ⓑ)
=20,000(불리)

②능률차이,수량차이(Ⓑ − Ⓒ)
= 80,000원(불리)

[2]

AQ	AP	SQ	SP
?	?	4,500시간	100원/시간
700,000원		-	

AQ×AP(Ⓐ)
?×AP
=700,000원

AQ×SP(Ⓑ)
①6,500시간×100원/시간
=650,000원

SQ×SP(Ⓒ)
4,500시간×00원/시간
=450,000원

가격(임률)차이(Ⓐ−Ⓑ)
= 50,000(불리)

②능률차이(Ⓑ−Ⓒ)
=200,000(불리)

[3]

AQ	AP	SQ	SP
40,000시간	?(3.25원)	41,000시간	?
130,000원		-	

AQ×AP(Ⓐ)
130,000원

AQ×SP(Ⓑ)
40,000시간×**①3.1원/시간**
=124,000원

SQ×SP(Ⓒ)
41,000시간×**3.1원/시간**
=127,100원

가격(임률)차이(Ⓐ−Ⓑ)
=6,000(불리)

②능률차이(Ⓑ−Ⓒ)
=△3,100(유리)

[4]

AQ	AP	SQ	SP
160,000kg	550원	5,500개×30kg =165,000kg	520원

AQ×AP(Ⓐ)	AQ×SP(Ⓑ)	SQ×SP(Ⓒ)
160,000kg×550원 =88,000,000원	160,000kg×520원 =83,200,000원	165,000kg×520원 =85,800,000원

①가격(임률)차이(Ⓐ−Ⓑ)
=4,800,000(불리)

②능률차이(Ⓑ−Ⓒ)
=△2,600,000(유리)

[5]

AQ	AP	SQ	SP
15,000시간	?(4원)	4,200개×3시간 =12,600시간	5원
60,000원		–	

AQ×AP(Ⓐ)	AQ×SP(Ⓑ)	SQ×SP(Ⓒ)
15,000시간×4원 =60,000원	15,000시간×5원 =75,000원	12,600시간×5원 =63,000원

①소비차이(Ⓐ−Ⓑ)
=△15,000원(유리)

②능률차이(Ⓑ−Ⓒ)
=12,000(불리)

[6] SP = 고정제조간접비예산/기준조업도=120,000원/25,000기계시간=4.8원/기계시간

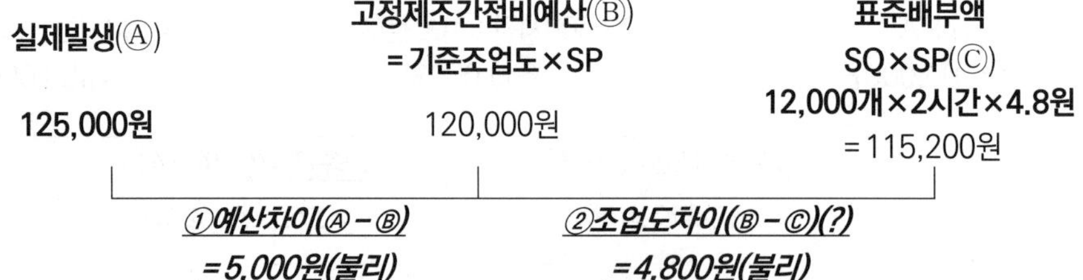

Part Ⅲ

부가가치세

Chapter

핵심요약 1

1 주사업장총괄납부와 사업자단위 과세

<table>
<tr><th>구 분</th><th>주사업장총괄납부</th><th>사업자단위과세</th></tr>
<tr><td>주사업장 또는
사업자단위과세사업장</td><td>- 법인 : 본점 또는 지점
- 개인 : 주사무소</td><td>- <u>법인 : 본점</u>
- 개인 : 주사무소</td></tr>
<tr><td rowspan="2">효 력</td><td>- 총괄납부</td><td>- 총괄신고 · 납부
- 사업자등록, 세금계산서발급, 결정 등</td></tr>
<tr><td colspan="2">- <u>판매목적 타사업장 반출에 대한 공급의제 배제</u></td></tr>
<tr><td>신청 및 포기</td><td colspan="2">- 계속사업자의 경우 과세기간 개시 20일전(승인사항이 아니다.)
〈신규사업자의 신청〉
<table><tr><th>총괄납부</th><th>사업자단위과세</th></tr><tr><td>주된 사업장의 사업자등록증을 발급받은 후
20일 이내 신청</td><td>최초 사업자 등록시
사업자단위과세사업자로 등록</td></tr></table></td></tr>
</table>

2 재화의 간주공급 

구분		공급시기	과세표준
1. 자가공급	1. 면세전용	**사용 · 소비되는 때**	**시가**
	2. 비영업용소형승용차와 그 유지를 위한 재화		
	3. 직매장반출 → **세금계산서 발행** (예외 : 주사업장총괄납부 등)	**반출하는 때**	**취득가액 (+가산)**
2. 개인적공급	사업과 직접 관련없이 자기가 사용 · 소비하는 경우 **→ 작업복, 직장체육비, 직장문화비는 제외** **→ 다음의 구분별로 각각 사용인 1명당 연간 10만원 이하는 제외** ① 경조사, ② 설날 · 추석, ③ 창립기념일 · 생일(개정세법 25)	**사용 · 소비되는 때**	**시가**
3. 사업상증여	자기의 고객이나 불특정다수에게 증여하는 경우 **→ 견본품, 광고선전물은 제외**	**증여하는 때**	
4. 폐업시잔존재화	사업자가 사업을 폐지하는 때에 잔존재화	**폐업시**	
기 타	**용역무상공급은 과세대상에서 제외(특수관계자간 부동산무상임대는 과세)**		

☞ *당초매입세액 불공제시 공급의제 배제(예외 : 직매장반출)*

3 재화와 용역의 공급시기

재화	일반적기준	1. 재화의 이동이 필요한 경우 : **재화가 인도되는 때** 2. 재화의 이동이 필요하지 아니한 경우 : 재화가 이용가능하게 되는 때 3. 이외의 경우는 재화의 공급이 확정되는 때
	거래형태별 공급시기	1. 현금판매, 외상판매, 단기할부판매 : 재화가 인도되거나 이용가능하게 되는 때 2. **장기할부판매 : 대가의 각 부분을 받기로 때** 3. **수출재화 : 수출재화의 선적일** 4. **위탁가공무역방식, 외국인도수출 : 외국에서 당해 재화가 인도되는 때**
용역	일반적 기준	역무가 제공되거나 재화, 시설물 또는 권리가 사용되는 때
	거래형태별 공급시기	1. 통상적인 경우 : 역무의 제공이 완료되는 때 2. 완성도기준지급, 중간지급, 장기할부 또는 기타 조건부 용역공급 : 대가의 각 부분을 받기로 한 때 3. 이외 : 역무의 제공이 완료되고 그 공급가액이 확정되는 때 4. **간주임대료 : 예정신고기간 또는 과세기간의 종료일**

4 면세대상

<table>
<tr><td>기초생활 필수품</td><td>㉠ 미가공 식료품 등(국내외 불문)
㉡ 국내 생산된 식용에 공하지 아니하는 미가공 농·축·수·임산물
<table><tr><th></th><th>국내생산</th><th>해외수입</th></tr><tr><td>식용</td><td rowspan="2">면세</td><td>면세</td></tr><tr><td>비식용</td><td>과세</td></tr></table>㉢ 수돗물(생수는 과세)
㉣ 연탄과 무연탄(유연탄, 갈탄, 착화탄은 과세)
㉤ 여성용 생리처리 위생용품, 영유아용 기저귀·분유(액상형분유 추가)
㉥ 여객운송용역[<u>시내버스, 시외버스, 지하철, 마을버스, 고속버스(우등제외)</u> 등]
(전세버스, 고속철도, 택시는 과세)
㉦ 주택과 이에 부수되는 토지의 임대용역</td></tr>
<tr><td>국민후생 용역</td><td>㉠ 의료보건용역과 혈액(질병 치료 목적의 동물 혈액 포함, 개정세법 25)
→ 약사가 판매하는 일반의약품은 과세, 미용목적 성형수술 과세, <u>산후조리원은 면세</u>
㉡ 수의사가 제공하는 동물진료 용역(가축 등에 대한 진료용역, 기초생활수급자가 기르는 동물에 대한 진료용역, 기타 질병예방 목적의 동물 진료용역)
㉢ 교육용역(허가분) ⇒ <u>운전면허학원은 과세</u>
☞ 미술관, 박물관 및 과학관에서 제공하는 교육용역도 면세</td></tr>
<tr><td>문화관련 재화용역</td><td>㉠ 도서[도서대여 및 실내 도서 열람용역 포함]·신문(인터넷신문 구독료 포함)·잡지·관보·뉴스통신(광고는 과세)
㉡ 도서관·과학관·박물관·미술관·동물원·식물원에의 입장</td></tr>
<tr><td>부가가치 구성요소</td><td>㉠ 금융·보험용역 – <u>리스회사가 제공하는 리스용역포함</u>
㉡ 토지의 공급(토지의 임대는 과세)
㉢ 인적용역(변호사·공인회계사·세무사·관세사 등의 인적용역은 제외)</td></tr>
<tr><td>기타</td><td>㉠ 우표·인지·증지·복권·공중전화(수집용 우표는 과세)
㉡ 국가 등이 공급하는 재화·용역(제외 : 국가등이 운영하는 주차장 운영용역))
㉢ 국가 등에 무상공급하는 재화·용역</td></tr>
</table>

부동산의 공급(재화의 공급)	부동산의 임대(용역의 제공)
1. **토지의 공급 : 면세** 2. 건물의 공급 : 과세(예외 : 국민주택)	1. 원칙 : 과세 2. 예외 : 주택 및 부수토지의 임대는 면세

5 면세포기

1. 대 상	**① 영세율적용대상이 되는 재화 용역** **② 학술연구단체 또는 기술연구단체가 실비 또는 무상으로 공급하는 재화용역**
2. 승 인	**승인을 요하지 않는다.**
3. 재적용	**신고한 날로부터 3년간 면세를 적용받지 못한다.**

6 면세 vs 영세율

<table>
<tr><th></th><th>면 세</th><th>영 세 율</th></tr>
<tr><td>취지</td><td>세부담의 역진성 완화</td><td>국제적 이중과세의 방지
수출산업의 지원</td></tr>
<tr><td>대상</td><td>기초생활필수품 등</td><td>수출 등 외화획득 재화 · 용역의 공급</td></tr>
<tr><td rowspan="2">부가가치세법상 의무</td><td>① 매입처별세금계산서합계표 제출의무
② 대리납부의무</td><td>부가가치세법상 사업자이므로 부가가치세법상 제반의무를 이행</td></tr>
<tr><td colspan="2">[세금계산서 합계표제출의무]
<table>
<tr><th></th><th>과세사업자(영세율)</th><th>면세사업자(면세)</th></tr>
<tr><td>매출</td><td>○</td><td>×(계산서를 발행)</td></tr>
<tr><td>매입</td><td>○</td><td>○</td></tr>
</table></td></tr>
</table>

☞ 대리납부 : 국내사업자가 공급하는 용역에 대해서 부가가치세가 과세되나, 국내사업장이 없는 비거주자 또는 외국법인이 국내에서 용역을 공급하는 경우 공급자가 부가가치세법에 따른 사업자가 아니므로 과세거래에 해당하지 않는다. 따라서 공급자를 대신하여 공급받는 자가 그 대가에서 부가가치세를 징수하여 납부하도록 하고 있는데 이를 '대리납부'라 한다.

7 과세표준

<table>
<tr><td rowspan="4">1. 일반 원칙</td><td rowspan="3">1. 실질 공급</td><td>금전으로 대가를 받는 경우</td><td>그 대가</td></tr>
<tr><td>**금전 이외의 대가를 받는 경우**</td><td>**공급한 재화 또는 용역의 시가**</td></tr>
<tr><td colspan="2">시가 : 사업자와 제3자간의 정상적인 거래에 있어서 형성되는 가격</td></tr>
<tr><td>2. 간주 공급</td><td colspan="2">**1. 원칙 : 재화의 시가**
2. 직매장반출 : 재화의 취득가액 또는 세금계산서 기재액
3. **감가상각자산 : 취득가액×(1－감가율 × 경과된 과세기간의 수)**
* 감가율 : 건물, 구축물＝5% 기타＝25%</td></tr>
<tr><td colspan="2">2. 거래유형별 과세표준</td><td colspan="2">1. 외상판매, 할부판매 : 공급한 재화의 총가액
2. 장기할부판매, 완성도기준, 중간지급조건부 등 : 계약에 따라 받기로 한 대가의 각 부분
3. 마일리지 결제 : 자기적립 마일리지등으로 결제받은 금액은 제외</td></tr>
<tr><td rowspan="2">3. 과세 표준 계산</td><td>미포함</td><td colspan="2">1. 매출에누리, 매출환입, 매출할인
2. 공급받는 자에게 도달하기 전에 파손, 훼손 또는 멸실된 재화의 가액
3. 공급대가의 지급지연으로 받는 연체이자
4. **반환조건부 용기대금 · 포장비용**</td></tr>
<tr><td>미공제</td><td colspan="2">1. 대손금
2. 판매장려금
☞ **판매장려물품은 과세표준에 포함**
3. 하자보증금</td></tr>
<tr><td colspan="2">4. 외국통화수령시 과세표준</td><td colspan="2"><table><tr><td rowspan="2">**공급시기 도래 전에 외화수령**</td><td>**환가**</td><td>**그 환가한 금액**</td></tr><tr><td>**미환가**</td><td rowspan="2">**공급시기(선적일)의 기준환율 또는 재정환율에 의하여 계산한 금액**</td></tr><tr><td colspan="2">**공급시기 이후에 외국통화로 지급받은 경우**</td></tr></table>☞*기업회계기준상 매출액＝외화×인도(선적)시점의 기준환율*</td></tr>
<tr><td colspan="2">5. 재화의 수입</td><td colspan="2">관세의 과세가격＋관세＋개별소비세등</td></tr>
<tr><td colspan="2">6. 간주임대료</td><td colspan="2">**해당 기간의 임대보증금×정기예금 이자율×임대일수/365(366)일**</td></tr>
</table>

8 세금계산서

1. 보관기간	**5년**
2. 발급시기	**1. 일반적 : 공급한 때에 발급** 2. 공급시기전 발급 : ① 원칙 : 대가의 전부 또는 일부를 받고 당해 받은 대가에 대하여 세금계산서 발급시 ② 예외 ⓐ 세금계산서를 교부하고 그 세금계산서 발급일로부터 7일이내 대가를 지급받은 경우 ⓑ 7일 경과 후 동일 과세기간 내에 대가를 받더라도 일정 조건 충족시 인정 3. 공급시기후 : **<u>월합계세금계산서는 말일자를 발행일자로 하여 익월 10일까지 교부</u>**
<u>3. 발급면제</u>	1. 부가가치세법에서 규정한 영수증발급대상사업 ① **<u>목욕, 이발, 미용업</u>** ② **<u>여객운송업(전세버스운송사업은 제외)</u>** ③ **<u>입장권을 발행하여 영위하는 사업</u>** 2. 재화의 간주공급 : 직매장반출은 발급의무 (다만, 주사업장총괄납부사업자, 사업자단위과세사업자는 발급면제) 3. **간주임대료** 4. **영세율적용대상 재화, 용역** **-국내수출분(내국신용장, 구매확인서 등)은 발급대상**
4. 수정	1. **<u>공급한 재화가 환입시 :</u> 환입된 날을 작성일자로 하여 비고란에 당초 세금계산서 작성일자로 부기한 후 (-)표시** 2. 착오시 : 경정전 까지 수정하여 발행가능 3. 공급가액의 증감시 : **증감사유가 발생한 날에 세금계산서를 수정**하여 발급 4. 계약해제시 : **계약해제일을 공급일자로 하여 수정발급**한다. **5.** 이중발급 **6. <u>내국신용장(구매확인서)의 사후 개설</u>**
5. 매입자 발행	사업자가 세금계산서를 발행하지 않은 경우(**<u>거래건당 공급대가가 5만원 이상인 거래</u>**) 공급받은 자는 관할 세무서장의 확인을 받아 세금계산서를 발행 → **<u>과세기간 종료일부터 6개월 이내 발급신청</u>**

9 전자세금계산서

<table>
<tr><td rowspan="4">1. 의무자</td><td colspan="3">① 법인사업자(무조건 발급)
② 개인사업자(일정규모 이상)</td></tr>
<tr><td>공급가액(과세+면세) 기준년도</td><td>기준금액</td><td>발급의무기간</td></tr>
<tr><td>20x0년</td><td>8천만원</td><td>20x1. 7. 1~ <u>계속</u></td></tr>
<tr><td colspan="3">☞ 개인사업자가 사업장별 재화 등의 공급가액이 일정규모 이상인 해의 <u>다음해 제 2기 과세기간부터 이며, 한번 전자세금계산서 발급 의무 대상자가 되면 공급가액 합계액이 미달하더라도 계속하여 전자세금계산서 의무발급 개인사업자</u>로 본다.</td></tr>
<tr><td>2. 발급기한</td><td colspan="3">공급시기(월합계세금계산서의 경우 다음달 10일까지 가능)</td></tr>
<tr><td>3. 전송</td><td colspan="3">발급일의 다음날</td></tr>
<tr><td>4. 혜택</td><td colspan="3">-<u>세금계산합계표 제출의무면제</u>
-세금계산서 5년간 보존의무면제
-직전년도 공급가액 3억원 미만인 개인사업자 전자세금계산서 발급 세액공제
(건당 200원, 한도 연간 100만원)</td></tr>
</table>

10 대손세액공제

<table>
<tr><td>1. 대손사유</td><td colspan="3">1. 파산, 강제집행, 사망, 실종
2. 회사정리인가
3. 부도발생일로부터 <u>6월 이상 경과한 어음·수표</u> 및 외상매출금(중소기업의 외상매출금으로서 부도발생일 이전의 것)
4. <u>중소기업의 외상매출금 및 미수금으로서 회수기일로부터 2년이 경과한 외상매출금 등(특수관계인과의 거래는 제외)</u>
5. 소멸시효 완성채권
6. 회수기일이 6개월 이상 지난 채권 중 채권가액이 30만원 이하(채무자별 채권가액의 합계액을 기준)인 채권
7. 신용회복지원 협약에 따라 면책으로 확정된 채권</td></tr>
<tr><td>2. 공제시기</td><td colspan="3">대손사유가 발생한 과세기간의 확정신고시 공제
☞ 대손기한 : <u>공급일로부터 10년이 되는 날이 속하는 과세기간에 대한 확정신고기한까지</u></td></tr>
<tr><td>3. 공제액</td><td colspan="3">대손금액(VAT포함)×10/110</td></tr>
<tr><td rowspan="5">4. 처리</td><td>구 분</td><td>공급자</td><td>공급받는자</td></tr>
<tr><td rowspan="2">1. 대손확정</td><td>대손세액(-)</td><td>대손처분받은세액(-)</td></tr>
<tr><td>매출세액에 차감</td><td>매입세액에 차감</td></tr>
<tr><td rowspan="2">2. 대손금 회수
또는 변제한 경우</td><td>대손세액(+)</td><td>변제대손세액(+)</td></tr>
<tr><td>매출세액에 가산</td><td>매입세액에 가산</td></tr>
</table>

11 공제받지 못할 매입세액

사 유		내 역
협력의무 불이행	① 세금계산서 미수취·불명분 매입세액	
	② 매입처별세금계산합계표 미제출·불명분매입세액	
	③ 사업자등록 전 매입세액	**공급시기가 속하는 과세기간이 끝난 후 20일 이내에 등록을 신청한 경우 등록신청일부터 공급시기가 속하는 과세기간 개시일(1.1 또는 7.1)까지 역산한 기간 내의 것은 제외한다.**
부가가치 미창출	**④ 사업과 직접 관련 없는 지출**	
	⑤ 비영업용소형승용차 구입·유지·임차	8인승 이하, 배기량 1,000cc 초과(1,000cc 이하 경차는 제외), 지프형승용차, 캠핑용자동차, 이륜자동차(125cc 초과) 관련 세액
	⑥ 기업업무추진비 및 이와 유사한 비용의 지출에 대한 매입세액	
	⑦ 면세사업과 관련된 매입세액	
	⑧ 토지관련 매입세액	토지의 취득 및 조성 등에 관련 매입세액

12 신용카드매출전표등 수령명세서 

매입세액 공제대상에서 제외	**1. 세금계산서 발급불가 사업자 : 면세사업자** **2. 영수증발급 대상 간이과세자 : 직전 공급대가 합계액이 4,800만원 미만 등** 3. **세금계산서 발급 불가업종** ① **목욕, 이발, 미용업** ② **여객운송업(전세버스운송사업자 제외)** ③ **입장권을 발행하여 영위하는 사업** 4. **공제받지 못할 매입세액**

※ 세금계산서 발급대상 간이과세자로부터 신용카드매출전표 등을 수령시 매입세액공제

13 의제매입세액공제

<table>
<tr><td>1. 요건</td><td>면세농산물을 과세재화의 원재료로 사용(적격증빙 수취)
제조업 : 농어민으로부터 직접 공급받는 경우에도 공제가능(영수증도 가능)</td></tr>
<tr><td>2. 계산</td><td>구입시점에 공제(예정신고시 또는 확정시 공제)
면세농산물등의 매입가액(구입시점)×공제율
<table>
<tr><th colspan="3">업 종</th><th>공제율</th></tr>
<tr><td rowspan="3">음식점업</td><td colspan="2">과세유흥장소</td><td>2/102</td></tr>
<tr><td rowspan="2">위 외 음식점업자</td><td>법인</td><td>6/106</td></tr>
<tr><td>개인사업자</td><td>8/108</td></tr>
<tr><td rowspan="2">제조업</td><td colspan="2">일반</td><td>2/102</td></tr>
<tr><td colspan="2">중소기업 및 개인사업자</td><td>4/104</td></tr>
<tr><td colspan="3">위 외의 사업</td><td>2/102</td></tr>
</table>
매입가액은 운임 등의 부대비용을 제외한 가액, 수입농산물은 관세의 과세가격</td></tr>
<tr><td>3. 한도</td><td>과세표준(면세농산물관련)×한도비율(법인 50%)×의제매입세액공제율</td></tr>
</table>

재활용폐자원 등에 대한 매입세액공제특례 참고

재활용폐자원 등을 수집하는 사업자가 국가 등 기타 부가가치세 과세사업을 영위하지 않는자(계산서 발급) 또는 간이과세자(일반영수증발급)로부터 재활용폐자원 등을 취득하여 제조 또는 가공하거나 이를 공급하는 경우에는 일정율을 매입세액으로 의제한다.

구 분	매입세액공제액
재활용폐자원 : 고철, 폐지, 폐건전지 등	공제대상금액의 3/103
수출용중고자동차(1년 미만인 자동차는 제외)	공제대상금액의 10/110

14 공통매입세액 : 매입세액불공제내역서

1. 안분방법	1. **당해 과세기간의 공급가액 기준** 2. 공급가액이 없는 경우(건물인 경우 ③①②) ① 매입가액 비율 ② 예정공급가액의 비율 ③ 예정사용면적의 비율 3. **안분계산 생략** ① **당해 과세기간의 총공급가액중 면세공급가액이 5% 미만인 경우의 공통매입세액(단, 공통매입세액이 5백만원이상인 경우 안분계산해야 함)** ② 당해 과세기간중의 공통매입세액합계액이 5만원 미만인 경우 ③ 신규사업으로 인해 직전 과세기간이 없는 경우 → 해당 공통사용재화에 대한 매입세액 전액 공제
2. 안분계산 및 정산	**매입세액불공제분 = 공통매입세액 × 해당 과세기간의 $\frac{\text{면세공급가액}}{\text{총공급가액}}$ (= 면세비율)** **1. 예정신고시 안분계산 → 2. 확정신고시 정산**
3. 기타	**공통사용재화를 동일과세기간에 매입하고 공급시** **매입세액불공제분 = 공통매입세액 × 직전 과세기간의 $\frac{\text{면세공급가액}}{\text{총공급가액}}$**

15 납부 · 환급세액의 재계산

1. 재계산 요건	**1. 감가상각자산** 2. 당초 안분계산 대상이 되었던 매입세액에 한함 **3. 면세공급가액비율의 증가 또는 감소 : 5% 이상(과세기간기준)**
2. 계산	**공통매입세액 × (1 − 감가율 × 경과된 과세기간의 수) × 증감된 면세비율** ☞ **감가율 : 건물, 구축물 5%, 기타 25%**
3. 신고납부	**확정 신고시에만 재계산(예정신고시에는 계산하지 않는다)**

16 경감공제세액

1. 신용카드매출전표 발행공제	직전연도 공급가액 10억원 이하 개인사업자만 해당 (세액공제 한도 연간 1,000만원)
2. 전자신고세액공제(확정신고시)	10,000원
3. 전자세금계산서 발급세액공제	직전년도 사업장별 공급가액 3억 미만인 **개인사업자**(발급건당 200원, 한도 연간 100만원)

17 가산세

1. 가산세의 감면(국세기본법)

<table>
<tr><td rowspan="4">1. 수정신고</td><td colspan="6">〈법정신고기한이 지난 후 수정신고시〉</td></tr>
<tr><td>~1개월 이내</td><td>~3개월 이내</td><td>~6개월 이내</td><td>~1년 이내</td><td>~1년6개월 이내</td><td>~2년 이내</td></tr>
<tr><td>90%</td><td>75%</td><td>50%</td><td>30%</td><td>20%</td><td>10%</td></tr>
<tr><td colspan="3">1. 신고불성실가산세</td><td colspan="3">2. 영세율과세표준신고불성실가산세</td></tr>
<tr><td rowspan="3">2. 기한후 신고</td><td colspan="6">〈법정신고기한이 지난 후 기한후 신고시〉</td></tr>
<tr><td colspan="2">~1개월이내</td><td colspan="2">~3개월 이내</td><td colspan="2">~6개월이내</td></tr>
<tr><td colspan="2">50%</td><td colspan="2">30%</td><td colspan="2">20%</td></tr>
<tr><td>3. 세법에 따른 제출 등의 의무</td><td colspan="4">법정신고기한 후 1개월이내 의무 이행시
→ 매출처별세금계산서합계표 제출 등</td><td colspan="2">50%</td></tr>
</table>

2. 부가가치세법상 가산세

<table>
<tr><td rowspan="4">1. 세금계산서 불성실</td><td>1. 가공세금계산서</td><td>공급가액 3%</td></tr>
<tr><td>2. 미발급, 타인명의 발급(위장) 및 수취
☞ 전자세금계산서 발급대상자가 종이세금계산서 발급시</td><td>공급가액 2%
(1%)</td></tr>
<tr><td>3. 과다기재</td><td>과다 기재금액의 2%</td></tr>
<tr><td>4. 부실기재 및 지연발급</td><td>공급가액 1%</td></tr>
<tr><td rowspan="2">2. 전자세금계산서 전송</td><td>1. 지연전송(7/25, 익년도 1/25까지 전송)</td><td>공급가액 0.3%</td></tr>
<tr><td>2. 미전송 : 지연전송기한까지 미전송</td><td>공급가액 0.5%</td></tr>
<tr><td rowspan="2">3. 매출처별 세금계산서 합계표불성실</td><td>1. 미제출(1개월 이내 제출시 50%감면)</td><td>공급가액 0.5%</td></tr>
<tr><td>2. 지연제출(예정신고분→확정신고제출)</td><td>공급가액 0.3%</td></tr>
<tr><td>4. 매입처별세금계산서 합계표*1에 대한 가산세</td><td>공급가액을 과다기재하여 매입세액공제
(차액분에 대해서 가산세)</td><td>공급가액(차액분)
0.5%</td></tr>
<tr><td rowspan="2">5. 신고불성실
(부당의 경우 40%)</td><td>1. 무신고가산세
2. 과소신고가산세(초과환급신고가산세)
3. 영세율과세표준 신고불성실가산세</td><td>일반 20%
일반 10%
공급가액 0.5%</td></tr>
<tr><td colspan="2">2년 이내 수정신고시 신고불성실가산세 90% ~ 10% 감면</td></tr>
<tr><td>6. 납부지연가산세*2</td><td colspan="2">미납 · 미달납부세액(초과환급세액)×일수×이자율*2</td></tr>
</table>

*1. 신용카드매출전표등 수령명세서 추가

*2. 시행령 정기개정(매년 2월경)시 결정 2025년은 2.2/10,000

3. 매출 · 매입세금계산서 누락신고

(1) 확정신고 및 수정신고 

<table>
<tr><th colspan="3"></th><th>확정신고</th><th>수정신고</th></tr>
<tr><td colspan="3">대 상</td><td>예정신고누락분을 확정신고시 제출</td><td>확정(예정)신고누락분을 수정신고시</td></tr>
<tr><td colspan="3">신고기한</td><td>확정신고시(7/25, 1/25)</td><td>관할세무서장이 결정/경정전까지</td></tr>
<tr><td colspan="3">신고서 작성</td><td>부가가치세확정신고서 예정신고누락분에 기재</td><td>기존 확정신고서에 수정기재(누락분을 합산)</td></tr>
<tr><td rowspan="8">가산세</td><td rowspan="2">매출</td><td>전자세금계산서</td><td colspan="2">- 미발급 : 2%(종이세금계산서 발급시 1%)
- 지연발급 : 1%</td></tr>
<tr><td>전자세금계산서전송</td><td colspan="2">- 지연전송 : 0.3%(~7/25, ~익년도 1/25까지 전송시)
- 미전송 : 0.5%(지연전송까지 미전송시)</td></tr>
<tr><td rowspan="2">매입</td><td>지연수취</td><td colspan="2">- 0.5%(확정신고기한의 다음날부터 6개월 이내까지 수취)</td></tr>
<tr><td>세금계산서 합계표불성실</td><td colspan="2">- 부실기재 : 0.5%(과다기재액)</td></tr>
<tr><td rowspan="3">신고 불성실</td><td>일반</td><td>- 미달신고세액의 10%(75%감면)</td><td>- 미달신고세액의 10%*1</td></tr>
<tr><td>영 세 율 과세표준</td><td>- 공급가액의 0.5%(75%감면)</td><td>- 공급가액의 0.5%*1</td></tr>
<tr><td colspan="3">*1. 2년 이내 수정신고시 90%, 75%, 50%, 30%, 20%, 10% 감면</td></tr>
<tr><td colspan="2">납부지연</td><td colspan="2">- 미달납부세액×미납일수×이자율</td></tr>
</table>

[공급시기에 따른 전자세금계산서 발급 관련 가산세]TAT1급 시험에서는 매년 출제된다.

공급시기	발급기한	지연발급(1%)	미발급(2%)
3.11	~4.10	4.11~7.25	*7.25(확정신고기한)까지 미발급*

[공급받는자의 지연수취가산세 및 매입세액공제여부]

	4.11~7.25	7.26~익년도 7.25	익년도 7.26 이후 수취
매입세액공제	○	○	×
지연수취가산세(0.5%)	○	○	×

[전자세금계산서 전송관련 가산세]

발급시기	전송기한	<u>지연전송(0.3%)</u>	<u>미전송(0.5%)</u>
4.05	~4.06	4.07~7.25	7.25까지 미전송시

(2) <u>기한후신고(전산세무1급에 자주 기출)</u>

<table>
<tr><td colspan="3">대 상</td><td>확정(예정)신고까지 과세표준신고서를 제출하지 아니한 경우</td></tr>
<tr><td colspan="3">신고기한</td><td>관할세무서장이 결정하여 통지하기 전까지</td></tr>
<tr><td colspan="3">신고서 작성</td><td>새로 작성</td></tr>
<tr><td rowspan="2">가산세</td><td rowspan="2">매출</td><td><u>전자세금계산서 미발급등</u></td><td>- 미발급 : 2%(종이세금계산서 발급시 1%)
- 지연발급 : 1%</td></tr>
<tr><td><u>전자세금계산서 전송관련</u></td><td>- 지연전송 : 0.3%(~7/25, ~익년도 1/25까지 전송시)
- 미전송 : 0.5% (지연전송 기한까지 미전송시)</td></tr>
<tr><td rowspan="4">가산세</td><td rowspan="3"><u>신고 불성실</u></td><td>일 반</td><td>- 무신고세액의 20%</td></tr>
<tr><td>영세율과세표준</td><td>- 공급가액의 0.5%</td></tr>
<tr><td colspan="2">☞ <u>1월 이내 신고시 50%</u>, 6개월 이내 신고시 30%, 20% 감면</td></tr>
<tr><td colspan="2">납부지연</td><td>- 무납부세액×미납일수×이자율</td></tr>
<tr><td colspan="3">과세표준 명세</td><td>신고구분에 기한후과세표준을 선택하고, 기한후신고일 입력한다.</td></tr>
</table>

전자세금계산서 미발급(5,500,000)

〈매출매입신고누락분 - <u>전자세금계산서 발급 및 전송</u>〉

<table>
<tr><td colspan="4">구 분</td><td>공급가액</td><td>세액</td></tr>
<tr><td rowspan="6">매출</td><td rowspan="3">과세</td><td rowspan="2">세 금</td><td>종이</td><td>4,000,000</td><td>400,000</td></tr>
<tr><td>전자</td><td>1,000,000</td><td>100,000</td></tr>
<tr><td colspan="2">기 타</td><td>2,000,000</td><td>200,000</td></tr>
<tr><td rowspan="3">영세</td><td rowspan="2">세 금</td><td>종이</td><td>1,500,000</td><td>-</td></tr>
<tr><td>전자</td><td>3,500,000</td><td>-</td></tr>
<tr><td colspan="2">기 타</td><td>2,000,000</td><td>-</td></tr>
<tr><td>매입</td><td colspan="3">세금계산서 등</td><td>3,000,000</td><td>300,000</td></tr>
<tr><td colspan="5">미달신고(납부)</td><td>400,000</td></tr>
</table>

영세율과세표준신고불성실(7,000,000원)

신고, 납부지연(400,000원)

18 예정신고 및 납부

<table>
<tr><td colspan="2" rowspan="2">1. 원칙</td><td>법인</td><td>신고의무. 다만, 영세법인사업자(직전과세기간 과세표준 1.5억 미만)에 대하여는 고지징수</td></tr>
<tr><td>개인</td><td>고지납부</td></tr>
<tr><td rowspan="2">2. 고지 납부</td><td>대상자</td><td colspan="2">예정고지세액이 <u>50만원 미만인 경우 징수안함</u>*1
고지금액 : 직전 과세기간에 대한 납부세액의 50%</td></tr>
<tr><td>선택적 예정신고</td><td colspan="2">- 휴업/사업부진 등으로 인하여 직전과세기간대비 공급가액 (또는 납부세액)이 1/3에 미달하는 자
- 조기환급을 받고자 하는 자</td></tr>
</table>

*1. 재난 등의 사유로 납부할 수 없다고 인정하는 경우 고지징수안함

19 환급

<table>
<tr><td>1. 일반환급</td><td colspan="2">확정신고기한 경과 후 30일 이내에 환급
(예정신고의 환급세액은 확정신고시 납부세액에서 차감)</td></tr>
<tr><td rowspan="2">2. 조기환급</td><td>대상</td><td>1. 영세율 적용 대상이 있는 때
2. 사업설비를 신설, 취득, 확장, 증축(감가상각자산)
3. 재무구조개선계획을 이행중인 사업자</td></tr>
<tr><td>기한</td><td>조기환급 신고기한(매월 또는 2개월 단위로 신고가능) 경과 후 <u>15일 이내에 환급</u></td></tr>
<tr><td>3. 경정시 환급</td><td colspan="2">지체없이 환급</td></tr>
</table>

20 간이과세자

<table>
<tr><td>1. 판정방법</td><td colspan="2">1. 일반적 : 직전 1역년의 공급대가의 합계액이 <u>1억 4백만원 미만인 개인사업자</u>로서 각 사업장 매출액의 합계액으로 판정
2. 신규사업개시자(임의 선택)</td></tr>
<tr><td rowspan="2">2. 적용배제</td><td>1. 일반과세 적용</td><td>• 사업자가 일반과세가 적용되는 사업장을 보유시
• 직전연도 공급대가 합계액이 4,800만원 이상인 부동산 임대업 및 과세유흥장소</td></tr>
<tr><td>2. 적용배제 업종</td><td>① 광업 ② 도매업 ③ 제조업
④ 부동산매매업 및 일정한 부동산임대업
⑤ 건설업
⑥ 전문적 인적용역제공사업(변호사등)
⑦ 소득세법상 복식부기의무자 등</td></tr>
</table>

3. 세금계산서 발급의무	1. 원칙 : 세금계산서 발급의무 2. 예외 : 영수증 발급 ① 간이과세자 중 신규사업자 및 직전연도 공급대가 합계액이 4,800만원 미만 ② 주로 사업자가 아닌 자에게 재화 등을 공급하는 사업자(소매업, 음식점업, 숙박업, 미용 및 욕탕등)
4. 과세기간	**<u>1기 : 1.1 ~ 12.31(1년간)</u>** ☞ 예정부과제도 ① 예정부과기간 : 1.1~6.30 <u>다만, 세금계산서를 발급한 간이과세자는 예정부과기간에 대하여 신고 및 납부(7/25)해야 한다.</u> ② 고지징수 : 직전납부세액의 1/2을 고지징수(7/25), <u>50만원 미만은 소액부징수</u> ③ 예외 : 사업부진시 신고·납부할 수 있다.
5. <u>납부의무 면제</u>	***<u>공급대가 4,800만원 미만</u>***
6. 포기	**포기하고자 하는 달의 전달 마지막날까지 신고**

21 부가세 계산구조 - 간이과세자

공급대가 (×) 부가가치율 (×) 세율	공급가액 + 부가가치세 해당 업종의 부가가치율(15~40%) 10%
납부세액	
(-) 공제세액	세금계산서 등을 발급받은 매입액(공급대가)×0.5%(=매입세액×5.5%) 신용카드매출전표발행세액공제, 전자세금계산서 발급세액공제
(+) 가산세	세금계산서 발급 및 미수취가산세 적용
자진납부세액	**<u>환급세액이 없다</u>**

22 일반과세자와 간이과세자의 비교

구　분	일반과세자	간이과세자
적용대상자	-개인, 법인 불문	-**개인사업자에 한함** -**공급대가 1억 4백만원 미만**
납부세액	매출세액-매입세액	공급대가×부가가치율×10%
신고기간	1, 2기	**1기 : 1.1~12.31**
세금계산서	세금계산서 또는 영수증발급	원칙 : 세금계산서 발급 예외 : 영수증 발급
대손세액공제	적용됨	규정없음.
매입세액	매입세액으로 공제	공급대가×0.5%(=매입세액×5.5%)
의제매입세액	업종제한없음	배제
신용카드매출전표 발행세액공제	발행금액의 1.3% (개인사업자만 해당)	발행금액의 1.3%
납부의무면제	없음	**공급대가 4,800만원 미만**
포기제도	없음	간이과세를 포기하고 일반과세자가 될 수 있고, **다시 포기신고의 철회가 가능**
기장의무	장부비치기장의무가 있음	발급받은 세금계산서와 발급한 영수증을 보관한 때에는 장부비치기장의무를 이행한 것으로 봄
가산세	-미등록가산세 : 공급가액의 1%	-미등록가산세 : 공급대가의 0.5%

Chapter

부가가치세 연습 2

로그인 전산세무1급 핵심요약 및 기출문제

Ⅰ. 부가가치세 신고서(확정신고서)

다음은 과세사업과 면세사업을 겸영하고 있는 ㈜지구(중소제조업)의 부가가치세 확정신고(4월 1일 ~ 6월 30일)와 관련된 자료이다. 단 전자세금계산서는 적법하게 수수되었으며 아래 금액은 모두 공급가액 기준이다. 1기 확정부가가치세 신고서를 작성하시오.(납부지연가산세 계산시 미납일수는 91일, 1일 2/10,000로 가정한다.)

1. 과세표준 및 매출세액 관련 자료

(1) 국내제품매출액 : 300,000,000원

상기 금액은 매출할인 10,000,000원과 판매장려금 20,000,000원이 차감되지 않은 금액이다. (관련 사항에 대해서 세법상 규정을 준수하였다.)

(2) 과세사업에 사용하던 건물을 다음과 같은 조건으로 공급하기로 약정하고, 세법 규정에 따라 적정하게 전자세금계산서를 발급하였다.

일 자	구 분	금 액	비 고
20x1년 4월 1일	계약금	6,000,000원	
20x1년 6월 30일	중도금	30,000,000원	
20x2년 9월 30일	잔 금	24,000,000원	잔금청산시 인도

(3) 거래처에 원가 8,000,000원 시가 10,000,000원짜리 제품을 사업과 관련하여 선물하였다.

(4) 제품을 $10,000에 수출했다. 선적일은 5월 15일이며 5월 2일 대금을 외화로 수령하여 5월 10일 원화로 환가(환가액은 12,000,000원임)하였다. 일자별 기준환율은 다음과 같다.

일 자	5월 2일	5월 10일	5월 15일
환 율	1,100원	1,200원	1,300원

2. 매입세액 관련자료

(1) 과세사업과 면세사업에 공통으로 사용하기 위한 재화 매입액 250,000,000원(공급가액)이 있고, 당기 과세기간의 면세비율은 4%이다.(매입에 따른 전자세금계산서는 적정하게 수령하였다.)

(2) 의제매입세액관련

① 면세 매입내역(4~6월)

매입처	품명	공급가액	비 고
㈜면세	과일(원재료)	25,000,000	전액 현금으로 결제하고 현금영수증을 수취
김면세	과일(원재료)	6,200,000	농민으로부터 직접 구입하고 현금결제함.

② 면세관련 매출 : 의제매입과 관련된 매출은 104,000,000원이며, 예정신고시 의제매입세액과 의제매입과 관련된 매출은 없었다. 법인의 한도는 50%로 가정한다.

3. 예정신고 누락분(1월 1일~3월 31일)

구분	작성일자	발급일자	전송일자	공급가액	세액
매출(과세)	03.30	04.20	4.21	20,000,000	2,000,000
매출(영세)	02.10	03.09	07.20	10,000,000	0
매입(과세)	03.10	04.15	04.16	15,000,000	1,500,000

풀이

1. 과세표준 및 매출세액

구분				정기신고금액		
				금액	세율	세액
과세표준및매출세액	과세	세금계산서발급분	1		10/100	
		매입자발행세금계산서	2		10/100	
		신용카드 · 현금영수증발행분	3		10/100	
		기타(정규영수증외매출분)	4			
	영세	세금계산서발급분	5		0/100	
		기타	6		0/100	
	예정신고누락분		7			
	대손세액가감		8			
	합계		9		㉮	

2. 매입세액

매입세액	세금계산서 수취분	일반매입	10			
		수출기업수입분납부유예	10			
		고정자산매입	11			
	예정신고누락분		12			
	매입자발행세금계산서		13			
	그 밖의 공제매입세액		14			
	합계(10)-(10-1)+(11)+(12)+(13)+(14)		15			
	공제받지못할매입세액		16			
	차감계 (15-16)		17		㉯	

3. 가산세

25.가산세명세					
사업자미등록등		61		1/100	
세금계산서	지연발급 등	62		1/100	
	지연수취	63		5/1,000	
	미발급 등	64		뒤쪽참조	
전자세금발급명세	지연전송	65		3/1,000	
	미전송	66		5/1,000	
세금계산서합계표	제출불성실	67		5/1,000	
	지연제출	68		3/1,000	
신고불성실	무신고(일반)	69		뒤쪽	
	무신고(부당)	70		뒤쪽	
	과소·초과환급(일반)	71		뒤쪽	
	과소·초과환급(부당)	72		뒤쪽	
납부지연		73		뒤쪽	
영세율과세표준신고불성실		74		5/1,000	
현금매출명세서불성실		75		1/100	
부동산임대공급가액명세서		76		1/100	
매입자납부특례	거래계좌 미사용	77		뒤쪽	
	거래계좌 지연입금	78		뒤쪽	
신용카드매출전표등수령명세서미제출 · 과다기재		79		5/1,000	
합계		80			

해답

1. 과세표준 및 매출세액

① 매출할인은 과세표준에서 차감하나, 판매장려금은 과세표준에서 차감하지 않는다.

② 건물공급은 중간지급조건부 거래로서 공급시기는 대가의 각 부분을 받기로 한 때이므로 계약금과 중도금에 대해서만 신고서에 반영한다.

③ 간주공급의 과세표준은 시가이다.

④ 수출재화의 과세표준은 공급시기 전에 환가한 경우 환가한 금액이다.

구분				금액	세율	세액
과세표준및매출세액	과세	세금계산서발급분	1	326,000,000	10/100	32,600,000
		매입자발행세금계산서	2		10/100	
		신용카드 · 현금영수증발행분	3		10/100	
		기타(정규영수증외매출분)	4	10,000,000		1,000,000
	영세	세금계산서발급분	5		0/100	
		기타	6	12,000,000	0/100	
	예정신고누락분		7	30,000,000		2,000,000
	대손세액가감		8			
	합계		9	378,000,000	㉮	35,600,000

2. 매입세액

① 공통매입세액 : **<u>면세공급가액이 5% 미만인 경우 안분계산을 배제하나 공통매입세액이 5백만원 이상이므로 안분계산한다.</u>**

- 불공제매입세액 = 25,000,000(매입세액) × 4% = 1,000,000원

② 의제매입세액

	예정	확정	계
①공급가액(면세매입관련)	0	104,000,000	104,000,000
②면세매입금액		31,200,000	31,200,000
③한도(①×50% : 법인)	-		52,000,000
④Min[②,③]	-		31,200,000
공제율	4/104(중소제조업)		
⑤당기 의제매입세액공제액(1~6월)	④×공제율		1,200,000
⑥예정신고시 의제매입세액공제			0
⑦확정신고시 의제매입세액공제	(⑤-⑥)		1,200,000

매입세액						
	세금계산서 수취분	일반매입	10	250,000,000		25,000,000
		수출기업수입분납부유예	10			
		고정자산매입	11			
	예정신고누락분		12	15,000,000		1,500,000
	매입자발행세금계산서		13			
	그 밖의 공제매입세액		14	31,200,000		1,200,000
	합계(10)-(10-1)+(11)+(12)+(13)+(14)		15	296,200,000		27,700,000
	공제받지못할매입세액		16	10,000,000		1,000,000
	차감계 (15-16)		17	286,200,000	㉯	26,700,000

3. 가산세

〈전자세금계산서 발급 및 전송, 수취관련〉

구분	작성일자	발급기한	***지연발급(1%)***	미발급(2%)
매출(과세)	3.30	~4.10	***4.11~7.25***	7.25까지 미발급

구분	발급일자	발급기한	***지연전송(0.3%)***	미전송(0.5%)
매출(영세)	03.09	~3.10	***3.11~7.25***	7.25까지 미전송

구분	작성일자	수취기한	***지연수취(0.5%)***	매입세액불공제
매입(과세)	03.10	~4.10	***4.11~익년도7.25***	지연수취기한까지 미수취

〈매출매입신고누락분〉

구분			공급가액	세액
매출	과세	세금(전자)	*20,000,000(지연발급)*	2,000,000
		기 타		
	영세	세금(전자)	*10,000,000(지연전송)*	-
		기 타		-
매입	세금계산서 등		*15,000,000(지연수취)*	1,500,000
미달신고(납부) - 신고/납부지연				500,000

영세율과세표준신고불성실(10,000,000)

1. 전자세금계산서 지연발급	**20,000,000원** × 1% = 200,000원
2. 전자세금계산서 지연전송	**10,000,000원**× 0.3% = 30,000원
3. 전자세금계산서 지연수취	**15,000,000원**× 0.5% = 75,000원
4. 영세율과세표준신고불성실	**10,000,000원** × 0.5% × (1 – 75%) = 12,500원 * 3개월 이내 수정신고시 75% 감면
5. 신고불성실**(과소신고 – 일반)**	**500,000원** × 10% × (1 – 75**%)** = 12,500원 * 3개월 이내 수정신고시 75% 감면
6. 납부지연	**500,000원** × 91일 × 2(가정)/10,000 =9,100원
합 계	**339.100원**

25.가산세명세					
사업자미등록등		61		1/100	
세 금 계산서	지연발급 등	62	20,000,000	1/100	200,000
	지연수취	63	15,000,000	5/1,000	75,000
	미발급 등	64		뒤쪽참조	
전자세금 발급명세	지연전송	65	10,000,000	3/1,000	30,000
	미전송	66		5/1,000	
세금계산서 합계표	제출불성실	67		5/1,000	
	지연제출	68		3/1,000	
신고 불성실	무신고(일반)	69		뒤쪽	
	무신고(부당)	70		뒤쪽	
	과소·초과환급(일반)	71	500,000	뒤쪽	12,500
	과소·초과환급(부당)	72		뒤쪽	
납부지연		73	500,000	뒤쪽	9,100
영세율과세표준신고불성실		74	10,000,000	5/1,000	12,500
현금매출명세서불성실		75		1/100	
부동산임대공급가액명세서		76		1/100	
매입자 납부특례	거래계좌 미사용	77		뒤쪽	
	거래계좌 지연입금	78		뒤쪽	
신용카드매출전표등수령명세서미제출 · 과다기재		79		5/1,000	
합계		80			339,100

Ⅱ. 부가가치세 신고서(기한후신고서)

㈜지구는 제2기 확정 부가가치세신고를 법정신고기한에 하지 아니하였다. 익년도 2월 5일에 기한후신고와 동시에 추가 납부할 부가가치세액을 납부하고자 한다. **제2기 확정 부가가치세 기한후신고서를 작성하시오.** 아래 자료는 모두 전자세금계산서이며, **전자세금계산서는 적법하게 발급, 수취하였으나, 매출전자세금계산서는 확정신고기한내에 국세청에 전송하지 못했다.** 기한후신고는 일반무신고에 해당하며, **납부지연가산세 계산시 미납일수는 11일, 1일 2/10,000로 가정한다.**

구분		상호	공급가액	세액	비 고
매출	세금계산서	㈜토성	5,000,000원	500,000원	
	반품세금계산서	㈜목성	△3,000,000원	△300,000원	
매입	세금계산서	㈜명왕성	1,000,000원	100,000원	원재료
	세금계산서	㈜화성	2,000,000원	200,000원	토지정지비용

풀이

1. 과세표준 및 매출세액

구분				금액	세율	세액
과세표준및매출세액	과세	세금계산서발급분	1		10/100	
		매입자발행세금계산서	2		10/100	
		신용카드 · 현금영수증발행분	3		10/100	
		기타(정규영수증외매출분)	4			
	영세	세금계산서발급분	5		0/100	
		기타	6		0/100	
	예정신고누락분		7			
	대손세액가감		8			
	합계		9		㉮	

2. 매입세액

구분				금액	세율	세액
매입세액	세금계산서 수취분	일반매입	10			
		수출기업수입분납부유예	10			
		고정자산매입	11			
	예정신고누락분		12			
	매입자발행세금계산서		13			
	그 밖의 공제매입세액		14			
	합계(10)-(10-1)+(11)+(12)+(13)+(14)		15			
	공제받지못할매입세액		16			
	차감계 (15-16)		17		㉯	

3. 가산세

25.가산세명세					
사업자미등록등		61		1/100	
세 금 계산서	지연발급 등	62		1/100	
	지연수취	63		5/1,000	
	미발급 등	64		뒤쪽참조	
전자세금 발급명세	지연전송	65		3/1,000	
	미전송	66		5/1,000	
세금계산서 합계표	제출불성실	67		5/1,000	
	지연제출	68		3/1,000	
신고 불성실	무신고(일반)	69		뒤쪽	
	무신고(부당)	70		뒤쪽	
	과소·초과환급(일반)	71		뒤쪽	
	과소·초과환급(부당)	72		뒤쪽	
납부지연		73		뒤쪽	
영세율과세표준신고불성실		74		5/1,000	
현금매출명세서불성실		75		1/100	
부동산임대공급가액명세서		76		1/100	
매입자 납부특례	거래계좌 미사용	77		뒤쪽	
	거래계좌 지연입금	78		뒤쪽	
신용카드매출전표등수령명세서미제출 · 과다기재		79		5/1,000	
합계		80			

해답

1. 과세표준 및 매출세액

구분				금액	세율	세액
과세표준및매출세액	과세	세금계산서발급분	1	2,000,000	10/100	200,000
		매입자발행세금계산서	2		10/100	
		신용카드 · 현금영수증발행분	3		10/100	
		기타(정규영수증외매출분)	4			
	영세	세금계산서발급분	5		0/100	
		기타	6		0/100	
	예정신고누락분		7			
	대손세액가감		8			
	합계		9	2,000,000	㉮	200,000

2. 매입세액

토지 정지비용은 불공제 매입세액이다. 또한 토지관련 매입세액은 일반매입분에 입력해야 한다.

매입세액	세금계산서 수취분	일반매입	10	3,000,000		300,000
		수출기업수입분납부유예	10			
		고정자산매입	11			
	예정신고누락분		12			
	매입자발행세금계산서		13			
	그 밖의 공제매입세액		14			
	합계(10)-(10-1)+(11)+(12)+(13)+(14)		15	3,000,000		300,000
	공제받지못할매입세액		16	2,000,000		200,000
	차감계 (15-16)		17	1,000,000	㉯	100,000
납부(환급)세액(매출세액㉮-매입세액㉯)					㉰	100,000

3. 가산세

〈매출매입신고누락분－전자세금계산서 미전송〉

구 분			공급가액	세액
매출	과세	세금(전자)	**5,000,000＋｜－3,000,000｜ (음수인 경우 절대값)－미전송**	200,000
		기 타		
	영세	세금(전자)		－
		기 타		－
매입	세금계산서 등		1,000,000	100,000
미달신고(납부)－신고, 납부지연				**100,000**

1. 전자세금계산서 미전송	**8,000,000원** ×0.5%＝40,000원
2. 신고불성실**(무신고－일반)**	**100,000원**×20%×(1－**50%)**＝10,000원 ☞ **법정신고기한 후 1개월 이내 신고시 50%감면**
3. 납부지연	**100,000원**×11일(1.26~2.5)×2(가정)/10,000＝220원
합 계	50,220원

전자세금 발급명세	지연전송	65		3/1,000	
	미전송	66	8,000,000	5/1,000	40,000
세금계산서 합계표	제출불성실	67		5/1,000	
	지연제출	68		3/1,000	
신고 불성실	무신고(일반)	69	100,000	뒤쪽	10,000
	무신고(부당)	70		뒤쪽	
	과소·초과환급(일반)	71		뒤쪽	
	과소·초과환급(부당)	72		뒤쪽	
납부지연		73	100,000	뒤쪽	220

Ⅲ. 부가가치세 신고서(세금계산서 발급 관련)

1. 10월 20일에 20,000,000원(공급가액) 재화를 공급하였으나, 담당자의 실수로 세금계산서를 발급하지 못한 것을 확정신고기한이 끝난 후 알게 되었다.

2. 또한 다음의 사항도 확정신고서에 누락하여 신고납부하였다.

구분		상호	공급가액	세액	비 고
매출	종이세금계산서	㈜토성	4,000,000원	400,000원	
매입	종이세금계산서	㈜명왕성	1,000,000원	100,000원	원재료

3. 익년도 2월 10일에 수정신고함과 동시에 미달세액을 추가자진납부하였다. 납부지연가산세 계산시 미납일수 계산시 16일, <u>1일 2/10,000로 가정한다.</u>

풀이

1. 과세표준 및 매출세액

		구분		정기신고금액 금액	세율	세액		수정신고금액 금액	세율	세액
과세표준및매출세액	과세	세금계산서발급분	1	10,000,000	10/100	1,000,000	1		10/100	
		매입자발행세금계산서	2		10/100		2		10/100	
		신용카드 · 현금영수증발행분	3		10/100		3		10/100	
		기타(정규영수증외매출분)	4	1,000,000		100,000	4			
	영세	세금계산서발급분	5		0/100		5		0/100	
		기타	6		0/100		6		0/100	
	예정신고누락분		7				7			
	대손세액가감		8				8			
	합계		9	11,000,000	㉮	1,100,000	9		㉮	

2. 매입세액

		구분		금액	세율	세액		금액	세율	세액
매입세액	세금계산서수취분	일반매입	10	5,000,000		200,000	10			
		수출기업수입분납부유예	10				10			
		고정자산매입	11				11			
	예정신고누락분		12				12			
	매입자발행세금계산서		13				13			
	그 밖의 공제매입세액		14				14			
	합계(10)-(10-1)+(11)+(12)+(13)+(14)		15	5,000,000		200,000	15			
	공제받지못할매입세액		16	1,000,000		100,000	16			
	차감계 (15-16)		17	4,000,000	㉯	100,000	17		㉯	
납부(환급)세액(매출세액㉮-매입세액㉯)					㉰	1,000,000			㉰	

3. 가산세

25.가산세명세					
사업자미등록등		61		1/100	
세 금 계산서	지연발급 등	62		1/100	
	지연수취	63		5/1,000	
	미발급 등	64		뒤쪽참조	
전자세금 발급명세	지연전송	65		3/1,000	
	미전송	66		5/1,000	
세금계산서 합계표	제출불성실	67		5/1,000	
	지연제출	68		3/1,000	
신고 불성실	무신고(일반)	69		뒤쪽	
	무신고(부당)	70		뒤쪽	
	과소·초과환급(일반)	71		뒤쪽	
	과소·초과환급(부당)	72		뒤쪽	
납부지연		73		뒤쪽	
영세율과세표준신고불성실		74		5/1,000	
현금매출명세서불성실		75		1/100	
부동산임대공급가액명세서		76		1/100	
매입자 납부특례	거래계좌 미사용	77		뒤쪽	
	거래계좌 지연입금	78		뒤쪽	
신용카드매출전표등수령명세서미제출·과다기재		79		5/1,000	
합계		80			

25.가산세명세					
사업자미등록등		61		1/100	
세 금 계산서	지연발급 등	62		1/100	
	지연수취	63		5/1,000	
	미발급 등	64		뒤쪽참조	
전자세금 발급명세	지연전송	65		3/1,000	
	미전송	66		5/1,000	
세금계산서 합계표	제출불성실	67		5/1,000	
	지연제출	68		3/1,000	
신고 불성실	무신고(일반)	69		뒤쪽	
	무신고(부당)	70		뒤쪽	
	과소·초과환급(일반)	71		뒤쪽	
	과소·초과환급(부당)	72		뒤쪽	
납부지연		73		뒤쪽	
영세율과세표준신고불성실		74		5/1,000	
현금매출명세서불성실		75		1/100	
부동산임대공급가액명세서		76		1/100	
매입자 납부특례	거래계좌 미사용	77		뒤쪽	
	거래계좌 지연입금	78		뒤쪽	
신용카드매출전표등수령명세서미제출·과다기재		79		5/1,000	
합계		80			

해답

1. 매출세액 및 과세표준(2기 확정 수정신고서)

① 세금계산서 미발급분(20,000,000원)에 대해서는 과세 기타란에 가산하고

② 종이세금계산서 발급분은 세금계산서 발급분에 가산한다.

구분				정기신고금액			수정신고금액			
				금액	세율	세액		금액	세율	세액
과세표준및매출세액	과세	세금계산서발급분	1	10,000,000	10/100	1,000,000	1	14,000,000	10/100	1,400,000
		매입자발행세금계산서	2		10/100		2		10/100	
		신용카드·현금영수증발행분	3		10/100		3		10/100	
		기타(정규영수증외매출분)	4	1,000,000		100,000	4	21,000,000		2,100,000
	영세	세금계산서발급분	5		0/100		5		0/100	
		기타	6		0/100		6		0/100	
	예정신고누락분		7				7			
	대손세액가감		8				8			
	합계		9	11,000,000	㉮	1,100,000	9	35,000,000	㉮	3,500,000

2. 매입세액

구분				금액		세액		금액		세액
매입세액	세금계산서 수취분	일반매입	10	5,000,000		200,000	10	6,000,000		300,000
		수출기업수입분납부유예	10				10			
		고정자산매입	11				11			
	예정신고누락분		12				12			
	매입자발행세금계산서		13				13			
	그 밖의 공제매입세액		14				14			
	합계(10)-(10-1)+(11)+(12)+(13)+(14)		15	5,000,000		200,000	15	6,000,000		300,000
	공제받지못할매입세액		16	1,000,000		100,000	16	1,000,000		100,000
	차감계 (15-16)		17	4,000,000	㉯	100,000	17	5,000,000	㉯	200,000
납부(환급)세액(매출세액㉮-매입세액㉯)					㉰	1,000,000			㉰	3,300,000

3. 가산세

〈매출매입신고누락분〉

구분				공급가액	세액
매출	과세	세금	종이	4,000,000(미발급 1%)	400,000
			전자		
		기 타		20,000,000(미발급 2%)	2,000,000
	영세	세금	종이		-
			전자		-
		기 타			-
매입	세금계산서 등			1,000,000	100,000
미달신고(납부) - *신고, 납부지연*					2,300,000

1. 전자세금계산서미발급(2%)	**20,000,000원**×2% = 400,000원
2. 전자세금계산서 미발급 - **종이세금계산서발급시(1%)**	**4,000,000원**×1% = 40,000원
3. 신고불성실	**2,300,000원**×10%×(1 - 90%) = 23,000원 *** 1개월 이내 수정신고시 90% 감면**
4. 납부지연	**2,300,000원**×16일×2(가정)/10,000 = 7,360원
합 계	470,360원

25.가산세명세					
사업자미등록등		61		1/100	
세금계산서	지연발급 등	62		1/100	
	지연수취	63		5/1,000	
	미발급 등	64		뒤쪽참조	
전자세금발급명세	지연전송	65		3/1,000	
	미전송	66		5/1,000	
세금계산서합계표	제출불성실	67		5/1,000	
	지연제출	68		3/1,000	
신고불성실	무신고(일반)	69		뒤쪽	
	무신고(부당)	70		뒤쪽	
	과소·초과환급(일반)	71		뒤쪽	
	과소·초과환급(부당)	72		뒤쪽	
납부지연		73		뒤쪽	
영세율과세표준신고불성실		74		5/1,000	
현금매출명세서불성실		75		1/100	
부동산임대공급가액명세서		76		1/100	
매입자납부특례	거래계좌 미사용	77		뒤쪽	
	거래계좌 지연입금	78		뒤쪽	
신용카드매출전표등수령명세서미제출·과다기재		79		5/1,000	
합계		80			

25.가산세명세					
사업자미등록등		61		1/100	
세금계산서	지연발급 등	62		1/100	
	지연수취	63		5/1,000	
	미발급 등	64	24,000,000	뒤쪽참조	440,000
전자세금발급명세	지연전송	65		3/1,000	
	미전송	66		5/1,000	
세금계산서합계표	제출불성실	67		5/1,000	
	지연제출	68		3/1,000	
신고불성실	무신고(일반)	69		뒤쪽	
	무신고(부당)	70		뒤쪽	
	과소·초과환급(일반)	71	2,300,000	뒤쪽	23,000
	과소·초과환급(부당)	72		뒤쪽	
납부지연		73	2,300,000	뒤쪽	7,360
영세율과세표준신고불성실		74		5/1,000	
현금매출명세서불성실		75		1/100	
부동산임대공급가액명세서		76		1/100	
매입자납부특례	거래계좌 미사용	77		뒤쪽	
	거래계좌 지연입금	78		뒤쪽	
신용카드매출전표등수령명세서미제출·과다기재		79		5/1,000	
합계		80			470,360

Part Ⅳ
소득세

Chapter

핵심요약 1

Login

로그인 전산세무1급 핵심요약 및 기출문제

1 손해배상금의 과세체계

	손해배상금	법정이자
법원의 판결 또는 화해에 의하여 지급받을 경우	과세제외	과세제외
계약의 위약·해약	기타소득	기타소득

2 금융소득의 과세방법 

과세방법	범 위	원천징수세율
1. 무조건 분리과세	-비실명 이자·배당소득 -직장공제회초과반환금 -**법원 보증금에 대한 이자**	45% 기본세율 14%
2. 무조건 종합과세	-국외에서 받은 이자·배당소득 -원천징수되지 않는 금융소득 -**출자공동사업자의 배당소득**	- - 25%
3. 조건부 종합과세	- 일반적인 이자소득·배당소득 - 비영업대금이익	14% 25%

① **2천만원(출자공동사업자의 배당소득 제외)을 초과하는 경우 … 종합과세**
② **2천만원 이하인 경우 … 분리과세(조건부 종합과세에 대해서)**

<금융소득의 Gross - up 금액 계산 및 종합소득금액 확정>

원천징수세율(14%) 적용순서	
① **이자소득금액**	**Gross - up대상 배당소득 총수입금액** 1. **내국법인으로부터 수령** 2. **법인세가 과세된 잉여금으로 배당을 받을 것** 3. **종합과세되고 기본세율(2천만원 초과)이 적용되는 배당소득**
② **Gross - up제외 배당소득총수입금액**	
③ **Gross - up대상 배당소득총수입금액 ×110%**	
= 종합소득금액(①+②+③)	

원천징수세율(14%) 적용순서		- 2,000만원 -	
① **이자소득금액**	- 14%	- 국내정기예금이자 - 비영업대금이익 - 국외원천이자소득	4,000,000 6,000,000 8,000,000
② **Gross - up제외 배당소득총수입금액**		-	-
③ **Gross - up대상 배당소득총수입금액**		**- 주권상장법인 배당금**	**2,000,000**
	- 기본세율	**- 주권상장법인 배당금**	**3,000,000**

Gross - up금액

3 사업소득

1. 비과세

1. 농지대여소득 : 다만 타용도로 사용 후 발생하는 소득은 과세
2. 작물재배업에서 발생하는 소득(**10억원 이하의 작물재배**)
   ☞ 곡물 및 기타 식량작물재배업은 사업소득에서 과세제외
3. **1개의 주택을 소유하는 자의 주택임대소득(고가주택*1의 임대소득은 제외)**
4. 3,000만원이하의 농가부업소득 등
5. 어업소득(어로어업 · 양식어업 소득) : 5천만원 이하
6. **전통주 제조소득**
7. **조림기간이 5년 이상인 임지의 임목 벌채 · 양도로 인한 소득금액 600만원까지 비과세**

*1. 고가주택 기준시가 12억 초과

2. 총수입금액

총수입금액산입	총수입금액불산입
ⓐ 사업수입금액 - 매출에누리와 환입, 매출할인 제외 - **임직원에 대한 재화·용역의 할인금액은 사업수입금액에 포함(개정세법 25)** ⓑ 장려금등 기타 이와 유사한 성질의 급여 ⓒ 사업과 관련된 자산수증이익·채무면제이익 ⓓ **사업과 관련하여 생긴 보험차익(퇴직연금운용자산)** ⓔ **가사용으로 소비된 재고자산** ⓕ 간주임대료 **ⓖ 사업용 유형자산(부동산 제외)양도가액 (복식부기의무자)** ⓗ 기타(전속계약금 등)	ⓐ 소득세 등의 환급액 ⓑ 부가가치세 매출세액 ⓒ **재고자산 이외(고정자산)의 자산의 처분이익 (복식부기의무자 제외)** ⓓ 국세환급가산금

3. 필요경비

필요경비산입	필요경비불산입
ⓐ 판매한 상품 등에 대한 원료의 매입가액과 그 부대비용 ⓑ 종업원의 급여 - **임직원에 대한 재화·용역 등 할인금액 (개정세법 25)** ⓒ 사업용자산에 대한 비용 및 감가상각비 ⓓ **복식부기의무자의 사업용 유형자산 양도 시 장부가액** ⓔ 상대편에게 지급하는 장려금 등 ⓕ 한도이내의 기부금(**법인세법과 동일**)	ⓐ **소득세와 지방소득세** ⓑ **벌금·과료와 과태료와 강제징수비**[*1] ⓒ **감가상각비 중 상각범위액을 초과하는 금액** **ⓓ 대표자의 급여와 퇴직급여** **ⓔ 재고자산 이외(고정자산)의 자산의 처분손실 (복식부기의무자 제외)** ⓕ **가사(집안 일)관련경비와 초과인출금에 대한 지급이자** ⓖ 한도 초과 업무용 승용차 관련 비용등(복식부기의무자)

*1. 강제징수비 : 납세자가 국세를 체납시 강제징수에 관한 규정에 의한 재산의 압류와 압류한 재산의 보관과 운반 및 공매에 소요된 비용

4. 사업소득의 수입시기

1. 상품등의 판매	인도한 날
2. 1이외의 자산 매매	대금청산일
3. 시용판매	상대방이 구입의사를 표시한 날

4. 위탁판매	수탁자가 위탁품을 판매하는 날
5. 인적용역제공*1	용역대가를 지급받기로 한 날 또는 용역제공을 완료한 날 중 빠른 날

*1. 연예인 및 직업운동선수 등이 계약기간을 초과하는 일신 전속계약에 대한 대가를 일시에 받는 경우에는 계약기간에 따라 해당 대가를 균등하게 안분한 금액을 각 과세기간 종료일에 수입한 것으로 한다.

5. 각사업연도소득과 사업소득금액의 차이

구 분		법인세법	소득세법
1. 이자수익과 배당금수익		-각 사업연도 소득에 포함	-사업소득에서 제외(이자, 배당소득)
2. 유가증권처분손익		-익금 또는 손금	-사업소득에 해당 안됨. ☞ 처분익 발생 시 양도소득으로 과세될 수 있음
3. 고정자산처분손익		-익금 또는 손금	-과세제외(기계 · 비품 등) ⇒ 복식부기의무자는 과세 ☞ 부동산등의 처분익 발생 시 양도소득으로 과세될 수 있음
4. 자산수증이익, 채무면제익		사업관련 여부에 관계없이 익금	사업과 관련이 있는 경우에만 총수입금액산입
5. 대표자급여 및 퇴직급여		손금	필요경비불산입
6. 기업업무추진비		법인 전체로 계산함.	각 사업장별로 기업업무추진비한도액을 계산하여 적용함.
7. 현물기부금(특례,일반)		장부가액	MAX[시가, 장부가액]
8. 소득처분	사외유출	귀속자의 소득세 납세의무 유발	귀속자의 소득으로 처분하지 않고 사업주가 인출하여 증여한 것으로 본다.
	유보	세무조정금액이 사내에 남아있는 경우 유보로 처분하여 별도 관리한다.	

4 근로소득

1. 근로소득이 아닌 것

1. 근로의 대가로서 현실적 퇴직을 원인으로 지급받는 소득 : 퇴직소득
2. 퇴직 후에 받는 직무발명보상금 : 기타소득
3. 주식매수선택권을 퇴직 후 행사하여 얻은 이익 : 기타소득
4. 사회 통념상 타당한 범위내의 경조금
5. 업무와 무관한 사내원고료와 강연료 : 기타소득

2. 비과세 

<table>
<tr><td>1. 실비변상적인 급여</td><td>1. 일직료, 숙직료 또는 여비로서 실비변상정도의 금액
2. 자가운전보조금(회사업무사용시) 중 월 20만원 이내의 금액 :
① 종업원소유차량(종업원 명의 임차차량 포함)&
② 업무사용& ③ 소요경비를 미지급
3. 작업복 등
4. 교육기관의 교원이 받는 연구보조비 중 월 20만원
5. 근로자가 천재, 지변 기타 재해로 인하여 받는 급여
6. 연구보조비 또는 연구활동비 중 월 20만원 이내의 금액</td></tr>
<tr><td>2. 생산직 근로자의 연장근로수당</td><td>월정액급여가 2.1백만원이고 직전년도 총급여액 3천만원 이하 근로자
1. 광산근로자 · 일용근로자 : 전액
2. 생산직근로자, 어선근로자 : 연 240만원까지</td></tr>
<tr><td>3. 식사와 식사대</td><td>현물식사 또는 식사대(월 20만원 이하)
→ 현물제공+식대 지급시 과세</td></tr>
<tr><td>4. 복리후생적 성격의 급여</td><td>1. 사택제공 및 주택자금 대여 이익
<table><tr><th></th><th>사택제공이익</th><th>주택자금대여이익</th></tr><tr><td>출자임원</td><td>근로소득</td><td rowspan="3">근로소득
(중소기업 종업원은 비과세)</td></tr><tr><td>소액주주임원, 비출자임원</td><td rowspan="2">비과세 근로소득</td></tr><tr><td>종업원</td></tr></table>2. 단체순수보장성 보험 및 단체환급부보장성 보험 중 70만원 이하의 보험료</td></tr>
</table>

5. 기타	1. 본인의 학자금 2. 고용보험료 등 사용자 부담금 **3. 출산지원금(개정세법 25) : 전액 비과세(출생일 이후 2년 이내, 지급 2회 이내)** **4. 양육(보육)수당 : 6세 이하의 자녀보육과 관련된 급여 월 20만원 이내** 5. 배우자 출산휴가 급여 6. 국외(북한포함)소득 월 100만원 이내 ☞ 외항선박과 해외건설근로자는 월 500만원 7. **<u>직무발명보상금 7백만원 이하의 보상금</u>** **8. 종업원 할인 금액(개정세법 25)** : MAX(시가의 20%, 연 240만원)

3. 근로소득의 수입시기

1. 급 여	• 근로를 제공한 날
2. 잉여금 처분에 따른 상여	• 잉여금 처분결의일
3. 인정상여	• 해당 사업연도 중의 근로를 제공한 날
4. 주식매수선택권	• **<u>행사한 날</u>**

4. 일용근로소득

1. 대상	**동일한 고용주에게 3개월(건설공사 종사자는 1년)미만 고용된 근로자**
2. 일 원천징수세액	**[일급여액 − 150,000원] × 6% × (1 − 55%)** ☞ 근로소득세액공제 : 산출세액의 55%

5 연금소득

1. 공적연금	1. 국민연금 2. 공무원연금 등	2. 연금계좌 (사적연금)	1. 퇴직연금 2. 개인연금 3. 기타연금
3. 비 과 세	국민연금법에 의한 유족연금, 장애연금 등		
4. 연금소득	총연금액(비과세제외) − 연금소득공제(***<u>소득공제 900만원 한도</u>***)		
5. 과세방법	**1. 원칙(공적연금) : 종합과세** **2. 연금계좌에서 연금수령시** **① 1,500만원 이하 : 저율 · 분리과세(5%~3%)** **② 1,500만원 초과 : (세액계산시) 종합과세 또는 15% 분리과세**		
6. 수입시기	**① 공적연금 : 연금을 지급받기로 한날** ② **<u>연금계좌에서 받는 연금소득 : 연금수령한 날</u>** ③ 기타 : 연금을 지급받은 날		

6 기타소득

1. 필요경비

1. 원칙	**실제지출된 비용**	
2. 예외	1. 승마투표권 등의 환급금	단위투표금액의 합계액
	2. 슬롯머신 등의 당첨금품 등	당첨직전에 투입한 금액
	3. 일정요건의 상금 및 부상 4. **위약금과 배상금 중 주택입주 지체상금** 5. 서화 · 골동품의 양도[*1](개당 양도가액 6천만원 이상)로 발생하는 소득	**MAX [①수입금액의 80%, ②실제 소요경비]**
	6. **인적용역을 일시적으로 제공하고 지급받는 대가** 7. **일시적인 문예창작소득** 8. 산업재산권, 영업권 등 양도 또는 대여 9. 공익사업과 관련된 지상권의 설정 · 대여소득 ☞ **지상권 · 지역권 설정 · 대여소득은 사업소득**	**MAX [①수입금액의 60%, ②실제 소요경비]**

*1. 양도가액이 1억원 이하 또는 보유기간이 10년 이상 경우 90% 필요경비

2. 과세방법

1. 원천징수	**원칙 : 20%(복권의 경우 3억 초과시 초과분은 30%)**
2. 무조건 분리과세	1. 복권등 당첨소득 2. 승마투표권의 구매자가 받는 환급금 3. 슬럿머신 등의 당첨금 4. 연금계좌의 연금외 수령시 5. 서화 · 골동품의 양도로 발생하는 소득
3. 무조건종합과세	***뇌물, 알선수재 및 배임수재에 의하여 받는 금품***
4. 선택적분리과세	**연 300만원 이하의 기타소득금액**
5. 수입시기	일반적 : 지급을 받은 날(현금주의) 광업권 등의 양도소득 : 대금청산일, 사용수익일, 인도일 중 빠른 날 법인세법에 따라 처분된 기타소득 : 사업연도 결산확정일
6. 과세최저한 규정	- **일반적 : 5만원 이하이면 과세제외** ☞ 연금계좌에서 발생하는 기타소득은 과세최저한 적용제외 - 복권당첨금, 슬롯머신 등의 당첨금품 등이 **건별로 200만원 이하**인 경우

7 공동사업 

1. 원칙	공동사업장을 1거주자로 보아 공동사업장별로 그 소득금액을 계산한다.
2. 소득분배	**1. 원칙 : 손익분배비율** **2. 예외(공동사업합산과세)** **특수관계자가 공동사업자에 포함되어 있는 경우로서 손익분배비율을 거짓으로 정하는 등의 사유**가 있는 경우에는 그 **특수관계자의 소득금액은 주된 공동사업자(손익분배비율이 큰 공동사업자)의 소득금액으로 본다.**

8 결손금 공제 

1. 결손금	총수입금액 〈 필요경비
2. 공제	**1. 사업소득의 결손금** **사업소득(부동산 임대업) → 근로소득 → 연금소득 → 기타소득 → 이자소득 → 배당소득** **2. 부동산임대업(주거용 건물 임대업제외)소득의 결손금 : 다른 소득에서 공제하지 않고 이월하여 해당 부동산임대업(주거용 건물 임대업 제외) 소득금액에서만 공제**

9 이월결손금 공제 

1. 공제	**1. 사업소득의 이월결손금** **사업소득(부동산 임대업의 소득금액을 포함) → 근로소득 → 연금소득 → 기타소득 → 이자소득 → 배당소득** **2. 사업소득(부동산임대－주거용 건물 임대업제외)의 이월결손금 : 사업(부동산임대－주거용 건물 임대업제외)소득에서만 공제**
2. 기타	**1. 해당연도에 결손금이 발생하고 이월결손금이 있는 경우에는 해당연도의 결손금을 먼저 소득금액에서 공제한다.** **2. 결손금은 일정기간 이월공제함.** (2020년 이후: **15년** / 2009년~2019년: **10년** / 2008년이전: **5년**) **3. 소득금액의 추계시에는 이월결손금공제 적용불가(예외 : 천재지변)**
3. 결손금 소급공제	**중소기업을 영위하는 거주자**는 이월결손금(결손금을 다른 소득에서 공제하고 남는 금액)이 발생한 경우에는 직전과세기간의 사업소득에 대하여 환급신청

2020년 이후	2009년~2019년	2008년이전
15년	**10년**	**5년**

⑩ 종합소득인적공제

1. 기본공제(인당 150만원)

<table>
<tr><th rowspan="2"></th><th rowspan="2">공제대상자</th><th colspan="2">요 건</th><th rowspan="2">비 고</th></tr>
<tr><th>연 령</th><th>연간소득금액</th></tr>
<tr><td>1. 본인공제</td><td>해당 거주자</td><td>-</td><td>-</td><td></td></tr>
<tr><td>2. 배우자공제</td><td>거주자의 배우자</td><td>-</td><td rowspan="6"><u>100만원 이하
(종합 + 퇴직 + 양도소득금액의 합계액)
다만 근로소득만 있는 경우 총급여 5백만원 이하</u></td><td rowspan="6"><u>장애인은 연령제한을 받지 않는다.
그러나 소득금액의 제한을 받는다.</u></td></tr>
<tr><td rowspan="5">3. 부양가족공제</td><td>직계존속
(계부계모 포함)</td><td><u>60세 이상</u></td></tr>
<tr><td>직계비속(의붓자녀)과 입양자</td><td><u>20세 이하</u></td></tr>
<tr><td>형제자매</td><td><u>20세 이하/
60세 이상</u></td></tr>
<tr><td>국민기초생활보호대상자</td><td>-</td></tr>
<tr><td>위탁아동(6개월 이상)</td><td><u>18세 미만</u>*1</td></tr>
</table>

*1. 보호기간이 연장된 위탁아동 포함(20세 이하인 경우)

☞ <u>직계비속(또는 입양자)과 그 직계비속의 그 배우자가 모두 장애인에 해당하는 경우에는 그 배우자도 기본공제 대상자에 포함</u>된다.

2. 추가공제 - 기본공제 대상자를 전제(추가공제는 중복하여 적용가능)

1. 경로우대공제	기본공제 대상자가 **70세 이상**인 경우	100만원/인
2. 장애인공제	기본공제대상자가 **장애인**인 경우	200만원/인
3. 부녀자공제	**<u>해당 과세기간의 종합소득금액이 3천만원 이하인 거주자</u>** 1. 배우자가 없는 여성으로서 기본공제대상인 부양가족이 있는 세대주인 경우 or 2. 배우자가 있는 여성인 경우	50만원
4. 한부모소득공제	**<u>배우자가 없는 자로서</u>** 기본공제대상자인 직계비속 또는 입양자가 있는 경우 ☞ **<u>부녀자공제와 중복적용배제</u>**	100만원

11 소득요건 

종합+퇴직+양도소득금액의 합계액으로 판단			소득요건 충족여부
1. 근로소득	상용근로자	**총급여액 5,000,000원 이하인 자**	충족
		총급여액 5,000,000원 (근로소득금액 1,500,000원) 초과자	**미충족**
	일용근로자	**무조건 분리과세**	**충족**
2. 금융소득	국내예금이자 등 (무조건+조건부)	2천만원 이하(분리과세)	충족
		2천만원 초과(종합과세)	미충족
3. 기타소득	**복권 등**	**무조건 분리과세**	**충족**
	뇌물 등	**무조건 종합과세(1백만원 초과)**	**미충족**
	기타소득금액	**1백만원 이하**	**충족**
		1백만원 초과~3백만원 이하	**선택적 분리과세**
		3백만원 초과자	미충족

☞ **XX소득금액과 XX소득과 다른 표현입니다. XX소득금액이란 필요경비(또는 소득공제)를 공제 후 금액을 말한다.**

12 종합소득공제 - 물적공제

1. 연금보험료 등의 소득공제 : 공적연금보험료(국민연금보험료) 전액

2. 특별소득공제

(1) 보험료공제 : 근로소득이 있는 거주자

건강보험료 · 고용보험료+노인장기요양보험료	전액공제

(2) 주택자금공제

무주택세대주(**세대구성원도 요건 충족시 가능**)로서 국민주택 규모 이하	
1. 주택임차자금원리금상환액	40%
2. 장기주택(기준시가 6억이하)저당차입금의 이자상환액	전액

3. 신용카드 소득공제(조세특례제한법)

1. 공제대상자	**형제자매의 신용카드 사용분은 제외(연령요건 ×, 소득요건 ○)**
2. 사용금액제외	**해외사용분 제외** 1. 사업소득과 관련된 비용 또는 법인의 비용 2. 보험료, 리스료 3. 교육비 4. 제세공과금(국세, 지방세, **아파트관리비**, 고속도로 통행료 등) 5. 리스료 6. 상품권 등 유가증권구입비 7. 취득세 등이 부과되는 재산의 구입비용 **(예외 : 중고자동차 구입금액의 10%)** 8. 국가 등에 지급하는 사용료 등 ☞ **다만 우체국 택배, 부동산임대업, 기타 운동시설 운영, 보건소에 지급하는 비용은 신용카드 등 사용액에 포함됨.** 9. 면세점(시내·출국장 면세점, 기내면세점 등) 사용금액
3. 중복공제허용	**1. 의료비특별세액공제** **2. 교육비특별세액공제(취학전 아동의 학원비 및 체육시설수강료, 중고등학생의 교복구입비용)**
4. 추가공제	**1. 전통시장** **2. 대중교통비** **3. 총급여액 7천만원 이하자의 신문(종이신문만 대상)·공연비, 박물관·미술관, 영화관람료**, 수영장·체력단련장 시설이용료*1(개정세법 25) 등 *1. 2025.7.1. 이후 지출분부터 적용

4. 개인연금저축 및 주택마련저축소득공제(조세특례제한법)

13 세액공제

구 분	공제요건	세액공제
1. 배당세액	배당가산액을 합산한 경우	배당가산액(10%)
2. 기장세액	간편장부대상자가 복식부기에 따라 기장시	-기장된 사업소득에 대한 산출세액의 20%(년간 100만원 한도)
3. 외국납부세액	외국납부세액이 있는 경우	
4. 재해손실세액	재해상실비율이 20%이상	
5. 근로소득세액	근로소득자	-산출세액의 55%,30%

구 분	공제요건	세액공제
6-1. 자녀세액공제 (개정세법 25)	**종합소득이 있는 거주자의 기본공제대상 자녀 및 손자녀 중 8세 이상(입양자 및 위탁아동 포함)**	1. 1명인 경우 : 25만원 **2. 2명인 경우 : 55만원** 3. 2명 초과 : 55만원+40만원/초과인)
6-2. 출산입양	**기본공제대상 자녀**	**첫째 30만원 둘째 50만원 셋째 이상 70만원**
7. 연금계좌세액	종합소득이 있는 거주자	연금계좌납입액의 12%,15%
8. 특별세액공제	근로소득이 있는 거주자	1. 보험료세액공제 : 해당액의 12%, 15% 2. 의료비세액공제 : 해당액의 15~30% 3. 교육비세액공제 : 해당액의 15% 4. 기부금세액공제 : 지급액의 15%, 30%
9. 월세세액공제	**-총급여액이 8천만원 이하(종합소득금액 7천만원 이하)인 근로자와 기본공제대상자** ☞ **국민주택 규모(85㎡) 이하 또는 기준시가 4억원 이하 주택 임차** -준주택 중 다중생활시설 (예 : 고시원)도 대상	-월세액의 15%, 17% (공제대상 월세액 한도 1,000만원)
10. **기부정치자금세액공제**	-**본인이 정치자금을 기부**시	**-10만원 이하 : 100/110 공제** -10만원 초과 : 15% 공제
11. 고향사랑 기부금	**-주민등록상 거주지를 제외한 지방자치단체에 기부한 경우**	**-10만원 이하 : 100/110 공제** -10만원 초과~2천만원(개정세법 25) 이하 : 15% 공제
12. **결혼세액공제** (개정세법 25)	-혼인 신고를 한 거주자(생애 1회)	-50만원(혼인신고를 한 해)
13. 성실사업자	-의료비 및 교육비 세액공제	-해당액의 일정률
14. 전자신고세액	납세자가 직접 전자신고시	-2만원

14 특별세액공제

1. 표준세액공제 : 특별소득공제와 특별세액공제를 신청하지 않은 경우

근로소득이 있는 자	**13만원**
근로소득이 없는 거주자	7만원(성실사업자 12만원)

2. 특별세액공제 공통적용요건

구 분	보험료		의료비	교육비		기부금
	일반	장애인		일반	장애인특수	
연령요건	○(충족)	×(미충족)	×	×	×	×
소득요건	○	○	×	○	×	○
세액공제액	**12%**	**15%**	**15~30%**	**15%**		**15%, 30%**

☞ **근로기간 지출한 비용만 세액공제대상이(예외 : 기부금세액공제은 1년 동안 지출한 금액이 대상이 된다.)되며,** 일정사유발생(혼인,이혼,별거,취업등)한 날까지 지급 금액만 대상이다.

3. 보장성보험료세액공제

① 보장성보험료와 **주택임차보증금(3억 이하)반환 보증보험료**	연 100만원 한도	12%
② 장애인전용보장성보험료	연 100만원 한도	15%

4. 의료비세액공제 : 대상액의 15%~30%

난임시술비	**임신을 위하여 지출하는 시술비용**	30%
미숙아 등	**미숙아 · 선천성 이상아에 대한 의료비**	20%
특정	㉠ **본인** ㉡ **(과세기간 개시일) 6세 이하** ㉢ **(과세기간 종료일) 65세 이상인 자** ㉣ 장애인 ㉤ 중증질환자, 희귀난치성질환자 또는 결핵환자 등	15%
일반	난임, 미숙아 등, 특정의료비 이외	

대상	• 질병의 예방 및 치료에 지출한 의료비 • 장애인보장구 구입 · 임차비용, 보청기 구입비용 • **시력보정용안경 · 콘택트렌즈 구입비용(1인당 50만원 이내)** • **임신관련비용**(초음파검사, 인공수정을 위한 검사 · 시술비) • **출산관련분만비용**(의료법상 의료기관이어야 한다.) • 보철비, 임플란트와 **스케일링비** • **예방접종비, 의료기관에 지출한 식대, 건강검진비** • **산후조리원에 지출한 비용(출산 1회당 2백만원 한도)**
제외	• **국외의료기관에 지출한 의료비** • **미용목적 성형수술비** • **보전받은 실손의료보험금** • **건강증진을 위한 의약품 구입비** • **간병인에 대한 간병비용**

5. 교육비세액공제 : 대상액의 15% 

1. 본인	1) **전액(대학원 교육비는 본인만 대상)** 2) 직무관련수강료
2. 기본공제대상자	**직계존속 제외**
3. 장애인특수교육비	한도없음**(직계존속도 가능)**

공제대상교육비	공제불능교육비
㉠ 수업료, 입학금, 보육비용, 수강료 및 급식비등 ㉡ **방과후 학교(어린이집,유치원 포함) 수강료와 방과후 도서구입비** ㉢ **중 · 고등교복구입비용(연 50만원 한도)** ㉣ **국외교육기관에 지출한 교육** ㉤ **본인 든든학자금 및 일반 상환학자금 대출의 원리금 상환액** ㉥ **체험학습비(한도 : 30만원/인, 초 · 중 · 고등)** ㉦ **대학입학 전형료, 수능응시료**	㉠ **직계존속의 교육비 지출액 (장애인특수교육비 제외)** ㉡ **소득세 또는 증여세가 비과세되는 학자금 (=장학금)** ㉢ **학원수강료(취학전 아동은 제외)** ㉣ **학자금 대출을 받아 지급하는 교육비 (상환시 세액공제)**

6. 기부금세액공제 : 대상액의 15%, 30% 

1. 특례	1. 국가 등에 무상으로 기증하는 금품/ 국방헌금과 위문금품 2. 이재민구호금품(천재 · 지변) 3. 사립학교등에 지출하는 기부금 4. **사회복지공동모금회에 출연하는 금액** 5. **특별재난지역을 복구하기 위하여 자원봉사**한 경우 그 용역의 가액

	6. 특례기부금을 받는 단체(국가 등)에 제공한 자원봉사 용역 **7. 한국장학재단 기부금**
2. 우리사주조합에 지출하는 기부금 – 우리사주조합원이 아닌 거주자에 한함	
3. 일반	1. 종교단체 기부금 2. 종교단체외 ① **노동조합에 납부한 회비**, 사내근로복지기금에 지출기부금 ② 사회복지등 공익목적의 기부금 ③ **무료·실비 사회복지시설 기부금** ④ 공공기관등에 지출하는 기부금
4. 이월공제	10년

15 특별세액공제와 신용카드공제 중복적용여부

구 분			특별세액공제	신용카드 공제
보장성보험료			○	×
의료비	**공제대상**		○	○
	공제제외		×	○
교육비	학원비	취학전 아동	○	○
		이외	×	○
	(중·고등학생)교복구입비		△(한도 50만원)	○
기부금			○	×

16 소득공제와 세액공제(근로소득자 VS 사업소득자)

구 분		근로소득자	사업소득자
인적공제		○	○
물적소득 공제	**공적연금보험료**	○	○
	특별소득공제	○	×
	신용카드 소득공제	○	×
연금계좌납입세액공제		○	○
자녀세액공제		○	○
표준세액공제		13만원	7만원(성실사업자 : 12만원)

구 분		근로소득자	사업소득자
특별세액공제	**보험료세액공제**	○	×
	의료비세액공제	○	△[*1]
	교육비세액공제	○	△[*1]
	기부금세액공제	○	×[*2](**필요경비 산입**)
월세세액공제		○	△[*1]
결혼세액공제(개정세법 25)		○	○

***1.** 성실사업자 등은 공제가 가능하다.

***2.** 연말정산대상 사업소득자등은 기부금세액공제가능

17 퇴직소득

1. 퇴직소득에 대한 과세방법

1. 분류과세	
2. 원천징수	**다만, 국외 근로소득이 있는 사람이 퇴직함으로써 받는 퇴직소득은 원천징수하지 않는다.**

2. 퇴직소득의 수입시기

1. 일반적인 퇴직소득	-퇴직한 날
2. 잉여금처분에 따른 퇴직급여	-해당 법인의 잉여금 처분 결의일
3. 이외의 퇴직소득	-소득을 지급받은 날

18 원천징수세율

<table>
<tr><th colspan="3">구 분</th><th>원천징수 여부</th><th>세 율</th></tr>
<tr><td rowspan="6">종합소득</td><td rowspan="2">금융소득</td><td>이자</td><td rowspan="2">○</td><td rowspan="2">- <u>지급액의 14%(비실명 45%)</u>
- <u>비영업대금의 이익과 출자공동사업자의 배당소득은 25%</u></td></tr>
<tr><td>배당</td></tr>
<tr><td colspan="2">특정사업소득</td><td>○</td><td>- <u>인적용역과 의료 · 보건용역의 3%</u>
- <u>봉사료의 5%</u></td></tr>
<tr><td colspan="2">근 로 소 득</td><td>○</td><td>- 간이세액표에 의하여 원천징수
- <u>일용근로자의 근로소득에 대해서는 6%</u></td></tr>
<tr><td colspan="2">연 금 소 득</td><td>○</td><td>- 공적연금 : 간이세액표에 의하여 원천징수
- 사적연금 : 5%(4%,3%)</td></tr>
<tr><td colspan="2">기 타 소 득</td><td>○</td><td>- <u>기타소득금액의 20%(3억 초과 복권당첨소득 30%)</u></td></tr>
<tr><td colspan="3">퇴 직 소 득</td><td>○</td><td>기본세율</td></tr>
<tr><td colspan="3">양 도 소 득</td><td>×</td><td></td></tr>
</table>

19 원천징수신고납부

1. 원칙	징수일이 속하는 다음 달의 10일
2. 예외	1. 조건 ① **상시 고용인원이 *<u>20인 이하</u>*인 소규모 업체(은행, 보험업 제외)** ② 관할세무서장의 승인 2. 납부 : 반기별신고 및 납부

20 지급시기 의제 : 소득 미지급시 지급한 것으로 의제

1. 이자소득	**총수입금액의 수입시기**
2. 배당소득	**잉여금처분에 의한 배당 : <u>처분결의일부터 3월이 되는 날</u>** 다만 11.1~12.31결의분은 다음연도 2월말
3. 근로소득 및 퇴직소득	1. **<u>1~11월분 : 12/31</u>** 2. **<u>12월분 : 익년도 2월말</u>** 3. 잉여금처분상여 및 잉여금처분 퇴직소득 : 결의일부터 3월 다만 11.1~12.31결의분은 다음연도 2월말

21 소득세 신고절차

구 분	내 용	신고여부	신고납부기한
1. 중간예납	**사업소득이 있는 거주자**가 상반기(1월~6월)의 소득세를 미리 납부하는 절차 **→ 소액부징수 : 50만원 미만**	고지납부	11월 30일
2. 간이지급 명세서 제출	**상용근로소득**	반기단위제출	**반기말 다음달 말일**
	원천징수대상사업소득/인적용역관련 기타소득	매월단위제출	**다음달 말일**
3. 사업장 현황신고	**면세사업자(개인)**의 총수입금액을 파악하기 위한 제도	자진신고	**다음연도 2월 10일까지**
4. 지급명세서 제출	다만 근로소득, 퇴직소득, 원천징수대상사업소득은 익년도 3월 10일까지	제출	다음연도 2월말까지
5. 확정신고	소득세법상 소득이 있는 자가 소득세를 확정신고·납부하는 것(**성실신고확인대상자는 6월 30일까지 연장신고**)	자진신고	다음연도 5월말까지

22 확정신고

1. 대상자	종합소득, 퇴직소득 또는 양도소득금액이 있는 자
2. 확정신고의무가 없는 자	**1. 연말정산 한 자(근로소득, 공적연금소득, 연말정산 사업소득)** **2. 퇴직소득만 있는 자** **3. 분리과세 소득이 있는 자**

23 소액부징수

1. 원천징수세액이 1천원 미만인 경우(**이자소득과 인적용역 사업소득으로서 계속적·반복적 활동을 통해 얻는 소득**은 제외)
2. 납세조합의 징수세액이 1천원 미만인 경우
3. **중간예납세액이 50만원** 미만인 경우

24 소득세법상 가산세

종 류	적 용 대 상	가 산 세 액
1. 지급명세서 불성실가산세	미제출 또는 제출된 지급명세서의 내용이 불분명한 경우	미제출 · 불분명 지급금액×1% **(기한후 3개월 이내에 제출시에는 50% 감면)**
2. **계산서 등 또는 계산서 합계표 불성실가산세**	-미발급 -가공 및 위장계산서 등 (현금영수증 포함)를 수수한 경우	**-미발급, 가공 및 위장수수×2%** **-지연발급×1%** **-계산서 합계표 미제출×0.5% (지연제출 0.3%)**
3. 원천징수납부지연 가산세	**원천징수세액의 미납부 · 미달납부**	MIN[①, ②] **① 미달납부세액×3%+미달납부세액×미납일수×이자율** **② 미달납부세액의 10%**
4. 지출증빙미수취 가산세	**건당 3만원 초과분에 해당하는 경비 등을 지출하고 임의증빙서류를 수취한 경우**	**미수취금액 중 필요경비 인정금액×2%**
5. 영수증수취명세서제출불성실가산세(3만원초과분)		미제출 · 불분명금액×1%
6. 사업용계좌 관련가산세	복식부기의무자가 사업용계좌를 미사용 또는 미신고한 경우	미사용금액×0.2%

25 중소기업 취업자에 대한 소득세 감면

1. 대상자 : **청년(15세 이상 34세 이하)**, 60세 이상인 사람, 장애인 및 경력단절여성
2. 감면기간 : 취업일로부터 3년간(**청년일 경우 5년**)
   - ***시작일 : 소득세 감면을 받은 최초 취업일***
   - ***종료일 : 시작일부터 3년(5년)이 속하는 달의 말일***
3. 감면율 : 소득세의 70%(**청년의 경우 90%**)
4. 한도 : 과세기간별로 200만원 한도

Chapter

소득세 연습 2

Ⅰ. 연말정산1

다음은 여성근로자인 노근미(**당해연도 종합소득금액이 40,000,000원이다.**)에 대한 자료이다. 노근미의 인적공제를 판단하고 연말정산자료 양식에 기재하시오.

1. 부양가족사항

관 계	연령	기 타 사 항
배우자	56세	총급여액이 550만원이 있다.
자1	32세	장애인, 퇴직소득금액이 5백만원이 있다.
자2	27세	대학원생
자3	15세	고등학생/기숙사 생활
동생	28세	장애인이다.
부	80세	소득세법상 항시 치료를 요하는 중증환자이다.

① 배우자를 제외한 기타의 부양가족은 소득이 전혀 없으며 생계를 같이하고 있다.
② 고등학생인 자3은 학교 문제로 서울에 있는 과학고의 기숙사에 기숙하면서 부모와 따로 생활하고 있다.

2. 연말정산 추가 관련 자료는 다음과 같다.

신용카드	-본인명의 신용카드사용액 : 15,000,000원(의료비 5,000,000원과 법인의 경비로 처리된 3,000,000원이 포함되어 있다.) -본인 제로페이 사용액 3,000,000원 -배우자 명의 신용카드사용액 : 3,000,000원 -자1의 신용카드사용액 : 1,000,000원 자2의 직불카드 사용액 : 4,000,000원(전액 전통시장사용액) 자3의 신용카드 사용액 : 1,300,000원(미술관입장료) 자3의 신용카드 사용액 : 700,000원(영화관람료)
보장성 보험료	-본인의 주택임차보증금(3억) 반환 보증보험료 : 700,000원 -동생의 장애인전용보장성보험료 : 800,000원
의료비	-본인의 의료비 : 5,000,000원 -본인의 1회 출산시 산후조리비용 : 3,000,000원 -자1의 재활치료비 : 4,000,000원 -동생에게 지출한 의료비 : 5,000,000원(실손의료보험금 2,000,000원을 보전받음) -부(중증환자)의 의료비 : 2,000,000원
연금저축	-본인명의 연금저축 : 2,000,000 본인명의 퇴직연금 : 3,000,000원 -배우자 명의 연금저축 : 1,000,000원
교육비	-본인의 사이버대학원 등록금 : 3,000,000원 -본인 대학 재학시 차입한 학자금(든든학자금) 상환액 2,000,000원 (차입시 교육비공제를 받지 않음) -자2 대학원 등록금 : 7,000,000원 -자3 고등학교 등록금 등 : 3,000,000원(학교에서 실시하는 방과후 학교 수업료 및 도서구입비 500,000원, 수련활동 체험학습비 400,000원, 대학교 수능응시료 및 대학입학전형료 300,000원 포함)
기부금	-본인명의 종교단체기부금 : 3,000,000 -배우자명의 사회복지공동모금회 : 2,000,000원 -자2 국방헌금 : 1,000,000원 -본인(천안 거주)의 고향인 충북 옥천에 기부(20만원)

풀이

1. 인적공제

관 계	요 건		기본공제	추가공제(자녀)	판 단
	연령	소득			
본인					
배우자					
자1(32)					
자2(27)					
자3(15)					
동생(28)					
부(80)					

2. 연말정산

(1) 소득공제

1. 주택자금		
2. 개인연금저축		
3. 신용카드	① 신용카드 ② 현금영수증 ③ 직불카드 ④ 전통시장 ⑤ 대중교통비 ⑥ 도서 · 공연비, 미술관, 영화관람료, 수영장 이용료 등	

(2) 세액공제

[연금계좌세액공제]		
[특별세액공제]		
1. 보장성 보험료	① 일반 ② 장애인전용	

2. 의료비	① 난임시술비 ② 특정(본인, 장애, 65세 이상, 6세 이하, 중증환자 외) ③ 일반	
3. 교육비	① 본 인 ② 배우자 ③ 영유치원 ④ 초중고 ⑤ 대학생 ⑥ 장애인특수교육비	
4. 기부금	① 고향사랑 -10만원 이하 -10만원 초과 ② 특례기부금 ③ 일반기부금 ④ 일반기부금(종교단체)	

해답

1. 인적공제

관 계	요 건		기본 공제	추가 공제 (자녀)	판 단
	연령	소득			
본인	-	-	○	-	**종합소득금액 3천만원 초과자는 부녀자공제 불가**
배우자	-	×	부	-	**근로소득 총급여액 5백만원 초과자**
자1(32)	×	×	부	-	퇴직소득 1백만원 초과자
자2(27)	×	○	부	-	
자3(15)	○	○	○	자녀	배우자, 직계비속은 항상 생계를 같이하는 것으로 본다.
동생(28)	×	○	○	장애인	장애인은 연령요건을 충족하지 않아도 된다.
부(80)	○	○	○	경로, 장애인	

2. 연말정산추가자료입력

항 목	내 역	대상여부 및 입력
신용카드	• 본인명의 신용카드 제로페이 • 배우자명의 신용카드 • 자1의 신용카드 • 자2의 신용카드 • 자3의 신용카드	○(12,000,000 – **법인경비 제외 후, 의료비는 중복공제**) ○(직불카드 3,000,000) ×(소득요건불충족) ×(소득요건불충족) ○전통시장(4,000,000) ○미술관 및 영화관람료(2,000,000)
보 장 성 보 험 료	• 본인 주택임차보증금 반환 보증보험료 • 동생의 장애인전용보험료	○일반(700,000) ○장애인(800,000)
의 료 비	• 본인 의료비 • 본인 산후조리비용 • 자1의 재활치료비 • 동생 의료비 –실손보험금차감 • 부(중증환자) 의료비	○(본인 : 5,000,000) ○(본인 : 2,000,000)(한도 2백만원) ○(특정 – 장애 : 4,000,000) ○(특정 – 장애 : 3,000,000) ○(특정 – 중증환자 : 2,000,000)
연금저축	• 본인명의 연금저축 • 본인명의 퇴직연금 • 배우자명의연금저축불입액	○(2,000,000) ○(3,000,000) ×(**연금저축은 본인명의만 가능**)
교 육 비	• 본인의 대학원등록금 • 본인의 든든학자금상환액 • 자2의 대학원등록금 • 자3 등록금 및 **수능응시료 등**	○(3,000,000) ○(2,000,000) ×(**대학원은 본인만 대상**) ○(2,900,000) **체험학습비 한도는 30만원**
기 부 금	• 본인명의 종교단체기부금 • 배우자 사회복지공동모금회 • 자2(27) 국방헌금 • 고향사랑 기부금	○(종교단체 : 3,000,000) ×(소득요건 미충족) ○(특례 : 1,000,000) 연령요건 미충족도 가능 ○(10만원 이하 10/100, 초과분은 15%)

(1) 소득공제

3. 신용카드	① 신용카드 ② 현금영수증 ③ 직불카드(제로페이 포함) ④ 전통시장 ⑤ 대중교통비 ⑥ 도서·공연비, 미술관, 영화관람료, 수영장 이용료 등	12,000,000 3,000,000 4,000,000 2,000,000

(2) 세액공제

[연금계좌세액공제] – 본인 퇴직연금, 연금저축		2,000,000+3,000,000
[특별세액공제]		
1. 보장성 보험료	① 일반 ② 장애인전용	700,000 800,000
2. 의료비	① 특정(본인, 장애, 65세 이상, 6세 이하, 중증환자 외)	5,000,000+4,000,000+3,000,000 +2,000,000+2,000,000
3. 교육비	① 본 인 ④ 초중고	3,000,000+2,000,000 2,900,000
4. 기부금	① 고향사랑 –10만원 이하 –10만원 초과 ② 특례기부금 ③ 일반기부금 ④ 일반기부금(종교단체)	 100,000 100,000 1,000,000 3,000,000

Ⅱ. 연말정산2

1. 부양가족현황(생계를 같이하고 있음)

홍길동씨의 연간급여액은 49,000,000원이며, 현재 세대원 전원이 무주택자로 타인주택에 세입자로 거주하고 있으며 본인이 세대주로 되어 있다.

가족관계	연령(만)	기 타 사 항
본 인	40	
배우자	42	청각장애인, 근로소득 4,200,000원 있음.
자녀1	22	대학생, 은행이자소득 22,000,000원 있음.
자녀2	17	고등학생
자녀3	0	올해 입양
아버지	66	사업소득금액 5,000,0000원, 월남전 참전용사로서 상이군경자임.
어머니	57	무직
형	55	시각장애인, 일용근로소득 15,000,000원 있음.

2. 연말정산추가자료

구 분	명 세	금 액
신용카드	본인명의 직불카드로서 모두 주유소와 할인마트에서 사용한 금액이다. 이중에는 중고자동차 구입비가 10,000,000원 포함되어 있다.	30,000,000
	배우자명의 신용카드로서 유흥비로 사용한 금액이다.	1,000,000
	어머니명의 신용카드 관악구청에서 운영하는 헬스장 이용료 (2025년 7월분)	2,000,000
	형의 전통시장 직불카드 사용분	3,000,000
	자2 하반기 도서·공연비 지출분	4,000,000
주택자금	본인 명의 주택마련저축 불입액	2,000,000
	월세지급액(무주택 세대주로서 국민주택 규모의 임차)	3,000,000
개인연금	본인 명의 개인연금저축액	4,000,000
퇴직연금 및 연금저축	본인 명의 퇴직연금불입액 배우자 명의 연금저축불입액	3,000,000 1,500,000
보험료	본인 명의 저축성 보험료	600,000

구 분	명 세	금 액
의료비	자녀2의 안경구입비	800,000
	본인 치과 스케일링비용	150,000
	배우자의 보청기 구입비	550,000
	난임 부부 시술을 위한 체외수정시술비	4,000,000
교육비	자녀1의 대학수업료	7,500,000
	아버지 장애인 특수교육비 수업료	5,000,000
	자녀2의 고등학교기숙사비	2,400,000
	자녀2의 교복구입비	900,000
	자녀2의 방과후학교 특별활동시 도서 구입비	1,000,000
기부금	본인 노동조합비	800,000
	본인 정치자금기부금	300,000
	아버지 명의 정치자금 기부금	400,000
	본인 명의 고교동창회 기부금	500,000

풀이

1. 인적공제

관 계	요 건		기본공제	추가공제(자녀)	판 단
	연령	소득			
본인					
배우자					
자1(22)					
자2(17)					
자3(0)					
아버지(66)					
어머니(57)					
형(55)					

2. 연말정산 추가자료입력

(1) 소득공제

1. 주택자금	주택마련저축	
2. 개인연금저축		
3. 신용카드	① 신용카드 ② 현금영수증 ③ 직불카드 ④ 전통시장 ⑤ 대중교통비 ⑥ 도서 · 공연비, 미술관, 영화관람료, 수영장 이용료 등	

(2) 세액공제

[연금계좌세액공제]		
[특별세액공제]		
1. 보장성 보험료	① 일반 ② 장애인전용	
2. 의료비	① 난임시술비 ② 특정(본인, 장애, 65세 이상, 6세 이하, 중증환자 외) ③ 일반	
3. 교육비	① 본 인 ② 대학생 ③ 취학전아동, 초중고 ④ 장애인특수교육비	
4. 기부금	① 정치자금 - 10만원 이하 - 10만원 초과 ② 특례기부금 ③ 일반기부금 ④ 일반기부금(종교단체)	
[월세 세액공제 - 조특법]		

해답

1. 인적공제

관 계	요 건		기본공제	추가공제(자녀)	판 단
	연령	소득			
본인	-	-	○	-	
배우자	-	○	○	장애인	총급여액 5백만원 이하자
자1(22)	×	×	부	-	종합소득 1백만원 초과자
자2(17)	○	○	○	자녀	
자3(0)	○	○	○	출산(셋째)	8세 이상만 자녀세액공제대상임.
아버지(66)	○	×	부		종합소득 1백만원 초과자
어머니(57)	×	○	부		
형(55)	×	○	○	장애인	일용근로소득은 분리과세소득임.

2. 연말정산추가자료입력

항 목	내 역	대상여부 및 입력
신용카드	•본인명의 직불카드 •배우자명의 신용카드 •어머니 헬스장(구청) •형의 전통시장이용분 •자2의 도서 · 공연비	○직불카드(21,000,000 – **중고자동차구입비는 10%**) ○신용카드(1,000,000) ○신용카드(2,000,000 – 운동시설은 가능, 추가공제) **×형제자매는 대상에서 제외** ○신용카드(4,000,000)
주택자금	•본인 주택마련저축 •월세지급액	○주택마련저축(2,000,000) ○**월세세액공제(3,000,000) – 총급여액 8천만원 & 종합소득금액 7천만원 이하자 세액공제가능**
개인연금	•본인개인연금(본인만 가능)	○개인연금저축(4,000,000)
연금계좌	•본인퇴직연금(본인만가능)	○퇴직연금(3,000,000)
	•배우자명의 연금저축	**×(본인만가능)**
보 험 료	•본인 저축성보험료	**×(보장성보험만 대상)**
의 료 비	•자녀2 안경구입비 •본인 치과 스케일링비 •배우자 보청기 •인공수정 시술비	○(일반 : 한도 500,000) ○(본인 : 150,000) ○(장애인 : 550,000) ○(난임 : 4,000,000)

항 목	내 역	대상여부 및 입력
교 육 비	•자1 대학교 수업료 •아버지 장애인특수교육비 •자2 기숙사비 •자2 교복구입비 •자2 방과후 도서구입비	×(소득요건 미충족) ○(5,000,000 – 소득요건 미충족도 가능) ×(**기숙사비는 대상에서 제외**) ○(500,000 – 한도적용된다.) ○(1,000,000 – **방과후 수업료와 도서구입비만대상**)
기 부 금	•본인 노동조합비 •본인 정치자금 •아버지 정치자금 •본인 고교동창회 기부금	○(일반 : 800,000) ○(정치자금 : 300,000) ×(정치자금은 본인만 대상) ×(동창회는 비지정기부금)

(1) 소득공제

1. 주택자금	주택마련저축	2,000,000
2. 개인연금저축		4,000,000
3. 신용카드	① 신용카드 ③ 직불카드 ⑥ 도서 · 공연비, 미술관, 영화관람료, 수영장 이용료 등	1,000,000 21,000,000 4,000,000 + 2,000,000

(2) 세액공제

[연금계좌세액공제] – 본인 퇴직연금,연금저축		3,000,000
[특별세액공제]		
2. 의료비	① 난임시술비 ② 특정(본인,장애, 65세 이상, 6세 이하, 중증환자 외) ③ 일반의료비	4,000,000 150,000 + 550,000 500,000
3. 교육비	④ 초중고 ⑥ 장애인특수교육비	500,000 + 1,000,000 5,000,000
4. 기부금	① 정치자금 – 10만원 이하 – 10만원 초과 ③ 일반기부금	 100,000 200,000 800,000
[월세 세액공제]		3,000,000

Part V

법인세

Chapter

핵심요약 1

로그인 전산세무1급 핵심요약 및 기출문제

Login

1 법인종류별 납세의무

구 분		각 사업연도소득	토지 등양도소득	청산소득
내국법인	영리법인	국내+국외원천소득	○	○
	비영리법인	국내+국외 원천소득 중 수익사업	○	×
외국법인	영리법인	국내원천소득	○	×
	비영리법인	국내원천소득중 수익사업소득	○	
국가 · 지방자치단체		**비과세법인**		

☞ 투자 · 상생협력 촉진세제 : 투자, 임금증가, 상생협력출연금이 당기 소득 금액의 일정비율 이하인 경우 미달액에 대하여 **20%** 법인세를 추가적으로 부과한다. 대상기업은 상호출자제한 기업소속 집단법인이다.

2 사업연도

1. 정관 · 법령에 규정		**법령 또는 법인의 정관 등에서 정하는 규정**
2. 정관 · 법령에 규정이 없는 경우	신 고	사업연도를 정하여 법인설립신고**(설립등기일로부터 2개월 이내)** 또는 사업자등록**(사업개시일로부터 20일 이내)**과 함께 납세지 관할세무서장에게 이를 신고하여야 한다.
	무신고	**매년 1월 1일부터 12월 31일까지를 그 법인의 사업연도**로 한다.

구 분	최초 사업연도의 개시일
내국법인	**원칙 : 설립등기일** 예외 : 당해 법인에 귀속시킨 손익이 최초로 발생한 날
외국법인	국내사업장을 가지게 된 날(국내사업장이 없는 경우에는 부동산소득 · 양도소득이 최초로 발생한 날)

3 원칙적인 납세지

구 분		납 세 지
1.원칙	내국법인	당해 법인의 **등기부상의 본점 또는 주사무소의 소재지**
	외국법인	국내사업장의 소재지(**2이상의 국내사업장이 있는 경우에는 주된 사업장의 소재지**－사업수입금액이 ↑)
	법인 아닌 단체	① 사업장이 있는 경우 : (주된) 사업장 소재지 ② 주된 소득이 부동산소득인 경우 : (주된) 부동산소재지
2.원천징수한 법인세		**원천징수의무자의 소재지**

4 원천징수 법인세

원천징수의무자	납 세 지
법인	① 원칙 : 당해 법인의 본점 등의 소재지 ② 예외 : 법인의 지점 · 영업소 기타 사업장이 독립채산제에 의하여 독자적으로 회계사무를 처리하는 경우에는 그 사업장의 소재지
개인	① 원천징수의무자가 거주자인 경우 : 그 거주자가 원천징수하는 사업장의 소재지 ② 원천징수의무자가 비거주자인 경우 : 그 비거주자가 원천징수하는 국내사업장의 소재지

5 결산조정

구분	내용	비고
자산의 상각	**고정자산의 감가상각비**	
충당금	**대손충당금, 퇴직급여충당금,**	※ 퇴직연금부담금은 신고조정도 허용된다.
	일시상각충당금 (또는 압축기장충당금)	※ 본래 결산조정사항이나 **신고조정도 허용**
준비금	법인세법상준비금	※ 고유목적사업준비금은 신고조정도 허용된다.
	조특법상 준비금 등	※ 잉여금처분에 의한 신고조정도 허용된다.
자산의 감액손실등	**재고자산, 고정자산 및 주식 등의 감액손실**	
	대손금	※ **소멸시효완성분 등 일정한 대손금은 신고조정 사항이다.**

6 결산조정과 신고조정

구분	결산조정	신고조정
특징	**내부거래(현금지출없는)**	**외부거래**
손금산입방법	**귀속시기 선택**	**귀속시기 강제**
	결산서에 비용으로 계상하여야만 손금인정	**① 장부에 비용계상하거나 ② 세무조정을 통하여 손금산입하는 경우 모두 인정**
신고기한후 경정청구(수정 신고)가능여부	경정청구(수정신고)대상에서 제외	경정청구(수정신고)대상
추후손금 인정여부	추후 결산상 비용으로 계상하면 손금인정됨.	결산상 비용 또는 세무조정도 누락시 이후 사업년도의 손금으로 인정되지 아니함.

7 소득처분(사외유출)

1. 귀속자가 분명

귀 속 자	소 득 처 분	귀속자에 대한 과세	당해 법인의 원천징수의무
(1) 주주 등	**배당**	소득세법상 배당소득	○
(2) 임원 또는 사용인	**상여**	소득세법상 근로소득	○
(3) 법인 또는 사업자	**기타사외유출**		×
(4) 그 외의 자	**기타소득**	소득세법상 기타소득	○
(5) 중복되는 경우 ① 주주+법인 ② 주주+임원(출자임원)	 **기타사외유출** **상여**		

2. 귀속자가 불분명 : 대표자 상여

3. 추계 : 대표자 상여(다만 천재지변등의 경우 기타사외유출)

8 자산의 저가 매입

구 분	저가 매입시	비 고
1. 원칙	저가를 취득가액으로 본다.	처분 또는 상각시 그 차액이 과세소득에 포함된다.
2. 예외 : 특수관계에 있는 개인으로부터 유가증권을 저가매입시	**시가와 매입가액의 차액을 익금으로 본다.**	**미실현이익을 조기 과세**

9 의제배당(잉여금의 자본전입)

		의제배당 여부
법인세가 과세된 잉여금	**－이익잉여금** **－자기주식처분이익 등**	**의제배당 ○**
법인세가 과세되지 않는 잉여금	**－주식발행초과금(채무면제이익 제외)** **－감자차익(예외규정이 있다)**	**의제배당 ×**

10 임대보증금 등 간주익금

1. 추계	임대보증금 등의 적수×1/365×정기예금이자율	상여
2. 추계이외	① 차입금과다법인 & ② 주업 : 부동산임대업 & ③ 영리내국법인	**기타사외유출**
	[임대보증금 등의 적수 - 임대용부동산의 건설비적수[*1]]×1/365×정기예금이자율 - 금융수익[*2] *1. 건설비 : 건물의 취득가액(자본적지출 포함, 토지의 취득가액은 제외) *2. 금융수익 : 해당 보증금에서 발행한 수입이자와 배당금수익등	

11 손금의 일반원칙

영수증을 수취한 경우		법인세법상 규제
(1) 기업업무추진비	① **건당 3만원 초과**	**손금불산입** ☞ 증빙불비가산세 부과하지 않음
	② **건당 경조금 20만원 초과**	
(2) 기타의 지출	**건당 3만원 초과**	**적격증빙미수취가산세(2%) 부과** ☞ 객관적으로 지급사실이 확인되면 손금인정

12 인건비

		사용인	임원
1. 급여		○	○
2. 상여금	**① 일반상여**	○	상여지급기준내
	② 이익처분에 의한 상여	×	×
3. 퇴직급여		○	정관규정[*1]한도내
4. 복리후생비		열거된 것 및 유사한 것	

*1. 정관규정이 없는 경우(법인세법상 한도액)

임원퇴직금한도 = 퇴직전 1년간 총급여액[*1] × 10% × 근속년수(월미만 절사)

*1. 손금불산입된 급여·상여 및 비과세 근로소득은 제외한다.

⑬ 세금과공과금[☞실무 : 세금과공과금명세서]

1. 조세

		종 류	소득처분
1. 원칙 : 손금	당기손금	**재산세, 자동차세, 주민세, 종합부동산세** 등	-
	미래손금 (자산원가)	**취득세 등**	
2.예외 : 손금불산입		① **법인세 및 지방소득세(법인), 농어촌특별세**	기타사외유출
		② **간접세** : 부가가치세매입세액, 개별소비세, 교통세등	유보
		③ **징벌효과 : 가산세와 징수불이행 세액**	기타사외유출

2. 공과금

	종 류	소득처분
1. 원칙 : 손금	교통유발부담금, 폐기물처리부담금, 환경개선부담금	-
	개발부담금, 재건축부담금	유보
2. 예외 : 손금불산입	**폐수배출부담금**	기타사외유출
3. 협회비나 조합비	**영업자가 조직한 단체로서 법인이거나 주무관청에 등록된 조합 또는 협회에 지급한 일반회비는 전액 손금사항**	

3. 벌금 · 과료 · 과태료 및 강제징수비 : 손금불산입

벌금 등 해당하는 것	벌금등에 해당하지 않는 것
① 관세법을 위반하고 지급한 벌과금 ② 업무와 관련하여 발생한 **교통사고벌과금** ③ **산재보험료의 가산금** ④ 국민건강보험법의 규정에 의하여 징수하는 **연체금** ⑤ 외국의 법률에 의하여 국외에서 납부한 벌금	① **사계약상의 의무불이행으로 인하여 부과하는 지체상금** ② **산재보험료의 연체료** ③ **전기요금의 납부지연으로 인한 연체가산금**

14 업무용승용차 관련 [☞실무 : 업무용승용차관련비용명세서]

1. 대상비용	부가세법상 매입세액불공제 대상승용차의 관련비용(감가상각비 등)
2. 대상사업자	법인사업자, 개인사업자 중 복식부기의무자
3. 비용인정기준	① **임직원 전용자동차 보험가입 & 법인업무용 전용번호판 부착** -운행기록 작성 : 업무사용비율에 따라 손금산입 -운행기록 미작성 : 1,500만원 을 한도로 손금산입
	② **감가상각비(강제상각) : 내용연수 5년, 정액법(한도 800만원)**
	③ 처분손실 : 한도 800만원/매년

15 손익의 귀속시기

1. 자산의 판매손익

	기업회계	법인세법
1. 상품 등의 판매	인도기준	**좌동**
2. 상품 등의 시용판매	구매자가 구입의사를 표시한 날	**좌동**
3. 자산양도손익	법적소유권이 구매자에게 이전되는 시점	**원칙 : ⓐ대금청산일 ⓑ소유권이전등기일 ⓒ인도일(사용수익일) 중 빠른 날**
4. 자산의 위탁판매	수탁자가 해당 재화를 판매시	**좌동**

2. 할부판매

1. 단기할부판매	인도기준	좌동
2. 장기할부판매	(현재가치)인도기준	원칙 : (명목가액)인도기준
	* 비상장중소기업 등의 경우 회수기일도래기준 적용가능	특례 : **현재가치 인도기준 수용 회수기일도래기준 수용**

3. 용역매출

1. 단기 건설등	진행기준 * 비상장중소기업은 인도기준 · 완성기준 가능	*** 원칙 : 진행기준 * 특례 : 중소기업은 인도기준으로 신고조정가능**
2. 장기건설 등	**진행기준**	**진행기준**

4. 이자수익과 이자비용

1. 이자수익	발생주의	*** 원칙 : 수령일 또는 약정일** *** 특례 : 원천징수되지 않는 경우 기간경과분 수익을 인정**
2. 이자비용		* 원칙 : 지급일 또는 지급약정일 *** 특례 : 발생주의 수용**

16 수입금액조정명세서

수입금액에 포함되는 것	수입금액에 포함되지 않는 것
1. 상품 · 제품매출액 2. **반제품 · 부산물 · 작업폐물 매출액** 3. 중단사업부문의 매출액	1. 영업외수익 2. 임대보증금에 대한 간주익금

17 조정후수입금액명세서 

	수입금액 (법인세법)	과세표준 (부가가치세법)	차액조정 수입금액→과세표준
간주공급	×	○	(+)
간주임대료	×	○	(+)
고정자산매각	×	○	(+)
진행율 차이	(+) (−)	× ×	(−) (+)
부산물매출	○	○	−
매출누락	○	×	(−)
		○(수정신고)	×
부가가치세과세표준 = 조정후 수입금액 ± 차액조정			

18 자산의 취득가액

<table>
<tr><th colspan="3">구 분</th><th>내 용</th></tr>
<tr><td rowspan="4">1. 원칙</td><td colspan="2">1. 타인으로부터 매입한 자산)</td><td>매입가액+취득부대비용(단기매매금융자산은 제외)</td></tr>
<tr><td colspan="2">2. 자가제조 등에 의하여 취득한 자산</td><td>제작원가+취득부대비용</td></tr>
<tr><td colspan="2">3. 단기매매금융자산</td><td>매입가액(부대비용은 당기비용처리한다)</td></tr>
<tr><td colspan="2">4. 기타 자산</td><td>취득당시의 시가</td></tr>
<tr><td rowspan="4">2. 예외</td><td rowspan="2">1. 저가매입</td><td>원칙</td><td>인정</td></tr>
<tr><td>예외</td><td>특수관계자(개인)으로부터 유가증권을 저가 매입시 차액(시가－매입가액)은 취득가액에 포함</td></tr>
<tr><td rowspan="2">2. 고가매입</td><td>원칙</td><td>인정</td></tr>
<tr><td>예외</td><td>① 특수관계자로 부터 고가매입시 시가 초과액은 취득가액에서 제외된다.
② 특수관계 없는 자로부터 고가매입시 정상가액(시가의 130%)을 초과하는 금액은 기부금의제(간주기부금)</td></tr>
</table>

19 자산 · 부채의 평가기준

<table>
<tr><th colspan="2">구 분</th><th>내 용</th></tr>
<tr><td colspan="2">1.원칙</td><td>임의평가 불인정</td></tr>
<tr><td rowspan="2">2.예외</td><td>1. 감액
(평가감)</td><td>
<table>
<tr><th colspan="3">구 분</th><th>평가액</th></tr>
<tr><td>재고
자산</td><td colspan="2">① 파손 · 부패 등으로 평가차손을 계상한 경우
② 저가법으로 신고한 법인이 평가손실을 계상시</td><td>시가</td></tr>
<tr><td>고정
자산</td><td colspan="2">천재지변 · 화재, 법령에 의한 수용 등의 사유로 파손되거나 멸실된 것</td><td>시가</td></tr>
<tr><td rowspan="2">주 식</td><td>부도 등</td><td>주권 상장법인 또는 특수관계에 있지 않는 비상장법인이 발행한 주식 등으로서 발행한 법인이 부도가 발생한 경우 또는 소정의 법률에 따른 회생계획인가의 결정을 받았거나 부실징후 기업이 된 경우</td><td rowspan="2">시가
(시가로 평가한 가액이 1,000원 이하인 경우 1,000원으로 한다.)</td></tr>
<tr><td>파산</td><td>주식발행법인이 파산한 경우</td></tr>
<tr><td>화폐성외
화자산등</td><td colspan="2">평가하는 방법(마감환율 평가방법)을 신고한 경우에 평가손익을 인정</td><td>기말
매매기준율</td></tr>
</table>
</td></tr>
<tr><td>2. 평가증</td><td>① 고정자산에 대해서 보험법 등 법률에 따른 평가증 인정
② 화폐성 외화자산 · 부채(마감환율 평가방법 신고시)</td></tr>
</table>

20 재고자산의 평가[☞실무 : 재고자산평가조정명세서]

1.평가방법	1. **원가법**	① 개별법 ② 선입선출법 ③ 후입선출법 ④ 총평균법 ⑤ 이동평균법 ⑥ 매출가격환원법(소매재고법) 중 하나의 방법
	2. **저가법**	• 원가법/시가법에 의하여 평가한 가액 중 낮은 가액을 평가액
2.적용대상	**① 제품 · 상품, ② 반제품 · 재공품, ③ 원재료, ④ 저장품** ☞ **영업장별, 재고자산 종류별로 각각 다른 방법에 의하여 평가가능**	
3.신고	1. **최초신고**	• **설립일이 속하는 사업연도의 법인세 과세표준의 신고기한**
	2. **변경신고**	• 변경할 평가방법을 적용하고자 하는 **사업연도의 종료일 이전 3개월이 되는 날까지** 신고하여야 한다. ☞ **무신고후 무신고시 평가방법을 적용받는 법인이 그 평가방법을 변경하고자 하는 경우에도 마찬가지이다.**
4.세법상 평가	1. **무신고**	• **선입선출법**
	2. **임의변경**	MAX[① 무신고시 평가방법(FIFO) ② 당초신고한 평가방법] ☞ **기장 또는 계산착오는 임의 변경으로 보지 않는다.**
5.세무조정	1. **전기**	• 전기 유보금액을 당기에 추인
	2. **당기**	**세무상 재고자산>회계상 재고자산** : 익금산입**재고자산평가감**(유보) **세무상 재고자산<회계상 재고자산** : 손금산입(**재고자산평가증**△유보)

21 유가증권의 평가

1.평가방법 (원가법)	**1.주식**	① 총평균법 ② 이동평균법 중 선택
	2.채권	① **개별법** ② 총평균법 ③ 이동평균법 중 선택
	*** 주식의 평가차익, 평가차손 불인정**	
2.신고	**재고자산과 동일하다.**	
3.세법상 평가	1. **무신고**	• **총평균법**
	2. **임의변경**	**MAX[① 무신고시 평가방법(총평균법) ② 당초신고한 평가방법]**

22 이중세무조정

수정분개	세무조정
(차) 손익계정 XXX (대) 재무상태계정 XXX 또는 (차) 재무상태계정 XXX (대) 손익계정 XXX	세무조정 1줄
(차) 재무상태계정 XXX (대) 재무상태계정 XXX	세무조정 2줄
(차) 손익계정 XXX (대) 손익계정 XXX	세무조정 없음

	단기매매증권	매도가능증권	
	손익계산서에 반영 (당기순이익에 반영)	재무상태표에 반영 (자본 – 기타포괄손익누계액)	
평가이익	익금불산입(△유보)	익금산입(기타)	익금불산입(△유보)
평가손실	손금불산입(유보)	손금산입(기타)	손금불산입(유보)

23 외화자산 · 부채의 평가[☞실무 : 외화자산등평가차손익조정명세서]

평가대상이 되는 화폐성항목		평가대상이 아닌 비화폐성 항목
① 외화현금, 외화예금, 외화보증금 ② 외화채권 · 채무 ③ 현금 등으로 상환하는 충당부채 등		① 재화와 용역에 대한 선급금, 선수금 ② 주식, 유 · 무형자산, 재고자산 등
1. 외화채권 · 채무 외환차손익		익 · 손금으로 인정
2. 외화자산 · 부채 평가손익	일반법인	① **거래일 환율평가방법** ② **마감환율평가방법 중 신고**
	금융회사	사업연도 종료일 현재의 매매기준율로 평가

24 기업업무추진비[☞실무 : 기업업무추진비조정명세서]

1. 범위

1. 사용인이 조직한 단체(법인)에 지출한 복리시설비(예 : 노동조합)
2. 사업상증여에 따른 부가가치세 매출세액과 기업업무추진관련 불공제 매입세액
3. 채권 포기

<table>
<tr><td rowspan="2">불가피한 사유가 아닌 경우</td><td>업무관련</td><td>특정인</td><td>기업업무추진비</td></tr>
<tr><td colspan="2">업무무관</td><td>기부금</td></tr>
<tr><td colspan="3">불가피한 사유(대손사유)</td><td>손금</td></tr>
</table>

2. *현물기업업무추진비의 평가 = MAX[① 시가 ② 장부가액]*

3. 손금귀속시기 : 기업업무추진행위가 이루어진 날(발생주의)

4. 세무조정 

<table>
<tr><td rowspan="3">Ⅰ.직부인</td><td colspan="2">1. 개인사용경비</td><td>사외유출</td></tr>
<tr><td colspan="2">2. 증빙불비기업업무추진비</td><td>대표자상여</td></tr>
<tr><td colspan="2">3. <u>건당 3만원(경조금은 20만원)</u>초과 적격증빙미수취분</td><td>기타사외유출</td></tr>
<tr><td rowspan="2">Ⅱ.한도규제</td><td rowspan="2">4. 직부인기업업무추진비를 제외한 기업업무추진비중</td><td>4-1. 한도초과액</td><td>기타사외유출</td></tr>
<tr><td>4-2. 한도내 금액</td><td>손금</td></tr>
</table>

5. 손금산입한도액(1+2)

1. 기본한도	1,200만원[**<u>중소기업 : 3,600만원</u>**]×해당사업년도의 월수/12
2. 수입금액한도	일반수입금액×적용률+특정수입금액×적용률×10%
3. 문화기업업무추진비한도	일반기업업무추진비 한도의 20% 추가
4. 전통시장 기업업무추진비 한도	일반기업업무추진비 한도의 10% 추가

〈법인세법 및 소득세법상 적용률〉

100억 이하	500억 이하	500억 초과
30/10,000	20/10,000	3/10,000

25 감가상각비

[☞실무 : 고정자산등록 → 미상각자산감가상각조정명세서 → 감가상각비조정명세서합계표]

1. 상각방법

구 분		선택가능한 상각방법	무신고시 상각방법
유형자산	일 반	정률법 또는 정액법	**정률법**
	건 축 물	정액법	**정액법**
무형자산	일 반	정액법	**정액법**
	개 발 비	20년 이내 정액법	**5년간 균등상각(월할상각)**

2. 즉시상각의제

1. 의의	**자본적 지출에 해당하는 금액을 수익적 지출로 회계처리한 경우에는 이를 감가상각한 것으로 보아 상각범위액을 계산**한다.	
2. 특례	1. 소액자산	취득가액이 **거래단위별로 100만원 이하인 감가상각자산** **-다음의 것은 제외한다.** **① 그 고유업무의 성질상 대량으로 보유하는 자산** **② 그 사업의 개시 또는 확장을 위하여 취득한 자산**
	2. 단기사용자산	① 대여사업용 비디오테이프 등 취득가액이 30만원 미만인 것 ② **전화기(휴대용전화기 포함) 및 개인용컴퓨터(주변기기 포함)**
	3. 소액수선비	① 개별자산별로 **수선비로 지출한 금액이 600만원** 미만인 경우 ② 개별자산별로 수선비 지출한 금액이 **전기말 현재 재무상태표상 자산의 장부가액의 5%에 미달**하는 경우 ③ 3년 미만의 기간마다 주기적인 수선을 위하여 지출하는 경우
	4. 폐기손실 (비망가액 1,000원)	시설의 개체 또는 기술의 낙후로 인하여 생산설비의 일부를 폐기한 경우
		사업의 폐지 또는 사업장의 이전으로 임대차계약에 따라 임차사업장의 원상회복을 위하여 시설물을 철거하는 경우

3. 감가상각 의제(강제상각 및 조세회피방지)

1. 대상법인	**1. 법인세를 면제, 감면받는 법인** **2. 추계결정 또는 경정시 감가상각비를 손금에 산입한 것으로 간주**
2. 효과	당해연도 : 과소상각액은 신고조정으로 손금산입 이후연도는 상각범위액 축소

4. 세무조정

	정액법	정률법
1. 계산구조	<u>세무상 취득가액*1 × 상각률</u>	<u>세무상 미상각잔액*2×상각률</u>
	*1. B/S 취득가액 +즉시상각의제액(전기) +즉시상각의제액(당기)	*2. B/S상 장부가액+즉시상각의제액(당기) +전기이월상각부인액(유보) =기말B/S상 취득가액 - 기초B/S상 감가상각누계액+즉시상각의제액(당기) +전기이월상각부인액(유보)
2. 회사계상 상각비	<u>당기 감가상각누계액 증가액+당기 즉시상각의제</u>	
3. 세무조정	한도초과	〈손불〉 유보
	한도미달	원칙 : 세무조정 없음. <u>다만 전기상각부인액이 있을 경우 손금추인</u>

26 지급이자 손금불산입[☞실무 : 업무무관부동산등에 관련한 차입금이자 조정명세서]

1. 세무조정순서

세무조정순서	소득처분
1. <u>채권자불분명이자</u>	대표자상여 (<u>원천징수세액은 기타사외유출</u>)
2. <u>비실명증권 · 증권이자</u>	
3. <u>건설자금이자(특정차입금이자)</u>	원칙 : 유보
4. <u>업무무관자산 등에 대한 지급이자</u>	기타사외유출

2. 건설자금이자[☞실무 : 건설자금이자조정명세서]

대상	고정자산의 취득에 소요된 것이 분명한 차입금에 대한 건설기간 동안의 이자			
계산	취득기간의 지급이자 - 일시 예금으로 인한 수입이자			
세무조정			당 기	차 기 이 후
	비상각자산(토지)		손금불산입(유보)	처분시 손금추인(△유보)
	상각자산	건설 완료	<u>즉시상각의제</u>	-
		건설중	손금불산입(유보)	<u>건설완료 후 상각부인액으로 의제</u>

3. 업무무관자산 등의 관련이자

대상	업무무관 자산과 특수관계자에 대한 업무무관 가지급금
계산	지급이자× $\frac{\text{(업무무관 자산적수+업무무관 가지급금적수)}}{\text{차입금 적수}}$
제외되는 업무무관 가지급금	① 사용인에 대한 월정액 급여액의 범위 안에서의 일시적인 급료의 가불금 ② 대표자 인정상여에 대한 소득세 대납 ③ 사용인에 대한 경조사비의 대여액 ④ 사용인(사용인의 자녀 포함)에 대한 학자금의 대여액 등 ⑤ **중소기업의 근로자(임원등은 제외)에 대한 주택구입 · 전세자금 대여금**

27 퇴직급여충당금[☞실무 : 퇴직급여충당금조정명세서]

1. 회사설정액	장부상 퇴직급여충당금 설정액
2.세무상 한도	MIN[①, ②] ① **급여액기준 : 총급여액의×5%** ☜ **퇴직금규정 조작 방지차원** ② **추계액기준 : (퇴직급여추계액×0%+퇴직전환금)−설정전세무상퇴충잔액**
3.유의사항	① **확정기여형 퇴직연금대상자와 퇴사자 제외** ② 총급여액에 이익처분에 의한 상여 포함, 비과세근로소득 및 손금불산입 급여 제외

퇴직급여충당금(회계)

차변		대변		비고
지 급	**20,000,000**	**기 초**	**100,000,000** **(유보 10,000,000)** **(확정기여형 8,000,000)**	← **세무상 설정전 퇴충잔액(확정기여형 퇴직연금자 제외)**
기말잔액	110,000,000	**설 정**	**30,000,000**	← 회사계상액
계	130,000,000	계	130,000,000	

28 퇴직연금부담금[☞실무 : 퇴직연금부담금등조정명세서]

1. 회사설정액	일반적으로 "0"
2. 세무상 한도	MIN[①, ②] ① **추계액기준 : [기말퇴직급여추계액 – 기말세무상퇴직급여충당금잔액]** **– 기손금산입퇴직연금부담금 – 확정기여형 퇴직연금손금인정액**[*1] *1. 퇴직급여추계액에 확정기여형 설정자도 포함되어 있으면 차감 ② **예치금기준 : 기말 퇴직연금운용자산잔액 – 기손금산입퇴직연금부담금**

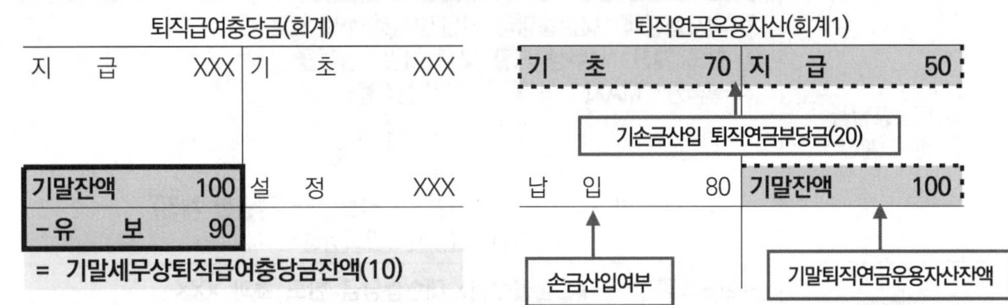

☞ 퇴직급여 충당금의 한도가 추계액의 0%가 되므로, 퇴직급여가 손금으로 인정되기 위해서는 사외적립(퇴직연금)을 유도하고 있다.

29 대손금 및 대손충당금[☞실무 : 대손충당금및대손금조정명세서]

1. 대손요건

1. <u>신고조정</u>	① **<u>소멸시효완성채권</u>(상법 · 어음법 · 수표법 · 민법)** ② **회생계획인가의 결정 또는 법원의 면책결정에 따라 회수불능 확정 채권** ③ **채무자의 재산에 대한 경매가 취소된 압류채권(민사집행법)** ④ 신용회복지원 협약에 따라 면책으로 확정된 채권
2. 결산조정	① 채무자의 파산, 강제집행, 형의 집행, 사업의 폐지, 사망등 회수불능채권 ② **<u>부도발생일부터 6개월 이상 지난 수표 또는 어음상의 채권 및 외상매출금</u>** (중소기업의 외상매출금으로서 부도발생일 이전의 것) – **<u>비망가액 1,000원</u>** ③ **<u>중소기업의 외상매출금 및 미수금으로서 회수기일로부터 2년이 경과한 외상매출금 등</u>(특수관계인과의 거래는 제외)** ④ 민사소송법상 재판상 화해 및 화해권고결정에 따라 회수불능으로 확정된 채권 ⑤ 회수기일이 6개월 이상 지난 채권 중 **<u>채권가액이 30만원 이하</u>**(채무자별 채권가액의 합계액을 기준으로 한다)인 채권 ⑥ 채권의 일부 회수를 위해 일부를 불가피하게 포기한 채권 등

2. 대손처리할 수 없는 채권

① **특수관계자에 대한 업무무관가지급금**
② **보증채무 대위변제로 인한 구상채권**
③ **대손세액공제를 받은 부가가치세 매출세액 미수금**

3. 대손충당금의 손금산입 

1. 전기대손충당금 부인액 손금추인 : 〈손금산입〉 전기대손충당금 부인액 AAA(△유보)		
2. 대손충당금 한도 계산	① 회사설정액 : 대손충당금 기말잔액(총액법) ZZZ ② 한도 계산 : 세무상 기말 대상 채권×설정율 설정율 = MAX[① 1%, ② 대손실적율] 대손실적율 = $\dfrac{\text{세무상 당기대손금}}{\text{세무상 전기말 대상채권}}$ 설정제외 채권 : ① **대손처리할 수 없는 채권(전술한 채권)** ② **할인어음, 배서양도어음**	
3. 세무조정	- 한도초과	〈손금불산입〉 대손충당금 한도 초과 XXX
	- 한도미달	세무조정없음

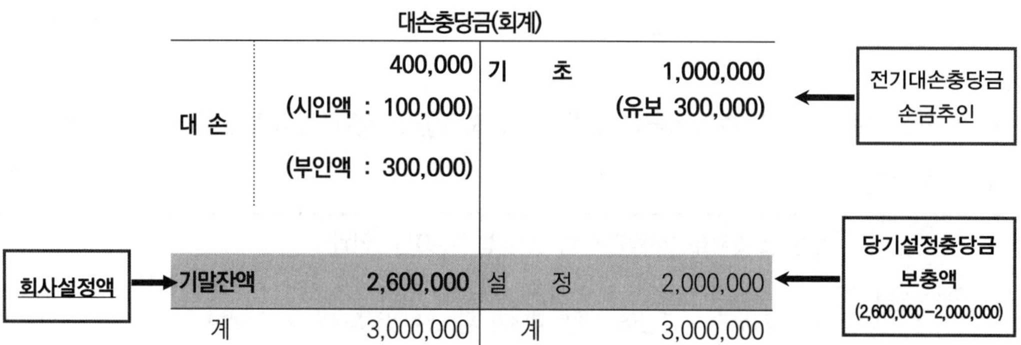

30 부당행위계산부인

<table>
<tr><td>1. 요건</td><td>① 특수관계자간 거래 & ② 부당한 감소 & ③ 현저한 이익의 분여
※ 현저한 이익의 분여 : 고가매입/저가양도
[시가 - 거래가]≥MIN[1. 시가×5%, 2. 3억원]</td></tr>
<tr><td>2. 유형</td><td>1. 자산의 고가매입/저가양도
2. 금전(임대)의 고가차용/저가대부
3. 불균등자본 거래등</td></tr>
<tr><td>3. 시가</td><td><table>
<tr><td colspan="3">1. 본래의 시가</td></tr>
<tr><td rowspan="2">2. 자산의 시가가 불분명시</td><td>주식 등</td><td>상증세법상 평가액</td></tr>
<tr><td>주식이외</td><td>감정가액 → 상증세법상 평가액 순</td></tr>
<tr><td>3. 금전대여</td><td colspan="2">1.원칙 : 가중평균차입이자율
2.예외 : 당좌대출이자율</td></tr>
</table></td></tr>
<tr><td>4. 부인의 효과</td><td>1. 부인액의 익금산입과 소득처분 : 시가거래로 보아 소득 재계산(사외유출)
2. 사법상의 효력은 유지됨.</td></tr>
</table>

31 가지급금 인정이자[☞실무 : 가지급금등의인정이자조정명세서]

<table>
<tr><td>1. 가지급금 범위</td><td>지급이자 손금불산입의 가지급금과 같다.</td></tr>
<tr><td>2. 인정이자 계산</td><td>1. 익금산입액 = 가지급금적수 × 인정이자율 × $\frac{1}{365(366)}$ - 실제수령이자
2. 가지급금 적수 : 동일인에 대한 가지급금과 가수금이 함께 있는 경우에는 원칙적으로 상계</td></tr>
<tr><td>3. 가지급금관련 제재규정</td><td>1. 가지급금 인정이자
2. 업무무관자산관련이자 손금불산입
3. 대손금 부인 및 대손충당금 설정대상채권 제외</td></tr>
</table>

32 기부금[☞실무 : 기부금조정명세서]

1.간주기부금	자산을 정상가액(시가 30%)보다 저가양도, 고가양수함으로써 실질적으로 증여한 것으로 인정되는 금액	
2.분류	1. 특례	① **국가·지자체(국립, 공립학교 포함)에 무상기증하는 금품** ② 국방헌금과 국군장병 위문금품(향토예비군 포함) ③ **천재·지변 이재민 구호금품(해외이재민 구호금품 포함)** ④ **사립학교(초·중·고, 대학교) 등에의 시설비, 교육비, 연구비, 장학금 지출** ⑤ **사회복지공동모금회** ⑥ **한국장학재단에 대한 기부금**
	2. 일반	① 비영리법인의 고유목적사업비 ② **학교 등의 장이 추천하는 개인에게 교육비·연구비·장학금으로 지출** ③ **사회복지시설 중 무료 또는 실비로 이용할 수 있는 것** ④ 공공기관 등에 지출하는 기부금
	3. 비지정	① **향우회, 종친회, 새마을금고, 신용협동조합에 지급한 기부금** ② **정당에 지출하는 기부금**
3.현물기부금 평가	1. 특례기부금, 일반기부금 : 장부가액 2. 일반기부금(특수관계인)과 비지정기부금 : MAX[①시가 ②장부가]	
4.귀속시기	**현금주의(어음 : 결제일, 수표 : 교부일)** -선일자 수표는 어음으로 간주함 -설립중인 공익법인의 지정 기부금은 인, 허가받은 날	
5.손금한도	**특례기부금**: [기준소득금액 - 이월결손금] × 50% **일반기부금**: [기준소득금액 - 이월결손금 - 특례기부금 손금산입액]] × 10% ☞**이월결손금 : 일반기업 기준소득금액의 80%, 중소기업 100% 한도**	
6.공제방법	1. 이월된 기부금을 우선 공제 2. 남은 기부금 공제한도 내에서 각 사업연도에 지출한 기부금 공제 3. 기부금한도 초과액의 이월공제 : 10년(2013.1.1. 이후 지출 분 부터)	
7. 기타	기부금 한도계산은 귀속시기등 세무조정이 완료된 후 계산하여야 한다.	

☞ 우리사주조합기부금

법인이 해당 법인의 우리사주조합에 기부시 전액 손금이 되나, 여기서 우리사주조합이란 해당 법인의 우리사주조합 이외의 조합을 말한다.

33 과세표준의 계산[☞실무 : 법인세과세표준 및 세액조정계산서]

	각사업연도소득금액
(-)	**이 월 결 손 금**
(-)	비 과 세 소 득
(-)	소 득 공 제
	과 세 표 준

〈결손금의 공제기간〉

2020년 이후	2009년~2019년	2008년 이전
15년	**10년**	**5년**

* 이월결손금 공제한도 : ***당해연도 소득의 일반 80%*** , 중소기업 **100%**

34 법인세 세율

반드시 암기하세요!

과세표준	산 출 세 액
2억원 이하	**과세표준×9%**
2억원 초과 200억원 이하	**18,000,000원+(과세표준-2억원)×19%**
200억원 초과~3,000억원 이하	37.8억+(과세표준-200억원)×21%
3,000억원 초과	625.8억+(과세표준-3,000억원)×24%

☞성실신고확인대상 소규모 법인(부동산 임대업 등)에 대한 법인세율 : 0~200억원 이하 19%(개정세법 25)

35 세액공제 및 세액감면[☞실무 : 법인세과세표준 및 세액조정계산서]

1. 세액감면 : 최저한세 적용대상

구 분	면제대상
1. 창업중소기업에 대한 세액 감면	수도권 과밀억제권역 외의 지역에서 창업한 중소기업등
2. 중소기업에 대한 특별세액감면	제조업 등을 경영하는 중소기업

☞ ***동일한 사업장에 대하여 동일한 과세연도에 기간제한이 있는 감면(창업중소기업 등)과 중소기업특별세액감면규정이 중복되는 경우에는 그 중 하나만 적용받는다.***

2. 세액공제

구 분	종 류	이월공제	최저한세
1. 법인세법	① 외국납부세액공제 ② 재해손실세액공제 ③ 사실과 다른 회계처리로 인한 경정에 따른 세액공제	10년간 – 기간제한없음	적용대상이 아님
2. 조세특례제한법	① **연구 · 인력개발비에 대한 세액공제** ② 통합투자세액공제 등	10년간 10년간	적용대상임.[*1]
	*1. 중소기업의 연구 · 인력개발비 세액공제는 적용대상에서 제외됨.		

–*조특법상 세액감면(일정기간만 적용되는 감면과 중소기업에 대한 특별세액감면)과 통합투자세액공제를 동시에 적용받을 수 있는 경우에는 그 중 하나만을 선택하여 적용받을 수 있다.*

3. 연구 · 인력개발비에 대한 세액공제

① 신성장동력연구개발비등 : 당기발생비용의 20% ~ 30%(중소기업은 최대 40%)

② **일반 연구 · 인력개발비**

선택[①,②] =
① [당기연구 및 인력개발비 지출액 – 전기발생액[*1]] × 25% (중소기업 : 50%)
② 당기연구 및 인력개발비 지출액 × 공제율(0~2%) (중소기업 : 25%)

*1. 다만, 직전년도 R&D비용이 직전 4년평균 R&D비용보다 적은 경우 증가분 방식 적용배제

☞ 인건비공제대상에서 연구관리직원 제외

4. 통합투자세액공제

① 적용대상 : 소비성 서비스업, 부동산임대업 및 공급업 외의 사업을 경영하는 내국인 공제대상 자산에 투자(**중고품** 및 금융리스 이외의 리스에 의한 투자는 제외)

② 공제대상

ⓐ 기계장치 등 사업용 유형자산(**중고품 등 투자는 제외**)

ⓑ 위 ⓐ에 해당하지 아니하는 유 · 무형자산(연구, 직업훈련, 근로자 복지 관련 사업용자산 등)

③ 공제액 : 당기분 기본공제(Ⓐ) + 투자증가분 추가공제(Ⓑ)

- 기본공제(Ⓐ) = 당해연도 투자액 × 기본공제율
  (일반투자분 : **중소 10%**, 중견 5%, 대기업 1%)
- 추가공제(Ⓑ) = [당해년도 투자액 – 직전 3년 평균투자액] × 추가공제율(10%)(개정세법 25)
  추가공제한도 : 기본공제액의 200%

〈세액공제입력순서 – 최저한세 미적용시〉

1. 법인세 과세표준 및 세액조정계산서	산출세액확정
2. ① 공제감면세액계산서(1,2,4,5) ② 연구인력개발비발생명세서	작성후 세액공제조정명세서(3)에 반영
3. 세액공제조정명세서(3)	당기 세액공제대상금액
4. 공제감면세액 및 추가납부세액합계표	당기 공제감면세액 집계
5. 법인세 과세표준 및 세액조정계산서	최종 세액감면 및 세액공제 확정

36 최저한세[☞실무 : 최저한세조정계산서]

최저한세 대상	최저한세 대상이 아닌 것
1.준비금	
2.익금불산입	
3.비과세	
4.소득공제	
5.세액공제	법인세법상 세액공제(외국납부세액공제, 재해손실세액공제등) 조특법상 중소기업의 연구인력개발비세액공제
6.세액감면	

〈세액공제입력순서 – 최저한세 적용시〉

1. 법인세 과세표준 및 세액조정계산서	산출세액확정
2. ① 공제감면세액계산서(1,2,4,5) ② 연구인력개발비발생명세서	작성 후 세액공제조정명세서(3)에 반영
3. 세액공제조정명세서(3)	당기 세액공제대상금액
4. 최저한세조정계산서	최저한세 적용여부 검토
5. 세액공제조정명세서(3)	당기 공제 및 이월세액 계산
6. 공제감면세액 및 추가납부세액합계표	당기 공제감면세액 집계
7. 법인세 과세표준 및 세액조정계산서	최종신고서 확정

37 법인세법상 주요 가산세[☞실무 : 가산세액계산서]

종 류	적 용 대 상	가산세액
1. 무기장가산세	장부를 비치 · 기장의무를 이행하지 아니한 경우	MAX[①, ②] ① 무신고납부세액×20% ② 수입금액×0.07%
2. **무신고가산세**	법정신고기한까지 과세표준 신고서를 제출하지 않는 경우	MAX[①, ②] ① 무신고납부세액× $\frac{일반무신고\ 과세표준}{결정과세표준}$ ×20%(부당 : 40%) ② 수입금액×0.07%(부당 : 0.14%)
3. 원천징수납부 지연 가산세	원천징수세액의 미납부 · 미달납부	**MIN[①, ②] ① 미달납부세액×3%+미달납부세액×미납일수×이자율 ② 미달납부세액의 10%**
4. 지급명세서 불성실가산세	지급명세서 기한 내에 미제출 또는 제출된 지급명세서의 내용이 불분명한 경우 -**일용근로소득 지급명세서(매월 단위 제출, 다음 달 말일 기한)**	미제출 · 불분명 지급금액×1% **(기한후 3개월 이내에 제출 0.5%)** -**미제출 금액×0.25%(기한후 1개월 이내에 제출 0.125%)**
5. 계산서 등 또는 계산서 합계표 불성실가산세	-계산서를 미교부 부실기재한 경우 또는 합계표를 제출하지 않거나 부실기재한 경우 -가공 및 위장계산서 등(현금영수증 포함)를 수수한 경우	**-미발급, 가공 및 위장수수×2% -지연발급×1% -계산서 합계표 미제출×0.5% (지연제출 0.3%)**
6. 지출증빙미수취 가산세	**건당 3만원 초과분에 해당하는 경비 등을 지출하고 임의증빙서류를 수취한 경우**	**미수취금액 중 손금으로 인정되는 금액×2%**
7. 주식등 변동상황 명세서 미제출 가산세	미제출 또는 변동상황을 누락하여 제출한 경우와 필요적 기재사항이 불분명한 경우	미제출 · 불분명 주식의 액면금액×1% **(기한후 1개월 이내에 제출시에는 50% 감면)**
8. 업무용승용차 관련 비용명세서	-미제출 -불성실	미제출 금액(손금산입액)×1% 사실과 다르게 제출한 금액×1%

38 법인세의 확정신고

1. 필수제출서류 (*미첨부시 무신고*)	① 재무상태표 ② 손익계산서 ③ 이익잉여금처분계산서(결손금처리계산서) ④ 법인세과세표준 및 세액조정계산서(세무조정계산서) ⑤ 현금흐름표(외부감사 대상법인)
2. 신고기한	각 사업연도 종료일이 속하는 달의 말일부터 3개월이내 (성실신고확인대상 내국법인은 4개월이내)
3. 분납(가산세 제외)	① 납부할 세액이 2천만원 이하: 1천만원을 초과하는 금액 ② 납부할 세액이 2천만원을 초과: 그 세액의 50% 이하의 금액

39 중간예납

1. 의무자	각 사업연도의 기간이 6개월을 초과하는 법인
2. 중간예납세액	전년도 실적기준과 가결산방법 중 선택 ☞ **직전연도의 산출세액이 없는 법인은 반드시 가결산방법에 의해 중간예납세액을 계산하여 납부하여야 한다.**
3. 신고기한	중간예납신고기간이 지난 날부터 2개월 이내

40 법인세법상 원천징수

1. 이자소득	14%(비영업대금이익 25%)
2. 배당소득(집합투자기구의 이익)	14%

41 중소기업에 대한 세제지원

구 분	중소기업	일반기업
1. 기업업무추진비 기본한도	36,000,000원	**12,000,000원**
2. 대손금 인정	- 부도발생일로부터 6개월 이상 경과한 외상매출금 - 회수기일로부터 2년이 경과한 외상매출금등	-
3. 업무무관가지급금	**근로자에 대한 주택구입 · 전세자금 대여금은 제외**	
4. 이월결손금공제한도	당해연도 소득의 100%	60%
5. 결손금소급공제	허용	-
6. 분납기간	2월 이내	1월 이내
7. 최저한세 세율	7%	10%~
8. 중간예납의무	중간예납세액 50만원 미만 배제	-
9. 세액감면 및 세액공제	창업중소기업에 대한 세액감면 중소기업에 대한 특별세액감면	-
10. 통합투자세액공제	기본공제율 10%	대기업 : 1% 외

Chapter

2 세무조정 연습

로그인 전산세무1급 핵심요약 및 기출문제

1. 전기 자본금과 적립금조정명세서(을) 내역의 내역은 다음과 같다.
   -단기투자자산 저가매입 2,000,000원
   전기사업연도 중 특수 관계자인 개인주주로부터 상장주식을 저가 매입함으로써 발생된 것으로 단기투자자산으로 회계 처리하였다가, 당기 중 동 주식의 1/4를 처분하고 800,000원의 처분손실을 발생시켜 특수 관계자가 아닌 법인에 처분하였다.
   [세무조정]

2. 만기가 20X1년 12월 31일인 정기예금의 당기 손익귀속시기 미도래분인 이자수익을 다음과 같이 계상하였다.
   (차) 미수수익 1,250,000원 (대) 이자수익 1,250,000원
   [세무조정]

3. 회사가 업무용 토지를 구입하면서 지출한 취득세 2,000,000원을 다음과 같이 회계처리하였다.
   (차) 세금과공과(판) 2,000,000원 (대) 현 금 2,000,000원
   [세무조정]

4. 과오납부한 부가가치세의 환급시 환급가산금 500,000원이 잡이익계정에 포함되어 있다.
   [세무조정]

5. 급여 중 1년 이상 근로한 사용인의 급여에는 출자임원에 대한 상여금 10,000,000원이 포함되어 있으며, 그 중 3,000,000원은 급여지급규정을 초과한 금액이다.

[세무조정]

6. 직전 사업연도(20X0)의 자본금과 적립금 조정명세서(을)상의 기말잔액 내역은 다음과 같다.

과목	기말잔액	비고
선급비용	150,000원	선급기간 20X1. 1. 1 ~ 20X1. 6. 30

[세무조정]

7. 판매비와 관리비의 기업업무추진비계정 중 신용카드를 사용한 580,000원과 현금으로 지출된 200,000원은 업무와 관련 없이 대표이사의 개인적인 용도로 사용된 것이다.(각각 1회의 기업업무추진비 지출액이다.)

[세무조정]

8. 광고선전비에 다음과 같은 사항이 발견되었다. 거래처에 대한 경조사비로 300,000원 보통예금 지급분과 특정 고객에게 사업과 관련한 기증품 1,500,000원 구입분(계산서 수취)이 있다.

[세무조정]

9. 법인세법상의 대손요건(소멸시효완성)을 충족한 받을어음 3,000,000원에 대하여 아무런 회계처리를 하지 않았다.

[세무조정]

10. 재무상태표상 기타자본잉여금은 장부가액 2,100,000원인 자기주식을 2,370,000원에 처분함에 따라 발생한 자기주식처분이익이다.

[세무조정]

11. 정기예금 만기가 기중에 완료하여 회사는 5,000,000원의 이자를 수령하였다. 회사는 그동안 전기까지 3,000,000원의 미수이자를 계상하였고, 세무조정은 적법하게 하여 왔다.

[세무조정]

12. 건물의 감가상각비에 대하여 시인부족액 7,000,000원이 발생하였다. 자본금과적립금조정명세서(을)를 조회한 결과 전기감가상각부인액이 5,000,000원이 있다. 건물 감가상각비에 대한 세무조정을 하시오.

[세무조정]

13. 8월 17일에 매입한 토지는 당사의 대주주로부터 매입한 것이다. 이 토지의 시가는 10,000,000원이다. 구입시 회계처리는 다음과 같다.

(차) 토지	30,000,000원	(대) 현　금	30,000,000원

[세무조정]

14. 제1기 부가가치세 확정신고시 부도발생일로부터 6개월이 경과한 부도어음에 대하여 대손세액공제신청을 하고 회계처리는 다음과 같이 하였다.

(차) 부가세예수금	1,000,000원	(대) 잡이익	1,000,000원

[세무조정]

15. 회사(중소기업)가 계상한 연간 대손상각내역은 다음과 같고 대손처리한 금액은 전액 대손충당금과 상계되었다.

① 거래처의 파산으로 회수불가능한 외상매출금 1,000,000원 대손처리

② 거래처의 부도가 6월 경과하여 외상매출금 1,700,000원 대손처리

③ 거래처의 부도가 1월 경과하여 외상매출금 600,000원 대손처리

[세무조정]

16. 회사는 상품을 시용매출하고 있다. 20X1년 12월 31일에 ㈜토성으로부터 시송품에 대한 구입의사표시를 받았는데. 결산재무제표에 반영하지 못하였다.

[시송품 판매가 7,000,000원이며 매출원가는 5,000,000원이라 가정한다.]

[세무조정]

17. 손익계산서상 영업외수익 중에는 전기 사업연도의 제품외상매출 누락액을 당기 3월 1일에 회계처리한 금액 3,000,000원이 포함되어 있다. 이에 대한 전기 사업연도의 세무조정은 당초 신고 시 적정하게 처리되었다.

[세무조정]

18. 다음 자료에 의하여 외화관련 세무조정을 수행하시오.(회사는 관할 세무서에 마감환율 평가방법을 신고하였다.)

계정과목	발생일자	발생일 기준환율	외화금액
단기대여금	20X1. 10. 3	1,050원/$	$20,000
단기차입금	20X1. 6. 17	980원/$	$15,000

결산일 현재 기준환율은 1,040원/$이며, 회사는 대고객외국환매입율인 1,020원/$을 적용하여 외화채권, 채무를 평가하였다.

[세무조정]

19. 손익계산서상 투자자산처분이익은 투자부동산(토지)을 31,000,000원에 매각함으로 인하여 발생한 것이다. 당해 토지는 전기에 30,000,000원에 취득한 것으로 이에 대한 취득세 1,500,000원을 세금과공과로 처리하여 전기 세무조정을 적절하게 수행하였다.

[세무조정]

20. 20X1년 귀속 법인세 신고시 결손으로서 결손금 소급공제신청을 하여 전년도에 납부한 법인세 50,000,000원을 환급받았는데 이는 잡이익으로 처리되어 있다.

[세무조정]

21. 회사는 정부로부터 국고보조금 5,000,000원을 지원받았으며 이를 자본조정 계정으로 회계처리하였다. 동 국고보조금은 압축기장충당금이나 일시상각충당금 설정대상이 아니며, 또한 상환의무가 없다.

[세무조정]

22. 회사는 일부 제품에 대하여 위탁판매를 하고 있다. 이 중에서 전기 12월 30일에 수탁회사에서 판매한 물품 (매가 : 1,000,000원, 원가 : 700,000원)이미 통보되어 전기에 장부에 계상하지 아니하였고, 당기에 계상하였다. 단, 매출과 매출원가에 대하여 전기의 세무조정은 올바르게 처리되었다.

[세무조정]

23. 회사는 상품 판매에 대하여 상품권을 발행하고 있으며 10월 31일에 상품권 3,000,000원을 발행하고, 상품매출로 처리하였다. 12월 31일까지 회수된 상품권은 2,000,000원이 있다.

[세무조정]

24. 영업외비용 중 단기매매증권처분손실 500,000원은 장부가액 10,000,000원인 상장주식을 임원인 홍길동에게 9,500,000원에 양도함에 따른 것이다. 양도 당시 상장주식의 시가는 11,000,000원으로 평가되었다.

[세무조정]

25. 손익계산서상 여비교통비 중에는 지배주주인 홍길동에게 지급한 당사의 업무와 무관한 해외시찰비 1,500,000원이 포함되어 있다. 홍길동은 회사의 임원 또는 사용인이 아니다.

[세무조정]

26. 재고자산 중에서 원재료는 신고한 평가방법에 의하여 평가하였으나, 계산의 착오로 150,000원을 과다계상하였다.

[세무조정]

27. 보험료계정에는 회사가 임원을 피보험자 및 수익자로 하는 저축성보험에 대한 보험료가 3,000,000원 계상되어 있다.

[세무조정]

28. 전년도 법인세에 대한 추가납부분 1,000,000을 전기오류수정손실(영업외비용)로 하여 계상하였다.

[세무조정]

29. 채무액 10,000,000원을 출자로 전환함에 따라 주식(액면가총액 5,000,000원 시가총액 8,000,000원)을 발행하고 발행가액과 액면가액의 차액 5,000,000원을 주식발행초과금으로 계상하였다.

[세무조정]

30. 회사는 중소기업으로서 거래처의 부도확인(12월 26일)을 받고, 외상매출금을 다음과 같이 회계 처리하였다.

(차) 대손상각비 1,100,000원 (대) 외상매출금 1,100,000원

[세무조정]

31. 대표이사로부터 자산(공정가액 10,000,000원)을 증여받아 회사의 이월결손금 보전에 충당하였고, 이를 영업외수익으로 회계처리하다

[세무조정]

32. 전기에 대표이사에 대한 차입금 5,000,000원을 면제받았으나 이를 회계처리하지 아니하여 세무조정시 익금산입하였고, 이에 대하여 당기 중에 다음과 같이 회계 처리하였다.

(차) 단기차입금 5,000,000원 (대)전기오류수정이익(영업외수익) 5,000,000원

[세무조정]

33. 당기 중 유상증자를 실시하였는데, 신주발행에 따른 등록세 등 200,000원을 판관비인 수수료비용으로 계상하였다.

[세무조정]

34. 회사가 보유하고 있는 매도가능증권의 내역은 다음과 같으며 기말 평가는 기업회계기준에 따라 처리하였다.

취득가액	기말공정가액	비 고
1,000,000원	900,000원	시장성 있음

[세무조정]

35. 당사가 생산하는 제품에 대하여 수년간 평가한 결과 2년내에 하자보수비용이 발생한다는 것을 확인하고 이에 대비하기 위하여 제품하자보수충당금을 계상하고 다음과 같이 회계처리하였다.

(차) 제품하자보수충당금전입액 5,000,000원 (대) 제품하자보수충당금 5,000,000원

[세무조정]

36. 당기말(20x1.12.31) 현재의 보험료 기간미경과분(선급분)에 관한 자료는 다음과 같다. 월할 계산하시오.

구 분	지 출 액	거래처	보 험 기 간	비 고
보험료 (제조경비)	3,600,000	설악화재	20x1.6.1~20x2.5.31	장부상 선급비용을 미계상

[세무조정]

37. 받을어음 상계액(1,000,000원)은 전액 부도발생일로부터 6개월이 경과한 어음으로서 채무자의 재산에 대하여 저당권을 설정하고 있는 어음에 대해서 대손처리한 것이다.

[세무조정]

38. 다음은 업무무관 자산으로서 당기에 취득한 것이다.

① 별장 : 대주주의 휴양용으로 구입하였다.(1억원)

② 세금과공과 : 별장 취득 당시 납부한 취득세 10,000,000원
별장의 재산세 납부액 1,000,000원

③ 인건비 : 토지관리인 급여 15,000,000원

[세무조정]

39. 자기주식을 3,000,000원에 취득한 후 2,500,000원에 처분하고, 기업회계기준에 따라 회계처리 하였다.

[세무조정]

세/무/조/정 답안

1. 유가증권 저가 매입	
〈손금산입〉 전기 단기투자자산저가매입	500,000원 (△유보)
특수관계자인 개인으로부터 유가증권을 저가매입시 **익금산입 유보**로 처분하고 동 유가증권을 처분시 손금추인(처분비율만큼)한다.	

2. 미수이자	
〈익금불산입〉 미수수익	1,250,000원 (△유보)
원천징수대상인 이자수익에 대해서는 **이자를 수령하는 연도에 익금으로 인식**한다.	

3. 자산의 취득부대비용	
〈손금불산입〉 토지(세금과공과)	2,000,000원 (유보)
자산취득시 부대비용은 자산의 취득가액이다.	

4. 국세환급가산금	
〈익금불산입〉 환급가산금	500,000원 (기타)
국세환급가산금은 익금불산입 사항이다.	

5. 임원상여금한도초과액	
〈손금불산입〉 출자임원상여금	3,000,000원 (상여)

6. 전기 선급비용	
〈손금산입〉 선급비용	150,000원 (△유보)
전기선급비용은 당기 손금추인 사항이다.	

7. 개인적용도 사용 경비	
〈손금불산입〉 기업업무추진비 계상액 중 개인경비	780,000원 (상여)
개인사용경비는 기업업무추진비가 아니고 사용자에게 소득처분한다.	

8. 경조금 적격증빙(20만원초과) 미사용분

〈손금불산입〉 경조금 카드미사용 300,000원 (기타사외유출)

경조금은 20만원 초과분에 대해서 적격증빙을 수취하여야 한다. 광고선전비는 불특정다수인에게 지출한 비용을 말한다.

9. 대손금(신고조정)

〈손금산입〉 받을어음 3,000,000원 (△유보)

소멸시효완성채권은 신고조정사항이다.

10. 자기주식처분손익

〈익금산입〉 자기주식처분이익 270,000원 (기타)

자기주식처분손익은 익금 또는 손금사항이다. 그리고 소득처분은 기타이다.

11. 전기미수이자

〈익금산입〉 전기미수이자 3,000,000원 (유보)

전기 미수이자는 익금불산입 사항으로서 당기에 동 미수이자를 유보추인한다.

12. 감가상각비 시인액 발생

〈손금산입〉 전기 감가상각부인액(건물) 5,000,000원 (△유보)

당기에 시인액 발생시 전기 감가상각부인액을 손금 추인한다.

13. 부당행위계산 부인 : 자산의 고가양수

〈손금산입〉 토지 20,000,000원 (△유보)
〈익금산입〉 고가양수 20,000,000원 (배당)

결산서	(차)	토지	30,000,000	(대)	현 금	30,000,000
세무상	(차)	토지 잉 여 금	10,000,000 20,000,000	(대)	현 금	30,000,000
수정분개	(차)	잉여금+부당	20,000,000	(대)	토지	20,000,000
	☞이중세무조정					

14. 부도어음

〈익금불산입〉 잡이익(부도어음) 1,000,000원 (△유보)

대손세액공제의 세무상 회계처리는 다음과 같다.
(차) 부가세예수금 1,000,000원 (대) 부도어음(받을어음) 1,000,000원

15. 대손금

〈손금불산입〉 대손금부인액 1,000원 (유보)
〈손금불산입〉 대손금부인액 600,000원 (유보)

파산은 결산조정, 부도발생후 6개월 이상 지난 중소기업의 외상매출금은 결산조정사항으로서 **비망가액 1,000원을 공제하고 대손처리**하여야 한다.

16. 시용판매

〈익금산입〉 시용매출 누락 7,000,000원 (유보)
〈손금산입〉 시용매출원가 5,000,000원 (△유보)

시용판매는 기업회계기준과 손익인식시기가 같다. 즉, **구매자가 구매의사를 표시한 날**을 손익귀속시기로 한다.

17. 전기제품매출누락

〈익금불산입〉 전기제품매출 누락 3,000,000원 (△유보)

전기매출누락에 대하여 당기에 회계처리하였으므로 손금추인한다.

18. 외화환산손익

〈익금산입〉 단기대여금 400,000원 (유보)
〈손금산입〉 단기차입금 300,000원 (△유보)

회사는 마감환율 평가방법을 신고하였으므로 기준환율로 평가하여야 한다.

	결산서상	세무상	세무조정
단기대여금	\$20,000×1,020=20,400,000	\$20,000×1,040=20,800,000	익금산입 400,000
단기차입금	\$15,000×1,020=15,300,000	\$15,000×1,040=15,600,000	손금산입 300,000

19. 자산의 취득부대비용

〈손금산입〉 전기 투자부동산 취득세 1,500,000원 (△유보)

자산의 취득부대비용은 취득가액을 구성한다.또한 처분시 손금추인한다.

20. 이월익금(법인세환급액)

〈익금불산입〉 잡이익 50,000,000원 (기타)

전기에 손금불산입한 법인세에 대해서 당기에 입금시 익금불산입임.

21. 국고보조금(상환의무가 없음)

〈익금산입〉 국고보조금 5,000,000원 (기타)

상환의무가 없는 국고보조금은 익금사항이다.

결산서상		세무상	
(차) 현금 XX	(대) 자본조정 XX	(차) 현금 XX	(대) 익 금 XX

22. 전기 위탁매출누락 손금추인

〈익금불산입〉 전기위탁매출 1,000,000원 (△유보)
〈손금불산입〉 전기위탁매출원가 700,000원 (유보)

위탁매출에 대해서 수탁자가 고객에게 인도시점이 손익인식시기이다.

23. 상품권매출

〈익금불산입〉 상품권매출액 1,000,000원 (△유보)

상품권은 고객이 재화와 교환시에 수익을 인식한다. 따라서 **회수된 상품권만 수익을 인식**해야 한다.

24. 부당행위계산부인(저가양도)

〈익금산입〉 주식 저가양도액 1,500,000원 (상여)

특수관계자에게 자산을 저가양도시 부당행위계산 부인대상이다.

25. 지배주주의 업무무관경비

〈손금불산입〉 지배주주 여비교통비 1,500,000 (배당)

지배주주의 업무무관경비는 손금불산입사항이다.

26. 착오로 인한 재고자산평가

〈손금산입〉 원재료 평가증 150,000 (△유보)

착오로 평가금액을 잘못한 계산한 경우 임의평가로 보지 않는다.

27. 저축성보험(복리후생비)

〈손금불산입〉 저축성보험료 3,000,000 (상여)

법에 열거된 것만 손금사항이다.

28. 법인세비용(추가납부분)

〈손금불산입〉 전기오류수정손실 1,000,000 (기타사외유출)

법인세 추가납부분도 손금불산입사항이다. 만약 전기오류수정손실(이익잉여금)로 회계처리한 경우 세무조정사항은 없다.

29. 출자전환에 따른 채무면제이익

〈익금산입〉 채무면제이익 2,000,000원 (기타)

채무의 출자전환으로 주식을 발행시 발행가액(10,000,000원)이 시가(8,000,000원)를 초과하는 금액은 익금항목에 해당한다.

30. 6개월 미경과 중소기업의 외상매출금

〈손금불산입〉 대손금부인액 1,100,000 (유보)

중소기업의 외상매출금은 부도확인일로부터 6개월이 경과되어야 한다.

31. 자산수증이익(이월결손금 보전)

〈익금불산입〉 자산수증이익 10,000,000 (기타)

자산수중이익/채무면제이익 중 **이월결손금의 보전에 충당된 금액은 익금불산입사항**이다.

32. 이월익금

〈익금불산입〉 전기오류수정이익 5,000,000원 (△유보)

전기에 익금사항을 당기에 회계처리하였으므로 이월익금으로서 익금불산입사항이다.

33. 신주발행비

〈손금불산입〉 수수료비용 200,000 (기타)

신주발행비는 손금불산입사항이다.

34. 매도가능증권평가손익

〈익금산입〉 매도가능증권 100,000 (유보)
〈손금산입〉 매도가능증권 100,000 (기타)

결산서	(차) 매도가능증권평가손 100,000 (대) 매도가능증권 100,000
세무상	세법상 유가증권의 평가손익 불인정
수정분개	(차) 매도가능증권 100,000 (대) 평가손(잉여금) 100,000 ☞ 이중세무조정

35. 충당부채전입액

〈손금불산입〉 제품하자보수충당금 5,000,000 (유보)

법인세는 **의무가 확정되는 시점에서 손금을 인식하므로 충당부채를 인정하지 않는다.**

36. 선급비용 미계상액

〈손금불산입〉 선급비용 1,500,000 (유보)

선급비용 = 3,600,000원 × 5개월/12개월

37. 저당권이 설정된 어음

〈손금불산입〉 저당권설정어음 1,000,000 (유보)

저당권이 설정된 어음상의 채권은 대손금에서 제외된다.

38. 업무무관자산

〈손금불산입〉 토지(세금과공과) 10,000,000 (유보)
〈손금불산입〉 세금과공과 1,000,000 (기타사외유출)
〈손금불산입〉 관리비 15,000,000 (상여)

취득시	보유시	처분시
취득원가 = 매입가액 + 취득 부대비용	감가상각비 : 손금불산입 유보	손금산입 △유보
	유지비용 : 손금불산입 사외유출	–

39. 자기주식처분익

〈손금산입〉 자기주식처분손실 500,000 (기타)

자기주식처분손익은 익금/손금사항이다.

Chapter

과목별 세무조정 3

로그인 전산세무1급 핵심요약 및 기출문제

Login

Ⅰ. 수입금액조정

■ **수기로 서식을 작성하셔서 연습하시고, 서식에 대한 이론을 이해하신 다음에 프로그램에 입력하여 보십시요! 그러면 법인세 서식 입력이 아주 간단하다고 생각되실 것입니다.**

1. 수입금액조정명세서

(1) 결산서상 수입금액 내역은 다음과 같다.
- 제품매출액 : 100,000,000
- 상품매출액 : 500,000,000
- 공사수익금 : 20,000,000
- 부산물매출액 : 10,000,000(잡이익 계정에 기입됨)

(2) 제품재고액 중 A제품 8,000,000원은 타인에게 위탁판매하기 위한 위탁품(적송품)으로서 20x1.12.30에 수탁자가 10,000,000원에 판매한 것이 포함되어 있다.

(3) 회사는 상품 판매에 대하여 상품권을 발행하고 있으며 12월 31일에 상품권 3,000,000원을 발행하고, 상품 매출로 처리하였다. 12월 31일까지 회수된 상품권은 없다.

(4) 제품매출에 대한 매출채권을 조기에 회수하기 위하여 매출할인한 금액 1,000,000원을 매출액에서 차감하지 아니하고 영업외비용으로 처리하였다.

(5) 공사현황(건물A신축)

전기의 세무조정사항은 없었고, 당기 공사원가는 비용으로 계상하였다.

도급자	(주)토성
공사기간	전기 5.1 ~ 차기 7. 31
도급금액	100,000,000원
예정총원가	80,000,000원
당기말 공사누적액	35,000,000원
전기말 수익계상	20,000,000원
당기 수익계상	20,000,000원

풀이

(1) 기타수입금액조정

다.기타 수입금액

	(23)구 분	(24)근 거 법 령	(25)수 입 금 액	(26)대 응 원 가	비 고
1					

(2) 작업진행율에 의한 수입금액

가.작업진행률에 의한 수입금액

	⑦공사명	⑧도급자	⑨도급금액	작업진행률계산 ⑩해당사업연도말 총공사비누적액 (작업시간등)	⑪총공사 예정비 (작업시간등)	⑫진행율 (⑩/⑪)	⑬누적익금 산입액 (⑨x⑫)	⑭전기말누적 수입계상액	⑮당기회사 수입계상액	(16)조정액 (⑬-⑭-⑮)
1										

(3) 수입금액조정계산

1 1.수입금액 조정계산

	계정과목 ①항 목	②계정과목	③결산서상 수입금액	조정 ④가 산	⑤차 감	⑥조정후 수입금액 (③+④-⑤)
1	매 출					
2						

(4) 세무조정

해답

(1) 기타수입금액조정

다.기타 수입금액

	(23)구 분	(24)근 거 법 령	(25)수 입 금 액	(26)대 응 원 가	비 고
1	위탁매출		10,000,000	8,000,000	
2	상품권매출		-3,000,000		

(2) 작업진행율에 의한 수입금액

가.작업진행률에 의한 수입금액

	⑦공사명	⑧도급자	⑨도급금액	작업진행률계산 ⑩해당사업연도말 총공사비누적액 (작업시간등)	⑪총공사 예정비 (작업시간등)	⑫진행율 (⑩/⑪)	⑬누적익금 산입액 (⑨x⑫)	⑭전기말누적 수입계상액	⑮당기회사 수입계상액	(16)조정액 (⑬-⑭-⑮)
1	건물A	(주)토성	100,000,000	35,000,000	80,000,000	43.75	43,750,000	20,000,000	20,000,000	3,750,000
2										

(3) 수입금액조정계산

–영업외비용으로 처리한 매출할인(제품매출)을 차감란 1,000,000원을 기재한다.

1 1.수입금액 조정계산

No	계정과목 ①항 목	②계정과목	③결산서상 수입금액	조 정 ④가 산	⑤차 감	⑥조정후 수입금액 (③+④-⑤)	비 고
1	매 출	상품매출	500,000,000		3,000,000	497,000,000	
2	매 출	제품매출	100,000,000	10,000,000	1,000,000	109,000,000	
3	매 출	공사수입금	20,000,000	3,750,000		23,750,000	
4	영업외수익	잡이익	10,000,000			10,000,000	
		계	630,000,000	13,750,000	4,000,000	639,750,000	

(4) 세무조정

〈익금산입〉 위탁매출누락	10,000,000(유보, 발생)
〈손금산입〉 위탁매출원가	8,000,000(유보, 발생)
〈익금불산입〉 상품권매출	3,000,000(유보, 발생)
〈익금산입〉 건물A수익과소계상	3,750,000(유보, 발생)

2. 조정후수입금액조정명세서

(1) 계정과목별 결산서상 수입금액을 조회하면 다음과 같으며, 수입금액조정명세서의 금액과 일치한다.

계정과목		업태 (종목)	결산서상 수입금액	비 고
항목	과목			
매출	제품매출	제조업 (컴퓨터)	200,000,000원	전액내수
매출	상품매출	도매업 (컴퓨터)	100,000,000원	해외수출분 30,000,000원
계			300,000,000원	

(2) 공급시기가 차년도인 2월 20일 제품매출에 대하여 당기 12월 20일에 대금 1,100,000원(공급가액 1,000,000원, 부가가치세 100,000원)을 결제 받고 공급시기 전 선발행 세금계산서를 교부하였다. 결산서에는 선수금으로 회계처리하였다.

(3) 거래처에 선물로 제공한 상품이 포함되어 있으며, 회계처리는 상품에서 직접 차감하였다. 제공한 상품의 시가는 5,000,000원이며, 원가는 4,000,000이다.

(4) 부가가치세 과세표준에는 차량운반구(취득가액 18,000,000원, 감가상각누계액 9,500,000원)를 10,000,000원에 매각한 금액이 포함되어 있다.

(5) 부가가치세법상 과세표준내역

구 분	금 액(원)	비 고
과세(일반) 과세(영세율)	286,000,000 30,000,000	부가가치세법상의 관련규정은 모두 준수하였다.
합 계	316,000,000	

풀이

(1) 업종별 수입금액명세서

업종별 수입금액 명세서 | 과세표준과 수입금액 차액검토

1 1. 업종별 수입금액명세서

①업 태	②종 목	순번	③기준(단순)경비율번호	수 입 금 액			
				수입금액계정조회	내 수 판 매		⑦수 출 (영세율대상)
				④계(⑤+⑥+⑦)	⑤국내생산품	⑥수입상품	
제조업		01					
		02					
		03					

(2) 과세표준과 수입금액 차액검토

2 2.부가가치세 과세표준과 수입금액 차액 검토 [부가가치세 신고 내역보기]

(1) 부가가치세 과세표준과 수입금액 차액

⑧과세(일반)	⑨과세(영세율)	⑩면세수입금액	⑪합계(⑧+⑨+⑩)	⑫조정후수입금액	⑬차액(⑪-⑫)

(2) 수입금액과의 차액내역(부가세과표에 포함되어 있으면 +금액, 포함되지 않았으면 -금액 처리)

⑭구 분		코드	(16)금 액	비 고	⑭구 분	코드	(16)금 액	비 고
자가공급(면세전용등)		21			거래(공급)시기차이감액	30		
사업상증여(접대제공)		22			주세 · 개별소비세	31		
개인적공급(개인적사용)		23			매출누락	32		
간주임대료		24				33		
자산 매각	고정자산매각액	25				34		
	그밖의자산매각액(부산물)	26				35		
폐업시 잔존재고재화		27				36		
작업진행률 차이		28				37		
거래(공급)시기차이가산		29			(17)차 액 계	50		
					(13)차액과(17)차액계의차이금액			

해답

(1) 업종별 수입금액명세서

1 1.업종별 수입금액명세서

①업 태	②종 목	순번	③기준(단순)경비율번호	수입금액계정조회 ④계(⑤+⑥+⑦)	내수판매 ⑤국내생산품	내수판매 ⑥수입상품	⑦수 출(영세율대상)
제조업	컴퓨터	01		200,000,000	200,000,000		
제조업	컴퓨터	02		100,000,000	70,000,000		30,000,000

(2) 과세표준과 수입금액 차액검토

부가가치세과세표준 = 조정후 수입금액 ± 차액조정

구 분	부가세법상 과세표준(A)	법인세법상 수입금액(B)	±차액조정(A－B)
사업상증여	5,000,000		5,000,000
고정자산매각액	10,000,000		10,000,000
거래시기차이 가산	1,000,000		1,000,000
합 계	16,000,000		16,000,000

2 2.부가가치세 과세표준과 수입금액 차액 검토 [부가가치세 신고 내역보기]

(1) 부가가치세 과세표준과 수입금액 차액

⑧과세(일반)	⑨과세(영세율)	⑩면세수입금액	⑪합계(⑧+⑨+⑩)	⑫조정후수입금액	⑬차액(⑪-⑫)
286,000,000	30,000,000		316,000,000	300,000,000	16,000,000

(2) 수입금액과의 차액내역(부가세과표에 포함되어 있으면 +금액, 포함되지 않았으면 -금액 처리)

⑭구 분		코드	(16)금 액	비 고	⑭구 분	코드	(16)금 액	비 고
자가공급(면세전용등)		21			거래(공급)시기차이감액	30		
사업상증여(접대제공)		22	5,000,000		주세 · 개별소비세	31		
개인적공급(개인적사용)		23			매출누락	32		
간주임대료		24				33		
자산	고정자산매각액	25	10,000,000			34		
매각	그밖의자산매각액(부산물)	26				35		
폐업시 잔존재고재화		27				36		
작업진행률 차이		28				37		
거래(공급)시기차이가산		29	1,000,000		(17)차 액 계	50	16,000,000	
					(13)차액과(17)차액계의차이금액			

필자주

한국세무사회 출제위원들은 같은 문제에 대해서 다른 해답을 제시하여 혼란스럽습니다. 이러한 선세금계산서에 대해서 국세청 작성 서식에도 명확한 것이 없으므로 한국세무사회의 최근 답안으로 작성하도록 한다.

	59회	39회
문제	**공급(납품)시기가 도래하기 전에 세금계산서를 발행해 주고, 결산서에 선수금으로 계상한 금액은 10,000,000원이다.**	2009. 12. 20에 대금 14,300,000원(공급가액 13,000,000원, 부가가치세 1,300,000원)을 결제 받고 **공급시기 전 선발행 세금계산서를 교부하였다. 결산서에는 선수금으로 처리하였다.**
답안	**거래(공급)시기차이가산(29)** 10,000,000	**거래(공급)시기차이감액(30)** 13,000,000

한국공인회계사회가 주관하는 TAT1급 20회 시험에서는 39회 답안과 동일하게 선세금계산서에 대하여 거래시기차이 감액으로 문제에 제시되어 있습니다.

3. 수입금액과의 차액내역

코드	구분(내용)	금액	비 고
24	간주임대료	1,000,000원	
25	고정자산매각	2,000,000원	
30	거래시기차이감액	2,500,000원	공급시기 전에 선수금 수령 시 세금계산서 발급분

Ⅱ. 감가상각조정

1. 감가상각자료

구분	건물	기계장치
자산명	사옥	조립기
취득연월일	2010년 4월 7일	2019년 6월 2일
상각방법	상각방법을 신고하지 않았다.	
내용연수(상각률)	40년(0.025)	5년(0.451)
당기말 B/S 취득가액	100,000,000원	20,000,000원
당기말 B/S 감가상각누계액	7,000,000원	4,000,000원
당기 I/S 감가상각비	3,000,000원	2,500,000원
전기이월상각부인액	5,000,000원	1,000,000원

2. 건물에 대한 수선비로서 세법상 자본적지출에 해당하는 금액 중 수선비(판)로 비용 처리한 금액은 전기에 7,000,000원, 당기에 10,000,000원이다.

3. 기계장치 개조비용(자본적 지출)을 모두 발생연도 비용(9,000,000원)으로 처리하였다.

풀이

(1) 고정자산등록

① 건물(사옥)

기본등록사항	추가등록사항
1.기초가액 / 성실 기초가액	
2.전기말상각누계액(-) / 성실 전기말상각누계액	
3.전기말장부가액 / 성실 전기말장부가액	
4.당기중 취득 및 당기증가(+)	
5.당기감소(일부양도 · 매각 · 폐기)(-)	
전기말상각누계액(당기감소분)(+)	
6.전기말자본적지출액누계(+)(정액법만)	
7.당기자본적지출액(즉시상각분)(+)	
8.전기말부인누계액(+) (정률만 상각대상에 가산)	
9.전기말의제상각누계액(-)	
10.상각대상금액	
11.내용연수/상각률(월수)	(
성실경과내용연수/차감연수(성실상각률)	/ (
12.상각범위액(한도액)(10X상각율)	
13.회사계상액(12)-(7)	
14.경비구분	
15.당기말감가상각누계액	
16.당기말장부가액	
17.당기의제상각비	

② 기계장치(조립기)

기본등록사항	추가등록사항
1.기초가액 / 성실 기초가액	
2.전기말상각누계액(-) / 성실 전기말상각누계액	
3.전기말장부가액 / 성실 전기말장부가액	
4.당기중 취득 및 당기증가(+)	
5.당기감소(일부양도 · 매각 · 폐기)(-)	
전기말상각누계액(당기감소분)(+)	
6.전기말자본적지출액누계(+)(정액법만)	
7.당기자본적지출액(즉시상각분)(+)	
8.전기말부인누계액(+) (정률만 상각대상에 가산)	
9.전기말의제상각누계액(-)	
10.상각대상금액	
11.내용연수/상각률(월수)	(
성실경과내용연수/차감연수(성실상각률)	/ (
12.상각범위액(한도액)(10X상각율)	
13.회사계상액(12)-(7)	
14.경비구분	
15.당기말감가상각누계액	
16.당기말장부가액	

(2) 미상각자산감가상각조정명세서

① 건물(사옥)

입력내용			금액
업종코드/명			
합계표 자산구분			
(4)내용연수(기준.신고)			
상각계산의 기초가액	재무상태표 자산가액	(5)기말현재액	
		(6)감가상각누계액	
		(7)미상각잔액(5)-(6)	
	회사계산 상각비	(8)전기말누계	
		(9)당기상각비	
		(10)당기말누계(8)+(9)	
	자본적 지출액	(11)전기말누계	
		(12)당기지출액	
		(13)합계(11)+(12)	
(14)취득가액((7)+(10)+(13))			
(15)일반상각률.특별상각률			
상각범위액계산	당기산출 상각액	(16)일반상각액	
		(17)특별상각액	
		(18)계((16)+(17))	
	(19) 당기상각시인범위액		
(20)회사계상상각액((9)+(12))			
(21)차감액((20)-(19))			
(22)최저한세적용에따른특별상각부인액			
조정액	(23) 상각부인액((21)+(22))		
	(24) 기왕부인액중당기손금추인액		
부인액 누계	(25) 전기말부인누계액		
	(26) 당기말부인누계액 (25)+(23)-|24|		
당기말	(27) 당기의제상각액 |△(21)|-|(24)|		

② 기계장치(조립기)

<table>
<tr><th colspan="3">입력내용</th><th>금액</th></tr>
<tr><td colspan="2">업종코드/명</td><td></td><td></td></tr>
<tr><td colspan="2">합계표 자산구분</td><td></td><td></td></tr>
<tr><td colspan="3">(4)내용연수</td><td></td></tr>
<tr><td rowspan="8">상각 계산 의 기초 가액</td><td rowspan="3">재무상태표 자산가액</td><td>(5)기말현재액</td><td></td></tr>
<tr><td>(6)감가상각누계액</td><td></td></tr>
<tr><td>(7)미상각잔액(5)-(6)</td><td></td></tr>
<tr><td colspan="2">(8)회사계산감가상각비</td><td></td></tr>
<tr><td colspan="2">(9)자본적지출액</td><td></td></tr>
<tr><td colspan="2">(10)전기말의제상각누계액</td><td></td></tr>
<tr><td colspan="2">(11)전기말부인누계액</td><td></td></tr>
<tr><td colspan="2">(12)가감계((7)+(8)+(9)-(10)+(11))</td><td></td></tr>
<tr><td colspan="3">(13)일반상각률.특별상각률</td><td></td></tr>
<tr><td rowspan="9">상각범위 액계산</td><td rowspan="3">당기산출 상각액</td><td>(14)일반상각액</td><td></td></tr>
<tr><td>(15)특별상각액</td><td></td></tr>
<tr><td>(16)계((14)+(15))</td><td></td></tr>
<tr><td rowspan="4">취득가액</td><td>(17)전기말현재취득가액</td><td></td></tr>
<tr><td>(18)당기회사계산증가액</td><td></td></tr>
<tr><td>(19)당기자본적지출액</td><td></td></tr>
<tr><td>(20)계((17)+(18)+(19))</td><td></td></tr>
<tr><td colspan="2">(21) 잔존가액</td><td></td></tr>
<tr><td colspan="2">(22) 당기상각시인범위액</td><td></td></tr>
<tr><td colspan="3">(23)회사계상상각액((8)+(9))</td><td></td></tr>
<tr><td colspan="3">(24)차감액 ((23)-(22))</td><td></td></tr>
<tr><td colspan="3">(25)최저한세적용에따른특별상각부인액</td><td></td></tr>
<tr><td rowspan="2">조정액</td><td colspan="2">(26) 상각부인액 ((24)+(25))</td><td></td></tr>
<tr><td colspan="2">(27) 기왕부인액중당기손금추인액</td><td></td></tr>
</table>

(3) 감가상각비조정명세서 합계표

자동집계되므로 순서만 아시고 있으시면 됩니다.

(4) 세무조정

해답

1. 감가상각한도 계산(수기)

감가상각방법을 신고하지 않았으므로 건물은 정액법, 기타자산은 정률법을 적용한다.

① 건물(사옥)

세무상취득가액(A)		상각범위액(B)	
=기말B/S상 취득가액 +즉시상각의제액(전기) +즉시상각의제액(당기)	100,000,000 7,000,000 10,000,000	상각률	2,925,000
117,000,000		**0.025**	

회사계상상각비(C)	**10,000,000(즉시상각)+3,000,000(I/S)**
시부인액(B－C)	**부인액 10,075,000원**
세무조정	**〈손금불산입〉 감가상각비 한도 초과 10,075,000원(유보)**

☞소액수선비＝MAX[①, ② 6,000,000]＝6,000,000원 미만

① 전기말장부가액[취득가액(100,000,000)－전기말감가상각누계액(7,000,000－3,000,000)]×5%＝4,800,000원

② 기계장치(조립기)

세무상취득가액(A)		세무상 기초감가상각누계액(B)	
=기말B/S상 취득가액 +즉시상각의제액(당기)	20,000,000 9,000,000	기초B/S상 감가상각누계액 (－) 전기상각부인누계액	1,500,000 (1,000,000)
29,000,000		500,000	

미상각잔액(C=A－B)=28,500,000원	
상각범위액(D)	세무상미상각잔액(C)×상각률(0.451)=12,853,500
회사계상상각비(E)	2,500,000(I/S)+9,000,000(즉시상각)
시부인액(D－E)	**시인액 1,353,500원(전기 상각부인액 한도 손금추인)**
세무조정	**〈손금산입〉 전기상각부인액 추인 1,000,000원(△유보)**

☞소액수선비＝MAX[①, ② 6,000,000]＝6,000,000원 미만

① 전기말장부가액[취득가액(20,000,000)－전기말감가상각누계액(4,000,000－2,500,000)]×5%＝925,000원

2. 고정자산등록

① 건물(사옥)

1.기초가액	100,000,000
2.전기말상각누계액(-)	4,000,000
3.전기말장부가액	96,000,000
4.당기중 취득 및 당기증가(+)	
5.당기감소(일부양도 · 매각 · 폐기)(-)	
전기말상각누계액(당기감소분)(+)	
6.전기말자본적지출액누계(+)(정액법만)	7,000,000
7.당기자본적지출액(즉시상각분)(+)	10,000,000
8.전기말부인누계액(+) (정률만 상각대상에 가산)	5,000,000
9.전기말의제상각누계액(-)	
10.상각대상금액	117,000,000
11.내용연수/상각률(월수)	40 0.025 (12)
12.상각범위액(한도액)(10X상각율)	2,925,000
13.회사계상액(12)-(7)	3,000,000
14.경비구분	6.800번대/판관비
15.당기말감가상각누계액	7,000,000
16.당기말장부가액	93,000,000
17.당기의제상각비	

② 기계장치(조립기)

1.기초가액	20,000,000
2.전기말상각누계액(-)	1,500,000
3.전기말장부가액	18,500,000
4.당기중 취득 및 당기증가(+)	
5.당기감소(일부양도 · 매각 · 폐기)(-)	
전기말상각누계액(당기감소분)(+)	
6.전기말자본적지출액누계(+)(정액법만)	
7.당기자본적지출액(즉시상각분)(+)	9,000,000
8.전기말부인누계액(+) (정률만 상각대상에 가산)	1,000,000
9.전기말의제상각누계액(-)	
10.상각대상금액	28,500,000
11.내용연수/상각률(월수)	5 0.451 (12)
12.상각범위액(한도액)(10X상각율)	12,853,500
13.회사계상액(12)-(7)	2,500,000
14.경비구분	1.500번대/제조
15.당기말감가상각누계액	4,000,000
16.당기말장부가액	16,000,000
17.당기의제상각비	

3. 미상각자산감가상각조정명세서

① 건물(사옥)

입력내용			금액
업종코드/명			
합계표 자산구분		1. 건축물	
(4)내용연수(기준.신고)			40
상각 계산 의 기초 가액	재무상태표 자산가액	(5)기말현재액	100,000,000
		(6)감가상각누계액	7,000,000
		(7)미상각잔액(5)-(6)	93,000,000
	회사계산 상각비	(8)전기말누계	4,000,000
		(9)당기상각비	3,000,000
		(10)당기말누계(8)+(9)	7,000,000
	자본적 지출액	(11)전기말누계	7,000,000
		(12)당기지출액	10,000,000
		(13)합계(11)+(12)	17,000,000
(14)취득가액((7)+(10)+(13))			117,000,000
(15)일반상각률.특별상각률			0.025
상각범위 액계산	당기산출 상각액	(16)일반상각액	2,925,000
		(17)특별상각액	
		(18)계((16)+(17))	2,925,000
	(19) 당기상각시인범위액		2,925,000
(20)회사계상상각액((9)+(12))			13,000,000
(21)차감액((20)-(19))			10,075,000
(22)최저한세적용에따른특별상각부인액			
조정액	(23) 상각부인액((21)+(22))		10,075,000
	(24) 기왕부인액중당기손금추인액		
부인액 누계	(25) 전기말부인누계액		5,000,000
	(26) 당기말부인누계액 (25)+(23)-|24|		15,075,000

② 기계장치(조립기)

입력내용			금액
업종코드/명			
합계표 자산구분		2. 기계장치	
(4)내용연수			5
상각 계산 의 기초 가액	재무상태표 자산가액	(5)기말현재액	20,000,000
		(6)감가상각누계액	4,000,000
		(7)미상각잔액(5)-(6)	16,000,000
	(8)회사계산감가상각비		2,500,000
	(9)자본적지출액		9,000,000
	(10)전기말의제상각누계액		
	(11)전기말부인누계액		1,000,000
	(12)가감계((7)+(8)+(9)-(10)+(11))		28,500,000
(13)일반상각률.특별상각률			0.451
상각범위 액계산	당기산출 상각액	(14)일반상각액	12,853,500
		(15)특별상각액	
		(16)계((14)+(15))	12,853,500
	취득가액	(17)전기말현재취득가액	20,000,000
		(18)당기회사계산증가액	
		(19)당기자본적지출액	9,000,000
		(20)계((17)+(18)+(19))	29,000,000
	(21) 잔존가액		1,450,000
	(22) 당기상각시인범위액		12,853,500
(23)회사계상상각액((8)+(9))			11,500,000
(24)차감액 ((23)-(22))			-1,353,500
(25)최저한세적용에따른특별상각부인액			
조정액	(26) 상각부인액 ((24)+(25))		
	(27) 기왕부인액중당기손금추인액		1,000,000

4. 세무조정

손금불산입	건물감가상각비 한도 초과	10,075,000	유보발생
손금산입	기계장치 전기 감가상각비 추인	1,000,000	유보감소

[감가상각비조정명세서합계표]

1.자 산 구 분		코드	2.합 계 액	유 형 자 산			6.무형자산
				3.건 축 물	4.기계장치	5.기타자산	
재무 상태표 상가액	101.기말현재액	01	120,000,000	100,000,000	20,000,000		
	102.감가상각누계액	02	11,000,000	7,000,000	4,000,000		
	103.미상각잔액	03	109,000,000	93,000,000	16,000,000		
104.상각범위액		04	15,778,500	2,925,000	12,853,500		
105.회사손금계상액		05	24,500,000	13,000,000	11,500,000		
조정 금액	106.상각부인액 (105-104)	06	10,075,000	10,075,000			
	107.시인부족액 (104-105)	07	1,353,500		1,353,500		
	108.기왕부인액 중 당기손금추인액	08	1,000,000		1,000,000		
109.신고조정손금계상액		09					

Ⅲ. 과목별세무조정

1. 퇴직급여충당금조정명세서

(1) 기말 재무상태표상의 퇴직급여충당금 계정 변동내역은 다음과 같다.

차 변		대 변	
당기지급	20,000,000원	전기이월	50,000,000원
차기이월	60,000,000원	당기설정	30,000,000원

전기에 이월된 퇴직급여충당금 부인누계액은 3,700,000원이고, 확정기여형 퇴직연금 종업원의 퇴직급여충당금설정액이 10,000,000원 포함되어 있다. 또한 장부에는 퇴직금전환금 계정 잔액이 5,000,000원 남아 있다.

(2) 당사는 임직원에 대한 퇴직급여 지급규정에 의하면 1년미만 근무한 임원·직원에게도 퇴직금을 지급한다. 결산일 현재 근속 중인 임직원에 대한 관련자료는 다음과 같다.

구분		급여(판)	임금(제)
임원(1년이상 근속)		13,000,000원(2명)	
직원	1년이상 근속	24,000,000원(3명)	300,000,000원(8명)
	1년미만 근속	9,000,000원(2명)	20,000,000원(4명)

(3) 당해 사업연도 종료일 현재 퇴직급여지급대상이 되는 임원 및 직원에 대한 일시퇴직기준 퇴직급여추계액은 200,000,000원이고, 근로자퇴직급여보장법에 따른 추계액은 230,000,000원이다.

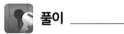

풀이

(1) 총급여액 및 퇴직급여추계액 명세

1 2.총급여액 및 퇴직급여추계액 명세

계정과목명	17.총급여액		18.퇴직급여 지급대상이 아닌 임원 또는 사용인에 대한 급여액		19.퇴직급여 지급대상이 되는 임원 또는 사용인에 대한 급여액	
	인원	금액	인원	금액	인원	금액

2 퇴직금추계액명세서

20.기말 현재 임원 또는 사용인 전원의 퇴직시 퇴직급여추계액		21.(근로퇴직급여보장법)에 따른 추계액	
인원	금액		
		22.세법상 추계액 MAX(20, 21)	

(2) 퇴직급여충당금 조정

3 1.퇴직급여충당금 조정

『법인세법 시행령』 제60조 제1항에 따른 한도액	1.퇴직급여 지급대상이 되는 임원 또는 사용인에게 지급한 총급여액((19)의 계)		2.설정률	3.한도액 (① * ②)	비 고
			5 / 100		
『법인세법 시행령』 제60조 제2항 및 제3항에 따른 한도액	4.장부상 충당금 기초잔액	5.확정기여형퇴직연금자의 설정전기계상된퇴직급여충당금	6.기중 충당금 환입액	7.기초 충당금 부인누계액	8.기중 퇴직금 지급액
	9.차감액 (④ - ⑤ - ⑥ - ⑦ - ⑧)	10.추계액 대비 설정액 ((22) * 0 / 100)	11.퇴직금 전환금	12.설정율 감소에 따른 환입을 제외하는금액(MAX(⑨-⑩-⑪,0)	13.누적한도액 (⑩ - ⑨ + ⑪ + ⑫)
한도초과액 계 산	14.한도액 (③과 ⑬중 적은 금액)		15.회사 계상액	16.한도초과액 ((15) - (14))	

(3) 세무조정

해답

퇴직급여충당금(회계)

지　　급	**20,000,000원**	**기　　초**	**50,000,000원** **(유보 3,700,000원)** **(확정기여형 10,000,000원)**
기말잔액	60,000,000원	**설　　정**	**30,000,000원**
계	80,000,000원	계	80,000,000원

← 세무상 설정전 퇴충잔액(확정기여형 퇴직연금자 제외)

← 회사계상액

(1) 총급여액 및 퇴직급여추계액 명세

1 2.총급여액 및 퇴직급여추계액 명세

계정과목명	17.총급여액		18.퇴직급여 지급대상이 아닌 임원 또는 사용인에 대한 급여액		19.퇴직급여 지급대상이 되는 임원 또는 사용인에 대한 급여액	
	인원	금액	인원	금액	인원	금액
0801.급여(판)	7	46,000,000			7	46,000,000
0504.임금(제)	12	320,000,000			12	320,000,000
합계	19	366,000,000			19	366,000,000

2 퇴직금추계액명세서

20.기말 현재 임원 또는 사용인 전원의 퇴직시 퇴직급여추계액	
인원	금액
19	200,000,000
21.(근로퇴직급여보장법)에 따른 추계액	
19	230,000,000
22.세법상 추계액 MAX(20, 21)	
	230,000,000

(2) 퇴직급여충당금조정

3 1.퇴직급여충당금 조정

『법인세법 시행령』 제60조 제1항에 따른 한도액	1.퇴직급여 지급대상이 되는 임원 또는 사용인에게 지급한 총급여액((19)의 계)		2.설정률	3.한도액 (① * ②)	비 고
	366,000,000		5 / 100	18,300,000	
『법인세법 시행령』 제60조 제2항 및 제3항에 따른 한도액	4.장부상 충당금 기초잔액	5.확정기여형퇴직연금자의 설정전기계상된퇴직급여충당금	6.기중 충당금 환입액	7.기초 충당금 부인누계액	8.기중 퇴직금 지급액
	50,000,000	10,000,000		3,700,000	20,000,000
	9.차감액 (④ - ⑤ - ⑥ - ⑦ - ⑧)	10.추계액 대비 설정액 ((22) * 0 / 100)	11.퇴직금 전환금	12.설정율 감소에 따른 환입을 제외하는금액(MAX(⑨-⑩-⑪,0)	13.누적한도액 (⑩ - ⑨ + ⑪ + ⑫)
	16,300,000		5,000,000	11,300,000	

한도초과액 계　산	14.한도액 (③과 ⑬중 적은 금액)	15.회사 계상액	16.한도초과액 ((15) - (14))
		30,000,000	30,000,000

(3) 세무조정

손금불산입	퇴직급여충당금 한도초과	30,000,000	유보

2. 퇴직연금부담금등조정명세서

당사는 확정급여형 퇴직연금제도를 운영하고 있다. 단, 퇴직연금기여금에 대한 세무조정만을 행하고 퇴직급여충당금 등 기타 세무조정은 이미 적정하게 이루어졌다고 가정한다.

자료 1. 전기 자본금과 적립금 조정명세서(을) 내역

[별지 제50호 서식(을)] (뒤 쪽)

사업 연도	20x0.01.01. ~ 20x0.12.31.	자본금과 적립금 조정명세서(을)		법인명	(주)로그인
세무조정유보소득계산					
① 과목 또는 사항	② 기초잔액	당 기 중 증감 ③ 감 소	당 기 중 증감 ④ 증 가	⑤ 기말잔액 (익기초현재)	비고
퇴직급여충당부채	40,000,000		33,000,000	73,000,000	
퇴직연금			−54,000,000	−54,000,000	

자료 2. 당기 퇴직급여충당부채와 관련된 세무조정사항

〈소득금액조정합계표〉

익금산입 및 손금불산입			손금산입 및 익금불산입		
과목	금액	처분	과목	금액	처분
퇴직급여충당부채	210,000,000	유보	퇴직급여충당부채	34,000,000	유보

자료 3. 당기말 현재 퇴직금추계액

• 기말 현재 임직원 전원의 퇴직시 퇴직급여추계액(12명)	400,000,000원
• 근로자퇴직급여 보장법에 따른 퇴직급여추계액(12명)	428,000,000원

☞ **회사는 퇴직급여추계액 전액을 퇴직급여충당부채로 계상하였다.**

자료 4. 당기 퇴직연금운용자산의 계정내역은 다음과 같다.

퇴직연금운용자산

차변	금액	대변	금액
기초잔액	54,000,000원	해 약	34,000,000원
당기불입액	90,000,000원	기말잔액	110,000,000원
	144,000,000원		144,000,000원

풀이

(1) 기말퇴직연금예치금 등의 계산

1 나.기말 퇴직연금 예치금 등의 계산

19.기초 퇴직연금예치금 등	20.기중 퇴직연금예치금 등 수령 및 해약액	21.당기 퇴직연금예치금 등의 납입액	22.퇴직연금예치금 등 계 (19 - 20 + 21)

(2) 손금산입대상 부담금등계산

2 가.손금산입대상 부담금 등 계산

13.퇴직연금예치금 등 계 (22)	14.기초퇴직연금충당금등 및 전기말 신고조정에 의한 손금산입액	15.퇴직연금충당금등 손금부인 누계액	16.기중퇴직연금등 수령 및 해약액	17.이미 손금산입한 부담금등 (14 - 15 - 16)	18.손금산입대상 부담금 등 (13 - 17)

(3) 퇴직연금 등의 부담금 조정

1.퇴직연금 등의 부담금 조정

1.퇴직급여추계액	당기말 현재 퇴직급여충당금				6.퇴직부담금 등 손금산입 누적한도액 (① - ⑤)
	2.장부상 기말잔액	3.확정기여형퇴직연금자의 설정전 기계상된 퇴직급여충당금	4.당기말 부인 누계액	5.차감액 (② - ③ - ④)	
7.이미 손금산입한 부담금 등 (17)	8.손금산입액 한도액 (⑥ - ⑦)	9.손금산입 대상 부담금 등 (18)	10.손금산입범위액 (⑧과 ⑨중 적은 금액)	11.회사 손금 계상액	12.조정금액 (⑩ - ⑪)

(4) 세무조정

해답

(백만원)

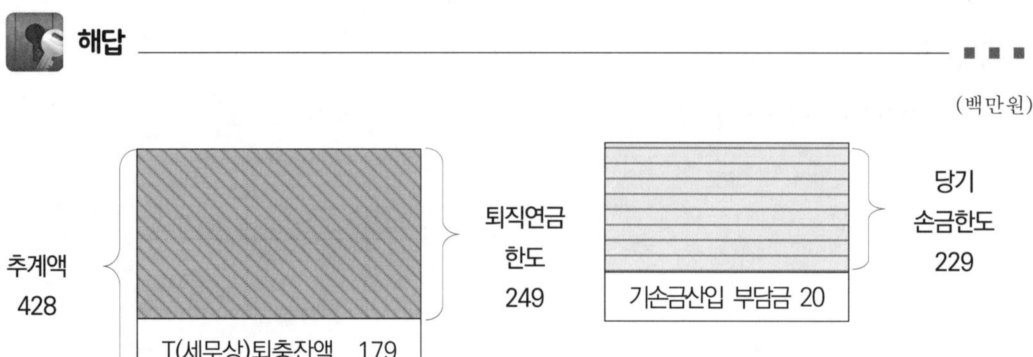

위의 산식을 T계정으로 이해하고 모든 문제를 T계정을 이용해서 푸세요!!!

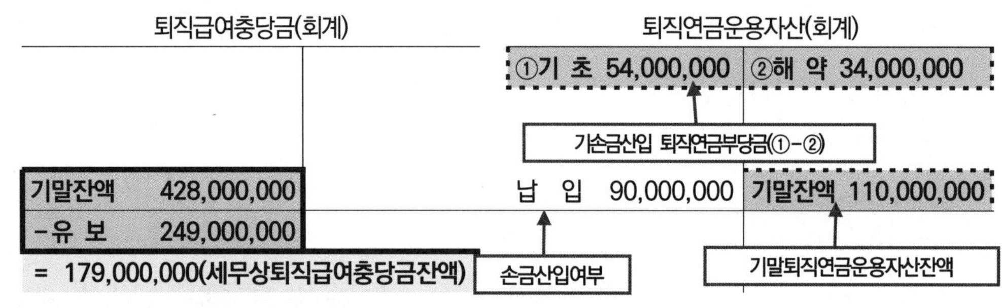

☞ 퇴충유보금액 = 73,000,000 + 210,000,000 - 34,000,000 = 249,000,000

(1) 기말퇴직연금예치금 등의 계산

1 나. 기말 퇴직연금 예치금 등의 계산

19. 기초 퇴직연금예치금 등	20. 기중 퇴직연금예치금 등 수령 및 해약액	21. 당기 퇴직연금예치금 등의 납입액	22. 퇴직연금예치금 등 계 (19 - 20 + 21)
54,000,000	34,000,000	90,000,000	110,000,000

(2) 손금산입대상 부담금등계산

2 가. 손금산입대상 부담금 등 계산

13. 퇴직연금예치금 등 계 (22)	14. 기초퇴직연금충당금등 및 전기말 신고조정에 의한 손금산입액	15. 퇴직연금충당금등 손금부인 누계액	16. 기중퇴직연금등 수령 및 해약액	17. 이미 손금산입한 부담금등 (14 - 15 - 16)	18. 손금산입대상 부담금 등 (13 - 17)
110,000,000	54,000,000		34,000,000	20,000,000	90,000,000

(3) 퇴직연금 등의 부담금 조정

1.퇴직연금 등의 부담금 조정

1.퇴직급여추계액	당기말 현재 퇴직급여충당금				6.퇴직부담금 등 손금산입 누적한도액 (① - ⑤)
	2.장부상 기말잔액	3.확정기여형퇴직연금자의 설정전 기계상된 퇴직급여충당금	4.당기말 부인 누계액	5.차감액 (② - ③ - ④)	
428,000,000	428,000,000		249,000,000	179,000,000	249,000,000
7.이미 손금산입한 부담금 등 (17)	8.손금산입액 한도액 (⑥ - ⑦)	9.손금산입 대상 부담금 등 (18)	10.손금산입범위액 (⑧과 ⑨중 적은 금액)	11.회사 손금 계상액	12.조정금액 (⑩ - ⑪)
20,000,000	229,000,000	90,000,000	90,000,000		90,000,000

(4) 세무조정

손금불산입	퇴직연금운용자산 지급	34,000,000	유보감소
손금산입	퇴직연금운용자산 불입	90,000,000	유보발생

〈퇴직금 지급시 퇴직연금운용자산 퇴직급여충당금과 상계시 이중세무조정이 필요하다.〉

결산서	(차)	퇴직급여충당금(B/S)	10,000,000	(대)	퇴직연금운용자산(B/S)	10,000,000
세무상	(차)	퇴직연금충당금	10,000,000	(대)	퇴직연금운용자산	10,000,000
수정분개	**(차)**	**퇴직연금충당금(B/S)**	10,000,000	**(대)**	**퇴직급여충당금(B/S)**	10,000,000
세무조정	**〈손금산입〉 퇴직급여충당금 10,000,000(△유보) 〈손금불산입〉 퇴직연금부담금 10,000,000(유보)**					

3. 대손충당금및대손금조정명세서

(1) 외상매출금과 받을어음에 대하여만 대손충당금을 설정하며, 관련계정과목의 변동내역은 다음과 같다.

구 분	기초잔액	당기증가	당기감소	기말잔액
외상매출금	150,000,000	300,000,000	330,000,000	120,000,000
대손충당금	6,000,000	2,000,000	3,500,000	4,500,000
받을어음	130,000,000	200,000,000	220,000,000	110,000,000
대손충당금	8,000,000	5,000,000	10,000,000	3,000,000

(2) 회사가 대손과 관련하여 회계처리한 내역은 다음과 같다.

① 10.1 거래처의 파산에 의하여 회수불능확정된 채권

(차) 대손충당금 3,500,000원 (대) 외상매출금 3,500,000원

② 10.2 거래처의 부도로 6개월 이상 경과한 받을어음(채무자의 재산에 저당권을 설정하고 있다.)

(차) 대손충당금 10,000,000원 (대) 받을어음 15,000,000원
대손상각비 5,000,000원

③ 10.3 소멸시효 완성된 외상매출금 1,500,000원이 있는데 별도 회계처리를 하지 않았다.

(3) 전기말 대손충당금 한도초과액은 5,000,000원이 있다.

(4) 기말 받을어음 중 13,000,000원은 할인어음에 해당하고, 외상매출금중 보증채무 대위변제로 인한 구상채권이 18,000,000원이 있다.

(5) 전기말 세무상 대손충당금 설정 채권장부가액은 250,000,000원이다.

풀이

(1) 대손금조정

1	2. 대손금조정										
	22.일자	23.계정과목	24.채권내역	25.대손사유	26.금액	대손충당금상계액			당기손금계상액		
						27.계	28.시인액	29.부인액	30.계	31.시인액	32.부인액
1											

(2) 채권잔액

2	채권잔액						
	16.계정과목	17.채권잔액의 장부가액	18.기말현재대손금부인누계		19.합계 (17+18)	20.충당금설정제외채권 (할인,배서,특수채권)	21.채 권 잔 액 (19-20)
			전기	당기			
1							

(3) 대손충당금조정

3 1.대손충당금조정									
손금 산입액 조정	1.채권잔액 (21의금액)	2.설정률(%)			3.한도액 (1×2)	회사계상액			7.한도초과액 (6-3)
		◉ 기본율	○ 실적율	○ 적립기준		4.당기계상액	5.보충액	6.계	

익금 산입액 조정	8.장부상 충당금기초잔액	9.기중 충당금환입액	10.충당금부인 누계액	11.당기대손금 상계액(27의금액)	12.충당금보충액 (충당금장부잔액)	13.환입할금액 (8-9-10-11-12)	14.회사환입액 (회사기말환입)	15.과소환입 · 과다 환입(△)(13-14)

(4) 세무조정

해답

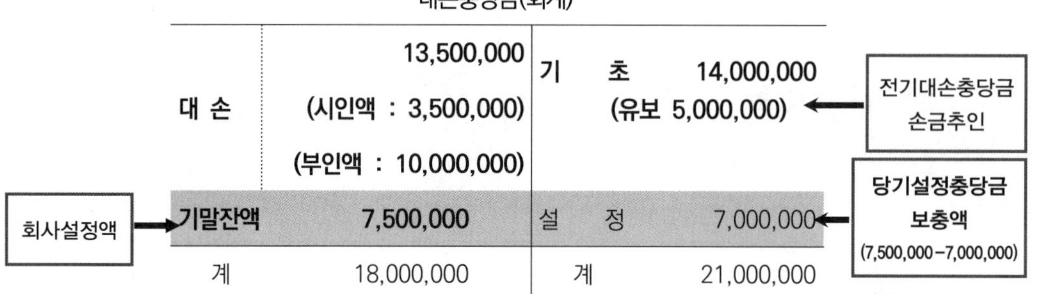

대손내역	신고/결산	회사대손계상액	세법상 시인액	세법상부인액
1. 파산등	결산조정	3,500,000원	3,500,000원	
2. 6월경과부도어음 (저당권설정)	결산조정	15,000,000원		**15,000,000원**
3. 소멸시효완성	신고조정		1,500,000원	
계		18,500,000원	5,000,000원	**15,000,000원**

$$\text{대손실적율} = \frac{\text{세무상 당기대손금}}{\text{세무상 전기말 대상채권}} = \frac{5,000,000}{250,000,000} = 2\%$$

(1) 대손금조정

2. 대손금조정

	22.일자	23.계정과목	24.채권내역	25.대손사유	26.금액	대손충당금상계액 27.계	28.시인액	29.부인액	당기손금계상액 30.계	31.시인액	32.부인액
1	10.01	외상매출금	1.매출채권	1.파산	3,500,000	3,500,000	3,500,000				
2	10.02	받을어음	1.매출채권	5.부도(6개	15,000,000	10,000,000		10,000,000	5,000,000		5,000,000
3											
			계		18,500,000	13,500,000	3,500,000	10,000,000	5,000,000		5,000,000

(2) 채권잔액

2 채권잔액

	16.계정과목	17.채권잔액의 장부가액	18.기말현재대손금부인누계 전기	당기	19.합계 (17+18)	20.충당금설정제외채권 (할인,배서,특수채권)	21.채 권 잔 액 (19-20)
1	외상매출금	120,000,000		-1,500,000	118,500,000	18,000,000	100,500,000
2	받을어음	110,000,000		15,000,000	125,000,000	13,000,000	112,000,000
3							
	계	230,000,000		13,500,000	243,500,000	31,000,000	212,500,000

(3) 대손충당금조정

3 1.대손충당금조정

손금산입액조정	1.채권잔액 (21의금액)	2.설정률(%)			3.한도액 (1×2)	회사계상액			7.한도초과액 (6-3)
		기본율	실적율	적립기준		4.당기계상액	5.보충액	6.계	
	212,500,000	1	2		4,250,000	7,000,000	500,000	7,500,000	3,250,000

익금산입액조정	8.장부상 충당금기초잔액	9.기중 충당금환입액	10.충당금부인 누계액	11.당기대손금 상계액(27의금액)	12.충당금보충액 (충당금장부잔액)	13.환입할금액 (8-9-10-11-12)	14.회사환입액 (회사기말환입)	15.과소환입 · 과다환입(△)(13-14)
	14,000,000		5,000,000	13,500,000	500,000	-5,000,000		-5,000,000

(4) 세무조정

손금불산입	저당권설정 채권	15,000,000	유보발생
손금산입	소멸시효완성채권	1,500,000	유보발생
손금산입	전기 대손충당금 한도초과 추인	5,000,000	유보감소
손금불산입	당기 대손충당금 한도초과	3,250,000	유보발생

4. 기업업무추진비 조정명세서(중소기업임)

(1) 수입금액조정명세서상 내역

계 정 과 목		결산서상 수입금액	조 정		조정후수입금액
항 목	과 목		가 산	차 감	
매 출	상품매출	1,500,000,000	50,000,000		1,550,000,000
	제품매출	1,000,000,000		-30,000,000	970,000,000
	공사수입	500,0000,000			500,000,000
계		3,000,000,000			3,020,000,000

☞ 상품매출액 중 특수관계자에 대한 매출액 **500,000,000**원이 있다.

(2) 기업업무추진비계정 내역은 다음과 같다.

계 정 과 목	금 액
기업업무추진비(제)	20,000,000원
기업업무추진비(판)	30,000,000원
해외기업업무추진비(판)	5,000,000원
계	55,000,000원

☞ 기업업무추진비(판)에는 전무이사 개인사용경비가 **700,000**원이 포함되어 있다.

(3) 기업업무추진비(판) 중에는 매출처에 증정한 제품(원가 2,000,000원, 시가 3,000,000원)에 대하여 다음과 같이 회계처리하였다.

(차) 기업업무추진비	2,300,000원	(대) 제　　　품	2,000,000원
		부가세예수금	300,000원

(4) 위 기업업무추진비 중 다음의 내용(적격증빙을 미수취)을 제외한 나머지는 전액 법인카드로 결제되었으며, 전액 3만원초과분이다.

계정과목	구　　분	금　액
기업업무추진비(제)	건당 3만원 초과분	1,000,000원
기업업무추진비(판)	건당 20만원 초과 경조사비	2,000,000원

(5) 해외기업업무추진비 중에서 500,000원은 신용카드가 가맹된 외국에서 현금으로 사용한 것이고 나머지는 결제수단이 없는 외국에서 사용한 것이다.

풀이

(1) 수입금액명세

1 1. 수입금액명세

구　　분	① 일반수입금액	② 특수관계인간 거래금액	③ 합　　계(①+②)
금　　액			

(2) 기업업무추진비해당금액

2 2. 기업업무추진비 해당금액

4. 계정과목			합계				
5. 계정금액							
6. 기업업무추진비계상액 중 사적사용경비							
7. 기업업무추진비해당금액(5-6)							
8. 신용카드 등 미사용금액	경조사비 중 기준금액 초과액	9. 신용카드 등 미사용금액					
		10. 총 초과금액					
	국외지역 지출액 (법인세법 시행령 제41조제2항제1호)	11. 신용카드 등 미사용금액					
		12. 총 지출액					
	농어민 지출액 (법인세법 시행령 제41조제2항제2호)	13. 송금명세서 미제출금액					
		14. 총 지출액					
	기업업무추진비 중 기준금액 초과액	15. 신용카드 등 미사용금액					
		16. 총 초과금액					
	17. 신용카드 등 미사용 부인액						
18. 기업업무추진비 부인액(6+17)							

(3) 기업업무추진비한도초과액조정

3 기업업무추진비 한도초과액 조정

중소기업			□ 정부출자법인 □ 부동산임대업등(법.령제42조제2항)
구분			금액
1. 기업업무추진비 해당 금액			
2. 기준금액 초과 기업업무추진비 중 신용카드 등 미사용으로 인한 손금불산입액			
3. 차감 기업업무추진비 해당금액(1-2)			
일반 기업업무추진비 한도	4. 12,000,000 (중소기업 36,000,000) X 월수(12) / 12		36,000,000
	총수입금액 기준	100억원 이하의 금액 X 30/10,000	
		100억원 초과 500억원 이하의 금액 X 20/10,000	
		500억원 초과 금액 X 3/10,000	
		5. 소계	
	일반수입금액 기준	100억원 이하의 금액 X 30/10,000	
		100억원 초과 500억원 이하의 금액 X 20/10,000	
		500억원 초과 금액 X 3/10,000	
		6. 소계	
	7. 수입금액기준	(5-6) X 10/100	
	8. 일반기업업무추진비 한도액 (4+6+7)		36,000,000
문화기업업무추진비 한도(「조특법」 제136조제3항)	9. 문화기업업무추진비 지출액		
	10. 문화기업업무추진비 한도액(9와 (8 X 20/100) 중 작은 금액)		
전통시장기업업무추진비 한도(「조특법」 제136조제6항)	11. 전통시장기업업무추진비 지출액		
	12. 전통시장기업업무추진비 한도액(11과 (8 X 10/100) 중 작은 금액)		
13. 기업업무추진비 한도액 합계(8+10+12)			36,000,000
14. 한도초과액(3-13)			
15. 손금산입한도 내 기업업무추진비 지출액(3과 13중 작은 금액)			

(4) 세무조정

해답

<table>
<tr><th colspan="3">세무조정순서</th><th>금 액</th><th>소득처분</th></tr>
<tr><td rowspan="5">Ⅰ.직부인 기업업무 추진비</td><td colspan="2">1. 개인사용경비</td><td>700,000</td><td>상여(전무)</td></tr>
<tr><td colspan="2">2. 증빙불비 기업업무추진비</td><td>0</td><td>상여(대표자)</td></tr>
<tr><td colspan="2">3-1. 건당 3만원초과 적격증빙미수취</td><td>1,000,000</td><td>기타사외유출</td></tr>
<tr><td colspan="2">3-2. 건당 20만원초과 적격증빙미수취</td><td>2,000,000</td><td>기타사외유출</td></tr>
<tr><td colspan="2">3-3. 국외지출액중 적격증빙미수취</td><td>500,000</td><td>기타사외유출</td></tr>
<tr><td rowspan="2">Ⅱ.한도규제 기업업무 추진비</td><td rowspan="2">4. <u>직부인 기업업무 추진비 제외</u></td><td>4-1. 한도초과액</td><td>8,090,000</td><td>기타사외유출</td></tr>
<tr><td>4-2. 한도내 금액</td><td>43,710,000</td><td>손금</td></tr>
<tr><td colspan="3">계</td><td>56,000,000</td><td></td></tr>
</table>

<u>현물기업업무추진비 1,000,000원 가산</u>

1) 기업업무추진비 한도액(①+②) : 43,710,000원

① 기본금액(중소기업) : 36,000,000원

② 수입금액(법인세법상 적용률)

ⓐ 일반수입금액 : 2,520,000,000원×30/10,000 = 7,560,000원

ⓑ 특정수입금액 : 500,000,000원×30/10,000×10% = 150,000원

2) 기업업무추진비해당액 : 51,800,000원

55,000,000원+1,000,000원(현물기업업무추진비) - 4,200,000원(직부인기업업무추진비 계)

(1) 수입금액명세

1 1. 수입금액명세

구 분	① 일반수입금액	② 특수관계인간 거래금액	③ 합 계(①+②)
금 액	2,520,000,000	500,000,000	3,020,000,000

(2) 기업업무추진비해당금액

2. 기업업무추진비 해당금액

4. 계정과목			합계	기업업무추진비(제조)	기업업무추진비(판관)	외기업업무추진비(판관)
5. 계정금액			56,000,000	20,000,000	31,000,000	5,000,000
6. 기업업무추진비계상액 중 사적사용경비			700,000		700,000	
7. 기업업무추진비해당금액(5-6)			55,300,000	20,000,000	30,300,000	5,000,000
8. 신용카드 등 미사용금액	경조사비 중 기준금액 초과액	9. 신용카드 등 미사용금액	2,000,000		2,000,000	
		10. 총 초과금액	2,000,000		2,000,000	
	국외지역 지출액 (법인세법 시행령 제41조제2항제1호)	11. 신용카드 등 미사용금액	500,000			500,000
		12. 총 지출액	5,000,000			5,000,000
	농어민 지출액 (법인세법 시행령 제41조제2항제2호)	13. 송금명세서 미제출금액				
		14. 총 지출액				
	기업업무추진비 중 기준금액 초과액	15. 신용카드 등 미사용금액	1,000,000	1,000,000		
		16. 총 초과금액	48,300,000	20,000,000	28,300,000	
	17. 신용카드 등 미사용 부인액		3,500,000	1,000,000	2,000,000	500,000
18. 기업업무추진비 부인액(6+17)			4,200,000	1,000,000	2,700,000	500,000

(3) 기업업무추진비한도초과액조정

3 기업업무추진비 한도초과액 조정

중소기업			□ 정부출자법인 □ 부동산임대업등(법.령제42조제2항)
구분			금액
1. 기업업무추진비 해당 금액			55,300,000
2. 기준금액 초과 기업업무추진비 중 신용카드 등 미사용으로 인한 손금불산입액			3,500,000
3. 차감 기업업무추진비 해당금액(1-2)			51,800,000
일반 기업업무추진비 한도	4. 12,000,000 (중소기업 36,000,000) X 월수(12) / 12		36,000,000
	총수입금액 기준	100억원 이하의 금액 X 30/10,000	9,060,000
		100억원 초과 500억원 이하의 금액 X 20/10,000	
		500억원 초과 금액 X 3/10,000	
		5. 소계	9,060,000
	일반수입금액 기준	100억원 이하의 금액 X 30/10,000	7,560,000
		100억원 초과 500억원 이하의 금액 X 20/10,000	
		500억원 초과 금액 X 3/10,000	
		6. 소계	7,560,000
	7. 수입금액기준	(5-6) X 10/100	150,000
	8. 일반기업업무추진비 한도액 (4+6+7)		43,710,000
문화기업업무추진비 한도(「조특법」 제136조제3항)	9. 문화기업업무추진비 지출액		
	10. 문화기업업무추진비 한도액(9와 (8 X 20/100) 중 작은 금액)		
전통시장기업업무추진비 한도(「조특법」 제136조제6항)	11. 전통시장기업업무추진비 지출액		
	12. 전통시장기업업무추진비 한도액(11과 (8 X 10/100) 중 작은 금액)		
13. 기업업무추진비 한도액 합계(8+10+12)			43,710,000
14. 한도초과액(3-13)			8,090,000
15. 손금산입한도 내 기업업무추진비 지출액(3과 13중 작은 금액)			43,710,000

(4) 세무조정

손금불산입	개인사용기업업무추진비	700,000	상여
손금불산입	3만원초과 적격증빙미수취	1,000,000	기타사외유출
손금불산입	경조금(20만원 초과) 적격증빙미수취	2,000,000	기타사외유출
손금불산입	국외지출액중 적격증빙미수취	500,000	기타사외유출
손금불산입	기업업무추진비 한도 초과액	8,090,000	기타사외유출

5. 재고자산평가조정명세서

구 분	제 품	재공품	원재료
평가방법 신고일	20x1.09.30	무신고	2012. 3. 31
신고한 평가방법	선입선출법	무신고	총평균법
회사 평가방법	선입선출법	총평균법	후입선출법
선입선출법평가액	7,000,000원	17,000,000원	700,000원
후입선출법평가액	7,500,000원	16,000,000원	550,000원
총평균법평가액	7,800,000원	18,000,000원	650,000원

(1) 제품 당기 9월 30일에 선입선출법으로 최초신고하였다.

(2) 원재료에 대하여 총평균법에서 후입선출법으로 당기부터 평가방법을 변경하기로 하고 당기 10월 15일에 이에 대한 변경신고를 하였다.

풀이

(1) 재고자산평가방법 검토

1 1. 재고자산 평가방법 검토

4.자산별	2.신고일	3.신고방법	4.평가방법	5.적부	6.비고
제 품 및 상 품					
반제품및재공품					
원 재 료					
저 장 품					
유가증권(채권)					
유가증권(기타)					

(2) 평가조정계산

2 2. 평가조정 계산

	7.과목		8.품명	9.규격	10.단위	11.수량	회사계산(장부가)		조정계산금액				18.조정액
							12. 단가	13. 금액	세법상신고방법		FIFO(무신고,임의변경시)		
	코드	과목명							14.단가	15.금액	16.단가	17.금액	
1													

(3) 세무조정

해답

(백만원)

	계산근거	장부상 평가액	세법상 평가액	세무조정
제품	무신고 후 최초신고시 사업연도 종료일 이전 3개월이 되는 날까지 신고하여야 한다.	7	7	
재공품	무신고 – 선입선출법	18	17	〈손금산입〉 1(△유보)
원재료	임의변경에 해당함. MAX[①선입선출법, ②총평균법]	0.55	0.7	〈익금산입〉 0.15(유보)

(1) 재고자산평가방법 검토

1 1. 재고자산 평가방법 검토

4.자산별	2.신고일	3.신고방법	4.평가방법	5.적부
제 품 및 상 품	2014-09-30	선입선출법	선입선출법	○
반제품및재공품		무 신 고	총 평 균법	×
원 재 료	2012-03-31	총 평 균법	후입선출법	×
저 장 품				
유가증권(채권)				
유가증권(기타)				

(2) 평가조정계산

2 2. 평가조정 계산

	7.과목		8.품명	9.규격	10.단위	11.수량	회사계산(장부가)		조정계산금액				18.조정액
									세법상신고방법		FIFO(무신고,임의변경시)		
	코드	과목명					12.단가	13.금액	14.단가	15.금액	16.단가	17.금액	
1	0150	제품						7,000,000		7,000,000			
2	0169	재공품						18,000,000				17,000,000	-1,000,000
3	0153	원재료						550,000		650,000		700,000	150,000
4													

(3) 세무조정

손금산입	재공품평가증	1,000,000	유보발생
손금불산입	원재료평가감	150,000	유보발생

6. 세금과공과금명세서

다음은 판매비와 관리비의 세금과공과금 내역이다. 다음 항목에 대해서 세무조정을 하시오.

일 자	거래내용	금 액(원)	비 고
1.1	납품지연 지체상금	100,000	
1.2	차량운반구에 대한 자동차세	200,000	
1.3	국민연금 회사부담액	300,000	
1.4	산재보험료 가산금	400,000	
1.5	공장용지 구입시 취득세	500,000	
1.6	전기요금 연체가산금	600,000	
1.7	교통유발부담금	700,000	
1.8	업무상 주차위반 과태료	800,000	
2.1	증권거래세	900,000	
2.2	법인균등할 주민세	800,000	
2.3	대표이사 자택 재산세	700,000	
2.4	신주발행시 등록세	600,000	
2.5	폐수배출부담금	500,000	

풀이

(1) 세금과공과금중 손금불산입 체크

코 드	계정과목	월	일	거래내용	코 드	지급처	금 액	손금불산입표시

(2) 세무조정

해답

(1) 세금과공과금중 손금불산입 체크

□	코 드	계정과목	월	일	거래내용	코 드	지급처	금 액	손금불산입표시
	0817	세금과공과금	1	1	납품지연 지체상금			100,000	
	0817	세금과공과금	1	2	차량운반구에 대한 자동차세			200,000	
	0817	세금과공과금	1	3	국민연금회사부담액			300,000	
	0817	세금과공과금	1	4	산재보험료 가산금			400,000	손금불산입
	0817	세금과공과금	1	5	공장용지 구입시 취득세			500,000	손금불산입
	0817	세금과공과금	1	6	전기요금 연체가산금			600,000	
	0817	세금과공과금	1	7	교통유발부담금			700,000	
	0817	세금과공과금	1	8	업무상 주차위반 과태료			800,000	손금불산입
	0817	세금과공과금	2	1	증권거래세			900,000	
	0817	세금과공과금	2	2	법인균등할 주민세			800,000	
	0817	세금과공과금	2	3	대표이사 자택 재산세			700,000	손금불산입
	0817	세금과공과금	2	4	신주발행시 등록세			600,000	손금불산입
	0817	세금과공과금	2	5	폐수배출부담금			500,000	손금불산입

(2) 세무조정

손금불산입	산재보험료 가산금	400,000	기타사외유출
손금불산입	공장용지 취득세	500,000	유보발생
손금불산입	주차위반과태료	800,000	기타사외유출
손금불산입	대표이사 자택재산세	700,000	상여
손금불산입	신주발행시 등록세	600,000	기타
손금불산입	폐수배출부담금	500,000	기타사외유출

[신주발행비 세무조정]

결산서	(차)	세금과공과금	600,000	(대)	현 금	600,000
세무상	(차)	잉 여 금	600,000	(대)	현 금	600,000

7. 가지급금등의 인정이자 조정명세서

(1) 차입금의 내용 <신한은행 차입금으로서 전년도에서 이월된 자료이다.>

이자율	차입금	연간지급이자	비 고
연 8% 연 7% 연 5%	10,000,000원 20,000,000원 50,000,000원	800,000원 1,400,000원 2,500,000원	전부 특수관계가 없는 자로부터의 차입금이다.
계	80,000,000원	4,700,000원	

(2) 업무무관 가지급금 및 관련 이자수령내역

직책	성명	금전대여일	가지급금	약정이자율	이자수령액
대표이사	홍길동	전기.10.23	100,000,000원	무상	0원
관계회사	㈜은하	전기.08.01	50,000,000원	연3%	750,000원

1. 홍길동으로부터 8월 1일 30,000,000원을 수령해서 가수금으로 회계처리하였다.
2. ㈜은하는 당사의 최대주주이다.

(3) 1년은 365일, 국세청장이 정한 당좌대출이자율은 연 4.6%라 가정한다.

풀이

(1) 가지급금입력

1.가지급금.가수금 입력 | 2.차입금 입력 | 3.인정이자계산 : (을)지 | 4.인정이자조정 : (갑)지 | 적용이자율선택 : [2] 가중평균차입이자율

○가지급금,가수금 선택: 1.가지급금 ▾ 회계데이타불러오기

	직책	성명
1		

	적요	년월일	차변	대변	잔액	일수	적수
1							

(2) 가수금입력

1.가지급금.가수금 입력 | 2.차입금 입력 | 3.인정이자계산 : (을)지 | 4.인정이자조정 : (갑)지 | 적용이자율선택 : [2] 가중평균차입이자율

○가지급금,가수금 선택: 2.가수금 ▾ 회계데이타불러오기

	직책	성명
1		

	적요	년월일	차변	대변	잔액	일수	적수
1							

(3) 차입금입력

	□	적요	연월일	차변	대변	이자대상금액	이자율 %	이자
1	□							
	□							
	□							
	□							

(4) 인정이자계산(을)

대여기간		연월일	적요	5.차변	6.대변	7.잔액(5-6)	일수	가지급금적수(7X8)	10.가수금적수	11.차감적수	이자율(%)	13.인정이자(11X12)
발생연월일	회수일											

(5) 인정이자계산(갑)

2.가중평균차입이자율에 따른 가지급금 등의 인정이자 조정 (연일수 : 365일)

1.성명	2.가지급금적수	3.가수금적수	4.차감적수(2-3)	5.인정이자	6.회사계상액	시가인정범위		9.조정액(=7) 7>=3억,8>=5%
						7.차액(5-6)	비율(%)	

(6) 세무조정

해답

(1) 가지급금입력

① 홍길동

	적요	년월일	차변	대변	잔액	일수	적수
1	1.전기이	1 1	100,000,000		100,000,000	365	36,500,000,000

② ㈜은하

	적요	년월일	차변	대변	잔액	일수	적수
1	1.전기이	1 1	50,000,000		50,000,000	365	18,250,000,000

(2) 가수금입력 : 홍길동

	적요	년월일	차변	대변	잔액	일수	적수
1	2.가수	8 1		30,000,000	30,000,000	153	4,590,000,000

(3) 차입금입력

	☐	적요	연월일	차변	대변	이자대상금액	이자율 %	이자
1	☐	1.전기이	1 1		10,000,000	10,000,000	8.00000	800,000
2	☐	1.전기이	1 1		20,000,000	20,000,000	7.00000	1,400,000
3	☐	1.전기이	1 1		50,000,000	50,000,000	5.00000	2,500,000

가중평균차입이자율 = 이자지급액/연간차입금계 = 4,700,000/80,000,000 = 5.875%

(4) 인정이자계산(을)

① 홍길동

	대여기간		연월일	적요	5.차변	6.대변	7.잔액(5-6)	일수	가지급금적수(7X8)	10.가수금적수	11.차감적수	이자율(%)	13.인정이자(11X12)
	발생연월일	회수일											
1	1 1	차기 이월	1 1	1.전기이월	100,000,000		100,000,000	365	36,500,000,000	4,590,000,000	31,910,000,000	5.87500	5,136,198

② ㈜은하

	대여기간		연월일	적요	5.차변	6.대변	7.잔액(5-6)	일수	가지급금적수(7X8)	10.가수금적수	11.차감적수	이자율(%)	13.인정이자(11X12)
	발생연월일	회수일											
1	1 1	차기 이월	1 1	1.전기이월	50,000,000		50,000,000	365	18,250,000,000		18,250,000,000	5.87500	2,937,500

☞인정이자 계산시 가중평균차입이자율을 적용하는 것이 원칙임.

(5) 인정이자계산(갑)

	1.성명	2.가지급금적수	3.가수금적수	4.차감적수(2-3)	5.인정이자	6.회사계상액	시가인정범위		9.조정액(=7) 7>=3억,8>=5%
							7.차액(5-6)	비율(%)	
1	홍길동	36,500,000,000	4,590,000,000	31,910,000,000	5,136,198		5,136,198	100.00000	5,136,198
2	(주)은하	18,250,000,000		18,250,000,000	2,937,500	750,000	2,187,500	74.46808	2,187,500

(6) 세무조정

익금산입	가지급금 인정이자(홍길동)	5,136,198	상여
익금산입	가지급금 인정이자(㈜은하)	2,187,500	기타사외유출

8. 업무무관부동산등에 관련한 차입금이자 조정명세서

(1) 차입금의 내용 〈신한은행 차입금으로서 전년도에서 이월된 자료이다.〉

이자율	차입금	연간지급이자	비 고
연 8% 연 7% 연 5%	10,000,000원 20,000,000원 50,000,000원	800,000원 1,400,000원 2,500,000원	채권자불분명사채이자*1 건설자금이자 포함
계	80,000,000원	4,700,000원	

*1. 원천징수세액은 369,600원이라 가정한다.

(2) 당기말 현재 대여금 잔액 및 내역

구 분	적 요	잔 액(원)	대 여 일
홍길동 (대표이사)	귀속이 불분명하여 대표자에게 상여처분한 금액에 대한 소득세를 법인이 납부하고 이를 가지급금으로 계상한 금액	3,000,000	당기 3월 1일
김길동(부장)	직원 경조사비 대여액	5,000,000	당기4월 15일
이찬휘(상무)	주택자금대여액	10,000,000	당기7월 1일

☞ 상기 대여금은 무이자로 대여하였으며, 특별한 약정이 없다.

(3) 업무와 관련없는 자산과 그에 관련된 비용은 다음과 같다.

구분명	금 액(원)	비 고
토 지	10,000,000	현재 나대지이며 투기목적으로 당기 6월 1일 취득한 것이다.
세금과공과	500,000	취득일에 납부한 취득세이다.
세금과공과	300,000	재산세 납부액이다.
관리비	7,000,000	토지관리인에 대한 인건비이다.

(4) 회사에서 건설중인 사업용고정자산으로 공장건물을 짓고 있으며 회사의 차입내역은 다음과 같다. (단, 차입금 전액은 공장건물 건설과 관련되었다고 가정한다.)

자산명	차입은행	차입금액	차입 이자율	당기지급이자비용
창고	신한은행	25,000,000	5%	1,250,000

(5) 일수는 365일로 가정하고, 가지급금인정이자 관련 세무조정을 생략한다.

풀이

(1) 업무무관부동산

1.적수입력(을) | 2.지급이자 손금불산입(갑)

1.업무무관부동산 | 2.업무무관동산 | 3.가지급금 | 4.가수금 | 5.그밖의 | 불러오기 | 적요

	①월일		②적요	③차변	④대변	⑤잔액	⑥일수	⑦적수
1								

(2) 업무무관가지급금

1.적수입력(을) | 2.지급이자 손금불산입(갑)

1.업무무관부동산 | 2.업무무관동산 | 3.가지급금 | 4.가수금 | 5.그밖의 | 불러오기 | 적요

	①월일		②적요	③차변	④대변	⑤잔액	⑥일수	⑦적수
1								

(3) 지급이자 및 차입금적수 계산

1 2. 지급이자 및 차입금 적수 계산 [연이율 일수 현재: 365일] | 단수차이조정 | 연일수

	(9) 이자율 (%)	(10)지급이자	(11)차입금적수	(12)채권자불분명 사채이자 수령자불분명 사채이자		(15)건설 자금 이자 국조법 14조에 따른 이자		차 감	
				(13)지급이자	(14)차입금적수	(16)지급이자	(17)차입금적수	(18)지급이자 (10-13-16)	(19)차입금적수 (11-14-17)
1									

☞ 차입금적수＝지급이자 / 이자율 × **365**일

(4) 업무무관부동산 등에 관련한 차입금 지급이자

2 1.업무무관부동산 등에 관련한 차입금 지급이자

①지급 이자	적 수				⑥차입금 (=19)	⑦ ⑤와 ⑥중 적은 금액	⑧손금불산입 지급이자 (①×⑦÷⑥)
	②업무무관 부 동 산	③업무무관 동 산	④가지급금 등	⑤계(②+③+④)			

(5) 세무조정

해답

(1) 업무무관부동산

- 취득당시 납부한 취득세도 업무무관자산에 해당하고, 업무무관경비는 사외유출로 소득처분한다.

1.적수입력(을) | 2.지급이자 손금불산입(갑)

1.업무무관부동산 | 2.업무무관동산 | 3.가지급금 | 4.가수금 | 5.그밖의 | 불러오기 | 적요

	①월일		②적요	③차변	④대변	⑤잔액	⑥일수	⑦적수
1	6	1	취 득	10,500,000		10,500,000	214	2,247,000,000
2								

(2) 업무무관가지급금

- 이찬휘상무에 대한 주택 자금대여액만 업무무관가지급금에 해당한다.

1.적수입력(을) | 2.지급이자 손금불산입(갑)

1.업무무관부동산 | 2.업무무관동산 | 3.가지급금 | 4.가수금 | 5.그밖의 | 불러오기 | 적요

	①월일		②적요	③차변	④대변	⑤잔액	⑥일수	⑦적수
1	7	1	지 급	10,000,000		10,000,000	184	1,840,000,000
2								

☞ 중소기업의 근로자(임원등은 제외)에 대한 주택구입 · 전세자금대여금은 업무무관가지급금에서 제외

(3) 지급이자 및 차입금적수 계산

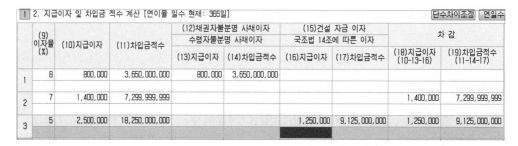

1 2. 지급이자 및 차입금 적수 계산 [연이율 일수 현재: 365일] 단수차이조정 연일수

	(9) 이자율 (%)	(10)지급이자	(11)차입금적수	(12)채권자불분명 사채이자 수령자불분명 사채이자		(15)건설 자금 이자 국조법 14조에 따른 이자		차 감	
				(13)지급이자	(14)차입금적수	(16)지급이자	(17)차입금적수	(18)지급이자 (10-13-16)	(19)차입금적수 (11-14-17)
1	8	800,000	3,650,000,000	800,000	3,650,000,000				
2	7	1,400,000	7,299,999,999					1,400,000	7,299,999,999
3	5	2,500,000	18,250,000,000			1,250,000	9,125,000,000	1,250,000	9,125,000,000

(4) 업무무관부동산 등에 관련한 차입금 지급이자

2 1.업무무관부동산 등에 관련한 차입금 지급이자

①지급 이자	적 수				⑥차입금 (=19)	⑦ ⑤와 ⑥중 적은 금액	⑧손금불산입 지급이자 (①×⑦÷⑥)
	②업무무관 부 동 산	③업무무관 동 산	④가지급금 등	⑤계(②+③+④)			
2,650,000	2,247,000,000		1,840,000,000	4,087,000,000	16,424,999,999	4,087,000,000	659,394

(5) 세무조정

손금불산입	토지 취득세	500,000	유보발생
손금불산입	업무무관재산세	300,000	기타사외유출
손금불산입	업무무관자산 인건비	7,000,000	상여
손금불산입	**채권자불분명사채이자**	430,400	상여
손금불산입	**채권자불분명사채이자(원천징수세액)**	369,600	기타사외유출
손금불산입	건설자금이자	1,250,000	유보발생
손금불산입	업무무관자산이자	659,394	기타사외유출

9. 외화자산 등 평가차손익조정 명세서

(1) 외화자산 및 부채 내역

분류	계정과목	외화금액	발생시 환율	결산시 적용환율	당기말 장부금액	당기말현재 매매기준율
자산	외상매출금	US$2,000	1,300원/US$	1,200원/US$	2,400,000원	1,100원/US$
부채	장기차입금	US$5,000	1,400원/US$	1,200원/US$	6,000,000원	1,100원/US$

(2) 외화자산과 외화부채는 **사업연도 종료일 현재의 매매기준율로 평가하는 방법**을 선택하여 신고하였다.

(3) 결산시 임의로 환율을 적용하여 화폐성외화자산·부채를 평가하였으며, 이에 따라 외화평가차손익을 인식하였다.

풀이

(1) 외화자산

	②외화종류(자산)	③외화금액	④장부가액		⑦평가금액		⑩평가손익
			⑤적용환율	⑥원화금액	⑧적용환율	⑨원화금액	자 산(⑨-⑥)
1							

(2) 외화부채

	②외화종류(부채)	③외화금액	④장부가액		⑦평가금액		⑩평가손익
			⑤적용환율	⑥원화금액	⑧적용환율	⑨원화금액	부 채(⑥-⑨)
1							

(3) 외화자산등 평가차손익조정(갑)

①구분		②당기손익금 해당액	③회사손익금 계상액	조정		⑥손익조정금액 (②-③)
				④차익조정(③-②)	⑤차손조정(②-③)	
가.화폐성 외화자산.부채 평가손익						
나.통화선도.통화스왑.환변동보험 평가손익						
다.환율조정 계정손익	차익					
	차손					
계						

(4) 세무조정

해답

(1) 외화자산

	②외화종류(자산)	③외화금액	④장부가액		⑦평가금액		⑩평가손익
			⑤적용환율	⑥원화금액	⑧적용환율	⑨원화금액	자 산(⑨-⑥)
1	USD	2,000.00	1,300.0000	2,600,000	1,100.0000	2,200,000	-400,000

(2) 외화부채

	②외화종류(부채)	③외화금액	④장부가액		⑦평가금액		⑩평가손익
			⑤적용환율	⑥원화금액	⑧적용환율	⑨원화금액	부 채(⑥-⑨)
1	USD	5,000.00	1,400.0000	7,000,000	1,100.0000	5,500,000	1,500,000
2							

(3) 외화자산등 평가차손익조정(갑)

계정과목	발생일 기준환율	장부상 평가 환율	외화금액	장부상 평가손익 (A)	세무상 평가환율	세무상 평가손익 (B)	차이 (B-A)
외상매출금	1,300	1,200	$2,000	-200,000	1,100	-400,000	-200,000
장기차입금	1,400	1,200	$5,000	+1,000,000	1,100	+1,500,000	+500,000
회계상 손익금계상액				**800,000**	**세무상손익금**	**1,100,000**	**+300,000**

①구분		②당기손익금 해당액	③회사손익금 계상액	조정		⑥손익조정금액 (②-③)
				④차익조정(③-②)	⑤차손조정(②-③)	
가.화폐성 외화자산.부채 평가손익		1,100,000	800,000			300,000
나.통화선도.통화스왑,환변동보험 평가손익						
다.환율조정 계정손익	차익					
	차손					
계		1,100,000	800,000			300,000

(4) 세무조정

손금산입	외상매출금 외화환산손익	200,000	유보발생
익금산입	장기차입금 외화환산손익	500,000	유보발생

10. 기부금조정명세서(중소기업)

(1) 결산서상 당기순이익 300,000,000원

(2) 기부금 반영전 세무조정은 다음과 같다.
  ① 가산조정 : 30,000,000원
  ② 차감조정 : 20,000,000원

(3) 결산서에 반영된 기부금은 다음과 같다.

기부일	적 요	금 액(원)
3.1	이재민 구호물품(제품시가 3,000,000원)	1,000,000
4.1	남서울대학교 대표이사 총동창회 기부금	2,000,000
5.1	남서울대학교 장학금 기부	3,000,000
11.01	사회복지법인 기부금*1	9,000,000

*1. 사회복지법인 기부금 **9,000,000**원 중 **6,000,000**원은 현금으로 나머지는 약속어음을 발행하여 지급하였다. 약속어음의 만기일은 내년도 **1**월 **31**일이다.

(4) 2020년에 발생한 세무상 이월결손금 잔액이 1.8억원이 남아 있다.

(5) 2020년 일반기부금 한도초과액 8,000,000원이 공제되지 않고 남아 있다.

풀이

(1) 기부금명세서

구분		3.과목	4.월일	5.적요	기부처		8.금액	비고
1.유형	2.코드				6.법인명등	7.사업자(주민)번호등		
9.소계	가. 「법인세법」 제24조제2항제1호에 따른 특례기부금					코드 10		
	나. 「법인세법」 제24조제3항제1호에 따른 일반기부금					코드 40		
	다. 〔조세특례제한법〕 제88조의4제13항의 우리사주조합 기부금					코드 42		
	라.그 밖의 기부금					코드 50		
계								

(2) 기부금한도계산전 세무조정

(3) 소득금액확정

2.소득금액확정				새로 불러오기 수정
1.결산서상 당기순이익	2.익금산입	3.손금산입	4.기부금합계	5.소득금액계(1+2-3+4)

(4) 기부금이월액 명세

5 5.기부금 이월액 명세						
사업연도	기부금 종류	21.한도초과 손금불산입액	22.기공제액	23.공제가능 잔액(21-22)	24.해당연도 손금추인액	25.차기이월액 (23-24)
합계	「법인세법」 제24조제2항제1호에 따른 특례기부금					
	「법인세법」 제24조제3항제1호에 따른 일반기부금					

(5) 특례기부금 손금산입한도액 계산

1 1. 「법인세법」 제24조제2항제1호에 따른 특례기부금 손금산입액 한도액 계산			
1.소득금액 계		5.이월잔액 중 손금산입액 MIN[4,23]	
2.법인세법 제13조제1항제1호에 따른 이월 결손금 합계액(기준소득금액의 80% 한도)		6.해당연도지출액 손금산입액 MIN[(④-⑤)>0, ③]	
3. 「법인세법」 제24조제2항제1호에 따른 특례기부금 해당 금액		7.한도초과액 [(3-6)>0]	
4.한도액 {[(1-2)〉 0]X50%}		8.소득금액 차감잔액 [(①-②-⑤-⑥)>0]	

(6) 일반기부금 손금산입한도액 계산

3 3. 「법인세법」 제24조제3항제1호에 따른 일반기부금 손금산입 한도액 계산			
13. 「법인세법」 제24조제3항제1호에 따른 일반기부금 해당금액		16. 해당연도지출액 손금산입액 MIN[(14-15)>0, 13]	
14. 한도액 ((8-11)x10%, 20%)		17. 한도초과액 [(13-16)>0]	
15. 이월잔액 중 손금산입액 MIN(14, 23)			

4 4.기부금 한도초과액 총액		
18. 기부금 합계액 (3+9+13)	19. 손금산입 합계 (6+11+16)	20. 한도초과액 합계 (18-19)=(7+12+17)

(7) 기부금이월액 명세

5 5.기부금 이월액 명세						
사업연도	기부금 종류	21.한도초과 손금불산입액	22.기공제액	23.공제가능 잔액(21-22)	24.해당연도 손금추인액	25.차기이월액 (23-24)
합계	「법인세법」 제24조제2항제1호에 따른 특례기부금					
	「법인세법」 제24조제3항제1호에 따른 일반기부금					

해답

(1) 기부금명세서

- 현물 특례기부금은 장부가액으로 평가한다.
- 기부금의 귀속시기는 현금주의이다.

구분 1.유형	2.코드	3.과목	4.월일		5.적요	기부처 6.법인명등	7.사업자(주민)번호등	8.금액	비고
24조제2항제1호에 [	10	기부금	3	1	이재민구호금품			1,000,000	
기타	50	기부금	4	1	대표이사 총동창회기부금			2,000,000	
24조제2항제1호에 [	10	기부금	5	1	장학금 기부			3,000,000	
24조제3항제1호에 [	40	기부금	11	1	사회복지법인기부금			6,000,000	
기타	50	기부금	11	1	사회복지법인기부금			3,000,000	
9.소계	가. 「법인세법」 제24조제2항제1호에 따른 특례기부금						코드 10	4,000,000	
	나. 「법인세법」 제24조제3항제1호에 따른 일반기부금						코드 40	6,000,000	
	다. (조세특례제한법) 제88조의4제13항의 우리사주조합 기부금						코드 42		
	라.그 밖의 기부금						코드 50	5,000,000	
	계							15,000,000	

기부금 명세서의 국세청 서식작성방법을 보면 미지급분(통상 어음지급기부금을 의미함)을 포함하고, 그 밖의 기부금은 "50 : 기타"로 하고 그 밖의 기부금은 손금불산입한다고 되어 있습니다.

(2) 기부금한도계산전 세무조정

손금불산입	총동창회기부금(대표이사)	2,000,000	상여
손금불산입	어음지급기부금	3,000,000	유보발생

(3) 소득금액확정

- 가산조정 : 30,000,000+5,000,000 - 차감조정 : 20,000,000

2.소득금액확정 [새로 불러오기] [수정 해제]

1.결산서상 당기순이익	2.익금산입	3.손금산입	4.기부금합계	5.소득금액계(1+2-3+4)
300,000,000	35,000,000	20,000,000	10,000,000	325,000,000

(4) 기부금이월액 명세(일반기부금)

5 5.기부금 이월액 명세

사업연도	기부금 종류	21.한도초과 손금불산입액	22.기공제액	23.공제가능 잔액(21-22)	24.해당연도 손금추인액	25.차기이월액 (23-24)
합계	「법인세법」 제24조제2항제1호에 따른 특례기부금					
	「법인세법」 제24조제3항제1호에 따른 일반기부금	8,000,000		8,000,000		8,000,000
2020	「법인세법」 제24조제3항제1호에 따른 일반	8,000,000		8,000,000		8,000,000

(5) 특례기부금 손금산입한도액 계산

- 2020년 이월결손금 잔액 (1.8억) 입력

1	1.「법인세법」 제24조제2항제1호에 따른 특례기부금 손금산입액 한도액 계산		
1.소득금액 계	325,000,000	5.이월잔액 중 손금산입액 MIN[4,23]	
2.법인세법 제13조제1항제1호에 따른 이월 결손금 합계액(기준소득금액의 80% 한도)	180,000,000	6.해당연도지출액 손금산입액 MIN[(④-⑤)>0, ③]	4,000,000
3.「법인세법」 제24조제2항제1호에 따른 특례기부금 해당 금액	4,000,000	7.한도초과액 [(3-6)>0]	
4.한도액 {[(1-2)〉0]X50%}	72,500,000	8.소득금액 차감잔액 [(①-②-⑤-⑥)>0]	141,000,000

(6) 일반기부금 손금산입한도액 계산

ⓐ 이월된 기부금(2020년 8,000,000)→ ⓑ 당해지출기부금(6,000,000)순으로 공제

일반(지정)기부금 한도	2020년 한도초과 미공제	당기 지출
14,100,000	8,000,000	6,000,000
	(손금산입)	(손금산입)

3	3.「법인세법」 제24조제3항제1호에 따른 일반기부금 손금산입 한도액 계산		
13.「법인세법」 제24조제3항제1호에 따른 일반기부금 해당금액	6,000,000	16. 해당연도지출액 손금산입액 MIN[(14-15)>0, 13]	6,000,000
14. 한도액 ((8-11)x10%, 20%)	14,100,000	17. 한도초과액 [(13-16)>0]	
15. 이월잔액 중 손금산입액 MIN(14, 23)	8,000,000		

4	4.기부금 한도초과액 총액	
18. 기부금 합계액 (3+9+13)	19. 손금산입 합계 (6+11+16)	20. 한도초과액 합계 (18-19)=(7+12+17)
10,000,000	10,000,000	

(7) 기부금이월액 명세(일반기부금)

5	5.기부금 이월액 명세					
사업연도	기부금 종류	21.한도초과 손금불산입액	22.기공제액	23.공제가능 잔액(21-22)	24.해당연도 손금추인액	25.차기이월액 (23-24)
합계	「법인세법」 제24조제2항제1호에 따른 특례기부금					
	「법인세법」 제24조제3항제1호에 따른 일반기부금	8,000,000		8,000,000	8,000,000	
2020	「법인세법」 제24조제3항제1호에 따른 일반	8,000,000		8,000,000	8,000,000	

10. 업무용승용차 관련 비용명세서(자가)

(1) 업무용 승용차 내역

코드	차량번호	임차여부	취득가액	총주행거리	업무용사용거리
0101	123가1234	자가	80,000,000원	20,000㎞	16,000㎞

(2) 업무용승용차 관련 비용

감가상각비	유류비	보험료	기타	계
16,000,000원	10,000,000원	1,000,000원	5,000,000원	32,000,000원

→ 취득일은 당기 1월 1일이고, 임직원전용자동차보험(1.1~12.31) 가입과 차량운행일지를 작성하였다.

풀이

(1) 업무용 승용차 관련비용 명세외

1 업무용 사용 비율 및 업무용 승용차 관련 비용 명세 □부동산임대업등 법령39조③항

(5) 총주행 거리(㎞)	(6) 업무용 사용거리(㎞)	(7) 업무 사용비율	(8) 취득가액	(9) 보유또는 임차월수	(10)업무용 승용차 관련 비용								
					(11) 감가상각비	(12) 임차료 (감가상각비포함)	(13) 감가상각비상당액	(14) 유류비	(15) 보험료	(16) 수선비	(17) 자동차세	(18) 기타	(19) 합계

(2) 업무용 승용차 관련 비용 손금불산입액 계산

2 업무용 승용차 관련 비용 손금불산입 계산

(22) 업무 사용 금액			(23) 업무외 사용 금액			(30) 감가상각비 (상당액) 한도초과금액	(31) 손금불산입 합계 ((29)+(30))	(32) 손금산입 합계 ((19)-(31))
(24) 감가상각비 (상당액)[((11)또는 (13))×(7)]	(25) 관련 비용 [((19)-(11)또는 (19)-(13))×(7)]	(26) 합계 ((24)+(25))	(27) 감가상각비 (상당액)((11)-(24) 또는(13)-(24))	(28) 관련 비용 [((19)-(11)또는 (19)-(13))-(25)]	(29) 합계 ((27)+(28))			

해답

1. 업무사용비율 = 업무용사용거리(16,000㎞) ÷ 총주행거리(20,000㎞) = 80%
2. 감가상각비 시부인

회사계상액	상각범위액	한도초과
16,000,000	16,000,000원(= **80,000,000원/5년**)	-

3. 업무미사용금액의 손금불산입

업무용승용차관련비용 × (1 - 업무사용비율) = 32,000,000 × (1 - 80%) = **6,400,000(손금불산입, 상여)**

4. 업무사용 감가상각비중 800만원(년) 초과분의 손금불산입

16,000,000 × 80% - 8,000,000 = **4,800,000원(손금불산입, 유보)**

(1) 업무용 승용차 관련비용 명세외

1 업무용 사용 비율 및 업무용 승용차 관련 비용 명세 (운행기록부: 적용) 취득일: -01-01 □부동산임대업등 법령39조③항

(5) 총주행 거리(km)	(6) 업무용 사용거리(km)	(7) 업무 사용비율	(8) 취득가액	(9) 보유또는 임차월수	(10)업무용 승용차 관련 비용								
					(11) 감가상각비	(12) 임차료 (감가상각비포함)	(13) 감가상 각비상당액	(14) 유류비	(15) 보험료	(16) 수선비	(17) 자동차세	(18) 기타	(19) 합계
20,000	16,000	80	80,000,000	12	16,000,000			10,000,000	1,000,000			5,000,000	32,000,000

(2) 업무용 승용차 관련 비용 손금불산입액 계산

2 업무용 승용차 관련 비용 손금불산입 계산

(22) 업무 사용 금액			(23) 업무외 사용 금액			(30) 감가상각비 (상당액) 한도초과금액	(31) 손금불산입 합계 ((29)+(30))	(32) 손금산입 합계 ((19)-(31))
(24) 감가상각비 (상당액)[((11)또는 (13))X(7)]	(25) 관련 비용 [((19)-(11)또는 (19)-(13))X(7)]	(26) 합계 ((24)+(25))	(27) 감가상각비 (상당액)((11)-(24) 또는(13)-(24))	(28) 관련 비용 [((19)-(11)또는 (19)-(13))-(25)]	(29) 합계 ((27)+(28))			
12,800,000	12,800,000	25,600,000	3,200,000	3,200,000	6,400,000	4,800,000	11,200,000	20,800,000

11. 업무용승용차 관련 비용명세서(렌트)

(1) 업무용 승용차 내역

코드	차량번호	임차여부	임차기간	총주행거리	업무용사용거리
0102	123가1235	렌트	1.1~12.31	20,000㎞	16,000㎞

(2) 업무용승용차 관련 비용

렌트료(연간)	유류비(연간)	기타(연간)	계
18,000,000원	10,000,000원	5,000,000원	33,000,000원

→ 취득일은 당기 1월 1일이고, 임직원전용자동차보험(1.1~12.31) 가입과 차량운행일지를 작성하였다.

풀이

(1) 업무용 승용차 관련비용 명세외

1 업무용 사용 비율 및 업무용 승용차 관련 비용 명세 □부동산임대업등 법령39조③항

(5) 총주행 거리(㎞)	(6) 업무용 사용거리(㎞)	(7) 업무 사용비율	(8) 취득가액	(9) 보유또는 임차월수	(10)업무용 승용차 관련 비용								
					(11) 감가상각비	(12) 임차료 (감가상각비포함)	(13) 감가상 각비상당액	(14) 유류비	(15) 보험료	(16) 수선비	(17) 자동차세	(18) 기타	(19) 합계

(2) 업무용 승용차 관련 비용 손금불산입액 계산

2 업무용 승용차 관련 비용 손금불산입 계산

(22) 업무 사용 금액			(23) 업무외 사용 금액			(30) 감가상각비 (상당액) 한도초과금액	(31) 손금불산입 합계 ((29)+(30))	(32) 손금산입 합계 ((19)-(31))
(24) 감가상각비 (상당액)[((11)또는 (13))X(7)]	(25) 관련 비용 [((19)-(11)또는 (19)-(13))X(7)]	(26) 합계 ((24)+(25))	(27) 감가상각비 (상당액)((11)-(24) 또는(13)-(24))	(28) 관련 비용 [((19)-(11)또는 (19)-(13))-(25)]	(29) 합계 ((27)+(28))			

해답

1. 업무사용비율 = 업무용사용거리(16,000㎞) ÷ 총주행거리(20,000㎞) = 80%
2. 업무미사용금액의 손금불산입
   ① 업무승용차관련비용 33,000,000원
   ② 업무용승용차관련비용 × (1 - 업무사용비율) 3,000,000 × (1 - 80%) = **6,600,000(손금불산입, 상여)**
3. 업무사용감가상각비 상당액 중 800만원 초과분 손금불산입
   ① 감가상각비 상당액 = 18,000,000(렌트료) × **70%(감가상각비 상당 비율)** × 80%(업무사용 비율)
   = 10,080,000원
   ② 8백만원(연) 초과분 **손금불산입 2,080,000원(기타사외유출)**

(1) 업무용 승용차 관련비용 명세외

1 업무용 사용 비율 및 업무용 승용차 관련 비용 명세 (운행기록부: 적용) 임차기간: -01-01 ~ -12-31 □ 부동산임대업등 법령39조③항

(5) 총주행 거리(㎞)	(6) 업무용 사용 거리(㎞)	(7) 업무 사용비율	(8) 취득가액	(9) 보유또는 임차월수	(10)업무용 승용차 관련 비용								
					(11) 감가상각비	(12) 임차료 (감가상각비포함)	(13) 감가상 각비상당액	(14) 유류비	(15) 보험료	(16) 수선비	(17) 자동차세	(18) 기타	(19) 합계
20,000	16,000	80.0000		12		18,000,000	12,600,000	10,000,000				5,000,000	33,000,000
합 계						18,000,000	12,600,000	10,000,000				5,000,000	33,000,000

(2) 업무용 승용차 관련 비용 손금불산입액 계산

2 업무용 승용차 관련 비용 손금불산입 계산

(22) 업무 사용 금액			(23) 업무외 사용 금액			(30) 감가상각비 (상당액) 한도초과금액	(31) 손금불산입 합계 ((29)+(30))	(32) 손금산입 합계 ((19)-(31))
(24) 감가상각비 (상당액)[((11)또는 (13))X(7)]	(25) 관련 비용 [((19)-(11)또는 (19)-(13))X(7)]	(26) 합계 ((24)+(25))	(27) 감가상각비 (상당액)((11)-(24) 또는(13)-(24))	(28) 관련 비용 [((19)-(11)또는 (19)-(13))-(25)]	(29) 합계 ((27)+(28))			
10,080,000	16,320,000	26,400,000	2,520,000	4,080,000	6,600,000	2,080,000	8,680,000	24,320,000

12. 업무용승용차 관련 비용명세서(운용리스)

(1) 업무용 승용차 내역

코드	차량번호	임차여부	임차기간	총주행거리	업무용사용거리
0103	123가1236	운용리스	1.1~12.31	20,000km	16,000km

(2) 업무용승용차 관련 비용

리스료(연간)	유류비(연간)	보험료(연간)	자동차세	수선유지비	계
18,000,000원	10,000,000원	1,000,000원	1,000,000원	3,000,000원	33,000,000원

→ **리스료에는 보험료,자동차세,수선유지비가 포함되어 있지 않다.**

→ 취득일은 당기 1월 1일이고, 임직원전용보험(1.1~12.31)과 가입과 차량운행일지를 작성하였다.

풀이

(1) 업무용 승용차 관련비용 명세외

1 업무용 사용 비율 및 업무용 승용차 관련 비용 명세 □부동산임대업등 법령39조③항

(5) 총주행 거리(km)	(6) 업무용 사용거리(km)	(7) 업무 사용비율	(8) 취득가액	(9) 보유또는 임차월수	(10)업무용 승용차 관련 비용								
					(11) 감가상각비	(12) 임차료 (감가상각비포함)	(13) 감가상각비상당액	(14) 유류비	(15) 보험료	(16) 수선비	(17) 자동차세	(18) 기타	(19) 합계

(2) 업무용 승용차 관련 비용 손금불산입액 계산

2 업무용 승용차 관련 비용 손금불산입 계산

(22) 업무 사용 금액			(23) 업무외 사용 금액			(30) 감가상각비 (상당액) 한도초과금액	(31) 손금불산입 합계 ((29)+(30))	(32) 손금산입 합계 ((19)-(31))
(24) 감가상각비 (상당액)[((11)또는 (13))X(7)]	(25) 관련 비용 [((19)-(11)또는 (19)-(13))X(7)]	(26) 합계 ((24)+(25))	(27) 감가상각비 (상당액)((11)-(24) 또는(13)-(24))	(28) 관련 비용 [((19)-(11)또는 (19)-(13))-(25)]	(29) 합계 ((27)+(28))			

해답

1. 업무사용비율 = 업무용사용거리(16,000㎞) ÷ 총주행거리(20,000㎞) = 80%
2. 업무미사용금액의 손금불산입
   ① 업무승용차관련비용 33,000,000원
   ② 업무용승용차관련비용 × (1 - 업무사용비율) = 33,000,000 × (1 - 80%)
   = **6,600,000(손금불산입, 상여)**
3. 업무사용감가상각비 상당액 중 800만원 초과분 손금불산입
   ① 감가상각비 상당액 = 18,000,000(리스료) × 80%(업무사용 비율) = 14,400,000원
   ② 8백만원(연) 초과분 **손금불산입 6,400,000원(기타사외유출)**

(1) 업무용 승용차 관련비용 명세서

1 업무용 사용 비율 및 업무용 승용차 관련 비용 명세 (운행기록부: 적용) 임차기간: -01-01 ~ -12-31 □ 부동산임대업등 법령39조③항

(5) 총주행 거리(㎞)	(6) 업무용 사용 거리(㎞)	(7) 업무 사용비율	(8) 취득가액	(9) 보유또는 임차월수	(10)업무용 승용차 관련 비용								
					(11) 감가상각비	(12) 임차료 (감가상각비포함)	(13) 감가상 각비상당액	(14) 유류비	(15) 보험료	(16) 수선비	(17) 자동차세	(18) 기타	(19) 합계
20,000	16,000	80.0000		12		18,000,000	18,000,000	10,000,000	1,000,000	3,000,000	1,000,000		33,000,000

(2) 업무용 승용차 관련 비용 손금불산입액 계산

2 업무용 승용차 관련 비용 손금불산입 계산

(22) 업무 사용 금액			(23) 업무외 사용 금액			(30) 감가상각비 (상당액) 한도초과금액	(31) 손금불산입 합계 ((29)+(30))	(32) 손금산입 합계 ((19)-(31))
(24) 감가상각비 (상당액)[((11)또는 (13))X(7)]	(25) 관련 비용 [((19)-(11)또는 (19)-(13))X(7)]	(26) 합계 ((24)+(25))	(27) 감가상각비 (상당액)((11)-(24) 또는(13)-(24))	(28) 관련 비용 [((19)-(11)또는 (19)-(13))-(25)]	(29) 합계 ((27)+(28))			
14,400,000	12,000,000	26,400,000	3,600,000	3,000,000	6,600,000	6,400,000	13,000,000	20,000,000

〈참고〉

구분	사업자	감가상각비 상당액
렌트	시설대여업자외의 자동차대여사업자	**임차료 × 70%**
(운용)리스	시설대여업자	**임차료에 포함된 보험료, 자동차세, 수선유지비를 차감한 금액**

Ⅳ. 소득 및 과표계산

1. 자본금과적립금조정명세서(을)

(1) 전기 자본금과적립금조정명세서(을)표상의 자료는 다음과 같다.

과 목	기말잔액(원)
대 손 충 당 금 한 도 초 과	9,000,000
건 물 감 가 상 각 비	20,000,000
전 기 오 류 수 정 익	7,000,000
대 손 금 부 인 액	10,000,000
선 급 임 차 료	5,000,000
계	51,000,000

(2) 당기 소득금액조정합계표 자료는 다음과 같다.

익금산입 손금불산입			손금산입 익금불산입		
과 목	금 액	처 분	과 목	금 액	처 분
대손금부인액	3,000,000	유보(발생)	건물감가상각비 시인부족액	10,000,000	유보(감소)
대손충당금한도초과	4,000,000	유보(발생)	전기대손충당금 한도초과	9,000,000	유보(감소)
지배주주 여비교통비	5,000,000	배당	원재료평가증	8,000,000	유보(발생)
법인세비용	6,000,000	기타사외유출	전기오류수정이익	7,000,000	유보(감소)
세금과공과	7,000,000	상여	미수이자	6,000,000	유보(발생)
선급보험료	8,000,000	유보(발생)	선급임차료	5,000,000	유보(감소)
			전기대손금부인액	4,000,000	유보(감소)
합계	33,000,000		합계	49,000,000	

풀이

Ⅰ.세무조정유보소득계산

①과목 또는 사항	②기초잔액	당 기 중 증 감		⑤기말잔액 (=②-③+④)	비 고
		③감 소	④증 가		

해답

(1) **유보금액 판단 : 유보만 입력하고, 증가란에는 당기 발생분[가산조정(+), 차감조정(-)]을 감소란에는 유보추인[가산조정(-), 차감조정(+)]을 입력한다.**

Ⅰ.세무조정유보소득계산

①과목 또는 사항	②기초잔액	당 기 중 증 감		⑤기말잔액 (=②-③+④)	비 고
		③감 소	④증 가		
대손충당금한도초과	9,000,000	9,000,000	4,000,000	4,000,000	
건물감가상각비한도초과	20,000,000	10,000,000		10,000,000	
전기오류수정익	7,000,000	7,000,000			
대손금부인액	10,000,000	4,000,000	3,000,000	9,000,000	
선급임차료	5,000,000	5,000,000			
선급보험료			8,000,000	8,000,000	
원재료평가증			-8,000,000	-8,000,000	
미수이자			-6,000,000	-6,000,000	
합 계	51,000,000	35,000,000	1,000,000	17,000,000	

유보,감소를 입력한다.
가산조정(-)
차감조정(+)

유보,발생을 입력한다.
가산조정(+)
차감조정(-)

검증 : 기말잔액 = 기초잔액 + 가산조정 - 차감조정

= 51,000,000원 + 15,000,000원 - 49,000,000원 = 17,000,000원

2. 자본금과적립금조정명세서(갑)

(1) 재무상태표 기초자본금계정잔액은 300,000,000원이며, 당기 중 유상증자에 따른 자본금증가액은 150,000,000원이다.

(2) 전기말 차기이월이익잉여금 계정은 100,000,000원이며, 당기중 차기이월이익잉여금 계정은 230,000,000원이다.

(3) 손익계산서에 계상된 법인세비용이 법인세과세표준 및 세액신고서상의 법인세 보다 법인세는 11,000,000원 지방소득세는 1,100,000원이 각각 많이 산출되었다.(전기분은 고려치 않는다.)

(4) 유보금액은 앞의 문제를 반영한다.

(5) 법인의 과세표준계산시 각 사업연도소득금액에서 차감하고 남은 이월결손금의 잔액은 다음과 같다.

구 분	2008년	2019년	2020년
결손금 발생총액	25,000,000	60,000,000	20,000,000
결손금 공제액	20,000,000	30,000,000	0
결손금 공제후잔액	5,000,000	30,000,000	20,000,000

(6) 위의 이월결손금 잔액은 당기에 대주주가 결손보전 목적으로 기증한 자산수증이익 28,000,000원)을 상계하기 전의 금액이며 동 자산수증이익은 손익계산서상 영업외수익으로 포함되어 있으며 소득금액조정합계표에는 익금불산입으로 반영되어 있다.

(7) 당기 각사업년도 소득금액은 1억원이다.

풀이

(1) 자본금과적립금조정명세서(갑)

I.자본금과 적립금 계산서

①과목 또는 사항		코드	②기초잔액	당기중증감		⑤기말잔액 (=②-③+④)
				③감 소	④증 가	
자본금및 잉여금의 계산	1.자 본 금	01				
	2.자 본 잉 여 금	02				
	3.자 본 조 정	15				
	4.기타포괄손익누계액	18				
	5.이 익 잉 여 금	14				
	12.기타	17				
	6.계	20				
7.자본금과 적립금명세서(을)계		21				
손익미계상 법인세 등	8.법 인 세	22				
	9.지 방 소 득 세	23				
	10. 계 (8+9)	30				
11.차 가 감 계 (6+7-10)		31				

(2) 이월결손금

1. 이월결손금 발생 및 증감내역

(6)사업연도	이월결손금					감소내역				잔액		
	발생액			(10) 소급공제	(11) 차감계	(12) 기공제액	(13) 당기 공제액	(14) 보 전	(15) 계	(16) 기한 내	(17) 기한 경과	(18) 계
	(7) 계	(8)일반 결손금	(9)배 분 한도초과 결손금{(9)=(25)}									
계												

해답

(1) 자본금과적립금조정명세서(갑)

Ⅰ.자본금과 적립금 계산서

①과목 또는 사항		코드	②기초잔액	당기중증감		⑤기말잔액 (=②-③+④)
				③감 소	④증 가	
자본금및 잉여금의 계산	1.자 본 금	01	300,000,000		150,000,000	450,000,000
	2.자 본 잉 여 금	02				
	3.자 본 조 정	15				
	4.기타포괄손익누계액	18				
	5.이 익 잉 여 금	14	100,000,000		130,000,000	230,000,000
	12.기타	17				
	6.계	20	400,000,000		280,000,000	680,000,000
7.자본금과 적립금명세서(을)계		21	51,000,000	35,000,000	1,000,000	17,000,000
손익미계상 법인세 등	8.법 인 세	22			-11,000,000	-11,000,000
	9.지 방 소 득 세	23			-1,100,000	-1,100,000
	10. 계 (8+9)	30			-12,100,000	-12,100,000
11.차 가 감 계 (6+7-10)		31	451,000,000	35,000,000	293,100,000	709,100,000

(2) 이월결손금

1. 이월결손금 발생 및 증감내역

(6) 사업연도	이월결손금					감소내역				잔액		
	발생액			(10) 소급공제	(11) 차감계	(12) 기공제액	(13) 당기 공제액	(14) 보 전	(15) 계	(16) 기한 내	(17) 기한 경과	(18) 계
	(7) 계	(8)일반 결손금	(9)배 분 한도초과 결손금{(9)=(2									
2008-12-31	25,000,000	25,000,000			25,000,000	20,000,000		5,000,000	25,000,000			
2019-12-31	60,000,000	60,000,000			60,000,000	30,000,000	7,000,000	23,000,000	60,000,000			
2020-12-31	20,000,000	20,000,000			20,000,000		20,000,000		20,000,000			
계	105,000,000	105,000,000			105,000,000	50,000,000	27,000,000	28,000,000	105,000,000			

이월결손금보전에 충당된 자산수증익

☞ **2008**년도 결손금은 **5**년간 공제이므로 당기 공제가 되지 않는다.

당기 각사업연도소득금액이 **1**억원이므로 **2019**년**(7,000,000)**, **2020**년**(20,000,000)** 결손금을 전액 당기공제한다.

Ⅴ. 공제감면조정

1. 일반연구 및 인력개발비명세서

(1) 당해연도 연구개발과 관련하여 지출한 내역은 다음과 같다.

	인건비(5명)	재료비(2건)	위탁개발비(1건)
개발비	42,000,000	18,000,000	
수수료비용(제)			5,000,000

☞ 개발비 인건비중 연구관리직원 인건비 10,000,000원 포함

(2) 최근 4년간 지출한 내역은 다음과 같다.

① 직전 1년 : 32,000,000

② 직전 2년 : 29,000,000

③ 직전 3년 : 25,500,000

④ 직전 4년 : 18,500,000

(3) 당사는 중소기업에 해당하며, 연구 및 인력개발비 세액공제는 최대금액으로 당기에 전액 신청한다.

 풀이

(1) 해당연도의 연구 및 인력개발비 발생 명세

1 해당 연도의 연구 및 인력개발비 발생 명세

	계정과목	자체연구개발비					
		인건비		재료비 등		기타	
		인원	(6)금액	건수	(7)금액	건수	(8)금액
1							
	합계						

	계정과목	위탁 및 공동 연구개발비		(10)인력개발비	(11)맞춤형교육비용	(12)현장훈련 수당 등	(13)총 계
		건수	9.금액				
1							
	합계						

(2) 연구 및 인력개발비의 증가발생액의 계산

2 연구 및 인력개발비의 증가발생액의 계산					
(14)해당과세연도 발생액(=(13))	(15)직전4년 발생액 계 (16+17+18+19)	(16)직전 1년	(17)직전 2년	(18)직전 3년	(19)직전 4년
		01-01 ~ 12-31	01-01 ~ 12-31	01-01 ~ 12-31	-01-01 ~ -12-31
(20)직전4년간 연평균 발생액		(21)직전3년간 연평균 발생액		(22)직전2년간 연평균 발생액	
(23)증가발생액 (2013년 (14)-(21), 2014년 (14)-(22), 2015년이후 (14)-(16))					

(3) 공제세액

3 공제세액						
해당 연도 총발생금액 공제	중소기업	(24)대상금액(=13)	(25)공제율			(26)공제세액
			25%			
	중소기업 유예기간 종료이후 5년내기업	(27)대상금액(=13)	(28)유예기간 종료연도	(29)유예기간 종료이후년차	(30)공제율	(31)공제세액
	중견기업	(32)대상금액(=13)	(33)공제율			(34)공제세액
			8%			
	일반기업	(35)대상금액(=13)	공제율			(39)공제세액
			(36)기본율	(37)추가	(38)계	
			3%			
증가발생금액 공제		(40)대상금액(=23)	(41)공제율	(42)공제세액		※공제율
			50%			중소기업 : 50% 중소기업외 : 40%
(43)해당연도에 공제받을 세액		중소기업(26과 42 중 선택)				
		중소기업 유예기간 종료이후 5년내 기업(31과 42 중 선택)				
		중견기업(34와 42 중 선택)				
		일반기업(39와 42 중 선택)				

(4) 세액공제조정명세서(3)－세액공제(1)

1.세액공제(1) | 2.세액공제(2) | 3.당기공제 및 이월액계산

구분	계산기준	계산명세		공제대상 세 액
		투자액	공제율	
중소기업투자세액공제	투자금액 × 3/100			
기업의 어음제도개선을 위한 세액공제	(환어음 등 지급금액-약속어음결제금액) × ((4,5)/1000, 15/10000) *산출세액의 10% 한도	F4-계산내역		
대.중소기업 상생협력을 위한 기금출연 세액공제	출연금 × 7/100			
연구·인력개발비세액공제	12.12.31이전:발생액×(10,15,20,25,30)/100 또는 4년간 연평균 발생액의 초과액×50(40)/100] 13.1.1~13.12.31:발생액×(10,15,20,25,30)/100 또는 3년간 연평균 발생액의 초과액×50(40)/100] 14.1.1~14.12.31:발생액×(10,15,20,25,30)/100 또는 2년간 연평균 발생액의 초과액×50(40)/100] 15.1.1~15.12.31:발생액×(10,15,20,25,30)/100 또는 직전 연평균 발생액의 초과액×50(40)/100]	F4-계산내역		
연구·인력개발설비투자세액공제	투자금액 × 10/100			

(5) 세액공제조정명세서(3) - 당기공제 및 이월액계산

1.세액공제(1) | 2.세액공제(2) | 3.당기공제 및 이월액계산

	요공제액		당기공제대상세액											
	(107)당기분	(108)이월분	(109)당기분	(110)1차연도	111)2차연도	112)3차연도	(113)4차연도	(114)5차연도	(115)계	(116)최저한세적용에따른 미공제액	(117)기타사유로인한 미공제액	(118)공제세액(115-116-117)	(119)소멸	(120)이월액 107+108-118-119
1														

(6) 공제감면세액 및 추가납부세액합계표(3) - 최저한세배제세액공제

최저한세배제세액감면 | 최저한세배제세액공제 | 최저한세적용세액감면 | 최저한세적용세액공제,면제 | 비과세,이월과세추가납부액 | 익금불산입 | 손금산입

	①구 분	②근 거 법 조 항	코드	③대상세액	④감면(공제)세액
세액공제	(136)외국납부세액공제	「법인세법」 제57조 및 「조특법」 제104조의6	01		
	(143)재해손실세액공제	「법인세법」 제58조	02		
	(138)연구·인력개발비세액공제(최저한세 적용제외	「조특법」 제10조	66		
	(139)지급명세서에 대한 세액공제	「조특법」 제104조의5	94		
	(140)수입금액 증가 세액공제	「조특법」 제122조제1항	2C		
	(141)부가가치세 매입자 납부제도 세액공제	「조특법」 제122조제5항	4G		
	(142)동업기업 세액공제 배분액(최저한세 적용제외		2D		
	(143)		99		
	(149)소 계		80		
	(150)합 계((135) + (149))		10		

해답

(1) 해당연도의 연구 및 인력개발비 발생 명세

1 해당 연도의 연구 및 인력개발비 발생 명세

	계정과목	자체연구개발비					
		인건비		재료비 등		기타	
		인원	(6)금액	건수	(7)금액	건수	(8)금액
1	개발비	5	32,000,000	2	18,000,000		
2	수수료비용						
3							
	합계	5	32,000,000	2	18,000,000		

	계정과목	위탁 및 공동 연구개발비		(10)인력개발비	(11)맞춤형교육비용	(12)현장훈련 수당 등	(13)총 계
		건수	9.금액				
1	개발비						50,000,000
2	수수료비용	1	5,000,000				5,000,000
3							
	합계	1	5,000,000				55,000,000

☞ 연구관리직원의 인건비는 대상에서 제외

(2) 연구 및 인력개발비의 증가발생액의 계산

2 연구 및 인력개발비의 증가발생액의 계산

(14)해당과세연도 발생액(=(13))	(15)직전4년 발생액 계 (16+17+18+19)	(16)직전 1년 01-01 ~ 12-31	(17)직전 2년 01-01 ~ 12-31	(18)직전 3년 01-01 ~ 12-31	(19)직전 4년 01-01 ~ 12-31
55,000,000	105,000,000	32,000,000	29,000,000	25,500,000	18,500,000
(20)직전4년간 연평균 발생액	26,250,000	(21)직전3년간 연평균 발생액	28,833,333	(22)직전2년간 연평균 발생액	30,500,000
(23)증가발생액 (2013년 (14)-(21), 2014년 (14)-(22), 2015년이후 (14)-(16))					23,000,000

☞ 직전년도 R&D비용(32,000,000)이 직전 4년 평균 R&D비용(26,250,000)보다 적은 경우 증가분 방식이 적용배제되므로, 연구/인력개발비의 4년간 지출액을 입력해야 합니다.

(3) 공제세액

3 공제세액

해당 연도 총발생금액 공제	중소기업	(24)대상금액(=13)	(25)공제율			(26)공제세액
		55,000,000	25%			13,750,000
	중소기업 유예기간 종료이후 5년내기업	(27)대상금액(=13)	(28)유예기간 종료연도	(29)유예기간 종료이후년차	(30)공제율	(31)공제세액
			----_--			
	중견기업	(32)대상금액(=13)	(33)공제율			(34)공제세액
			8%			
	일반기업	(35)대상금액(=13)	공제율 (36)기본율	(37)추가	(38)계	(39)공제세액
			3%		3.00 %	
증가발생금액 공제		(40)대상금액(=23)	(41)공제율	(42)공제세액		※공제율
		23,000,000	50%	1. 50% 2. 40%	11,500,000	중소기업 : 50% 중소기업외 : 30%
(43)해당연도에 공제받을 세액		중소기업(26과 42 중 선택)		13,750,000		
		중소기업 유예기간 종료이후 5년내 기업(31과 42 중 선택)				
		중견기업(34와 42 중 선택)				
		일반기업(39와 42 중 선택)				

☞ 문제에서 공제받을 세액은 최대금액으로 신청한다고 했으므로 발생금액기준으로 계산되어 13,750,000원이 됩니다.

(4) 세액공제조정명세서(3)－세액공제(1)

1.세액공제(1) | 2.세액공제(2) | 3.당기공제 및 이월액계산

구분	계산기준	계산명세		공제대상 세액
		투자액	공제율	
중소기업투자세액공제	투자금액 × 3/100			
기업의 어음제도개선을 위한 세액공제	(환어음 등 지급금액-약속어음결제금액) × ((4,5)/1000, 15/10000) *산출세액의 10% 한도	F4-계산내역		
대.중소기업 상생협력을 위한 기금출연 세액공제	출연금 × 7/100			
연구·인력개발비세액공제	12.12.31이전:발생액×(10,15,20,25,30)/100 또는 4년간 연평균 발생액의 초과액×50(40)/100] 13.1.1~13.12.31:발생액×(10,15,20,25,30)/100 또는 3년간 연평균 발생액의 초과액×50(40)/100] 14.1.1~14.12.31:발생액×(10,15,20,25,30)/100 또는 2년간 연평균 발생액의 초과액×50(40)/100] 15.1.1~15.12.31:발생액×(10,15,20,25,30)/100 또는 직전 연평균 발생액의 초과액×50(40)/100]	F4-계산내역		13,750,000
연구·인력개발설비투자세액공제	투자금액 × 10/100			

(5) 세액공제조정명세서(3)－당기공제 및 이월액계산

1.세액공제(1) | 2.세액공제(2) | 3.당기공제 및 이월액계산

	(106) 사업연도	요공제액		당기공제대상세액							(116)최저한세적용에따른 미공제액	(117)기타사유로인한 미공제액	(118)공제세액 (115-116-117)	(119)소멸	(120)이월액 107+108-118-119
		(107)당기분	(108)이월분	(109)당기분	(110)1차연도	111)2차연도	112)3차연도	(113)4차연도	(114)5차연도	(115)계					
	20x1	13,750,000		13,750,000						13,750,000			13,750,000		
1															
	소계	13,750,000		13,750,000						13,750,000			13,750,000		

(6) 공제감면세액 및 추가납부세액합계표(3)－최저한세배제세액공제

최저한세배제세액감면 | 최저한세배제세액공제 | 최저한세적용세액감면 | 최저한세적용세액공제,면제 | 비과세,이월과세추가납부액 | 익금불산입 | 손금산입

	①구 분	②근 거 법 조 항	코드	③대상세액	④감면(공제)세액
세액공제	(136)외국납부세액공제	「법인세법」 제57조 및 「조특법」 제104조의6	01		
	(143)재해손실세액공제	「법인세법」 제58조	02		
	(138)연구·인력개발비세액공제(최저한세 적용제외	「조특법」 제10조	66	13,750,000	13,750,000
	(139)지급명세서에 대한 세액공제	「조특법」 제104조의5	94		
	(140)수입금액 증가 세액공제	「조특법」 제122조제1항	2C		
	(141)부가가치세 매입자 납부제도 세액공제	「조특법」 제122조제5항	4G		
	(142)동업기업 세액공제 배분액(최저한세 적용제외		2D		
	(143)		99		
	(149)소 계		80	13,750,000	13,750,000
	(150)합 계((135) + (149))		10	13,750,000	13,750,000

2. 세액공제조정명세서 및 최저한세조정계산서

① 천안에 소재하는 중소기업으로 당기에 투자한 기계장치에 대하여 통합투자세액공제(기본 공제율은 10%로 하고 추가공제는 없다.)를 적용받고자 한다.

구 분	기계장치A	기계장치B
취득일	20x1. 2. 10	20x1. 4. 20
취득가액	12,000,000원	200,000,000원
비고	중고품	신제품

② 결산서상 당기순이익은 150,000,000원이고, 가산조정은 100,000,000원, 차감조정은 50,000,000원이다.

풀이

(1) 법인세과세표준 및 세액조정계산서 : 산출세액계산

구분	항목		코드	금액
① 각사업연도소득계산	101.결 산 서 상 당 기 순 손 익		01	
	소 득 조 정 금 액	102.익 금 산 입	02	
		103.손 금 산 입	03	
	104.차 가 감 소득금액 (101+102-103)		04	
	105.기 부 금 한 도 초 과 액		05	
	106.기부금 한도초과 이월액 손금산입		54	
	107.각사업연도소득금액(104+105-106)		06	
② 과세표준계산	108.각 사업 연도 소득금액(108=107)			
	109.이 월 결 손 금		07	
	110.비 과 세 소 득		08	
	111.소 득 공 제		09	
	112.과 세 표 준 (108-109-110-111)		10	
	159.선 박 표 준 이 익		55	
③ 산출	113.과 세 표 준 (113=112+159)		56	
	114.세 율		11	
	115.산 출 세 액		12	

(2) 세액공제조정명세서(3) : 세액공제(2)

1.세액공제(1) | 2.세액공제(2) | 3.당기공제 및 이월액계산

구분	계산기준	계산명세		공제대상세액
		투자액	공제율	
통합투자세액공제		F4-계산내역		

(3) 세액공제조정명세서 : 당기공제 대상세액계산

1.세액공제(1) | 2.세액공제(2) | 3.당기공제 및 이월액계산

(105)구분	(106) 사업연도	요공제액		당기공제대상세액					
		(107)당기분	(108)이월분	(109)당기분	(110)1차연도	(111)2차연도	(112)3차연도	(113)4차
통합투자세액공제								

(4) 최저한세 조정계산서 : 최저한세로 미공제 세액공제액 계산

①구분		코드	②감면후세액	③최저한세	④조정감	⑤조정후세액
(101) 결 산 서 상 당 기 순 이 익		01				
소득조정금액	(102)익 금 산 입	02				
	(103)손 금 산 입	03				
(104) 조 정 후 소 득 금 액 (101+102-103)		04				
최저한세적용대상 특 별 비 용	(105)준 비 금	05				
	(106)특별상각, 특례상각	06				
(107) 특별비용손금산입전소득금액(104+105+106)		07				
(108) 기 부 금 한 도 초 과 액		08				
(109) 기부금 한도초과 이월액 손 금 산 입		09				
(110) 각 사업 년 도 소 득 금 액 (107+108-109)		10				
(111) 이 월 결 손 금		11				
(112) 비 과 세 소 득		12				
(113) 최저한세적용대상 비 과 세 소 득		13				
(114) 최저한세적용대상 익 금 불 산 입		14				
(115) 차가감 소 득 금 액(110-111-112+113+114)		15				
(116) 소 득 공 제		16				
(117) 최저한세적용대상 소 득 공 제		17				
(118) 과 세 표 준 금 액(115-116+117)		18				
(119) 선 박 표 준 이 익		24				
(120) 과 세 표 준 금 액 (118+119)		25				
(121) 세 율		19				
(122) 산 출 세 액		20				
(123) 감 면 세 액		21				
(124) 세 액 공 제		22				
(125) 차 감 세 액 (122-123-124)		23				

(5) 세액공제조정명세서(3) : 최저한세 적용에 따른 미공제세액 및 이월액 계산

1.세액공제(1) | 2.세액공제(2) | 3.당기공제 및 이월액계산

(105)구분	(106) 사업연도	요공제액		당기공제대상세액						(116)최저한세적용 에따른 미공제액	(117)기타사유 로인한 미공제액	(118)공제세액 (115-116-117)	(119)소멸	(120)이월액 (107+108-118-119)
		(107)당기분	(108)이월분	9)당	0)1차연	1)2차	2)3차	3)4차연	(114)5차연도					
통합투자세액공제														

(6) 공제감면세액 및 추가납부세액합계표(3) – 최저한세적용세액공제

최저한세배제세액감면 | 최저한세배제세액공제 | 최저한세적용세액감면 | 최저한세적용세액공제, 면제 | 비과세, 이월과세추가납부액 | 익금불산입 | 손금산입

①구 분	②근 거 법 조 항	코드	⑤전기이월액	⑥당기발생액	⑦공제세액
(228)통합 투자 세액공제	「조특법」 제24조	13W			

(7) 법인세과세표준 및 세액조정계산서(최종)

구분	항목		코드	금액
① 각사업연도소득계산	101.결 산 서 상 당 기 순 손 익		01	
	소득조정 금 액	102.익 금 산 입	02	
		103.손 금 산 입	03	
	104.차 가 감 소득금액 (101+102-103)		04	
	105.기 부 금 한 도 초 과 액		05	
	106.기부금 한도초과 이월액 손금산입		54	
	107.각사업연도소득금액(104+105-106)		06	
② 과세표준계산	108.각 사업 연도 소득금액(108=107)			
	109.이 월 결 손 금		07	
	110.비 과 세 소 득		08	
	111.소 득 공 제		09	
	112.과 세 표 준 (108-109-110-111)		10	
	159.선 박 표 준 이 익		55	
③ 산출세액계산	113.과 세 표 준 (113=112+159)		56	
	114.세 율		11	
	115.산 출 세 액		12	
	116.지 점 유 보 소 득 (법 제96조)		13	
	117.세 율		14	
	118.산 출 세 액		15	
	119.합 계 (115+118)		16	

구분	항목			코드	금액
④ 납부할세액계산	120.산 출 세 액 (120=119)				
	121.최저한세 적용 대상 공제 감면 세액			17	
	122.차 감 세 액			18	
	123.최저한세 적용 제외 공제 감면 세액			19	
	124.가 산 세 액			20	
	125.가 감 계(122-123+124)			21	
	기납부세액	기한내납부세액	126.중 간 예 납 세 액	22	
			127.수 시 부 과 세 액	23	
			128.원 천 납 부 세 액	24	
			129.간접 회사등 외국 납부세액	25	
			130.소 계(126+127+128+129)	26	
		131.신 고 납 부 전 가 산 세 액		27	
		132.합 계 (130+131)		28	
	133.감 면 분 추 가 납 부 세 액			29	
	134.차가감 납부할 세액(125-132+133)			30	
⑤토지등양도소득, ⑥미환류소득 법인세계산 (TAB로 이동)					
⑦ 세액계	151.차 가 감 납부할 세 액 계(134+150)			46	
	152.사실과 다른 회계처리 경정세액공제			57	
	153.분 납 세 액 계 산 범 위 액 (151-124-133-145-152+131)			47	
	분납할 세 액	154.현 금 납 부		48	
		155.물 납		49	
		156. 계 (154+155)		50	
	차감 납부 세액	157.현 금 납 부		51	
		158.물 납		52	
		160. 계 (157+158) [160=(151-152-156)]		53	

해답

(1) 법인세과세표준 및 세액조정계산서 : 산출세액계산

구분	항목		코드	금액
① 각사업연도소득계산	101. 결 산 서 상 당 기 순 손 익		01	150,000,000
	소 득 조 정 금 액	102.익 금 산 입	02	100,000,000
		103.손 금 산 입	03	50,000,000
	104. 차 가 감 소 득 금 액 (101+102-103)		04	200,000,000
	105. 기 부 금 한 도 초 과 액		05	
	106. 기 부 금 한 도 초 과 이월액 손금산입		54	
	107. 각 사 업 연 도 소 득 금 액(104+105-106)		06	200,000,000
② 과세표준계산	108. 각 사 업 연 도 소 득 금 액 (108=107)			200,000,000
	109. 이 월 결 손 금		07	
	110. 비 과 세 소 득		08	
	111. 소 득 공 제		09	
	112. 과 세 표 준 (108-109-110-111)		10	200,000,000
	159. 선 박 표 준 이 익		55	
③ 산출	113. 과 세 표 준 (113=112+159)		56	200,000,000
	114. 세 율		11	9%
	115. 산 출 세 액		12	18,000,000

(2) 세액공제조정명세서 : 세액공제(2)

구분	투자종류	공제대상금액	공제율	공제금액
	일반시설	200,000,000	10%	20,000,000

통합투자세액공제(일반)		F4-계산내역	20,000,000

☞ 통합투자세액공제는 원칙적으로 신규투자만 대상이다.

(3) 세액공제조정명세서 : 당기공제 대상액 계산

1.세액공제(1) | 2.세액공제(2) | 3.당기공제 및 이월액계산

(105)구분	(106) 사업연도	요공제액		당기공제대상세액						(116)최저한세적용에따른 미공제액
		(107)당기분	(108)이월분	(109)당기분	0)1차연	1)2차연	2)3차연	3)4차연	(114)5차연도	
통합투자세액공제	20×1	20,000,000		20,000,000						

(4) 최저한세 조정계산서 : 최저한세로 미공제액 계산

①구분	코드	②감면후세액	③최저한세	④조정감	⑤조정후세액
(101) 결산서상당기순이익	01	150,000,000			
소득조정금액 (102)익금산입	02	100,000,000			
소득조정금액 (103)손금산입	03	50,000,000			
(104) 조정후소득금액 (101+102-103)	04	200,000,000	200,000,000		200,000,000
최저한세적용대상 특별비용 (105)준비금	05				
최저한세적용대상 특별비용 (106)특별상각,특례상각	06				
(107) 특별비용손금산입전소득금액(104+105+106)	07	200,000,000	200,000,000		200,000,000
(108) 기부금한도초과액	08				
(109) 기부금 한도초과 이월액 손금산입	09				
(110) 각사업년도소득금액 (107+108-109)	10	200,000,000	200,000,000		200,000,000
(111) 이월결손금	11				
(112) 비과세소득	12				
(113) 최저한세적용대상 비과세소득	13				
(114) 최저한세적용대상 익금불산입·손금산입	14				
(115) 차가감소득금액(110-111-112+113+114)	15	200,000,000	200,000,000		200,000,000
(116) 소득공제	16				
(117) 최저한세적용대상 소득공제	17				
(118) 과세표준금액(115-116+117)	18	200,000,000	200,000,000		200,000,000
(119) 선박표준이익	24				
(120) 과세표준금액 (118+119)	25	200,000,000	200,000,000		200,000,000
(121) 세율	19	9 %	7 %		9 %
(122) 산출세액	20	18,000,000	14,000,000		18,000,000
(123) 감면세액	21				
(124) 세액공제	22	20,000,000		16,000,000	4,000,000
(125) 차감세액 (122-123-124)	23				14,000,000

☞ 감면후 세액과 최저한세를 비교 후 세액공제중 16,000,000원 미공제액 계산

(5) 세액공제조정명세서 : 최저한세 적용에 따른 미공제세액 및 이월액 계산

1.세액공제(1) | 2.세액공제(2) | 3.당기공제 및 이월액계산

(105)구분	(106) 사업연도	요공제액		당기공제대상세액						(116)최저한세적용에따른 미공제액	(117)기타사유로인한 미공제액	(118)공제세액(115-116-117)	(119)소멸	(120)이월액(107+108-118-119)
		(107)당기분	108)이월분	(109)당기분	0)1차연	1)2차연	2)3차연	3)4차연	(114)5차연도					
통합투자세액공제	20x1	20,000,000		20,000,000						16,000,000		4,000,000		16,000,000

(6) 공제감면세액 및 추가납부세액합계표(3) – 최저한세적용세액공제

최저한세배제세액감면 | 최저한세배제세액공제 | 최저한세적용세액감면 | 최저한세적용세액공제,면제 | 비과세,이월과세추가납부액 | 익금불산입 | 손금산입

①구 분	②근 거 법 조 항	코드	⑤전기이월액	⑥당기발생액	⑦공제세액
(228)통합 투자 세액공제	「조특법」 제24조	13W		20,000,000	4,000,000

(7) 법인세과세표준 및 세액조정계산서(최종)

- 최저한세 적용 대상 공제감면세액 : 6,000,000원

구분	항목		코드	금액
① 각사업연도소득계산	101. 결산서상 당기순손익		01	150,000,000
	소득조정 금액	102. 익금산입	02	100,000,000
		103. 손금산입	03	50,000,000
	104. 차가감소득금액 (101+102-103)		04	200,000,000
	105. 기부금한도초과액		05	
	106. 기부금한도초과이월액 손금산입		54	
	107. 각사업연도소득금액(104+105-106)		06	200,000,000
② 과세표준계산	108. 각사업연도소득금액 (108=107)			200,000,000
	109. 이월결손금		07	
	110. 비과세소득		08	
	111. 소득공제		09	
	112. 과세표준 (108-109-110-111)		10	200,000,000
	159. 선박표준이익		55	
③ 산출세액계산	113. 과세표준 (113=112+159)		56	200,000,000
	114. 세율		11	9%
	115. 산출세액		12	18,000,000
	116. 지점유보소득(법 제96조)		13	
	117. 세율		14	
	118. 산출세액		15	
	119. 합계 (115+118)		16	18,000,000

구분	항목			코드	금액
④ 납부할세액계산	120. 산출세액 (120=119)				18,000,000
	121. 최저한세 적용대상 공제감면세액			17	4,000,000
	122. 차감세액			18	14,000,000
	123. 최저한세 적용제외 공제감면세액			19	
	124. 가산세액			20	
	125. 가감계 (122-123+124)			21	14,000,000
	기납부세액	기한내납부세액	126. 중간예납세액	22	
			127. 수시부과세액	23	
			128. 원천납부세액	24	
			129. 간접 회사등 외국 납부세액	25	
			130. 소계(126+127+128+129)	26	
		131. 신고납부전 가산세액		27	
		132. 합계 (130+131)		28	
	133. 감면분 추가납부세액			29	
	134. 차가감 납부할 세액(125-132+133)			30	14,000,000
⑤토지등 양도소득, ⑥미환류소득 법인세 계산 (TAB로 이동)					
⑦ 세액계	151. 차가감 납부할 세액계(134+150)			46	14,000,000
	152. 사실과 다른 회계 처리 경정 세액공제			57	
	153. 분납세액 계산 범위액 (151-124-133-145-152+131)			47	14,000,000
	분납할 세액	154. 현금납부		48	
		155. 물납		49	
		156. 계 (154+155)		50	
	차감 납부세액	157. 현금납부		51	14,000,000
		158. 물납		52	
		160. 계 (157+158) [160=(151-152-156)]		53	14,000,000

Ⅵ. 법인세과세표준 및 세액조정계산서

회사는 중소기업으로 특례세율(10%)가 적용되고, 최저한세는 고려하지 않는다.

1. 손익계산서상 당기순이익은 500,000,000원이다.

2. 세무조정사항

① 가산조정 : 100,000,000원
② 차감조정 : 50,000,000원

3. 기부금한도초과 이월액 손금산입액 : 2,000,000원

4. 세무상 미공제 이월결손금(2018년분) : 18,000,000원

5. 세액공제 및 감면

① 중소기업에 대한 특별세액감면 : 3,000,000원
② 통합투자세액공제(당기발생) : 4,000,000원
③ 연구 · 인력개발비세액공제(당사는 중소기업) : 2,000,000원

6. 가산세

① 일반과세자로부터의 재화 매입에 대한 증빙을 분석한 결과 건당 3만원 초과 매입액 중 간이영수증을 수취한 금액 중 손금 인정액 : 10,000,000원
② 회계담당자의 실수로 3월분 일용근로자에 대한 지급조서(일용근로자 임금 총액 : 30,000,000원)를 법정제출기한까지 제출하지 못하였음을 확인하고, 5월 10일 제출하였다.

7. 기납부세액에는 중간예납세액 200,000원, 원천징수세액 100,000원이 있다.

8. 회사가 납부하여야 할 법인세액 중 분납이 가능하다면 최대한 분납을 이용하고자 한다.

풀이

구분		항목	코드	금액
① 각사업연도소득계산		101.결 산 서 상 당 기 순 손 익	01	
	소득조정 금 액	102.익 금 산 입	02	
		103.손 금 산 입	03	
		104.차 가 감 소득금액 (101+102-103)	04	
		105.기 부 금 한 도 초 과 액	05	
		106.기부금 한도초과 이월액 손금산입	54	
		107.각사업연도소득금액(104+105-106)	06	
② 과세표준계산		108.각 사업 연도 소득금액(108=107)		
		109.이 월 결 손 금	07	
		110.비 과 세 소 득	08	
		111.소 득 공 제	09	
		112.과 세 표 준 (108-109-110-111)	10	
		159.선 박 표 준 이 익	55	
③ 산출세액계산		113.과 세 표 준 (113=112+159)	56	
		114.세 율	11	
		115.산 출 세 액	12	
		116.지 점 유 보 소 득 (법 제96조)	13	
		117.세 율	14	
		118.산 출 세 액	15	
		119.합 계 (115+118)	16	

구분			항목	코드	금액
④ 납부할세액계산			120.산 출 세 액 (120=119)		
			121.최저한세 적용 대상 공제 감면 세액	17	
			122.차 감 세 액	18	
			123.최저한세 적용 제외 공제 감면 세액	19	
			124.가 산 세 액	20	
			125.가 감 계(122-123+124)	21	
	기납부세액	기한내납부세액	126.중 간 예 납 세 액	22	
			127.수 시 부 과 세 액	23	
			128.원 천 납 부 세 액	24	
			129.간접 회사등 외국 납부세액	25	
			130.소 계(126+127+128+129)	26	
			131.신 고 납 부 전 가 산 세 액	27	
			132.합 계 (130+131)	28	
			133.감 면 분 추 가 납 부 세 액	29	
			134.차가감 납부할 세액(125-132+133)	30	
⑤토 지 등 양 도 소 득 에 대 한 법 인 세 계 산 (TAB로 이동)					
⑥ 세액계			151.차 가 감 납부할 세 액 계(134+150)	46	
			152.사실과 다른 회계처리 경정세액공제	57	
			153.분 납 세 액 계 산 범 위 액 (151-124-133-145-152+131)	47	
	분납할 세 액		154.현 금 납 부	48	
			155.물납	49	
			156.계(154+155)	50	
	차감 납부 세액		157.현 금 납 부	51	
			158.물납	52	
			160.계(157+158) [160=(151-152-156)]	53	

해답

1. 최저한세 적용대상 세액공제 및 감면 :

   - 세액감면(일정기간만 적용되는 감면과 중소기업에 대한 특별세액감면)과 통합투자세액공제이 동시에 적용받을 수 있는 경우에는 그 중 하나만을 선택하여 적용받을 수 있다. 당기 세부담을 최소화 하기 위하여, 통합투자세액공제(4,000,000)을 선택한다.

2. 최저한세 적용제외 세액공제 : 연구인력개발세액공제(2,000,000)(중소기업에 한함)

3. 가산세

   ① 증빙미수취가산세 : 10,000,000원(손금인정금액) × 2% = 200,000원

   ② 지급명세서 불성실가산세 : 일용근로자의 지급명세서 제출기한(3월분) : 4/30
   30,000,000×0.25%×50% (제출기한 후 1개월내 제출시 감면) = 37,500원

4. 분납할세액

   1천만원 초과시 초과분에 대해서 분납가능 - 가산세(237,500) 제외

구분	항목		코드	금액
① 각사업연도소득계산	101. 결 산 서 상 당 기 순 손 익		01	500,000,000
	소 득 조 정 금 액	102.익 금 산 입	02	100,000,000
		103.손 금 산 입	03	50,000,000
	104. 차 가 감 소 득 금 액 (101+102-103)		04	550,000,000
	105. 기 부 금 한 도 초 과 액		05	
	106. 기 부 금 한 도 초 과 이월액 손금산입		54	2,000,000
	107. 각 사 업 연 도 소 득 금 액(104+105-106)		06	548,000,000
② 과세표준계산	108. 각 사 업 연 도 소 득 금 액 (108=107)			548,000,000
	109. 이 월 결 손 금		07	18,000,000
	110. 비 과 세 소 득		08	
	111. 소 득 공 제		09	
	112. 과 세 표 준 (108-109-110-111)		10	530,000,000
	159. 선 박 표 준 이 익		55	
③ 산출세액계산	113. 과 세 표 준 (113=112+159)		56	530,000,000
	114. 세 율		11	19%
	115. 산 출 세 액		12	80,700,000
	116. 지 점 유 보 소 득 (법 제96조)		13	
	117. 세 율		14	
	118. 산 출 세 액		15	
	119. 합 계 (115+118)		16	80,700,000

구분	항목			코드	금액
④ 납부할세액계산	120. 산 출 세 액 (120=119)				80,700,000
	121. 최저한세 적 용 대 상 공 제 감 면 세 액			17	4,000,000
	122. 차 감 세 액			18	76,700,000
	123. 최저한세 적 용 제 외 공 제 감 면 세 액			19	2,000,000
	124. 가 산 세 액			20	237,500
	125. 가 감 계 (122-123+124)			21	74,937,500
	기납부세액	기한내납부세액	126. 중 간 예 납 세 액	22	200,000
			127. 수 시 부 과 세 액	23	
			128. 원 천 납 부 세 액	24	100,000
			129. 간접 회사등 외국 납부세액	25	
			130. 소 계(126+127+128+129)	26	300,000
		131. 신 고 납 부 전 가 산 세 액		27	
		132. 합 계 (130+131)		28	300,000
	133. 감 면 분 추 가 납 부 세 액			29	
	134. 차 가 감 납 부 할 세 액(125-132+133)			30	74,637,500
⑤토지등 양도소득, ⑥미환류소득 법인세 계산 (TAB로 이동)					
⑦ 세액계	151. 차 가 감 납 부 할 세 액 계(134+150)			46	74,637,500
	152. 사 실 과 다 른 회계 처리 경정 세액공제			57	
	153. 분 납 세 액 계 산 범 위 액 (151-124-133-145-152+131)			47	74,400,000
	분납할 세 액	154. 현 금 납 부		48	37,200,000
		155. 물 납		49	
		156. 계 (154+155)		50	37,200,000
	차감 납부 세액	157. 현 금 납 부		51	37,437,500
		158. 물 납		52	
		160. 계 (157+158) [160=(151-152-156)]		53	37,437,500

Part Ⅵ

기출문제

<전산세무 1급 출제내역>

<table>
<tr><td rowspan="3">이론</td><td>1. 재무회계</td><td>10점</td><td>객관식 5문항</td></tr>
<tr><td>2. 원가회계</td><td>10점</td><td>객관식 5문항</td></tr>
<tr><td>3. 세무회계</td><td>10점</td><td>객관식 5문항(부가가치세, 소득세, 법인세)</td></tr>
<tr><td rowspan="5">실무</td><td>1. 전표입력</td><td>12점</td><td>일반전표 및 매입매출전표 입력</td></tr>
<tr><td>2. 부가가치세</td><td>10점</td><td>부가가치세 수정, 기한후 신고서(가산세) 및 전자신고
부가세 부속명세서</td></tr>
<tr><td>3. 결산자료 입력</td><td>8점</td><td>수동결산 및 자동결산
법인세 계산 및 입력</td></tr>
<tr><td>4. 원천징수</td><td>10점</td><td>사원등록(인적공제)/ 급여자료입력/ 연말정산
원천징수이행상황신고서 및 전자신고
기타소득, 사업소득, 금융소득자료 입력</td></tr>
<tr><td>5. 법인조정</td><td>30점</td><td>수입금액 조정
감가상각비 조정
과목별 세무조정
법인세과세표준및 세액조정계산서</td></tr>
<tr><td colspan="2">계</td><td>100점</td><td></td></tr>
</table>

2025년 주요 개정세법 (전산세무1급 관련)

Ⅰ. 부가가치세법

1. 경조사 등과 관련된 재화(다음 구분별로 각각 사용인 1명당 연간 10만원 이하는 공급의제 제외)

현행		개정	
	① 경조사 ② 설날 · 추석 · 창립기념일 · 생일		① 경조사 ② 설날 · 추석 ③ 창립기념일 · 생일

2. 질병 치료 목적의 **동물혈액 부가가치세 면제**
3. 명의 위장 사업자 가산세 강화

현행		개정	
	일반과세자 1%, 간이과세자 0.5%		일반과세자 2%, 간이과세자 1%

Ⅱ. 소득세법

1. 임직원 할인금액에 대한 과세 합리화(사업수입금액 및 필요경비)

신설
- 사업자의 임직원에 대한 재화 등 할인금액은 사업수입금액
- 사업자의 임직원에 대한 재화 등 할인금액은 필요경비

2. 종업원할인 금액에 대한 근로소득 규정과 비과세 기준

신설
- 자사 및 계열사의 종업원으로 일반소비자의 시가보다 할인하여 공급받는 경우 근로소득으로 규정
- (대상금액) 재화 등을 시가보다 할인하여 공급받은 경우 할인받은 금액
- (비과세 금액) MAX(시가의 20%, 연 240만원)

3. 기업의 출산지원금 비과세

신설
- 전액 비과세(한도 없음)
- 근로자 본인 또는 배우자의 출산과 관련하여 출생일 이후 2년 이내에, 공통지급규정에 따라 사용자로부터 지급(2회 이내)받는 급여

4. 총급여액 7천만원 이하자의 추가 소득공제(조특법)

신설 수영장 · 체력단련장 시설 이용료(2025.7.1. 이후 지출분)

5. 결혼세액공제(조특법)

신설
(적용대상) 혼인신고를 한 거주자
(적용연도) 혼인 신고를 한해(생애 1회)
(공제금액) 50만원

6. 자녀세액공제 확대

현행		개정	
	(1인) 15만원, (2인) 35만원, (2인 초과) 30만원/인		**(1인) 25만원, (2인) 55만원, (2인 초과) 40만원/인**

Ⅲ. 법인세(조특법 포함)

1. 임직원 할인금액에 수익 포함

신설	법인의 임직원에 대한 재화·용역 등 할인금액

2. 임직원 할인금액을 손비에 포함

신설	법인의 임직원에 대한 재화·용역 등 할인금액 법인이 계열회사에 지급하는 할인금액 상당액

3. 부동산 임대업을 주된 사업으로 하는 소규모 법인에 대한 세율 조정

신설	200억원 이하 19%

4. 다음의 업종은 중소·중견기업에서 제외(조특법)

추가	• 부동산임대업 • 성실신고확인대상 소규모 법인(부동산 임대업을 주된 사업)

20**년 **월 **일 시행
제***회 전산세무회계자격시험

3교시 A형

종목 및 등급 : **전산세무1급** – 제한시간 : 90분
(15:00 ~ 16:30) – 페이지수 : 14p

▶시험시작 전 문제를 풀지 말것◀

① USB 수령	· 감독관으로부터 시험에 필요한 응시종목별 기초백데이타 설치용 USB를 수령한다. · USB 꼬리표가 본인의 응시종목과 일치하는지 확인하고, 꼬리표 뒷면에 수험정보를 정확히 기재한다.
② USB 설치	· USB를 컴퓨터의 USB 포트에 삽입하여 인식된 해당 USB 드라이브로 이동한다. · USB드라이브에서 기초백데이타설치프로그램인 'Tax.exe' 파일을 실행한다. [주의] USB는 처음 설치이후, 시험 중 수험자 임의로 절대 재설치(초기화)하지 말 것.
③ 수험정보입력	· [수험번호(8자리)]와 [성명]을 정확히 입력한 후 [설치]버튼을 클릭한다. ※ 입력한 수험정보는 이후 절대 수정이 불가하니 정확히 입력할 것.
④ 시험지 수령	· 시험지와 본인의 응시종목(급수) 일치 여부 및 문제유형(A 또는 B)을 확인한다. · 문제유형(A 또는 B)을 프로그램에 입력한다. · 시험지의 총 페이지수를 확인한다. ※응시종목 및 급수와 파본 여부를 확인하지 않은 것에 대한 책임은 수험자에게 있음.
⑤ 시험 시작	· 감독관이 불러주는 '**감독관확인번호**'를 정확히 입력하고, 시험에 응시한다.
(시험을 마치면) ⑥ USB 저장	· **이론문제의 답**은 메인화면에서 [이론문제 답안작성]을 클릭하여 입력한다. · **실무문제의 답**은 문항별 요구사항을 수험자가 파악하여 각 메뉴에 입력한다. · 이론과 실무문제의 **답을 모두 입력한 후** [답안저장(USB로 저장)]을 클릭하여 답안을 저장한다. · **저장완료** 메시지를 확인한다.
⑦ USB 제출	· 답안이 수록된 USB 메모리를 빼서, <감독관>에게 제출 후 조용히 퇴실한다.

▶ 본 자격시험은 전산프로그램을 이용한 자격시험입니다. 컴퓨터의 사양에 따라 전산프로그램이 원활히 작동하지 않을 수도 있으므로 전산프로그램의 진행속도를 고려하여 입력해주시기 바랍니다.
▶ 수험번호나 성명 등을 잘못 입력했거나, 답안을 USB에 저장하지 않음으로써 발생하는 일체의 불이익과 책임은 수험자 본인에게 있습니다.
▶ 타인의 답안을 자신의 답안으로 부정 복사한 경우 해당 관련자는 모두 불합격 처리됩니다.
▶ 타인 및 본인의 답안을 복사하거나 외부로 반출하는 행위는 모두 부정행위 처리됩니다.
▶ PC, 프로그램 등 조작미숙으로 시험이 불가능하다고 판단될 경우 불합격처리 될 수 있습니다.
▶ **시험 진행 중에는 자격검정(KcLep)프로그램을 제외한 일체의 다른 프로그램을 사용할 수 없습니다.**
(예시. 인터넷, 메모장, 윈도우 계산기 등)

[이론문제 답안작성]을 한번도 클릭하지 않으면 [답안저장(USB로 저장)]을 클릭해도 답안이 저장되지 않습니다.

제117회 전산세무 1급

합격율	시험년월
18%	2024.12

다음 문제를 보고 알맞은 것을 골라 이론문제 답안작성 메뉴에 입력하시오. (객관식 문항당 2점)

〈 기 본 전 제 〉

문제에서 한국채택국제회계기준을 적용하도록 하는 전제조건이 없는 경우, 일반기업회계기준을 적용한다.

이 론

01. 다음 중 재무제표 작성과 표시의 일반원칙에 대한 설명으로 옳지 않은 것은?

① 경영진은 재무제표를 작성할 때 계속기업으로서의 존속가능성을 평가해야 한다.
② 재무제표가 일반기업회계기준에 따라 작성된 경우에 그 사실을 주석으로 기재하여야 한다.
③ 재무제표의 항목은 구분하여 표시하여야 하기 때문에 중요하지 않은 항목은 성격이나 기능이 유사한 항목으로 통합하여 표시할 수 없다.
④ 재무제표는 전기 재무제표의 모든 계량정보를 당기와 비교하는 형식으로 표시한다.

02. 다음 중 금융자산에 대한 설명으로 옳지 않은 것은?

① 금융자산은 금융상품의 계약당사자가 되는 때에만 재무상태표에 인식하는 것이 원칙이다.
② 양도자가 금융자산에 대한 모든 통제권을 상실하였다면 매각거래로 본다.
③ 단기매매증권은 최초 인식 시 공정가치로 측정하고, 후속 측정 시에는 상각후원가로 측정한다.
④ 금융자산의 이전이 담보거래에 해당하는 경우에는 해당 금융자산을 담보제공자산으로 별도 표시하여야 한다.

03. 창고에 보관 중이던 재고자산 중 화재로 인해 1,800,000원을 제외한 금액이 파손되었다. 다음 자료를 이용하여 화재로 인한 재고자산 피해액을 계산하면 얼마인가?

• 기초 재고자산 : 23,000,000원	• 당기 매출액 : 78,000,000원
• 당기 매입액 : 56,000,000원	• 당기 매출총이익률 : 10%

① 7,000,000원 ② 7,020,000원 ③ 8,000,000원 ④ 8,800,000원

04. 다음 중 일반기업회계기준상 외화자산 및 외화부채에 대한 설명으로 옳지 않은 것은?

① 역사적 원가로 측정하는 비화폐성 외화 항목은 거래일의 환율로 환산한다.
② 비화폐성 항목에서 발생한 손익을 기타포괄손익으로 인식하는 경우 그 손익에 포함된 환율변동효과는 당기손익으로 인식한다.
③ 공정가치로 측정하는 비화폐성 외화 항목은 공정가치가 결정된 날의 환율로 환산한다.
④ 화폐성 항목의 외환차손익은 손익계산서의 영업외손익으로 처리한다.

05. 다음 중 퇴직급여에 대한 설명으로 가장 옳지 않은 것은?

① 확정급여형 퇴직급여 제도에서 퇴직연금 운용자산이 퇴직급여 충당부채를 초과하는 경우에는 그 초과액을 투자자산으로 표시한다.
② 확정급여형 퇴직급여 제도에서는 운용수익이 발생하는 경우에 이자수익으로 표시한다.
③ 확정기여형 퇴직급여 제도에서는 회사가 납부하여야 할 부담금을 퇴직급여(비용)로 인식한다.
④ 확정기여형 퇴직급여 제도에서는 운용에 관한 내용은 모두 회사가 결정하고 책임진다.

06. 다음 중 원가에 대한 설명으로 옳지 않은 것은?

① 매몰원가 : 자원을 다른 대체적인 용도로 사용할 경우 얻을 수 있는 최대금액
② 회피불가능원가 : 의사결정과 무관하게 발생하여 회피할 수 없는 원가
③ 제품원가 : 판매를 목적으로 제조하는 과정에서 발생한 원가
④ 관련원가 : 여러 대안 사이에 차이가 있는 미래원가로서 의사결정에 직접적으로 관련되는 원가

07. 매출원가율이 매출액의 75%일 때, 다음 자료를 이용하여 기초재공품 가액을 계산하면 얼마인가?

• 당기매출액 : 20,000,000원	• 기초재공품 : ?	• 기말재공품 : 2,200,000원
• 직접재료원가 : 3,200,000원	• 직접노무원가 : 4,500,000원	• 제조간접원가 : 4,000,000원
• 기초제품 : 3,000,000원	• 기말제품 : 2,800,000원	

① 5,300,000원　② 11,700,000원　③ 14,800,000원　④ 17,000,000원

08. 다음 중 표준원가계산에 대한 설명으로 옳지 않은 것은?

① 표준원가를 기초로 한 예산과 실제원가를 기초로 한 실제 성과와의 차이를 비교하여 성과평가에 이용할 수 있다.
② 원가흐름의 가정이 필요 없어 제품원가계산 및 회계처리가 신속하다.
③ 조업도 차이는 변동제조간접원가 차이분석 시 확인할 수 있다.
④ 외부보고용 재무제표를 작성할 때에는 표준원가를 실제원가로 수정하여야 한다.

09. ㈜세무는 직접노무시간을 기준으로 제조간접원가를 배부하고 있다. 해당 연도 초 제조간접원가 예상액은 3,000,000원이고 예상 직접노무시간은 10,000시간이다. 실제 직접노무시간이 11,500시간일 경우 당기의 제조간접원가는 250,000원 과대배부라고 한다. 당기 말 현재 실제 제조간접원가 발생액은 얼마인가?

① 3,000,000원　② 3,200,000원　③ 3,250,000원　④ 3,700,000원

10. 다음 중 공손에 대한 설명으로 옳지 않은 것은?

① 정상공손은 제조원가(완성품원가 또는 기말재공품원가)에 포함된다.
② 비정상공손품은 발생 된 기간에 영업외비용으로 처리한다.
③ 공손품수량을 산정할 때는 원가 흐름의 가정과 상관없이 선입선출법에 의해 계산한다.
④ 정상공손은 능률적인 생산조건 하에서는 회피와 통제가 가능하다.

11. 다음 중 지급일이 속하는 달의 다음 달 말일까지 간이지급명세서를 제출하여야 하는 소득으로 옳지 않은 것은?

① 고용관계 없이 일시적으로 다수인에게 강연을 한 강연자에게 지급한 강연료
② 원천징수 대상 사업소득
③ 계약의 위약이나 해약으로 인하여 지급한 위약금과 배상금
④ 라디오를 통하여 일시적으로 해설·계몽을 하고 지급한 보수

12. 다음 중 법인세법상 소득처분 시 반드시 기타사외유출로 처분해야 하는 경우가 아닌 것은?

① 임대보증금 등의 간주익금
② 기업업무추진비 한도초과액의 손금불산입
③ 업무관련성 있는 벌금 및 과태료
④ 건설자금이자

13. 다음 중 소득세법상 주택임대소득에 대한 설명으로 옳지 않은 것은?

① 3주택 이상 소유자로서 보증금 합계액이 1억원 이상인 경우 간주임대료 수입금액이 발생한다.
② 총수입금액이 2천만원 이하인 주택임대소득은 분리과세와 종합과세를 선택할 수 있다.
③ 임대주택이 등록요건을 모두 충족하였다면 분리과세 적용 시 필요경비는 총수입금액의 60%를 적용한다.
④ 주택 수는 본인과 배우자의 주택을 합하여 계산한다.

14. 다음 중 부가가치세법상 세금계산서에 대한 설명으로 틀린 것은?

① 매입자가 거래사실을 관할세무서장의 확인을 받아 세금계산서를 발급하고 매입세액공제를 받으려면 재화 또는 용역의 공급시기가 속하는 과세기간의 종료일로부터 1년 이내에 신청해야 한다.
② 예정부과기간(1월 1일~6월 30일)에 세금계산서를 발급한 간이과세자는 7월 25일까지 예정부과기간의 과세표준과 납부세액을 사업장 관할세무서장에게 신고하여야 한다.
③ 대가 수령 전에 세금계산서를 발급하더라도 동일 과세기간 내에 공급시기가 도래한다면 적법한 세금계산서로 인정된다.
④ 모든 간이과세자는 부가가치세의 납세의무 중 일부만 부담하므로 세금계산서 발급도 허용되지 않는다.

15. 다음 중 부가가치세법상 매입세액공제가 가능한 거래는 무엇인가?

① 직원들의 교육을 위한 도서 구입대금
② 출퇴근 시 사용하는 법인명의 2,500cc 5인승 승용차에 대한 유류비
③ 기존 건물을 철거하고 토지만을 사용할 목적으로 건물이 있는 토지를 취득한 경우 철거한 건물의 취득 및 철거비용
④ 직원 명의의 신용카드로 구입한 경리부서의 사무용품비

실 무

㈜한둘상사(1170)는 제조 · 도소매업을 영위하는 중소기업이며, 당기 회계기간은 20x1.1.1.~20x1.12.31.이다. 전산세무회계 수험용 프로그램을 이용하여 다음 물음에 답하시오.

〈 기 본 전 제 〉

- 문제에서 한국채택국제회계기준을 적용하도록 하는 전제조건이 없는 경우, 일반기업회계기준을 적용하여 회계처리 한다.
- 문제의 풀이와 답안작성은 제시된 문제의 순서대로 진행한다.

〈 입력 시 유의사항 〉

- 일반적인 적요의 입력은 생략하지만, 타계정 대체거래는 적요 번호를 선택하여 입력한다.
- 세금계산서 · 계산서 수수 거래 및 채권·채무 관련 거래는 별도의 요구가 없는 한 반드시 기등록된 거래처코드를 선택하는 방법으로 거래처명을 입력한다.
- 제조경비는 500번대 계정코드를, 판매비와관리비는 800번대 계정코드를 사용한다.
- 회계처리 시 계정과목은 등록된 계정과목 중 가장 적절한 과목으로 한다.
- 매입매출전표를 입력하는 경우 입력화면 하단의 분개까지 처리하고, 세금계산서 및 계산서는 전자 여부를 입력하여 반영한다.

문제 1 다음 거래에 대하여 적절한 회계처리를 하시오. (12점)

[1] 03월 10일 ㈜세명전기로부터 전기 원재료 매입 시 발생한 외상매입금 전액을 당좌수표를 발행하여 지급하였다(외상매입금을 조회하여 입력할 것). (3점)

[2] 04월 06일　당사는 면세사업에 사용하기 위하여 ㈜상희로부터 에어컨(비품)을 외상으로 구입하고, 설치비용은 330,000원(부가가치세 포함)을 현금으로 지급하였다. 전자세금계산서는 관련 거래 전부에 대해 아래와 같이 일괄 발급받았다. (3점)

전자세금계산서					승인번호	20240406-25457932-64411851			
공급자	등록번호	123-81-56785	종사업장번호		공급받는자	등록번호	308-81-27431	종사업장번호	
	상호(법인명)	㈜상희	성명	강연희		상호(법인명)	㈜한둘상사	성명	정수란
	사업장주소	서울특별시 서초구 방배로 123				사업장주소	경상북도 경주시 내남면 포석로 112		
	업태	도소매	종목	에어컨 외		업태	제조	종목	전자부품 외
	이메일					이메일			
						이메일			

작성일자	공급가액	세액	수정사유	비고
20x1.04.06	2,300,000	230,000		

월	일	품목	규격	수량	단가	공급가액	세액	비고
4	6	에어컨				2,000,000	200,000	
4	6	설치비용				300,000	30,000	

합계금액	현금	수표	어음	외상미수금	위 금액을 (청구) 함
2,530,000	330,000			2,200,000	

[3] 05월 30일　리스자산(기계장치)의 운용리스계약이 만료되어 리스자산(기계장치)을 인수하고 아래의 전자계산서를 발급받았다. 인수대금은 17,000,000원이고 리스보증금(계정과목 : 기타보증금) 20,000,000원에서 충당하기로 하였으며 잔액은 보통예금 계좌로 입금되었다. (3점)

전자계산서					승인번호	20240530-15454645-58811886			
공급자	등록번호	111-85-98761	종사업장번호		공급받는자	등록번호	308-81-27431	종사업장번호	
	상호(법인명)	㈜라임파이낸셜	성명	김라임		상호(법인명)	㈜한둘상사	성명	정수란
	사업장주소	서울특별시 관악구 신림동				사업장주소	경상북도 경주시 내남면 포석로 112		
	업태	금융업	종목	리스		업태	제조	종목	전자부품 외
	이메일					이메일			
						이메일			

작성일자	공급가액	수정사유	비고
20x1.05.30.	17,000,000	해당 없음	

월	일	품목	규격	수량	단가	공급가액	비고
5	30	기계장치		1	17,000,000	17,000,000	

합계금액	현금	수표	어음	외상미수금	위 금액을 (　) 함

[4] 08월 20일 당사가 지분을 소유한 ㈜세무사랑이 중간배당을 하기로 이사회 결의를 하고, 배당금 12,000,000원을 결의한 날에 보통예금 계좌로 입금받았다(원천세는 고려하지 않음). (3점)

문제 2 **다음 주어진 요구사항에 따라 부가가치세신고서 및 부속서류를 작성하시오. (10점)**

[1] 다음의 자료만을 이용하여 20x1년 제2기 확정신고기간(20x1.10.01.~20x1.12.31.)에 대한 [재활용폐자원세액공제신고서]를 작성하시오. (4점)

거래일자	공급자	거래 구분	품명	건수	매입가액
20x1.10.10.	김정민(830715 – 1234563)	영수증	폐유	1	20,000,000원
20x1.11.10.	이수진(840918 – 2034561)	영수증	폐유	1	30,000,000원
20x1.10.15.	전진유통(156 – 61 – 00207)	세금계산서	트럭 (고정자산)	1	80,000,000원 (부가세 별도)
20x1.12.15.	꼬꼬치킨(301 – 33 – 12348)	세금계산서	폐유	1	60,000,000원 (부가세 별도)

- 위에서 제시된 자료 이외에는 무시하기로 한다.
- 재활용폐자원세액공제를 받기 위한 공급자 요건은 모두 충족한다.
- 20x1년 제2기 확정신고기간에 대한 매출공급가액은 135,000,000원이다.(제2기 예정신고기간의 관련 매출액 및 매입액은 없다고 가정한다.)

[2] 다음 자료를 이용하여 20x1년 제2기 부가가치세 예정신고기간(20x1.07.01.~20x1.09.30.)의 [신용카드매출전표등수령명세서]를 작성하시오. (4점)

거래일자	거래처명 (사업자등록번호)	공급가액	거래목적	과세유형	비고
7월 20일	아트문구 (120-11-12349)	550,000원	사무용품 구입	일반과세자	현금영수증
8월 10일	㈜현대자동차 (621-81-96414)	300,000원	업무용승합차 엔진오일교환(주1)	일반과세자	대표이사 개인신용카드(주2)
8월 31일	㈜하나식당 (321-81-02753)	220,000원	영업부서 직원 회식비용	간이과세자 (세금계산서 발급가능)	법인카드(주3) 결제
9월 10일	㈜아남전자 (123-81-23571)	1,100,000원	영업부서 노트북구입	일반과세자	세금계산서 수취분 법인카드(주3) 결제

(주1) 업무용승합차는 11인승으로 개별소비세 과세대상이 아니다.
(주2) 대표이사 개인신용카드(국민카드 1230-4578-9852-1234)이다.
(주3) 법인카드(국민카드 5678-8989-7878-5654)이다.

[3] 20x1년 제1기 부가가치세 예정(20x1.01.01.~20x1.03.31.) 신고서를 작성, 마감하여 전자신고를 수행하시오(단, 저장된 데이터를 불러와 사용할 것). (2점)

1. 부가가치세 신고서와 관련 부속서류는 작성되어 있다.
2. [전자신고] → [국세청 홈택스 전자신고변환(교육용)] 순으로 진행한다.
3. [전자신고] 메뉴의 [전자신고제작] 탭에서 신고인구분은 2.납세자 자진신고를 선택하고, 비밀번호는 "12345678"로 입력한다.
4. [국세청 홈택스 전자신고변환(교육용)] → 전자파일변환(변환대상파일선택) → 찾아보기에서 전자신고용 전자파일을 선택한다.
5. 전자신고용 전자파일 저장경로는 로컬디스크(C:)이며, 파일명은 "enc작성연월일.101.v3088127431"이다.
6. 형식검증하기 → 형식검증결과확인 → 내용검증하기 → 내용검증결과확인 → 전자파일제출 을 순서대로 클릭한다.
7. 최종적으로 전자파일 제출하기 를 완료한다.

문제 3 **다음의 결산정리사항을 입력하여 결산을 완료하시오. (8점)**

[1] 다음은 단기 투자 목적으로 보유하고 있는 단기매매증권 관련 자료이다. 결산일 현재 필요한 회계처리를 하시오. (2점)

- 20x1년 7월 6일 : 주당 10,000원에 주식 100주를 취득함.
- 20x1년 10월 31일 : 주당 공정가치 11,000원에 주식 55주를 처분함.
- 20x1년 12월 31일 : 주당 공정가치는 12,000원임.

[2] 당사는 1월 1일 제조공장에서 사용할 기계장치를 20,000,000원에 취득하였는데 취득 시 국고보조금 10,000,000원을 수령하였다. 해당 기계장치는 정액법(내용연수 5년, 잔존가치 없음)으로 월할 상각한다. (2점)

[3] 기말 현재 재고자산내역은 다음과 같다. 아래 자료를 근거로 결산 회계처리를 하시오(단, 제품에는 판매를 위탁하기 위하여 수탁자에게 보낸 후 판매되지 않은 적송품 12,000,000원이 제외되어 있음). (2점)

- 제품 : 13,000,000원
- 재공품 : 10,000,000원
- 원재료 : 7,000,000원

[4] 다음의 주어진 자료만을 참고하여 법인세비용에 대한 회계처리를 하시오. (2점)

1. 과세표준은 355,400,000원이고 세액감면과 세액공제는 없다.
2. 법인세율
   - 과세표준 2억원 이하 : 9%
   - 과세표준 2억원 초과 200억 이하 : 19%
   - 법인지방소득세는 법인세 산출세액의 10%로 한다.
3. 8월 31일 법인세 중간예납 시 당사는 아래와 같이 회계처리하였다.
   - (차) 선납세금 26,537,000원 (대) 보통예금 26,537,000원

문제 4 원천징수와 관련된 다음의 물음에 답하시오. (10점)

[1] 다음의 자료를 이용하여 '인적용역' 사업소득에 해당하는 경우, [사업소득자등록] 및 [사업소득자료입력] 메뉴를 작성하시오. 단, 귀속월은 20x1년 10월이며 지급연월일은 20x1년 11월 5일이다. (4점)

코드	성명	거주 구분	주민등록번호 (외국인등록번호)	지급내역	차인지급액(주)
201	김태민	거주/내국인	840219 - 1879526	영어 강사 강의료(학원 소속 강사)	3,384,500원
202	소준섭	거주/외국인(일본)	900719 - 5879869	일본어 강사 강의료(학원 소속 강사)	4,061,400원
203	박지원	거주/외국인(중국)	910808 - 6789558	강연료(일시 · 우발적 소득임)	2,900,160원

(주) 차인지급액은 소득세 및 개인지방소득세 공제 후 금액이며 정상 입금 처리되었다.

[2] 다음은 영업부 상용직 근로자 김해리 과장(사번 : 101, 퇴사일 : 20x1.08.31.)의 중도퇴사(개인사정에 따른 자발적 퇴직임)와 관련된 자료이다. 주어진 자료를 이용하여 김해리 과장의 8월 귀속 [급여자료입력], [퇴직소득자료입력]을 작성하시오. (4점)

1. 김해리 과장의 8월 급여 및 공제항목

- 기본급 : 3,400,000원
- 상여 : 800,000원
- 자가운전보조금 [비과세] : 200,000원
- 출산.보육수당(육아수당) [비과세] : 200,000원
- 국민연금 : 153,000원
- 건강보험 : 128,930원
- 장기요양보험 : 16,690원
- 고용보험 : 33,600원

2. 기타사항
   - 당사의 급여 지급일은 다음 달 15일이며 퇴직한 달의 소득세 등은 정산 후의 금액을 반영하기로 한다.
   - 김해리 과장은 4세의 자녀를 양육하고 있으나, 부양가족공제는 본인만 적용한다. 또한, 부녀자공제 대상이 아니며 주어진 자료만으로 퇴직정산을 한다.
   - 수당공제등록 입력 시, 미사용 수당에 대해서는 사용 여부를 '부'로 입력하고 미반영된 수당은 새로 입력한다.
   - 자가운전보조금과 출산.보육수당(육아수당)은 비과세 요건에 해당한다.
3. 퇴직금
   - 퇴직금 지급액은 13,000,000원이며 퇴직금 지급일은 20x1년 9월 15일로, 10,000,000원은 퇴직연금계좌로 지급하였고 나머지는 현금 지급하였다(단, 퇴직소득의 귀속시기는 8월로 한다).

연금계좌 취급자	사업자등록번호	계좌번호	입금일
미래투자증권	208 - 81 - 06731	291 - 132 - 716377	20x1.09.15.

[3] 다음 자료를 이용하여 [원천징수이행상황신고서]를 작성 및 마감하고, 국세청 홈택스에서 전자신고를 수행하시오(단, 제시된 자료 이외에는 없는 것으로 가정한다). (2점)

〈소득자료〉
(1) 6월 귀속 퇴직소득(6월 말 지급) : 퇴직자 2인에게 5,300,000원 지급(소득세 82,000원)
(2) 6월 귀속 사업소득(6월 말 지급) : 학원강사 1인에게 강사료 8,000,000원 지급(소득세 240,000원)
(3) 전월미환급세액 : 10,000원

〈유의사항〉
1. [전자신고] → [국세청 홈택스 전자신고변환(교육용)] 순으로 진행한다.
2. [전자신고] 메뉴의 [전자신고제작] 탭에서 신고인구분은 2.납세자 자진신고를 선택하고, 비밀번호는 자유롭게 입력한다.
3. [국세청 홈택스 전자신고변환(교육용)] → 전자파일변환(변환대상파일선택) → 찾아보기에서 전자신고용 전자파일을 선택한다.
4. 전자신고용 전자파일 저장경로는 로컬디스크(C :)이며, 파일명은 "작성연월일.01.t사업자등록번호"다.
5. 형식검증하기 → 형식검증결과확인 → 내용검증하기 → 내용검증결과확인 → 전자파일제출 을 순서대로 클릭한다.
6. 최종적으로 전자파일 제출하기 를 완료한다.

문제 5 **㈜사랑상회(1171)는 전자제품 등을 생산하고 제조 · 도매업 및 도급공사업을 영위하는 중소기업이며, 당해 사업연도는 20x1.1.1.~20x1.12.31.이다. [법인조정] 메뉴를 이용하여 기장되어 있는 재무회계 장부 자료와 제시된 보충자료에 의하여 해당 사업연도의 세무조정을 하시오. (30점) <u>※ 회사 선택 시 유의하시오.</u>**

[작성대상서식]

1. 재고자산(유가증권)평가조정명세서
2. 선급비용명세서
3. 미상각자산감가상각조정명세서, 감가상각비조정명세서합계표
4. 기부금조정명세서
5. 법인세과세표준및세액조정계산서, 최저한세조정계산서

[1] 다음 자료에 따라 [재고자산(유가증권)평가조정명세서]를 작성하고 재고자산별로 각각 세무조정을 하시오. (6점)

재고자산	수량	신고방법	평가방법	장부상 평가액 (단가)	총평균법 (단가)	후입선출법 (단가)	선입선출법 (단가)
제품 A	20,000개	선입선출법	총평균법	3,000원/개	3,000원/개	2,500원/개	2,200원/개
재공품 B	20,000개	총평균법	총평균법	1,500원/개	1,500원/개	1,800원/개	1,300원/개
원재료 C	25,000개	총평균법	후입선출법	2,300원/개	1,000원/개	2,300원/개	1,100원/개

① 회사는 사업 개시 후 2016년 1월 5일에 '재고자산 등 평가방법신고(변경신고)서'를 즉시 관할세무서장에게 제출하였다(제품, 재공품, 원재료 모두 총평균법으로 신고하였다).
② 20x1년 9월 15일 제품 A의 평가방법을 선입선출법으로 변경 신고하였다.
③ 20x1년 10월 25일 원재료 C의 평가방법을 후입선출법으로 변경 신고하였다.
※ 임의변경 시에는 재고자산평가조정명세서상에 당초 신고일을 입력하기로 한다.

[2] 다음 자료는 당기 보험료 내역이다. [선급비용명세서]를 작성하고, 보험료와 선급비용에 대하여 세무조정하시오(단, 기존에 입력된 데이터는 무시하고 제시된 자료만을 이용하여 계산하며, 세무조정은 각 건별로 할 것). (6점)

1. 당기 보험료 지출 내역

거래내용	지급액	거래처	보험기간	비고
공장화재보험	1,374,000원	KC화재	20x1.02.16.~20x2.02.16.	장부상 선급비용 110,000원을 계상함
자동차보험	798,420원	DG손해보험	20x1.05.27.~20x2.05.27.	운반 트럭에 대한 것으로 전액 보험료(제) 처리함
보증서보험	78,040원	서울보증보험	20x1.10.11.~20x4.10.10.	제조업과 관련 있으며 장부상 선급비용 미계상함

2. 자본금과적립금조정명세서(을)의 기초잔액은 324,165원으로 당기 기초금액이다. 해당 금액은 자동차보험과 관련된 것으로, 보험기간은 20x0.12.26.~20x1.05.26.이다.

[3] 불러온 데이터는 무시하고 다음의 자료만을 이용하여 기계장치를 [고정자산등록] 메뉴에 등록하여 [미상각자산감가상각조정명세서] 및 [감가상각비조정명세서합계표]를 작성하고 필요한 세무조정을 하시오. (6점)

1. 고정자산
   - 당사는 인건비 절감 및 시스템 자동화 구축을 위하여 기계장치[주1](자산코드 : 201, 자산명 : 과자분류기)를 2024년 11월 11일에 취득하였으며 2024년 12월 1일부터 해당 기계장치를 사용개시하였다.

   ※ (주1) 취득가액은 300,000,000원이다.

2. 전기(20x0년) 말 현재 자본금과적립금조정명세서

① 과목	② 기초잔액	당기중증감		⑤ 기말잔액
		③ 감소	④ 증가	
기계장치 감가상각비 한도초과액			11,275,000원	11,275,000원

3. 감가상각대상자산

자산코드	계정과목	품목	취득일자	취득가액	전기(20x0년)말 감가상각누계액	당기(20x1년) 감가상각비 계상액	경비구분
201	기계장치	과자 분류기	2024.11.11.	300,000,000원	22,550,000원	135,300,000원	제조

- 기계장치에 대한 지출액(자본적 지출의 성격) 14,735,000원(부가가치세 별도)을 당기(20x1년) 비용처리 하였다.
- 기계장치의 내용연수는 5년을 적용하고, 감가상각방법은 신고하지 않은 것으로 가정한다.
- 기말 재고자산은 없는 것으로 가정한다.

[4] 다음 자료를 이용하여 [기부금조정명세서]를 작성하고 필요한 세무조정을 하시오. (6점)

1. 당기 기부금 내역은 다음과 같다. 적요 및 기부처 입력은 무시하고, 당기 기부금이 아닌 경우 기부금 명세서에 입력하지 않는다.

일자	금액	지급 내역
1월 12일	8,000,000원	국립대학병원에 연구비로 지출한 기부금
5월 9일	500,000원	향우회 회비(대표이사가 속한 지역 향우회기부금)
9월 20일	1,000,000원	태풍으로 인한 이재민 구호금품
12월 5일	3,000,000원	S 종교단체 어음 기부금(만기일 : 20x2.01.10.)

2. 기부금 한도 계산과 관련된 자료는 다음과 같다.
   - 2023년도에 발생한 세무상 이월결손금 잔액 20,000,000원이 있다.
   - 기부금 관련 세무조정을 반영하기 전의 [법인세과세표준및세액조정계산서]상 차가감소득금액 내역은 아래와 같다(단, 당사는 중소기업이며, 불러온 자료는 무시하고 아래의 자료만을 이용할 것).

구분		금액
결산서상 당기순이익		250,000,000원
소득조정금액	익금산입	30,000,000원
	손금산입	18,000,000원
차가감소득금액		262,000,000원

[5] 불러온 자료는 무시하고 다음의 주어진 자료만을 이용하여 [법인세과세표준및세액조정계산서] 및 [최저한세조정계산서]를 작성하시오(단, 당사는 세법상 중소기업에 해당한다). (6점)

1. 손익계산서의 일부분이다.
   (1) 법인세차감전순이익 : 770,000,000원
   (2) 법인세등 : 170,000,000원
   (3) 당기순이익 : 600,000,000원
2. 소득금액조정합계표는 다음과 같다.

익금산입 및 손금불산입			손금산입 및 익금불산입		
법인세등	170,000,000원	기타사외유출	업무용승용차 감가상각비	5,000,000원	△유보
대손충당금 한도초과액	63,000,000원	유보			
벌과금등	3,000,000원	기타사외유출			
업무용승용차 업무미사용분	7,000,000원	상여			
합계	243,000,000원		합계	5,000,000원	

3. 기부금과 관련된 내역은 다음과 같이 가정하기로 한다.
   (1) 기부금 한도초과액 : 20,000,000원
   (2) 기부금 한도초과 이월액 손금산입액 : 8,000,000원
4. 납부할 세액 및 차감납부세액 계산 시 고려사항
   (1) 통합고용증대세액공제 : 91,500,000원(최저한세 대상)
   (2) 법인세법상 가산세 : 850,000원
   (3) 법인세 중간예납세액 : 21,000,000원
   (4) 이자소득에 대한 원천납부세액 : 3,800,000원
   (5) 최대한 많은 금액을 분납으로 처리하도록 한다.

이론과 실무문제의 답을 모두 입력한 후 「답안저장(USB로 저장)」을 클릭하여 저장하고, USB메모리를 제출하시기 바랍니다.

제117회 전산세무1급 답안 및 해설

이 론

1	2	3	4	5	6	7	8	9	10	11	12	13	14	15
③	③	①	②	④	①	①	③	②	④	③	④	①	④	④

01. 재무제표의 중요한 항목은 본문이나 주석에 구분하여 표시하며, **중요하지 않은 항목은 성격이나 기능이 유사한 항목으로 통합하여 표시**할 수 있다.

02. 단기매매증권은 최초 인식 시 공정가치로 측정하고, **후속 측정 시에도 공정가치로 평가**한다.

03. 매출원가 = 매출액(78,000,000) × [1 - 매출총이익률(10%)] = 70,200,000원

재고자산

기초	23,000,000	매출원가	70,200,000
순매입액	56,000,000	**기말**	**8,800,000**
계	79,000,000	계	79,000,000

∴ 재고자산 피해액 = 장부상 재고(8,800,000) - 실제 재고(1,800,000) = 7,000,000원

04. **비화폐성 항목에서 발생한 손익을 기타포괄손익으로 인식**하는 경우 그 **손익에 포함된 환율변동 효과도 기타포괄손익으로 인식**한다.

05. **확정기여형 퇴직급여 제도**에서는 운용에 관한 내용은 모두 **종업원이 결정하고 책임**진다.

06. ① 기회원가(기회비용)에 대한 설명이다.

07. 매출원가 = 매출액(20,000,000) × 매출원가율(75%) = 15,000,000원

당기총제조원가 = 직 · 재(3,200,000) + 직 · 노(4,500,000) + 제 · 간(4,000,000) = 11,700,000원

재고자산(재공품 + 제품)

기초재고(재공품 + 제품)	?? + 3,000,000	**매출원가**	**15,000,000**
당기총제조원가	11,7000,000	기말재고(재공품 + 제품)	2,200,000 + 2,800,000
합 계	20,000,000	합 계	20,000,000

∴ 기초재공품 = 5,300,000원

08. **조업도차이는 고정제조간접원가에서만 발생**한다.

09. 예정배부율 = 예상제조간접원가(3,000,000)/예상직접노무시간(10,000) = 300원/시간

예정배부액 = 실제 직접노무시간(11,500) × 예정배부율(300) = 3,450,000원

실제 제조간접원가 = 예정배부액(3,450,000) - 250,000원(과대배부) = 3,200,000원

10. **정상공손은 능률적인 생산조건 하에서는 회피와 통제가 불가능**하다.

11. 계약의 위약이나 해약으로 인하여 지급하는 **위약금과 배상금은 지급일이 속하는 연도의 다음 연도 2월 말일까지 지급명세서를 제출하는 기타소득**이다.

12. 건설자금이자는 유보로 처분한다.

13. **3주택 이상 소유자로서 보증금 합계액이 3억원을 초과하는 경우 간주임대료 수입금액**이 발생한다.

14. **연간 공급대가가 4,800만원 이상인 간이과세자는 세금계산서 발급이 가능**하다.

15. ① 도서는 면세재화이므로 부가가치세액이 없다.
② 개별소비세 과세대상 승용차의 매입세액이므로 매입세액 불공제한다.
③ 신규로 건물이 있는 토지를 취득하고 토지만을 사용하기 위하여 건물을 철거하는 경우 건물의 취득 및 철거 관련 비용의 매입세액은 불공제한다.

실 무

문제 1 전표입력

[1] 일반전표입력(03/10)

(차)	외상매입금(㈜세명전기)	50,000,000원	(대)	당좌예금	50,000,000원

[2] 매입매출전표 입력(04/06)

유형: 54.불공, 공급가액: 2,300,000 원, 부가세: 230,000 원, 공급처명: ㈜상희, 전자: 여, 분개: 혼합
불공제사유 : ⑤면세사업 관련

(차)	비품	2,530,000원	(대)	미지급금	2,200,000원
				현금	330,000원

[3] 매입매출전표입력(05/30)

유형: 53.면세, 공급가액: 17,000,000 원,부가세: 0 원, 공급처명: ㈜라임파이낸셜, 전자: 여, 분개: 혼합

(차)	기계장치	17,000,000원	(대)	기타보증금	20,000,000원
	보통예금	3,000,000원			

[4] 일반전표입력(08/20)

(차)	보통예금	12,000,000원	(대)	배당금수익	12,000,000원

문제 2 부가가치세

[1] [재활용폐자원세액공제신고서](10~12월)

1. 세액공제 대상입력(영수증 수취분만 대상)

No	□	(24)공급자 성명 또는 거래처 상호(기관명)	(24)공급자 주민등록번호또는 사업자등록번호	거래구분	(25)구분코드	(26)건수	(27)품명	(28)수량	(29)차량번호	(30)차대번호	(31)취득금액	(32)공제율	(33)공제액((31)*(32))	취득일자
1	□	김정민	830715-1234563	1.영수증	2.기타재활용폐자원	1	폐유	1			20,000,000	3/103	582,524	20x1-10-10
2	□	이수진	840918-2034561	1.영수증	2.기타재활용폐자원	1	폐유	1			30,000,000	3/103	873,786	20x1-11-10

2. 한도계산

재활용폐자원 매입세액공제 관련 신고내용(이 란은 확정신고시 작성하며, 중고자동차(10/110)의 경우에는 작성하지 않습니다.) 불러오기

매출액			대상액한도계산		당기매입액			(16)공제가능한 금액(=(12)-(14))
(8)합계	(9)예정분	(10)확정분	(11)한도율	(12)한도액	(13)합계	(14)세금계산서	(15)영수증 등	
135,000,000		135,000,000	80%	108,000,000	110,000,000	60,000,000	50,000,000	48,000,000

(17)공제대상금액(=(15)과 (16)의 금액중 적은 금액)	공제대상세액		이미 공제받은 세액			(23)공제(납부)할세액(=(19)-(20))	{참고}10/110 공제액합계
	(18)공제율	(19)공제대상세액	(20)합계	(21)예정신고분	(22)월별조기분		
48,000,000	3/103	1,398,058				1,398,058	

☞재활용폐자원세액공제 한도액 계산 시 차감하는 세금계산서 매입액은 세금계산서를 발급받고 매입한 재활용폐자원 매입가액(폐유)만을 차감한다.

[2] 신용카드매출전표등수령명세서(7월~9월)

- 8월 10일 : 업무용승합차 관련 경비는 신용카드매입세액공제 대상이다.
- 8월 31일 : 매입처가 간이과세자(세금계산서 발급 가능)이면 신용카드매입세액공제 대상이다.
- 9월 10일 : 세금계산서 수취분 법인카드 결제 건은 매입세금계산서 공제를 받으므로 [신용카드매출전표등수령명세서]에는 작성하지 않는다.

2. 신용카드 등 매입내역 합계

구분	거래건수	공급가액	세액
합 계	3	1,070,000	107,000
현금영수증	1	550,000	55,000
화물운전자복지카드			
사업용신용카드	1	220,000	22,000
그 밖의 신용카드	1	300,000	30,000

3. 거래내역입력

No	□	월/일	구분	공급자	공급자(가맹점) 사업자등록번호	카드회원번호	그 밖의 신용카드 등 거래내역 합계 거래건수	공급가액	세액
1	□	07-20	현금	아트문구	120-11-12349		1	550,000	55,000
2	□	08-10	신용	(주)현대자동차	621-81-96414	1230-4578-9852-1234	1	300,000	30,000
3	□	08-31	사업	(주)하나식당	321-81-02753	5678-8989-7878-5654	1	220,000	22,000
				합계			3	1,070,000	107,000

[3] 부가가치세 1기 예정 전자신고(1~3월)

1. [부가가치세 신고서] 작성(1월~3월) 후 마감

구분				정기신고금액 금액	세율	세액
과세표준및매출세액	과세	세금계산서발급분	1	139,196,318	10/100	13,919,631
		매입자발행세금계산서	2		10/100	
		신용카드·현금영수증발행분	3		10/100	
		기타(정규영수증외매출분)	4			
	영세	세금계산서발급분	5		0/100	
		기타	6		0/100	
	예정신고누락분		7			

구분				금액	세율	세액
7.매출(예정신고누락분)						
예정누락분	과세	세금계산서	33		10/100	
		기타	34		10/100	
	영세	세금계산서	35		0/100	
		기타	36		0/100	
	합계		37			
12.매입(예정신고누락분)						
	세금계산서		38			

2. 전자신고 제작 (2.납세자 자진신고 체크 후 제작)

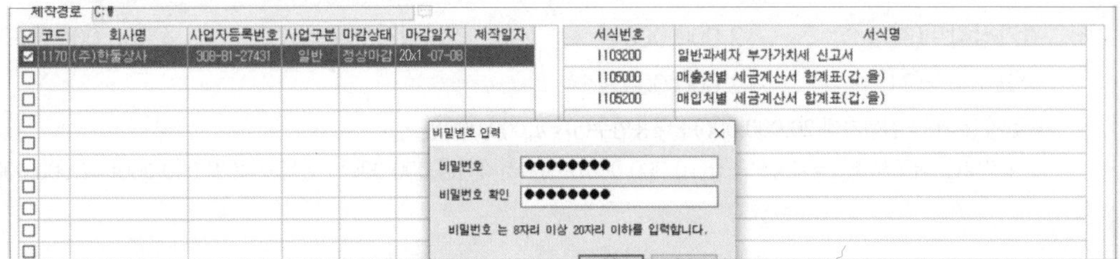

3. 국세청 홈택스 전자신고 변환

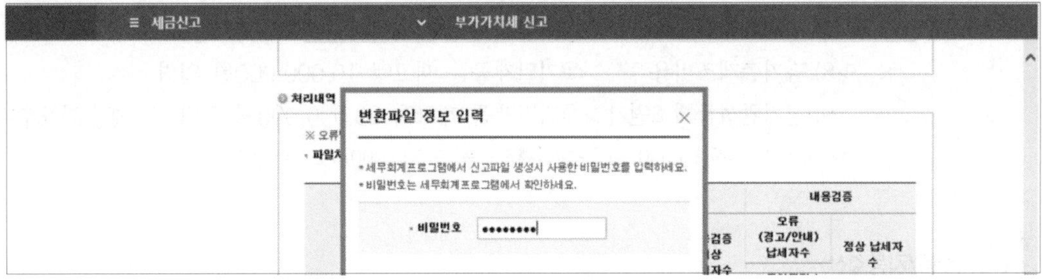

4. 변환파일 제출

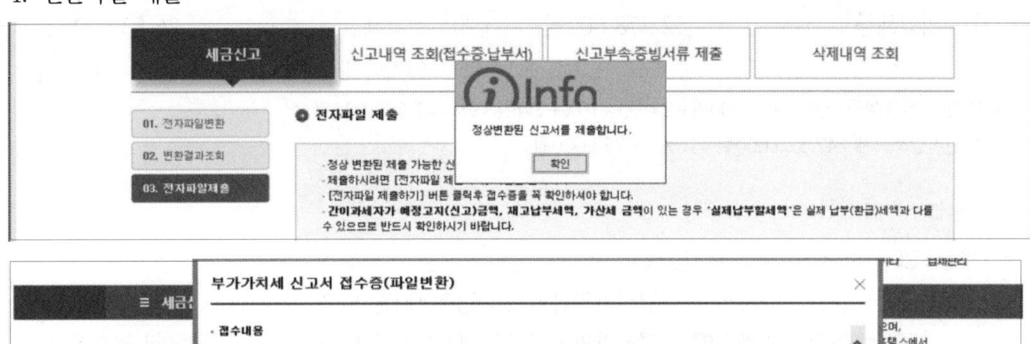

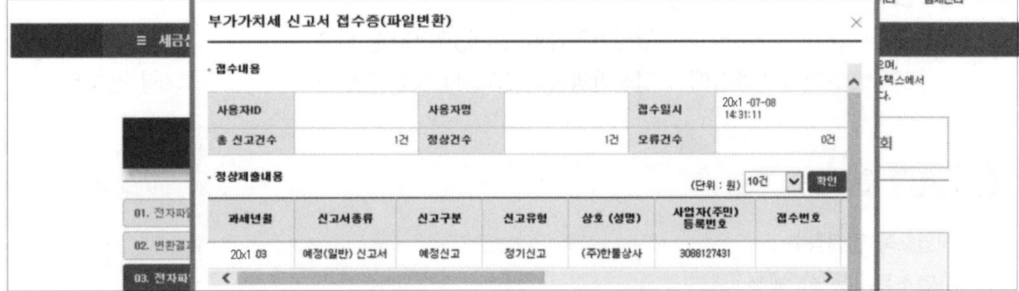

문제 3 결산

[1] 〈수동결산〉

(차) 단기매매증권 90,000원 (대) 단기매매증권평가이익 90,000원

☞평가손익 = [공정가치(12,000) - 취득가액(10,000)] × 45주 = 90,000원(이익)

[2] 〈수동결산〉

(차)	감가상각비(제)	2,000,000원	(대)	감가상각누계액(207)	4,000,000원
	국고보조금(217)	2,000,000원			

☞**감가상각비 = 취득가액(20,000,000) ÷ 내용연수(5) = 4,000,000원**

제거되는 국고보조금 = 국고보조금(10,000,000) × 감가상각비(4,000,000) ÷ 취득가액(20,000,000) = 2,000,000원

[3] 〈자동결산〉

>기간 : 20x1년 1월~20x1년 12월

>2.매출원가 >1).원재료비 >⑩기말원재료 재고액 7,000,000원 입력

>8).당기총제조비용 >⑩기말재공품 재고액 10,000,000원 입력

>9).당기완성품제조원가 >⑩기말제품 재고액 25,000,000원 입력 >F3 전표추가

☞**제품 = 기말제품(13,000,000) + 미판매적송품(12,000,000) = 25,000,000원**

[4] 〈수동/자동결산〉

1. 〈수동결산〉

(차)	법인세등	52,278,600원	(대)	선납세금	26,537,000원
				미지급세금	25,741,600원

☞**법인세 산출세액 = (355,400,000원 - 2억원) × 19% + 2억원 × 9% = 47,526,000원**

법인지방소득세 : 47,526,000원 × 10% = 4,752,600원

2. 또는 〈자동결산〉

>기간 : 20x1년 1월~20x1년 12월

>9.법인세등 >1).선납세금 >결산반영금액 26,537,000원 입력

>2).추가계상액 >결산반영금액 25,741,600원 입력 >F3 전표추가

문제 4 원천징수

[1] 사업소득 원천징수

1. [사업소득자등록] 메뉴

(1) 201.김태민

1.소 득 구 분	940903 학원강사 연 말 정 산 적 용 0 부
2.내 국 인 여부	1 내국인 (외국인 국적 등록번호)
3.주민 등록 번호	840219-1879526
4.거 주 구 분	1 거 주 ※ 비거주자는 기타소득에서 입력하십시오.
5.사업자등록번호	※ 소득구분 851101-병의원 필수입력사항
6.상 호	
7.은 행 코 드	계좌번호 예금주

(2) 202. 소준섭

1.소 득 구 분	940903 학원강사 연 말 정 산 적 용 0 부
2.내 국 인 여부	2 외국인 (외국인 국적 JP 일본 등록번호 9007195879869)
3.주민 등록 번호	
4.거 주 구 분	1 거 주 ※ 비거주자는 기타소득에서 입력하십시오.
5.사업자등록번호	※ 소득구분 851101-병의원 필수입력사항
6.상 호	
7.은 행 코 드	계좌번호 예금주

(3) 박지원 : 일시우발적 소득이므로 기타소득자에 해당한다.

2. [사업소득자료입력] 메뉴 지급년월일 11월 5일

(1) 201.김태민

귀속년월		지급(영수)			지급액	세율(%)	소득세	지방소득세	학자금상환	차인지급액
년	월	년	월	일						
20x1	10	20x1	11	05	3,500,000	3	105,000	10,500		3,384,500

(2) 202. 소준섭

귀속년월		지급(영수)			지급액	세율(%)	소득세	지방소득세	학자금상환	차인지급액
년	월	년	월	일						
20x1	10	20x1	11	05	4,200,000	3	126,000	12,600		4,061,400

[2] 중도퇴사(김해리)

1. 수당등록

8	2001	비과세	출산.보육수당(육아수	출산.보육수당(육이	Q01	(월)200,000	정기	부	여

2. [급여자료입력] 귀속년월 8월, 지급년월일 9월 15일→중도퇴사자 퇴직정산을 반영한다.

급여항목	금액	공제항목	금액
기본급	3,400,000	국민연금	153,000
상여	800,000	건강보험	128,930
자가운전보조금	200,000	장기요양보험	16,690
출산.보육수당(육아수당)	200,000	고용보험	33,600
		소득세(100%)	
		지방소득세	
		농특세	
		중도정산소득세	-425,440
		중도정산지방소득세	-42,500
과세	4,200,000		
비과세	400,000	공제총액	-135,720
지급총액	4,600,000	차인지급액	4,735,720

• 중도퇴사자 퇴직정산을 반영한다.

3. [퇴직소득자료입력] 지급년월 9월, 1.근로, 영수일자(지급일) 9월 15일

	중간지급등		최종	
근무처명			(주)한둘상사	
등록번호/퇴직사유	___-__-_____		308-81-27431	자발적 퇴직
기산일/입사일	____/__/__	____/__/__	2020/06/11	2020/06/11
퇴사일/지급일	____/__/__	____/__/__	2025/08/31	2025/09/15
근속월수			63	
제외월수				
가산월수				
과세퇴직급여			13,000,000	
비과세퇴직급여				
세액공제				
소득세			11,070	
지방소득세			1,100	
학자금상환액				

과세이연계좌명세

No	□	연금계좌취급자	사업자등록번호	계좌번호	입금일	38.계좌입금액
1	□	미래투자증권	208-81-06731	291-132-716377	2025-09-15	10,000,000
2	□					

☞ 소득세 등은 자동 계산되어집니다.

[3] 전자신고

1. [원천징수이행상황신고서] 작성 후 마감(귀속기간 6월, 지급기간 6월, 1.정기신고)

원천징수명세및납부세액 | 원천징수이행상황신고서 부표 | 원천징수세액환급신청서 | 기납부세액명세서 | 전월미환급세액 조정명세서 | 차월이월환급세액 승계명세

소득자	소득구분		코드	소득지급		징수세액			당월조정 환급세액	납부세액	
				인원	총지급액	소득세 등	농어촌특별세	가산세		소득세 등	농어촌특별세
개인 거주자 비	근로소득	간이세액	A01								
		중도퇴사	A02								
		일용근로	A03								
		연말정산	A04								
		(분납신청)	A05								
		(납부금액)	A06								
		가 감 계	A10								
	퇴직소득	연금계좌	A21								
		그 외	A22	2	5,300,000	82,000					
		가 감 계	A20	2	5,300,000	82,000			10,000	72,000	
	사업소득	매월징수	A25	1	8,000,000	240,000					
		연말정산	A26								
		가 감 계	A30	1	8,000,000	240,000				240,000	

전월 미환급 세액의 계산			당월 발생 환급세액				18.조정대상환급(14+15+16+17)	19.당월조정 환급세액계	20.차월이월 환급세액	21.환급신청액
12.전월미환급	13.기환급	14.차감(12-13)	15.일반환급	16.신탁재산	금융회사 등	합병 등				
10,000		10,000					10,000	10,000		

2. 전자신고파일 제작

3. 국세청 홈택스 전자신고 변환 및 제출

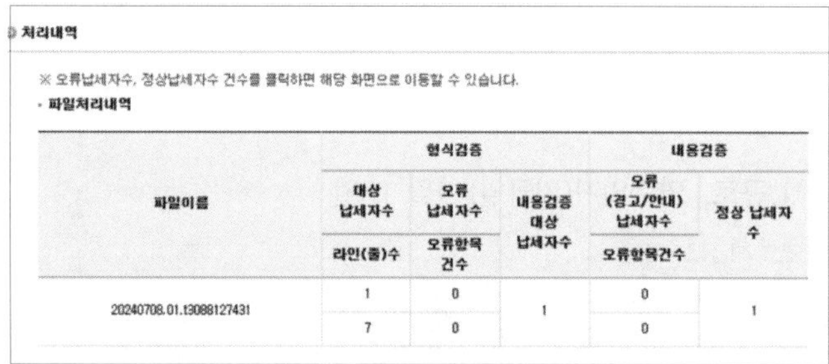

처리내역

※ 오류납세자수, 정상납세자수 건수를 클릭하면 해당 화면으로 이동할 수 있습니다.

· 파일처리내역

파일이름	형식검증		내용검증 대상 납세자수	내용검증	
	대상 납세자수 / 라인(줄)수	오류 납세자수 / 오류항목 건수		오류(경고/안내) 납세자수 / 오류항목건수	정상 납세자수
20240708.01.t3088127431	1	0	1	0	1
	7	0		0	

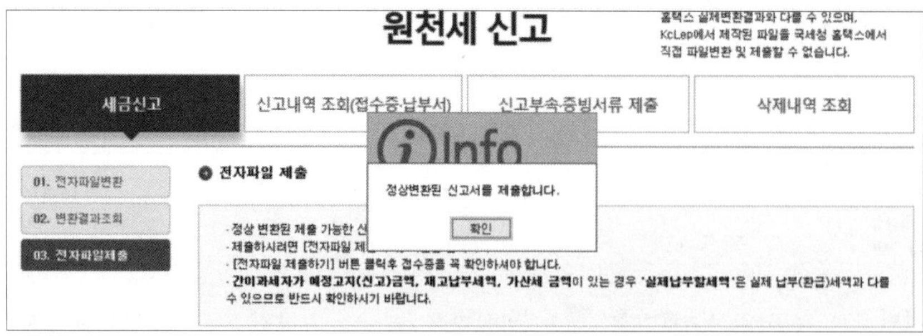

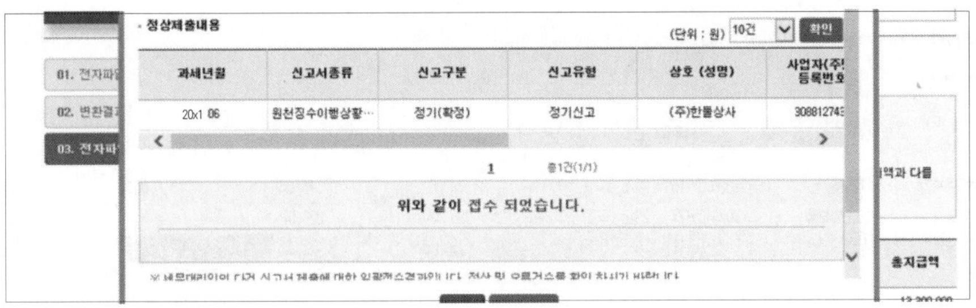

과세년월	신고서종류	신고구분	신고유형	상호 (성명)	사업자(주민)등록번호
20x1 06	원천징수이행상황…	정기(확정)	정기신고	(주)한볼상사	30881274…

위와 같이 접수 되었습니다.

문제 5 세무조정

[1] 재고자산평가조정명세서

1. [재고자산(유가증권)평가조정명세서]

1 1. 재고자산 평가방법 검토

1.자산별	2.신고일	3.신고방법	4.평가방법	5.적부	6.비고
제 품 및 상 품	20x1-09-15	02:선입선출법	04:총평균법	×	
반제품및재공품	2016-01-05	04:총평균법	04:총평균법	○	
원 재 료	2016-01-05	04:총평균법	03:후입선출법	×	
저 장 품					
유가증권(채권)					
유가증권(기타)					

	계산근거	평가액(천원)		세무조정
		장부상	세법상	
제품	임의변경에 해당함. MAX[①선입선출법,②총평균법]	60,000	44,000	**〈손금산입〉 제품 평가증 16,000,000(△유보)**
재공품	총평균법	30,000	30,000	
원재료	임의변경에 해당함. MAX[①선입선출법,②총평균법]	57,500	27,500	**〈손금산입〉 원재료 평가증 30,000,000(△유보)**

2 2. 평가조정 계산

No	7.과목		8.품명	9.규격	10.단위	11.수량	회사계산(장부가)		조정계산금액				18.조정액
									세법상신고방법		FIFO(무신고,임의변경시)		
	코드	과목명					12.단가	13.금액	14.단가	15.금액	16.단가	17.금액	
1	0150	제품				20,000.0000	3,000.0000	60,000,000	2,200.0000	44,000,000	2,200.0000	44,000,000	-16,000,000
2	0169	재공품				20,000.0000	1,500.0000	30,000,000	1,500.0000	30,000,000			
3	0153	원재료				25,000.0000	2,300.0000	57,500,000	1,000.0000	25,000,000	1,100.0000	27,500,000	-30,000,000

2. 세무조정

〈손 금 산 입〉 재고자산평가증(제품 A) 16,000,000원 (유보발생)

〈손 금 산 입〉 재고자산평가증(원재료 C) 30,000,000원 (유보발생)

[2] 선급비용명세서

1. [선급비용명세서]

계정구분	거래내용	거래처	대상기간		지급액	선급비용	회사계상액	조정대상금액
			시작일	종료일				
선급 보험료	공장화재보험	KC화재	2025-02-16	2026-02-16	1,374,000	176,442	110,000	66,442
선급 보험료	자동차보험	DG손해보험	2025-05-27	2026-05-27	798,420	320,676		320,676
선급 보험료	보증서보험	서울보증보험	2025-10-11	2028-10-10	78,040	72,201		72,201

2. 세무조정

〈손 금 산 입〉 전기 선급비용(또는 선급보험료) 324,165원 (유보감소)
〈손금불산입〉 선급비용(공장화재보험) 66,442원 (유보발생)
〈손금불산입〉 선급비용(자동차보험) 320,676원 (유보발생)
〈손금불산입〉 선급비용(보증서보험) 72,201원 (유보발생)

[3] 고정자산

〈기계장치(감가상각방법 미신고시 정률법)〉

세무상취득가액(A)		세무상 기초감가상각누계액(B)	
=기말 재무상태표상 취득가액 +즉시상각의제액(당기)	300,000,000 14,735,000	기초 재무상태표상 감가상각누계액 (−) 전기상각부인누계액	22,550,000 (11,275,000)
314,735,000		11,275,000	
미상각잔액(C=A−B)=303,460,000			
상각범위액(D)	세무상미상각잔액(C)×상각률(0.451)=136,860,460		
회사계상상각비(E)	135,300,000원(상각비)+14,735,000원(즉시상각)=150,035,000		
시부인액(D−E)	**부인액 13,174,540(손금불산입, 유보)**		

1. [고정자산등록] 메뉴(201. 과자분류기) 취득년월일 2024년 11월 11일

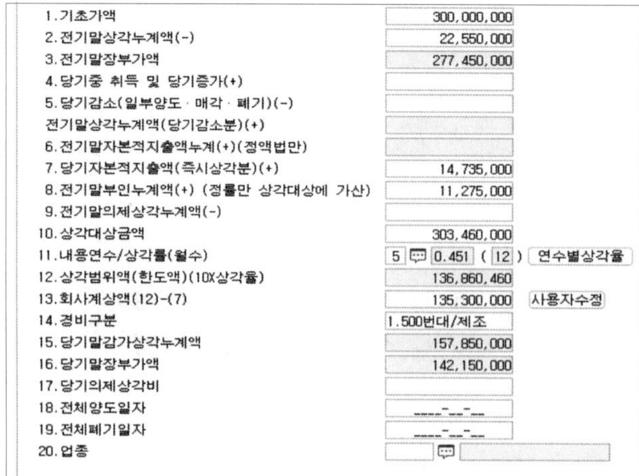

1.기초가액	300,000,000
2.전기말상각누계액(-)	22,550,000
3.전기말장부가액	277,450,000
4.당기중 취득 및 당기증가(+)	
5.당기감소(일부양도·매각·폐기)(-)	
전기말상각누계액(당기감소분)(+)	
6.전기말자본적지출액누계(+)(정액법만)	
7.당기자본적지출액(즉시상각분)(+)	14,735,000
8.전기말부인누계액(+) (정률만 상각대상에 가산)	11,275,000
9.전기말의제상각누계액(-)	
10.상각대상금액	303,460,000
11.내용연수/상각률(월수)	5 0.451 (12) 연수별상각율
12.상각범위액(한도액)(10X상각율)	136,860,460
13.회사계상액(12)-(7)	135,300,000 사용자수정
14.경비구분	1.500번대/제조
15.당기말감가상각누계액	157,850,000
16.당기말장부가액	142,150,000
17.당기의제상각비	
18.전체양도일자	____-__-__
19.전체폐기일자	____-__-__
20.업종	

2. [미상각자산감가상각조정명세서]

입력내용			금액	총계
업종코드/명				
합계표 자산구분		2. 기계장치		
(4)내용연수			5	
상각계산의 기초가액	재무상태표 자산가액	(5)기말현재액	300,000,000	300,000,000
		(6)감가상각누계액	157,850,000	157,850,000
		(7)미상각잔액(5)-(6)	142,150,000	142,150,000
	(8)회사계산감가상각비		135,300,000	135,300,000
	(9)자본적지출액		14,735,000	14,735,000
	(10)전기말의제상각누계액			
	(11)전기말부인누계액		11,275,000	11,275,000
	(12)가감계((7)+(8)+(9)-(10)+(11))		303,460,000	303,460,000
(13)일반상각률.특별상각률			0.451	
상각범위액계산	당기산출 상각액	(14)일반상각액	136,860,460	136,860,460
		(15)특별상각액		
		(16)계((14)+(15))	136,860,460	136,860,460
	취득가액	(17)전기말현재취득가액	300,000,000	300,000,000
		(18)당기회사계산증가액		
		(19)당기자본적지출액	14,735,000	14,735,000
		(20)계((17)+(18)+(19))	314,735,000	314,735,000
	(21) 잔존가액		15,736,750	15,736,750
	(22) 당기상각시인범위액		136,860,460	136,860,460
(23)회사계상상각액((8)+(9))			150,035,000	150,035,000
(24)차감액 ((23)-(22))			13,174,540	13,174,540
(25)최저한세적용에따른특별상각부인액				
조정액	(26) 상각부인액 ((24)+(25))		13,174,540	13,174,540
	(27) 기왕부인액중당기손금추인액			
(28) 당기말부인누계액 ((11)+(26)-|(27)|)			24,449,540	24,449,540
당기말	(29) 당기의제상각액 |△(24)|-|(27)|			

3. [감가상각비조정명세서합계표]

1.자 산 구 분		코드	2.합 계 액	유 형 자 산 3.건 축 물	유 형 자 산 4.기계장치	유 형 자 산 5.기타자산	6.무형자산
재무상태표 상가액	101.기말현재액	01	300,000,000		300,000,000		
	102.감가상각누계액	02	157,850,000		157,850,000		
	103.미상각잔액	03	142,150,000		142,150,000		
104.상각범위액		04	136,860,460		136,860,460		
105.회사손금계상액		05	150,035,000		150,035,000		
조정	106.상각부인액 (105-104)	06	13,174,540		13,174,540		
	107.시인부족액 (104-105)	07					

4. 세무조정

〈손금불산입〉 기계장치 감가상각비 한도초과 13,174,540원 (유보발생)

[4] 기부금조정명세서

1. [기부금조정명세서] 메뉴 → [기부금입력] 탭

1.기부금 입력 | 2.기부금 조정

1.기부금명세서 — 월별로 전환 | 구분만 별도 입력하기 | 유형별 정렬

구분 1.유형	구분 2.코드	3.과목	4.월일		5.적요	기부처 6.법인명등	기부처 7.사업자(주민)번호등	8.금액	비고
24조제2항제1호에	10	기부금	1	12	국립대학병원에 연구비로 지출한			8,000,000	
기타	50	기부금	5	9	향우회 회비 (대표이사가 속한			500,000	
24조제2항제1호에	10	기부금	9	20	태풍으로 인한 이재민 구호금품			1,000,000	

9.소계			
	가. 「법인세법」 제24조제2항제1호에 따른 특례기부금	코드 10	9,000,000
	나. 「법인세법」 제24조제3항제1호에 따른 일반기부금	코드 40	
	다. 〔조세특례제한법〕 제88조의4제13항의 우리사주조합 기부금	코드 42	
	라.그 밖의 기부금	코드 50	500,000
계			9,500,000

☞ 당기기부금만 입력하라고 제시하였으므로 어음기부금은 미입력한다.

2. [기부금조정명세서] 메뉴 → 2.소득금액 확정

2.소득금액확정 (새로 불러오기 / 수정)

1.결산서상 당기순이익	2.익금산입	3.손금산입	4.기부금합계	5.소득금액계(1+2-3+4)
250,000,000	33,500,000	18,000,000	9,000,000	274,500,000

3. [기부금조정명세서] 메뉴 → [기부금조정] 탭

1.기부금 입력 / 2.기부금 조정

1 1. 「법인세법」 제24조제2항제1호에 따른 특례기부금 손금산입액 한도액 계산			
1.소득금액 계	274,500,000	5.이월잔액 중 손금산입액 MIN[4,23]	
2.법인세법 제13조제1항제1호에 따른 이월 결손금 합계액(기준소득금액의 80% 한도)	20,000,000	6.해당연도지출액 손금산입액 MIN[(④-⑤)>0, ③]	9,000,000
3. 「법인세법」 제24조제2항제1호에 따른 특례기부금 해당 금액	9,000,000	7.한도초과액 [(3-6)>0]	
4.한도액 {[(1-2)> 0]X50%}	127,250,000	8.소득금액 차감잔액 [(①-②-⑤-⑥)>0]	245,500,000
2 2. 「조세특례제한법」 제88조의4에 따라 우리사주조합에 지출하는 기부금 손금산입액 한도액 계산			
9. 「조세특례제한법」 제88조의4제13항에 따른 우리사주조합 기부금 해당 금액		11. 손금산입액 MIN(9, 10)	
10. 한도액 (8×30%)	73,650,000	12. 한도초과액 [(9-10)>0]	
3 3. 「법인세법」 제24조제3항제1호에 따른 일반기부금 손금산입 한도액 계산			
13. 「법인세법」 제24조제3항제1호에 따른 일반기부금 해당금액		16. 해당연도지출액 손금산입액 MIN[(14-15)>0, 13]	
14. 한도액 ((8-11)x10%, 20%)	24,550,000	17. 한도초과액 [(13-16)>0]	
15. 이월잔액 중 손금산입액 MIN(14, 23)			

4 4.기부금 한도초과액 총액		
18. 기부금 합계액 (3+9+13)	19. 손금산입 합계 (6+11+16)	20. 한도초과액 합계 (18-19)=(7+12+17)
9,000,000	9,000,000	

5 5.기부금 이월액 명세

사업연도	기부금 종류	21.한도초과 손금불산입액	22.기공제액	23.공제가능 잔액(21-22)	24.해당연도 손금추인액	25.차기이월액 (23-24)
합계	「법인세법」 제24조제2항제1호에 따른 특례기부금					
	「법인세법」 제24조제3항제1호에 따른 일반기부금					

6 6. 해당 사업연도 기부금 지출액 명세

사업연도	기부금 종류	26.지출액 합계금액	27.해당 사업연도 손금산입액	28.차기 이월액(26-27)
합계	「법인세법」 제24조제2항제1호에 따른 특례기부금	9,000,000	9,000,000	
	「법인세법」 제24조제3항제1호에 따른 일반기부금			

4. 세무조정

〈손금불산입〉 향우회 회비 500,000원 (상 여)

〈손금불산입〉 S종교단체 어음 3,000,000원 (유보발생)

[5] 법인세과세표준세액조정계산서 및 최저한세 조정계산서

1. [법인세과세표준및세액조정계산서] 산출세액계산

구분	항목	코드	금액
① 각사업연도소득계산	101. 결산서상 당기순손익	01	600,000,000
	소득조정금액 102.익금산입	02	243,000,000
	소득조정금액 103.손금산입	03	5,000,000
	104. 차가감소득금액 (101+102-103)	04	838,000,000
	105. 기부금한도초과액	05	20,000,000
	106. 기부금한도초과 이월액 손금산입	54	8,000,000
	107. 각사업연도소득금액(104+105-106)	06	850,000,000
② 과세표준계산	108. 각사업연도소득금액 (108=107)		850,000,000
	109. 이월결손금	07	
	110. 비과세소득	08	
	111. 소득공제	09	
	112. 과세표준 (108-109-110-111)	10	850,000,000
	159. 선박표준이익	55	
③ 산출	113. 과세표준 (113=112+159)	56	850,000,000
	114. 세율	11	19%
	115. 산출세액	12	141,500,000

2. [최저한세조정계산서]

①구분		코드	②감면후세액	③최저한세	④조정감	⑤조정후세액
(101) 결 산 서 상 당 기 순 이 익		01	600,000,000			
소득조정금액	(102)익 금 산 입	02	243,000,000			
	(103)손 금 산 입	03	5,000,000			
(104) 조 정 후 소 득 금 액 (101+102-103)		04	838,000,000	838,000,000		838,000,000
최저한세적용대상 특 별 비 용	(105)준 비 금	05				
	(106)특별상각,특례상각	06				
(107) 특별비용손금산입전소득금액(104+105+106)		07	838,000,000	838,000,000		838,000,000
(108) 기 부 금 한 도 초 과 액		08	20,000,000	20,000,000		20,000,000
(109) 기부금 한도초과 이월액 손 금 산 입		09	8,000,000	8,000,000		8,000,000
(110) 각 사업 년 도 소 득 금 액 (107+108-109)		10	850,000,000	850,000,000		850,000,000
(111) 이 월 결 손 금		11				
(112) 비 과 세 소 득		12				
(113) 최저한세적용대상 비 과 세 소 득		13				
(114) 최저한세적용대상 익금불산입 · 손금산입		14				
(115) 차가감 소 득 금 액(110-111-112+113+114)		15	850,000,000	850,000,000		850,000,000
(116) 소 득 공 제		16				
(117) 최저한세적용대상 소 득 공 제		17				
(118) 과 세 표 준 금 액(115-116+117)		18	850,000,000	850,000,000		850,000,000
(119) 선 박 표 준 이 익		24				
(120) 과 세 표 준 금 액 (118+119)		25	850,000,000	850,000,000		850,000,000
(121) 세 율		19	19 %	7 %		19 %
(122) 산 출 세 액		20	141,500,000	59,500,000		141,500,000
(123) 감 면 세 액		21				
(124) 세 액 공 제		22	91,500,000		9,500,000	82,000,000
(125) 차 감 세 액 (122-123-124)		23	50,000,000			59,500,000

3. [법인세과세표준및세액조정계산서] 121.최저한세적용대상공제감면세액 82,000,000원

구분	항목		코드	금액
① 각사업연도소득계산	101. 결 산 서 상 당 기 순 손 익		01	600,000,000
	소 득 조 정 금 액	102.익 금 산 입	02	243,000,000
		103.손 금 산 입	03	5,000,000
	104. 차 가 감 소 득 금 액 (101+102-103)		04	838,000,000
	105. 기 부 금 한 도 초 과 액		05	20,000,000
	106. 기 부 금 한 도 초 과 이월액 손금산입		54	8,000,000
	107. 각 사 업 연 도 소 득 금 액(104+105-106)		06	850,000,000
② 과세표준계산	108. 각 사 업 연 도 소 득 금 액 (108=107)			850,000,000
	109. 이 월 결 손 금		07	
	110. 비 과 세 소 득		08	
	111. 소 득 공 제		09	
	112. 과 세 표 준 (108-109-110-111)		10	850,000,000
	159. 선 박 표 준 이 익		55	
③ 산출세액계산	113. 과 세 표 준 (113=112+159)		56	850,000,000
	114. 세 율		11	19%
	115. 산 출 세 액		12	141,500,000
	116. 지 점 유 보 소 득 (법 제96조)		13	
	117. 세 율		14	
	118. 산 출 세 액		15	
	119. 합 계 (115+118)		16	141,500,000

구분	항목		코드	금액
④ 납부할세액계산	120. 산 출 세 액 (120=119)			141,500,000
	121. 최저한세 적 용 대 상 공 제 감 면 세 액		17	82,000,000
	122. 차 감 세 액		18	59,500,000
	123. 최저한세 적 용 제 외 공 제 감 면 세 액		19	
	124. 가 산 세 액		20	850,000
	125. 가 감 계 (122-123+124)		21	60,350,000
	기납부세액	기한내납부세액 126. 중 간 예 납 세 액	22	21,000,000
		127. 수 시 부 과 세 액	23	
		128. 원 천 납 부 세 액	24	3,800,000
		129. 간접 회사등 외국 납부세액	25	
		130. 소 계(126+127+128+129)	26	24,800,000
		131. 신 고 납 부 전 가 산 세 액	27	
		132. 합 계 (130+131)	28	24,800,000
	133. 감 면 분 추 가 납 부 세 액		29	
	134. 차 가 감 납 부 할 세 액(125-132+133)		30	35,550,000
⑤토지등 양도소득, ⑥미환류소득 법인세 계산 (TAB로 이동)				
⑦ 세액계	151. 차감 납부할 세액계 (134+150+166)		46	35,550,000
	152. 사 실 과 다 른 회계 처리 경정 세액공제		57	
	153. 분 납 세 액 계 산 범 위 액 (151-124-133-145-152+131)		47	34,700,000
	154. 분 납 할 세 액		48	17,350,000
	155. 차 감 납 부 세 액 (151-152-154)		49	18,200,000

제115회 전산세무 1급

합격율	시험년월
10%	2024.8

이 론

01. 주식을 발행한 회사의 입장에서 주식배당을 하는 경우, 다음 중 그 효과로 적절한 것은?

① 미지급배당금만큼 부채가 증가한다.
② 자본금은 증가하지만 이익잉여금은 감소한다.
③ 자본총액이 주식배당액만큼 감소하며, 회사의 자산도 동일한 금액만큼 감소한다.
④ 자본 항목간의 변동은 없으므로 주식배당은 회계처리를 할 필요가 없다.

02. 다음 중 수익과 비용의 인식기준에 대한 설명으로 옳지 않은 것은?

① 로열티수익은 관련된 계약의 경제적 실질을 반영하여 발생기준에 따라 인식한다.
② 수익은 재화의 판매, 용역의 제공이나 자산의 사용에 대하여 받았거나 또는 받을 대가의 공정가치로 측정한다.
③ 용역제공거래에서 이미 발생한 원가와 추가로 발생할 것으로 추정되는 원가의 합계액이 총수익을 초과하는 경우에는 그 초과액과 이미 인식한 이익의 합계액을 전액 당기손실로 인식한다.
④ 용역제공거래의 성과를 신뢰성 있게 추정할 수 없고 발생한 원가의 회수가능성이 낮은 경우에는 수익을 인식하지 않으며 발생한 원가도 비용으로 인식하지 않는다.

03. 다음은 기계장치와 관련된 자료이다. 이에 대한 설명 및 회계처리로 옳지 않은 것은?

> • 01월 02일 정부보조금(상환의무 없음) 1,000,000원이 보통예금 계좌에 입금되었다.
> • 01월 15일 기계장치를 2,000,000원에 취득하고 대금을 보통예금 계좌에서 이체하여 지급하였다.
> • 12월 31일 잔존가치는 없으며 5년 동안 정액법으로 월할 상각하였다(1개월 미만은 1개월로 한다).
> • 12월 31일 기계장치 취득을 위한 정부보조금은 자산차감법으로 인식하기로 한다.

① 01월 02일 정부보조금 1,000,000원은 보통예금의 차감 계정으로 회계처리한다.

② 01월 15일 (차) 기계장치 2,000,000원 (대) 보통예금 2,000,000원
정부보조금(보통예금차감) 1,000,000원 정부보조금(기계장치차감) 1,000,000원

③ 12월 31일 (차) 감가상각비 400,000원 (대) 감가상각누계액 400,000원
감가상각누계액 200,000원 정부보조금(기계장치차감) 200,000원

④ 12월 31일 재무상태표상 기계장치의 장부가액은 800,000원이다.

04. 다음 중 사채의 발행에 대한 설명으로 옳지 않은 것은?

① 사채를 할인발행하여 정액법으로 상각하는 경우 매년 사채할인발행차금 상각액은 동일하다.
② 사채의 액면이자율이 시장이자율보다 큰 경우에는 할증발행된다.
③ 시장이자율이란 유효이자율로서 사채의 발행시점에서 발행가액을 계산할 때 할인율로 적용될 수 있다.
④ 사채를 할증발행하여 유효이자율법으로 상각하는 경우 매년 사채의 실질이자는 증가한다.

05. 다음 중 이연법인세에 대한 설명으로 옳지 않은 것은?

① 이연법인세는 회계상의 이익과 세무상의 이익의 차이인 일시적차이로 인해 발생한다.
② 이연법인세자산은 미래기간의 과세소득을 감소시킨다.
③ 납부해야 할 법인세가 회계상 법인세비용을 초과하는 경우 이연법인세부채를 인식한다.
④ 20x1년에 취득한 유형자산의 감가상각방법이 회계상 정률법을 적용하고, 세무상 정액법을 적용할 경우 20x1년에는 이연법인세자산으로 인식한다.

06. 다음 중 직접노무원가가 포함되는 원가를 올바르게 표시한 것은?

	기본원가	가공원가	제품원가	기간비용
①	○	○	○	×
②	○	○	×	×
③	○	×	×	×
④	×	○	×	×

07. 다음 중 옳은 것으로만 짝지어진 것은?

> 가. 표준원가계산에서 불리한 차이란 실제원가가 표준원가보다 큰 것을 의미한다.
> 나. 종합원가계산은 다품종소량생산에 적합한 원가계산방식이다.
> 다. 조업도가 증가할 경우 고정원가의 단위당 원가는 감소한다.
> 라. 기회원가는 이미 발생한 과거의 원가로서 의사결정과정에 영향을 주지 못한다.

① 가, 나　② 가, 다　③ 나, 다　④ 다, 라

08. 다음 자료를 이용하여 당기 가공원가 발생액을 계산하면 얼마인가?

> • 당사는 선입선출법에 의한 종합원가계산을 도입하여 원가계산을 하고 있다.
> • 재료원가는 공정의 초기에 전량 투입되고, 가공원가는 공정의 진행에 따라서 균일하게 발생한다.
> • 기초재공품 : 1,000개(가공원가 완성도 60%)
> • 당기착수분 : 9,000개
> • 기말재공품 : 2,000개(가공원가 완성도 50%)
> • 가공원가에 대한 완성품환산량 단위당 원가 : 10원

① 80,000원　② 84,000원　③ 100,000원　④ 110,000원

09. ㈜전산은 원가관리를 위하여 표준원가계산 방식을 채택하고 있다. 고정제조간접원가 표준배부율은 월 10,000개의 예산생산량을 기준조업도로 하여 계산하며 기준조업도 수준에서 월 고정제조간접원가의 예산은 500,000원이다. 제품 단위당 표준원가는 50원이며(표준수량 1시간, 표준가격 50원), 실제 생산량 및 실제 발생한 고정제조간접원가는 각각 9,000개, 600,000원일 경우 고정제조간접원가의 총차이는 얼마인가?

① 150,000원 불리　② 150,000원 유리　③ 100,000원 불리　④ 100,000원 유리

10. 다음 중 개별원가계산과 종합원가계산에 대한 설명으로 옳지 않은 것은?

① 종합원가계산은 원가 집계가 공정별로 이루어진다.
② 개별원가계산은 대상기간의 총원가를 총생산량으로 나누어 단위당 제조원가를 계산한다.
③ 개별원가계산은 공통부문원가를 합리적으로 배분하는 것이 필요하다.
④ 개별원가계산의 단점은 상대적으로 과다한 노력과 비용이 발생한다는 것이다.

11. 다음 중 법인세법상 납세의무에 대한 설명으로 옳지 않은 것은?

① 영리 내국법인은 국내외 모든 소득에 대하여 각 사업연도 소득에 대한 법인세 납세의무가 있다.
② 영리·비영리 또는 내국·외국법인 여부를 불문하고 토지 등 양도소득에 대한 법인세 납세의무가 있다.
③ 비영리 내국법인이 청산하는 경우 청산소득에 대한 법인세 납세의무가 있다.
④ 우리나라의 정부와 지방자치단체는 법인세를 납부할 의무가 없다.

12. 다음 중 소득세법상 원천징수의무자가 간이지급명세서를 제출하지 않아도 되는 소득은?

① 원천징수대상 사업소득
② 인적용역 관련 기타소득
③ 일용직 근로소득
④ 상용직 근로소득

13. 다음 중 소득세법상 근로소득으로 볼 수 없는 것은?

① 학교 강사로 고용되어 지급 받는 강사료
② 근무기간 중에 부여받은 주식매수선택권을 퇴직 후에 행사함으로써 얻는 이익
③ 근무 중인 종업원 또는 대학의 교직원이 지급 받는 직무발명보상금
④ 퇴직함으로써 받는 소득으로서 퇴직소득에 속하지 아니하는 소득

14. 다음 중 부가가치세법상 납부세액의 재계산에 대한 설명으로 옳지 않은 것은?

① 재계산 대상 자산은 과세사업과 면세사업에 공통으로 사용하는 감가상각대상 자산이다.

② 재계산은 해당 과세기간의 면세비율과 해당 자산의 취득일이 속하는 과세기간(그 후의 과세기간에 재계산한 경우는 그 재계산한 과세기간)의 면세비율의 차이가 5% 이상인 경우에만 적용한다.

③ 면세비율이란 총공급가액에 대한 면세공급가액의 비율을 말한다.

④ 체감률은 건물의 경우에는 5%, 구축물 및 기타 감가상각자산의 경우에는 25%로 한다.

15. 다음 중 부가가치세법상 면세가 적용되는 재화 또는 용역으로 옳지 않은 것은?

① 자동차운전학원에서 가르치는 교육용역

② 국가 · 지방자치단체 · 지방자치단체조합 또는 공익단체에 무상으로 공급하는 재화 · 용역

③ 겸용주택 임대 시 주택면적이 상가면적보다 큰 경우 상가건물 임대용역

④ 「노인장기요양보험법」에 따른 장기요양기관이 장기요양인정을 받은 자에게 제공하는 신체활동 · 가사활동의 지원 또는 간병 등의 용역

실 무

㈜재송테크(1150)는 제조 · 도소매업을 영위하는 중소기업이며, 당기 회계기간은 20x1.1.1.~20x1.12.31.이다. 전산세무회계 수험용 프로그램을 이용하여 다음 물음에 답하시오.

문제 1 다음 거래에 대하여 적절한 회계처리를 하시오. (12점)

[1] 03월 20일 ㈜가나로부터 당일 배당금 지급 결정된 배당으로서 현금배당금 5,000,000원을 보통예금계좌로 입금받고, 주식배당금으로 ㈜가나의 주식 500주(1주당 액면가액 10,000원)를 주식으로 취득하였다. 배당금에 관한 회계처리는 기업회계기준을 준수하였고 배당금에 대한 원천징수는 세법 규정에 따라 처리하였다(단, 해당 회사는 ㈜가나의 주식을 5% 보유하고 있다). (3점)

[2] 07월 09일 ㈜지수산업에 제품을 판매하고 다음의 전자세금계산서를 발급하였다. 대금은 4월 1일에 수령한 계약금을 제외하고 ㈜지수산업이 발행한 약속어음(만기 12월 31일)으로 받았다. (3점)

전자세금계산서					승인번호	20240709－4512452－4524554			
공급자	등록번호	605－81－33533	종사업장번호		공급받는자	등록번호	405－81－86293	종사업장번호	
	상호(법인명)	㈜ 재송테크	성명	강남순		상호(법인명)	㈜지수산업	성명	김지수
	사업장주소	세종시 조치원읍 충현로 193				사업장주소	서울시 서초구 명달로 105		
	업태	제조	종목	전자부품		업태	제조	종목	전자제품
	이메일					이메일			
						이메일			

작성일자	공급가액	세액	수정사유	비고
20x1.07.09.	100,000,000	10,000,000		

월	일	품목	규격	수량	단가	공급가액	세액	비고
7	9	제품				100,000,000	10,000,000	

합계금액	현금	수표	어음	외상미수금	위 금액을 (청구) 함
110,000,000	10,000,000		100,000,000		

[3] 07월 10일 20x0년 중 미국의 AAA에 제품 $50,000를 수출한 외상매출금이 20x1년 7월 10일에 전액 회수되어 보통예금 계좌로 입금받았다. 전기 외상매출금과 관련된 회계처리는 일반기업회계기준을 준수하였으며, 관련 환율 정보는 다음과 같다. (3점)

구분	선적일	20x0년 12월 31일	20x1년 7월 10일
1달러당 환율 정보	1,400원/$	1,300원/$	1,250원/$

[4] 08월 24일 공장창고를 신축하기 위하여 토지를 취득하면서 국토정보공사에 의뢰하여 토지를 측량하였다. 토지측량비로 2,500,000원(부가가치세 별도)을 보통예금 계좌에서 지급하고 전자세금계산서를 수령하였다. (3점)

전자세금계산서					승인번호	20240824 - 365248 - 528489			
공급자	등록번호	307 - 85 - 14585	종사업장 번호		공급받는자	등록번호	605 - 81 - 33533	종사업장 번호	
	상호 (법인명)	국토정보공사	성명			상호 (법인명)	㈜재송테크	성명	강남순
	사업장 주소	세종시 보람동 114				사업장 주소	세종시 조치원읍 충현로 193		
	업태	서비스	종목	토지측량		업태	제조등	종목	전자부품
	이메일					이메일			
						이메일			

작성일자	공급가액	세액	수정사유	비고
20x1.08.24	2,500,000	250,000		

월	일	품목	규격	수량	단가	공급가액	세액	비고
08	24	토지측량비				2,500,000	250,000	

합계금액	현금	수표	어음	외상미수금	위 금액을(**영수**)함
2,750,000	2,750,000				

문제 2 **다음 주어진 요구사항에 따라 부가가치세신고서 및 부속서류를 작성하시오. (10점)**

[1] 20x1년 제1기 부가가치세 확정신고(신고기한 : 20x1년 7월 25일)에 대한 수정신고(1차)를 20x1년 8월 15일에 하고자 한다. 수정신고와 관련된 자료는 아래와 같고, 일반과소신고이며, 미납일수는 21일, 2.2/10,000를 적용한다. 아래의 자료를 이용하여 [매입매출전표입력]에 누락된 매출내역을 반영하고 과다공제내역을 수정하여 제1기 확정신고기간의 [부가가치세수정신고서]를 작성하시오. (6점)

1. 당초 신고자료(마감된 입력자료)
   - 세금계산서 발급분 : 공급가액 600,000,000원, 세액 60,000,000원
   - 세금계산서 수취분 : 공급가액 300,000,000원, 세액 30,000,000원
2. 수정신고 관련 자료
   1) 누락된 매출내역
      - 04월 05일 : ㈜성림에 제품을 매출하고 현대카드로 결제받았다(공급대가 2,200,000원).
   2) 과다공제내역
      - 06월 09일 : 5인승 업무용 승용차(2,500cc)를 ㈜한국자동차에서 보통예금으로 구입하여 전자세금계산서를 수취하고, 대금은 보통예금 계좌에서 이체하여 지급하였다. 당초 신고 시에 매입세액을 공제하였다(공급가액 25,000,000원, 세액 2,500,000원).

[2] ㈜재송테크는 과세 및 면세사업을 영위하는 겸영사업자이다. 불러온 데이터는 무시하고 다음의 자료만을 이용하여 20x1년 제2기 예정신고기간의 [공제받지못할매입세액명세서] 중 [공통매입세액안분계산내역] 탭과 20x1년 제2기 확정신고기간의 [공제받지못할매입세액명세서] 중 [공통매입세액의정산내역] 탭을 입력하시오(단, 공급가액 기준으로 안분계산하고 있다). (4점)

구분		제2기 예정(7월~9월)		제2기 확정(10월~12월)		전체(7월~12월)	
		공급가액	세액	공급가액	세액	공급가액합계	세액합계
매출	과세	400,000,000원	40,000,000원	600,000,000원	60,000,000원	1,000,000,000원	100,000,000원
	면세	400,000,000원		100,000,000원		500,000,000원	
공통매입세액		100,000,000원	10,000,000원	200,000,000원	20,000,000원	300,000,000원	30,000,000원

문제 3 다음의 결산정리사항을 입력하여 결산을 완료하시오. (8점)

[1] 다음은 ㈜한국에 대여한 자금에 대한 자료이다. 결산일에 필요한 회계처리를 하시오. (2점)

대여기간	대여금	이자율
20x1.04.01.~20x2.03.31.	120,000,000원	5%

• 대여금의 이자계산은 월할계산한다.
• 이자는 대여기간 종료시점에 수령하기로 하였다.

[2] 당사는 생산부서의 부자재를 보관하기 위한 물류창고를 임차하고 임대차계약을 체결하였다. 10월 1일 임대인에게 1년분 임차료 12,000,000원(20x1.10.01.~20x2.09.30.)을 보통예금 계좌에서 이체하여 지급하고 전액 비용으로 처리하였다(단, 임차료는 월할계산할 것). (2점)

[3] 다음의 유형자산만 있다고 가정하고, 유형자산명세서에 의한 감가상각비를 결산에 반영하시오(단, 개별 자산별로 각각 회계처리할 것). (2점)

유형자산명세서

담당	대리	과장	부장

20x1년 12월 31일

계정과목	자산명	취득일	내용연수	감가상각누계액		원가구분
				전기이월	차기이월	
건물	공장건물	2014.10.01	40년	250,000,000원	275,000,000원	제조원가
차량운반구	승용차	2021.07.01	5년	25,000,000원	35,000,000원	판관비

[4] 다음은 회사의 실제 당기 [법인세과세표준및세액조정계산서] 작성서식의 일부 내용이다. 아래에 주어진 자료만을 이용하여 법인세비용에 대한 회계처리를 하시오. (2점)

<table>
<tr><td rowspan="5">법인세과세표준
및
세액조정계산서
일부내용</td><td rowspan="5">②
과세표준계산</td><td>⑱각사업연도소득금액(⑱ = ⑰)</td><td></td><td>350,000,000원</td></tr>
<tr><td>⑲이월결손금</td><td>07</td><td>70,000,000원</td></tr>
<tr><td>⑳비과세소득</td><td>08</td><td></td></tr>
<tr><td>⑪소득공제</td><td>09</td><td></td></tr>
<tr><td>⑫과세표준(⑱ – ⑲ – ⑳ – ⑪)</td><td>10</td><td>280,000,000원</td></tr>
<tr><td>세율정보</td><td colspan="4">• 법인세율 : 법인세과세표준 2억원 이하 : 9%
법인세과세표준 2억원 초과 200억원 이하 : 19%
• 지방소득세율 : 법인세과세표준 2억원 이하 : 0.9%
법인세과세표준 2억원 초과 200억원 이하 : 1.9%</td></tr>
<tr><td>기타</td><td colspan="4">위의 모든 자료는 법인세법상 적절하게 산출된 금액이고, 법인세중간예납세액 10,000,000원은 기한 내에 납부하여 선납세금으로 회계처리 하였다.</td></tr>
</table>

문제 4 원천징수와 관련된 다음의 물음에 답하시오. (10점)

[1] 다음은 ㈜재송테크의 퇴직소득에 대한 원천징수 관련 자료이다. 아래의 자료를 바탕으로 [사원등록] 및 [퇴직소득자료입력] 메뉴를 작성하여 퇴직소득세를 산출하고, [퇴직소득원천징수영수증]을 작성하시오 (단, 일반전표입력은 생략할 것). (4점)

- 이름 : 김태자(사원코드 : 102)
- 주민등록번호 : 810503 – 1352687
- 입사년월일 : 2016.06.13.
- 퇴사년월일 : 20x1.06.12.(퇴사사유 : 개인 사정으로 인한 자진퇴사)
- 퇴직금 : 24,000,000원(지급일 : 20x1.06.30.)
- 퇴직공로금 : 1,000,000원(현실적인 퇴직을 원인으로 받는 소득, 지급일 : 20x1.06.30.)
- 퇴직금 중 확정급여형 퇴직연금 가입자로서 불입한 1,000만원은 과세이연을 적용하기로 한다.

연금계좌취급자	사업자등록번호	계좌번호	입금일	계좌입금액
대한은행	130 – 81 – 58516	123 – 45 – 6789	20x1.06.30.	10,000,000원

[2] 20x1년 5월 1일 입사한 사무직 정선달(거주자이며 세대주, 사원번호 : 300)의 가족관계증명서이다. [사원등록] 메뉴의 [기본사항] 탭과 [부양가족명세] 탭, [연말정산추가자료입력] 메뉴의 [소득명세] 탭을 작성하시오(기본공제대상자 여부와 관계없이 부양가족은 모두 입력할 것). (4점)

〈자료 1〉 사원등록 참고자료

① 사회보험을 모두 적용하고 있으며, 사회보험과 관련한 보수월액은 2,800,000원이다.

② 모친 김여사는 부동산양도소득금액 20,000,000원이 있다.

③ 배우자 이부인은 장애인(항시 치료를 요하는 중증환자)으로서 현재 타지역의 요양시설에서 생활하고 있으며 소득은 없다.

④ 자녀 정장남은 지방 소재 고등학교에 재학 중이고, 일용근로소득 4,000,000원이 있다.

⑤ 자녀 정차남은 초등학교에 다니고 있다.

〈자료 2〉 정선달의 가족관계증명서

[별지 제1호서식] 〈개정 2010.6.3〉

가족관계증명서

등록기준지	서울시 송파구 도곡로 460(잠실동)

구분	성명	출생연월일	주민등록번호	성별	본
본인	정선달(鄭先達)	1970년 11월 05일	701105-1032879	남	東萊

가족사항

구분	성명	출생연월일	주민등록번호	성별	본
모	김여사(金女史)	1943년 04월 02일	430402-2022341	여	慶州
배우자	이부인(李婦人)	1970년 09월 02일	700902-2045675	여	全州
자녀	정장남(鄭長男)	2005년 10월 01일	051001-3013458	남	東萊
자녀	정차남(鄭次男)	2012년 07월 01일	120701-3013456	남	東萊

〈자료 3〉 전근무지 근로소득원천징수영수증

① 근무처명(종교관련종사자 아님)

근무처명	사업자등록번호	근무기간
㈜스마트	120-81-34671	20x1.01.01.~20x1.03.31.

② 소득명세 등

급여총액	상여총액	비과세식대	국민연금	건강보험	장기요양보험	고용보험
10,500,000원	10,000,000원	600,000원	796,500원	723,180원	92,610원	184,000원

③ 세액명세 등

항목	소득세	지방소득세
결정세액	1,000,000원	100,000원
기납부세액	1,500,000원	150,000원
차감징수세액	△500,000원	△50,000원

[3] 다음의 자료를 이용하여 [원천징수이행상황신고서]를 작성 및 마감하고 국세청 홈택스에 전자신고를 하시오. (2점)

〈소득자료〉

귀속월	지급월	소득구분	신고코드	인원	총지급액	소득세	비고
6월	7월	사업소득	A25	2명	4,500,000원	135,000원	매월(정기)신고

• 전월로부터 이월된 미환급세액 55,000원을 충당하기로 한다.

〈유의사항〉

1. [전자신고] → [국세청 홈택스 전자신고변환(교육용)] 순으로 진행한다.
2. [전자신고] 메뉴의 [원천징수이행상황제작] 탭에서 신고인구분은 2.납세자 자진신고를 선택하고, 비밀번호는 자유롭게 입력한다.
3. [국세청 홈택스 전자신고변환(교육용)] → 전자파일변환(변환대상파일선택) → 찾아보기에서 전자신고용 전자파일을 선택한다.
4. 전자신고용 전자파일 저장경로는 로컬디스크(C :)이며, 파일명은 "작성연월일.01.t사업자등록번호"다.
5. 형식검증하기 → 형식검증결과확인 → 내용검증하기 → 내용검증결과확인 → 전자파일제출 을 순서대로 클릭한다.
6. 최종적으로 전자파일 제출하기 를 완료한다.

문제 5 **㈜사선전자(1151)는 금속제품을 생산하고 제조 · 도매업 및 도급공사업을 영위하는 중소기업이며, 당해 사업연도는 20x1.1.1.~20x1.12.31.이다. [법인조정] 메뉴를 이용하여 기장되어 있는 재무회계 장부 자료와 제시된 보충자료에 의하여 해당 사업연도의 세무조정을 하시오. (30점) ※ 회사 선택 시 유의하시오.**

[1] 다음 자료는 영업부서에서 업무용으로 사용중인 법인차량(코드 : 101) 관련 자료이다. 5인승 승용차 제네시스(55하4033)를 ㈜브라보캐피탈과 운용리스계약을 체결하여 사용 중이다. [업무용승용차등록] 메뉴 및 [업무용승용차관련비용명세서]를 작성하고, 관련 세무조정을 하시오(단, 당사는 부동산임대업을 영위하지 않으며, 사용자 부서 및 사용자 직책, 사용자 성명, 전용번호판 부착여부 입력은 생략할 것). (6점)

구분	금액	비고
운용리스료	14,400,000원	• 매월 1,200,000원, 전자계산서를 수령하였다. • 주어진 차량 관련 비용 외 다른 항목은 고려하지 않으며, 감가상각비상당액은 12,895,000원이다.
유류비	4,100,000원	
리스계약기간	20x0.05.03.~20x2.05.03.	
보험기간	리스계약기간과 동일하다.	
거리	1. 전기이월누적거리 : 21,000km 2. 출퇴근거리 : 6,400km 3. 업무와 관련 없는 사용거리 : 1,600km 4. 당기 총 주행거리 : 8,000km	
기타사항	• 취득일자는 2023.05.03.을 입력하기로 한다. • 임직원전용보험에 가입하고, 운행기록부는 작성하였다고 가정한다. • 전기 업무용승용차 감가상각비 한도초과 이월액 8,000,000원이 있다.	

[2] 다음의 자료만을 이용하여 [기업업무추진비조정명세서(갑),(을)] 메뉴를 작성하고 필요한 세무 조정을 하시오. (6점)

1. 매출내역(상품매출 및 제품매출)

구분	특수관계인 매출액	그 외 매출액	합계
법인세법상 매출액	200,000,000원	1,810,000,000원	2,010,000,000원
기업회계기준상 매출액	200,000,000원	1,800,000,000원	2,000,000,000원

2. 기업업무추진비 계정 내역

구분	관련 내역	제조경비	판매비와관리비
건당 3만원 초과	법인카드 사용분	21,000,000원주1)	25,900,000원
	직원카드 사용분	2,000,000원	5,000,000원
	거래처 현금 경조사비주2)	3,000,000원	3,500,000원
건당 3만원 이하	간이영수증 수령	200,000원	100,000원
합 계		26,200,000원	34,500,000원

주1)기업업무추진비(제조경비, 법인카드 사용분)에는 문화비로 지출한 금액 2,000,000원이 포함되어 있다.
주2)거래처 현금 경조사비는 전액 건당 20만원 이하이다.

3. 기타 계정 내역

계정과목	금액	관련사항
소모품비(판)	1,500,000원	현금영수증을 발급받고 구입한 물품(1건, 면세 대상 물품)을 거래처에게 선물하였다.
광고선전비(판)	1,400,000원	법인카드로 구입한 달력을 불특정 다수인에게 제공하였다.

4. 기업업무추진비는 모두 회사 업무와 관련하여 사용하였다.

[3] 다음의 자료만을 이용하여 [법인세과세표준및세액조정계산서]와 [최저한세조정계산서]를 작성하시오. (6점)

1. 손익계산서상 당기순이익 : 535,000,000원
2. 익금산입 총액 : 34,500,000원
3. 손금산입 총액 : 2,900,000원
4. 기부금한도초과액 : 1,800,000원
5. 공제가능한 이월결손금 : 3,522,000원
6. 세액공제 및 세액감면
   ① 중소기업특별세액감면 : 13,000,000원
   ② 고용증대세액공제 : 35,000,000원
   ③ 사회보험료세액공제 : 1,200,000원
7. 지출증명서류 미수취 가산세 : 190,000원
8. 법인세 중간예납세액 : 5,000,000원
9. 원천납부세액 : 7,000,000원
10. 당사는 중소기업이며 분납 가능한 금액까지 분납 신청하고자 한다.

[4] 다음의 자료를 참조하여 [대손충당금및대손금조정명세서] 메뉴를 작성하고, [소득금액조정합계표및명세서]에 세무조정을 반영하시오(단, [소득금액조정합계표및명세서]의 소득명세는 생략함). (6점)

1. 당기 대손충당금 내역

차 변		대 변	
과 목	금 액	과 목	금 액
외상매출금	15,000,000원	전기이월	80,000,000원
받을어음	35,000,000원	당기설정	6,000,000원

   • 전기말 자본금과적립금조정명세서(을)에 전기대손충당금한도초과액 8,795,000원이 계상되어 있다.
   • 당사는 중소기업에 해당하며, 대손설정율은 1%로 설정한다.

2. 당기에 대손충당금과 상계한 내용
   (1) ㈜김가의 외상매출금 10,000,000원을 소멸시효완성으로 인하여 3월 31일에 대손확정함.
   (2) ㈜유가의 파산으로 인하여 회수할 수 없는 외상매출금 5,000,000원을 6월 30일에 대손확정함.
   (3) ㈜최가의 받을어음 20,000,000원을 부도발생일 9월 1일에 대손확정함.
   (4) ㈜이가의 받을어음 15,000,000원을 11월 2일에 대손확정함(부도발생일은 당해연도 5월 1일임).
   (5) ㈜우가의 강제집행으로 인하여 회수할 수 없는 기계장치 미수금 15,000,000원을 6월 25일에 대손확정함.
3. 당기말 설정대상채권으로는 외상매출금 1,570,000,000원과 받을어음 100,000,000원이 계상되어 있다.

[5] 다음의 자료를 이용하여 [소득금액조정합계표]를 완성하시오. 재무상태표 및 손익계산서에는 다음과 같은 계정과목이 포함되어 있으며 기업회계기준에 따라 정확하게 회계처리 되었다. (6점)

계정과목	금액	비고
법인세등	18,000,000원	법인지방소득세 2,000,000원이 포함되어 있다.
퇴직급여	35,000,000원	대표이사의 퇴직급여로, 주주총회에서 대표이사를 연임하기로 결정하여 과거 임기에 대한 퇴직급여를 지급하고 계상한 것으로 확인되었다. (대표이사 퇴직급여 초과지급액이 발생하면 퇴직 시까지 가지급금으로 간주한다.)
세금과공과	10,000,000원	토지에 대한 개발부담금 3,000,000원이 포함되어 있다.
감가상각비	4,000,000원	업무용승용차(3,000cc, 2022.01.01. 취득)의 감가상각비로서 상각범위액은 6,000,000원이다.
건물관리비	5,000,000원	법인의 출자자(소액주주가 아님)인 임원이 사용하고 있는 사택유지비를 전액 건물관리비로 계상하였다.
잡이익	700,000원	업무용 화물트럭에 대한 자동차세 과오납금에 대한 환급금 600,000원과 환급금이자 100,000원을 모두 잡이익으로 회계처리 하였다.

제115회 전산세무1급 답안 및 해설

이 론

1	2	3	4	5	6	7	8	9	10	11	12	13	14	15
②	④	③	④	③	①	②	②	①	②	③	③	②	④	①

01. 주식배당 시 <u>자본금은 증가</u>하고 <u>이익잉여금은 감소하며 자본총액은 동일</u>하다.

(주식배당) (차) 미처분이익잉여금 XXX원 (대) 자본금 XXX원

02. 용역제공거래의 성과를 신뢰성 있게 추정할 수 없고 발생한 원가의 회수가능성이 낮은 경우에는 수익을 인식하지 않고 <u>발생한 원가를 비용으로 인식</u>한다.

03. 감가상각비 = 취득가액(2,000,000) ÷ 내용연수(5년) = 400,000원/년

제거되는 정부보조금 = 정부보조금(1,000,000) ÷ 내용연수(5년) = 200,000원/년

12월 31일 (차) 감가상각비	400,000원	(대) 감가상각누계액	400,000원
정부보조금(기계장치차감)	200,000원	***<u>감가상각비</u>***	200,000원

장부가액 = 기계장치(2,000,000) - 감가상각누계액(400,000) - 정부보조금(800,000) = 800,000원

04. 할증발행시 <u>사채의 장부가액이 매년 감소하므로 사채의 실질이자도 매년 감소</u>한다.

05. <u>납부해야 할 법인세가 회계상 법인세비용을 초과하는 경우 이연법인세자산</u>을 인식한다.

(차) 법인세비용	200원	(대) 미지급세금	300원
이연법인세자산	100원		

06. 기본원가 = 직접재료원가 + 직접노무원가, 가공원가 = 직접노무원가 + 제조간접원가

07. 나. 종합원가계산은 소품종 대량생산에 적합하다.

라. 매몰원가에 대한 설명이다.

08.

〈1단계〉 물량흐름파악(선입선출법) 〈2단계〉 완성품환산량 계산

재공품			재료비	가공비
	완성품	8,000		
	- <u>기초재공품</u>	<u>1,000(40%)</u>		400
	- 당기투입분	7,000(100%)		7,000
	기말재공품	2,000(50%)		1,000
	계	10,000		**8,400**

• 가공원가 발생액 = 완성품환산량(8,400) × 단위당 원가(10원/개) = 84,000원

09. 총차이 = 예산차이 + 조업도차이 = 실제발생액 - 표준배부액

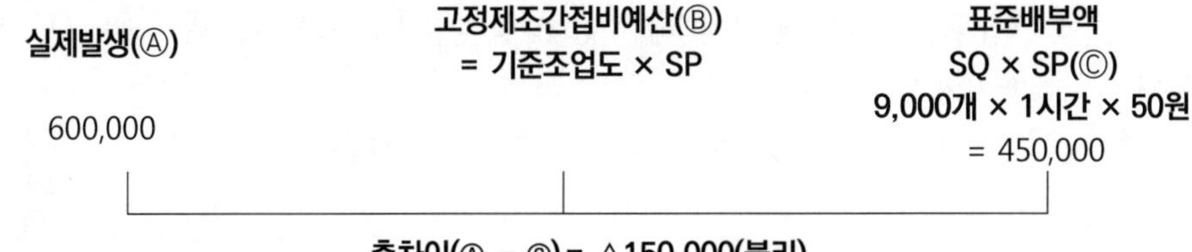

10. 개별원가계산방법은 **제품별, 작업지시서별로 집계된 원가에 의하여 제조원가**를 계산한다.

11. 비영리법인이 청산하는 경우에는 잔여재산을 구성원에게 분배할 수 없고 유사한 목적을 가진 비영리법인이나 국가에 인도하므로 청산소득이 발생하지 않는다. 따라서 청산소득에 대한 법인세 납세의무가 없다.

12. **일용근로자에게 지급하는 일용직 근로소득에 대해서는 간이지급명세서를 제출하지 않아도 된다.**

13. 근무기간 중에 부여받은 **주식매수선택권을 퇴직 후에 행사함으로써 얻는 이익은 기타소득**에 해당한다.

14. **건물과 구축물에 적용되는 체감률은 5**%이다.

15. **자동차운전학원에서 가르치는 교육용역은 과세**이다.

실 무

문제 1 전표입력

[1] 일반전표입력(3/20)

(차)	보통예금	5,000,000원	(대)	배당금수익	5,000,000원

☞ 회사가 수령한 현금배당은 배당금수익으로 인식하지만, 주식배당은 배당금수익으로 계상하지 아니한다.

[2] 매입매출전표입력(7/09)

유형 : 11.과세, 공급가액 : 100,000,000 원, 부가세 : 10,000,000 원, 공급처명 : ㈜지수산업, 전자 : 여, 분개 : 혼합

(차)	선수금(㈜지수산업)	10,000,000원	(대)	제품매출	100,000,000원
	받을어음(㈜지수산업)	100,000,000원		부가세예수금	10,000,000원

[3] 일반전표입력(7/10)

(차)	보통예금	62,500,000원	(대)	외상매출금(AAA)	65,000,000원
	외환차손	2,500,000원			

[4] 매입매출전표입력(8/24)

유형 : 54.불공, 공급가액 : 2,500,000 원,부가세 : 250,000원, 공급처명 : 국토정보공사, 전자 : 여, 분개 : 혼합

불공제사유 : ⑥토지의 자본적 지출 관련

(차)	토지	2,750,000원	(대)	보통예금	2,750,000원

문제 2 부가가치세

[1] 부가가치세 수정신고서(4~6월)

1. 매입매출전표입력(4/05) 누락분 추가 입력

유형 : 17.카과, 공급가액 : 2,000,000 원,부가세 : 200,000원, 공급처명 : ㈜성림, 분개 : 카드 또는 혼합

신용카드사 : 현대카드

(차)	외상매출금(현대카드)	2,200,000원	(대)	부가세예수금	200,000원
				제품매출	2,000,000원

2. 과다공제분 수정(6/09)

• 수정 전 : <u>분개를 메모해 놓으셔야 합니다.</u>

유형 : 51.과세, 공급가액 : 25,000,000 원부가세 : 2,500,000 원,공급처명 : ㈜한국자동차, 전자 : 여,분개 : 혼합

(차)	부가세대급금	2,500,000원	(대)	보통예금	27,500,000원
	차량운반구	25,000,000원			

• 수정 후 :

유형 : 54.불공, 공급가액 : 25,000,000원,부가세 : 2,500,000 원, 공급처명 : ㈜한국자동차, 전자 : 여,분개 : 혼합

불공제사유 : ③개별소비세법 제1조 제2항 제3호에 따른 자동차 구입·유지 및 임차

(차)	차량운반구	27,500,000원	(대)	보통예금	27,500,000원

☞ <u>기존에 입력했던 전표를 마이너스 분개로 상계하여 없애고 새로운 전표를 입력한 답안은 정답으로 인정되지 않았습니다.</u>

3. [부가가치세수정신고서] 작성

(1) 납부세액(수정후납부세액 32,700,000)

구분				정기신고금액 금액	세율	세액
과세표준및매출세액	과세	세금계산서발급분	1	600,000,000	10/100	60,000,000
		매입자발행세금계산서	2		10/100	
		신용카드 · 현금영수증발행분	3		10/100	
		기타(정규영수증외매출분)	4			
	영세	세금계산서발급분	5		0/100	
		기타	6		0/100	
	예정신고누락분		7			
	대손세액가감		8			
	합계		9	600,000,000	㉮	60,000,000
매입세액	세금계산서수취분	일반매입	10	275,000,000		27,500,000
		수출기업수입분납부유예	10-1			
		고정자산매입	11	25,000,000		2,500,000
	예정신고누락분		12			
	매입자발행세금계산서		13			
	그 밖의 공제매입세액		14			
	합계(10)-(10-1)+(11)+(12)+(13)+(14)		15	300,000,000		30,000,000
	공제받지못할매입세액		16			
	차감계 (15-16)		17	300,000,000	㉯	30,000,000
납부(환급)세액(매출세액㉮-매입세액㉯)					㉰	30,000,000

구분				수정신고금액 금액	세율	세액
과세표준및매출세액	과세	세금계산서발급분	1	600,000,000	10/100	60,000,000
		매입자발행세금계산서	2		10/100	
		신용카드 · 현금영수증발행분	3	2,000,000	10/100	200,000
		기타(정규영수증외매출분)	4			
	영세	세금계산서발급분	5		0/100	
		기타	6		0/100	
	예정신고누락분		7			
	대손세액가감		8			
	합계		9	602,000,000	㉮	60,200,000
매입세액	세금계산서수취분	일반매입	10	275,000,000		27,500,000
		수출기업수입분납부유예	10-1			
		고정자산매입	11	25,000,000		2,500,000
	예정신고누락분		12			
	매입자발행세금계산서		13			
	그 밖의 공제매입세액		14			
	합계(10)-(10-1)+(11)+(12)+(13)+(14)		15	300,000,000		30,000,000
	공제받지못할매입세액		16	25,000,000		2,500,000
	차감계 (15-16)		17	275,000,000	㉯	27,500,000
납부(환급)세액(매출세액㉮-매입세액㉯)					㉰	32,700,000

(2) 가산세 계산

〈매출매입신고누락분〉

구 분			공급가액	세액
매출	과세	세 금(전자)		
		기 타	2,000,000	200,000
	영세	세 금(전자)		
		기 타		
매입	세금계산서 등		△25,000,000(과다공제분)	△2,500,000
미달신고(납부)←신고 · 납부지연 가산세				2,700,000

1. 신고불성실	**2,700,000원** × 10% ×(1 – 90%) = 27,000원 * 1개월이내 수정신고시 90% 감면
2. 납부지연	**2,700,000원** × 21일 ×2.2/10,000 = 12,474원
계	39,474원

구분		번호	금액	세율	세액
신고불성실	무신고(일반)	69		뒤쪽	
	무신고(부당)	70		뒤쪽	
	과소·초과환급(일반)	71		뒤쪽	
	과소·초과환급(부당)	72		뒤쪽	
납부지연		73		뒤쪽	
영세율과세표준신고불성실		74		5/1,000	
현금매출명세서불성실		75		1/100	
부동산임대공급가액명세서		76		1/100	
매입자 납부특례	거래계좌 미사용	77		뒤쪽	
	거래계좌 지연입금	78		뒤쪽	
신용카드매출전표등수령명세서미제출 · 과다기재		79		5/1,000	
합계		80			

구분		번호	금액	세율	세액
신고불성실	무신고(일반)	69		뒤쪽	
	무신고(부당)	70		뒤쪽	
	과소·초과환급(일반)	71	2,700,000	뒤쪽	27,000
	과소·초과환급(부당)	72		뒤쪽	
납부지연		73	2,700,000	뒤쪽	12,474
영세율과세표준신고불성실		74		5/1,000	
현금매출명세서불성실		75		1/100	
부동산임대공급가액명세서		76		1/100	
매입자 납부특례	거래계좌 미사용	77		뒤쪽	
	거래계좌 지연입금	78		뒤쪽	
신용카드매출전표등수령명세서미제출 · 과다기재		79		5/1,000	
합계		80			39,474

확인[Tab]

(3) 차가감납부세액

구분		번호	금액	기호	세액
납부(환급)세액(매출세액㉮-매입세액㉯)				㉰	30,000,000
경감공제세액	그 밖의 경감 · 공제세액	18			
	신용카드매출전표등 발행공제등	19			
	합계	20		㉱	
소규모 개인사업자 부가가치세 감면세액		20-1		㉲	
예정신고미환급세액		21		㉳	
예정고지세액		22		㉴	
사업양수자의 대리납부 기납부세액		23		㉵	
매입자 납부특례 기납부세액		24		㉶	
신용카드업자의 대리납부 기납부세액		25		㉷	
가산세액계		26		㉸	
차가감하여 납부할세액(환급받을세액)㉰-㉱-㉲-㉳-㉴-㉵-㉶-㉷+㉸				27	30,000,000
총괄납부사업자가 납부할 세액(환급받을 세액)					

구분		번호	금액	기호	세액
납부(환급)세액(매출세액㉮-매입세액㉯)				㉰	32,700,000
경감공제세액	그 밖의 경감 · 공제세액	18			
	신용카드매출전표등 발행공제등	19	2,200,000		
	합계	20		㉱	
소규모 개인사업자 부가가치세 감면세액		20-1		㉲	
예정신고미환급세액		21		㉳	
예정고지세액		22		㉴	
사업양수자의 대리납부 기납부세액		23		㉵	
매입자 납부특례 기납부세액		24		㉶	
신용카드업자의 대리납부 기납부세액		25		㉷	
가산세액계		26		㉸	39,474
차가감하여 납부할세액(환급받을세액)㉰-㉱-㉲-㉳-㉴-㉵-㉶-㉷+㉸				27	32,739,474
총괄납부사업자가 납부할 세액(환급받을 세액)					

[2] 공제받지못할매입세액명세서

1. 제2기 예정신고기간의 [공제받지못할매입세액명세서]>[공통매입세액안분계산내역] 탭(7~9월)

공제받지못할매입세액내역 | 공통매입세액안분계산내역 | 공통매입세액의정산내역 | 납부세액또는환급세액재계산

산식	구분	과세·면세사업 공통매입		⑫총공급가액등	⑬면세공급가액등	면세비율 (⑬÷⑫)	⑭불공제매입세액 [⑪*(⑬÷⑫)]
		⑩공급가액	⑪세액				
1.당해과세기간의 공급가액기준		100,000,000	10,000,000	800,000,000.00	400,000,000.00	50.000000	5,000,000

2. 제2기 확정신고기간의 [공제받지못할매입세액명세서]>[공통매입세액의정산내역] 탭(10~12월)

공제받지못할매입세액내역 | 공통매입세액안분계산내역 | 공통매입세액의정산내역 | 납부세액또는환급세액재계산

산식	구분	(15)총공통매입세액	(16)면세 사업확정 비율			(17)불공제매입세액총액 ((15)*(16))	(18)기불공제매입세액	(19)가산또는공제되는매입세액((17)-(18))
			총공급가액	면세공급가액	면세비율			
1.당해과세기간의 공급가액기준		30,000,000	1,500,000,000.00	500,000,000.00	33.333333	9,999,999	5,000,000	4,999,999

〈7.1~12.31 매입매출 및 불공제매입세액 내역〉

<table>
<tr><th colspan="2">구 분</th><th>과세분
(A)</th><th>면세분
(B)</th><th>면세공급가액비율
(B/[A+B])</th><th>계</th></tr>
<tr><td rowspan="3">매출내역</td><td>예정</td><td>400,000,000</td><td>400,000,000</td><td>50%</td><td>800,000,000</td></tr>
<tr><td>확정</td><td>600,000,000</td><td>100,000,000</td><td>14.28571%</td><td>700,000,000</td></tr>
<tr><td>계</td><td>1,000,000,000</td><td>500,000,000</td><td>33.33333%</td><td>1,500,000,000</td></tr>
<tr><td rowspan="3">공 통
매입세액</td><td>예정</td><td colspan="2">10,000,000</td><td colspan="2" rowspan="6">▶ 2기 전체 불공제매입세액
=30,000,000×33.33333%
=9,999,999</td></tr>
<tr><td>확정</td><td colspan="2">20,000,000</td></tr>
<tr><td>계</td><td colspan="2">30,000,000</td></tr>
<tr><td rowspan="3">불 공 제
매입세액</td><td>예정</td><td colspan="2">5,000,000</td></tr>
<tr><td>확정</td><td colspan="2">4,999,999</td></tr>
<tr><td>계</td><td colspan="2">9,999,999</td></tr>
</table>

문제 3 결산

[1] 〈수동결산〉

(차) 미수수익 4,500,000원 (대) 이자수익 4,500,000원

☞ **이자수익 : 120,000,000원×5%×9/12=4,500,000원**

[2] 〈수동결산〉

(차) 선급비용 9,000,000원 (대) 임차료(제) 9,000,000원

☞ **선급비용= 12,000,000원×9/12=9,000,000원**

[3] 〈수동/자동결산〉

1. 일반전표입력

(차)	감가상각비(제)	25,000,000원	(대)	감가상각누계액(203)	25,000,000원
	감가상각비(판)	10,000,000원		감가상각누계액(209)	10,000,000원

2. 또는 [결산자료입력]

>기간 : 20x1년 01월~20x1년 12월
>2.매출원가 >7).경비 >2).일반감가상각비 >건물 25,000,000원 입력
>4.판매비와 일반관리비 >4).감가상각비 >차량운반구 10,000,000원 입력
>F3 전표추가

[4] 〈수동/자동결산〉

1. 일반전표입력

(차)	법인세등	36,520,000원	(대)	선납세금	10,000,000원
				미지급세금	26,520,000원

- 법인세 : 200,000,000원×0.09+80,000,000원×0.19=33,200,000원
- 지방소득세 : (200,000,000원×0.09+80,000,000원×0.19)×0.1=3,320,000원

2. 또는 [결산자료입력]

>기간 : 20x1년 01월~20x1년 12월
>9.법인세등 >1). 선납세금 결산반영금액 10,000,000원 입력
>2). 추가계상액 결산반영금액 26,520,000원 입력
>F3 전표추가

문제 4 원천징수

[1] 퇴직소득(102.김태자)

1. [사원등록]

16. 퇴사연원일 : 6월 12일, 이월여부 : 부, 사유 : 1. 개인사정으로 인한 자진퇴사

2. [퇴직소득자료입력] 지급년월 6월, 귀속년월 6월, 영수일자 6월 30일

	중간지급등		최종		정산
근무처명			(주)재송테크-로그인		
등록번호/퇴직사유	___-__-_____		605-81-33533	자발적 퇴직	
기산일/입사일	____/__/__	____/__/__	2016/06/13	2016/06/13	
퇴사일/지급일	____/__/__	____/__/__	2025/06/12	2025/06/30	
근속월수			108		
제외월수					
가산월수					
과세퇴직급여			25,000,000		25,000,000
비과세퇴직급여					
세액공제					
소득세			86,400		
지방소득세			8,640		
학자금상환액					

과세이연계좌명세

No	연금계좌취급자	사업자등록번호	계좌번호	입금일	38.계좌입금액
1	대한은행	130-81-58516	123-45-6789	2025-06-30	10,000,000
2					

37.신고대상세액 144,000

39.퇴직급여(최종) 25,000,000

40.이연퇴직소득세 (37x38/39) 57,600

3. [퇴직소득원천징수영수증] (지급년월 6월) 조회만 하시면 됩니다.

[2] 연말정산(300.정선달)2025

1. [사원등록] 메뉴 → [기본사항] 탭

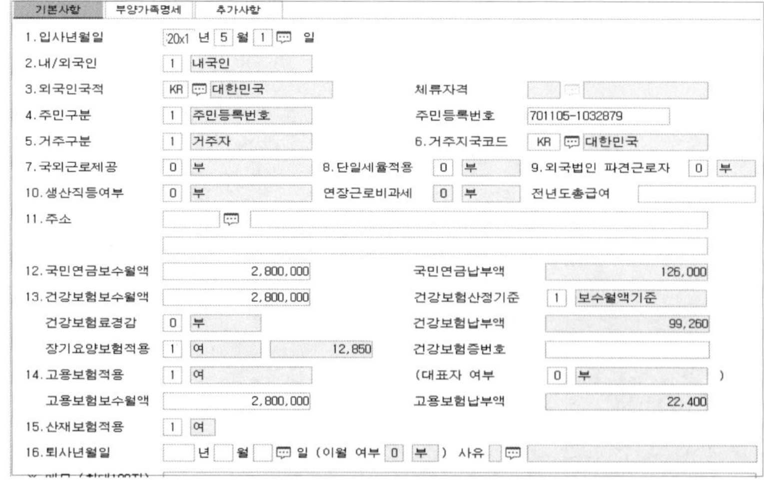

기본사항 | 부양가족명세 | 추가사항

1.입사년월일 20x1 년 5 월 1 일
2.내/외국인 1 내국인
3.외국인국적 KR 대한민국 체류자격
4.주민구분 1 주민등록번호 주민등록번호 701105-1032879
5.거주구분 1 거주자 6.거주지국코드 KR 대한민국
7.국외근로제공 0 부 8.단일세율적용 0 부 9.외국법인 파견근로자 0 부
10.생산직등여부 0 부 연장근로비과세 0 부 전년도총급여
11.주소
12.국민연금보수월액 2,800,000 국민연금납부액 126,000
13.건강보험보수월액 2,800,000 건강보험산정기준 1 보수월액기준
건강보험료경감 0 부 건강보험납부액 99,260
장기요양보험적용 1 여 12,850 건강보험증번호
14.고용보험적용 1 여 (대표자 여부 0 부)
고용보험보수월액 2,800,000 고용보험납부액 22,400
15.산재보험적용 1 여
16.퇴사년월일 년 월 일 (이월 여부 0 부) 사유

2. [사원등록] 메뉴 → [부양가족명세] 탭

관계	요건		기본 공제	추가 (자녀)	판단
	연령	소득			
본인(세대주)	-	-	○		
모(82)	○	×	부		소득금액 1백만원 초과자
배우자	-	○	○	장애(3)	중증환자
자1(20)	○	○	○	자녀	일용근로소득은 분리과세소득
자2(13)	○	○	○	자녀	

3. [연말정산추가자료입력] 메뉴 → [소득명세] 탭

근무처명	사업자 등록번호	급여	상여	비과세 식대	보험료 명세				세액명세		근무기간
					건강보험	장기요양	고용보험	국민연금	소득세	지방소득세	
㈜스마트	120-81-34671	10,500,000	10,000,000	600,000	723,180	92,610	184,000	796,500	1,000,000	100,000	1.1~3.31

[3] 전자신고

1. [원천징수이행상황신고서] 작성 및 마감(귀속기간 6월, 지급기간 7월, 1.정기신고)

원천징수명세및납부세액 | 원천징수이행상황신고서 부표 | 원천징수세액환급신청서 | 기납부세액명세서 | 전월미환급세액 조정명세서 | 차월이월환급세액 승계명세

소득자 소득구분	코드	소득지급 인원	소득지급 총지급액	징수세액 소득세 등	징수세액 농어촌특별세	징수세액 가산세	당월조정 환급세액	납부세액 소득세 등	납부세액 농어촌특별세
개인 거주자 비거주자 (납부금액)	A06								
가 감 계	A10								
퇴직소득 연금계좌	A21								
퇴직소득 그 외	A22								
퇴직소득 가 감 계	A20								
사업소득 매월징수	A25	2	4,500,000	135,000					
사업소득 연말정산	A26								
사업소득 가 감 계	A30	2	4,500,000	135,000			55,000	80,000	
기타소득 연금계좌	A41								
기타소득 종교인매월	A43								
기타소득 종교인연말	A44								
기타소득 가상자산	A49								
기타소득 그 외	A42								
기타소득 가 감 계	A40								
이 자 소 득	A50								
배 당 소 득	A60								
그 외 소 득	▶								

전월 미환급 세액의 계산			당월 발생 환급세액				18.조정대상환급(14+15+16+17)	19.당월조정환급세액계	20.차월이월환급세액	21.환급신청액
12.전월미환급	13.기환급	14.차감(12-13)	15.일반환급	16.신탁재산	금융회사 등	합병 등				
55,000		55,000					55,000	55,000		

2. 전자신고 파일 제작

3. 홈택스 전자파일 변환 및 제출

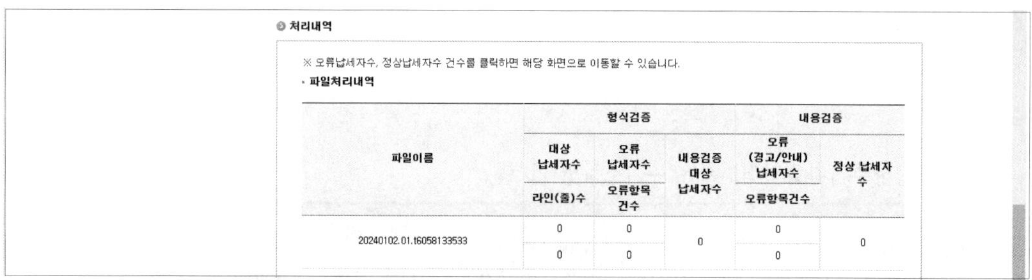

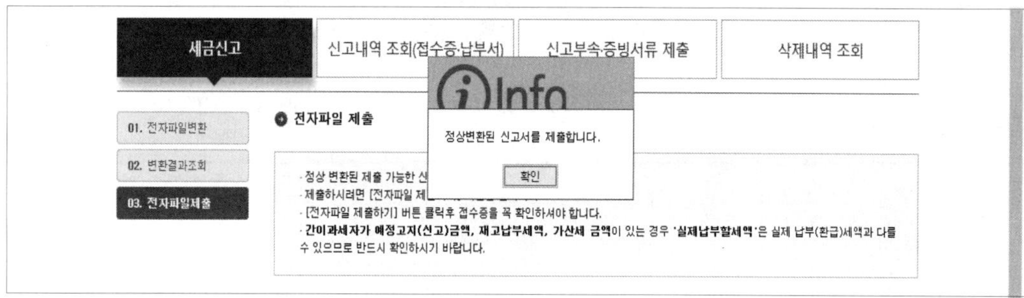

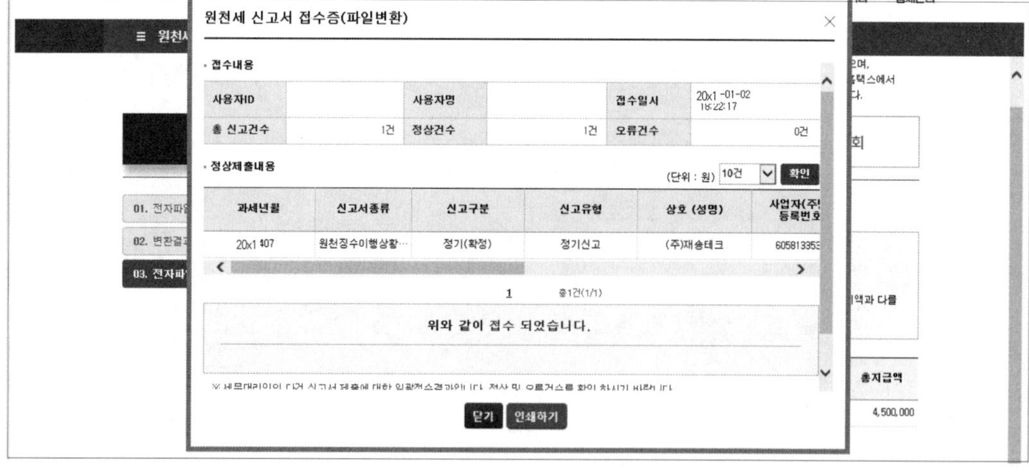

문제 5 세무조정

[1] 업무용승용차관련 비용명세서

1. [업무용승용차등록] 메뉴(101, 55하4033, 제네시스)

차량 상세 등록 내용			
1.고정자산계정과목			
2.고정자산코드/명			
3.취득일자	2023-05-03		
4.경비구분	6.800번대/판관비		
5.사용자 부서			
6.사용자 직책			
7.사용자 성명			
8.임차여부	운용리스		
9.임차기간	20x0-05-03 ~ 20x2-05-03		
10.보험가입여부	가입		
11.보험기간	20x0-05-03 ~ 20x2-05-03		
	____-__-__ ~ ____-__-__		
12.운행기록부사용여부	여	전기이월누적거리	21,000 km
13.전용번호판 부착여부	여		
14.출퇴근사용여부	여	출퇴근거리	6,400 km
15.자택			

2. [업무용승용차관련비용명세서] 메뉴

(5) 총주행 거리(km)	(6) 업무용 사용 거리(km)	(7) 업무 사용비율	(8) 취득가액	(9) 보유또는 임차월수	(10)업무용 승용차 관련 비용 (11) 감가상각비	(12) 임차료 (감가상각비포함)	(13) 감가상각비상당액	(14) 유류비	(15) 보험료	(16) 수선비	(17) 자동차세	(18) 기타	(19) 합계
8,000	6,400	80.0000		12		14,400,000	12,895,000	4,100,000					18,500,000
합 계						14,400,000	12,895,000	4,100,000					18,500,000

2 업무용 승용차 관련 비용 손금불산입 계산

(22) 업무 사용 금액 (24) 감가상각비 (상당액)[((11)또는 (13))X(7)]	(25) 관련 비용 [((19)-(11)또는 (19)-(13))X(7)]	(26) 합계 ((24)+(25))	(23) 업무외 사용 금액 (27) 감가상각비 (상당액)X(11)-(24) 또는(13)-(24))	(28) 관련 비용 [((19)-(11)또는 (19)-(13))-(25)]	(29) 합계 ((27)+(28))	(30) 감가상각비 (상당액) 한도초과금액	(31) 손금불산입 합계 ((29)+(30))	(32) 손금산입 합계 ((19)-(31))
10,316,000	4,484,000	14,800,000	2,579,000	1,121,000	3,700,000	2,316,000	6,016,000	12,484,000
10,316,000	4,484,000	14,800,000	2,579,000	1,121,000	3,700,000	2,316,000	6,016,000	12,484,000

3 감가상각비(상당액) 한도초과금액 이월 명세

(37) 전기이월액	(38) 당기 감가상각비(상당액) 한도초과금액	(39) 감가상각비(상당액) 한도초과금액 누계	(40) 손금추인(산입)액	(41) 차기이월액((39)-(40))
8,000,000	2,316,000	10,316,000		10,316,000
8,000,000	2,316,000	10,316,000		10,316,000

4 업무용 승용차 처분 손실 및 한도초과금액 손금불산입액 계산

3. 세무조정

〈손 금 불 산 입〉업무용승용차 업무미사용분 3,700,000원 (상 여)

〈손 금 불 산 입〉감가상각비상당액 한도초과액 2,316,000원 (기타사외유출)

[2] 기업업무추진조정명세서

1. [기업업무추진비조정명세서(을)]

(1) 수입금액 명세

1.기업업무추진비 입력 (을) | 2.기업업무추진비 조정 (갑)

1 1. 수입금액명세

구 분	① 일반수입금액	② 특수관계인간 거래금액	③ 합 계(①+②)
금 액	1,800,000,000	200,000,000	2,000,000,000

(2) 기업업무추진비 해당금액

2 2. 기업업무추진비 해당금액

④ 계정과목			합계	기업업무추진비(제조)	기업업무추진비(판관)	소모품비		
⑤ 계정금액			62,200,000	26,200,000	34,500,000	1,500,000		
⑥ 기업업무추진비계상액 중 사적사용경비								
⑦ 기업업무추진비해당금액(⑤-⑥)			62,200,000	26,200,000	34,500,000	1,500,000		
⑧ 신용카드 등 미사용금액	경조사비 중 기준금액 초과액	⑨신용카드 등 미사용금액						
		⑩총 초과금액						
	국외지역 지출액 (법인세법 시행령 제41조제2항제1호)	⑪신용카드 등 미사용금액						
		⑫총 지출액						
	농어민 지출액 (법인세법 시행령 제41조제2항제2호)	⑬송금명세서 미제출금액						
		⑭총 지출액						
	기업업무추진비 중 기준금액 초과액	⑮신용카드 등 미사용금액	7,000,000	2,000,000	5,000,000			
		(16)총 초과금액	55,400,000	23,000,000	30,900,000	1,500,000		
	(17) 신용카드 등 미사용 부인액		7,000,000	2,000,000	5,000,000			
(18) 기업업무추진비 부인액(⑥+(17))			7,000,000	2,000,000	5,000,000			

2. [기업업무추진비조정명세서(갑)] 문화기업업무추진비 2,000,000원

1.기업업무추진비 입력 (을) | 2.기업업무추진비 조정 (갑)

3 기업업무추진비 한도초과액 조정

중소기업 ☐ 정부출자법인 ☐ 부동산임대업등(법.령제42조제2항)

구분			금액
1. 기업업무추진비 해당 금액			62,200,000
2. 기준금액 초과 기업업무추진비 중 신용카드 등 미사용으로 인한 손금불산입액			7,000,000
3. 차감 기업업무추진비 해당금액(1-2)			55,200,000
일반 기업업무추진비 한도	4. 12,000,000 (중소기업 36,000,000) X 월수(12) / 12		36,000,000
	총수입금액 기준	100억원 이하의 금액 X 30/10,000	6,000,000
		100억원 초과 500억원 이하의 금액 X 20/10,000	
		500억원 초과 금액 X 3/10,000	
		5. 소계	6,000,000
	일반수입금액 기준	100억원 이하의 금액 X 30/10,000	5,400,000
		100억원 초과 500억원 이하의 금액 X 20/10,000	
		500억원 초과 금액 X 3/10,000	
		6. 소계	5,400,000
	7. 수입금액기준	(5-6) X 10/100	60,000
	8. 일반기업업무추진비 한도액 (4+6+7)		41,460,000
문화기업업무추진비 한도(「조특법」 제136조제3항)	9. 문화기업업무추진비 지출액		2,000,000
	10. 문화기업업무추진비 한도액(9와 (8 X 20/100) 중 작은 금액)		2,000,000
전통시장기업업무추진비 한도(「조특법」 제136조제6항)	11. 전통시장기업업무추진비 지출액		
	12. 전통시장기업업무추진비 한도액(11과 (8 X 10/100) 중 작은 금액)		
13. 기업업무추진비 한도액 합계(8+10+12)			43,460,000
14. 한도초과액(3-13)			11,740,000
15. 손금산입한도 내 기업업무추진비 지출액(3과 13중 작은 금액)			43,460,000

3. 세무조정

〈손 금 불 산 입〉신용카드미사용액 7,000,000원 (기타사외유출)

〈손 금 불 산 입〉기업업무추진비 한도초과액 11,740,000원 (기타사외유출)

[3] 세액고정계산서 및 최저한세 조정계산서

1. [법인세과세표준및세액조정계산서] 산출세액 계산

구분	항목		코드	금액
① 각 사업연도 소득계산	101. 결 산 서 상 당 기 순 손 익		01	535,000,000
	소 득 조 정 금 액	102.익 금 산 입	02	34,500,000
		103.손 금 산 입	03	2,900,000
	104. 차 가 감 소 득 금 액 (101+102-103)		04	566,600,000
	105. 기 부 금 한 도 초 과 액		05	1,800,000
	106. 기 부 금 한 도 초 과 이월액 손금산입		54	
	107. 각 사 업 연 도 소 득 금 액(104+105-106)		06	568,400,000
② 과세표준계산	108. 각 사 업 연 도 소 득 금 액 (108=107)			568,400,000
	109. 이 월 결 손 금		07	3,522,000
	110. 비 과 세 소 득		08	
	111. 소 득 공 제		09	
	112. 과 세 표 준 (108-109-110-111)		10	564,878,000
	159. 선 박 표 준 이 익		55	
③ 산출	113. 과 세 표 준 (113=112+159)		56	564,878,000
	114. 세 율		11	19%
	115. 산 출 세 액		12	87,326,820

2. [최저한세조정계산서] 감면세액(13,000,000), 세액공제(36,200,000) 입력

①구분		코드	②감면후세액	③최저한세	④조정감	⑤조정후세액
(101) 결 산 서 상 당 기 순 이 익		01	535,000,000			
소득조정금액	(102)익 금 산 입	02	34,500,000			
	(103)손 금 산 입	03	2,900,000			
(104) 조 정 후 소 득 금 액 (101+102-103)		04	566,600,000	566,600,000		566,600,000
최저한세적용대상 특 별 비 용	(105)준 비 금	05				
	(106)특별상각, 특례상각	06				
(107) 특별비용손금산입전소득금액(104+105+106)		07	566,600,000	566,600,000		566,600,000
(108) 기 부 금 한 도 초 과 액		08	1,800,000	1,800,000		1,800,000
(109) 기부금 한도초과 이월액 손 금 산 입		09				
(110) 각 사업 년 도 소 득 금 액 (107+108-109)		10	568,400,000	568,400,000		568,400,000
(111) 이 월 결 손 금		11	3,522,000	3,522,000		3,522,000
(112) 비 과 세 소 득		12				
(113) 최저한세적용대상 비 과 세 소 득		13				
(114) 최저한세적용대상 익금불산입 · 손금산입		14				
(115) 차가감 소 득 금 액(110-111-112+113+114)		15	564,878,000	564,878,000		564,878,000
(116) 소 득 공 제		16				
(117) 최저한세적용대상 소 득 공 제		17				
(118) 과 세 표 준 금 액(115-116+117)		18	564,878,000	564,878,000		564,878,000
(119) 선 박 표 준 이 익		24				
(120) 과 세 표 준 금 액 (118+119)		25	564,878,000	564,878,000		564,878,000
(121) 세 율		19	19 %	7 %		19 %
(122) 산 출 세 액		20	87,326,820	39,541,460		87,326,820
(123) 감 면 세 액		21	13,000,000			13,000,000
(124) 세 액 공 제		22	36,200,000		1,414,640	34,785,360
(125) 차 감 세 액 (122-123-124)		23	38,126,820			39,541,460

3. [법인세과세표준및세액조정계산서] 최저한세 적용대상공제감면세액 47,785,360

구분	항목		코드	금액
① 각사업연도소득계산	101. 결산서상 당기순손익		01	535,000,000
	소득조정 금액	102.익금산입	02	34,500,000
		103.손금산입	03	2,900,000
	104. 차가감소득금액 (101+102-103)		04	566,600,000
	105. 기부금한도초과액		05	1,800,000
	106. 기부금한도초과 이월액 손금산입		54	
	107. 각사업연도소득금액(104+105-106)		06	568,400,000
② 과세표준계산	108. 각사업연도소득금액 (108=107)			568,400,000
	109. 이월결손금		07	3,522,000
	110. 비과세소득		08	
	111. 소득공제		09	
	112. 과세표준 (108-109-110-111)		10	564,878,000
	159. 선박표준이익		55	
③ 산출세액계산	113. 과세표준 (113=112+159)		56	564,878,000
	114. 세율		11	19%
	115. 산출세액		12	87,326,820
	116. 지점유보소득(법 제96조)		13	
	117. 세율		14	
	118. 산출세액		15	
	119. 합계 (115+118)		16	87,326,820

구분	항목			코드	금액
④ 납부할세액계산	120. 산출세액 (120=119)				87,326,820
	121. 최저한세 적용대상공제감면세액			17	47,785,360
	122. 차감세액			18	39,541,460
	123. 최저한세 적용제외공제감면세액			19	
	124. 가산세액			20	190,000
	125. 가감계 (122-123+124)			21	39,731,460
	기납부세액	기한내납부세액	126. 중간예납세액	22	5,000,000
			127. 수시부과세액	23	
			128. 원천납부세액	24	7,000,000
			129. 간접 회사등 외국 납부세액	25	
			130. 소계(126+127+128+129)	26	12,000,000
		131. 신고납부전가산세액		27	
		132. 합계 (130+131)		28	12,000,000
	133. 감면분추가납부세액			29	
	134. 차가감납부할세액(125-132+133)			30	27,731,460
⑤토지등 양도소득, ⑥미환류소득 법인세 계산 (TAB로 이동)					
⑦ 세액계	151. 차감 납부할 세액계 (134+150+166)			46	27,731,460
	152. 사실과 다른 회계 처리 경정 세액공제			57	
	153. 분납세액계산범위액 (151-124-133-145-152+131)			47	27,541,460
	154. 분납할세액			48	13,770,730
	155. 차감납부세액 (151-152-154)			49	13,960,730

[4] 대손충당금 조정명세서

1. [대손충당금및대손금조정명세서]

(1) 대손금조정

1 2. 대손금조정 크게보기

No	22. 일자	23.계정과목	24.채권내역	25.대손사유	26.금액	대손충당금상계액 27.계	28.시인액	29.부인액	당기 손비계상액 30.계	31.시인액	32.부인액
1	03.31	외상매출금	1.매출채권	6.소멸시효완성	10,000,000	10,000,000	10,000,000				
2	06.30	외상매출금	1.매출채권	1.파산	5,000,000	5,000,000	5,000,000				
3	09.01	받을어음	1.매출채권	5.부도(6개월경과)	20,000,000	20,000,000		20,000,000			
4	11.02	받을어음	1.매출채권	5.부도(6개월경과)	15,000,000	15,000,000	14,999,000	1,000			
5	06.25	미수금	2.미수금	2.강제집행	15,000,000	15,000,000	15,000,000				
			계		65,000,000	65,000,000	44,999,000	20,001,000			

→(주)이가의 받을어음 비망가액 1,000원

(2) 채권잔액(부인금액 20,000,000+1,000)

2 채권잔액 크게보기

No	16.계정과목	17.채권잔액의 장부가액	18.기말현재대손금부인누계 전기	18.기말현재대손금부인누계 당기	19.합계 (17+18)	20.충당금설정제외채권 (할인,배서,특수채권)	21.채권잔액 (19-20)
1	외상매출금	1,570,000,000			1,570,000,000		1,570,000,000
2	받을어음	100,000,000		20,001,000	120,001,000		120,001,000
3							
	계	1,670,000,000		20,001,000	1,690,001,000		1,690,001,000

(3) 대손충당금 조정

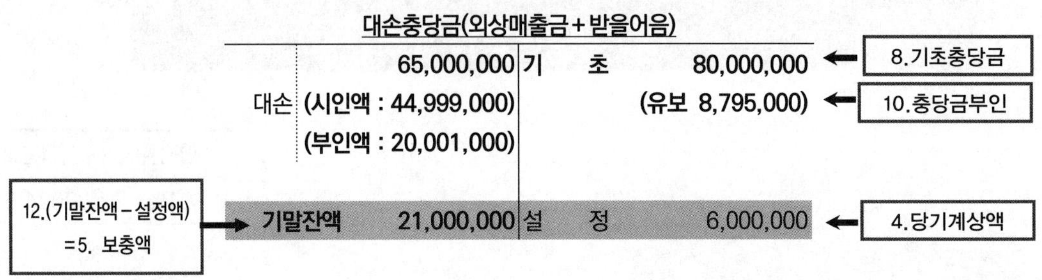

3 1.대손충당금조정

손금산입액조정	1.채권잔액 (21의금액)	2.설정률(%) ◉기본율	○실적율	○적립기준	3.한도액 (1×2)	회사계상액 4.당기계상액	5.보충액	6.계	7.한도초과액 (6-3)
	1,690,001,000	1			16,900,010	6,000,000	15,000,000	21,000,000	4,099,990

익금산입액조정	8.장부상 충당금기초잔액	9.기중 충당금환입액	10.충당금부인 누계액	11.당기대손금 상계액(27의금액)	12.충당금보충액 (충당금장부잔액)	13.환입할금액 (8-9-10-11-12)	14.회사환입액 (회사기말환입)	15.과소환입·과다 환입(△)(13-14)
	80,000,000		8,795,000	65,000,000	15,000,000	-8,795,000		-8,795,000

2. 세무조정

〈손금불산입〉 받을어음 20,001,000원 (유 보 발 생)

〈손금불산입〉 대손충당금한도초과액 4,099,990원 (유 보 발 생)

〈손 금 산 입〉 전기대손충당금한도초과액 8,795,000원 (유 보 감 소)

[5] 세무조정

〈손금불산입〉 법인세등 18,000,000원 (기타사외유출)

〈손금불산입〉 업무무관가지급금 35,000,000원 (유 보 발 생)

〈손금불산입〉 토지개발부담금 3,000,000원 (유 보 발 생)

〈손 금 산 입〉 업무용승용차감가상각비 2,000,000원 (유 보 발 생)

☞**업무용승용차는 강제상각이므로 시인액에 대해서 손금산입**

〈손금불산입〉 출자임원사택유지비 5,000,000원 (상 여)

〈익금불산입〉 자동차세환급금이자 100,000원 (기 타)

제114회 전산세무 1급

합격율	시험년월
21%	2024.6

이 론

01. 다음 중 유가증권에 대한 설명으로 옳지 않은 것은?

① 유가증권은 증권의 종류에 따라 지분증권과 채무증권으로 분류할 수 있다.
② 지분증권은 단기매매증권과 매도가능증권으로 분류할 수 있으나 만기보유증권으로는 분류할 수 없다.
③ 단기매매증권, 매도가능증권, 만기보유증권은 원칙적으로 공정가치로 평가한다.
④ 만기보유증권으로 분류되지 않은 채무증권은 단기매매증권과 매도가능증권 중의 하나로 분류한다.

02. ㈜한국은 20x1년 중에 신규 취득한 차량운반구의 감가상각방법을 정액법으로 채택하였으나 경리부서 담당자의 실수로 감가상각비를 정률법에 따라 회계처리하였다. 해당 오류가 20x1년 기말 재무제표에 미치는 영향으로 옳은 것은?

	감가상각비	당기순이익	차량운반구의 장부가액
①	증가	감소	증가
②	증가	감소	감소
③	감소	증가	증가
④	감소	증가	감소

03. 다음 중 회계변경의 회계처리방법에 대한 설명으로 옳지 않은 것은?

① 당기일괄처리법은 재무제표의 신뢰성이 높아지는 장점을 가지고 있다.
② 전진법은 변경된 새로운 회계처리방법을 당기와 미래기간에 반영시키는 방법이다.
③ 소급법의 경우 변경효과를 파악하기 어렵고 재무제표의 비교가능성이 저하된다.
④ 당기일괄처리법은 회계변경의 누적효과를 당기손익에 반영하는 방법이다.

04. 다음 중 자본에 관한 설명으로 옳지 않은 것은?

① 재무상태표상의 자본조정에는 감자차손, 주식할인발행차금, 자기주식이 포함된다.
② 자기주식을 취득하는 경우 액면금액을 자기주식의 과목으로 하여 자본조정으로 회계처리한다.
③ 자기주식처분이익이 발생한 경우 자본조정의 자기주식처분손실의 범위 내에서 상계처리하고, 미상계된 잔액은 자본잉여금의 자기주식처분이익으로 회계처리한다.
④ 자기주식 소각 시 취득원가가 액면금액보다 작은 경우에는 그 차액을 감자차익으로 하여 자본잉여금으로 회계처리한다.

05. 다음 중 사채가 할증발행되고 유효이자율법이 적용되는 경우에 대한 설명으로 옳지 않은 것은?

① 사채할증발행차금 상각액은 매년 감소한다.
② 사채 이자비용은 매년 감소한다.
③ 사채의 장부가액은 초기에는 크고, 기간이 지날수록 작아진다.
④ 사채발행 시점에 발생한 사채발행비는 비용으로 처리하지 않고, 사채의 만기일까지 잔여기간에 걸쳐 상각하여 비용화한다.

06. 두 개의 보조부문과 두 개의 제조부문을 운영하고 있는 ㈜서울의 부문간 용역 수수관계는 다음과 같다. 제조부문 X에 배분될 보조부문원가의 총액은 얼마인가? 단, ㈜서울은 단계배분법에 의하여 보조부문원가를 배분하며, 보조부문 중 수선부문의 원가를 먼저 배분한다.

사용부문 / 제공부문	보조부문		제조부문		배분대상원가
	수선부문	전력부문	X 부문	Y 부문	
수선부문	-	40%	40%	20%	100,000원
전력부문	-	-	30%	70%	80,000원

① 36,000원　　② 40,000원　　③ 60,000원　　④ 76,000원

07. 다음 자료를 이용하여 직접재료원가의 완성품환산량을 계산하면 몇 단위인가?

- ㈜중부는 선입선출법에 따른 종합원가제도를 채택하고 있다.
- 직접재료의 1/2은 공정 초기에 투입되고, 나머지 1/2은 공정이 80% 진행된 시점에 투입된다.
- 공손은 발생하지 않았다.
- 당기 물량흐름은 아래와 같다.

기초재공품(완성도 60%)	400단위	당기완성품	5,000단위
당기착수량	5,000단위	기말재공품(완성도 30%)	400단위

① 4,880단위 ② 4,920단위 ③ 4,960단위 ④ 5,000단위

08. 다음 중 옳은 것으로만 짝지어진 것은?

가. 공손품은 생산에 사용된 원재료로부터 남아 있는 찌꺼기나 조각을 말한다.
나. 비정상공손은 발생한 기간에 영업외비용으로 처리한다.
다. 정상공손은 효율적인 생산과정에서도 발생하는 공손으로 원가성이 있다고 본다.
라. 정상공손은 작업자의 부주의, 생산계획의 미비 등의 이유로 발생한다.

① 가, 나 ② 나, 다 ③ 다, 라 ④ 가, 라

09. 다음 중 원가의 분류에 대한 설명으로 가장 옳지 않은 것은?

① 원가행태에 따른 분류로서 직접재료원가, 직접노무원가, 제조간접원가로 구성된다.
② 원가의 추적가능성에 따른 분류로서 직접원가와 간접원가로 구성된다.
③ 원가의 발생행태에 따른 분류로서 재료원가, 노무원가, 제조경비로 구성된다.
④ 의사결정의 관련성에 따른 분류로서 관련원가, 매몰원가, 기회원가 등으로 구성된다.

10. 다음 중 종합원가계산의 선입선출법 및 평균법에 대한 설명으로 옳지 않은 것은?

① 종합원가계산의 평균법과 선입선출법 중 실제 물량흐름에 보다 충실한 방법은 선입선출법이다.
② 기초재공품이 없는 경우 종합원가계산에 의한 원가 배분 시 평균법과 선입선출법의 결과는 동일하다.
③ 선입선출법과 평균법 모두 완성품환산량을 계산하는 과정이 있다.
④ 기말재공품의 완성도는 선입선출법에서만 고려 대상이고, 평균법에서는 영향을 미치지 않는다.

11. 다음 중 부가가치세법상 영세율과 면세에 관한 설명으로 옳지 않은 것은?

① 면세사업자라도 영세율 적용대상이 되면 면세를 포기하고 영세율을 적용받을 수 있다.
② 영세율은 완전면세제도이고 면세는 불완전면세제도이다.
③ 영세율과 면세 모두 부가가치세법상 신고의무는 면제되나 일정한 협력의무는 이행해야 한다.
④ 국내거래라 하더라도 영세율이 적용되는 경우가 있다.

12. 다음 중 법인세법상 소득처분이 나머지와 다른 것은?

① 귀속 불분명한 증빙불비 기업업무추진비
② 임원의 퇴직금한도초과액
③ 주주인 직원의 가지급금 인정이자
④ 채권자 불분명 사채이자의 원천징수세액

13. 다음 중 부가가치세법상 과세 대상에 해당하는 경우는 모두 몇 개인가?

가. 온라인 게임 서비스용역을 제공하는 사업자가 게임이용자에게 게임머니를 판매하는 경우 나. 사업자가 점포를 임차하여 과세사업을 영위하던 중 점포의 임차권리를 판매하는 경우 다. 사업자가 공급받는 자의 해약으로 인하여 재화 또는 용역의 공급 없이 손해배상금을 받은 경우 라. 사업자가 흙과 돌을 판매하는 경우

① 1개　② 2개　③ 3개　④ 4개

14. 다음 중 소득세법상 근로소득 연말정산 시 「신용카드 등 사용금액 소득공제」의 대상에서 제외되는 것은? 단, 모두 국내에서 신용카드를 사용하여 지출한 것으로 가정한다.

① 의료비　② 아파트관리비　③ 취학 전 아동의 학원비　④ 교복구입비

15. 다음 중 소득세법상 결손금과 이월결손금에 대한 설명으로 가장 옳지 않은 것은?

① 2020년 1월 1일 이후 최초로 발생하는 결손금은 15년간 이월공제가 가능하다.

② 해당 과세기간의 소득금액에 대하여 추계신고를 하는 경우에는 이월결손금 공제 규정을 적용하지 아니한다(단, 천재지변·장부멸실 등에 의한 경우는 제외함).

③ 중소기업을 영위하는 거주자의 부동산임대업을 제외한 사업소득 결손금은 1년간 소급 공제하여 환급신청이 가능하다.

④ 주거용 건물의 임대업에서 발생한 결손금은 다른 소득금액에서 공제할 수 없고, 추후 발생하는 해당 부동산임대업의 소득금액에서만 공제 가능하다.

실 무

㈜희수전자(1140)는 제조 · 도소매업을 영위하는 중소기업으로, 당기 회계기간은 20x1.1.1.~20x1.12.31.이다. 전산세무회계 수험용 프로그램을 이용하여 다음 물음에 답하시오.

문제 1 다음 거래에 대하여 적절한 회계처리를 하시오. (12점)

[1] 07월 06일 매출거래처에 접대할 목적으로 선물을 구입하고 아래의 전자세금계산서를 발급받았으며, 대금은 보통예금 계좌에서 이체하여 지급하였다. (3점)

<table>
<tr><td colspan="5">전자세금계산서</td><td colspan="2">승인번호</td><td colspan="3">20240706 - 31000013 - 44346111</td></tr>
<tr><td rowspan="5">공급자</td><td>등록번호</td><td>340 - 19 - 09385</td><td>종사업장 번호</td><td></td><td rowspan="5">공급받는자</td><td>등록번호</td><td>132 - 86 - 19421</td><td>종사업장 번호</td><td></td></tr>
<tr><td>상호(법인명)</td><td>만물상사</td><td>성명</td><td>김만물</td><td>상호(법인명)</td><td>㈜희수전자</td><td>성명</td><td>최수완</td></tr>
<tr><td>사업장</td><td colspan="3">경기도 수원시 장안구 매화동 123</td><td>사업장</td><td colspan="3">경기도 의정부시 가금로 53</td></tr>
<tr><td>업태</td><td>도소매</td><td>종목</td><td>잡화</td><td>업태</td><td>제조 외</td><td>종목</td><td>자동차부품</td></tr>
<tr><td>이메일</td><td colspan="3"></td><td>이메일
이메일</td><td colspan="3"></td></tr>
</table>

작성일자	공급가액	세액	수정사유
20x1/07/06	1,500,000	150,000	해당 없음
비고			

월	일	품목	규격	수량	단가	공급가액	세액	비고
07	06	잡화세트				1,500,000	150,000	

합계금액	현금	수표	어음	외상미수금	이 금액을 (영수) 함
1,650,000	1,650,000				

[2] 07월 20일 매입거래처인 ㈜대성의 외상매입금 중 54,000,000원은 보통예금 계좌에서 이체하여 지급하고, 나머지 금액은 면제 받았다(단, ㈜대성의 외상매입금 관련 데이터를 조회하여 회계처리할 것). (3점)

[3] 08월 20일 유상증자를 통해 신주(보통주, 1주당 액면금액 10,000원) 5,000주를 1주당 8,000원에 발행하고 대금은 보통예금 계좌로 전액 입금되었다(단, 유상증자일 현재 주식발행초과금 잔액은 5,000,000원으로 확인된다). (3점)

[4] 09월 01일 제품 생산에 사용하던 기계장치를 ㈜미누전자에 처분하고 아래의 전자세금계산서를 발급하였으며, 대금 중 10,000,000원은 어음(만기일 20x2.06.01)으로 받고, 나머지는 다음 달에 받기로 하였다. 당사는 취득 당시 정부의 지원 정책에 따라 상환의무가 없는 국고보조금을 수령하였으며, 처분 전 기계장치의 내용은 다음과 같다. (3점)

- 기계장치 취득가액 : 75,000,000원
- 감가상각누계액 : 21,000,000원
- 국고보조금(기계장치 차감) : 24,000,000원

전자세금계산서					승인번호	20240901-31000013-44346111			
공급자	등록번호	132-86-19421	종사업장번호		공급받는자	등록번호	126-87-10121	종사업장번호	
	상호(법인명)	㈜희수전자	성명	최수완		상호(법인명)	㈜미누전자	성명	하민우
	사업장	경기도 의정부시 가금로 53				사업장	경기도 이천시 가좌로1번길 21-26		
	업태	제조 외	종목	자동차부품		업태	제조	종목	전자제품
	이메일					이메일			
						이메일			

작성일자	공급가액	세액	수정사유
20x1/09/01	40,000,000	4,000,000	해당 없음
비고			

월	일	품목	규격	수량	단가	공급가액	세액	비고
09	01	기계장치				40,000,000	4,000,000	

합계금액	현금	수표	어음	외상미수금	이 금액을 (청구) 함
44,000,000			10,000,000	34,000,000	

문제 2 **다음 주어진 요구사항에 따라 부가가치세신고서 및 부속서류를 작성하시오. (10점)**

[1] 다음 자료를 바탕으로 20x1년 제1기 부가가치세 확정신고기간(4월~6월)에 대한 [부동산임대공급가액명세서]를 작성하시오(단, 정기예금이자율은 연 3.5%로 가정한다). (3점)

층	호수	상호 (사업자번호)	용도	면적(㎡)	보증금	월세	매월 관리비
			임대기간				
1	101	디자인봄 (101-89-23562)	사무실	120	40,000,000원	2,000,000원	250,000원
			2023.05.01. ~2025.04.30.				
2	201	스마일커피 (109-07-89510)	점포	120	100,000,000원	5,000,000원	550,000원
			2025.01.01. ~2025.12.31.				
합계					140,000,000원	7,000,000원	800,000원

- 101호(임차인 : 디자인봄)는 2023.05.01. 최초로 임대를 개시하였으며, 2년 경과 후 계약기간 만료로 2025.05.01. 임대차계약을 갱신(임대기간 : 2025.05.01.~2027.04.30.)하면서 보증금을 40,000,000원에서 60,000,000원으로 인상하였다(월세와 매월 관리비는 동일함).
- 월세와 매월 관리비에 대해서는 정상적으로 세금계산서를 모두 발급하였으며, 간주임대료에 대한 부가가치세는 임대인이 부담하고 있다.

[2] **본 문제에 한하여 ㈜희수전자는 과세사업과 면세사업을 겸영하는 사업자로 가정하고, 다음의 자료만을 이용하여 20x1년 제1기 부가가치세 확정신고기간의 [공제받지못할매입세액명세서] 중 [납부세액또는 환급세액재계산] 탭을 작성하시오(단, 불러오는 전표데이터는 무시하고, 모든 부가가치세 신고는 부가가치세법에 근거하여 적법하게 신고·납부함). (3점)**

1. 감가상각대상자산의 상세 내역

구분	취득일	대금 지급 상세	
		공급가액	부가가치세
창고건물	20x0.2.1.	100,000,000원	10,000,000원
기계장치	20x0.7.1.	50,000,000원	5,000,000원

2. 과세기간별 공급가액 내역

연도/기수	과세사업	면세사업	합계
20x0년/제2기	476,000,000원	224,000,000원	700,000,000원
20x1년/제1기	442,500,000원	307,500,000원	750,000,000원

[3] 다음에 제시된 자료를 이용하여 20x1년 제1기 확정신고기간의 [대손세액공제신고서]를 작성하시오(단, 당사는 중소기업에 해당함). (4점)

공급일	거래처	계정과목	대손금액	대손사유
2021.05.01.	㈜일월산업	외상매출금	3,300,000원	소멸시효완성일 20x1.05.02.
2022.10.08.	㈜이월테크	외상매출금	12,100,000원	부도발생일 20x1.01.09.
2023.05.08.	세월무역	받을어음	11,000,000원	부도발생일 20x0.11.20.
2023.06.20.	㈜오월상사	외상매출금	6,600,000원	파산종결결정공고일 (채권회수불가능) 20x1.04.09.
2023.11.05.	㈜유월물산	외상매출금	5,500,000원	부도발생일 20x0.12.10.
20x1.01.09.	㈜구월바이오	받을어음	7,700,000원	부도발생일 20x1.03.09.

문제 3 다음의 결산정리사항을 입력하여 결산을 완료하시오. (8점)

[1] 삼일은행으로부터 2022년 2월 1일에 차입한 장기차입금 30,000,000원의 만기가 20x2년 1월 31일에 도래하여 당사는 만기일에 예정대로 상환할 예정이다. (2점)

[2] 20x0년 8월 20일에 매출로 계상한 화폐성 외화자산인 미국 Z사의 외상매출금 $50,000를 기말 현재 보유하고 있다. 당사는 매년 결산일(12월 31일)에 화폐성 외화자산에 대하여 외화환산손익을 인식하고 있으며, 일자별 기준환율은 다음과 같다. (2점)

항 목	20x0.08.20.	20x0.12.31.	20x1.12.31.
기준환율	1,100원/$	1,280원/$	1,160원/$

[3] 20x1년 제2기 부가가치세 확정신고기간의 부가가치세와 관련된 내용이 다음과 같다. 전산데이터상의 입력된 다른 데이터는 무시하고, 아래의 자료만을 이용하여 12월 31일 현재 부가세예수금과 부가세대급금 관련 회계처리를 수행하시오(단, 납부세액일 경우 미지급세금, 환급세액일 경우에는 미수금으로 회계처리 할 것). (2점)

조회기간 20x1 년 10 월 1 일 ~ 20x1 년 12 월 31 일 신고구분 1.정기신고

구분				정기신고금액 금액	세율	세액
과세표준및매출세액	과세	세금계산서발급분	1	325,000,000	10/100	32,500,000
		매입자발행세금계산서	2		10/100	
		신용카드·현금영수증발행분	3		10/100	
		기타(정규영수증외매출분)	4	175,000,000		17,500,000
	영세	세금계산서발급분	5		0/100	
		기타	6		0/100	
	예정신고누락분		7			
	대손세액가감		8			
	합계		9	500,000,000	㉮	50,000,000
매입세액	세금계산서 수취분	일반매입	10	425,000,000		42,500,000
		수출기업수입분납부유예	10-1			
		고정자산매입	11	195,000,000		19,500,000
	예정신고누락분		12			
	매입자발행세금계산서		13			
	그 밖의 공제매입세액		14			
	합계(10)-(10-1)+(11)+(12)+(13)+(14)		15	620,000,000		62,000,000
	공제받지못할매입세액		16			
	차감계 (15-16)		17	620,000,000	㉯	62,000,000
납부(환급)세액(매출세액㉮-매입세액㉯)					㉰	-12,000,000

[4] 당기 법인세 총부담세액은 24,000,000원이며 법인세분 지방소득세는 3,000,000원이다. 다음의 자료만을 이용하여 적절한 결산 회계처리를 하시오(단, 거래처 입력은 생략하고, 납부할 세액은 미지급세금 계정을 사용할 것). (2점)

계정과목명	거래처명	금액	비고
선납세금	의정부세무서	10,000,000원	법인세 중간예납액
	동작세무서	2,500,000원	이자소득 원천징수분
	동작구청	250,000원	
예수금	의정부세무서	2,000,000원	12월 귀속 근로소득 원천징수분
	의정부시청	200,000원	

문제 4 원천징수와 관련된 다음의 물음에 답하시오. (10점)

[1] 20x1년 2월 1일 회계팀에 과장 김서울(사원코드 : 101) 씨가 신규 입사하였다. 다음 자료를 바탕으로 [사원등록] 메뉴를 이용하여 [기본사항] 탭과 [부양가족명세] 탭을 입력하고, 2월분 급여에 대한 [급여자료입력]과 [원천징수이행상황신고서]를 작성하시오. (4점)

※ 기타사항

- 사원등록 시 주소는 입력을 생략한다.
- 아래의 자료에 따라 수당 및 공제 항목을 입력하고, 표시된 수당 외의 항목은 사용여부를 "부"로 한다(단, 불러온 수당 및 공제 항목은 무시할 것).
- 수당등록 시 월정액 및 통상임금 여부는 고려하지 않는다.
- 원천징수이행상황신고서는 매월 작성하며, 김서울 씨의 급여내역만 반영하기로 한다.

1. 부양가족명세

가족관계	성명	주민등록번호	동거여부	비고
본인	김서울	791003 - 1450753		세대주, 내국인(거주자)
부친	김청주	510812 - 1450874	동거	사업소득금액 950,000원
모친	최영주	560705 - 2450853	주거형편상 별거	소득 없음
배우자	이진주	830725 - 2450717	동거	총급여 5,000,000원
장남	김대전	020708 - 3450719	주거형편상 별거	대학생, 장애인[주1)]
차녀	김대구	070815 - 4450855	동거	고등학생
형	김부산	750205 - 1450714	동거	사업소득금액 800,000원, 장애인[주1)]

주1) 「장애인복지법」상 장애인이다.

2. 김서울의 2월분 급여명세서

급여내역	금액	공제내역	금액
기본급	4,800,000원	소득세	605,880원
상여	2,400,000원	지방소득세	60,580원
자가운전보조금	300,000원	국민연금	375,750원
식대	300,000원	건강보험	141,950원
월차수당	150,000원	장기요양보험	18,380원
직책수당	400,000원	고용보험	71,550원
급여합계	8,350,000원	공제합계	1,274,090원
		실지급액	7,075,910원

(1) 급여지급일은 매월 25일이다.

(2) 자가운전보조금은 본인 명의의 차량을 업무 목적으로 사용한 직원에게 규정에 따라 정액 지급하고 있으며, 실제 발생한 교통비는 별도로 지급하지 않는다.

(3) 복리후생 목적으로 식대를 지급하고 있으며, 이와 관련하여 별도의 현물식사는 제공하지 않는다.

[2] 다음 자료를 이용하여 [기타소득자등록] 및 [이자배당소득자료입력]을 하고, 이에 대한 [원천징수이행상황신고서]를 작성하시오. (4점)

1. 소득지급내역

소득자				소득금액	소득구분	소득지급일/영수일
구분	코드	성명	주민등록번호			
개인	101	정지영	850505-2455744	6,000,000원	배당소득	20x1.06.01.
개인	102	김봉산	890102-2415657	12,000,000원	이자소득	20x1.07.01.

2. 상기 소득자는 모두 내국인이며, 거주자에 해당한다.
3. 배당소득은 당사의 주주총회에서 의결된 20x0년도 이익잉여금 처분에 의한 배당금을 보통예금으로 지급한 것이다.
4. 이자소득은 당사가 발행한 사채에 대한 이자이다.
5. 위 소득 지급액에 대한 원천징수세율은 14%를 적용한다.
6. 위에 주어진 정보 외의 자료 입력은 생략한다.

[3] 다음의 자료를 이용하여 [원천징수이행상황신고서]를 직접 작성 및 마감하고, 전자신고를 완료하시오. (2점)

※ 소득자료(9월 귀속/9월 지급)

소득구분	신고코드	인원	총지급액	소득세	비고
사업소득	A25	1	2,000,000원	60,000원	매월(정기)신고

1. [전자신고] → [국세청 홈택스 전자신고변환(교육용)] 순으로 진행한다.
2. [전자신고] 메뉴의 [원천징수이행상황제작] 탭에서 신고인구분은 2.납세자 자진신고를 선택하고, 비밀번호는 자유롭게 입력한다.
3. [국세청 홈택스 전자신고변환(교육용)] → 전자파일변환(변환대상파일선택) → 찾아보기에서 전자신고용 전자파일을 선택한다.
4. 전자신고용 전자파일 저장경로는 로컬디스크(C :)이며, 파일명은 "작성연월일.01.t사업자등록번호"다.
5. 형식검증하기 → 형식검증결과확인 → 내용검증하기 → 내용검증결과확인 → 전자파일제출 을 순서대로 클릭한다.
6. 최종적으로 전자파일 제출하기 를 완료한다.

문제 5 **서강기업㈜(1141)은 전자부품의 제조 및 건설업을 영위하는 중소기업으로, 당해 사업연도는 20x1.1.1.~20x1.12.31.이다. [법인조정] 메뉴를 이용하여 기장되어 있는 재무회계 장부 자료와 제시된 보충자료에 의하여 해당 사업연도의 세무조정을 하시오. (30점)**
※ 회사 선택 시 유의하시오.

[1] 다음 자료를 이용하여 [수입금액조정명세서] 및 [조정후수입금액명세서]를 작성하고, 필요한 세무조정을 하시오. (7점)

(1) 손익계산서상 수입금액은 다음과 같다.

구분	계정과목	기준경비율코드	결산서상 수입금액
1	제품매출	321012	1,535,000,000원
2	공사수입금	452127	298,150,000원
계			1,833,150,000원

(2) 아래의 공사에 대하여 손익계산서상 공사수입금액으로 200,000,000원을 계상하였다. 당사는 작업진행률에 의하여 공사수입금액을 인식하여야 하며, 작업진행률 관련 자료는 다음과 같다.

- 공사명 : 우리중학교 증축공사
- 도급자 : 세종특별시 교육청

항목	금액
도급금액	1,000,000,000원
총공사예정비용	700,000,000원
당기말 총공사비 누적액	455,000,000원
전기말 누적 공사수입 계상액	400,000,000원

(3) 당사가 수탁자에게 판매를 위탁한 제품을 수탁자가 12월 31일에 판매한 제품매출 15,000,000원(제품매출원가 10,000,000원)이 손익계산서 및 부가가치세 신고서에 반영되지 않았다.
부가가치세법상 과세표준 내역

구분	금액	비고
제품매출	1,535,000,000원	-
공사수입금	298,150,000원	-
고정자산매각대금(수입금액 제외)	15,000,000원	기계장치 매각으로 세금계산서를 발행함
계	1,848,150,000원	-

[2] 다음 자료를 이용하여 [퇴직연금부담금등조정명세서]를 작성하고, 관련된 세무조정을 [소득금액조정합계표및명세서]에 반영하시오. (6점)

1. 퇴직금추계액
   - 기말 현재 임·직원 전원 퇴직 시 퇴직금추계액 : 280,000,000원
2. 퇴직급여충당금 내역
   - 기말 퇴직급여충당금 : 25,000,000원
   - 기말 현재 퇴직급여충당금부인 누계액 : 25,000,000원
3. 당기 퇴직 현황 및 퇴직연금 현황
   - 퇴직연금운용자산의 기초 금액 : 210,000,000원
   - 당기 퇴직연금불입액 : 40,000,000원
   - 당기 중 퇴직급여 회계처리는 다음과 같다.

(차) 퇴직급여	16,000,000원	(대) 퇴직연금운용자산	3,000,000원
		보통예금	13,000,000원

   - 당사는 확정급여(DB)형 퇴직연금과 관련하여 신고조정으로 손금산입하고 있으며, 전기 말까지 신고조정으로 손금산입한 금액은 210,000,000원이다.

[3] 다음의 고정자산에 대하여 [고정자산등록]을 하고, [미상각자산감가상각조정명세서] 및 [감가상각비조정명세서합계표]를 작성한 뒤 자산별로 각각 필요한 세무조정을 하시오. (7점)

1. 감가상각대상자산

구분	코드	자산명	취득일	취득가액	전기말 감가상각누계액	당기 감가상각비 계상액	경비구분 / 업종
기계장치	100	A	2022.08.17.	300,000,000원	160,000,000원	60,000,000원	제조
기계장치	101	B	2023.07.21.	200,000,000원	40,000,000원	80,000,000원	제조

- 당사는 기계장치의 감가상각방법을 신고하지 않았지만, 기계장치의 내용연수는 5년으로 신고하였다.
- 기계장치 A의 전기말 상각부인액은 8,000,000원, 기계장치 B의 전기말 상각부인액은 4,000,000원이다.

2. 당기 수선 내역

자산명	수선비	회계처리	계정과목
A	20,000,000원	비용으로 처리	수선비(제)
B	15,000,000원	자산으로 처리	기계장치

- 위 수선비 지출 내역은 모두 자본적지출에 해당한다.

[4] 다음의 자료만을 이용하여 [기부금조정명세서]를 작성하고 필요한 세무조정을 하시오. (6점)

(1) 당기 기부금 내용은 다음과 같으며 적요 및 기부처 입력은 생략한다.

일자	금액	지급내용
08월 20일	7,000,000원	한라대학교(사립학교)에 연구비로 지출한 기부금
09월 05일	4,000,000원	A사회복지법인 고유목적사업기부금
11월 20일	2,000,000원	정부로부터 인·허가를 받지 않은 B예술단체에 지급한 금액
12월 10일	6,000,000원	C종교단체 어음 기부금(만기일 20x2.01.05.)

(2) 기부금 한도 계산과 관련된 자료는 다음과 같다.

- 전기 말까지 발생한 기부금 중 손금산입 한도 초과로 이월된 금액은 2023년 일반기부금 한도초과액 7,000,000원이다.
- 기부금 관련 세무조정을 반영하기 전 [법인세과세표준및세액조정계산서]상 차가감소득금액 내역은 아래와 같고, 세무상 이월결손금 25,000,000원(2020년도 발생분)이 있다(단, 당사는 중소기업이며, 불러온 자료는 무시하고 아래의 자료만을 이용할 것).

구분		금액
결산서상 당기순이익		200,000,000원
소득조정금액	익금산입	40,000,000원
	손금산입	12,000,000원
차가감소득금액		228,000,000원

[5] 다음의 자료는 20x1년 1월 1일부터 12월 31일까지의 원천징수와 관련한 자료이다. 주어진 자료를 이용하여 [원천납부세액명세서(갑)]를 작성하시오(단, 지방세 납세지의 입력은 생략할 것). (4점)

적요	원천징수 대상금액	원천징수일	원천징수세율	원천징수의무자	사업자등록번호
정기예금 이자	8,000,000원	20x1.06.30.	14%	㈜부전은행	103-81-05259
비영업대금 이자	10,000,000원	20x1.10.31.	25%	㈜삼송테크	210-81-23588
정기적금 이자	5,000,000원	20x1.12.31.	14%	㈜서울은행	105-81-85337

제114회 전산세무1급 답안 및 해설

이 론

1	2	3	4	5	6	7	8	9	10	11	12	13	14	15
③	②	③	②	①	④	④	②	①	④	③	④	③	②	④

01. 원칙적으로 단기매매증권, 매도가능증권은 공정가치로 평가하고, 만기보유증권은 상각후원가로 평가한다.

02. 유형자산을 신규 취득한 회계연도의 감가상각비는 정액법보다 정률법이 크다. 따라서 감가상각비는 증가하고, 당기순이익과 차량운반구의 장부가액은 감소한다.

03. 전진법의 단점에 대한 설명이다. 소급법의 경우 재무제표의 비교가능성이 유지되고 회계변경의 영향이 재무제표에 충분히 반영되어 파악하기 쉽다.

04. 기업이 매입 등을 통하여 취득하는 자기주식은 취득원가를 자기주식의 과목으로 하여 자본조정으로 회계처리한다.

05. 사채할증(할인)발행차금 상각액은 매년 증가한다.

06. 수선부문부터 먼저 배부한다.

〈단계배분법〉	보조부문		제조부문	
	수선	전력	X	Y
배분전 원가	100,000	80,000		
수선부문(40% : 40% : 20%)	(100,000)	40,000	40,000	20,000
전력부문**(0 : 30% : 70%)**	–	(120,000)	36,000	84,000
보조부문 배부 원가			**76,000**	

07.

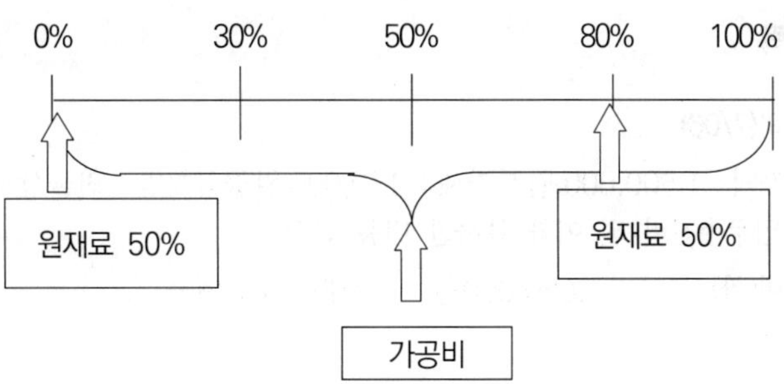

〈1단계〉 물량흐름파악(선입선출법)			〈2단계〉 완성품환산량 계산	
재공품			재료비	가공비
	완성품	5,000		
	－기초재공품	400(40%)	200	
	－당기투입분	4,600(100%)	4,600	
	기말재공품	400(30%)	200	
	계	5,400	**5,000**	

08. 가. 작업폐물에 관한 설명이다.
라. 비정상공손에 대한 설명이다.

09. **원가행태에 따른 분류**로서 변동원가, 고정원가, 준변동원가, 준고정원가로 구성된다.

10. **기말재공품의 완성도는 선입선출법, 평균법에서 모두 고려해야 하는 대상**이다.

11. **영세율의 경우 부가가치세법상 사업자로서 제반의무를 이행**해야 한다. 면세는 부가가치세법상 의무사항은 없으나 일정한 협력의무는 이행해야 한다.

12. 채권자가 불분명한 사채의 이자는 상여로 처분하지만 **해당 이자에 대한 원천징수세액은 기타사외유출**로 처분한다.

13. 가. 재화의 공급으로 부가가치세 과세 대상이다.
나. 권리금으로 재산적 가치가 있는 무체물은 부가가치세 과세 대상이다.
라. 재산적 가치가 있는 유체물은 재화에 포함되는 것으로 사업자가 공급하는 경우 과세 대상이다.
흙과 돌은 재산적 가치가 있는 유체물로 부가가치세 과세대상입니다. 다만 토지는 부가가치세 면세대상이므로 토지와 함께 판매되는 흙과 돌은 면세대상에 해당합니다.

14. **아파트관리비는 공제 대상 신용카드 등 사용금액에 포함하지 않는다**.

15. 주거용 건물의 임대업에서 발생한 결손금은 근로소득→연금소득→기타소득→이자소득→배당소득 순으로 다른 종합소득금액에서 공제가 가능하다.

실 무

문제 1 전표입력

[1] 매입매출전표 입력(7/06)

유형 : 54.불공 공급가액 : 1,500,000 원 부가세 : 150,000 원 공급처명 : 만물상사 전자 : 여 분개 : 혼합
불공제사유 : ④기업업무추진비 및 이와 유사한 비용 관련

(차) 기업업무추진비(판) 1,650,000원 (대) 보통예금 1,650,000원

[2] 일반전표입력(7/20)

(차)	외상매입금(㈜대성)	55,000,000원	(대)	보통예금	54,000,000원
				채무면제이익	1,000,000원

[3] 일반전표입력(8/20)

(차)	보통예금	40,000,000원	(대)	자본금	50,000,000원
	주식발행초과금	5,000,000원			
	주식할인발행차금	5,000,000원			

[4] 매입매출전표입력(9/01)

유형 : 11.과세 공급가액 : 40,000,000 원 부가세 : 4,000,000원 공급처명 : ㈜미누전자 전자 : 여 분개 : 혼합

(차)	감가상각누계액(207)	21,000,000원	(대)	부가세예수금	4,000,000원
	국고보조금(217)	24,000,000원		기계장치	75,000,000원
	미수금	44,000,000원		유형자산처분이익	10,000,000원

☞처분손익 = 처분가액(40,000,000) - 장부가액(75,000,000 - 21,000,000 - 24,000,000) = 10,000,000원(이익)

문제 2 부가가치세

[1] [부동산임대공급가액명세서](4월~6월)

1. 디자인봄(1층 101호) 정기예금이자율 3.5%

〈갱신전〉

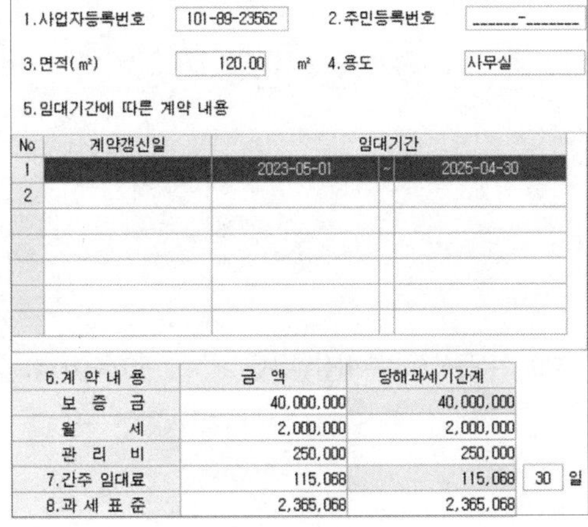

1.사업자등록번호 101-89-23562　2.주민등록번호 ______-_______

3.면적(㎡) 120.00 ㎡　4.용도 사무실

5.임대기간에 따른 계약 내용

No	계약갱신일	임대기간		
1		2023-05-01	~	2025-04-30
2				

6.계 약 내 용	금 액	당해과세기간계	
보 증 금	40,000,000	40,000,000	
월 세	2,000,000	2,000,000	
관 리 비	250,000	250,000	
7.간주 임대료	115,068	115,068	30 일
8.과 세 표 준	2,365,068	2,365,068	

〈갱신후〉

No	계약갱신일	임대기간		
1		2023-05-01	~	2025-04-30
2	2025-05-01	2025-05-01	~	2027-04-30
3				

6.계 약 내 용	금 액	당해과세기간계	
보 증 금	60,000,000	60,000,000	
월 세	2,000,000	4,000,000	
관 리 비	250,000	500,000	
7.간주 임대료	350,958	350,958	61 일
8.과 세 표 준	2,600,958	4,850,958	

소 계			
월 세	6,000,000	관 리 비	750,000
간주임대료	466,026	과 세 표 준	7,216,026

2. 스마일커피(2층 201호)

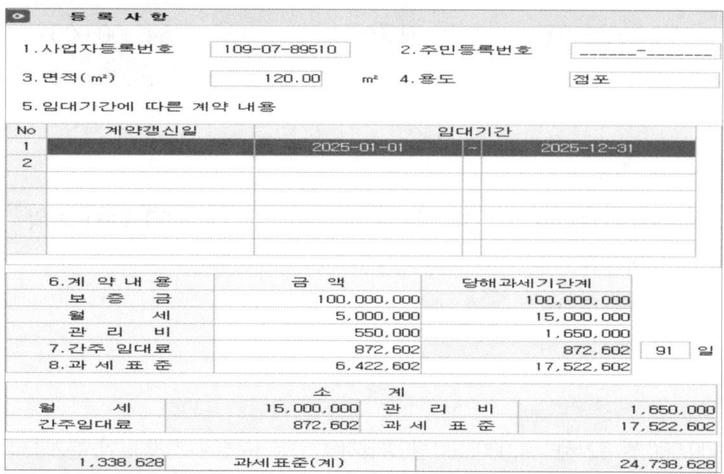

등록사항

1.사업자등록번호 109-07-89510 2.주민등록번호 ______-_______

3.면적(m²) 120.00 m² 4.용도 점포

5.임대기간에 따른 계약 내용

No	계약갱신일	임대기간		
1		2025-01-01	~	2025-12-31
2				

6.계 약 내 용	금 액	당해과세기간계		
보 증 금	100,000,000	100,000,000		
월 세	5,000,000	15,000,000		
관 리 비	550,000	1,650,000		
7.간주 임대료	872,602	872,602	91	일
8.과 세 표 준	6,422,602	17,522,602		

소 계			
월 세	15,000,000	관 리 비	1,650,000
간주임대료	872,602	과 세 표 준	17,522,602
1,338,628	과세표준(계)		24,738,628

[2] [공제받지못할매입세액명세서](4월~6월)

자산	(20)해당재화의 매입세액	(21)경감률[1-(체감률*경과된과세기간의수)]				(22)증가 또는 감소된 면세공급가액(사용면적)비율					(23)가산또는 공제되는 매입세액 (20)*(21)*(22)
		취득년월	체감률	경과 과세기간	경감률	당기		직전		증가율	
						총공급	면세공급	총공급	면세공급		
1.건물,구축물	10,000,000	20x1 -02	5	2	90	750,000,000.00	307,500,000.00	700,000,000.00	224,000,000.00	9.000000	810,000
2.기타자산	5,000,000	20x1 -07	25	1	75	750,000,000.00	307,500,000.00	700,000,000.00	224,000,000.00	9.000000	337,500

[3] [대손세액공제신고서](4월~6월)

당초공급일	대손확정일	대손금액	공제율	대손세액	거래처	대손사유	
2021-05-01	20x1 -05-02	3,300,000	10/110	300,000	(주)일월산업	6	소멸시효완성
2023-05-08	20x1 -05-21	11,000,000	10/110	1,000,000	세월무역	5	부도(6개월경과)
2023-06-20	20x1 -04-09	6,600,000	10/110	600,000	(주)오월상사	1	파산
2023-11-05	20x1 -06-11	5,500,000	10/110	500,000	(주)유월물산	5	부도(6개월경과)
합 계		26,400,000		2,400,000			

문제 3 결산

[1] [수동결산]

(차) 장기차입금(삼일은행) 30,000,000원 (대) 유동성장기부채(삼일은행) 30,000,000원

[2] [수동결산]

(차) 외화환산손실 6,000,000원 (대) 외상매출금(미국 Z사) 6,000,000원

☞환산손익(채권) = (1,160 - 1,280) × $50,000 = △6,000,000원(손실)

[3] [수동결산]

(차) 부가세예수금 50,000,000원 (대) 부가세대급금 62,000,000원
미수금 12,000,000원

[4] [자동/수동결산]

1. 결산자료입력>기간 : 20x1년 01월~20x1년 12월
>9. 법인세등>1). 선납세금 결산반영금액 12,750,000원 입력>F3전표추가
2). 추가계상액 결산반영금액 14,250,000원 입력

2. 또는 일반전표입력

(차) 법인세등 27,000,000원 (대) 선납세금 12,750,000원
미지급세금 14,250,000원

문제 4 원천징수

[1] 사원등록, 급여자료, 원천징수이행상황신고서(김서울)

1. [사원등록]

(1) [기본사항] 탭

기본사항 | 부양가족명세 | 추가사항

1.입사년월일	20x1 년 2 월 1 일				
2.내/외국인	1 내국인				
3.외국인국적	KR 대한민국			체류자격	
4.주민구분	1 주민등록번호			주민등록번호	791003-1450753
5.거주구분	1 거주자			6.거주지국코드	KR 대한민국
7.국외근로제공	0 부	8.단일세율적용	0 부	9.외국법인 파견근로자	0 부
10.생산직등여부	0 부	연장근로비과세	0 부	전년도총급여	

(2) [부양가족명세] 탭

관계	요건		기본공제	추가(자녀)	판단
	연령	소득			
본인(세대주)	-	-	○		
부친(74)	○	○	○	경로	종합소득금액 1백만원 이하자
모친(69)	○	○	○		
배우자	-	○	○		총급여액 5백만원 이하자
장남(23)	×	○	○	장애(1)자녀	장애인은 연령요건을 따지지 않는다.
차녀(18)	○	○	○	자녀	
형(50)	×	○	○	장애(1)	장애인은 연령요건을 따지지 않고, 종합소득금액 1백만원 이하자

2. [급여자료입력]

(1) [수당공제등록]

수당등록 | 공제등록

No	코드	과세구분	수당명	근로소득유형			월정액	통상임금	사용여부
				유형	코드	한도			
1	1001	과세	기본급	급여			정기	여	여
2	1002	과세	상여	상여			부정기	부	여
3	1003	과세	직책수당	급여			정기	부	여
4	1004	과세	월차수당	급여			정기	부	여
5	1005	비과세	식대	식대	P01	(월)200,000	정기	부	여
6	1006	비과세	자가운전보조금	자가운전보조금	H03	(월)200,000	부정기	부	여
7	1007	비과세	야간근로수당	야간근로수당	001	(년)2,400,000	부정기	부	부

(2) [급여자료입력] 귀속년월 2월, 지급년월일 2월 25일, 급상여

급여항목	금액
기본급	4,800,000
상여	2,400,000
직책수당	400,000
월차수당	150,000
식대	300,000
자가운전보조금	300,000
과세	7,950,000
비과세	400,000
지급총액	8,350,000

공제항목	금액
국민연금	375,750
건강보험	141,950
장기요양보험	18,380
고용보험	71,550
소득세(100%)	605,880
지방소득세	60,580
농특세	
공제총액	1,274,090
차인지급액	7,075,910

☞비과세금액 = 자가운전보조금(200,000) + 식대(200,000) = 400,000원

3. [원천징수이행상황신고서](귀속기간 2월, 지급기간 2월, 1.정기신고)

원천징수명세및납부세액 | 원천징수이행상황신고서 부표 | 원천징수세액환급신청서 | 기납부세액명세서 | 전월미환급세액 조정명세서 | 차월이월환급세액 승계명세

소득자 소득구분	코드	소득지급 인원	소득지급 총지급액	징수세액 소득세 등	징수세액 농어촌특별세	징수세액 가산세	당월조정환급세액	납부세액 소득세 등	납부세액 농어촌특별세
간이세액	A01	1	8,150,000	605,880					
중도퇴사	A02								
총합계	A99	1	8,150,000	605,880				605,880	

전월 미환급 세액의 계산			당월 발생 환급세액				18.조정대상환급(14+15+16+17)	19.당월조정환급세액계	20.차월이월환급세액	21.환급신청액
12.전월미환급	13.기환급	14.차감(12-13)	15.일반환급	16.신탁재산	금융회사 등	합병 등				

[2] 금융소득 및 원천징수이행상황신고서

1. [기타소득자등록]

① 101.정지영

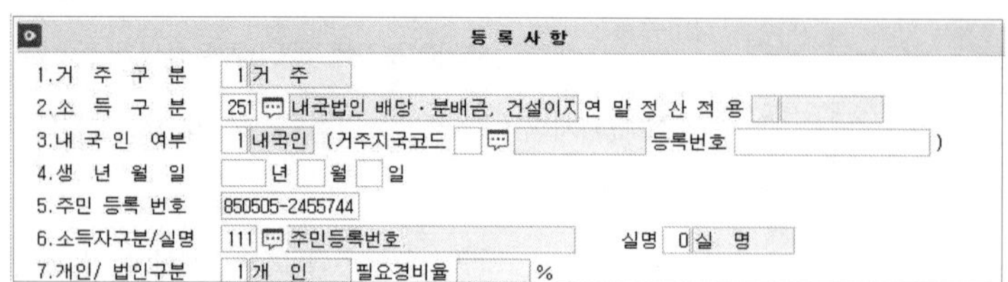

등록사항

1.거주구분 1 거주

2.소득구분 251 내국법인 배당·분배금, 건설이자 연말정산적용

3.내국인 여부 1 내국인 (거주지국코드 등록번호)

4.생년월일 년 월 일

5.주민등록번호 850505-2455744

6.소득자구분/실명 111 주민등록번호 실명 0 실명

7.개인/법인구분 1 개인 필요경비율 %

② 102.김봉산

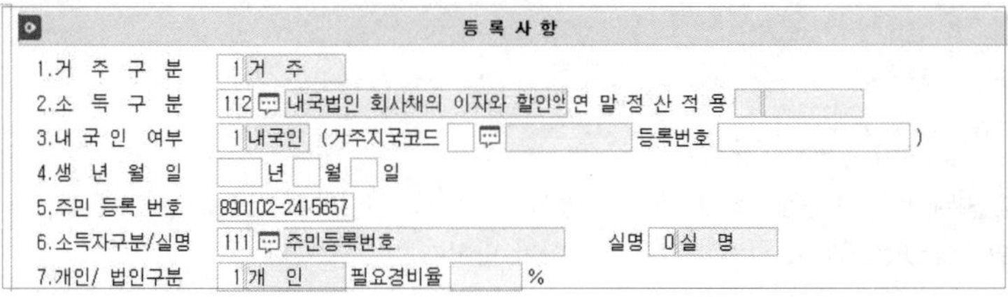

등록사항

1.거 주 구 분 1 거 주
2.소 득 구 분 112 내국법인 회사채의 이자와 할인액 연 말 정 산 적 용
3.내 국 인 여부 1 내국인 (거주지국코드 등록번호)
4.생 년 월 일 년 월 일
5.주민 등록 번호 890102-2415657
6.소득자구분/실명 111 주민등록번호 실명 0 실 명
7.개인/ 법인구분 1 개 인 필요경비율 %

2. [이자배당소득자료입력]

(1) 정지영(지급연월일 05.28)

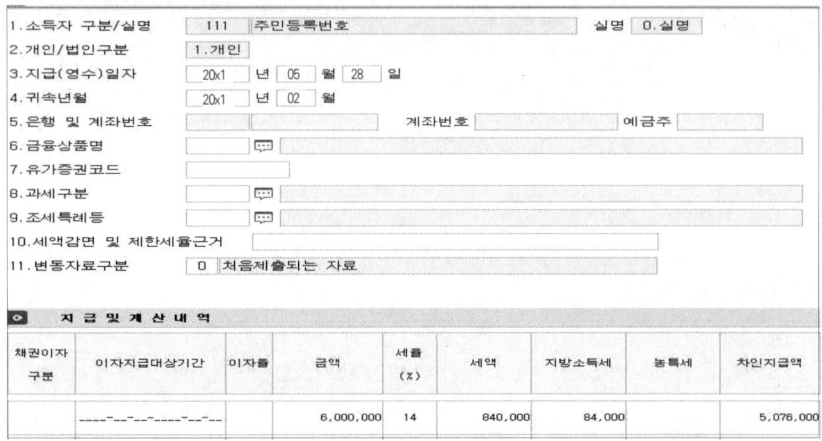

1.소득자 구분/실명 111 주민등록번호 실명 0.실명
2.개인/법인구분 1.개인
3.지급(영수)일자 20x1 년 05 월 28 일
4.귀속년월 20x1 년 02 월
5.은행 및 계좌번호 계좌번호 예금주
6.금융상품명
7.유가증권코드
8.과세구분
9.조세특례등
10.세액감면 및 제한세율근거
11.변동자료구분 0 처음제출되는 자료

지급 및 계산 내역

채권이자구분	이자지급대상기간	이자율	금액	세율(%)	세액	지방소득세	농특세	차인지급액
	----~--~--~----~--~--		6,000,000	14	840,000	84,000		5,076,000

※ 배당소득의 **귀속월을 이익잉여금처분결의일(주주총회 의결일 2월)인 2월로 입력한 경우가 정확한 답안입니다**.

(2) 김봉산(지급년월일 7월 1일)

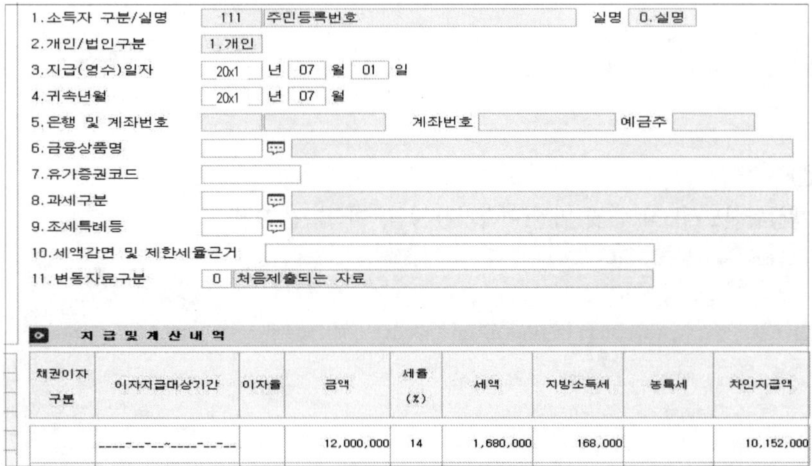

1.소득자 구분/실명 111 주민등록번호 실명 0.실명
2.개인/법인구분 1.개인
3.지급(영수)일자 20x1 년 07 월 01 일
4.귀속년월 20x1 년 07 월
5.은행 및 계좌번호 계좌번호 예금주
6.금융상품명
7.유가증권코드
8.과세구분
9.조세특례등
10.세액감면 및 제한세율근거
11.변동자료구분 0 처음제출되는 자료

지급 및 계산 내역

채권이자구분	이자지급대상기간	이자율	금액	세율(%)	세액	지방소득세	농특세	차인지급액
	----~--~--~----~--~--		12,000,000	14	1,680,000	168,000		10,152,000

3. [원천징수이행상황신고서]

(1) 배당소득

① 6월 귀속/6월 지급분 또는

② 2월(주주총회의 결의) 귀속/5월 지급분

※ **배당소득의 귀속월을 이익잉여금처분결의일인 2월(주주총회 결의일)로 입력**하고 원천징수시기에 대한 특례(지급시기의제)를 적용하여 지급월을 5월로 입력한 경우가 정확한 답이 되는 것입니다.

원천징수명세및납부세액 | 원천징수이행상황신고서 부표 | 원천징수세액환급신청서 | 기납부세액명세서 | 전월미환급세액 조정명세서 | 차월이월환급세액 승계명세

소득자 소득구분			코드	소득지급 인원	소득지급 총지급액	징수세액 소득세 등	징수세액 농어촌특별세	징수세액 가산세	당월조정 환급세액	납부세액 소득세 등	납부세액 농어촌특별세
개인 거주자 비거주자	퇴직소득	연금계좌	A21								
		그 외	A22								
		가 감 계	A20								
	사업소득	매월징수	A25								
		연말정산	A26								
		가 감 계	A30								
	기타소득	연금계좌	A41								
		종교인매월	A43								
		종교인연말	A44								
		가상자산	A49								
		인적용역	A59								
		그 외	A42								
		가 감 계	A40								
	이 자 소 득		A50								
	배 당 소 득		A60	1	6,000,000	840,000				840,000	

(2) 이자소득(7월 귀속/7월 지급분)

원천징수명세및납부세액 | 원천징수이행상황신고서 부표 | 원천징수세액환급신청서 | 기납부세액명세서 | 전월미환급세액 조정명세서 | 차월이월환급세액 승계명세

소득자 소득구분			코드	소득지급 인원	소득지급 총지급액	징수세액 소득세 등	징수세액 농어촌특별세	징수세액 가산세	당월조정 환급세액	납부세액 소득세 등	납부세액 농어촌특별세
개인 거주자 비거주자	퇴직소득	연금계좌	A21								
		그 외	A22								
		가 감 계	A20								
	사업소득	매월징수	A25								
		연말정산	A26								
		가 감 계	A30								
	기타소득	연금계좌	A41								
		종교인매월	A43								
		종교인연말	A44								
		가상자산	A49								
		인적용역	A59								
		그 외	A42								
		가 감 계	A40								
	이 자 소 득		A50	1	12,000,000	1,680,000				1,680,000	

[3] 전자신고(9월)

1. [원천징수이행상황신고서] 작성 및 마감(귀속기간 9월, 지급기간 9월)

원천징수명세및납부세액 | 원천징수이행상황신고서 부표 | 원천징수세액환급신청서 | 기납부세액명세서 | 전월미환급세액 조정명세서 | 차월이월환급세액 승계명세

소득자 소득구분			코드	소득지급 인원	소득지급 총지급액	징수세액 소득세 등	징수세액 농어촌특별세	징수세액 가산세	당월조정 환급세액	납부세액 소득세 등	납부세액 농어촌특별세
개인 거주자 비거주자	퇴직소득	연금계좌	A21								
		그 외	A22								
		가 감 계	A20								
	사업소득	매월징수	A25	1	2,000,000	60,000					
		연말정산	A26								
		가 감 계	A30	1	2,000,000	60,000				60,000	
		연금계좌	A41								

2. [전자신고]

3. [국세청 홈택스 전자신고변환]

① 전자파일 변환

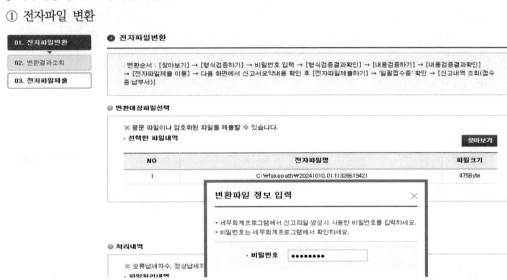

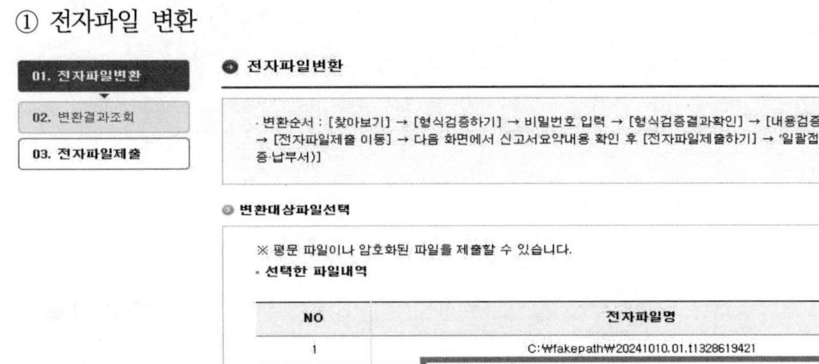

② 전자파일제출

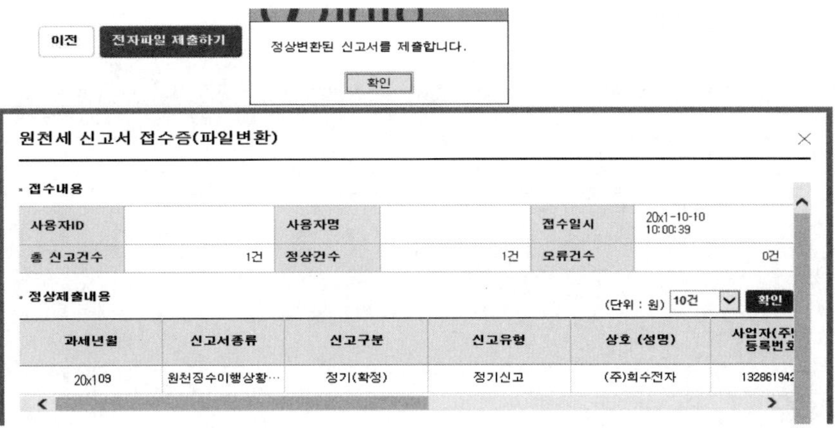

문제 5 세무조정

[1] 수입금액조정명세서, 조정후 수입금액명세서

1. [수입금액조정명세서]

(1) [작업진행률에 의한 수입금액] 탭

2 2.수입금액 조정명세
가.작업진행률에 의한 수입금액

No	⑦공사명	⑧도급자	⑨도급금액	작업진행률계산			⑬누적익금 산입액 (⑨x⑫)	⑭전기말누적 수입계상액	⑮당기회사 수입계상액	(16)조정액 (⑬-⑭-⑮)
				⑩해당사업연도말 총공사비누적액 (작업시간등)	⑪총공사 예정비 (작업시간등)	⑫진행률 (⑩/⑪)				
1	우리중학교 증축공사	세종특별시 교육청	1,000,000,000	455,000,000	700,000,000	65.00	650,000,000	400,000,000	200,000,000	50,000,000
2										

(2) [기타수입금액조정] 탭

No	(23)구 분	(24)근 거 법 령	(25)수 입 금 액	(26)대 응 원 가	비 고
1	제품매출		15,000,000	10,000,000	
2					

(3) [수입금액조정계산] 탭

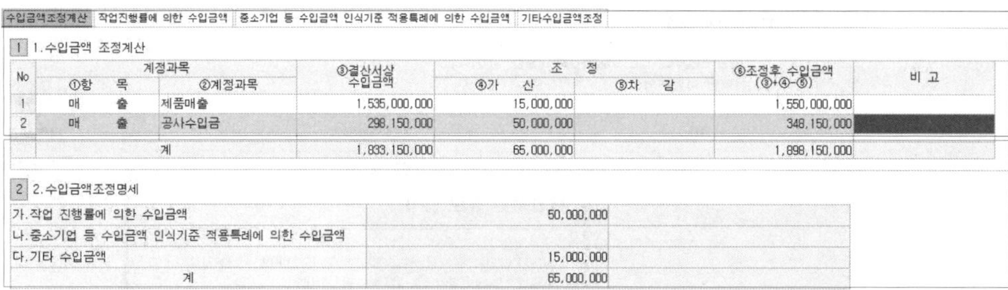

수입금액조정계산 | 작업진행률에 의한 수입금액 | 중소기업 등 수입금액 인식기준 적용특례에 의한 수입금액 | 기타수입금액조정

1 1.수입금액 조정계산

No	계정과목 ①항 목	②계정과목	③결산서상 수입금액	조정 ④가 산	⑤차 감	⑥조정후 수입금액 (③+④-⑤)	비 고
1	매 출	제품매출	1,535,000,000	15,000,000		1,550,000,000	
2	매 출	공사수입금	298,150,000	50,000,000		348,150,000	
		계	1,833,150,000	65,000,000		1,898,150,000	

2 2.수입금액조정명세

구분	금액	
가.작업 진행률에 의한 수입금액	50,000,000	
나.중소기업 등 수입금액 인식기준 적용특례에 의한 수입금액		
다.기타 수입금액	15,000,000	
계	65,000,000	

2. [조정후수입금액명세서]

(1) [업종별 수입금액 명세서] 탭

업종별 수입금액 명세서 | 과세표준과 수입금액 차액검토

1 1.업종별 수입금액 명세서

①업 태	②종 목	순번	③기준(단순) 경비율번호	수입금액 수입금액계정조회 ④계(⑤+⑥+⑦)	내수판매 ⑤국내생산품	⑥수입상품	⑦수 출 (영세율대상)
제조업	전자부품	01	321012	1,550,000,000	1,550,000,000		
건설업	일반 통신 공사업	02	452127	348,150,000	348,150,000		
(111)기 타		11					
(112)합 계		99		1,898,150,000	1,898,150,000		

(2) [과세표준과 수입금액 차액검토] 탭

업종별 수입금액 명세서 | 과세표준과 수입금액 차액검토

2 2.부가가치세 과세표준과 수입금액 차액 검토 [부가가치세 신고 내역보기]

(1) 부가가치세 과세표준과 수입금액 차액

⑧과세(일반)	⑨과세(영세율)	⑩면세수입금액	⑪합계(⑧+⑨+⑩)	⑫조정후수입금액	⑬차액(⑪-⑫)
1,848,150,000			1,848,150,000	1,898,150,000	-50,000,000

(2) 수입금액과의 차액내역(부가세과표에 포함되어 있으면 +금액, 포함되지 않았으면 -금액 처리)

⑭구 분		코드	(16)금 액	비 고	⑭구 분	코드	(16)금 액	비 고
자가공급(면세전용등)		21			거래(공급)시기차이감액	30		
사업상증여(접대제공)		22			주세 · 개별소비세	31		
개인적공급(개인적사용)		23			매출누락	32	-15,000,000	
간주임대료		24				33		
자산 매각	유형자산 및 무형자산 매각액	25	15,000,000			34		
	그밖의자산매각액(부산물)	26				35		
폐업시 잔존재고재화		27				36		
작업진행률 차이		28	-50,000,000			37		
거래(공급)시기차이가산		29			(17)차 액 계	50	-50,000,000	
					(13)차액과(17)차액계의차이금액			

3. 세무조정

〈익금산입〉 공사수입금액 누락 50,000,000원 (유보발생)

〈익금산입〉 위탁매출 누락 15,000,000원 (유보발생)

〈손금산입〉 위탁매출원가 누락 10,000,000원 (유보발생)

[2] 퇴직연금부당금조정명세서

→ T기말 퇴중잔액 = 기말퇴충(25,000,000) - 유보(25,000,000) = 0원

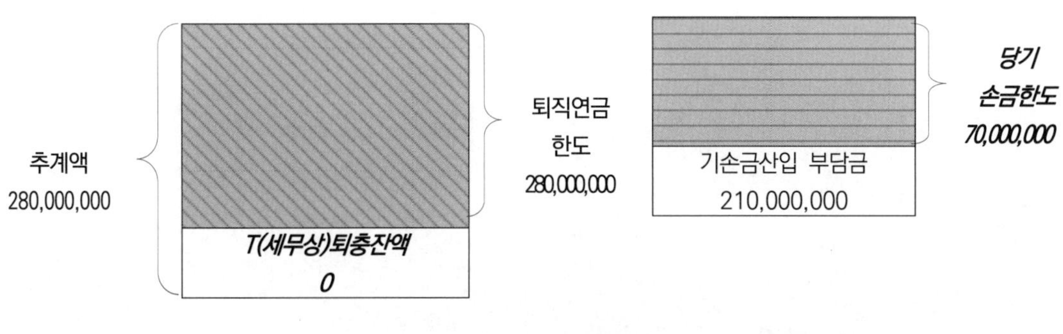

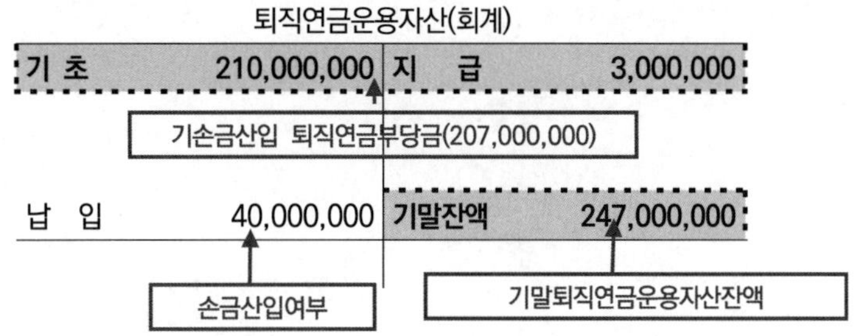

1. 기말퇴직연금 예치금 등의 계산

2.이미 손금산입한 부담금 등의 계산

1 나.기말 퇴직연금 예치금 등의 계산

19.기초 퇴직연금예치금 등	20.기중 퇴직연금예치금 등 수령 및 해약액	21.당기 퇴직연금예치금 등의 납입액	22.퇴직연금예치금 등 계 (19 - 20 + 21)
210,000,000	3,000,000	40,000,000	247,000,000

2. 손금산입대상 부담금 등 계산

2 가.손금산입대상 부담금 등 계산

13.퇴직연금예치금 등 계 (22)	14.기초퇴직연금충당금등 및 전기말 신고조정에 의한 손금산입액	15.퇴직연금충당금등 손금부인 누계액	16.기중퇴직연금등 수령 및 해약액	17.이미 손금산입한 부담금등 (14 - 15 - 16)	18.손금산입대상 부담금 등 (13 - 17)
247,000,000	210,000,000		3,000,000	207,000,000	40,000,000

3. 퇴직연금부담금 조정

1.퇴직연금 등의 부담금 조정

1.퇴직급여추계액	당기말 현재 퇴직급여충당금				6.퇴직부담금 등 손금산입 누적한도액 (① - ⑤)
	2.장부상 기말잔액	3.확정기여형퇴직연금자의 설정전 기계상된 퇴직급여충당금	4.당기말 부인 누계액	5.차감액 (② - ③ - ④)	
280,000,000	25,000,000		25,000,000		280,000,000
7.이미 손금산입한 부담금 등 (17)	8.손금산입액 한도액 (⑥ - ⑦)	9.손금산입 대상 부담금 등 (18)	10.손금산입범위액 (⑧과 ⑨중 적은 금액)	11.회사 손금 계상액	12.조정금액 (⑩ - ⑪)
207,000,000	73,000,000	40,000,000	40,000,000		40,000,000

4. 세무조정

〈익금산입〉 퇴직연금운용자산 3,000,000원 (유보감소)

〈손금산입〉 퇴직연금충당부채 40,000,000원 (유보발생)

[3] 미상각자산감가상각조정명세서

〈기계장치 A〉

세무상취득가액(A)		세무상 기초감가상각누계액(B)	
=기말 재무상태표상 취득가액 +즉시상각의제액(당기)	300,000,000 20,000,000	기초 재무상태표상 감가상각누계액 (−) 전기상각부인누계액	160,000,000 △8,000,000
320,000,000		152,000,000	
미상각잔액(C = A − B) = 168,000,000			
상각범위액(D)	세무상미상각잔액(C) × 상각률(0.451) = 75,768,000		
회사계상상각비(E)	60,000,000원(상각비) + 20,000,000원(수선비) = 80,000,000		
시부인액(D − E)	**부인액 4,232,000(손금불산입, 유보)**		

〈기계장치 B〉

세무상취득가액(A)		세무상 기초감가상각누계액(B)	
=기말 재무상태표상 취득가액 + 자본적 지출	200,000,000 15,000,000	기초 재무상태표상 감가상각누계액 (−) 전기상각부인누계액	40,000,000 △4,000,000
215,000,000		36,000,000	
미상각잔액(C = A − B) = 179,000,000			
상각범위액(D)	세무상미상각잔액(C) × 상각률(0.451) = 80,729,000		
회사계상상각비(E)	80,000,000원		
시부인액(D − E)	**시인액 729,000(손금산입, △유보)**		

1. [고정자산등록]

(1) 기계장치 A(2022.08.17.)

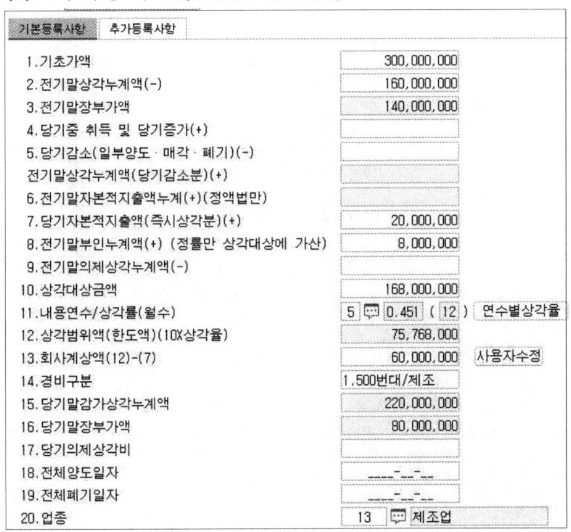

기본등록사항 | 추가등록사항

1.기초가액	300,000,000
2.전기말상각누계액(-)	160,000,000
3.전기말장부가액	140,000,000
4.당기중 취득 및 당기증가(+)	
5.당기감소(일부양도·매각·폐기)(-)	
전기말상각누계액(당기감소분)(+)	
6.전기말자본적지출액누계(+)(정액법만)	
7.당기자본적지출액(즉시상각분)(+)	20,000,000
8.전기말부인누계액(+) (정률만 상각대상에 가산)	8,000,000
9.전기말의제상각누계액(-)	
10.상각대상금액	168,000,000
11.내용연수/상각률(월수)	5 0.451 (12) 연수별상각율
12.상각범위액(한도액)(10X상각율)	75,768,000
13.회사계상액(12)-(7)	60,000,000 사용자수정
14.경비구분	1.500번대/제조
15.당기말감가상각누계액	220,000,000
16.당기말장부가액	80,000,000
17.당기의제상각비	
18.전체양도일자	____-__-__
19.전체폐기일자	____-__-__
20.업종	13 제조업

(2) 기계장치 B(2023.07.21.)

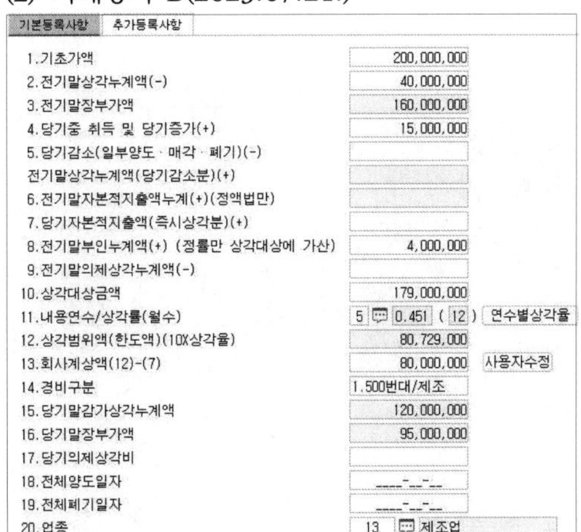

기본등록사항 | 추가등록사항

1.기초가액	200,000,000
2.전기말상각누계액(-)	40,000,000
3.전기말장부가액	160,000,000
4.당기중 취득 및 당기증가(+)	15,000,000
5.당기감소(일부양도·매각·폐기)(-)	
전기말상각누계액(당기감소분)(+)	
6.전기말자본적지출액누계(+)(정액법만)	
7.당기자본적지출액(즉시상각분)(+)	
8.전기말부인누계액(+) (정률만 상각대상에 가산)	4,000,000
9.전기말의제상각누계액(-)	
10.상각대상금액	179,000,000
11.내용연수/상각률(월수)	5 0.451 (12) 연수별상각율
12.상각범위액(한도액)(10X상각율)	80,729,000
13.회사계상액(12)-(7)	80,000,000 사용자수정
14.경비구분	1.500번대/제조
15.당기말감가상각누계액	120,000,000
16.당기말장부가액	95,000,000
17.당기의제상각비	
18.전체양도일자	____-__-__
19.전체폐기일자	____-__-__
20.업종	13 제조업

2. [미상각자산감가상각조정명세서]

(1) 기계장치 A(2022.08.17.)

입력내용			금액
업종코드/명	13	제조업	
합계표 자산구분		2. 기계장치	
(4)내용연수			5
상각계산의 기초가액	재무상태표 자산가액	(5)기말현재액	300,000,000
		(6)감가상각누계액	220,000,000
		(7)미상각잔액(5)-(6)	80,000,000
	(8)회사계산감가상각비		60,000,000
	(9)자본적지출액		20,000,000
	(10)전기말의제상각누계액		
	(11)전기말부인누계액		8,000,000
	(12)가감계((7)+(8)+(9)-(10)+(11))		168,000,000
(13)일반상각률.특별상각률			0.451
상각범위액계산	당기산출 상각액	(14)일반상각액	75,768,000
		(15)특별상각액	
		(16)계((14)+(15))	75,768,000
	취득가액	(17)전기말현재취득가액	300,000,000
		(18)당기회사계산증가액	
		(19)당기자본적지출액	20,000,000
		(20)계((17)+(18)+(19))	320,000,000
	(21) 잔존가액		16,000,000
	(22) 당기상각시인범위액		75,768,000
(23)회사계상상각액((8)+(9))			80,000,000
(24)차감액 ((23)-(22))			4,232,000
(25)최저한세적용에따른특별상각부인액			
조정액	(26) 상각부인액 ((24)+(25))		4,232,000
	(27) 기왕부인액중당기손금추인액		
(28) 당기말부인누계액 ((11)+(26)-|(27)|)			12,232,000
당기말 의제상각액	(29) 당기의제상각액 |△(24)|-|(27)|		
	(30) 의제상각누계액 ((10)+(29))		
신고조정 감가상각 비계산	(31) 기준상각률		
	(32) 종전상각비		
	(33) 종전감가상각비 한도		
	(34) 추가손금산입대상액		
	(35) 동종자산 한도계산 후 추가손금산		
신고조정 감가상각 비계산	(36) 기획재정부령으로 정하는 기준내용		
	(37) 기준감가상각비 한도		
	(38) 추가손금산입액		
(39) 추가 손금산입 후 당기말부인액 누계			12,232,000

(2) 기계장치 B(2023.07.21.)

입력내용			금액
업종코드/명	13	제조업	
합계표 자산구분		2. 기계장치	
(4)내용연수			5
상각계산의 기초가액	재무상태표 자산가액	(5)기말현재액	215,000,000
		(6)감가상각누계액	120,000,000
		(7)미상각잔액(5)-(6)	95,000,000
	(8)회사계산감가상각비		80,000,000
	(9)자본적지출액		
	(10)전기말의제상각누계액		
	(11)전기말부인누계액		4,000,000
	(12)가감계((7)+(8)+(9)-(10)+(11))		179,000,000
(13)일반상각률.특별상각률			0.451
상각범위액계산	당기산출 상각액	(14)일반상각액	80,729,000
		(15)특별상각액	
		(16)계((14)+(15))	80,729,000
	취득가액	(17)전기말현재취득가액	200,000,000
		(18)당기회사계산증가액	15,000,000
		(19)당기자본적지출액	
		(20)계((17)+(18)+(19))	215,000,000
	(21) 잔존가액		10,750,000
	(22) 당기상각시인범위액		80,729,000
(23)회사계상상각액((8)+(9))			80,000,000
(24)차감액 ((23)-(22))			-729,000
(25)최저한세적용에따른특별상각부인액			
조정액	(26) 상각부인액 ((24)+(25))		
	(27) 기왕부인액중당기손금추인액		729,000
(28) 당기말부인누계액 ((11)+(26)-|(27)|)			3,271,000
당기말 의제상각액	(29) 당기의제상각액 |△(24)|-|(27)|		
	(30) 의제상각누계액 ((10)+(29))		
신고조정 감가상각 비계산	(31) 기준상각률		
	(32) 종전상각비		
	(33) 종전감가상각비 한도		
	(34) 추가손금산입대상액		
	(35) 동종자산 한도계산 후 추가손금산		
신고조정 감가상각 비계산	(36) 기획재정부령으로 정하는 기준내용		
	(37) 기준감가상각비 한도		
	(38) 추가손금산입액		
(39) 추가 손금산입 후 당기말부인액 누계			3,271,000

3. [감가상각비조정명세서합계표]

1.자 산 구 분		코드	2.합 계 액	유 형 자 산			6.무형자산
				3.건 축 물	4.기계장치	5.기타자산	
재무상태표상가액	101.기말현재액	01	515,000,000		515,000,000		
	102.감가상각누계액	02	340,000,000		340,000,000		
	103.미상각잔액	03	175,000,000		175,000,000		
104.상각범위액		04	156,497,000		156,497,000		
105.회사손금계상액		05	160,000,000		160,000,000		
조정금액	106.상각부인액 (105-104)	06	4,232,000		4,232,000		
	107.시인부족액 (104-105)	07	729,000		729,000		
	108.기왕부인액 중 당기손금추인액	08	729,000		729,000		
109.신고조정손금계상액		09					

4. 세무조정

〈손금불산입〉 기계장치 A 감가상각비 한도초과액 4,232,000원 (유보발생)

〈손 금 산 입〉 기계장치 B 감가상각비 시인부족액 729,000원 (유보감소)

[4] [기부금조정명세서]

1. [1.기부금 입력] 탭

① 기부금명세서

1.기부금 입력 | 2.기부금 조정

1.기부금명세서 　　월별로 전환 　구분만 별도 입력하기 　유형별 정렬

구분		3.과목	4.월일		5.적요	기부처		8.금액	비고
1.유형	2.코드					6.법인명등	7.사업자(주민)번호등		
24조제2항제1호에	10	기부금	8	20	한라대학교(사립학교)에 연구비	한라대학교		7,000,000	
24조제3항제1호에	40	기부금	9	5	A사회복지법인 고유목적사업기부	A사회복지법인		4,000,000	
기타	50	기부금	11	20	정부로부터 인·허가를 받지 않은	B예술단체		2,000,000	
9.소계	가. 「법인세법」 제24조제2항제1호에 따른 특례기부금						코드 10	7,000,000	
	나. 「법인세법」 제24조제3항제1호에 따른 일반기부금						코드 40	4,000,000	
	다. 〔조세특례제한법〕 제88조의4제13항의 우리사주조합 기부금						코드 42		
	라.그 밖의 기부금						코드 50	2,000,000	
계								13,000,000	

② 소득금액 확정

2.소득금액확정 　　새로 불러오기 　수정

1.결산서상 당기순이익	2.익금산입	3.손금산입	4.기부금합계	5.소득금액계(1+2-3+4)
200,000,000	48,000,000	12,000,000	11,000,000	247,000,0

※ 어음기부금 : 그밖의기부금(코드 50, 기타기부금)으로 입력하는 것이 정확한 입력방법임.

2. [2.기부금 조정] 탭

1.기부금 입력 | 2.기부금 조정

1 　1. 「법인세법」 제24조제2항제1호에 따른 특례기부금 손금산입액 한도액 계산

항목	금액	항목	금액
1.소득금액 계	247,000,000	5.이월잔액 중 손금산입액 MIN[4,23]	
2.법인세법 제13조제1항제1호에 따른 이월 결손금 합계액(기준소득금액의 80% 한도)	25,000,000	6.해당연도지출액 손금산입액 MIN[(④-⑤)>0, ③]	7,000,000
3.「법인세법」 제24조제2항제1호에 따른 특례기부금 해당 금액	7,000,000	7.한도초과액 [(3-6)>0]	
4.한도액 {[(1-2)〉 0]X50%}	111,000,000	8.소득금액 차감잔액 [(①-②-⑤-⑥)>0]	215,000,000

2 　2. 「조세특례제한법」 제88조의4에 따라 우리사주조합에 지출하는 기부금 손금산입액 한도액 계산

항목	금액	항목	금액
9.「조세특례제한법」 제88조의4제13항에 따른 우리사주조합 기부금 해당 금액		11. 손금산입액 MIN(9, 10)	
10. 한도액 (8×30%)	64,500,000	12. 한도초과액 [(9-10)>0]	

3 　3. 「법인세법」 제24조제3항제1호에 따른 일반기부금 손금산입 한도액 계산

항목	금액	항목	금액
13. 「법인세법」 제24조제3항제1호에 따른 일반기부금 해당금액	4,000,000	16. 해당연도지출액 손금산입액 MIN[(14-15)>0, 13]	4,000,000
14. 한도액 ((8-11)x10%, 20%)	21,500,000	17. 한도초과액 [(13-16)>0]	
15. 이월잔액 중 손금산입액 MIN(14, 23)	7,000,000		

4 　4.기부금 한도초과액 총액

18. 기부금 합계액 (3+9+13)	19. 손금산입 합계 (6+11+16)	20. 한도초과액 합계 (18-19)=(7+12+17)
11,000,000	11,000,000	

5 　5.기부금 이월액 명세

사업연도	기부금 종류	21.한도초과 손금불산입액	22.기공제액	23.공제가능 잔액(21-22)	24.해당연도 손금추인액	25.차기이월액 (23-24)
합계	「법인세법」 제24조제2항제1호에 따른 특례기부금					
	「법인세법」 제24조제3항제1호에 따른 일반기부금	7,000,000		7,000,000	7,000,000	
2023	「법인세법」 제24조제3항제1호에 따른 일반	7,000,000		7,000,000	7,000,000	

6 　6. 해당 사업연도 기부금 지출액 명세

사업연도	기부금 종류	26.지출액 합계금액	27.해당 사업연도 손금산입액	28.차기 이월액(26-27)
합계	「법인세법」 제24조제2항제1호에 따른 특례기부금	7,000,000	7,000,000	
	「법인세법」 제24조제3항제1호에 따른 일반기부금	4,000,000	4,000,000	

3. 세무조정

〈손금불산입〉 인·허가 받지 않은 B예술단체 기부금 2,000,000원 (기타사외유출)

〈손금불산입〉 C종교단체 어음 기부금 6,000,000원 (유 보 발 생)

[5] [원천납부세액명세서] > [원천납부세액(갑)] 탭

원천납부세액(갑) | 원천납부세액(을)

No	1.적요 (이자발생사유)	2.원천징수의무자 구분	사업자(주민)번호	상호(성명)	3.원천 징수일		4.이자 · 배당금액	5.세율(%)	6.법인세	지방세 납세지
1	정기예금 이자	내국인	103-81-05259	(주)부전은행	6	30	8,000,000	14.00	1,120,000	
2	비영업대금 이자	내국인	210-81-23588	(주)삼송테크	10	31	10,000,000	25.00	2,500,000	
3	정기적금 이자	내국인	105-81-85337	(주)서울은행	12	31	5,000,000	14.00	700,000	
4										
	합 계						23,000,000		4,320,000	

제113회 전산세무 1급

합격율	시험년월
21%	2024.4

이 론

01. 다음 중 일반기업회계기준에 해당하는 재무제표의 특성과 한계로 옳지 않은 것은?

① 재무제표는 추정에 의한 측정치를 허용하지 않는다.
② 재무제표는 화폐단위로 측정된 정보를 주로 제공한다.
③ 재무제표는 대부분 과거에 발생한 거래나 사건에 대한 정보를 나타낸다.
④ 재무제표는 특정 기업실체에 관한 정보를 제공하며, 산업 또는 경제 전반에 관한 정보를 제공하지는 않는다.

02. 다음 중 재고자산에 대한 설명으로 옳지 않은 것은?

① 목적지 인도조건인 미착상품은 판매자의 재고자산에 포함되지 않는다.
② 비정상적으로 발생한 재고자산의 감모손실은 영업외비용으로 분류한다.
③ 재고자산의 시가가 취득원가보다 낮은 경우 시가를 장부금액으로 한다.
④ 저가법 적용 이후 새로운 시가가 장부금액보다 상승한 경우에는 최초의 장부금액을 초과하지 않는 범위 내에서 평가손실을 환입한다.

03. 다음 중 이익잉여금에 대한 설명으로 옳지 않은 것은?

① 이익잉여금이란 기업의 영업활동 등에 의하여 창출된 이익으로써 사외에 유출되거나 자본에 전입하지 않고 사내에 유보된 금액을 말한다.
② 미처분이익잉여금이란 기업이 벌어들인 이익 중 배당금이나 다른 잉여금으로 처분되지 않고 남아 있는 이익잉여금을 말한다.
③ 이익준비금은 상법 규정에 따라 적립하는 법정적립금으로, 금전배당을 하는 경우 이익준비금이 자본총액의 1/2에 달할 때까지 금전배당액의 1/10 이상을 적립하여야 한다.
④ 이익잉여금처분계산서는 미처분이익잉여금, 임의적립금등의이입액, 이익잉여금처분액, 차기이월 미처분이익잉여금으로 구분하여 표시한다.

04. 20x1년 9월 1일 ㈜한국은 ㈜서울상사가 20x1년 초에 발행한 사채(액면금액 1,000,000원, 표시이자율 연 12%, 이자지급일은 매년 6월 30일과 12월 31일)를 발생이자를 포함하여 950,000원에 현금으로 취득하고 단기매매증권으로 분류하였다. 다음 중 ㈜한국이 사채 취득일(20x1년 9월 1일)에 인식하여야 할 계정과목 및 금액으로 옳은 것은? 단, 이자는 월할 계산한다.

① 단기매매증권 950,000원　　② 현금 930,000원
③ 미수이자 20,000원　　④ 이자수익 60,000원

05. 다음 중 일반기업회계기준상 외화자산과 외화부채 관련 회계처리에 대한 설명으로 잘못된 것은?

① 화폐성 외화자산인 보통예금, 대여금, 선급금은 재무상태표일 현재의 적절한 환율로 환산한 가액을 재무상태표가액으로 한다.
② 비화폐성 외화부채는 원칙적으로 당해 부채를 부담한 당시의 적절한 환율로 환산한 가액을 재무상태표 가액으로 한다.
③ 외화표시 매도가능채무증권의 경우 외화환산손익은 기타포괄손익에 인식한다.
④ 외화채권을 회수하거나 외화채무를 상환하는 경우 외화금액의 원화 환산액과 장부가액과의 차액은 외환차손익(영업외손익)으로 처리한다.

06. 다음 중 제조원가명세서상 당기제품제조원가에 영향을 미치지 않는 거래는 무엇인가?

① 당기에 투입된 직접노무원가를 과대계상하였다.
② 기초 제품 원가를 과소계상하였다.
③ 당기에 투입된 원재료를 과소계상하였다.
④ 생산공장에서 사용된 소모품을 과대계상하였다.

07. 다음의 자료를 이용하여 정상공손과 비정상공손의 수량을 구하면 각각 몇 개인가?

• 재공품
 - 기초 재공품 : 17,700개
 - 당기 착수량 : 85,000개
 - 기말 재공품 : 10,000개

• 제품
 - 기초 제품 : 13,000개
 - 제품 판매량 : 86,000개
 - 기말 제품 : 17,000개

※ 정상공손은 당기 완성품 수량의 1%이다.

	정상공손	비정상공손		정상공손	비정상공손
①	800개	1,840개	②	900개	1,800개
③	1,800개	900개	④	1,500개	1,000개

08. 다음 중 결합원가계산 및 부산물 등에 대한 설명으로 옳지 않은 것은?

① 동일한 원재료를 투입하여 동일한 제조공정으로 가공한 후에 일정 시점에서 동시에 서로 다른 종류의 제품으로 생산되는 제품을 결합제품이라 한다.

② 주산물의 제조과정에서 부수적으로 생산되는 제품으로써 상대적으로 판매가치가 적은 제품을 부산물이라고 한다.

③ 상대적 판매가치법은 분리점에서의 개별 제품의 상대적 판매가치를 기준으로 결합원가를 배분하는 방법이다.

④ 순실현가치법은 개별 제품의 추가적인 가공원가를 고려하지 않고 최종 판매가격만을 기준으로 결합원가를 배분하는 방법이다.

09. 정상개별원가계산제도를 채택하고 있는 ㈜인천은 기계시간을 배부기준으로 제조간접원가를 배부한다. 다음 자료를 이용하여 제품 A와 제품 B의 제조원가를 계산하면 얼마인가?

구분	제품 A	제품 B	계
직접재료원가	500,000원	700,000원	1,200,000원
직접노무원가	1,000,000원	1,200,000원	2,200,000원
실제기계시간	60시간	50시간	110시간
예상기계시간	50시간	50시간	100시간

• 제조간접원가 예산 1,000,000원　　제조간접원가 실제 발생액 1,100,000원

	제품 A	제품 B
①	2,000,000원	2,400,000원
②	2,160,000원	2,450,000원
③	2,100,000원	2,400,000원
④	2,000,000원	2,450,000원

10. 다음 중 표준원가계산과 관련된 설명으로 옳지 않은 것은?

① 표준원가를 이용하여 원가계산을 하기 때문에 원가계산을 신속하게 할 수 있다.

② 원가 요소별로 가격표준과 수량표준을 곱해서 제품의 단위당 표준원가를 설정한다.

③ 기말에 원가차이를 매출원가에서 조정할 경우 유리한 차이는 매출원가에서 차감한다.

④ 표준원가계산제도를 채택하면 실제원가와는 관계없이 항상 표준원가로 계산된 재고자산이 재무제표에 보고된다.

11. 다음 중 부가가치세법상 세금계산서 등에 대한 설명으로 옳지 않은 것은?

① 거래 건당 공급대가가 5천원 이상인 경우에 매입자발행세금계산서를 발행할 수 있다.
② 전자세금계산서를 발급 · 전송한 경우 매출 · 매입처별 세금계산서합계표 제출 의무를 면제한다.
③ 전자세금계산서 발급일의 다음 날까지 전자세금계산서 발급 명세를 국세청장에게 전송하여야 한다.
④ 법인사업자와 직전 연도 사업장별 재화 또는 용역의 공급가액의 합계액이 8천만원 이상인 개인사업자는 전자세금계산서를 발급하여야 한다.

12. 다음 중 부가가치세법상 아래의 부가가치세신고서와 반드시 함께 제출하여야 하는 서류에 해당하지 않는 것은?

구분				정기신고금액		
				금액	세율	세액
과세표준및매출세액	과세	세금계산서발급분	1	500,000,000	10/100	50,000,000
		매입자발행세금계산서	2		10/100	
		신용카드 · 현금영수증발행분	3		10/100	
		기타(정규영수증외매출분)	4	300,000		30,000
	영세	세금계산서발급분	5	100,000,000	0/100	
		기타	6		0/100	
	예정신고누락분		7			
	대손세액가감		8			-1,000,000
	합계		9	600,300,000	㉮	49,030,000
매입세액	세금계산서수취분	일반매입	10	300,000,000		30,000,000
		수출기업수입분납부유예	10-1			
		고정자산매입	11	100,000,000		10,000,000
	예정신고누락분		12	1,000,000		100,000
	매입자발행세금계산서		13			
	그 밖의 공제매입세액		14	10,000,000		1,000,000
	합계(10)-(10-1)+(11)+(12)+(13)+(14)		15	411,000,000		41,100,000
	공제받지못할매입세액		16			
	차감계 (15-16)		17	411,000,000	㉯	41,100,000
납부(환급)세액(매출세액㉮-매입세액㉯)					㉰	7,930,000
경감공제세액	그 밖의 경감 · 공제세액		18			
	신용카드매출전표등 발행공제등		19			
	합계		20		㉱	
소규모 개인사업자 부가가치세 감면세액			20-1		㉲	
예정신고미환급세액			21		㉳	430,000
예정고지세액			22		㉴	
사업양수자의 대리납부 기납부세액			23		㉵	
매입자 납부특례 기납부세액			24		㉶	
신용카드업자의 대리납부 기납부세액			25		㉷	
가산세액계			26		㉸	
차가감하여 납부할세액(환급받을세액)㉰-㉱-㉲-㉳-㉴-㉵-㉶-㉷+㉸					27	7,500,000
총괄납부사업자가 납부할 세액(환급받을 세액)						

구분				금액	세율	세액
7.매출(예정신고누락분)						
예정누락분	과세	세금계산서	33		10/100	
		기타	34		10/100	
	영세	세금계산서	35		0/100	
		기타	36		0/100	
	합계		37			
12.매입(예정신고누락분)						
예정누락분	세금계산서		38	1,000,000		100,000
	그 밖의 공제매입세액		39			
	합계		40	1,000,000		100,000
	신용카드매출수령금액합계	일반매입				
		고정매입				
	의제매입세액					
	재활용폐자원등매입세액					
	과세사업전환매입세액					
	재고매입세액					
	변제대손세액					
	외국인관광객에대한환급세액					
	합계					
14.그 밖의 공제매입세액						
신용카드매출수령금액합계표		일반매입	41	10,000,000		1,000,000
		고정매입	42			
의제매입세액			43		뒤쪽	
재활용폐자원등매입세액			44		뒤쪽	
과세사업전환매입세액			45			
재고매입세액			46			
변제대손세액			47			
외국인관광객에대한환급세액			48			
합계			49	10,000,000		1,000,000

① 대손세액공제신고서
② 건물등감가상각취득명세서
③ 수출실적명세서
④ 신용카드매출전표등수령명세서

13. 소득세법에 따라 아래의 빈칸에 각각 들어갈 말로 알맞은 것은?

> 거주자가 고용관계나 이와 유사한 계약에 의하여 그 계약에 의한 직무를 수행하고 지급받는 보수는 (㉠)에 해당하는 것이며, 고용관계 없이 독립된 자격으로 계속적으로 경영자문 용역을 제공하고 지급받는 대가는 (㉡)에 해당한다.

	㉠	㉡		㉠	㉡
①	근로소득	기타소득	②	근로소득	사업소득
③	기타소득	사업소득	④	사업소득	기타소득

14. 중소기업인 ㈜세종은 20x1년도에 연구전담부서를 설립 · 등록하고, 20x1년도에 세액공제요건을 충족한 일반연구인력개발비 1억원을 지출하였다. 조세특례제한법상 연구인력개발비에 대한 세액공제액은 얼마인가?

① 7,500,000원　② 15,000,000원　③ 20,000,000원　④ 25,000,000원

15. 다음 중 소득세법상 사업소득에 해당하지 않는 것은?

① 기준시가가 12억원을 초과하는 고가주택의 임대소득
② 복식부기의무자의 사업용 유형고정자산(부동산 제외) 양도가액
③ 사업과 관련하여 해당 사업용자산의 손실로 취득하는 보험차익
④ 공동사업에서 발생한 소득금액 중 출자공동사업자(경영 미참가)가 받는 손익분배비율에 상당하는 금액

실 무

㈜정우전자(1130)는 제조업 및 도소매업을 영위하는 중소기업이며, 당기 회계기간은 20x1.1.1.~20x1.12.31.이다. 전산세무회계 수험용 프로그램을 이용하여 다음 물음에 답하시오.

문제 1 다음 거래에 대하여 적절한 회계처리를 하시오. (12점)

[1] 10월 04일 제품을 판매하고 아래의 세금계산서를 발급하였다. 대금 중 10,000,000원은 보통예금 계좌로 수령하고, 나머지는 외상으로 하였다. (3점)

전자세금계산서					승인번호	20241004-12345678-18748697			
공급자	등록번호	134-88-12355	종사업장 번호		공급받는자	등록번호	120-85-10129	종사업장 번호	
	상호(법인명)	㈜정우전자	성명	박정우		상호(법인명)	㈜상곡전자	성명	주상곡
	사업장	경기도 안산시 단원구 번영1로 62				사업장	서울특별시 강남구 삼성1로 120		
	업태	제조 외	종목	전자부품제조 외		업태	도소매	종목	전자제품
	이메일					이메일	skelectronic@skelectronic.co.kr		
						이메일			

작성일자	공급가액	세액	수정사유
20x1/10/04	30,000,000	3,000,000	해당없음
비고			

월	일	품목	규격	수량	단가	공급가액	세액	비고
10	04	전자부품				30,000,000	3,000,000	

합계금액	현금	수표	어음	외상미수금	이 금액을 (영수/청구) 함
33,000,000	10,000,000			23,000,000	

[2] 10월 11일 대박식당(세금계산서 발급 대상 간이과세자)에서 공장 생산부의 직원들이 회식을 하고 대금은 현금으로 지급하면서 아래의 현금영수증을 수취하였다. (3점)

KCTNET
케이씨티넷

가맹점명 · 가맹점주소가 모두 실제와 다른 경우 신고 안내(포상금 10만원)
- 매출전표사본을 첨부하여 우편으로 접수
- 자세한 안내 : www.hometax.go.kr
☎ 126-1-1

현금승인 (고객용)

단말기 : 7A79636973 전표번호 : 2410113972
거래일시 : 20x1/10/11 23 : 41 : 52
현금영수증식별번호 : 1348812355
거래유형 : 현금(지출증빙)

공급가액 :	300,000원
부가세 :	30,000원
봉사료 :	
합계액 :	330,000원

승인번호 : 4535482542K

가맹점명 : 대박식당
사업자등록번호 : 113-15-53127
주소 : 서울 금천 독산 100
TEL : 02-100-2000
대표자 : 김순미

* 감사합니다 *

[3] 11월 03일 제2공장 건설용 토지를 매입하면서 법령에 따라 액면금액으로 지방채를 매입하고 지방채 대금 2,800,000원을 보통예금 계좌에서 지급하였다. 매입한 지방채는 단기매매증권으로 분류하고, 매입 당시 공정가치는 2,650,000원으로 평가된다. (3점)

[4] 12월 03일 ㈜가나에 대한 외상매출금 22,000,000원의 상법상 소멸시효가 완성되었으며, 20x1년 제2기 부가가치세 확정신고 시 부가가치세법에 의한 대손세액공제 신청도 정상적으로 이루어질 예정이다. 대손세액공제액을 포함하여 대손과 관련된 회계처리를 하시오(단, 대손충당금 잔액은 9,000,000원으로 확인된다). (3점)

문제 2 **다음 주어진 요구사항에 따라 부가가치세신고서 및 부속서류를 작성하시오. (10점)**

[1] 제2기 부가가치세 예정신고기한(20x1년 10월 25일)까지 신고하지 못하여 20x1년 11월 4일에 기한후신고를 하고자 한다. 입력된 자료는 무시하고 아래 자료에 의하여 부가가치세 기한후신고서를 작성하시오. 단, 회계처리는 생략하고 과세표준명세는 신고 구분만 입력할 것. (5점)

〈매출자료〉
- 전자세금계산서 발급분 과세 매출액 : 공급가액 500,000,000원, 세액 50,000,000원
- 신용카드 발행분 과세 매출액 : 공급가액 10,000,000원, 세액 1,000,000원
- 해외 직수출분 매출액 : 공급가액 250,000,000원, 세액 0원

〈매입자료〉
- 전자세금계산서 매입분 내역

구 분	공급가액	세액	비고
일반 매입	300,000,000원	30,000,000원	고정자산 아님
접대를 위한 매입	5,000,000원	500,000원	고정자산 아님
비품 매입	100,000,000원	10,000,000원	고정자산임
계	405,000,000원	40,500,000원	

- 현금영수증 매입분 내역

구 분	공급가액	세액	비고
일반 매입	7,000,000원	700,000원	고정자산 아님
사업과 관련없는 매입	3,000,000원	300,000원	고정자산 아님
계	10,000,000원	1,000,000원	

※ 기타사항
- 전자세금계산서의 발급 및 전송은 정상적으로 이루어졌다.
- 가산세 적용 시 일반(부당 아님)무신고를 적용하되, 미납일수는 10일, 2.2/10,000를 가정한다.
- 영세율첨부서류는 기한후신고 시 함께 제출할 예정이다.
- 그 밖의 경감 · 공제세액은 없는 것으로 한다.

[2] 다음 자료를 이용하여 20x1년 제1기 부가가치세 확정신고기간의 [신용카드매출전표등수령명세서]를 작성하시오. (2점)

거래일자	거래처명 (사업자등록번호)	공급대가 (부가세 포함)	거래목적	증명서류	업종	공급자 과세유형
04월 02일	㈜신세계백화점 (201-81-32195)	550,000원	기업업무추진비	신용카드 (사업용카드)	소매/일반	일반과세자
05월 03일	손 칼국수 (104-27-86122)	33,000원	직원 식대	현금영수증 (지출증빙)	음식점업	세금계산서 발급 대상 간이과세자
06월 18일	㈜삼송전자 (124-81-00998)	2,200,000원	업무용 컴퓨터	신용카드 (사업용카드)	도소매	일반과세자
06월 24일	해운대고속버스 (114-28-33556)	110,000원	출장교통비	신용카드 (사업용카드)	여객운송	일반과세자

- 신용카드(사업용카드) 결제분은 모두 우리법인카드(4625-5678-1122-7789)로 결제하였다.
- 6월 18일 결제한 2,200,000원에 대해 ㈜삼송전자로부터 전자세금계산서를 발급받았다.
- 해운대고속버스는 일반 시외고속버스를 이용한 것이다.

[3] 다음 자료를 이용하여 부가가치세 제2기 확정신고기간(20x1년 10월 1일~20x1년 12월 31일)의 [수출실적명세서] 및 [내국신용장 · 구매확인서전자발급명세서]를 작성하시오(단, 매입매출전표 입력은 생략한다). (3점)

1. 홈택스에서 조회한 수출실적명세서 관련 거래내역

수출신고번호	선적일자	통화	환율	외화금액
7123456789001X	20x1년 10월 20일	USD	1,300원	$20,000

• 위 자료는 직접수출에 해당하며, 거래처명 입력은 생략한다.

2. 홈택스에서 조회한 구매확인서 및 전자세금계산서 관련 거래내역

(1) 구매확인서 전자발급명세서 내역

서류구분	서류번호	발급일	공급일	금액
구매확인서	PKT20241211888	20x1년 12월 10일	20x1년 11월 30일	50,000,000원

(2) 전자세금계산서

전자세금계산서				승인번호	20241130-11000011-55000055		
공급자				공급받는자			
등록번호	134-88-12355	종사업장 번호		등록번호	155-87-11813	종사업장 번호	
상호(법인명)	㈜정우전자	성명	박정우	상호(법인명)	㈜인생테크	성명	인성미
사업장	경기도 안산시 단원구 번영1로 62			사업장	서울특별시 금천구 가산로 10		
업태	제조 외	종목	전자부품 외	업태	도매업	종목	기타 가전
이메일				이메일	goods@nate.com		
				이메일			

작성일자	공급가액	세액	수정사유
20x1/11/30	50,000,000		해당없음
비고			

월	일	품목	규격	수량	단가	공급가액	세액	비고
11	30	가전				50,000,000		

합계금액	현금	수표	어음	외상미수금	이 금액을 (청구) 함
50,000,000				50,000,000	

3. 제시된 자료 이외의 영세율 매출은 없다.

문제 3 **다음의 결산정리사항을 입력하여 결산을 완료하시오. (8점)**

[1] 회사가 보유 중인 특허권의 가치가 5,000,000원(회수가능액)으로 하락하였다. 회사는 보유 중인 특허권을 처분할 예정이며, 무형자산의 손상차손 요건을 충족한다(단, 회사가 보유 중인 특허권은 1건이며, 무형자산상각 회계처리는 무시할 것). (2점)

[2] 회사는 20x1년 4월 1일에 하나은행으로부터 연 이자율 6%로 40,000,000원을 차입하였으며, 이자는 매년 3월 말일에 지급하는 것으로 약정하였다(단, 이자 계산은 월할 계산하며, 20x1년 말 현재 발생이자는 미지급 상태이다). (2점)

[3] 당사는 2022년 10월 2일에 만기보유 및 경영권확보 목적 없이 시장성이 없는 주식 10,000주를 1주당 5,000원에 취득하였고, 취득 관련 수수료 1,000,000원을 지급하였다. 20x1년 12월 31일 결산일 현재 필요한 회계처리를 하시오(단, 전기까지 매년 평가손익을 계상하였다). (2점)

구분	2022.12.31.	20x0.12.31.	20x1.12.31.
공정가치	1주당 6,000원	1주당 5,000원	1주당 5,500원

[4] 결산을 위하여 재고자산을 실지 조사한 결과, 재고자산의 기말재고 내역은 아래와 같다. 단, 시용판매하였으나 결산일 현재까지 구매의사를 표시하지 않은 시송품의 제품 원가 500,000원은 포함되어 있지 않다. (2점)

• 원재료 5,000,000원 • 재공품 6,100,000원 • 제품 7,300,000원

문제 4 원천징수와 관련된 다음의 물음에 답하시오. (10점)

[1] 다음은 8월 9일 지급한 기타소득 내역이다. 아래의 자료를 이용하여 [기타소득자등록] 및 [기타소득자료입력]을 하고, [원천징수이행상황신고서]를 마감하여 전자신고를 수행하시오. (4점)

코드	성명	거주구분	주민등록번호	지급명목	지급액
201	진사우	거주/내국인	820521-1079812	퇴직한 근로자가 받는 직무발명보상금 (비과세 한도까지 비과세 적용할 것)	10,000,000원
301	김현정	거주/내국인	920812-2612409	고용관계 없는 일시적 강연료	5,000,000원

※ 필요경비율 대상 소득에 대해선 법정 필요경비율을 적용하며, 그 외 기타소득과 관련하여 실제 발생한 경비는 없다.

1. [전자신고] → [국세청 홈택스 전자신고변환(교육용)] 순으로 진행한다.
2. [전자신고] 메뉴의 [전자신고제작] 탭에서 신고인구분은 2.납세자 자진신고를 선택하고, 비밀번호는 자유롭게 입력한다.
3. [국세청 홈택스 전자신고변환(교육용)] → 전자파일변환(변환대상파일선택) → 찾아보기 에서 전자신고용 전자파일을 선택한다.
4. 전자신고용 전자파일 저장경로는 로컬디스크(C :)이며, 파일명은 "작성연월일.01.t사업자등록번호"다.
5. 형식검증하기 → 형식검증결과확인 → 내용검증하기 → 내용검증결과확인 → 전자파일제출 을 순서대로 클릭한다.
6. 최종적으로 전자파일 제출하기 를 완료한다.

[2] 다음은 관리부 과장 오민수(사번 : 100)의 20x1년 2월분 급여내역 및 20x0년 귀속 연말정산 관련 자료이다. [급여자료입력] 메뉴의 “F11 분납적용” 기능을 이용하여 연말정산소득세 및 연말정산지방소득세가 포함된 2월분 급여자료를 [급여자료입력]에 반영하고, [원천징수이행상황신고서]를 작성하시오. (6점)

1. 2월분 급여내역

이름 : 오민수		지급일 : 20x1년 2월 말	
기본급	4,500,000원	국민연금	220,000원
직책수당	300,000원	건강보험	170,000원
야간근로수당	500,000원	장기요양보험	22,010원
식대(비과세)	200,000원	고용보험	42,400원
자가운전보조금(비과세)	200,000원	소득세	377,540원
		지방소득세	37,750원
급여 합계	**5,700,000원**	공제합계	869,700원
		차인지급액	**4,830,300원**

2. 추가자료
   - 사회보험료와 소득세 및 지방소득세는 요율표를 적용하지 않고, 주어진 자료를 적용한다.
   - 오민수 과장은 연말정산 소득세 및 지방소득세를 분납신청하였다.
   - “연말정산소득세”와 “연말정산지방소득세”는 [F7 중도퇴사자정산▼]의 [F11 분납적용] 기능을 사용하여 작성한다.
   - 당월 세부담이 최소화되도록 연말정산소득세 및 연말정산지방소득세를 반영한다.

문제 5 **덕산기업㈜(1131)은 자동차부품을 생산하고 제조 및 도매업을 영위하는 중소기업이며, 당해 사업연도는 20x1.1.1.~20x1.12.31.이다. [법인조정] 메뉴를 이용하여 기장되어 있는 재무회계 장부 자료와 제시된 보충자료에 의하여 해당 사업연도의 세무조정을 하시오. (30점) ※ 회사 선택 시 유의하시오.**

[1] 다음 자료를 이용하여 [가산세액계산서]를 작성하고, [법인세과세표준및세액조정계산서]에 가산세액을 반영하시오. (6점)

1. 적격증명서류 미수취 관련 내역
   ※ 아래 항목을 제외하고 나머지 모든 금액은 적격증명서류를 갖추고 있다.

구분	금액	내역
소모품비	3,200,000원	모두 거래 건당 3만원 초과한 금액이다.
기업업무추진비	200,000원	한 차례 접대로 지출한 금액이다.
임차료	2,400,000원	간이과세자인 임대인으로부터 공급받는 부동산임대용역에 대한 임차료로서, 경비등송금명세서를 작성하여 제출하였다.

2. 사업연도 중 주식 등 변동상황이 발생하였는데, 법인세 신고 시 담당자의 실수로 주식등변동상황명세서를 미제출하였다. 미제출된 주식의 액면금액은 1억원이며, 미제출기간은 1개월을 초과하였다.

[2] 다음의 외화거래자료를 이용하여 [외화자산등평가차손익조정명세서(을)]을 작성하고, 필요한 세무조정을 하시오. (5점)

계정과목	발생일자	외화금액 (USD)	발생일 적용환율	20x0년 말 매매기준율
외상매출금	20x1.05.15.	$50,000	$1 = 1,300원	
외상매입금	20x0.11.25.	$30,000	$1 = 1,300원	$1 = 1,300원

- 화폐성외화자산 및 부채는 위에 제시된 자료뿐이다.
- 회사는 20x0년 귀속 법인세 신고 시 사업연도 종료(말)일의 매매기준율로 평가하는 방법으로 화폐성외화자산등평가방법신고서를 작성하여 제출하였다.
- 20x0년과 20x1년 결산 회계처리 시 외화자산과 외화부채에 대한 평가를 하지 않았다.
- 세무조정은 각 자산 및 부채별로 하기로 한다.

[3] 다음 자료를 이용하여 [가지급금등의인정이자조정명세서]를 작성하고, [소득금액조정합계표및명세서]에 필요한 세무조정을 반영하시오. (7점)

1. 손익계산서상 지급이자 내역

금융기관	푸른은행	초록은행	합계
연이자율	4.5%	4.0%	
지급이자	9,000,000원	16,000,000원	25,000,000원
차입금	200,000,000원	400,000,000원	
비고	차입금 발생일 : 2022.05.01.	차입금 발생일 : 20x0.10.01.	

2. 가지급금 및 가수금 변동내역

가지급금/가수금	금액	발생일
가지급금	① 전기이월 100,000,000원	전기이월
	② 대여 50,000,000원	20x1.02.03
	③ 회수 70,000,000원	20x1.12.28
가수금	① 가수 30,000,000원	20x1.05.10

- 대표이사 김초월의 가지급금과 가수금 내역이다.
- 동일인에 대한 가지급금, 가수금은 서로 상계하여 인정이자를 계산한다.
- 가지급금에 대하여는 이자지급에 관한 약정에 따라 이자수익으로 2,000,000원을 계상하였다.

3. 회사는 인정이자 계산 시 가중평균차입이자율을 적용하기로 한다.

[4] 다음은 당기말 현재 공장의 창고건물과 관련된 자료이다. 아래의 자료를 이용하여 [선급비용명세서]를 작성하고, 전기분 선급비용을 포함한 관련 세무조정사항을 [소득금액조정합계표및명세서]에 반영하시오(단, 세무조정은 각 건별로 입력할 것). (6점)

구분	지출액	거래처	임차(보험)기간	비고
임차료(제)	12,000,000원	㈜다대여	20x1.6.1.~20x2.5.31.	장부상 선급비용으로 계상함
보험료(판)	2,400,000원	㈜다보호화재	20x1.6.1.~20x2.5.31.	장부상 판매비와관리비로 계상함

※ 전기 [자본금과 적립금조정명세서(을)]표에는 보험료(판)에 대한 1,000,000원이 손금불산입(유보발생)으로 세무조정 되어 있으며, 당기에 보험기간의 만기가 도래하였다.

[5] 다음 자료를 이용하여 [자본금과적립금조정명세서]의 이월결손금계산서를 작성하시오(단, 입력된 자료는 무시할 것) (6점)

1. 법인의 과세표준 계산 시 각 사업연도 소득금액에서 차감하고 남은 세무상 이월결손금의 잔액은 다음과 같다.

사업연도	2009년	2020년	2022년
결손금 발생 총액	150,000,000원	70,000,000원	100,000,000원
결손금 소급공제액	50,000,000원	0원	0원
결손금 기공제액	40,000,000원	20,000,000원	0원
결손금 공제 후 잔액	60,000,000원	50,000,000원	100,000,000원

2. 위의 이월결손금 잔액은 당기에 대주주가 결손보전 목적으로 기증한 자산수증이익 40,000,000원을 상계하기 전의 금액이다. 동 자산수증이익은 손익계산서상 영업외수익에 포함되어 있으며, 소득금액조정합계표에는 익금불산입으로 세무조정하였다.
3. 20x1년 각 사업연도 소득금액 : 250,000,000원

제113회 전산세무1급 답안 및 해설

이 론

1	2	3	4	5	6	7	8	9	10	11	12	13	14	15
①	①	③	③	①	②	②	④	③	④	①	③	②	④	④

01. 재무제표는 **추정에 의한 측정치를 포함**하고 있다.

02. **목적지 인도조건인 미착상품은 판매자의 재고자산에 포함**하고, 매입자의 재고자산에 포함되지 않는다.

03. 이익준비금은 **자본금의 1/2에 달할 때까지 적립한 금액**을 말한다.

04. 미수이자 = 액면가액(1,000,000) × 12%(표시이자율) × 2(7.1~8.31)/12 = 20,000원

20x1.09.01.	(차) 단기매매증권	930,000원	(대) 현금	950,000원
	미수이자	20,000원		

05. **선급금은 비화폐성 자산**이다.

- 화폐성 자산 : 현금, 예금, 외상매출금, 받을어음, 대여금, 미수금, 유가증권
- 비화폐성 자산 : 선급금, 재고자산, 고정자산, 투자유가증권

06. **기초 제품 원가의 계상 오류는 손익계산서상 제품 매출원가에 영향**을 미치지만, 제조원가명세서상 당기제품제조원가에는 영향을 미치지 않는다.

07.

제품

기초	13,000개	판매수량		86,000개
당기완성품	90,000개	기말		17,000개
계	103,000개	계		103,000개

재공품

기초재공품	17,700개	완성품		90,000개
		공손품	***정상공손***	***900개***
		(2,700개)	***비정상공손***	***1,800개***
당기투입	85,000개	기말재공품		10,000개
계	102,700개	계		102,700개

- 정상공손수량 : 당기 완성품 90,000개 × 1% = 900개
- 비정상공손수량 : 당기 공손 2,700개 - 정상공손 900개 = 1,800개

08. 순실현가치법은 분리점에서의 순실현가치를 기준으로 결합원가를 배분하는 방법이다. 순실현가치는 **최종 판매가격에서 추가가공원가와 추가판매비와관리비를 차감한 후의 금액**이다.

09. 제조간접원가 예정배부율 = 제조간접원가 예산(1,000,000) ÷ 예정조업도(100) = 10,000원/기계시간
제품 A 제조간접원가 배부액 = 실제조업도(60) × 예정배부율(10,000) = 600,000원
제품 B 제조간접원가 배부액 = 실제조업도(50) × 예정배부율(10,000) = 500,000원
제품(A) = 직 · 재(500,000) + 직 · 노(1,000,000) + 제 · 간(600,000) = 2,100,000원
제품(B) = 직 · 재(700,000) + 직 · 노(1,200,000) + 제 · 간(500,000) = 2,400,000원

10. 표준원가와 실제원가가 상당한 차이가 있는 경우에는 표준원가를 실제의 상황에 맞게 조정하여야 한다.

11. 거래 건당 공급대가가 5만원 이상인 경우에 매입자발행세금계산서를 발행할 수 있다.

12. 수출실적명세서는 세금계산서 발급 대상(국내 간접 수출)이 아닌 영세율 적용분(영세 - 기타란)이 있을 때 제출하는 서류이다. 즉 직접수출이 있는 경우에 제출하는 서류이다.

14. 연구인력개발비 세액공제 = 인력개발비(100,000,000) × 25% = 25,000,000원
당해 연도에 연구전담부서를 설립 · 등록한 중소기업이므로 해당 과세연도의 연구인력개발비에 중소기업 공제율 25%를 적용한다.
공제율을 모르더라도 KcLep프로그램 일반연구및인력개발비명세서에 입력하면 쉽게 답을 찾을 수 있습니다.

1.발생명세 및 증가발생액계산 | 2.공제세액 | 3.연구소/전담부서 현황 | 4.해당연도 연구 · 인력개발비 발생명세 | 5.연구과제총괄표

3 공제세액

	(22)대상금액(=11)	(23)공제율	(24)공제세액
중소기업	100,000,000	25%	25,000,000

15. 공동사업의 경영에 참가시 사업소득이고, 경영에 미참가시 배당소득에 해당한다.

실 무

문제 1 전표입력

[1] 매입매출전표 입력(10/04)

유형: 11.과세 공급가액: 30,000,000 원 부가세: 3,000,000 원 공급처명: ㈜상곡전자 전자:여 분개: 혼합

(차)	외상매출금	23,000,000원	(대)	부가세예수금	3,000,000원
	보통예금	10,000,000원		제품매출	30,000,000원

[2] 매입매출전표입력(10/11)

유형:61.현과 공급가액:300,000 원 부가세: 30,000 원 공급처명: 대박식당 분개:현금 또는 혼합 분개: 혼합

(차)	부가세대급금	30,000원	(대)	현금	330,000원
	복리후생비(제)	300,000원			

[3] 일반전표입력(11/03)

(차)	단기매매증권	2,650,000원	(대)	보통예금	2,800,000원
	토지	150,000원			

[4] 일반전표입력(12/03)

(차)	부가세예수금	2,000,000원	(대)	외상매출금(㈜가나)	22,000,000원
	대손충당금(109)	9,000,000원			
	대손상각비	11,000,000원			

문제 2 부가가치세

[1] [부가가치세기한후신고서](7~9월)

1. 부가가치세신고서

① 매출세액 및 매입세액

구분				정기신고금액 금액	세율	세액
과세표준및매출세액	과세	세금계산서발급분	1	500,000,000	10/100	50,000,000
		매입자발행세금계산서	2		10/100	
		신용카드 · 현금영수증발행분	3	10,000,000	10/100	1,000,000
		기타(정규영수증외매출분)	4			
	영세	세금계산서발급분	5		0/100	
		기타	6	250,000,000	0/100	
	예정신고누락분		7			
	대손세액가감		8			
	합계		9	760,000,000	㉮	51,000,000
매입세액	세금계산서 수취분	일반매입	10	305,000,000		30,500,000
		수출기업수입분납부유예	10-1			
		고정자산매입	11	100,000,000		10,000,000
	예정신고누락분		12			
	매입자발행세금계산서		13			
	그 밖의 공제매입세액		14	7,000,000		700,000
	합계(10)-(10-1)+(11)+(12)+(13)+(14)		15	412,000,000		41,200,000
	공제받지못할매입세액		16	5,000,000		500,000
	차감계 (15-16)		17	407,000,000	㉯	40,700,000
납부(환급)세액(매출세액㉮-매입세액㉯)					㉰	10,300,000

-그 밖의 공제매입세액

구분			금액	세율	세액
14.그 밖의 공제매입세액					
신용카드매출 수령금액합계표	일반매입	41	7,000,000		700,000
	고정매입	42			

-공제받지 못할 매입세액

구분		금액	세율	세액
16.공제받지못할매입세액				
공제받지못할 매입세액	50	5,000,000		500,000
공통매입세액면세등사업분	51			

② 가산세(1개월이내 기한후 신고시 무신고가산세와 영세율과세표준신고불성실가산세 50%를 감면)

1. 영세율과세표준신고 불성실	**250,000,000원**×0.5%×(1－50%)＝625,000원 * 1개월이내 기한후신고시 50% 감면
2. 신고불성실	**10,300,000원**×20%×(1－50%)＝1,030,000원 * 1개월이내 기한후신고시 50% 감면
3. 납부지연	**10,300,000원**×10일×2.2(가정)/10,000＝22,660원
계	1,677,660원

25.가산세명세					
사업자미등록등		61		1/100	
세금계산서	지연발급 등	62		1/100	
	지연수취	63		5/1,000	
	미발급 등	64		뒤쪽참조	
전자세금발급명세	지연전송	65		3/1,000	
	미전송	66		5/1,000	
세금계산서합계표	제출불성실	67		5/1,000	
	지연제출	68		3/1,000	
신고불성실	무신고(일반)	69	10,300,000	뒤쪽	1,030,000
	무신고(부당)	70		뒤쪽	
	과소·초과환급(일반)	71		뒤쪽	
	과소·초과환급(부당)	72		뒤쪽	
납부지연		73	10,300,000	뒤쪽	22,660
영세율과세표준신고불성실		74	250,000,000	5/1,000	625,000
현금매출명세서불성실		75		1/100	
부동산임대공급가액명세서		76		1/100	
매입자납부특례	거래계좌 미사용	77		뒤쪽	
	거래계좌 지연입금	78		뒤쪽	
신용카드매출전표등수령명세서미제출·과다기재		79		5/1,000	
합계		80			1,677,660

2. 과세표준명세(4.기한후과세표준)

과세표준명세					✕
신고구분 :	4	(1.예정 2.확정 3.영세율 조기환급 4.기한후과세표준)			
국세환급금계좌신고			은행		지점
계좌번호 :					
폐업일자 :	____-__-__	폐업사유 :			

[2] [신용카드매출전표등수령명세서](4~6월)

· 4월 2일 기업업무추진비로 매입세액불공제 대상

· 5월 3일 <u>세금계산서 발급 대상 간이과세자로부터 발급받은 현금영수증은 매입세액 공제 대상</u>이다.

· 6월 18일 전자세금계산서를 수취하였으므로 신용카드매출전표등수령명세서에는 작성하지 않는다.

· 6월 24일 <u>여객운송업자로부터 매입한 것은 매입세액공제 대상이 아니다</u>.

2. 신용카드 등 매입내역 합계

구분	거래건수	공급가액	세액
합 계	1	30,000	3,000
현금영수증	1	30,000	3,000
화물운전자복지카드			
사업용신용카드			
그 밖의 신용카드			

3. 거래내역입력

No	□	월/일	구분	공급자	공급자(가맹점) 사업자등록번호	카드회원번호	그 밖의 신용카드 등 거래내역 합계 거래건수	공급가액	세액
1	□	05-03	현금	손 칼국수	104-27-86122		1	30,000	3,000
2	□								

[3] 수출실적명세서외

1. [수출실적명세서](10~12월)

구분	건수	외화금액	원화금액	비고
⑨합계	1	20,000.00	26,000,000	
⑩수출재화[=⑫합계]	1	20,000.00	26,000,000	
⑪기타영세율적용				

No	□	(13)수출신고번호	(14)선(기)적일자	(15)통화코드	(16)환율	금액 (17)외화	(18)원화	전표정보 거래처코드	거래처명
1	□	71234-56-789001X	20x1-10-20	USD	1,300.0000	20,000.00	26,000,000		

☞ ⑪ 기타영세율 적용 란은 "수출재화"이외의 영세율 적용분으로 세금계산서를 발급하지 아니한 경우 기재하는 것이다.

2. [내국신용장 · 구매확인서전자발급명세서](10~12월)

2. 내국신용장 · 구매확인서에 의한 공급실적 합계

구분	건수	금액(원)	비고
(9)합계(10+11)	1	50,000,000	
(10)내국신용장			
(11)구매확인서	1	50,000,000	

[참고] 내국신용장 또는 구매확인서에 의한 영세율 첨부서류 방법 변경(영 제64조 제3항 제1의3호)
▶ 전자무역기반시설을 통하여 개설되거나 발급된 경우 내국신용장 · 구매확인서 전자발급명세서를 제출하고 이 외의 경우 내국신용장 사본을 제출함
=> 2011.7.1 이후 최초로 개설되거나 발급되는 내국신용장 또는 구매확인서부터 적용

3. 내국신용장 · 구매확인서에 의한 공급실적 명세서

(12)번호	(13)구분	(14)서류번호	(15)발급일	품목	거래처정보: 거래처명	거래처정보: (16)공급받는자의 사업자등록번호	(17)금액	전표일자	(18)비고
1	구매확인서	PKT20241211888	20x1-12-10	가전	(주)인생테크	155-87-11813	50,000,000		

문제 3 결산

[1] [수동결산]

(차) 무형자산손상차손 25,000,000원 (대) 특허권 25,000,000원

☞ 무형자산손상차손 = 특허권 잔액(30,000,000) - 회수가능액(5,000,000) = 25,000,000원

〈합계잔액시산표 조회〉

30,000,000	30,000,000	〈무 형 자 산〉		
30,000,000	30,000,000	특 허 권		

[2] [수동결산]

(차) 이자비용 1,800,000원 (대) 미지급비용(하나은행) 1,800,000원

☞ 이자비용 = 차입금(40,000,000) × 연이자율(6%) × 9/12(4월 1일~12월 31일) = 1,800,000원

[3] [수동결산]

(차) 매도가능증권 5,000,000원 (대) 매도가능증권평가손실 1,000,000원
매도가능증권평가이익 4,000,000원

〈매도가능증권 평가〉

	취득가액	공정가액	평가이익	평가손실
전기	51,000,000	50,000,000		1,000,000
당기		55,000,000	**4,000,000**	**△1,000,000**
계			4,000,000	0

[4] [자동결산]

[결산자료입력] > 2. 매출원가 > 결산반영금액 >
• 기말 원재료 재고액 : 5,000,000원 입력 > F3 전표추가
• 기말 재공품 재고액 : 6,100,000원 입력
• 기말 제품 재고액 : 7,800,000원 입력

☞제품 = 기말재고(7,300,000) + 구매의사표시하지 않은 시송품(500,000) = 7,800,000원

문제 4 원천징수

[1] 전자신고외

1. [기타소득자등록]

   1) 201.진사우(퇴직후 직무발명보상금)

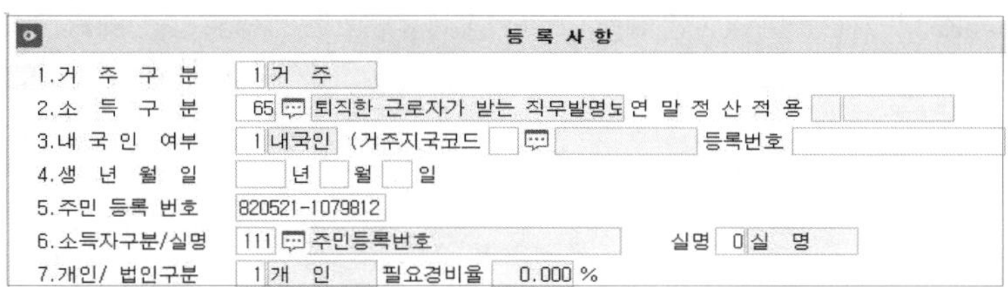

등록사항			
1.거주구분	1 거 주		
2.소득구분	65 퇴직한 근로자가 받는 직무발명보	연말정산적용	
3.내국인 여부	1 내국인 (거주지국코드	등록번호	
4.생년월일	년 월 일		
5.주민 등록 번호	820521-1079812		
6.소득자구분/실명	111 주민등록번호	실명	0 실 명
7.개인/ 법인구분	1 개 인	필요경비율	0.000 %

   2) 301.김현정(강연료 등)

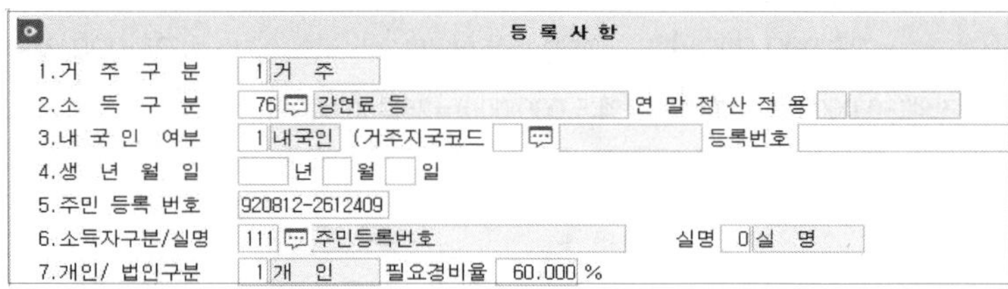

등록사항			
1.거주구분	1 거 주		
2.소득구분	76 강연료 등	연말정산적용	
3.내국인 여부	1 내국인 (거주지국코드	등록번호	
4.생년월일	년 월 일		
5.주민 등록 번호	920812-2612409		
6.소득자구분/실명	111 주민등록번호	실명	0 실 명
7.개인/ 법인구분	1 개 인	필요경비율	60.000 %

2. [기타소득자료입력] 지급년월일 8월 9일

   1) 진사우[지급총액(10,000,000) - 비과세(7,000,000) = 3,000,000원]

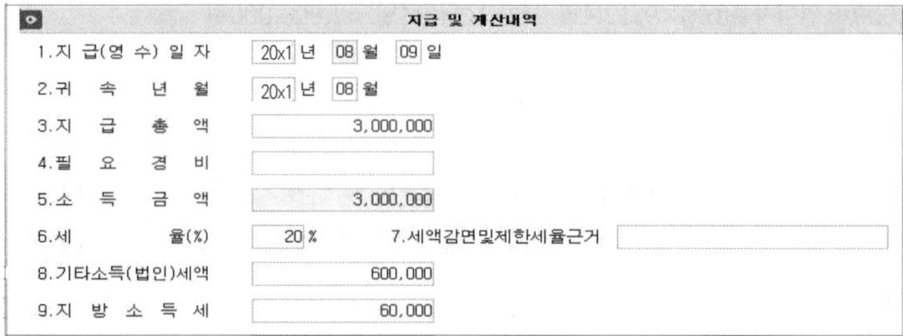

지급 및 계산내역			
1.지급(영수) 일자	20x1 년 08 월 09 일		
2.귀속 년 월	20x1 년 08 월		
3.지급총액	3,000,000		
4.필요경비			
5.소득금액	3,000,000		
6.세율(%)	20 %	7.세액감면및제한세율근거	
8.기타소득(법인)세액	600,000		
9.지방소득세	60,000		

   2) 김현정

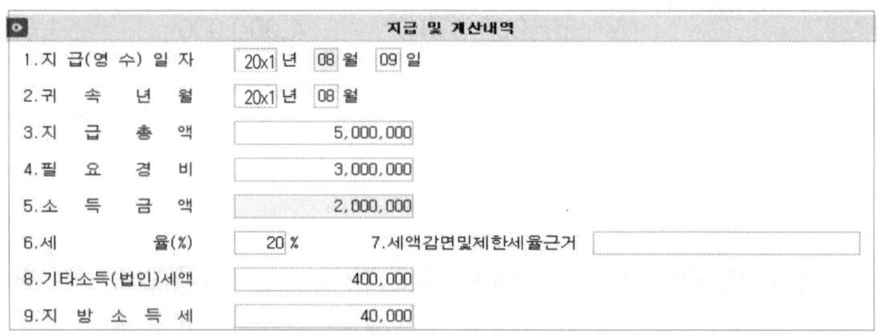

지급 및 계산내역			
1.지급(영수) 일자	20x1 년 08 월 09 일		
2.귀속 년 월	20x1 년 08 월		
3.지급총액	5,000,000		
4.필요경비	3,000,000		
5.소득금액	2,000,000		
6.세율(%)	20 %	7.세액감면및제한세율근거	
8.기타소득(법인)세액	400,000		
9.지방소득세	40,000		

3. [원천징수이행상황신고서] 귀속기간 8월, 지급기간 8월, 1.정기신고

소득자 소득구분		코드	소득지급		징수세액			당월조정 환급세액	납부세액	
			인원	총지급액	소득세 등	농어촌특별세	가산세		소득세 등	농어촌특별세
거주자	연금계좌	A41								
	종교인매월	A43								
기타소득	종교인연말	A44								
	가상자산	A49								
	인적용역	A59	1	5,000,000	400,000					
	그 외	A42	1	3,000,000	600,000					
	가 감 계	A40	2	8,000,000	1,000,000				1,000,000	
	이 자 소 득	A50								
	배 당 소 득	A60								
	그 외 소 득	▶								
법인	내/외국법인원천	A80								
수정신고(세액)		A90								
총 합 계		A99	2	8,000,000	1,000,000				1,000,000	

4. [전자신고] 원천징수이행상황 제작 및 마감(지급기간 8월)

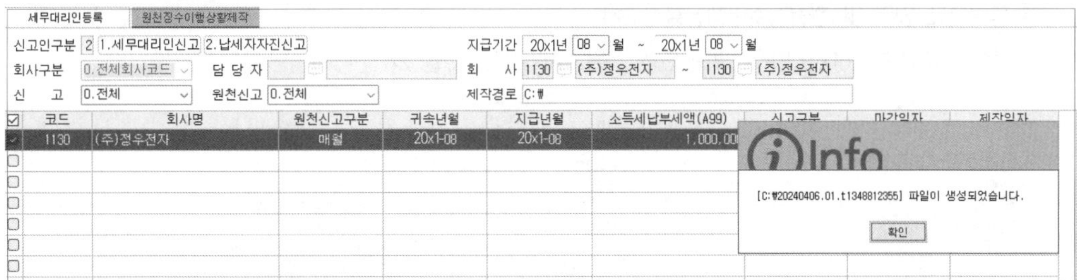

5. [국세청 홈택스 전자신고변환]

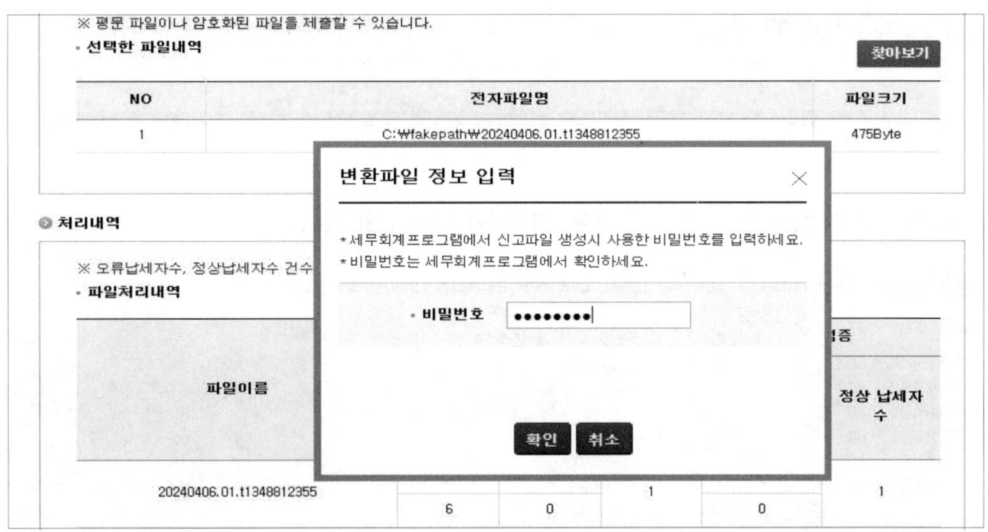

원천세 신고서 접수증(파일변환)

- 접수내용

사용자ID		사용자명		접수일시	20x1-04-06 16:07:54
총 신고건수	1건	정상건수	1건	오류건수	0건

- 정상제출내용

(단위 : 원) 10건 확인

과세년월	신고서종류	신고구분	신고유형	상호 (성명)	사업자(주 등록번
20x108	원천징수이행상황…	정기(확정)	정기신고	(주)정우전자	13488123

[2] 급여자료 입력 및 원천징수이행상황신고서

1. [급여자료입력 100.오민수, 귀속년월 2월, 지급기간 2월 28일

급여항목	금액	공제항목	금액
기본급	4,500,000	국민연금	220,000
상여		건강보험	170,000
직책수당	300,000	장기요양보험	22,010
월차수당		고용보험	42,400
식대	200,000	소득세(100%)	377,540
자가운전보조금	200,000	지방소득세	37,750
야간근로수당	500,000	농특세	
		연말정산소득세	418,500
		연말정산지방소득세	41,850
		연말정산농특세	
과 세	5,300,000		
비 과 세	400,000	공 제 총 액	1,330,050
지 급 총 액	5,700,000	차 인 지 급 액	4,369,950

- [F7중도퇴사자정산▼] > [F11분납적용] > [연말정산불러오기] > [분납(환급)계산] > [분납적용(Tab)]

분납적용

No		사원코드	사원명	연말정산			1차분납/환급분(2월)			2차분납(3월)			3차분납(4월)		
	□			소득세	지방소득세	농특세	소득세	지방소득세	농특세	소득세	지방소득세	농특세	소득세	지방소득세	농특세
1	■	100	오민수	1,255,500	125,550		418,500	41,850		418,500	41,850		418,500	41,850	
	□														

2. [원천징수이행상황신고서] 귀속기간 2월, 지급기간 2월, 1.정기신고

원천징수명세및납부세액 | 원천징수이행상황신고서 부표 | 원천징수세액환급신청서 | 기납부세액명세서 | 전월미환급세액 조정명세서 | 차월이월환급세액 승계명세

소득자 소득구분		코드	소득지급		징수세액			당월조정 환급세액	납부세액	
			인원	총지급액	소득세 등	농어촌특별세	가산세		소득세 등	농어촌특별세
근로소득	간이세액	A01	1	5,500,000	377,540					
	중도퇴사	A02								
	일용근로	A03								
	연말정산	A04	1	58,800,000	1,255,500					
	(분납신청)	A05	1		837,000					
	(납부금액)	A06			418,500					
	가 감 계	A10	2	64,300,000	796,040				796,040	

문제 5 세무조정

[1] 가산세액계산서 및 세액조정계산서

1. [가산세액계산서]

신고납부가산세	미제출가산세	토지등양도소득가산세	미환류소득

구분		계산기준	기준금액	가산세율	코드	가산세액
지출증명서류		미(허위)수취금액	3,200,000	2/100	8	64,000
지급 명세서	미(누락)제출	미(누락)제출금액		10/1,000	9	
	불분명	불분명금액		1/100	10	
	상증법 82조 1 6	미(누락)제출금액		2/1,000	61	
		불분명금액		2/1,000	62	
	상증법 82조 3 4	미(누락)제출금액		2/10,000	67	
		불분명금액		2/10,000	68	
	법인세법 제75의7①(일용근로)	미제출금액		25/10,000	96	
		불분명등		25/10,000	97	
	법인세법 제75의7①(간이지급명세서)	미제출금액		25/10,000	102	
		불분명등		25/10,000	103	
	소 계				11	
주식등변동	미제출	액면(출자)금액	100,000,000	10/1,000	12	1,000,000
	누락제출	액면(출자)금액		10/1,000	13	
합 계					21	1,064,000

• 건당 3만원 초과인 소모품비는 손금으로 인정되나, 증명서류수취불성실가산세 대상이다.

• 기업업무추진비는 한 차례 3만원을 초과하는 경우, **적격 증명서류 미수령 시 전액 손금불산입**되므로 가산세는 발생하지 않는다.

• **간이과세자로부터 제공받는 부동산임대용역**의 경우, 적격증명서류가 없더라도 **경비등송금명세서를 제출하는 경우 가산세 제외 대상**이다.

• 사업연도 중 주식 등의 변동사항이 있는 법인은 각사업연도소득에 대한 법인세 과세표준과 세액의 신고기한까지 주식등변동상황명세서를 제출해야 한다.

2. [법인세과세표준및세액조정계산서]

	123. 최저한세 적용제외 공제감면세액	19	
부	124. 가 산 세 액	20	1,064,000
	125. 가 감 계 (122-123+124)	21	1,064,000

[2] [외화자산등평가차손익조정명세서]

계정과목	발생일 기준 환율	장부상 평가 환율	외화금액 ($)	장부상 평가손익 (A)	세무상 평가환율	세무상 평가손익(B)	차이 (B – A)
외상매출금	1,300	1,300	50,000	0	1,250	–2,500,000	–2,500,000
외상매입금	1,300		30,000	0		+1,500,000	+1,500,000
회사손익금계상액				**0**	**세무상손익금**	**△1,000,000**	**△1,000,000**

1. [외화자산,부채의 평가(을지)] 탭

외화자산,부채의평가(을지) | 통화선도,스왑,환변동보험의평가(을지) | 환율조정차,대등(갑지)

No	②외화종류(자산)	③외화금액	④장부가액		⑦평가금액		⑩평가손익
			⑤적용환율	⑥원화금액	⑧적용환율	⑨원화금액	자 산(⑨-⑥)
1	USD	50,000.00	1,300.0000	65,000,000	1,250.0000	62,500,000	-2,500,000
2							
	합 계			65,000,000		62,500,000	-2,500,000

No	②외화종류(부채)	③외화금액	④장부가액		⑦평가금액		⑩평가손익
			⑤적용환율	⑥원화금액	⑧적용환율	⑨원화금액	부 채(⑥-⑨)
1	USD	30,000.00	1,300.0000	39,000,000	1,250.0000	37,500,000	1,500,000
2							
	합 계			39,000,000		37,500,000	1,500,000

2. 세무조정

〈 손금산입 〉 외상매출금 2,500,000원 (유보발생)

〈 익금산입 〉 외상매입금 1,500,000원 (유보발생)

[3] [가지급금등인정이자조정명세서]

1. [1.가지급금.가수금 입력] 탭(366일)

① 가지급금 (대표이사 김초월)

ㅇ가지급금,가수금 선택: 1.가지급금 　 회계데이터불러오기

No	적요	년월일			차변	대변	잔액	일수	적수
1	1.전기이월	2025	1	1	100,000,000		100,000,000	33	3,300,000,000
2	2.대여	2025	2	3	50,000,000		150,000,000	328	49,200,000,000
3	3.회수	2025	12	28		70,000,000	80,000,000	4	320,000,000
4									

② 가수금 (대표이사 김초월)

ㅇ가지급금,가수금 선택: 2.가수금 　 회계데이터불러오기

No	적요	년월일			차변	대변	잔액	일수	적수
1	2.가수	2025	5	10		30,000,000	30,000,000	236	7,080,000,000

※ 가지급금과 가수금 발생 시에 이자율, 상환기간에 대한 약정이 각각 체결된 경우가 아니라면, <u>동일인에 대한 가지급금, 가수금은 서로 상계하여 인정이자를 계산</u>한다.

2. [2.차입금입력] 탭

① 푸른은행

No	□	적요	연월일			차변	대변	이자대상금액	이자율 %	이자
1	□	1.전기이월	2025	1	1		200,000,000	200,000,000	4.50000	9,000,000

② 초록은행

□	적요	연월일			차변	대변	이자대상금액	이자율 %	이자
□	1.전기이월	2025	1	1		400,000,000	400,000,000	4.00000	16,000,000

3. [3.인정이자계산 : (을)지] 탭

No	대여기간 발생연월일			대여기간 회수일		연월일		적요	5.차변	6.대변	7.잔액(5-6)	일수	가지급금적수(7X8)	10.가수금적수	11.차감적수	이자율(%)	13.인정이자(11X12)
1	2025	1	1	차기	이월	1	1	1.전기이월	100,000,000		100,000,000	361	36,100,000,000	7,080,000,000	29,020,000,000	4.16666	3,312,780
2	2025	1	1	차기	이월	12	28	3.회수		70,000,000	30,000,000	4	120,000,000		120,000,000	4.16666	13,698
3	2025	2	3	차기	이월	2	3	2.대여	50,000,000		50,000,000	332	16,600,000,000		16,600,000,000	4.16666	1,894,974
	합 계								150,000,000	70,000,000	80,000,000		52,820,000,000	7,080,000,000	45,740,000,000		5,221,452

4. [4.인정이자조정 : (갑)지] 탭

2.가중평균차입이자율에 따른 가지급금 등의 인정이자 조정 (연일수 : 365일)

No	1.성명	2.가지급금적수	3.가수금적수	4.차감적수(2-3)	5.인정이자	6.회사계상액	시가인정범위 7.차액(5-6)	시가인정범위 8.비율(%)	9.조정액(=7) 7>=3억,8>=5%
1	김초월	52,820,000,000	7,080,000,000	45,740,000,000	5,221,452	2,000,000	3,221,452	61.69647	3,221,452

5. 세무조정

〈 익 금 산 입〉 가지급금 인정이자 3,221,452원 (상 여)

[4] [선급비용명세서]

□	계정구분	거래내용	거래처	대상기간 시작일	대상기간 종료일	지급액	선급비용	회사계상액	조정대상금액
□	선급 임차료	임차료지급	(주)다대여	2025-06-01	2026-05-31	12,000,000	4,978,021	12,000,000	-7,021,979
□	선급 보험료	보험료지급	(주)다보호화재	2025-06-01	2026-05-31	2,400,000	992,876		992,876

[세무조정]

〈 손 금 산 입〉 선급임차료 7,021,979원 (유보발생)

〈 손금불산입〉 선급보험료 992,876원 (유보발생)

〈 손 금 산 입〉 전기 선급보험료 1,000,000원 (유보감소)

※ 선급임차료에 대해서 한편산입(초일불산입, 말일산입)을 원칙으로 하고 있으나, 문제에서 선급임차료에 대하여 한편산입 또는 양편산입 여부를 명시하여 요구하고 있지 아니하므로 양편산입한 경우의 금액도 정답으로 인정합니다.

[5] [자본금과적립금조정명세서] 이월결손금

Ⅱ.이월결손금 계산서

1. 이월결손금 발생 및 증감내역

(6) 사업연도	이월결손금 발생액 (7) 계	(8)일반 결손금	(9)배 분 한도초과 결손금{(9)=(25)}	(10) 소급공제	(11) 차감계	감소내역 (12) 기공제액	(13) 당기 공제액	(14) 보 전	(15) 계	잔액 (16) 기한 내	(17) 기한 경과	(18) 계
2009-12-31	150,000,000	150,000,000		50,000,000	100,000,000	40,000,000		40,000,000	80,000,000		20,000,000	20,000,000
2020-12-31	70,000,000	70,000,000			70,000,000	20,000,000	50,000,000		70,000,000			
2022-12-31	100,000,000	100,000,000			100,000,000		100,000,000		100,000,000			
계	320,000,000	320,000,000		50,000,000	270,000,000	60,000,000	150,000,000	40,000,000	250,000,000		20,000,000	20,000,000

• 자산수증익을 결손보전에 사용하는 경우 결손금 발생연도와 관계없이 보전되므로 2009년 발생분부터 순차적으로 보전하며, 결손금 잔액은 기한 경과 금액이다.

제112회 전산세무 1급

합격율	시험년월
4%	2024.2

이 론

01. 다음 중 일반기업회계기준에 따른 유동부채에 대한 설명으로 틀린 것은?

① 보고기간종료일로부터 1년 이내에 상환되어야 하는 단기차입금 등의 부채는 유동부채로 분류한다.

② 보고기간 후 1년 이상 결제를 연기할 수 있는 무조건의 권리를 가지고 있지 않은 부채는 유동부채로 분류한다.

③ 기업의 정상적인 영업주기 내에 상환 등을 통하여 소멸할 것이 예상되는 매입채무와 미지급비용 등의 부채는 유동부채로 분류한다.

④ 장기차입약정을 위반하여 채권자가 즉시 상환을 요구할 수 있는 채무는 보고기간종료일과 재무제표가 사실상 확정된 날 사이에 상환을 요구하지 않기로 합의하면 비유동부채로 분류한다.

02. 다음 중 일반기업회계기준에 따른 수익의 인식에 대한 설명으로 옳지 않은 것은?

① 수강료는 강의 기간에 걸쳐 수익을 인식한다.

② 상품권을 판매한 경우 상품권 발행 시 수익으로 인식한다.

③ 위탁판매의 경우 위탁자는 수탁자가 제3자에게 해당 재화를 판매한 시점에 수익을 인식한다.

④ 재화의 소유에 따른 위험과 효익을 가지지 않고 타인의 대리인 역할을 수행하여 재화를 판매하는 경우에는 판매대금 총액을 수익으로 계상하지 않고 판매수수료만 수익으로 인식한다.

03. 다음의 자료를 이용하여 기말자본금을 계산하면 얼마인가?

> 1. 10,000주를 1주당 12,000원에 증자했다.
>   (주식의 1주당 액면금액은 10,000원이며, 주식발행일 현재 주식할인발행차금 10,000,000원이 있다)
> 2. 자본잉여금 10,000,000원을 재원으로 무상증자를 실시했다.
> 3. 이익잉여금 10,000,000원을 재원으로 30%는 현금배당, 70%는 주식배당을 실시했다.
>   (배당일 현재 이익준비금은 자본금의 2분의 1만큼의 금액이 적립되어 있다)
> 4. 전기말 재무상태표상 자본금은 30,000,000원이다.

① 147,000,000원 ② 150,000,000원 ③ 160,000,000원 ④ 167,000,000원

04. 다음 중 금융자산 · 금융부채에 대한 설명으로 알맞은 것을 모두 고르시오.

> 가. 금융자산은 금융상품의 계약당사자가 되는 때에만 재무상태표에 인식한다.
> 나. 제3자에게 양도한 금융부채의 장부금액과 지급한 대가의 차액은 기타포괄손익으로 인식한다.
> 다. 금융자산이나 금융부채의 후속측정은 상각후원가로 측정하는 것이 일반적이다.
> 라. 채무증권의 발행자가 채무증권의 상각후취득원가보다 현저하게 낮은 금액으로 중도상환권을 행사할 수 있는 경우 만기보유증권으로 분류될 수 없다.

① 가, 다 ② 가, 다, 라 ③ 가, 나, 라 ④ 가, 나, 다, 라

05. 다음 중 회계추정의 변경 및 오류수정에 대한 설명으로 틀린 것을 고르시오.

① 중대한 오류는 손익계산서에 손익을 심각하게 왜곡시키는 오류를 말한다.
② 회계추정을 변경한 경우 당기 재무제표에 미치는 영향을 주석으로 기재한다.
③ 회계추정의 변경은 전진적으로 처리하며 그 변경의 효과는 당해 회계연도 개시일부터 적용한다.
④ 비교재무제표를 작성하는 경우 중대한 오류의 영향을 받는 회계기간의 재무제표 항목은 재작성한다.

06. 아래의 그래프가 표시하는 원가행태와 그 예를 가장 적절하게 표시한 것은?

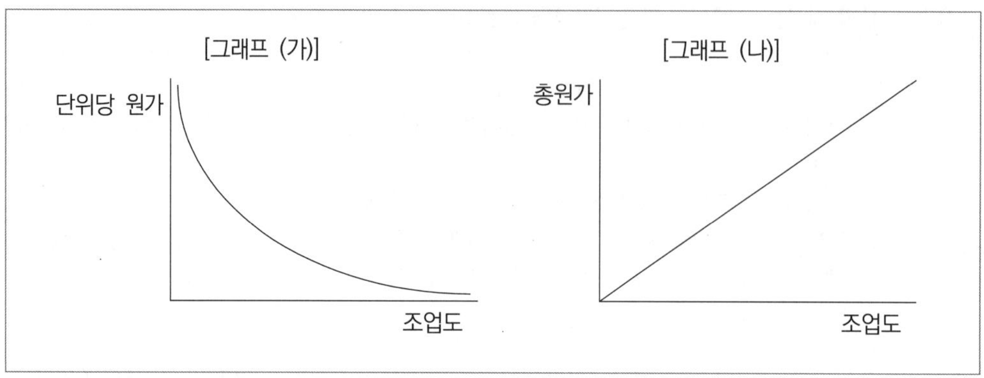

① [그래프 (가)] : 변동원가, 커피 제조의 원두
② [그래프 (나)] : 고정원가, 생산직원의 급여
③ [그래프 (가)] : 고정원가, 기계장치 감가상각비
④ [그래프 (나)] : 변동원가, 공장 임차료

07. ㈜유레카는 동일한 원재료를 투입하여 동일한 제조공정으로 제품 A, B, C를 생산하고 있다. 세 가지 제품에 공통적으로 투입된 결합원가가 850,000원일 때, 순실현가치법으로 배부하는 경우 제품 A의 매출총이익은 얼마인가?

제품	생산량	단위당 판매가격	추가가공원가(총액)
A	1,000개	@2,000원	200,000원
B	800개	@2,500원	500,000원
C	1,700개	@1,000원	없음

① 1,150,000원 ② 1,494,000원 ③ 1,711,000원 ④ 1,800,000원

08. 당사는 선입선출법에 의한 종합원가계산을 적용하고 있다. 당기 가공원가에 대한 완성품 환산량 단위당 원가가 10원인 경우 다음 자료에 의하여 당기 가공원가 발생액을 계산하면 얼마인가?

- 기초재공품 : 400단위, 완성도 40%
- 기말재공품 : 700단위, 완성도 20%
- 당기착수수량 : 2,200단위
- 당기완성수량 : 1,900단위

① 17,900원 ② 18,300원 ③ 18,500원 ④ 18,800원

09. 당사 판매부의 광고선전비를 제조원가로 잘못 회계처리한 경우 재무제표에 미치는 영향으로 옳은 것은? (단, 기말재고자산은 없다고 가정한다.)

① 제품매출원가가 감소된다. ② 매출총이익이 감소된다.
③ 영업이익이 감소된다. ④ 당기순이익이 증가된다.

10. 회사는 제조간접원가를 직접노무시간을 기준으로 배부하고 있다. 당기 말 현재 실제 제조간접원가 발생액은 100,000원이고, 실제 직접노무시간은 500시간이며, 예정배부율은 시간당 190원일 경우 제조간접원가 배부차이는 얼마인가?

① 10원 과대배부 ② 10원 과소배부
③ 5,000원 과대배부 ④ 5,000원 과소배부

11. 다음 사례에 대한 수정세금계산서 발급 방법으로 적절한 것은 무엇인가?

> 조그만 상가를 임대하고 매월 1,000,000원의 임대료를 받는 김씨는 임대료 세금계산서 발급내역을 검토하다가 7월분 임대료 세금계산서에 "0"이 하나 더 들어가 공급가액이 10,000,000원으로 표시된 것을 발견했다.

① 처음에 발급한 세금계산서의 내용대로 음의 표시를 하여 발급
② 발급 사유가 발생한 날을 작성일로 적고 비고란에 처음 세금계산서 작성일을 덧붙여 적은 후 붉은색 글씨로 쓰거나 음의 표시를 하여 발급
③ 발급 사유가 발생한 날을 작성일로 적고 추가되는 금액은 검은색 글씨로 쓰고, 차감되는 금액은 붉은색 글씨로 쓰거나 음의 표시를 하여 발급
④ 처음에 발급한 세금계산서의 내용대로 세금계산서를 붉은색 글씨로 쓰거나 음의 표시를 하여 발급하고, 수정하여 발급하는 세금계산서는 검은색 글씨로 작성하여 발급

12. 다음 중 부가가치세법상 음식점을 운영하는 개인사업자의 의제매입세액 공제율로 옳은 것은? 단, 해당 음식점업의 해당 과세기간의 과세표준은 2억원을 초과한다.

① 2/104 ② 6/106 ③ 8/108 ④ 9/109

13. 다음 중 이월결손금 공제의 위치는 어디인가?

이자소득	배당소득	사업소득	근로소득	연금소득	기타소득
(가)					
이자소득금액	배당소득금액	사업소득금액	근로소득금액	연금소득금액	기타소득금액
(나)					
종합소득금액					
(다)					
종합소득 과세표준					
산출세액					
(라)					
결정세액					

① (가) ② (나) ③ (다) ④ (라)

14. 다음 중 소득세법상 주택임대소득에 대한 설명으로 옳지 않은 것은?

① 주택임대소득에서 발생한 결손금은 부동산 임대소득에서만 공제 가능하다.
② 임대주택의 기준시가가 12억원을 초과하는 경우 1주택자이어도 월 임대소득에 대해 과세한다.
③ 주택임대소득 계산 시 주택 수는 본인과 배우자의 소유 주택을 합산하여 계산한다.
④ 간주임대료는 3주택 이상 소유자에 대해서만 과세하지만 2026년 12월 31일까지 기준시가 2억 이하이면서 40㎡이하인 소형주택에 대해서는 주택 수 산정과 보증금 계산에서 모두 제외한다.

15. 다음 중 법인세법상 중간예납에 대한 설명으로 틀린 것은?

① 내국법인으로서 각 사업연도의 기간이 6개월 미만인 법인은 중간예납 의무가 없다.
② 각 사업연도의 기간이 6개월을 초과하는 법인은 해당 사업연도 개시일부터 6개월간을 중간예납 기간으로 한다.
③ 중간예납은 중간예납기간이 지난 날부터 3개월 이내에 납부하여야 한다.
④ 중간예납세액의 계산 방법은 직전 사업연도의 산출세액을 기준으로 계산하거나 해당 중간예납기간의 법인세액을 기준으로 계산하는 방법이 있다.

실 무

㈜수아이엔지(1120)는 제조 · 도소매업을 영위하는 중소기업이며, 당기회계기간은 20x1.1.1.~20x1.12.31. 이다. 전산세무회계 수험용 프로그램을 이용하여 다음 물음에 답하시오.

문제 1 다음 거래에 대하여 적절한 회계처리를 하시오. (12점)

[1] 07월 31일 당사가 보유 중인 매도가능증권을 17,000,000원에 처분하고 대금은 보통예금 계좌로 입금되었다. 해당 매도가능증권의 취득가액은 20,000,000원이며, 20x0년 말 공정가치는 15,000,000원이다. (3점)

[2] 08월 15일 면세사업에 사용하기 위하여 ㈜정우로부터 비품(공급대가 8,800,000원)을 구입하면서 계약금을 제외한 대금 전액을 설치비용 700,000원(부가가치세 별도)과 함께 보통예금 계좌에서 모두 지급하였다. 당사는 해당 거래 건으로 7월 30일에 계약금으로 1,000,000원을 지급하고 선급금으로 처리하였다. 전자세금계산서는 모두 정상 처리되었다. (3점)

[3] 11월 10일 영업부 사무실을 이전하면서 미래공인중개사사무소(간이과세자, 세금계산서 발급사업자)로부터 부동산 중개용역을 제공받고 중개수수료 1,485,000원(공급대가)을 현대카드로 결제하였다. (3점)

[4] 11월 22일 당사가 ㈜조은은행에 가입한 확정급여형(DB) 퇴직연금에서 퇴직연금운용수익(이자 성격) 5,000,000원이 발생하였다. 회사는 퇴직연금운용수익이 발생할 경우 자산관리수수료를 제외한 나머지 금액을 납입할 퇴직연금과 대체하기로 약정하였다. 퇴직연금에 대한 자산관리수수료율은 납입액의 3%이다(단, 이자소득에 대한 원천징수는 없으며, 해당 수수료는 판매비및일반관리비 항목으로 처리하기로 한다). (3점)

문제 2 **다음 주어진 요구사항에 따라 부가가치세신고서 및 부속서류를 작성하시오. (10점)**

[1] 다음 자료를 보고 20x1년 제2기 예정신고기간의 [수출실적명세서]를 작성하고, [매입매출전표입력]에 반영하시오(단, 영세율구분, 수출신고번호를 입력할 것). (3점)

1. 수출내역

거래처	수출신고번호	선적일자	환가일	통화코드	수출액
산비디아	13528-22-0003162	20x1.08.22.	20x1.08.25.	USD	$200,000

2. 일자별 기준환율

거래처	수출신고번호	선적일	환가일	수출신고일
산비디아	13528-22-0003162	₩1,360/$	₩1,350/$	₩1,330/$

3. 수출대금은 선적일 이후에 수령하였다.

[2] 다음의 자료를 이용하여 20x1년 제2기 부가가치세 확정신고기간(20x1.10.01.~20x1.12.31.)의 [대손세액공제신고서]를 작성하시오(단, 제시된 금액은 모두 부가가치세가 포함된 금액이며, 기존에 입력된 자료 또는 불러온 자료는 무시할 것). (5점)

구분	상호 (사업자등록번호)	채권 종류	대손금액	당초 공급일	비고
대손 발생	우주무역 (123-12-45676)	받을어음	24,200,000 원	20x1.10.27.	부도발생일 20x1.11.06.
	세정상사 (345-76-09097)	외상매출금	6,600,000 원	2020.11.03.	소멸시효 완성
	한뜻전자 (455-09-39426)	외상매출금	4,950,000 원	2020.12.31.	회수기일 2년 이상 경과
	용산전자 (857-23-43082)	외상매출금	11,000,000 원	2022.03.02.	파산

- 세정상사의 외상매출금은 20x1년 11월 3일에 법정 소멸시효가 완성되었다.
- 한뜻전자의 외상매출금은 회수기일이 2년 이상 경과하여 20x1년 12월 1일에 대손금을 비용계상하였다(특수관계인과의 거래는 아님).
- 용산전자는 법원으로부터 파산선고를 받아 20x1년 10월 1일에 대손 확정되었다.

<table>
<tr><td rowspan="2">대손
채권
회수</td><td>

상호(사업자등록번호)	채권종류	대손회수액	당초 공급일	비고
하나무역(987 - 65 - 43215)	외상매출금	9,350,000원	2021.10.15.	대손채권 회수

</td></tr>
<tr><td>• 하나무역의 외상매출금은 대손처리하였던 채권의 회수에 해당하며, 대손회수일은 20x1년 10월 5일이다.</td></tr>
<tr><td>유의
사항</td><td>• 대손사유 입력 시 조회되지 않는 사유에 대해서는 7.직접입력으로 하고, 비고란의 내용을 그대로 입력한다.</td></tr>
</table>

[3] 20x1년 제1기 부가가치세 확정신고기간의 [부가가치세신고서]를 마감하여 전자신고를 수행하시오(단, 저장된 데이터를 불러와서 사용할 것). (2점)

1. 부가가치세 신고서와 관련 부속서류는 작성되어 있다.
2. [전자신고]→[국세청 홈택스 전자신고변환(교육용)] 순으로 진행한다.
3. [전자신고]에서 전자파일 제작 시 신고인 구분은 2.납세자 자진신고로 선택하고, 비밀번호는 "12345678"로 입력한다.
4. [국세청 홈택스 전자신고변환(교육용)]에서 전자파일변환(변환대상파일선택) > 찾아보기
5. 전자신고용 전자파일 저장경로는 로컬디스크(C :)이며, 파일명은 "enc작성연월일.101.v4028507977"이다.
6. 형식검증하기 → 형식검증결과확인 → 내용검증하기 → 내용검증결과확인 → 전자파일제출 을 순서대로 클릭한다.
7. 최종적으로 전자파일 제출하기 를 완료한다.

문제 3 다음의 결산정리사항에 대하여 결산정리분개를 입력하여 결산을 완료하시오. (8점)

[1] 결산일 현재 당사가 보유한 외화자산은 다음과 같다. 기말 결산일의 기준환율은 ¥100 = 930원이다. (2점)

• 계정과목 : 외화예금 • 외화가액 : ¥2,300,000 • 장부가액 : 21,000,000원

[2] 다음 자료를 이용하여 재무제표의 장기성예금에 대하여 결산일의 적절한 회계처리를 하시오. (2점)

• 은행명 : 큰산은행
• 개설일 : 2021.04.25.
• 예금 종류 : 정기예금
• 만기일 : 20x2.04.25.
• 금액 : 100,000,000원

[3] 연말 재고실사 과정에서 다음의 내용이 누락된 사실을 발견하였다. (2점)

구분	사유	금액
제품	광고 선전 목적으로 불특정다수인에게 전달	8,000,000원
상품	훼손으로 인해 가치를 상실하여 원가성이 없는 상품	2,000,000원

[4] 아래의 전기말 무형자산명세서를 참조하여 당해 결산일의 회계처리를 하시오. (2점)

• 전기말(20x0년 12월 31일) 무형자산명세서

취득일자	무형자산내역	장부가액	내용연수	비고
2022.01.01.	개발비	20,000,000원	5년	

• 추가사항 : 20x1년 결산일 현재 개발비에 대한 연구는 실패가 확실할 것으로 판단된다.

문제 4 원천징수와 관련된 다음의 물음에 답하시오. (10점)

[1] 다음은 사원 정상수(사번 102)의 부양가족과 관련 자료이다. 본인의 세부담이 최소화되도록 [사원등록] 메뉴의 [부양가족명세] 탭에 부양가족을 입력(기본공제 대상이 아닌 경우 "부"로 입력)하시오. 단, 부양가족은 전부 생계를 같이 하고 있으며, 제시된 자료 외의 내용은 고려하지 않는다. (4점)

1. 부양가족

관계	성명 (주민등록번호)	비고
본인 (세대주)	정상수 (841025 - 1234563)	총급여액은 100,000,000원이며, 장애인복지법상 장애인이었으나 당해연도 중 완치가 되었다.
배우자	황효림 (850424 - 2112349)	총급여액은 50,000,000원이며, 부양가족공제를 누구에게 공제하면 유리한지 고민 중이다.
부친	정학수 (570218 - 1233341)	당해 수령한 노령연금 총액은 5,100,000원이다.
모친	박순자 (610815 - 2123451)	다주택자로서 보유하였던 주택을 100,000,000원에 양도하였다. (해당 주택의 취득가액은 100,500,000원이다)
딸	정은란 (080410 - 4134566)	오디션 프로그램에 참가하여 상금 10,000,000원과 2,000,000원 상당의 피아노를 부상으로 받았다.
아들	정은수 (120301 - 3789507)	EBS 교육방송 어린이 MC로서 프리랜서 소득금액이 5,000,000원 발생하였다.
아들	정은우 (130420 - 3115987)	어린이 모델로 활동하여 프리랜서 총수입금액이 1,000,000원 발생하였다.

2. 연금소득공제표

총연금액	공제액
350만원 이하	총연금액
350만원 초과 700만원 이하	350만원+350만원 초과액의 40%

[2] 다음의 자료를 이용하여 ①소득자별로 각 소득에 따라 [소득자료입력]을 작성하고, ②[원천징수이행상황신고서]를 작성 및 마감하여 ③국세청 홈택스에 전자신고를 수행하시오(단, 당사는 반기별 신고 특례 대상자가 아니며 정기분 신고에 해당한다). (6점)

〈소득자료〉

성명	지급액(세전)	소득내용	비고
박서준	5,000,000원	일시적 강연료 (고용관계 없음)	실제 발생한 필요경비는 없으며, 소득세법상 인정하는 최대 필요경비를 적용한다.
강태주	3,000,000원	학원강사가 지급받은 강의료	인적용역사업소득에 해당한다.

- 위 소득의 귀속연월은 모두 20x1년 7월이고, 지급일은 20x1년 8월 5일이다.
- 위의 소득자료에 대해서만 작성하고 다른 소득자는 없는 것으로 가정한다.
- 위의 소득자는 모두 내국인 및 거주자에 해당한다.

〈전자신고 관련 유의사항〉

1. [전자신고]→[국세청 홈택스 전자신고변환(교육용)] 순으로 진행한다.
2. [전자신고]에서 전자파일 제작 시 신고인 구분은 2.납세자 자진신고로 선택하고, 비밀번호는 "20240204"로 입력한다.
3. [국세청 홈택스 전자신고변환(교육용)]에서 전자파일변환(변환대상파일선택) > 찾아보기
4. 전자신고용 전자파일 저장경로는 로컬디스크(C:)이며, 파일명은 "작성연월일.01.t4028507977"이다.
5. 형식검증하기 ➡ 형식검증결과확인 ➡ 내용검증하기 ➡ 내용검증결과확인 ➡ 전자파일제출 을 순서대로 클릭한다.
6. 최종적으로 전자파일 제출하기 를 완료한다.

문제 5 **㈜선호물산(1121)은 제조 · 도소매업 및 건설업을 영위하는 중소기업이며, 당해 사업연도는 20x1.1.1.~20x1.12.31.이다. [법인조정] 메뉴를 이용하여 기장되어 있는 재무회계 장부 자료와 제시된 보충자료에 의하여 해당 사업연도의 세무조정을 하시오. (30점)**

[1] 다음은 기업업무추진비와 관련된 자료이다. [기업업무추진비조정명세서]를 작성하고 필요한 세무조정을 하시오. (6점)

1. 손익계산서상 기업업무추진비(판)계정의 금액은 20,000,000원이며, 다음의 금액이 포함되어 있다.
   - 전기 말 법인카드로 기업업무추진비 1,000,000원을 지출하였으나 회계처리를 하지 않아 이를 법인카드 대금 결제일인 20x1년 1월 25일에 기업업무추진비로 계상하였다.
2. 건설중인자산(당기 말 현재 공사 진행 중)에 배부된 기업업무추진비(도급) 3,000,000원 중에는 대표이사가 개인적으로 사용한 금액으로써 대표이사가 부담해야 할 기업업무추진비 500,000원이 포함되어 있다.
3. 당기 수입금액 합계는 2,525,000,000원으로 제품매출 1,385,000,000원, 상품매출 1,140,000,000원이다.
4. 전기 이전의 세무조정은 모두 적법하게 이루어진 상황이며, 위 외의 기업업무추진비 지출액은 없다.
5. 위 기업업무추진비 중 신용카드 등 미사용금액은 없다.

[2] 다음 자료를 이용하여 [고정자산등록] 메뉴에 고정자산을 등록하고, [미상각자산감가상각조정명세서]를 작성하고 필요한 세무조정을 하시오. (6점)

[자료1]

자산코드	구분	자산명	취득일	취득가액	전기말 상각누계액	제조원가명세서에 반영된 상각비	경비구분
1	기계장치 (업종코드 : 13)	기계장치	2020.06.01.	60,000,000원	12,000,000원	4,000,000원	제조

[자료2]

- 회사는 감가상각방법을 세법에서 정하는 시기에 정액법으로 신고하였다.
- 회사는 감가상각대상자산의 내용연수를 무신고하였다.

구분		기준내용연수
기계장치		6년
상각률	정액법	0.166
	정률법	0.394

- 수선비 계정에는 기계장치에 대한 자본적 지출액 10,000,000원이 포함되어 있다.
- 회사는 20x1년 1월 1일 전기 과소상각비 해당액을 아래와 같이 회계처리하였다.

(차) 전기오류수정손실(이익잉여금) 3,000,000원 (대) 감가상각누계액(기계장치) 3,000,000원

[3] 다음 자료를 이용하여 [가지급금등의인정이자조정명세서]를 작성하고, 필요한 세무조정을 하시오. (6점)

1. 손익계산서상 지급이자 내역

구분	국민은행	하나은행	합계
연 이자율	4.9%	5.7%	
지급이자	6,370,000원	17,100,000원	23,470,000원
차입금	130,000,000원	300,000,000원	
비고	차입금 발생일 : 20x0.11.10.	차입금 발생일 : 20x0.01.05.	

2. 대표이사 장경석의 가지급금 및 가수금 내역

일자	금액	비고
20x1.02.09.	100,000,000원	업무와 무관하게 대표이사에게 대여한 금액
20x1.05.25.	20,000,000원	대표이사에게 미지급한 소득에 대한 소득세 대납액
20x1.08.27.	60,000,000원	대표이사 대여금 중 일부를 대표이사로부터 회수한 금액

3. 기타 추가사항
   - 회사는 대표이사 대여금에 대하여 별도의 이자 지급에 관한 약정을 하지 않았으며, 결산일에 대표이사 대여금에 대한 이자수익을 아래와 같이 회계처리하였다.
     (차) 미수수익 2,000,000원 (대) 이자수익 2,000,000원
   - 회사는 전년도부터 당좌대출이자율(4.6%)을 시가로 적용한다.
   - 불러온 자료는 무시하고 직접 입력하여 작성한다.

[4] 당사는 소기업으로서 「중소기업에 대한 특별세액감면」을 적용받으려 한다. 불러온 자료는 무시하고, 다음의 자료만을 이용하여 [법인세과세표준및세액조정계산서]를 작성하시오. (6점)

1. 표준손익계산서 일부

Ⅷ.법인세비용차감전손익	217	461,600,000원
Ⅸ.법인세비용	218	61,600,000원
Ⅹ.당기순손익	219	400,000,000원

2. 소득금액조정합계표

익금산입 및 손금불산입			손금산입 및 익금불산입		
과 목	금 액	소득처분	과 목	금 액	소득처분
법인세비용	61,600,000원	기타사외유출	재고자산평가증	3,000,000원	유보감소
기업업무추진비 한도초과	20,000,000원	기타사외유출			
세금과공과	1,400,000원	기타사외유출			
합계	83,000,000원		합계	3,000,000원	

3. 기타자료
- 감면소득금액은 300,000,000원, 감면율은 20%이다.
- 전년 대비 상시근로자 수의 변동은 없으며, 최저한세 적용 감면배제금액도 없다.
- 지급명세서불성실가산세 500,000원이 있다.
- 법인세 중간예납세액은 20,000,000원이고, 분납을 최대한 적용받고자 한다.

[5] 다음 자료만을 이용하여 [자본금과적립금조정명세서(갑)(을)]를 작성하시오(단, 전산상에 입력된 기존 자료는 무시할 것). (6점)

1. 전기(20x0년) 자본금과적립금조정명세서(을)표상의 자료는 다음과 같다.

과목	기초잔액	당기중증감		기말잔액
		감소	증가	
업무용승용차	13,200,000원	8,000,000원		5,200,000원
단기매매증권평가손실	15,000,000원	3,000,000원		12,000,000원

2. 당기(20x1년)의 소득금액조정합계표내역은 다음과 같다.

손금산입및익금불산입		
과목	금액(원)	조정 이유
업무용승용차	5,200,000	전기 업무용승용차 감가상각 한도 초과액 추인
단기매매증권	5,000,000	단기매매증권평가이익(전기 유보 감소로 세무조정)

3. 당기말 재무상태표의 자본 내역은 다음과 같다.

과목	제15기 당기 20x1년 1월 1일~20x1년 12월 31일	제14기 전기 20x0년 1월 1일~20x0년 12월 31일
	금액(원)	금액(원)
Ⅰ. 자본금	250,000,000	200,000,000
Ⅱ. 자본잉여금	30,000,000	50,000,000
Ⅲ. 자본조정	20,000,000	20,000,000
Ⅳ. 기타포괄손익누계액	50,000,000	50,000,000
Ⅴ. 이익잉여금	107,000,000	52,000,000
(당기순이익)		
당기 :	55,000,000	25,000,000
전기 :	25,000,000	5,000,000
자본총계	457,000,000	372,000,000

- 법인세과세표준및세액신고서의 법인세 총부담세액이 손익계산서에 계상된 법인세비용보다 1,200,000원, 지방소득세는 150,000원 각각 더 많이 산출되었다.(전기분은 고려하지 않음).
- 이월결손금과 당기결손금은 발생하지 않았다.

제112회 전산세무1급 답안 및 해설

이 론

1	2	3	4	5	6	7	8	9	10	11	12	13	14	15
④	②	①	②	①	③	②	④	②	④	④	③	②	①	③

01. 장기차입약정을 위반하여 채권자가 **즉시 상환을 요구할 수 있는 채무**는 보고기간종료일과 재무제표가 사실상 확정된 날 사이에 **상환을 요구하지 않기로 합의하더라도 유동부채로 분류**한다.

02. 상품권을 회수하고 재화를 인도한 시점에 수익으로 인식하며 **상품권 발행 시에는 선수금으로 처리**한다.

03. 기말자본금 = 전기말(30,000,000) + 유상증자(10,000주 × 10,000원) + 무상증자(10,000,000)
+ 주식배당(10,000,000 × 70%) = 147,000,000원

04. 제3자에게 **양도한 금융부채의 장부금액과 지급한 대가의 차액은 당기손익**으로 인식한다.

05. **중대한 오류는 재무제표의 신뢰성을 심각하게 손상**할 수 있는 매우 중요한 오류를 말한다.

06. 그래프(가)는 고정원가, 그래프(나)는 변동원가를 표현하는 그래프이다. 변동원가의 예로는 커피 제조의 원두가 있으며, 고정원가의 예로 기계장치 감가상각비, 공장 임차료가 있다.

07. 매출총이익(A) = 매출액(2,000,000) - 추가가공원가(200,000) - 결합원가 배부액(306,000)
= 1,494,000원

구분	순실현가치	결합원가 배부액
A	1,000개 × @2,000원 - 추가가공원가 200,000원 = 1,800,000원	306,000원
B	800개 × @2,500원 - 추가가공원가 500,000원 = 1,500,000원	255,000원
C	1,700개 × @1,000원 = 1,700,000원	289,000원
합계	5,000,000원	850,000원

08.

〈1단계〉 물량흐름파악(선입선출법) / 〈2단계〉 완성품환산량 계산

재공품			재료비	가공비
	완성품	1,900		
	- 기초재공품	400 (60%)		240
	- 당기투입분	1,500 (100%)		1,500
	기말재공품	700 (20%)		140
	계	2,600		**1,880**

가공원가발생액 = 가공비완성품환산량(1,880) × 단위당 가공원가(10) = 18,800원

09. ② 판매비및관리비가 제조원가로 회계처리 되었으므로 **제품매출원가는 증가**하고, **매출총이익은 감소**한다.
③④ 영업이익과 당기순이익은 변동이 없다.

10. 예정배부액 = 실제직접노무시간(500) × 예정배부율(190) = 95,000원
예정배부액(95,000) - 실제발생액(100,000) = △5,000원(과소배부)

11. 필요적 기재사항 등이 착오로 잘못 적힌 경우에는 **처음에 발급한 세금계산서의 내용대로 세금계산서를 붉은색 글씨로 쓰거나 음의 표시를 하여 발급**하고, **수정하여 발급하는 세금계산서는 검은색 글씨로 작성하여 발급**한다.

12. 음식점업을 경영하는 사업자 중 개인사업자의 경우 **과세표준 2억원 이하인 경우 2026년 12월 31일까지 9/109 의제매입세액공제율을 적용**한다.

14. **주택 임대소득에서 발생한 결손금은 다른 사업소득에서 공제 가능**하다.

15. 내국법인은 중간예납기간이 지난 날부터 **2개월 이내에 중간예납세액**을 납세지 관할 세무서, 한국은행(그 대리점을 포함한다) 또는 체신관서(이하 "납세지 관할 세무서등"이라 한다)에 납부하여야 한다.

실 무

문제 1 전표입력

[1] 일반전표입력(7/31)

(차) 보통예금	17,000,000원	(대) 매도가능증권(178)	15,000,000원
매도가능증권처분손실	3,000,000원	매도가능증권평가손실	5,000,000원

☞ 처분손익 = 처분가액(17,000,000) - 취득가액(20,000,000) = △3,000,000원(손실)
제거되는 평가손실 = 공정가치(15,000,000) - 취득가액(20,000,000) = △5,000,000원(손실)

[2] 매입매출전표입력(8/15)

유형: 54.불공 공급가액: 8,000,000 원 부가세: 800,000 원 공급처명: ㈜정우 전자:여 분개: 혼합
불공제사유 : ⑤면세사업 관련

(차) 비품	8,800,000원	(대) 선급금	1,000,000원
		보통예금	7,800,000원

유형: 54.불공 공급가액: 700,000 원 부가세: 70,000 원 공급처명: ㈜정우 전자:여 분개: 혼합
불공제사유 : ⑤면세사업 관련

(차) 비품	770,000원	(대) 보통예금	770,000원

☞2건을 1건으로 처리한 것도 정답으로 인용 - 매입매출전표는 세금계산서 건별로 입력하는 것이 원칙임.

[3] 매입매출전표입력(11/10)

유형: 57.카과　공급가액: 1,350,000 원　부가세: 135,000 원　공급처명: 미래공인중개사사무소
분개: 카드 또는 혼합　분개: 혼합　신용카드사 : 현대카드

(차)	부가세대급금	135,000원	(대) 미지급금(현대카드)	1,485,000원
	수수료비용(판)	1,350,000원		

[4] 일반전표입력(11/22)

(차)	퇴직연금운용자산	4,850,000원	(대) 이자수익	5,000,000원
	수수료비용(판)	150,000원		
또는(차)	퇴직연금운용자산	5,000,000원	(대) 이자수익	5,000,000원
(차)	수수료비용(판)	150,000원	(대) 퇴직연금운용자산	150,000원

문제 2 부가가치세

[1] [수출실적명세서](7~9월)

1. [수출실적명세서] 작성

구분	건수	외화금액	원화금액	비고
⑨합계	1	200,000.00	272,000,000	
⑩수출재화[=⑫합계]	1	200,000.00	272,000,000	
⑪기타영세율적용				

No	□	(13)수출신고번호	(14)선(기)적일자	(15)통화코드	(16)환율	금액 (17)외화	금액 (18)원화	전표정보 거래처코드	전표정보 거래처명
1	□	13528-22-0003162	20x1-08-22	USD	1,360.0000	200,000.00	272,000,000	00147	산비디아

2. F4전표처리>확인(Tab)>F3일괄분개>2.외상>F4전표처리

☞이렇게 해도 매입매출전표에 직접 반영되나, 아래처럼 직접 입력해도 됩니다.

3. 매입매출전표입력(8/22)

유형: 16.수출　공급가액: 272,000,000원　공급처명: 산비디아 분개: 외상 또는 혼합
영세율구분 : ①직접수출(대행수출 포함)　수출신고번호 : 13528 - 22 - 0003162

(차)	외상매출금	272,000,000원	(대) 제품매출 (또는 상품매출)	272,000,000원

[2] [대손세액공제신고서](10~12월)

〈대손발생탭〉

당초공급일	대손확정일	대손금액	공제율	대손세액	거래처	대손사유	
2020-11-03	20x1-11-03	6,600,000	10/110	600,000	세정상사	6	소멸시효완성
2020-12-31	20x1-12-01	4,950,000	10/110	450,000	한뜻전자	7	회수기일 2년 이상 경과
2022-03-02	20x1-10-01	11,000,000	10/110	1,000,000	용산전자	1	파산
2021-10-15	20x1-10-05	-9,350,000	10/110	-850,000	하나무역	7	대손채권 회수
합　계		13,200,000		1,200,000			

☞ 우주무역의 받을어음은 부도발생일로부터 6개월이 경과하지 아니하여 대손세액공제를 적용받을 수 없다.

[3] [전자신고](4~6월)

1. [부가가치세신고서] 조회 및 마감

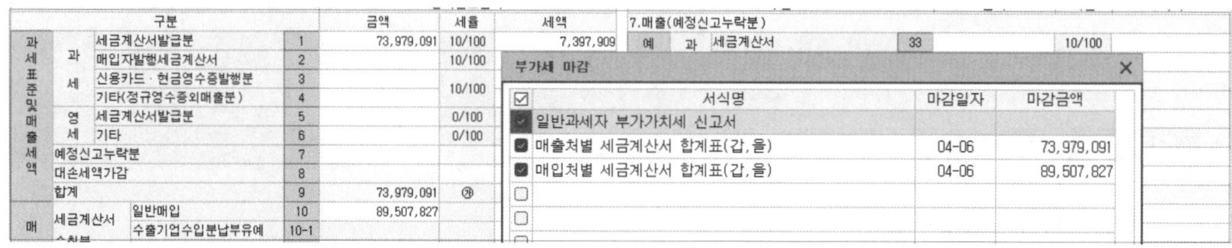

부가세 마감

서식명	마감일자	마감금액
일반과세자 부가가치세 신고서		
매출처별 세금계산서 합계표(갑,을)	04-06	73,979,091
매입처별 세금계산서 합계표(갑,을)	04-06	89,507,827

2. [전자신고]>[전자신고제작] 탭(비밀번호 12345678)

비밀번호 입력

비밀번호 ●●●●●●●●

비밀번호 확인 ●●●●●●●●

1105000	매출처별 세금계산서 합계표(갑,을)
1105200	매입처별 세금계산서 합계표(갑,을)

3. 홈택스 제출

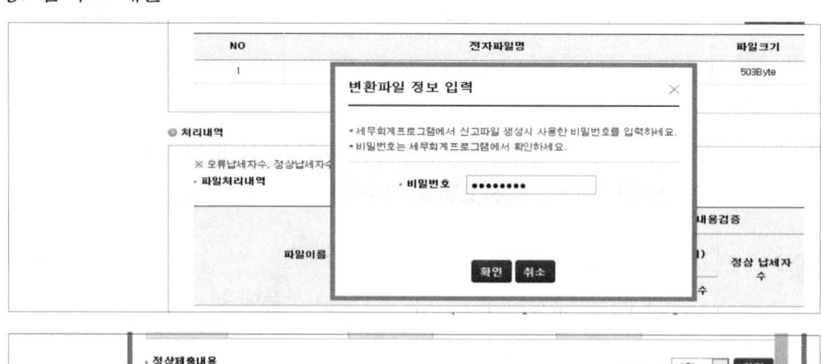

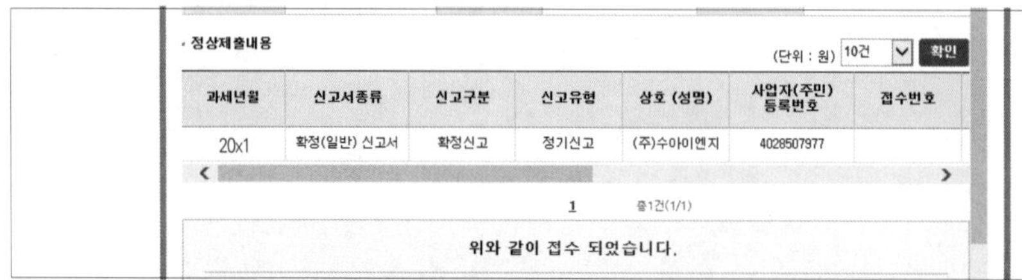

• 정상제출내용

과세년월	신고서종류	신고구분	신고유형	상호 (성명)	사업자(주민) 등록번호	접수번호
20x1	확정(일반) 신고서	확정신고	정기신고	(주)수아이엔지	4028507977	

위와 같이 접수 되었습니다.

문제 3 결산

[1] [수동결산]

(차) 외화예금 390,000원 (대) 외화환산이익 390,000원

☞환산손익 = 공정가액(¥2,300,000×9.3) - 장부가액(21,000,000) = 390,000원(이익)

[2] [수동결산] 유동성대체

(차) 정기예금(유동) 100,000,000원 (대) 장기성예금(비유동) 100,000,000원

[3] [수동결산]

(차) 광고선전비(판) 8,000,000원 (대) 제품(타계정대체) 8,000,000원
재고자산감모손실 2,000,000원 상품(타계정대체) 2,000,000원

[4] [수동결산]

(차) 무형자산상각비(개발비) 10,000,000원 (대) 개발비 10,000,000원
무형자산손상차손 10,000,000원 개발비 10,000,000원

☞ 개발비 취득가액 = 장부가액(20,000,000)÷잔여내용연수(2)×5년 = 50,000,000원
개발비 상각비 = 50,000,000원÷5년 = 10,000,000원/년

문제 4 원천징수

[1] [사원등록](정상수)(2025)

관계	요 건		기본공제	추가(자녀)	판 단
	연령	소득			
본인(세대주)	–	–	○	장애(1)	
배우자	–	×	부	–	총급여액 5백만원 초과자
부(68)	○	○	○	–	연금소득금액 96만원
모(64)	○	○	○	–	양도차손 50만원
딸(17)	○	○	○	자녀	기타소득금액 240만원
아들1(13)	○	×	부	–	사업소득금액 1백만원 초과자
아들2(12)	○	○	○	자녀	사업소득금액 1백만원 이하자

☞ 정상수의 총급여(1억)가 배우자의 총급여(0.5억)보다 많기 때문에 부양가족공제는 정상수 쪽으로 공제하는 것이 세부담 측면에서 유리하다.

☞ 정학수 연금소득금액 = 5,100,000원 - [3,500,000원 + (5,100,000원 - 3,500,000원)×40%] = 960,000원

☞ 정은란 = 기타소득금액(12,000,000원×(1 - 80%) = 2,400,000원(선택적 분리과세)

[2] 원천징수 및 전자신고

1. [기타소득자료입력] : 0001.박서준(지급년월일 8월 5일)

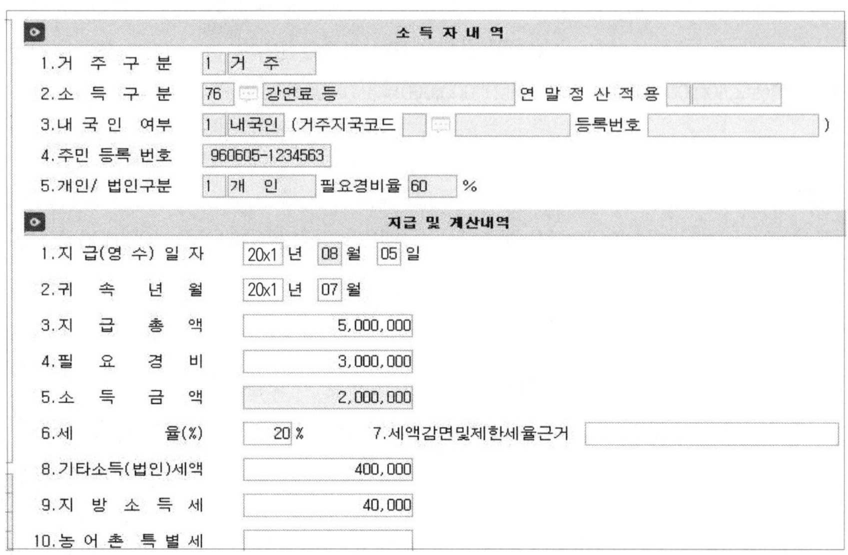

소득자내역

1.거주구분 1 거주
2.소득구분 76 강연료 등 연말정산적용
3.내국인 여부 1 내국인 (거주지국코드 등록번호)
4.주민등록번호 960605-1234563
5.개인/법인구분 1 개인 필요경비율 60 %

지급 및 계산내역

1.지급(영수)일자 20x1 년 08 월 05 일
2.귀속년월 20x1 년 07 월
3.지급총액 5,000,000
4.필요경비 3,000,000
5.소득금액 2,000,000
6.세율(%) 20 % 7.세액감면및제한세율근거
8.기타소득(법인)세액 400,000
9.지방소득세 40,000
10.농어촌특별세

※ 고용관계 없는 일시적 강연료로 기타소득에 해당하며 필요경비 60%가 인정된다.

2. [사업소득자료입력] : 00003.강태주(지급년월일 8월 5일)

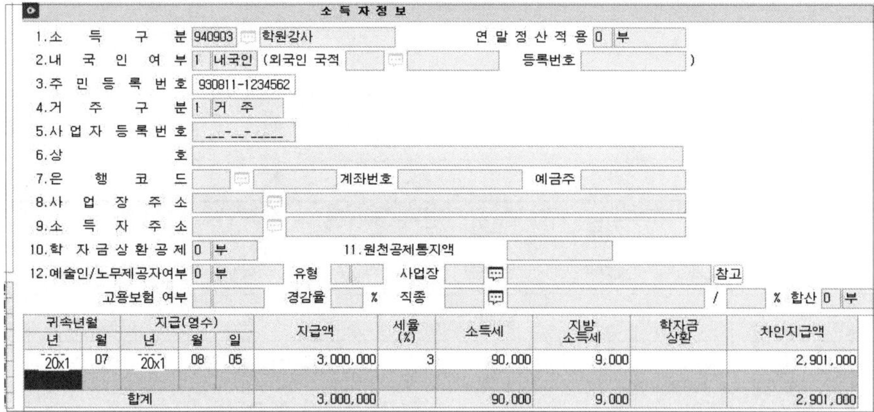

소득자정보

1.소득구분 940903 학원강사 연말정산적용 0 부
2.내국인여부 1 내국인 (외국인 국적 등록번호)
3.주민등록번호 930811-1234562
4.거주구분 1 거주
5.사업자등록번호 ___-__-_____
6.상호
7.은행코드 계좌번호 예금주
8.사업장주소
9.소득자주소
10.학자금상환공제 0 부 11.원천공제통지액
12.예술인/노무제공자여부 0 부 유형 사업장 참고
고용보험 여부 경감율 % 직종 / % 합산 0 부

귀속년월		지급(영수)			지급액	세율(%)	소득세	지방소득세	학자금상환	차인지급액
년	월	년	월	일						
20x1	07	20x1	08	05	3,000,000	3	90,000	9,000		2,901,000
합계					3,000,000		90,000	9,000		2,901,000

3. [원천징수이행상황신고서] 작성 및 마감(귀속기간 7월,지급기간 8월,1.정기신고)

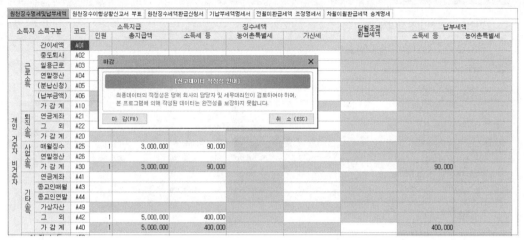

원천징수명세및납부세액 | 원천징수이행상황신고서 부표 | 원천징수세액환급신청서 | 기납부세액명세서 | 전월미환급세액 조정명세서 | 차월이월환급세액 승계명세

소득자 소득구분			코드	소득지급 인원	소득지급 총지급액	징수세액 소득세 등	징수세액 농어촌특별세	징수세액 가산세	당월조정 환급세액	납부세액 소득세 등	납부세액 농어촌특별세
개인 거주자 비거주자	근로소득	간이세액	A01								
		중도퇴사	A02								
		일용근로	A03								
		연말정산	A04								
		(분납신청)	A05								
		(납부금액)	A06								
		가 감 계	A10								
	퇴직소득	연금계좌	A21								
		그 외	A22								
		가 감 계	A20								
	사업소득	매월징수	A25	1	3,000,000	90,000					
		연말정산	A26								
		가 감 계	A30	1	3,000,000	90,000				90,000	
	기타소득	연금계좌	A41								
		종교인매월	A43								
		종교인연말	A44								
		가상자산	A49								
		그 외	A42	1	5,000,000	400,000					
		가 감 계	A40	1	5,000,000	400,000				400,000	

마감

[신고데이터 적정성 안내]

최종데이터의 적정성은 당해 회사의 담당자 및 세무대리인이 검토하여야 하며, 본 프로그램에 의해 작성된 데이터는 완전성을 보장하지 못합니다.

마 감(F8) | 취 소(ESC)

4. [전자신고]>[원천징수이행상황제작] 2.납세자자진신고(비밀번호 20240204)

☑	코드	회사명	원천신고구분	귀속년월	지급년월	소득세납부세액(A99)	신고구분	마감일자	제작일자
☑	1120	(주)수아이엔지	매월	2023-07	2023-08	490,000	정기신고	2024-02-04	2024-02-04

비밀번호 입력

비밀번호 ●●●●●●●●

비밀번호 확인 ●●●●●●●●

비밀번호 는 8자리 이상 20자리 이하를 입력합니다.

5. 홈택스 제출

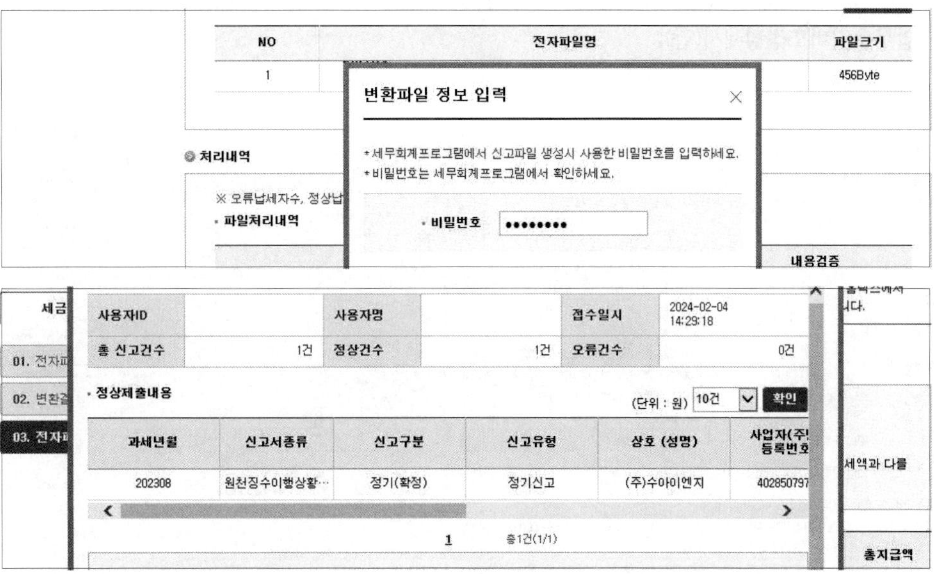

문제 5 세무조정

[1] 기업업무추진비조정명세서

1. [기업업무추진비조정명세서(을)]

1 1. 수입금액명세

구 분	1. 일반수입금액	2. 특수관계인간 거래금액	3. 합 계(1+2)
금 액	2,525,000,000		2,525,000,000

2 2. 기업업무추진비 해당금액

4. 계정과목			합계	기업업무추진비(도급)	기업업무추진비(판관)			
5. 계정금액			22,000,000	3,000,000	19,000,000			
6. 기업업무추진비계상액 중 사적사용경비			500,000	500,000				
7. 기업업무추진비해당금액(5-6)			21,500,000	2,500,000	19,000,000			
8. 신용카드 등 미사용금액	경조사비 중 기준금액 초과액	9. 신용카드 등 미사용금액						
		10. 총 초과금액						
	국외지역 지출액 (법인세법 시행령 제41조제2항제1호)	11. 신용카드 등 미사용금액						
		12. 총 지출액						
	농어민 지출액 (법인세법 시행령 제41조제2항제2호)	13. 송금명세서 미제출금액						
		14. 총 지출액						
	기업업무추진비 중 기준금액 초과액	15. 신용카드 등 미사용금액						
		16. 총 초과금액	21,500,000	2,500,000	19,000,000			
	17. 신용카드 등 미사용 부인액							
18. 기업업무추진비 부인액(6+17)			500,000	500,000				

• 불러오기>기업업무추진비(판) 20,000,000원에서 전기 기업업무추진비 1,000,000원을 차감한 19,000,000원을 계정금액에 수정하여 입력한다.

2. [기업업무추진비조정명세서(갑)]

3 기업업무추진비 한도초과액 조정

중소기업			□ 정부출자법인 □ 부동산임대업등(법.령제42조제2항)
구분			금액
1. 기업업무추진비 해당 금액			21,500,000
2. 기준금액 초과 기업업무추진비 중 신용카드 등 미사용으로 인한 손금불산입액			
3. 차감 기업업무추진비 해당금액(1-2)			21,500,000
일반 기업업무추진비 한도	4. 12,000,000 (중소기업 36,000,000) X 월수(12) / 12		36,000,000
	총수입금액 기준	100억원 이하의 금액 X 30/10,000	7,575,000
		100억원 초과 500억원 이하의 금액 X 20/10,000	
		500억원 초과 금액 X 3/10,000	
		5. 소계	7,575,000
	일반수입금액 기준	100억원 이하의 금액 X 30/10,000	7,575,000
		100억원 초과 500억원 이하의 금액 X 20/10,000	
		500억원 초과 금액 X 3/10,000	
		6. 소계	7,575,000
	7. 수입금액기준	(5-6) X 10/100	
	8. 일반기업업무추진비 한도액 (4+6+7)		43,575,000
문화기업업무추진비 한도(「조특법」 제136조제3항)	9. 문화기업업무추진비 지출액		
	10. 문화기업업무추진비 한도액(9와 (8 X 20/100) 중 작은 금액)		
전통시장기업업무추진비 한도(「조특법」 제136조제6항)	11. 전통시장기업업무추진비 지출액		
	12. 전통시장기업업무추진비 한도액(11과 (8 X 10/100) 중 작은 금액)		
13. 기업업무추진비 한도액 합계(8+10+12)			43,575,000
14. 한도초과액(3-13)			
15. 손금산입한도 내 기업업무추진비 지출액(3과 13중 작은 금액)			21,500,000

3. 세무조정

〈손금불산입〉 전기 기업업무추진비 1,000,000원 (유보감소)주1)

〈손 금 산 입〉 건설중인자산 500,000원 (유보발생)주2)

〈손금불산입〉 대표이사 개인적 사용 기업업무추진비 500,000원 (상 여)주2)

주1) 전기 이전의 세무조정은 적법하게 이루어졌으므로 <u>전기의 세무조정은 〈손금산입〉 기업업무추진비(유보)로 처리</u>된다.

주2) 건설중인자산이 회계상 500,000원 과다계상되었으므로 <u>건설중인자산은 〈손금산입〉</u>하고, 동 금액은 대표이사의 개인적 사용분으로서 손금에 해당하지 않기 때문에 대표자 상여로 소득처분한다.

[2] 고정자산

1. 감가상각한도 계산

기계장치(정액법)→기준내용연수(무신고) 6년(상각률 0.166)

세무상취득가액(A)		상각범위액(B)	
=기말 재무상태표상 취득가액 +즉시상각의제액(전기) +즉시상각의제액(당기)	60,000,000 0 10,000,000	상각율	**11,620,000**
70,000,000		**0.166**	
회사계상상각비(C)	**4,000,000(감가상각비) +3,000,000(이익잉여금)+ 10,000,000(당기즉시상각의제액)=17,000,000원**		
시부인액(B－C)	**부인액 5,380,000(손금불산입, 유보)**		

2. [고정자산등록] 000001.기계장치, 2020-06-01, 정액법

기본등록사항 | 추가등록사항

1.기초가액	60,000,000
2.전기말상각누계액(-)	12,000,000
3.전기말장부가액	48,000,000
4.당기중 취득 및 당기증가(+)	
5.당기감소(일부양도·매각·폐기)(-)	
전기말상각누계액(당기감소분)(+)	
6.전기말자본적지출액누계(+)(정액법만)	
7.당기자본적지출액(즉시상각분)(+)	10,000,000
8.전기말부인누계액(+) (정률만 상각대상에 가산)	
9.전기말의제상각누계액(-)	
10.상각대상금액	70,000,000
11.내용연수/상각률(월수)	6 0.166 (12) 연수별상각율
12.상각범위액(한도액)(10X상각율)	11,620,000
13.회사계상액(12)-(7)	7,000,000 사용자수정
14.경비구분	1.500번대/제조
15.당기말감가상각누계액	19,000,000
16.당기말장부가액	41,000,000
17.당기의제상각비	
18.전체양도일자	____-__-__
19.전체폐기일자	____-__-__
20.업종	13 제조업

3. [미상각자산감가상각조정명세서]

입력내용			금액
업종코드/명	13	제조업	
합계표 자산구분		2. 기계장치	
(4)내용연수(기준.신고)			6
상각계산의 기초가액	재무상태표 자산가액	(5)기말현재액	60,000,000
		(6)감가상각누계액	19,000,000
		(7)미상각잔액(5)-(6)	41,000,000
	회사계산 상각비	(8)전기말누계	12,000,000
		(9)당기상각비	7,000,000
		(10)당기말누계(8)+(9)	19,000,000
	자본적 지출액	(11)전기말누계	
		(12)당기지출액	10,000,000
		(13)합계(11)+(12)	10,000,000
(14)취득가액((7)+(10)+(13))			70,000,000
(15)일반상각률.특별상각률			0.166
상각범위액계산	당기산출 상각액	(16)일반상각액	11,620,000
		(17)특별상각액	
		(18)계((16)+(17))	11,620,000
	(19) 당기상각시인범위액		11,620,000
(20)회사계상상각액((9)+(12))			17,000,000
(21)차감액((20)-(19))			5,380,000
(22)최저한세적용에따른특별상각부인액			
조정액	(23) 상각부인액((21)+(22))		5,380,000
	(24) 기왕부인액중당기손금추인액		
부인액 누계	(25) 전기말부인누계액		
	(26) 당기말부인누계액 (25)+(23)-|24|		5,380,000
당기말 의제상각액	(27) 당기의제상각액 |△(21)|-|(24)|		
	(28) 의제상각누계액		
신고조정 감가상각 비계산	(29) 기준상각률		
	(30) 종전상각비		
	(31) 종전감가상각비 한도		
	(32) 추가손금산입대상액		
	(33) 동종자산 한도계산 후 추가손금산		
신고조정 감가상각 비계산	(34) 기획재정부령으로 정하는 기준내용		
	(35) 기준감가상각비 한도		
	(36) 추가손금산입액		
(37) 추가 손금산입 후 당기말부인액 누계			5,380,000

3. 세무조정

〈손금불산입〉 기계장치감가상각부인액 5,380,000원 (유보발생)
〈손 금 산 입〉 전기오류수정손실 3,000,000원 (기　　타)

[3] 가지급금등의 인정이자조정명세서

1. [가지급금등의인정이자조정명세서]>[1.가지급금.가수금 입력] 탭

1.가지급금.가수금 입력 | 2.차입금 입력 | 3.인정이자계산 : (을)지 | 4.인정이자조정 : (갑)지 | 이자율선택 : [1] 당좌대출이자율로 계산

ㅇ가지급금,가수금 선택: 1.가지급금　　회계데이터불러오기

No	직책	성명	구분
1	대표이사	장경석	
2			

No	적요	년월일			차변	대변	잔액	일수	적수
1	2.대여	20x1	2	9	100,000,000		100,000,000	199	19,900,000,000
2	3.회수	20x1	8	27		60,000,000	40,000,000	127	5,080,000,000
3									

선택사업연도

선택사업연도 : 20x0 01-01 ~ 20x0 -12-31

<참고>
※ 당좌대출이자율을 계속 적용시 최초 선택한 사업연도를 입력합니다.

☞ 대표이사에게 <u>미지급한 소득에 대한 소득세 대납액은 가지급금으로 보지 않는다</u>.

☞ 당좌대출이자율을 선택 시 3년간 계속 적용해야 하므로 [2.차입금 입력] 탭은 작성하지 않아도 된다.

2. [가지급금등의인정이자조정명세서]>[4.인정이자조정 : (갑)지] 탭

1.가지급금.가수금 입력 | 2.차입금 입력 | 3.인정이자계산 : (을)지 | 4.인정이자조정 : (갑)지 | 이자율선택 : [1] 당좌대출이자율로 계산

3.당좌대출이자율에 따른 가지급금 등의 인정이자 조정 (연일수 : 365일)

No	10.성명	11.가지급금적수	12.가수금적수	13.차감적수(11-12)	14이자율(%)	15.인정이자(13X14)	16.회사계상액	시가인정범위		19.조정액(=17) 17>=3억,18>=5%
								17.차액(15-16)	18.비율(%)	
1	장경석	24,980,000,000		24,980,000,000	4.60	3,148,164		3,148,164	100.00000	3,148,164

☞ 미수이자는 익금불산입 사항이므로 회사계상액에 입력해서는 안된다.

3. 세무조정

〈익금불산입〉 미수이자 2,000,000원 (유보발생)
〈익 금 산 입〉 가지급금인정이자 3,148,164원 (상　　여)

[4] [법인세과세표준 및 세액조정계산서]

구분	항목		코드	금액
① 각사업연도소득계산	101. 결 산 서 상 당 기 순 손 익		01	400,000,000
	소 득 조 정 금 액	102. 익 금 산 입	02	83,000,000
		103. 손 금 산 입	03	3,000,000
	104. 차 가 감 소 득 금 액 (101+102-103)		04	480,000,000
	105. 기 부 금 한 도 초 과 액		05	
	106. 기 부 금 한 도 초 과 이월액 손금산입		54	
	107. 각 사 업 연 도 소 득 금 액(104+105-106)		06	480,000,000
② 과세표준계산	108. 각 사 업 연 도 소 득 금 액 (108=107)			480,000,000
	109. 이 월 결 손 금		07	
	110. 비 과 세 소 득		08	
	111. 소 득 공 제		09	
	112. 과 세 표 준 (108-109-110-111)		10	480,000,000
	159. 선 박 표 준 이 익		55	
③ 산출세액계산	113. 과 세 표 준 (113=112+159)		56	480,000,000
	114. 세 율		11	19%
	115. 산 출 세 액		12	71,200,000
	116. 지 점 유 보 소 득 (법 제96조)		13	
	117. 세 율		14	
	118. 산 출 세 액		15	
	119. 합 계 (115+118)		16	71,200,000

구분	항목		코드	금액
④ 납부할세액계산	120. 산 출 세 액 (120=119)			71,200,000
	121. 최저한세 적 용 대 상 공 제 감 면 세 액		17	8,900,000
	122. 차 감 세 액		18	62,300,000
	123. 최저한세 적 용 제 외 공 제 감 면 세 액		19	
	124. 가 산 세 액		20	500,000
	125. 가 감 계 (122-123+124)		21	62,800,000
	기납부세액	기한내납부세액 126. 중 간 예 납 세 액	22	20,000,000
		127. 수 시 부 과 세 액	23	
		128. 원 천 납 부 세 액	24	
		129. 간접 회사등 외국 납부세액	25	
		130. 소 계(126+127+128+129)	26	20,000,000
		131. 신 고 납 부 전 가 산 세 액	27	
		132. 합 계 (130+131)	28	20,000,000
	133. 감 면 분 추 가 납 부 세 액		29	
	134. 차 가 감 납 부 할 세 액(125-132+133)		30	42,800,000
⑤토지등 양도소득, ⑥미환류소득 법인세 계산 (TAB로 이동)				
⑦ 세액계	151. 차감 납부할 세액계 (134+150+166)		46	42,800,000
	152. 사 실 과 다 른 회계 처리 경정 세액공제		57	
	153. 분 납 세 액 계 산 범 위 액 (151-124-133-145-152+131)		47	42,300,000
	154. 분 납 할 세 액		48	21,150,000
	155. 차 감 납 부 세 액 (151-152-154)		49	21,650,000

• 중소기업특별세액감면 = 산출세액 71,200,000원 × $\frac{\text{감면소득금액 300,000,000원}}{\text{과세표준 480,000,000원}}$ × 0.2

= 8,900,000원(최저한세 적용대상공제감면세액)

[5] [자본금과적립금조정명세서]

1. [자본금과적립금조정명세서] > [자본금과적립금조정명세서(을)] 탭

Ⅰ.세무조정유보소득계산

①과목 또는 사항	②기초잔액	당기중증감 ③감 소	당기중증감 ④증 가	⑤기말잔액 (=②-③+④)	비 고
업무용승용차	5,200,000	5,200,000			
단기매매증권	12,000,000	5,000,000		7,000,000	
합 계	17,200,000	10,200,000		7,000,000	

2. [자본금과적립금조정명세서]〉[자본금과 적립금조정명세서(갑)] 탭

자본금과적립금조정명세서(을) | 자본금과적립금조정명세서(병) | 자본금과적립금조정명세서(갑) | 이월결손금

Ⅰ.자본금과 적립금 계산서

①과목 또는 사항		코드	②기초잔액	당기중증감 ③감 소	당기중증감 ④증 가	⑤기 말 잔 액 (=②-③+④)	비 고
자본금및 잉여금의 계산	1.자 본 금	01	200,000,000		50,000,000	250,000,000	
	2.자 본 잉 여 금	02	50,000,000	20,000,000		30,000,000	
	3.자 본 조 정	15	20,000,000			20,000,000	
	4.기타포괄손익누계액	18	50,000,000			50,000,000	
	5.이 익 잉 여 금	14	52,000,000		55,000,000	107,000,000	
	12.기타	17					
	6.계	20	372,000,000	20,000,000	105,000,000	457,000,000	
7.자본금과 적립금명세서(을)계 + (병)계		21	17,200,000	10,200,000		7,000,000	
손익미계상 법인세 등	8.법 인 세	22			1,200,000	1,200,000	
	9.지 방 소 득 세	23			150,000	150,000	
	10. 계 (8+9)	30			1,350,000	1,350,000	
11.차 가 감 계 (6+7-10)		31	389,200,000	30,200,000	103,650,000	462,650,000	

제111회 전산세무 1급

합격율	시험년월
9%	2023.12

이 론

01. 다음 중 재고자산에 대한 설명으로 옳지 않은 것은?

① 매입한 상품 중 선적지 인도기준에 의해 운송 중인 상품은 구매자의 재고자산에 포함된다.
② 위탁판매를 위해 수탁자가 보관 중인 상품은 수탁자의 재고자산에 포함된다.
③ 저가법으로 평가 시 발생한 재고자산 평가손실은 매출원가에 가산하며 재고자산의 차감계정으로 표시한다.
④ 영업활동을 수행하는 과정에서 발생하는 정상적인 감모손실은 매출원가로 처리한다.

02. 다음의 자본내역을 바탕으로 자기주식(취득가액 : 1주당 50,000원) 100주를 1주당 80,000원에 처분한 경우 재무상태표상 자기주식처분이익 잔액은 얼마인가? 단, 다음 자료는 자기주식 처분 전 자본내역이다.

• 보통주 자본금 : 99,000,000원(9,900주, 주당 10,000원) • 자기주식처분손실 : 1,000,000원
• 자기주식 : 5,000,000원 • 감자차손 : 1,300,000원 • 미처분이익잉여금 : 42,000,000원

① 1,000,000원 ② 2,000,000원 ③ 3,000,000원 ④ 4,000,000원

03. 다음 중 당기에 취득한 유가증권을 매도가능증권으로 분류하는 경우와 단기매매증권으로 분류하는 경우 각각 당기 재무제표에 미치는 영향으로 알맞게 짝지어진 것은?

- 1주당 취득가액 : 10,000원
- 취득 주식 수 : 3,000주
- 1주당 기말 평가액 : 8,000원
- 취득 시 발생한 거래 수수료 : 55,000원

	매도가능증권	단기매매증권
①	(-)6,000,000원기타포괄손익	(-)6,055,000원당기손익
②	0원기타포괄손익	(-)6,055,000원당기손익
③	0원당기손익	(-)6,000,000원당기손익
④	(-)6,055,000원기타포괄손익	(-)6,055,000원당기손익

04. 다음 중 유형자산의 취득원가를 증가시키는 항목에 포함되지 않는 것은?

① 유형자산과 관련하여 새로운 고객층을 대상으로 영업을 하는데 소요되는 직원 교육훈련비
② 설계와 관련하여 전문가에게 지급하는 수수료
③ 유형자산이 정상적으로 작동되는지 여부를 시험하는 과정에서 발생하는 원가
④ 취득세, 등록면허세 등 유형자산의 취득과 직접 관련된 제세공과금

05. 다음 중 아래의 이익잉여금처분계산서에 대한 설명으로 옳지 않은 것은? 단, 제8기의 기말 자본금은 3억원, 이익준비금 잔액은 10,000,000원이며, 상법 규정에 따른 최소한의 이익준비금만 적립하기로 한다.

이익잉여금처분계산서

제8기 20x1.1.1.부터 20x1.12.31.까지

처분예정일 20x2.03.12. (단위 : 원)

과목	금액	
Ⅰ.미처분이익잉여금		108,000,000
1.전기이월미처분이익잉여금	40,000,000	
2.전기오류수정이익	8,000,000	
3.당기순이익	60,000,000	
Ⅱ.임의적립금 등의 이입액		10,000,000
1.결손보전적립금	10,000,000	
Ⅲ.이익잉여금처분액		(B)
1.이익준비금	(A)	
2.현금배당	30,000,000	
3.주식할인발행차금	5,000,000	
Ⅳ.차기이월 미처분이익잉여금		80,000,000

① 20x1년에 전기오류수정사항을 발견했으며 이는 중대한 오류에 해당한다.
② 20x1년도 손익계산서상 당기순이익은 108,000,000원이다.
③ (B)의 이익잉여금처분액 총액은 38,000,000원이다.
④ 20x1년 재무상태표상 주식발행초과금 잔액은 없다.

06. 다음 중 원가 집계과정에 대한 설명으로 틀린 것은?

① 당기총제조원가는 재공품계정의 대변으로 대체된다.
② 당기제품제조원가(당기완성품원가)는 제품계정의 차변으로 대체된다.
③ 당기제품제조원가(당기완성품원가)는 재공품계정의 대변으로 대체된다.
④ 제품매출원가는 매출원가계정의 차변으로 대체된다.

07. ㈜세민의 보조부문에서 발생한 변동제조간접원가는 3,000,000원, 고정제조간접원가는 5,000,000원이며, 제조부문의 기계시간 관련 자료는 다음과 같다. 이중배분율법에 의하여 보조부문의 제조간접원가를 제조부문에 배분할 경우 수선부문에 배분될 제조간접원가는 얼마인가?

구분	실제기계시간	최대기계시간
조립부문	5,400시간	8,800시간
수선부문	4,600시간	7,200시간

① 2,900,000원 ② 3,350,000원 ③ 3,500,000원 ④ 3,630,000원

08. 다음의 정상개별원가계산의 배부차이 조정 방법 중 당기순이익에 미치는 영향이 동일한 것끼리 짝지어진 것은? 단, 기말재고가 있는 것으로 가정한다.

가. 총원가비례배분법 나. 원가요소별 비례배분법 다. 매출원가조정법 라. 영업외손익법

① 가, 다 ② 나, 라 ③ 다, 라 ④ 모두 동일

09. 다음 중 공손에 대한 설명으로 틀린 것은?

① 정상공손은 정상품을 생산하기 위하여 어쩔 수 없이 발생하는 계획된 공손이다.
② 비정상공손은 통제할 수 없으므로 제품원가로 처리될 수 없다.
③ 기말재공품이 품질검사를 받지 않았다면, 정상공손원가는 모두 완성품에만 배부된다.
④ 정상공손은 단기적으로 통제할 수 없으므로 정상품원가에 가산된다.

10. ㈜성심은 단일 종류의 제품을 대량 생산하고 있다. 다음 자료를 바탕으로 평균법에 의한 기말재공품원가를 구하면 얼마인가? 단, 직접재료원가는 공정 초기에 모두 투입하고, 가공원가는 공정 전반에 걸쳐 균등하게 발생하며 공손품원가를 정상품의 제조원가에 포함하여 처리한다.

- 기초재공품 : 300개(완성도 60%), 직접재료원가 120,000원, 가공원가 200,000원
- 당기착수 : 900개, 직접재료원가 314,400원, 가공원가 449,750원
- 당기완성품 : 1,000개
- 기말재공품 : 100개(완성도 50%)
- 정상공손은 완성품 수량의 10%이며, 품질검사는 공정의 완료시점에 실시한다.

① 64,450원 ② 74,600원 ③ 92,700원 ④ 927,000원

11. 다음 중 부가가치세법상 영세율에 대한 설명으로 잘못된 것은?

① 영세율은 원칙적으로 거주자 또는 내국법인에 대하여 적용하며, 비거주자 또는 외국법인의 경우는 상호주의에 의한다.
② 선박 또는 항공기에 의한 외국항행용역의 공급은 영세율을 적용한다.
③ 수출을 대행하고 수출대행수수료를 받는 수출대행용역은 영세율에 해당한다.
④ 영세율을 적용받는 경우 조기환급이 가능하다.

12. 다음 중 아래의 사례에 적용될 부가가치세법상 환급에 대한 설명으로 옳은 것은? 단, 조기환급에 해당하는 경우 조기환급신고를 하기로 한다.

㈜부천은 법정신고기한 내에 20x1년 제2기 부가가치세 예정신고를 마쳤으며, 매출세액은 10,000,000원, 매입세액은 25,000,000원(감가상각자산 매입세액 20,000,000원 포함)으로 신고서상 차가감하여 납부(환급)할 세액은 (-)15,000,000원이다.

① 예정신고기한이 지난 후 30일 이내에 15,000,000원이 환급된다.
② 예정신고 시 환급세액은 환급되지 않으므로 20x1년 제2기 확정신고 시 예정신고미환급세액으로 납부세액에서 차감한다.
③ 환급세액에 매입세액 중 고정자산 매입세액의 비율을 곱하여 산출되는 12,000,000원만 환급된다.
④ 예정신고기한이 지난 후 15일 이내에 15,000,000원이 환급된다.

13. 다음 중 소득세법상 기타소득에 대한 설명으로 틀린 것은?

① 원천징수된 기타소득금액의 연간 합계액이 300만원 이하인 경우 종합과세를 선택할 수 있다.
② 기타소득금액이 건당 5만원 이하인 경우 납부할 기타소득세는 없다.
③ 복권당첨소득이 3억원을 초과하는 경우 그 당첨소득 전체의 30%를 원천징수한다.
④ 기타소득의 유형과 유사한 소득이라 하더라도 그 소득이 사업의 형태를 갖추고 계속적, 반복적으로 발생되는 경우 사업소득에 해당한다.

14. 다음 중 법인세법상 기업업무추진비에 대한 설명으로 틀린 것은?

① 기업업무추진비에 해당하는지 여부는 계정과목의 명칭과 관계없이 그 실질 내용에 따라 판단한다.
② 현물기업업무추진비는 시가와 장부가액 중 큰 금액으로 평가한다.
③ 특수관계가 없는 자와의 거래에서 발생한 채권을 조기에 회수하기 위하여 일부를 불가피하게 포기하는 경우 기업업무추진비에 해당하지 않는다.
④ 기업 업무추진(접대)행위가 발생하였으나 해당 금액을 장기 미지급하였을 경우 그 지급한 날이 속하는 사업연도의 기업업무추진비로 손금 처리한다.

15. 다음 중 법인세법상 손익귀속시기에 관한 설명으로 가장 옳지 않은 것은?

① 법인의 수입이자에 대하여 기업회계기준에 의한 기간 경과분을 결산서에 수익으로 계상한 경우에는 원천징수 대상인 경우에도 이를 해당 사업연도의 익금으로 한다.
② 중소기업의 계약기간 1년 미만인 건설의 경우에는 수익과 비용을 각각 그 목적물의 인도일이 속하는 사업연도의 익금과 손금에 산입할 수 있다.
③ 용역제공에 의한 손익 귀속사업연도 판단 시 기업회계기준에 근거하여 인도기준으로 회계처리한 경우에는 이를 인정한다.
④ 자산을 위탁판매하는 경우에는 그 수탁자가 매매한 날이 속하는 사업연도의 익금으로 한다.

실 무

㈜기백산업(1110)는 제조 · 도소매업을 영위하는 중소기업으로 당기 회계기간은 20x1.1.1.~20x1. 12.31.이다. 전산세무회계 수험용 프로그램을 이용하여 다음 물음에 답하시오.

문제 1 다음 거래에 대하여 적절한 회계처리를 하시오.(12점)

[1] 02월 10일 당사의 제품을 ㈜서강에게 5,500,000원(부가가치세 포함)에 판매하고 ㈜서강에게 지급해야 할 미지급금 2,000,000원을 제품 대금과 상계하기로 상호 합의하였으며, 나머지 금액은 10일 뒤 수령하기로 하였다. (3점)

전자세금계산서					승인번호	20230210-15454645-58811886			
공급자	등록번호	105-81-23608	종사업장번호		공급받는자	등록번호	215-87-00864	종사업장번호	
	상호(법인명)	㈜기백산업	성명	최기백		상호(법인명)	㈜서강	성명	서강준
	사업장주소	서울특별시 동작구 여의대방로 28				사업장주소	서울특별시 구로구 구로동 123		
	업태	제조,도소매	종목	자동차부품		업태	제조	종목	금형
	이메일					이메일			
						이메일			
작성일자	공급가액		세액		수정사유	비고			
20x1-02-10	5,000,000		500,000		해당 없음	당사 미지급금 2,000,000원 대금 일부 상계			

월	일	품목	규격	수량	단가	공급가액	세액	비고
02	10	자동차부품		10	500,000	5,000,000	500,000	

[2] 04월 11일 제조부에서 사용하던 기계장치가 화재로 인해 소실되어 동일 날짜에 ㈜조은손해보험으로부터 보험금을 청구하여 보험금 12,000,000원을 보통예금 계좌로 입금받았다. 해당 기계장치 관련 내용은 다음과 같고, 소실 전까지의 관련 회계처리는 적정하게 이루어졌다. (3점)

• 기계장치 : 23,000,000원	• 감가상각누계액 : 8,000,000원	• 국고보조금 : 5,000,000원

[3] 08월 31일 단기매매 목적으로 보유 중인 주식회사 최강의 주식(장부가액 25,000,000원)을 전부 20,000,000원에 매각하였다. 주식 처분 관련 비용 15,000원을 차감한 잔액이 보통예금 계좌로 입금되었다. (3점)

[4] 09월 26일 당사는 수출업자인 ㈜신화무역과 직접 도급계약을 체결하여 수출재화에 대한 임가공용역(공급가액 13,000,000원)을 제공하고, 이에 대한 대금은 다음 달 말일에 받기로 하였다(단, 세금계산서는 부가가치세 부담을 최소화하는 방향으로 전자 발행하였으며, 매출은 용역매출 계정을 사용하고, 서류번호 입력은 생략한다). (3점)

문제 2 다음 주어진 요구사항에 따라 부가가치세 신고서 및 부속서류를 작성 하시오.(10점)

[1] ㈜기백산업은 20x1년 제1기 부가가치세 확정신고를 기한 내에 정상적으로 마쳤으나, 신고기한이 지난 후 다음의 오류를 발견하여 정정하고자 한다. 아래의 자료를 이용하여 [매입매출전표입력]에서 오류사항을 수정 또는 입력하고 제1기 확정신고기간의 [부가가치세신고서(1차 수정신고)]와 [과세표준및세액결정(경정)청구서]를 작성하시오. (7점)

1. 오류사항
   - 06월 15일 : 전자세금계산서를 발급한 외상매출금 2,200,000원(부가가치세 포함)을 신용카드(현대카드)로 결제받고, 이를 매출로 이중신고하였다(음수로 입력하지 말 것).
   - 06월 30일 : 영업부의 소모품비 220,000원(부가가치세 포함)을 킹킹상사에 현금으로 지급하고 종이세금계산서를 발급받았으나 이를 누락하였다.
2. 경정청구 이유는 다음과 같다.
   ① 과세표준 : 신용카드, 현금영수증 매출 과다 신고
   ② 매입세액 : 매입세금계산서합계표 단순누락, 착오기재
3. 국세환급금 계좌신고는 공란으로 두고, 전자신고세액공제는 적용하지 아니한다.

[2] 아래의 자료를 이용하여 제2기 부가가치세 예정신고기간에 대한 [신용카드매출전표등수령명세서]를 작성하시오. (3점)

- 20x1년 7월~9월 매입내역

구입일자	상호 사업자등록번호	공급대가	증빙	비고
20x1.07.12.	은지상회 378-12-12149	220,000원	현금영수증 (지출증빙)	공급자는 세금계산서 발급이 가능한 간이과세자이다.
20x1.08.09.	가가스포츠 156-11-34565	385,000원	신용카드 (사업용카드)	직원 복리후생을 위하여 운동기구를 구입하였다.
20x1.08.11.	지구본뮤직 789-05-26113	22,000원	신용카드 (사업용카드)	직원 휴게공간에 틀어놓을 음악 CD를 구입하였다.
20x1.09.25.	장수곰탕 158-65-39782	49,500원	현금영수증 (소득공제)	직원 회식대

※ 은지상회를 제외한 업체는 모두 일반과세자이다.

※ 신용카드(사업용카드) 결제분은 모두 국민법인카드(1234-1000-2000-3004)로 결제하였다.

문제 3 **다음의 결산정리사항에 대하여 결산정리분개를 하거나 입력을 하여 결산을 완료하시오.(8점)**

[1] 영업부의 업무용 차량 보험료 관련 자료는 다음과 같다. 결산일에 필요한 회계처리를 하되, 전기 선급비용에 대한 보험료와 당기 보험료에 대하여 각각 구분하여 회계처리하시오(단, 보험료의 기간 배분은 월할 계산하되, 음수로 입력하지 말 것). (2점)

차량 정보 – 차종 : F4(5인승, 2,000cc)
– 차량번호 : 195호1993

구분	금액	비고
선급비용	400,000원	전기 결산 시 20x1년 귀속 보험료를 선급비용으로 처리하였다.
보험료	1,200,000원	• 보험기간 : 20x1.04.01.~20x2.03.31. • 법인카드로 결제 후 전액 비용으로 처리하였다.

[2] 아래와 같이 발행된 사채에 대하여 결산일에 필요한 회계처리를 하시오. (2점)

발행일	사채 액면가액	사채 발행가액	표시이자율	유효이자율
20x1.01.01	50,000,000원	47,000,000원	연 5%	연 6%

• 사채의 발행가액은 적정하고, 사채발행비와 중도에 상환한 내역은 없는 것으로 가정한다.
• 사채이자는 매년 12월 31일에 보통예금 계좌에서 이체하여 지급한다.

[3] 실지재고조사법에 따른 기말재고자산 내역은 다음과 같다. (2점)

구분	금액	비고
제품	12,000,000원	롯데백화점에 판매를 위탁했으나 결산일 현재 판매되지 않은 적송품의 제품원가 1,000,000원은 포함되어 있지 않다.
재공품	5,500,000원	–
원재료	3,000,000원	결산일 현재 운송 중인 도착지 인도조건으로 매입한 원재료 2,000,000원은 포함되어 있지 않다.

[4] 결산일 현재 외상매출금 잔액과 미수금 잔액에 대해서 1%의 대손충당금을 보충법으로 설정하고 있다(외상매출금 및 미수금 이외의 채권에 대해서는 대손충당금을 설정하지 않는다). (2점)

문제 4 20x1년 귀속 원천징수와 관련된 다음의 물음에 답하시오. (10점)

[1] 다음 중 기타소득에 해당하는 경우 [기타소득자등록] 및 [기타소득자료입력]을 작성하시오(단, 필요경비율 적용 대상 소득은 알맞은 필요경비율을 적용한다). (4점)

코드	성명	거주구분	주민등록번호	지급내역	지급액 (소득세 및 지방소득세 공제 후)
001	고민중	거주/내국인	751015-1234568	일시적인 원고료	6,384,000원
002	은구슬	거주/내국인	841111-2345671	오디션 대회 상금	19,120,000원
003	박살라	거주/내국인	900909-2189527	계속반복적 배달수당	967,000원
※ 상기 지급액의 귀속월은 20x1년 8월이며, 지급연월일은 20x1년 8월 5일이다.					

[2] 다음은 영업부 사원 진시진(사번 : 1014)의 연말정산 관련 자료이다. [사원등록] 메뉴의 [부양가족] 탭을 작성하고, [연말정산추가자료입력] 메뉴의 [부양가족] 탭, [월세,주택임차] 탭 및 [연말정산입력] 탭을 작성하시오(단, 부양가족은 기본공제대상자 여부와 관계없이 모두 등록할 것). (6점)

1. 부양가족

관계	성명	주민등록번호	비고
본인	진시진	830718-2102823	• 총급여액 38,000,000원(종합소득금액 30,000,000원 이하임) • 무주택세대의 세대주
배우자	편현주	880425-1436802	• 사업소득에서 결손금 8,000,000원 발생함 • 장애인복지법에 의한 장애인
아들	편영록	100506-3002001	• 중학교 재학 중 • 아마추어 바둑대회상금 10,000,000원 (80% 필요경비가 인정되는 기타소득에 해당하며, 종합소득세 신고는 하지 않음)
딸	편미주	120330-4520265	• 초등학교 재학 중
아버지	진영모	520808-1202821	• 1월 15일 주택을 양도하여 양도소득세를 신고하였으며, 양도소득금액은 2,940,000원이다.

※ 배우자 편현주는 귀농 준비로 별거 중이며, 다른 가족들은 생계를 같이 하고 있다.

2. 연말정산자료간소화자료

20x1년 귀속 소득(세액)공제증명서류 : 기본(지출처별)내역
[보장성 보험, 장애인전용보장성보험]

■ 계약자 인적사항

성명	진시진	주민등록번호	830718 - 2102823

■ 보장성보험(장애인전용보장성보험)납입내역 (단위 : 원)

종류	상호 / 사업자번호 / 종피보험자1	보험종류 / 증권번호 / 종피보험자2	주피보험자 / 종피보험자3		납입금액 계
보장성	***생명				800,000
	*** _ ** _ *****		830718 - 2102823	진시진	
보장성	**화재보험 주식회사				500,000
	*** _ ** _ *****		880425 - 1436802	편현주	
장애인전용 보장성	**생명				1,200,000
	*** _ ** _ *****		880425 - 1436802	편현주	
인별합계금액		2,500,000			

20x1년 귀속 소득(세액)공제증명서류 : 기본(지출처별)내역 [교육비]

■ 학생 인적사항

성명	편영록	주민등록번호	100506 - 3002001

■ 교육비 지출내역 (단위 : 원)

교육비 종류	학교명	사업자번호	납입금액 계
중학교	**중학교	*** _ ** _ *****	1,200,000
인별합계금액	1,200,000		

20x1년 귀속 소득(세액)공제증명서류 : 기본(지출처별)내역 [기부금]

■ 기부자 인적사항

성명	편현주	주민등록번호	880425 - 1436802

■기부금지출내역 (단위 : 원)

사업자번호	단체명	기부유형	기부금액 합계	공제대상 기부금액	기부장려금 신청금액
*** _ ** _ *****	***	정치자금기부금	1,100,000	1,100,000	0
인별합계금액	1,100,000				

3. 월세자료

부동산 월세 계약서

본 부동산에 대하여 임대인과 임차인 쌍방은 다음과 같이 합의하여 임대차계약을 체결한다.

1. 부동산의 표시

소재지	경기도 부천시 부흥로 237, 2002호					
건물	구조	철근콘크리트	용도	오피스텔(주거용)	면적	84 ㎡
임대부분	상동 소재지 전부					

2. 계약내용

제 1 조 위 부동산의 임대차계약에 있어 임차인은 보증금 및 차임을 아래와 같이 지불하기로 한다.

보증금	일금 일억 원정 (₩ 100,000,000)
차 임	일금 일백이십만 원정 (₩ 1,200,000)은 매월 말일에 지불한다.

제 2 조 임대인은 위 부동산을 임대차 목적대로 사용·수익할 수 있는 상태로 하여 20x0년 02월 01일까지 임차인에게 인도하며, 임대차기간은 인도일로부터 20x2년 01월 31일까지 24개월로 한다.

...중략...

(갑) 임대인 : 조물주 (510909-2148719) (인)

(을) 임차인 : 진시진 (830718-2102823) (인)

문제 5 **㈜소나무물산(1111)은 전자부품의 제조 · 도소매업 및 건설업을 영위하는 중소기업으로 당해 사업연도는 20x1.1.1.~20x1.12.31.이다. [법인조정] 메뉴를 이용하여 기장되어 있는 재무회계 장부 자료와 제시된 보충자료에 의하여 해당 사업연도의 세무조정을 하시오. (30점) ※ 회사 선택 시 유의하시오.**

[1] 아래의 자료를 이용하여 [수입금액조정명세서] 및 [조정후수입금액명세서]를 작성하고, 이와 관련된 세무조정을 [소득금액조정합계표및명세서]에 반영하시오. (8점)

1. 손익계산서상 수입금액
   - 상품매출(업종코드 : 503013) 1,520,000,000원 (수출매출액 150,000,000원 포함)
   - 제품매출(업종코드 : 381004) 918,000,000원
   - 공사수입금(업종코드 : 452106) 685,000,000원
2. 회사는 ㈜카굿즈에 일부 상품을 위탁하여 판매하고 있다. ㈜카굿즈는 20x1.12.25. 위탁상품 판매금액 1,500,000원(원가 500,000원)이 누락된 사실을 20x2.01.15.에 알려왔다.
3. 회사는 아래와 같이 2건의 장기도급공사를 진행하고 있다.

구분	A현장	B현장
도급자	㈜삼용	지저스 편
공사기간	20x0.07.01.~20x2.06.30.	20x1.02.01.~20x2.08.31.
도급금액	1,000,000,000원	500,000,000원
예정총공사원가	800,000,000원	350,000,000원
전기공사원가	200,000,000원	
당기공사원가	400,000,000원	164,500,000원
전기 수익계상금액	250,000,000원	
당기 수익계상금액	450,000,000원	235,000,000원

※ 예정총공사원가는 실제발생원가와 일치하며, 공사원가는 모두 비용으로 계상하였다.
※ 전기 장기도급공사 관련 세무조정은 없었다.

4. 부가가치세 과세표준에는 위 '2'의 위탁상품 판매금액에 대한 부가가치세 수정신고 내용이 반영되어 있다. 손익계산서상 수익과의 차이 원인은 결산서상 선수금으로 처리한 도매업(업종코드 503013)의 공급시기 전에 발행한 세금계산서 10,000,000원과 건설업(업종코드 381004)의 작업진행률 차이 및 사업용 고정자산 매각대금 100,000,000원이다.

[2] 당사의 판매비와관리비 중 세금과공과금의 내용은 다음과 같다. 이를 바탕으로 [세금과공과금명세서]를 작성하고, 필요한 세무조정을 [소득금액조정합계표및명세서]에 반영하시오(단, 지급처는 생략하고 아래 항목별로 각각 세무조정 할 것). (6점)

일자	금액	적요
03/15	3,000,000원	제조물책임법 위반으로 지급한 손해배상금(실손해액임)
04/04	750,000원	종업원 기숙사용 아파트의 재산세
05/31	640,000원	거래처에 대한 납품을 지연하고 부담한 지체상금
06/16	180,000원	업무관련 교통과속 범칙금
07/31	300,000원	본사의 주민세(재산분) 납부금액
08/25	90,000원	산재보험료 가산금
09/30	4,000,000원	본사 공장신축 토지관련 취득세
10/06	800,000원	본사 공장신축 토지에 관련된 개발부담금
11/15	575,000원	폐수초과배출부담금

[3] 다음 자료를 이용하여 [대손충당금및대손금조정명세서]를 작성하고 필요한 세무조정을 하시오. (6점)

1. 당해연도(20x1년) 대손충당금 변동내역

내 역	금 액	비 고
전기이월 대손충당금	10,000,000원	전기 대손충당금 한도 초과액 : 4,000,000원
회수불가능 외상매출금	7,000,000원	① 23.02.27. : 2,500,000원(소멸시효 완성) ② 23.08.30. : 4,500,000원(거래상대방 파산확정)
당기 설정 대손충당금	5,000,000원	
기말 대손충당금 잔액	8,000,000원	

2. 당기말(20x1년) 채권 잔액

내역	금액
외상매출금	447,000,000원
미수금	10,000,000원
합계	457,000,000원

3. 전기 이전에 대손처리한 외상매출금에 대한 대손 요건 미충족으로 인한 유보금액 잔액이 전기 [자본금과적립금조정명세서(을)]에 3,000,000원이 남아있으며, 이는 아직 대손 요건을 충족하지 않는다.
4. 기타내역 : 대손설정률은 1%로 가정한다.

[4] 아래 자료만을 이용하여 [업무무관부동산등에관련한차입금이자조정명세서(갑)(을)]을 작성하고 관련 세무조정을 하시오(단, 주어진 자료 외의 자료는 무시할 것). (6점)

1. 차입금에 대한 이자지급 내역

이자율	지급이자	차입금	비 고
5%	1,000,000원	20,000,000원	채권자 불분명 사채이자(원천징수세액 없음)
6%	3,000,000원	50,000,000원	장기차입금
7%	14,000,000원	200,000,000원	단기차입금

2. 대표이사(서지누)에 대한 업무무관 가지급금 증감내역

일 자	차 변	대 변	잔 액
전기이월	50,000,000원		50,000,000원
20x1.02.10.	25,000,000원		75,000,000원
20x1.07.20.		20,000,000원	55,000,000원
20x1.09.30.		10,000,000원	45,000,000원

3. 회사는 20x1년 7월 1일 업무와 관련 없는 토지를 50,000,000원에 취득하였다.
4. 기타사항
   - 자기자본 적수 계산은 무시하고 가지급금등의인정이자조정명세서 작성은 생략한다.

[5] 다음의 자료만을 이용하여 [주식등변동상황명세서]의 [주식 등 변동상황명세서] 탭과 [주식(출자지분)양도명세서]를 작성하시오. 단, ㈜소나무물산은 비상장 중소기업으로 무액면주식은 발행하지 않으며, 발행주식은 모두 보통주이고, 액면가액은 주당 5,000원으로 변동이 없다. 또한 당기 중 주식 수의 변동 원인은 양수도 이외에는 없다. (4점)

1. 20x0년 말(전기) 주주명부

성명	주민등록번호	지배주주관계	보유 주식 수	취득일자
임영웅	960718 - 1058941	본인	17,000주	2012.07.05.
장민호	771220 - 1987656	없음(기타)	3,000주	2018.09.12.
합계			20,000주	

2. 20x1년 말(당기) 주주명부

성명	주민등록번호	지배주주관계	보유 주식 수	주식 수 변동일
임영웅	960718 - 1058941	본인	15,000주	
장민호	771220 - 1987656	없음(기타)	5,000주	20x1.08.12.
합계			20,000주	

3. 참고사항
   - ㈜소나무물산의 주주는 위 2명 외에는 없는 것으로 하고, 각 주주의 주민등록번호는 올바른 것으로 가정하며 20x0년 말 주주명부 내역은 전년도불러오기 메뉴를 활용한다.
   - 위의 주어진 자료 외에는 입력하지 않는다.

제111회 전산세무1급 답안 및 해설

이 론

1	2	3	4	5	6	7	8	9	10	11	12	13	14	15
②	②	④	①	②	①	④	③	②	①	③	④	③	④	①

01. 위탁판매를 위해 **수탁자가 보관 중인 상품은 위탁자의 재고자산에 포함**된다.

02. 처분손익 = [처분가액(80,000) - 취득가액(50,000)] × 100주 = 3,000,000원(이익)

자기주식처분손익 잔액 = 자기주식처분이익(3,000,000) - 자기주식처분손실(1,000,000)
= 2,000,0000원

자기주식처분손실은 **자기주식처분이익과 우선적으로 상계**한다.

03. 취득가액(매도) = 취득단가(10,000) × 주식수(3,000) + 수수료(55,000) = 30,055,000원

취득가액(단기) = 취득단가(10,000) × 주식수(3,000) = 30,000,000원

기말공정가액 = 평가액(8,000) × 300주 = 24,000,000원

평가손익(매도) = 공정가액(24,000,000) - 장부가액(30,055,000) = (-)6,055,000원
→기타포괄손실(자본)

평가손익(단기) = 공정가액(24,000,000) - 장부가액(30,000,000) = (-)6,000,000원
→당기손실(손익계산서)

당기손실(단기매매증권) = 수수료비용(50,000) + 평가손실(6,000,000) = 6,0500,000원

→ 매도가능증권이나 단기매매증권의 취득 및 평가는 자본에 동일한 효과를 미친다.

04. 취득원가는 구입원가 또는 제작원가 및 경영진이 의도하는 방식으로 자산을 가동하는 데 필요한 장소와 상태에 이르게 하는 데 직접 관련되는 원가로 구성된다.

설계와 관련하여 전문가에게 지급하는 수수료, 취득세, 등록세 등 유형자산의 취득과 직접 관련된 제세공과금, 유형자산이 정상적으로 작동되는지 여부를 시험하는 과정에서 발생하는 원가는 취득원가를 구성한다.

05. ① **이익잉여금에 반영한 오류는 중대한 오류에 해당**한다.

② 당기순이익은 60,000,000원이다.

③ 이익준비금(A)는 현금배당액(30,000,000)의 1/10인 최소금액으로 3,000,000원이며, 따라서 (B)는 38,000,000원이다.

④ 주식할인발행차금은 주식발행초과금과 우선 상계하고, 미상계잔액이 있으면 자본에서 차감하는 형식으로 기재하며 **이익잉여금의 처분으로 상각**한다.

06. **당기총제조원가는 재공품계정의 차변으로 대체**된다.

07. 변동제조간접원가 배분액(수선부문) = 변동제조간접원가(3,000,000) ÷ 실제기계시간합계(10,000) × 수선실제기계시간(4,600) = 1,380,000원

고정제조간접원가 배분액(수선부문) = 고정제조간접원가(5,000,000원) ÷ 최대기계시간합계(16,000) × 수선최대기계시간(7,200) = 2,250,000원

제조간접원가(수선) = 변동제조간접원가(1,380,000) + 고정제조간접원가(2,250,000) = 3,630,000원

08. 매출원가조정법과 영업외손익법은 **배부차이 전액을 각각 매출원가와 영업외손익으로 가감하는 방법으로 당기순이익에 미치는 영향이 동일**하다.

09. 비정상공손은 **능률적인 생산 조건에서는 발생하지 않을 것으로 예상되는 공손으로서 통제가능한 공손**이다.

10. 품질검사는 **공정의 완료시점에 하고, 공손품원가를 정상품의 제조원가에 포함하여 처리한다** 하였으므로 공손품을 완성품에 포함하여 계산해도 된다.

〈1단계〉 물량흐름파악(평균법)		〈2단계〉 완성품환산량 계산	
재공품		재료비	가공비
	완성품 1,100 (100%) (정상공손 포함)	1,100	1,100
	기말재공품 100 (50%)	100	50
	계 1,200	1,200	1,150
〈3단계〉원가요약(기초재공품원가 + 당기투입원가)		120,000 + 314,400	200,000 + 449,750
		1,200	1,150
〈4단계〉 완성품환산량당단위원가		@362	@565

〈5단계〉 기말재공품원가계산

- 기말재공품원가 = 100개 × @362 + 50개 × @565 = 64,450원

11. 수출을 대행하고 수출대행수수료를 받는 수출대행용역은 수출품 생산업자의 수출대행계약에 의하여 수출업자의 명의로 수출하는 경우이다. 따라서 영세율 적용대상 용역에 해당하지 않는다.

12. **감가상각자산의 취득은 조기환급대상(전체 매입세액)에 해당**하며, **예정신고 기한(10.25)이 지난 후 15일** 이내에 예정신고한 사업자에게 환급하여야 한다.

13. 복권당첨소득이 3억원을 초과하는 경우 3억원까지는 20%, **3억 초과분은 30%를 원천징수**한다.

14. 기업업무추진비의 손금 귀속시기는 **기업업무추진행위를 한 날이 속하는 사업연도에 손금** 처리한다.

15. 법인의 수입이자에 대하여 기업회계기준에 의한 기간 경과분을 결산서에 수익으로 계상한 경우 **원천징수 대상이 아닌 경우에는 이를 해당 사업연도의 익금**으로 한다.

실 무

문제 1 전표입력

문항	일자	유형	공급가액	부가세	거래처	전자세금
[1]	2/10	11.과세	5,000,000	500,000	㈜서강	여
분개유형	(차) 미지급금		2,000,000	(대) 부가세예수금		500,000
혼합	외상매출금		3,500,000	제품매출		5,000,000

[2] 일반전표입력(4/11)

(차)	보통예금	12,000,000	(대) 보험차익	12,000,000
	감가상각누계액(207)	8,000,000	기계장치	23,000,000
	국고보조금(217)	5,000,000		
	재해손실	10,000,000		

☞ 순액으로 처리한 것을 정답으로 인용한 것은 일반기업회계기준을 위반한 회계처리이다.
〈일반기업회계기준 제 10장 유형자산〉

손상에 대한 보상

10.43 손상, 소실 또는 포기된 유형자산에 대해 제3자로부터 보상금을 받는 경우가 있다. 이 경우 보상금은 수취할 권리가 발생하는 시점에 당기손익으로 반영한다.

〈일반기업회계기준 제정배경 －한국회계기준원 2010년 5월〉

보험차익의 회계처리

제1016호	현행 기업회계기준	일반기업회계기준
손상차손(손상, 소실, 포기된 유형자산)과 보험금수익을 별개의 회계사건으로 보아 총액으로 표시	해당규정 없음 (실무관행상 유형자산 손상차손과 보험금수익을 서로 상계하여 순액으로 표시)	손상차손(손상, 소실, 포기된 유형자산)과 보상금은 별개의 회계사건으로 봄. 보상금은 수취할 권리가 발생하는 시점에 당기손익에 반영

[3] 일반전표입력(8/31)

(차) 보통예금 19,985,000 (대) 단기매매증권 25,000,000
단기매매증권처분손실 5,015,000

☞처분손익 = 처분가액(20,000,000 – 150,000) – 장부가액(25,000,000) = 5,015,000원(손실)

문항	일자	유형	공급가액	부가세	거래처	전자세금
[4]	9/26	12.영세	13,000,000	-	㈜신화무역	여
		영세율구분 : ⑩수출재화임가공용역				
분개유형	(차) 외상매출금 13,000,000 (대) 용역매출(420) 13,000,000					
외상(혼합)						

문제 2 부가가치세

[1] 부가가치세 수정신고(4~6월)

1. 매입매출전표입력

일자	유형	공급가액	부가세	거래처	신용카드
6/15(삭제)	17.카과	2,000,000	200,000	헬로마트㈜	현대카드

일자	유형	공급가액	부가세	거래처	전자
6/30(입력)	51.과세	200,000	20,000	킹킹상사	부
분개유형	(차) 부가세대급금 20,000 (대) 현금 220,000				
현금(혼합)	소모품비(판) 200,000				

2. [부가가치세신고서(수정신고)]4~6월, 2.수정신고, 1차

구분				정기신고금액 금액	세율	세액
과세표준및매출세액	과세	세금계산서발급분	1	37,000,000	10/100	3,700,000
		매입자발행세금계산서	2		10/100	
		신용카드 · 현금영수증발행분	3	2,000,000	10/100	200,000
		기타(정규영수증외매출분)	4			
	영세	세금계산서발급분	5		0/100	
		기타	6		0/100	
	예정신고누락분		7			
	대손세액가감		8			
	합계		9	39,000,000	㉮	3,900,000
매입세액	세금계산서수취분	일반매입	10	20,000,000		2,000,000
		수출기업수입분납부유예	10-1			
		고정자산매입	11			
	예정신고누락분		12			
	매입자발행세금계산서		13			
	그 밖의 공제매입세액		14	1,000,000		100,000
	합계(10)-(10-1)+(11)+(12)+(13)+(14)		15	21,000,000		2,100,000
	공제받지못할매입세액		16			
	차감계 (15-16)		17	21,000,000	㉯	2,100,000
납부(환급)세액(매출세액㉮-매입세액㉯)					㉰	1,800,000
경감공제세액	그 밖의 경감 · 공제세액		18			
	신용카드매출전표등 발행공제등		19	2,200,000		
	합계		20		㉱	
소규모 개인사업자 부가가치세 감면세액			20-1		㉲	
예정신고미환급세액			21		㉳	
예정고지세액			22		㉴	
사업양수자의 대리납부 기납부세액			23		㉵	
매입자 납부특례 기납부세액			24		㉶	
신용카드업자의 대리납부 기납부세액			25		㉷	
가산세액계			26		㉸	
차가감하여 납부할세액(환급받을세액)㉰-㉱-㉲-㉳-㉴-㉵-㉶-㉷+㉸					27	1,800,000
총괄납부사업자가 납부할 세액(환급받을 세액)						

구분				수정신고금액 금액	세율	세액
과세표준및매출세액	과세	세금계산서발급분	1	37,000,000	10/100	3,700,000
		매입자발행세금계산서	2		10/100	
		신용카드 · 현금영수증발행분	3		10/100	
		기타(정규영수증외매출분)	4			
	영세	세금계산서발급분	5		0/100	
		기타	6		0/100	
	예정신고누락분		7			
	대손세액가감		8			
	합계		9	37,000,000	㉮	3,700,000
매입세액	세금계산서수취분	일반매입	10	20,200,000		2,020,000
		수출기업수입분납부유예	10-1			
		고정자산매입	11			
	예정신고누락분		12			
	매입자발행세금계산서		13			
	그 밖의 공제매입세액		14	1,000,000		100,000
	합계(10)-(10-1)+(11)+(12)+(13)+(14)		15	21,200,000		2,120,000
	공제받지못할매입세액		16			
	차감계 (15-16)		17	21,200,000	㉯	2,120,000
납부(환급)세액(매출세액㉮-매입세액㉯)					㉰	1,580,000
경감공제세액	그 밖의 경감 · 공제세액		18			
	신용카드매출전표등 발행공제등		19			
	합계		20		㉱	
소규모 개인사업자 부가가치세 감면세액			20-1		㉲	
예정신고미환급세액			21		㉳	
예정고지세액			22		㉴	
사업양수자의 대리납부 기납부세액			23		㉵	
매입자 납부특례 기납부세액			24		㉶	
신용카드업자의 대리납부 기납부세액			25		㉷	
가산세액계			26		㉸	
차가감하여 납부할세액(환급받을세액)㉰-㉱-㉲-㉳-㉴-㉵-㉶-㉷+㉸					27	1,580,000
총괄납부사업자가 납부할 세액(환급받을 세액)						

3. 과세표준및세액결정(경정)청구서(4~6월, 수정차수 1차)

청구인

성 명	최기백	주민등록번호	890706 - 1421213	사업자등록번호	105 - 81 - 23608
주소(거소) 또는 영업소	서울특별시 동작구 여의대방로 28 (신대방동)				
상 호	(주)기백산업			전화번호	02 - 1234 - 1234

신고내용

법정신고일	20×1 년 7 월 25 일	최초신고일	20×1 년 7 월 25 일
경정청구이유1	4102013	신용카드, 현금영수증 매출 과다 신고	
경정청구이유2	4103020	매입세금계산서합계표 단순 누락, 착오기재(세금계산서에 의해 확인되는 경	

구 분	최 초 신 고	경정(결정)청구 신 고
과 세 표 준 금 액	39,000,000	37,000,000
산 출 세 액	3,900,000	3,700,000
가 산 세 액		
공제 및 감면세액	2,100,000	2,120,000
납 부 할 세 액	1,800,000	1,580,000
국세환급금 계좌신고	거래은행	계좌번호
환 급 받 을 세 액		220,000

위임장

위임자(신청인)		최기백			
대리인	사업장	상호		사업자등록번호	
		사업장소재지			
		전자우편			
	수행자	구분	세무사	성명	
		생년월일	____-__-__	전화번호	--

[2] [신용카드매출전표등수령명세서](7~9월)

2. 신용카드 등 매입내역 합계

구분	거래건수	공급가액	세액
합 계	3	570,000	57,000
현금영수증	1	200,000	20,000
화물운전자복지카드			
사업용신용카드	2	370,000	37,000
그 밖의 신용카드			

3. 거래내역입력

No	□	월/일	구분	공급자	공급자(가맹점) 사업자등록번호	카드회원번호	그 밖의 신용카드 등 거래내역 합계 거래건수	공급가액	세액
1	□	07-12	현금	은지상회	378-12-12149		1	200,000	20,000
2	□	08-09	사업	가가스포츠	156-11-34565	1234-1000-2000-3004	1	350,000	35,000
3	□	08-11	사업	지구본뮤직	789-05-26113	1234-1000-2000-3004	1	20,000	2,000
				합계			3	570,000	57,000

- 세금계산서 발급이 가능한 간이과세자로부터 수령한 현금영수증(지출증빙)은 매입세액공제가 가능하다.
- 직원회식대는 매입세액공제 대상이지만 **현금영수증을 지출증빙이 아닌 소득공제로 수령하였기 때문에 공제받을 수 없다.**

문제 3 결산

[1] 〈수동결산〉

(차)	보험료(판)	400,000	(대)	선급비용	400,000
	선급비용	300,000		보험료(판)	300,000

☞당기 선급비용 = 보험료(1,200,000)÷12개월×3개월(1.1~3.31) = 300,000원

[2] 〈수동결산〉

(차)	이자비용	2,820,000	(대)	보통예금	2,500,000
				사채할인발행차금	320,000

☞유효이자(6%) = 발행가액(47,000,000)×유효이자율(6%) = 2,820,000원
액면이자(5%) = 액면가액(50,000,000)×액면이자율(5%) = 2,500,000원

[3] 〈자동결산〉

⑩ 기말 원재료 재고액 결산반영금액 3,000,000원

☞실사금액 3,000,000원(도착지 인도조건은 입고 전까지 인식하지 않는다)

⑩ 기말 재공품 재고액 결산반영금액 5,500,000원

⑩ 기말 제품 재고액 결산반영금액 13,000,000원

☞실사 금액(12,000,000) + 판매 전 적송품(1,000,000) = 13,000,000원

[4] 〈수동/자동결산〉

1. [결산자료입력]>F8 대손상각>대손율 : 1%
   >외상매출금, 미수금을 제외한 계정의 추가설정액 삭제 >결산반영
2. 또는 [결산자료입력]>4.판매비와 일반관리비>5).대손상각>외상매출금 3,631,280원 7.영업외비용>2).기타의 대손상각>미수금 550,000원 입력

3 일반전표입력

(차)	대손상각비(판)	3,631,280	(대)	대손충당금(109)	3,631,280
	기타의대손상각비	550,000		대손충당금(121)	550,000

☞ 대손상각비(판) = 외상매출금(542,328,000)×1% – 기설정 대손충당금(1,792,000) = 3,631,280원
기타의대손상각비 = 미수금(55,000,000)×1% = 550,000원

※ 자동결산항목을 모두 입력하고 상단의 전표추가를 한다.

문제 4 원천징수

[1] 기타소득

1. [기타소득자등록]

- 00001.고민중(75.원고료 등)

등록사항

1.거 주 구 분 1 거 주
2.소 득 구 분 75 원고료 등 연 말 정 산 적 용
3.내 국 인 여부 1 내국인 (거주지국코드) 등록번호
4.생 년 월 일 년 월 일
5.주민 등록 번호 751015-1234568
6.소득자구분/실명 111 주민등록번호 실명 0 실 명
7.개인/ 법인구분 1 개 인 필요경비율 60.000 %
8.사업자등록번호 ___-__-_____ 9.법인(대표자명)
10.사 업 장 주 소
11.소 득 자 주 소
12.전 화 번 호) - 이 동 전 화 번 호) -
13.이 메 일
14.은 행 코 드 계좌번호 예금주
15.사 용 여 부 여 0:부 1:여 신탁이익여부 0:부 1:여
16.증 서 번 호
17.입 사 일 자 ____-__-__ 18.퇴 사 일 자 ____-__-__
19.부 양 가 족

- 00002.은구슬(71.상금 및 부상)

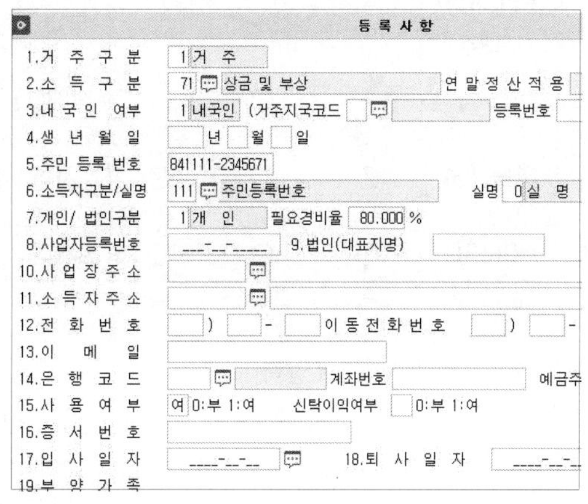

등록사항

1.거 주 구 분 1 거 주
2.소 득 구 분 71 상금 및 부상 연 말 정 산 적 용
3.내 국 인 여부 1 내국인 (거주지국코드) 등록번호
4.생 년 월 일 년 월 일
5.주민 등록 번호 841111-2345671
6.소득자구분/실명 111 주민등록번호 실명 0 실 명
7.개인/ 법인구분 1 개 인 필요경비율 80.000 %
8.사업자등록번호 ___-__-_____ 9.법인(대표자명)
10.사 업 장 주 소
11.소 득 자 주 소
12.전 화 번 호) - 이 동 전 화 번 호) -
13.이 메 일
14.은 행 코 드 계좌번호 예금주
15.사 용 여 부 여 0:부 1:여 신탁이익여부 0:부 1:여
16.증 서 번 호
17.입 사 일 자 ____-__-__ 18.퇴 사 일 자 ____-__-__
19.부 양 가 족

☞ 박살라는 계속 · 반복적 배달수당은 사업소득(인적용역소득)에 포함되므로 입력 대상이 아니다.

2. [기타소득자료입력] 지급년월일 8월 05일

- 00001.고민중(필요경비율 60%)

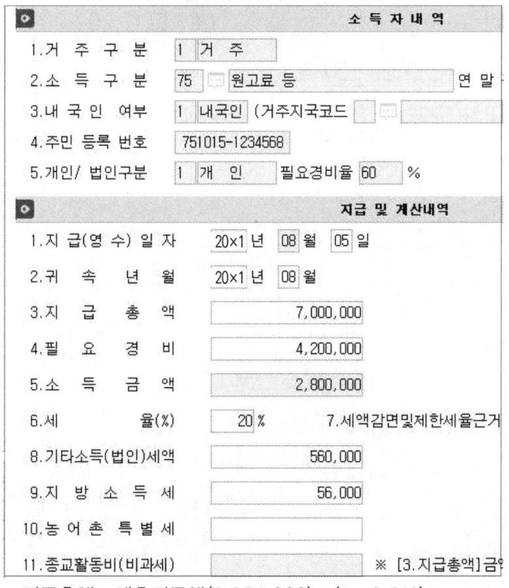

소득자내역

1.거 주 구 분 1 거 주
2.소 득 구 분 75 원고료 등 연 말
3.내 국 인 여부 1 내국인 (거주지국코드)
4.주민 등록 번호 751015-1234568
5.개인/ 법인구분 1 개 인 필요경비율 60 %

지급 및 계산내역

1.지 급(영 수) 일 자 20x1 년 08 월 05 일
2.귀 속 년 월 20x1 년 08 월
3.지 급 총 액 7,000,000
4.필 요 경 비 4,200,000
5.소 득 금 액 2,800,000
6.세 율(%) 20 % 7.세액감면및제한세율근거
8.기타소득(법인)세액 560,000
9.지 방 소 득 세 56,000
10.농 어 촌 특 별 세
11.종교활동비(비과세) ※ [3.지급총액]금

☞지급총액 = 세후지급액(6,384,000)÷(1 - 8.8%)
= 7,000,000원

실효세율(필요경비율 60%) = 1×(1 - 60%)×22%
= 0.088(8.8%)

- 00002.은구슬(필요경비율 80%)

소득자내역

1.거 주 구 분 1 거 주
2.소 득 구 분 71 상금 및 부상 연 말 정
3.내 국 인 여부 1 내국인 (거주지국코드)
4.주민 등록 번호 841111-2345671
5.개인/ 법인구분 1 개 인 필요경비율 80 %

지급 및 계산내역

1.지 급(영 수) 일 자 20x1 년 08 월 05 일
2.귀 속 년 월 20x1 년 08 월
3.지 급 총 액 20,000,000
4.필 요 경 비 16,000,000
5.소 득 금 액 4,000,000
6.세 율(%) 20 % 7.세액감면및제한세율근거
8.기타소득(법인)세액 800,000
9.지 방 소 득 세 80,000
10.농 어 촌 특 별 세
11.종교활동비(비과세) ※ [3.지급총액]금액

☞지급총액 = 세후지급액(19,120,000)÷(1 - 4.4%)
= 20,000,000원

실효세율(필요경비율 80%) = 1×(1 - 80%)×22%
= 0.044(4.4%)

[2] 연말정산(진시진)

1. [사원등록]>[부양가족명세] 탭

관계	요 건		기본 공제	추가 (자녀)	판 단
	연령	소득			
본인(여성)(세대주)	-	-	○	부녀자	종합소득금액 3천만원 이하자
배우자	-	○	○	장애(1)	종합소득금액 1백만원 이하자
아들(15)	○	○	○	자녀	기타소득금액 = 10,000,000 × (1 – 80%) = 2,000,000원 →기타소득금액 선택적 분리과세
딸(13)	○	○	○	자녀	
부(73)	○	×	부		양도소득금액 1백만원 초과자

2. [연말정산추가자료입력]

〈연말정산 대상여부 판단〉

항 목	요건		내역 및 대상여부	입력
	연령	소득		
보 험 료	○ (×)	○	• 본인 생명보험료 • 배우자 화재보험료 • 배우자 장애인전용보험료	○(일반 800,000) ○(일반 500,000) ○(장애 1,200,000)
교 육 비	×	○	• 아들 중학교 교육비	○(초중고 1,200,000)
기부금	×	○	• 배우자 정치자금기부금(본인만 대상)	×
월세	본인외		• 무주택 국민주택 임차(12개월)	○(14,400,000)

3. [부양가족] 탭

(1) 보험료 세액공제

진시진(본인)		편현주(배우자)	
보장성보험-일반	800,000	보장성보험-일반	500,000
보장성보험-장애인		보장성보험-장애인	1,200,000
합 계	800,000	합 계	1,700,000

(2) 교육비 세액공제 : 편영록

자료구분	보험료				의료비					교육비		
	건강	고용	일반보장성	장애인전용	일반	실손	선천성이상아	난임	65세,장애인	일반		장애인특수
국세청										1,200,000	2.초중고	
기타												

(3) [월세,주택임차] 탭

소득명세	부양가족	신용카드 등	의료비	기부금	연금저축 등I	연금저축 등II	월세액	연말정산입력

1 월세액 세액공제 명세(연말정산입력 탭의 70.월세액)

임대인명 (상호)	주민등록번호 (사업자번호)	유형	계약 면적(㎡)	임대차계약서 상 주소지	계약서상 임대차 계약기간			연간 월세액
					개시일	~	종료일	
조물주	510909-2148719	오피스텔	84.00	경기도 부천시 부흥로 237, 2002:	20x0 :022-02-01	~	20x2 4-01-31	14,400,000

(4) [연말정산입력] 탭 : F8부양가족불러오기 실행

[특별세액공제]		
1. 보장성 보험료	① 일반 ② 장애인전용	1,300,000 1,200,000
2. 교육비	① 초중고	1,200,000
[월세세액공제액공제]		14,400,000

문제 5 세무조정

[1] [수입금액조정명세서] 및 조정후수입금액명세서

수입금액 조정명세서

(1) [수입금액조정계산] 탭

1 1.수입금액 조정계산

No	계정과목		③결산서상 수입금액	조정		⑥조정후 수입금액 (③+④-⑤)	비 고
	①항 목	②계정과목		④가 산	⑤차 감		
1	매 출	상품매출	1,520,000,000	1,500,000		1,521,500,000	
2	매 출	제품매출	918,000,000			918,000,000	
3	매 출	공사수입금	685,000,000	50,000,000		735,000,000	

2 2.수입금액조정명세

가.작업 진행률에 의한 수입금액	50,000,000	
나.중소기업 등 수입금액 인식기준 적용특례에 의한 수입금액		
다.기타 수입금액	1,500,000	
계	51,500,000	

(2). [작업진행률에 의한 수입금액] 탭

수입금액조정계산 | 작업진행률에 의한 수입금액 | 중소기업 등 수입금액 인식기준 적용특례에 의한 수입금액 | 기타수입금액조정

2 2.수입금액 조정명세
가.작업진행률에 의한 수입금액

No	⑦공사명	⑧도급자	⑨도급금액	작업진행률계산			⑬누적익금 산입액 (⑨x⑫)	⑭전기말누적 수입계상액	⑮당기회사 수입계상액	(16)조정액 (⑬-⑭-⑮)
				⑩해당사업연도말 총공사비누적액 (작업시간등)	⑪총공사 예정비 (작업시간등)	⑫진행율 (⑩/⑪)				
1	A현장	(주)삼용	1,000,000,000	600,000,000	800,000,000	75.00	750,000,000	250,000,000	450,000,000	50,000,000
2	B현장	지저스 편	500,000,000	164,500,000	350,000,000	47.00	235,000,000		235,000,000	
	계		1,500,000,000	764,500,000	1,150,000,000		985,000,000	250,000,000	685,000,000	50,000,000

(3) [기타수입금액조정] 탭

수입금액조정계산 | 작업진행률에 의한 수입금액 | 중소기업 등 수입금액 인식기준 적용특례에 의한 수입금액 | 기타수입금액조정

2 2.수입금액 조정명세
다.기타 수입금액

No	(23)구 분	(24)근 거 법 령	(25)수 입 금 액	(26)대 응 원 가	비 고
1	위탁매출		1,500,000	500,000	
2					

(4) 세무조정

〈 익금산입〉 위탁매출누락 1,500,000원 (유보발생)

〈 손금산입〉 위탁매출원가 누락 500,000원 (유보발생)

〈 익금산입〉 공사미수금 과소계상액 50,000,000원 (유보발생)

2. [조정후수입금액명세서]

(1) [업종별 수입금액 명세서] 탭

업종별 수입금액 명세서 | 과세표준과 수입금액 차액검토

1 1.업종별 수입금액 명세서

①업 태	②종 목	순번	③기준(단순)경비율번호	수입금액계정조회 ④계(⑤+⑥+⑦)	내수판매 ⑤국내생산품	내수판매 ⑥수입상품	⑦수 출(영세율대상)
제조.도매업	전자부품	01	503013	1,521,500,000	1,371,500,000		150,000,000
영화 관련산업	그 외 자동차용 신품 부품	02	381004	918,000,000	918,000,000		
건설업	도배, 실내 장식 및 내장 목	03	452106	735,000,000	735,000,000		
(112)합 계		99		3,174,500,000	3,024,500,000		150,000,000

(2) [과세표준과 수입금액 차액검토] 탭

업종별 수입금액 명세서 | 과세표준과 수입금액 차액검토

2 2.부가가치세 과세표준과 수입금액 차액 검토 　부가가치세 신고 내역보기

(1) 부가가치세 과세표준과 수입금액 차액

⑧과세(일반)	⑨과세(영세율)	⑩면세수입금액	⑪합계(⑧+⑨+⑩)	⑫조정후수입금액	⑬차액(⑪-⑫)
3,084,500,000	150,000,000		3,234,500,000	3,174,500,000	60,000,000

(2) 수입금액과의 차액내역(부가세과표에 포함되어 있으면 +금액, 포함되지 않았으면 -금액 처리)

⑭구 분	코드	(16)금 액	비 고	⑭구 분	코드	(16)금 액	비 고
자가공급(면세전용등)	21			거래(공급)시기차이감액	30		
사업상증여(접대제공)	22			주세 · 개별소비세	31		
개인적공급(개인적사용)	23			매출누락	32		
간주임대료	24				33		
자산매각 유형자산 및 무형자산 매각액	25	100,000,000			34		
자산매각 그밖의자산매각액(부산물)	26				35		
폐업시 잔존재고재화	27				36		
작업진행률 차이	28	-50,000,000			37		
거래(공급)시기차이가산	29	10,000,000		(17)차 액 계	50	60,000,000	
				(13)차액과(17)차액계의차이금액			

[2] 세금과공과금 명세서

1. [세금과공과금명세서]

코 드	계정과목	월	일	거래내용	코 드	지급처	금 액	손금불산입표시
0817	세금과공과금	3	15	제조물책임법 위반으로 지급한 손해배상금			3,000,000	손금불산입
0817	세금과공과금	4	4	종업원 기숙사용 아파트의 재산세			750,000	
0817	세금과공과금	5	31	거래처에 대한 납품을 지연하고 부담한 지체상금			640,000	
0817	세금과공과금	6	16	업무관련 교통과속 범칙금			180,000	손금불산입
0817	세금과공과금	7	31	본사의 주민세(재산분)납부금액			300,000	
0817	세금과공과금	8	25	산재보험료 가산금			90,000	손금불산입
0817	세금과공과금	9	30	본사 공장신축 토지관련 취득세			4,000,000	손금불산입
0817	세금과공과금	10	6	본사 공장신축 토지에 관련된 개발부담금			800,000	손금불산입
0817	세금과공과금	11	15	폐수초과배출부담금			575,000	손금불산입
				손 금 불 산 입 계			8,645,000	
				합 계			10,335,000	

2. 세무조정

〈손금불산입〉 제조물책임법 위반 손해배상금 3,000,000원 (기타사외유출)

〈손금불산입〉 업무관련 교통과속 범칙금 180,000원 (기타사외유출)

〈손금불산입〉 산재보험료 가산금 90,000원 (기타사외유출)

〈손금불산입〉 본사 토지 관련 취득세 4,000,000원 (유 보 발 생)

〈손금불산입〉 본사 토지 관련 개발부담금 800,000원 (유 보 발 생)

〈손금불산입〉 폐수초과배출부담금 575,000원 (기타사외유출)

[3] [대손충당금및대손금조정명세서]

1. 대손금 조정

1 2. 대손금조정 (크게보기)

No	22. 일자	23.계정과목	24.채권내역	25.대손사유	26.금액	대손충당금상계액 27.계	28.시인액	29.부인액	당기 손비계상액 30.계	31.시인액	32.부인액
1	02.27	외상매출금	1.매출채권	6.소멸시효완성	2,500,000	2,500,000	2,500,000				
2	08.30	외상매출금	1.매출채권	1.파산	4,500,000	4,500,000	4,500,000				
			계		7,000,000	7,000,000	7,000,000				

2. 채권잔액

2 채권잔액 (크게보기)

No	16.계정과목	17.채권잔액의 장부가액	18.기말현재대손금부인누계 전기	당기	19.합계 (17+18)	20.충당금설정제외채권 (할인,배서,특수채권)	21.채 권 잔 액 (19-20)
1	외상매출금	447,000,000	3,000,000		450,000,000		450,000,000
2	미수금	10,000,000			10,000,000		10,000,000
3							
	계	457,000,000	3,000,000		460,000,000		460,000,000

3. 대손충당금 조정

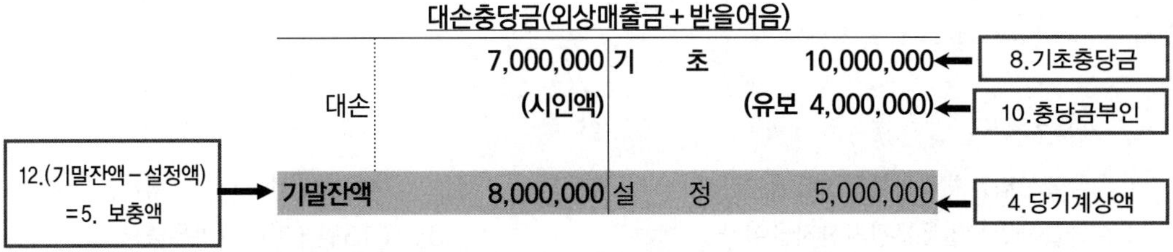

3 1.대손충당금조정

손금산입액 조정	1.채권잔액 (21의금액)	2.설정률(%) ◉기본율	○실적율	○적립기준	3.한도액 (1×2)	회사계상액 4.당기계상액	5.보충액	6.계	7.한도초과액 (6-3)
	460,000,000	1			4,600,000	5,000,000	3,000,000	8,000,000	3,400,000

익금산입액 조정	8.장부상 충당금기초잔액	9.기중 충당금환입액	10.충당금부인 누계액	11.당기대손금 상계액(27의금액)	12.충당금보충액 (충당금장부잔액)	13.환입할금액 (8-9-10-11-12)	14.회사환입액 (회사기말환입)	15.과소환입 · 과다환입(△)(13-14)
	10,000,000		4,000,000	7,000,000	3,000,000	-4,000,000		-4,000,000

4. 세무조정

〈손 금 산 입〉 전기대손충당금한도초과액 4,000,000원 (유보감소)

〈손금불산입〉 대손충당금한도초과액 3,400,000원 (유보발생)

[4] [업무무관부동산등에관련한차입금이자조정명세서]

1. [1.업무무관부동산] 탭

1.적수입력(을) | 2.지급이자 손금불산입(갑)

1.업무무관부동산 | 2.업무무관동산 | 3.가지급금 | 4.가수금 | 5.그밖의 | 불러오기 | 적요수정

No	①월일		②적요	③차변	④대변	⑤잔액	⑥일수	⑦적수
1	7	1	취 득	50,000,000		50,000,000	184	9,200,000,000
2								

2. [3.가지급금] 탭

1.업무무관부동산 | 2.업무무관동산 | 3.가지급금 | 4.가수금 | 5.그밖의 | 불러오기 | 적요수정

No	①월일		②적요	③차변	④대변	⑤잔액	⑥일수	⑦적수
1	1	1	전기이월	50,000,000		50,000,000	40	2,000,000,000
2	2	10	지 급	25,000,000		75,000,000	160	12,000,000,000
3	7	20	회 수		20,000,000	55,000,000	72	3,960,000,000
4	9	30	회 수		10,000,000	45,000,000	93	4,185,000,000
5								

3. [2.지급이자 손금불산입(갑)] 탭

1.적수입력(을) | 2.지급이자 손금불산입(갑)

2 1.업무무관부동산 등에 관련한 차입금 지급이자

①지급 이자	적 수				⑥차입금 (=19)	⑦ ⑤와 ⑥중 적은 금액	⑧손금불산입 지급이자 (①×⑦÷⑥)
	②업무무관 부 동 산	③업무무관 동 산	④가지급금 등	⑤계(②+③+④)			
17,000,000	9,200,000,000		22,145,000,000	31,345,000,000	91,250,000,000	31,345,000,000	5,839,616

1 2. 지급이자 및 차입금 적수 계산 [연이율 일수 현재: 365일] 단수차이조정 연일수

No	(9) 이자율 (%)	(10)지급이자	(11)차입금적수	(12)채권자불분명 사채이자 수령자불분명 사채이자		(15)건설 자금 이자 국조법 14조에 따른 이자		차 감	
				(13)지급이자	(14)차입금적수	(16)지급이자	(17)차입금적수	(18)지급이자 (10-13-16)	(19)차입금적수 (11-14-17)
1	5.00000	1,000,000	7,300,000,000	1,000,000	7,300,000,000				
2	6.00000	3,000,000	18,250,000,000					3,000,000	18,250,000,000
3	7.00000	14,000,000	73,000,000,000					14,000,000	73,000,000,000
	합계	18,000,000	98,550,000,000	1,000,000	7,300,000,000			17,000,000	91,250,000,000

4. 세무조정

〈손금불산입〉 채권자불분명사채이자 1,000,000원 (상 여)

〈손금불산입〉 업무무관자산지급이자 5,839,616원 (기타사외유출)

[5] [주식등변동상황명세서]

1. [1.주식 등 변동상황명세서] 탭 : Ctrl + F8 전년도불러오기 실행

1 자본금(출자금)변동 상황 ?

자본금(출자금)변동상황

(단위: 주,원)

⑧일자	주식종류	⑨원인코드	증가(감소)한 주식의 내용			⑭증가(감소) 자본금(⑪X⑫)
			⑪주식수	⑫주당액면가	주당발행(인수)가액	
기초	보통주		20,000	5,000		100,000,000
	우선주					

⑫ 주당액면가 5,000입력

2. [1.주식 등 변동상황명세서] 탭

(1) 임영웅(본인) : 양도 2,000주 입력

화면정렬: 구 분 순 | 지분율재계산 | EXCEL자료업로드 | EXCEL자료다운

구 분 [1:개인, 2:우리사주] 등록번호 960718-1058941 거주국 코드 KR 대한민국

	기 초	증 가	감 소	기 말
주식수	17,000 주	주	2,000 주	15,000 주
지분율	85 %			75 %
지분율누계	100.00 %			100.00 %

기중변동사항						
증가	양 수	주	감소	양 도	2,000	주
	유상증자	주				주
	무상증자	주				주
	상 속	주		상 속		주
	증 여	주		증 여		주
	출자전환	주		감 자		주
	실명전환	주		실명전환		주
	기 타	주		기 타		주

지배주주와의관계 00 본인

(2) 장민호(기타) : 양수 2,000주 입력

화면정렬: 구 분 순 | 지분율재계산 | EXCEL자료업로드 | EXCEL자료다운

구 분 [1:개인, 2:우리사주] 등록번호 771220-1987656 거주국 코드 KR 대한민국

	기 초	증 가	감 소	기 말
주식수	3,000 주	2,000 주	주	5,000 주
지분율	15 %			25 %
지분율누계	100.00 %			100.00 %

양 수	2,000 주	양 도		주
유상증자	주			주

3. [2.주식(출자지분)양도명세서] 탭

2 주식(출자지분)양도내용

No	주식양도자 성 명(법인명)	등록번호	양도주식수
1	임영웅	960718-1058941	2,000

No	양도일자	취득일자	주식수(출자좌수)
1	20×1-08-12	2012-07-05	2,000
2			
	양도 주식 수 계		2,000
	양도 주식 수 차이		0

제109회 전산세무 1급

합격율	시험년월
9%	2023.08

이 론

01. 다음 중 일반기업회계기준상 유형자산에 관한 설명으로 틀린 것은?

① 자산에서 발생하는 미래 경제적 효익이 기업에 유입될 가능성이 매우 높은 경우 유형자산으로 인식한다.

② 유형자산을 가동하기 위해 필요한 장소와 상태에 이르게 하는 데 직접 관련된 원가를 포함하여 취득원가를 산출한다.

③ 유형자산인 건물의 구입 즉시 지출한 내부 관리비용, 청소비용도 유형자산의 취득원가이다.

④ 1년 이상 소요되는 유형자산 건설에 사용된 차입원가는 기간비용으로 처리하는 것이 원칙이나, 일반기업회계기준상 자본화 대상 요건을 충족하면 당해 자산의 취득원가에 산입한다.

02. 다음 중 일반기업회계기준상 자본에 관한 설명으로 옳지 않은 것은?

① 기업이 현물을 제공받고 주식을 발행하는 경우에는 특별한 경우가 아니면 제공받은 현물의 공정가치를 주식의 발행금액으로 한다.

② 지분상품을 발행하거나 취득하는 과정에서 발생한 등록비 및 기타 규제 관련 수수료, 법률 및 회계자문 수수료, 주권인쇄비 및 인지세와 같은 여러 가지 비용은 당기손익으로 인식한다.

③ 청약기일이 경과된 신주청약증거금은 신주납입액으로 충당될 금액을 자본조정으로 회계처리하며, 주식을 발행하는 시점에서 자본금과 자본잉여금으로 회계처리한다.

④ 자본잉여금 또는 이익잉여금을 자본금에 전입하여 기존의 주주에게 무상으로 신주를 발행하는 경우에는 주식의 액면금액을 주식의 발행금액으로 한다.

03. 다음 중 사채에 관한 설명으로 틀린 것은?

① 사채 액면금액의 차감 계정인 사채할인발행차금에 대해 유효이자율법을 적용하여 상각하고, 그 금액을 이자비용에 가산하도록 규정한다.
② 발행자의 입장에서 사채는 비유동부채로 분류한다.
③ 사채발행비란 사채를 발행하는데 직접 소요된 지출을 말하며, 사채발행가액에서 직접 차감한다.
④ 사채의 조기 상환 시 현금상환액보다 장부금액이 큰 경우 사채상환손실(영업외비용)로 처리한다.

04. 20x1년 12월 31일 결산일 현재 창고에 있는 기말재고자산을 실사한 결과, 창고에 보관 중인 기말재고자산은 20,000,000원으로 확인되었다. 다음의 추가사항을 고려하여 정확한 기말재고자산을 계산하면 얼마인가?

- FOB 선적지인도기준에 의하여 매입한 상품 중 결산일 현재 운송 중인 상품 : 4,000,000원
- 결산일 현재 적송품 3,000,000원 중 60%는 수탁자가 판매하지 아니하고 보관 중이다.
- 시용매출을 위하여 고객에게 인도한 상품 6,000,000원 중 고객이 구입의사를 표시한 상품은 4,000,000원이다.
- 당해 회사가 수탁판매를 위하여 창고에 보관하고 있는 미판매 수탁상품 : 5,000,000원

① 22,200,000원　② 22,800,000원　③ 23,000,000원　④ 24,000,000원

05. 다음 중 일반기업회계기준에 따른 회계변경에 대한 설명으로 가장 틀린 것은?

① 세법 개정으로 회계처리를 변경해야 하는 경우는 정당한 회계변경이 아니다.
② 회계변경 중 회계정책의 변경은 회계방법이 변경되는 것이므로 소급법을 적용한다.
③ 회계정책의 변경에 따른 누적효과를 합리적으로 결정하기 어려우면 소급법으로 적용한다.
④ 회계추정의 변경은 전진적으로 처리하여 당기와 미래기간에 반영시키는 방법이다.

06. 다음 중 공손에 대한 설명으로 옳지 않은 것은?

① 비정상공손은 정상적이고 효율적인 상황에서는 발생되지 않는 것으로 작업자의 부주의나 생산계획의 미비 등으로 인하여 발생되는 것이므로 영업외비용으로 처리한다.
② 정상공손은 효율적인 생산과정에서도 발생하는 공손으로 원가성이 있다고 본다.
③ 공손품 수량을 파악하는 것은 원가관리와 통제를 위한 것이다.
④ 공손품은 생산에 사용된 원재료로부터 남아 있는 찌꺼기나 조각을 말하는데 판매가치가 거의 없다.

07. 다음 중 표준원가계산과 관련된 설명으로 옳지 않은 것은?

① 표준원가계산은 변동원가계산제도와 종합원가계산제도에 적용할 수 있으나 전부원가계산제도에서는 적용할 수 없다.
② 표준원가계산은 예산과 실제원가를 기초로 차이를 분석하여 예외에 의한 관리를 통해 효율적인 원가통제가 가능하다.
③ 과학적이고 객관적인 표준원가를 설정하는 것이 쉽지 않고, 표준원가를 설정하는데 시간과 비용이 많이 든다.
④ 표준원가계산제도를 채택하더라도 표준원가와 실제원가가 상당한 차이가 있는 경우에는 표준원가를 실제의 상황에 맞게 조정하여야 한다.

08. 다음 중 당기총제조원가에 대한 설명으로 옳지 않은 것은?

① 기초제품보다 기말제품이 더 크면 당기총제조원가는 당기제품제조원가보다 크다.
② 간접재료원가도 당기총제조원가에 포함된다.
③ 기초와 기말에 재공품재고와 제품재고가 없다면, 당기총제조원가는 매출원가와 동일하다.
④ 생산직 사원의 인건비는 당기총제조원가에 포함된다.

09. ㈜하나의 매출총이익률은 40%이다. 다음 자료를 이용하여 ㈜하나의 기초재공품가액을 구하면 얼마인가?

• 기초제품 : 4,000,000원	• 기말재공품 : 2,000,000원	• 기말제품 : 3,000,000원
• 직접재료원가 : 5,000,000원	• 제조간접원가 : 2,500,000원	• 직접노무원가 : 4,500,000원
• 당기매출액 : 20,000,000원	• 기초재공품 : ?	

① 1,000,000원 ② 2,000,000원 ③ 3,000,000원 ④ 4,000,000원

10. 다음 중 개별원가계산과 종합원가계산에 대한 설명으로 가장 옳은 것은?

① 개별원가계산은 소품종대량생산에 적합한 원가계산이다.
② 개별원가계산은 상대적으로 제조원가 계산이 부정확하다.
③ 종합원가계산은 고객의 주문에 따라 제품을 생산하는 건설업, 조선업 등의 업종에 적합하다.
④ 종합원가계산은 완성품환산량 계산이 필요하다.

11. 다음은 법인세법상 부당행위계산 부인에 대한 설명이다. 가장 옳지 않은 것은?

① 특수관계인간 자산을 고가양도한 경우에도 양도자가 법인인 경우 양도한 법인은 별도의 세무조정이 필요하지 않다.

② 금전 대여의 경우 그 시가는 가중평균차입이자율을 원칙으로 한다.

③ 특수관계인과의 거래가 아니더라도 부당한 조세의 감소가 있으면 부당행위계산 부인의 대상이 된다.

④ 금전 대여 등 일정한 거래에서 시가와 거래가액의 차액이 3억원 이상이거나 시가의 5% 이상인 경우에 부당행위계산의 부인이 적용된다.

12. 다음 중 법인세법상 손익의 귀속시기에 관한 설명으로 틀린 것은?

① 내국법인의 각 사업연도 익금과 손금의 귀속 사업연도는 익금과 손금이 확정되는 날이 속하는 사업연도로 한다.

② 임대료 지급기간이 1년을 초과하는 경우 이미 경과한 기간에 대응하는 임대료 상당액과 비용은 이를 각각 해당 사업연도의 익금과 손금으로 한다.

③ 중소기업이 장기할부조건으로 자산을 판매하는 경우에는 장기할부조건에 따라 회수하였거나 회수할 금액과 이에 대응하는 비용을 각각 해당 사업연도의 익금과 손금에 산입할 수 있다.

④ 법인의 수입이자에 대하여 원천징수가 되는 경우로서 기업회계기준에 의한 기간경과분을 결산서에 수익으로 계상한 경우 이자수익으로 인정한다.

13. 다음 중 소득세법상 기타소득에 해당하는 서화 · 골동품 등의 양도소득에 관한 내 용으로 가장 옳지 않은 것은? (단, 거주자에 한함)

① 개당, 점당, 조당 양도가액이 1억원 이상인 경우에 과세한다.

② 양도일 현재 생존해 있는 국내 원작자의 작품은 과세하지 않는다.

③ 박물관 · 미술관에 양도함으로써 발생하는 소득은 비과세한다.

④ 골동품은 제작 후 100년이 넘은 것을 말한다.

14. 거주자 유석재 씨는 20x1.1.10. 연예인 자격으로 ㈜거성과 2년간 TV 광고출연에 대한 일신전속계약을 체결함과 동시에 전속계약금 2억원을 일시에 현금으로 수령하였다. TV 광고출연과 관련하여 실제로 소요된 필요경비가 없을 때 소득세법상 해당 전속계약금에 관한 설명으로 옳은 것은?

① 전속계약금은 기타소득으로서 20x1년에 귀속되는 총수입금액은 2억원이다.

② 전속계약금은 사업소득으로서 20x1년에 귀속되는 총수입금액은 1억원이다.

③ 전속계약금은 사업소득으로서 20x1년에 귀속되는 총수입금액은 2억원이다.

④ 전속계약금은 기타소득으로서 수령한 금액의 80%는 필요경비로 인정된다.

15. 다음 중 부가가치세법상 수정세금계산서의 발급사유와 작성일자를 잘못 연결한 것은?

① 필요적 기재사항 등이 착오로 잘못 기재된 경우 : 당초 세금계산서의 작성일
② 당초 공급한 재화가 환입된 경우 : 당초 세금계산서의 작성일
③ 계약의 해제로 인하여 재화가 공급되지 아니한 경우 : 계약의 해제일
④ 공급가액이 증가가 되거나 차감이 되는 경우 : 증감 사유가 발생한 날

실 무

㈜가람산업(1090)은 제조 · 도소매업을 영위하는 중소기업이며, 당기 회계기간은 20x1.1.1.~20x1.12.31.이다. 전산세무회계 수험용 프로그램을 이용하여 다음 물음에 답하시오.

문제 1 다음 거래에 대하여 적절한 회계처리를 하시오.(12점)

[1] 02월 01일 당사는 신주 10,000주(액면가액 @5,000원)를 1주당 5,200원에 발행하고, 전액 보통예금 계좌로 납입받았으며, 신주발행비용 600,000원은 현금으로 지급하였다(단, 회사에는 현재 주식발행초과금 잔액이 없는 것으로 가정한다). (3점)

[2] 06월 30일 전기에 수출한 미국 ABC의 외상매출금(USD $20,000)이 전액 회수되어 보통예금 계좌에 입금하였다. 외상매출금과 관련된 회계처리는 일반기업회계기준을 준수하였으며, 관련 환율 정보는 다음과 같다. (3점)

구분	1달러당 환율정보
발생 시	1,200원
2022년 12월 31일	1,380원
회수 입금 시(20x1년 6월 30일)	1,290원

[3] 10월 18일 원재료를 수입하면서 부산세관으로부터 수입전자세금계산서를 발급받고, 부가가치세 3,000,000원을 현금으로 지급했다(단, 재고자산 관련 회계처리는 생략할 것). (3점)

수입전자세금계산서					승인번호	20231018-15454645-58811886			
세관명	등록번호	121-83-00561	종사업장번호		수입자	등록번호	609-81-02070	종사업장번호	
	세관명	부산세관	성명	부산세관장		상호(법인명)	㈜가람산업	성명	정수나
	세관주소	부산시 중구 충장대로 20				사업장주소	경상남도 창원시 성산구 창원대로 442		
수입신고번호 또는 일괄발급기간(총건)		1326345678				업태	제조	종목	전자제품
납부일자	과세표준	세액	수정사유	비고					
20x1.10.18.	30,000,000	3,000,000	해당 없음						
월	일	품목	규격	수량	단가	공급가액	세액	비고	
10	18	원재료				30,000,000	3,000,000		

[4] 11월 10일 ㈜순양백화점에 제품을 판매하고 다음의 전자세금계산서를 발급하였다. 대금은 10월 30일에 수령한 계약금을 제외하고 ㈜순양백화점이 발행한 약속어음(만기 12월 31일)으로 받았다. (3점)

전자세금계산서					승인번호	20231110-15454645-58811886			
공급자	등록번호	609-81-02070	종사업장번호		공급받는자	등록번호	126-87-10121	종사업장번호	
	상호(법인명)	㈜가람산업	성명	정수나		상호(법인명)	㈜순양백화점	성명	진화영
	사업장주소	경상남도 창원시 성산구 창원대로 442				사업장주소	서울 강남구 테헤란로 98길 12		
	업태	제조	종목	전자제품		업태	소매	종목	잡화
	이메일					이메일			
						이메일			
작성일자	공급가액	세액	수정사유	비고					
20x1.11.10.	80,000,000	8,000,000	해당 없음						
월	일	품목	규격	수량	단가	공급가액	세액	비고	
11	10	전자제품				80,000,000	8,000,000		
합계금액	현금	수표	어음	외상미수금	위 금액을 (청구) 함				
88,000,000	8,000,000		80,000,000						

문제 2 다음 주어진 요구사항에 따라 부가가치세 신고서 및 부속서류를 작성하시오.(10점)

[1] 20x1년 제1기 부가가치세 예정신고 시 누락된 자료는 다음과 같다. 이를 [매입매출전표]에 입력하고 20x1년 제1기 확정 [부가가치세신고서]에 반영하시오(단, 분개는 생략하고, 부가가치세신고서 작성 시 전자신고세액공제를 적용할 것). (5점)

- 01월 30일 : 업무용으로 사용할 컴퓨터를 ㈜우람전자(621－81－99503)에서 구입하고, 770,000원(부가가치세 포함)을 법인카드인 삼전카드로 결제하였다(부가가치세 공제요건은 갖추었다).
- 02월 25일 : 아람물산에 상품을 12,000,000원(부가가치세 별도)에 삼성카드로 매출하였으나, 업무상 착오로 예정신고기간에 누락하였다.
- 일반과소신고가산세를 적용하고, 납부지연일수는 91일, **1일 2.2/10,000로 계산하시오**.

[2] 다음은 20x1년 제2기 부가가치세 예정신고기간(07.01.~09.30.)의 자료이다. 매입매출전표입력은 생략하고, [신용카드매출전표등발행금액집계표]를 작성하시오. (2점)

1. 신용카드 및 현금영수증 매출자료

구분	공급가액	세액
과세분 신용카드 매출	27,500,000원	2,750,000원
과세분 현금영수증 매출	0원	0원
면세분 신용카드 매출	17,300,000원	0원
면세분 현금영수증 매출	6,500,000원	0원

2. 신용카드 매출전표 및 현금영수증 발행분 중 세금계산서를 발급한 금액

구분	공급가액	세액
과세분 신용카드 매출분	4,000,000원	400,000원
과세분 현금영수증 매출분	0원	0원

[3] 당사는 과세 및 면세사업을 겸영하는 사업자이다. 아래의 자료를 이용하여 20x1년 제2기 확정신고기간(20x1.10.01.~20x1.12.31.)에 대한 [공제받지못할매입세액명세서]를 작성하시오. (3점)

> (1) 20x1년 제2기 확정신고기간의 거래
> - 거래처에 보낼 선물을 구입하고 전자세금계산서 1,100,000원(부가가치세 포함)을 발급받았으며, 대금은 현금으로 결제하였다.
> - 공장에서 과세 · 면세사업에 공통으로 사용할 기계장치를 매입하고 전자세금계산서를 발급받았다. 기계장치의 매입대금 22,000,000원(부가가치세 포함)은 보통예금 계좌에서 이체하였다.
>
> (2) 20x1년 제2기 예정신고기간의 공통매입분에 대한 매입세액은 1,200,000원이며, 기불공제매입세액은 0원이다.
>
> (3) 20x1년 제2기 예정신고기간의 과세매출액은 210,000,000원이며, 면세매출액은 160,000,000원이다.
>
> (4) 20x1년 제2기 확정신고기간의 과세매출액은 300,000,000원이며, 면세매출액은 180,000,000원이다.

문제 3 **다음의 결산정리사항에 대하여 결산정리분개를 하거나 입력을 하여 결산을 완료하시오.(8점)**

[1] 20x1년 5월 1일 일시적으로 건물 중 일부를 임대(기간 : 20x1년 5월 1일~20x2년 4월 30일)하고 1년분 임대료 12,000,000원을 현금으로 받아 선수수익으로 회계처리하였다. 당기분 임대료를 월할로 계산하여 기말 수정분개를 수행하시오(단, 임대료는 영업외수익으로 처리하고, 음수(-)로 회계처리하지 말 것). (2점)

[2] 다음은 당사가 취득한 단기매매증권 관련 자료이다. 결산일의 필요한 회계처리를 하시오. (2점)

> - 취득일 : 20x0년 8월 1일
> - 주식 수 : 800주
> - 주당 취득가액 : 20,000원
> - 취득 시 지출한 취득수수료 : 1,000,000원
> - 20x0년 결산일 현재 주당 공정가액 : 20,000원
> - 20x1년 결산일 현재 주당 공정가액 : 21,000원
> - 전기의 단기매매증권 취득 및 평가에 관련된 회계처리는 일반기업회계기준에 따라 적정하게 처리함.

[3] 당기 법인세 총부담세액은 15,000,000원, 법인세분 지방소득세는 1,500,000원이다. 다음 자료를 이용하여 적절한 결산 분개를 하시오(단, 거래처명은 생략할 것). (2점)

계정과목명	거래처명	금액	비고
예수금	창원세무서	1,000,000원	12월 근로소득 원천징수분
	창원구청	100,000원	
선납세금	창원세무서	5,400,000원	법인세 중간예납액
	관악세무서	1,000,000원	이자소득 원천징수분
	관악구청	100,000원	

[4] 결산일 현재 제품의 실지재고를 파악해본 결과 감소한 수량은 전부 비정상 감모손실로 확인되었다. 비정상 재고자산감모손실에 대한 회계처리를 하고, 기말재고 입력 후 결산을 완료하시오. (2점)

- 장부상 수량 : 2,000개
- 실지재고 수량 : 1,950개
- 단위당 취득원가 : 23,000원
- 단위당 공정가액 : 27,000원

문제 4 원천징수와 관련된 다음 물음에 답하시오.(10점)

[1] 다음은 손대수(사번 : 109, 입사일 : 20x0.01.01.) 사원의 20x1년 귀속 연말정산 관련 자료이다. [연말정산추가자료입력] 메뉴에 입력하시오. (7점)

1. 가족사항(모두 동거하며, 생계를 같이한다. 아래에 제시된 자료 외의 다른 소득은 없다)

관계	성명	주민등록번호	소득	비고
본인	손대수	620302-1111258	총급여 10,500만원	세대주
아버지	손준기	400505-1135650	소득 없음	
어머니	최연주	450325-2122358	소득 없음	
배우자	이시아	650515-2153529	사업소득금액 3,000만원	
딸	손아름	990506-2326223	소득 없음	대학생
아들	손민우	060205-3236141	일용근로소득 200만원	고등학생

※ 기본공제대상자가 아닌 경우도 기본공제 "부"로 입력할 것

2. 연말정산 자료

※ 국세청 홈택스 및 기타 증빙을 통해 확인된 자료이며, 별도의 언급이 없는 한 국세청 홈택스 연말정산 간소화서비스에서 조회된 자료이다.

구분	내용
보험료	• 본인(손대수) : 보장성보험료 600,000원 • 딸(손아름) : 보장성보험료 500,000원 • 아들(손민우) : 보장성보험료 450,000원
교육비	• 본인(손대수) : 사이버대학교 학비 2,000,000원 • 딸(손아름) : 대학교 학비 5,000,000원 • 아들(손민우) : 방과후과정 수업비 500,000원, 교복구입비 600,000원 (교복구입비는 손대수 신용카드 결제)
의료비	• 본인(손대수) : 라식수술비 2,000,000원 • 아버지(손준기) : 보청기 구입비 1,000,000원 • 어머니(최연주) : 질병 치료비 3,550,000원(손대수 신용카드 결제) - 보험업법에 따른 보험회사에서 실손의료보험금 2,000,000원 수령 • 아들(손민우) : 시력보정용 안경 구입비용 900,000원(손대수 신용카드 결제) - 구입처 : 경성안경(사업자등록번호 605-29-32588) - 의료증빙코드는 기타영수증으로 하고, 상호와 사업자등록번호 모두 입력할 것
신용카드 등 사용액	• 본인(손대수) : 신용카드 사용액 38,000,000원(전통시장/대중교통/도서 등 사용분 없음) • 본인(손대수) : 현금영수증 사용액 5,200,000원(전통시장/대중교통/도서 등 사용분 없음) • 딸(손아름) : 직불카드 사용액 3,100,000원(전통시장/대중교통/도서 등 사용분 없음) • 아들(손민우) : 직불카드 사용액 620,000원(대중교통분 400,000원 포함) ※ 본인(손대수) 신용카드 사용액에는 의료비 지출의 결제액이 포함되어 있다. ☞ <u>신용카드사용의 당해연도 소비증가는 없다고 가정한다.</u>
유의사항	• 부양가족의 소득공제 및 세액공제 내용 중 손대수가 공제받을 수 있는 내역은 모두 손대수가 공제받는 것으로 한다.

[2] 다음 자료를 [원천징수이행상황신고서]에 직접 입력하여 마감하고, 국세청 홈택스로 직접 전자신고 하시오(단, 제시된 자료 외에는 없는 것으로 한다). (3점)

(1) 6월 귀속 기타소득(6월 말 지급)
- 일시적 강의료 교수수당(3인) 지급 : 2,300,000원(소득세 : 184,000원)

(2) 6월 귀속 사업소득(6월 말 지급)
- 외부 강사(1인)에게 지급된 강사료 : 1,000,000원(소득세 : 30,000원)

(3) 전월미환급세액 : 87,000원

(4) 유의사항
- [전자신고] → [국세청 홈택스 전자신고변환(교육용)] 순으로 진행한다.
- [전자신고]의 [전자신고제작] 탭에서 신고인구분은 2.**납세자 자진신고**를 선택하고, 비밀번호는 "**12341234**"로 입력한다.
- [국세청 홈택스 전자신고변환(교육용)] → 전자파일변환(변환대상파일선택) → 찾아보기 에서 전자신고용 전자파일을 선택한다.
- 전자신고용 전자파일 저장경로는 로컬디스크(C :)이며, 파일명은 "연월일.01.t사업자등록번호"이다.
- 형식검증하기 ➡ 형식검증결과확인 ➡ 내용검증하기 ➡ 내용검증결과확인 ➡ 전자파일제출 을 순서대로 클릭한다.
- 최종적으로 전자파일 제출하기 를 완료한다.

문제 5 **㈜부산전자(1091)는 금속제품 등의 제조 · 도매업과 도급공사업을 영위하는 중소기업으로 당해 사업연도는 20x1.1.1.~20x1.12.31.이다. [법인조정] 메뉴를 이용하여 기장되어 있는 재무회계 장부 자료와 제시된 보충자료에 의하여 해당 사업연도의 세무조정을 하시오. (30점) ※ 회사 선택 시 유의하시오.**

[1] 다음 자료를 이용하여 [기업업무추진비조정명세서]를 작성하고 필요한 세무조정을 하시오(단, 세무조정은 각 건별로 입력할 것). (6점)

- 수입금액조정명세서 내역은 다음과 같다.

항목	계정과목	결산서상수입금액	가산	차감	조정후 수입금액
매출	상품매출	1,000,000,000원	-	-	1,000,000,000원
	제품매출	1,500,000,000원	-	-	1,500,000,000원
계		2,500,000,000원	-	-	2,500,000,000원

※ 특수관계인에 대한 제품매출액 350,000,000원과 특수관계인에 대한 상품매출액 150,000,000원이 포함되어 있다.

• 장부상 기업업무추진비 내역은 다음과 같다.

계정	건당 금액	법인카드사용액	개인카드사용액	합계
기업업무추진비(판)	3만원 초과분	35,280,000원	872,900원	36,152,900원
	3만원 이하분	15,000원	30,000원	45,000원
	합 계	35,295,000원	902,900원	36,197,900원
기업업무추진비(제)	3만원 초과분	29,780,000원	525,000원	30,305,000원
	3만원 이하분	10,000원	25,000원	35,000원
	합 계	29,790,000원	550,000원	30,340,000원

• 기업업무추진비(판관비, 3만원 초과분, 법인카드 사용액) 중에는 다음 항목이 포함되어 있다.
  - 대표이사가 개인적 용도의 지출을 법인카드로 결제한 금액 970,000원(1건)
  - 문화기업업무추진비로 지출한 금액 5,000,000원(1건)

• 기업업무추진비(제조원가, 3만원 초과분, 개인카드 사용액)에는 경조사비 525,000원(1건)이 포함되어 있다.

[2] 아래 주어진 자료에 의하여 [세금과공과금조정명세서]를 작성하고, 개별 항목별로 세무조정을 하시오(단, 동일한 소득처분도 반드시 각각 세무조정할 것). (6점)

일자	적요	금 액
01/28	화물트럭 자동차세	460,000원
02/26	사업소분주민세	800,000원
03/15	토지에 대한 개발부담금	2,100,000원
04/30	법인세분지방소득세 및 농어촌특별세	4,200,000원
07/20	폐수초과배출부담금	3,700,000원
08/20	대표이사 소유 비상장주식 매각 증권거래세	1,600,000원
08/27	주차위반 과태료(업무 관련 발생분)	220,000원
09/30	산재보험 연체료	480,000원
10/10	지급명세서미제출가산세	1,000,000원
12/15	환경개선부담금	440,000원

[3] 다음 자료를 참조하여 [대손충당금및대손금조정명세서]를 작성하고 필요한 세무조정을 하시오. (6점)

1. 당기 대손 처리 내역은 다음과 같고, 모두 대손충당금과 상계하여 처리하였다.

일자	내역	비고
20x1.05.29.	㈜대영의 외상매출금 40,000,000원	채무자의 사망으로 회수할 수 없는 것으로 확정된 채권
20x1.10.21.	㈜영구의 외상매출금 3,000,000원	회수기일이 1년이 지나지 않은 채권
20x1.02.01.	㈜몰라의 부도어음 19,999,000원 대손확정	부도일부터 6개월 이상 지난 부도어음 20,000,000원

2. 대손충당금 계정 내역

대손충당금

차변		대변	
외상매출금	43,000,000원	전기이월	102,000,000원
받을어음	19,999,000원	당기설정액	15,000,000원
차기이월액	54,001,000원		
계	117,000,000원	계	117,000,000원

3. 당기말 채권 잔액

내역	금액	비고
외상매출금	1,300,000,000원	
받을어음	100,500,000원	
계	1,400,500,000원	

4. 전기말 자본금과 적립금 조정명세서(을) 일부

①과목 또는 사항	②기초잔액	③감 소	④증 가	⑤기말잔액
대손충당금	25,000,000원	25,000,000원	10,000,000원	10,000,000원

5. 기타내역
- 대손설정률은 1%로 가정한다.

[4] 다음의 자료를 이용하여 [자본금과적립금조정명세서] 중 이월결손금계산서 관련 내용만 작성하고, [법인세과세표준및세액조정계산서]를 작성하시오(단, 불러온 자료는 무시하고 새로 입력할 것). (6점)

1. 세무상 결손금내역

사업연도	세무상결손금발생	비고
2009년	130,000,000원	20x0년 귀속 사업연도까지 공제된 이월결손금은 50,000,000원이다.
2021년	90,000,000원	20x0년 귀속 사업연도까지 공제된 이월결손금은 0원이다.

2. 기타내역

- 기한 내 이월결손금은 당기에 공제하기로 한다.
- 당사는 장부 등 증빙을 10년 이상 보관하고 있다.
- 20x1년 결산서상 당기순이익은 100,850,000원, 익금산입은 32,850,000원, 손금산입은 12,950,000원이다.
- 중소기업특별세액감면액은 520,000원, 연구인력개발세액공제액은 200,000원이다(단, 최저한세는 검토하지 않기로 한다).
- 20x1년 원천납부세액은 140,000원이 있다.
- 20x1년 법인세는 일시에 전액 납부할 예정이며, 현금으로 납부할 예정이다.

[5] 다음 자료를 이용하여 [가산세액계산서]를 작성하시오. (6점)

1. 당사가 지출한 금액 중 아래의 항목을 제외한 모든 금액은 법인세법에서 요구하는 세금계산서 등의 적격 증빙서류를 갖추고 있다. 구체적인 내용은 다음과 같다.

구분	금액	비고
복리후생비	2,900,000원	전부 거래 건당 3만원 이하 금액으로 간이영수증을 수취하였다.
소모품비	4,400,000원	전부 거래 건당 3만원 초과 금액으로 간이영수증을 수취하였다.
임차료	4,800,000원	일반과세자인 임대인에게 임차료를 금융기관을 통해 지급하고 법인세 신고 시 송금사실을 기재한 '경비 등 송금명세서'를 첨부하였다.

2. 20x1년 1월 지급분에 대한 일용근로소득지급명세서를 경리담당자의 단순 실수로 20x1년 3월 10일에 제출하였다. 일용근로자에 대한 임금 지급총액은 30,000,000원이었다.

제109회 전산세무1급 답안 및 해설

이 론

1	2	3	4	5	6	7	8	9	10	11	12	13	14	15
③	②	④	②	③	④	①	①	①	④	③	④	①	②	②

01. 유형자산을 사용 · 가동하기 위해 필요한 장소와 상태에 이르기까지 직접 관련된 원가는 취득원가에 포함하지만, **구입 후 개설하는데 소요되는 원가 등은 비용으로 인식**되어야 한다.

02. 지분상품을 발행하거나 취득하는 과정에서 등록비 및 기타 규제 관련 수수료, 법률 및 회계자문 수수료, 주권인쇄비 및 인지세와 같은 여러 가지 비용이 발생한다. 이러한 자본거래비용 중 해당 자본거래가 없었다면 회피가능하면서 자본거래에 직접 관련되어 발생한 추가비용은 **주식발행초과금에서 차감하거나 주식할인발행차금에 가산**한다.

03. 사채의 조기 상환 : **현금상환액 〉 장부금액 →사채상환이익(영업외수익)**

04. 기말재고자산 = 창고 보관 기말재고(20,000,000) + 미착매입재고(4,000,000)
+ 미판매 적송품(3,000,000 × 60%) + 구매의사 미표시 시용상품
(2,000,000) - 미판매 수탁상품(5,000,000) = 22,800,000원

05. 회계정책의 변경에 따른 **누적효과를 합리적으로 결정하기 어려우면 전진법으로 적용**한다.

06. **판매가치가 거의 없는 찌꺼기 등은 작업폐물**이다.

07. 표준원가계산은 **변동원가계산제도와 종합원가계산제도 뿐만 아니라 전부원가계산제도에서도 적용**할 수 있다.

08. 기초재공품보다 기말재공품이 더 크면 당기총제조원가는 당기제품제조원가보다 크다.

09. 매출원가 = 매출액(20,000,000) - [1 - 매출총이익률(40%)] = 12,000,000원
당기총제조원가 = 직접재료원가(5,000,000) + 직접노무원가(4,500,000)
+ 제조간접원가(2,500,000) = 12,000,000원

재고자산(재공품 + 제품)

기초(**재공품** + 제품)	**1,000,000** + 4,000,00	**매출원가**	**12,000,000**
당기총제조원가	12,000,000	기말(재공품 + 제품)	2,000,000 + 3,000,000
합 계	17,000,000	합 계	17,000,000

10. ① 개별원가계산은 다품종소량생산에 적합한 원가계산이다.
② 개별원가계산은 상대적으로 계산이 복잡하나, 정확성은 높다.
③ 개별원가계산은 건설업 등 주문에 따라 제품을 생산하는 업종에 적합하다.

11. **부당행위계산 부인은 특수관계인과의 거래에서만 적용**된다.
12. 법인의 이자수익의 경우 원천징수가 되지 않는 이자는 기간경과분을 미수이자로 계상한 경우 인정하나 **원천징수가 되는 이자를 미수이자로 계상한 경우 인정하지 않는다.**
13. 6,000만원 이상인 경우에 과세한다.
14. 연예인이 사업활동과 관련하여 받는 전속계약금은 사업소득금액으로 **계약기간이 1년을 초과하는 일신전속계약에 대한 대가를 일시에 받는 경우에는 계약기간에 따라 해당 대가를 균등하게 안분한 금액을 각 과세기간 종료일에 수입**한 것으로 한다.
15. 당초 공급한 재화가 환입된 경우에는 **재화가 환입된 날을 작성일**로 적고 비고란에 처음 세금계산서 작성일을 덧붙여 적은 후 붉은색 글씨로 쓰거나 음의 표시를 하여 발급한다.

실 무

문제 1 전표입력

[1] 일반전표입력(2/01)

(차) 보통예금	52,000,000	(대) 자본금	50,000,000
		주식발행초과금	1,400,000
		현금	600,000

[2] 일반전표입력(6/30)

(차) 보통예금	25,800,000	(대) 외상매출금(미국 ABC)	27,600,000
외환차손	1,800,000		

☞외환차손익(자산) = [입금환율(1,290) – 장부가액(1,380)] × $20,0000 = △1,800,000원(차손)

문항	일자	유형	공급가액	부가세	거래처	전자
[3]	10/18	55.수입	30,000,000	3,000,000	부산세관	여
분개유형		(차) 부가세대급금		3,000,000	(대) 현금	3,000,000
현금(혼합)						

문항	일자	유형	공급가액	부가세	거래처	전자
[4]	11/10	11.과세	80,000,000	8,000,000	㈜순양백화점	여
분개유형		(차) 선수금		8,000,000	(대) 부가세예수금	8,000,000
혼합		받을어음		80,000,000	제품매출	80,000,000

☞10월 30일 일반전표 조회

30	00006	차변	0103	보통예금	98001	기업은행	계약금 입금	8,000,000	
30	00006	대변	0259	선수금	00151	(주)순양백화점	계약금 입금		8,000,

문제 2 부가가치세

[1] 확정신고서(4~6월)

1. 매입매출전표입력

(1) 01월 30일 : Shift F5예정 누락분→확정신고 개시년월 : 20x1년 4월>[확인(Tab)]

유형: 57.카과 공급가액: 700,000원 부가세: 70,000원 거래처: ㈜우람전자
신용카드사 : 삼전카드

(2) 02월 25일 : Shift F5예정 누락분→확정신고 개시년월 : 20x1년 4월>[확인(Tab)]

유형: 17.카과 공급가액: 12,000,000원 부가세: 1,200,000원 거래처: 아람물산
신용카드사 : 삼성카드

2. [부가가치세신고서](4~6월)

(1) 매출세액 및 매입세액

구분				정기신고금액 금액	세율	세액
과세표준및매출세액	과세	세금계산서발급분	1	202,692,000	10/100	20,269,200
		매입자발행세금계산서	2		10/100	
		신용카드 · 현금영수증발행분	3		10/100	
		기타(정규영수증외매출분)	4			
	영세	세금계산서발급분	5		0/100	
		기타	6		0/100	
	예정신고누락분		7	12,000,000		1,200,000
	대손세액가감		8			
	합계		9	214,692,000	㉮	21,469,200
매입세액	세금계산서수취분	일반매입	10	158,247,196		15,824,719
		수출기업수입분납부유예	10-1			
		고정자산매입	11	35,000,000		3,500,000
	예정신고누락분		12	700,000		70,000
	매입자발행세금계산서		13			
	그 밖의 공제매입세액		14			
	합계(10)-(10-1)+(11)+(12)+(13)+(14)		15	193,947,196		19,394,719
	공제받지못할매입세액		16			
	차감계 (15-16)		17	193,947,196	㉯	19,394,719
납부(환급)세액(매출세액㉮-매입세액㉯)					㉰	2,074,481

예정신고누락분

구분				금액	세율	세액
7.매출(예정신고누락분)						
예정누락	과세	세금계산서	33		10/100	
		기타	34	12,000,000	10/100	1,200,000
	영	세금계산서	35		0/100	

12.매입(예정신고누락분)					
예정	세금계산서		38			
	그 밖의 공제매입세액		39	700,000		70,000
		합계	40	700,000		70,000
	신용카드매출수령금액합계	일반매입				
		고정매입		700,000		70,000

☞ 일반매입분도 정답처리하였음.

(2) 납부세액

- 가산세

1. 신고불성실	**(1,200,000－70,000)** × 10% ×(1－75%) = 28,250원 * 3개월 이내 수정신고시 75% 감면
2. 납부지연	**1,130,000** × 91일 ×2.2(가정)/10,000 = 22,622원
계	50,872원

신고불성실	무신고(일반)	69		뒤쪽	
	무신고(부당)	70		뒤쪽	
	과소·초과환급(일반)	71	1,130,000	뒤쪽	28,250
	과소·초과환급(부당)	72		뒤쪽	
납부지연		73	1,130,000	뒤쪽	22,622
영세율과세표준신고불성실		74		5/1,000	

- 납부할 세액 : 2,115,353원(전자신고세액공제 10,000원)

[2] [신용카드매출전표등발행금액집계표](7~9월)

2. 신용카드매출전표 등 발행금액 현황

구 분	합 계	신용·직불·기명식 선불카드	현금영수증	직불전자지급 수단 및 기명식선불 전자지급수단
합 계	54,050,000	47,550,000	6,500,000	
과세 매출분	30,250,000	30,250,000		
면세 매출분	23,800,000	17,300,000	6,500,000	
봉 사 료				

3. 신용카드매출전표 등 발행금액중 세금계산서 교부내역

세금계산서발급금액	4,400,000	계산서발급금액	

[3] [공제받지못할매입세액명세서](10~12월)

1. [공제받지못할매입세액내역] 탭

공제받지못할매입세액내역 | 공통매입세액안분계산내역 | 공통매입세액의정산내역 | 납부세액또는환급세액재계산

매입세액 불공제 사유	세금계산서		
	매수	공급가액	매입세액
①필요적 기재사항 누락 등			
②사업과 직접 관련 없는 지출			
③비영업용 소형승용자동차 구입· 유지 및 임차			
④접대비 및 이와 유사한 비용 관련	1	1,000,000	100,000
⑤면세사업등 관련			

2. [공통매입세액의정산내역] 탭

공제받지못할매입세액내역 | 공통매입세액안분계산내역 | 공통매입세액의정산내역 | 납부세액또는환급세액재계산

산식	구분	(15)총공통 매입세액	(16)면세 사업확정 비율			(17)불공제매입 세액총액 ((15)*(16))	(18)기불공제 매입세액	(19)가산또는 공제되는매입 세액((17)-(18))
			총공급가액	면세공급가액	면세비율			
1.당해과세기간의 공급가액기준		3,200,000	850,000,000.00	340,000,000.00	40.000000	1,280,000		1,280,000

문제 3 결산

[1] [수동결산]

(차) 선수수익 8,000,000 (대) 임대료(904) 8,000,000

☞임대료 = 선수수익(12,000,000)÷12개월×8개월(5.1~12.31) = 8,000,000원

[2] [수동결산]

(차) 단기매매증권 800,000 (대) 단기매매증권평가이익 800,000

☞평가손익(단기매매증권) = [공정가액(21,000) – 장부가액(20,000원)]×800주 = 800,000원(이익)

[3] [수동/자동결산]

(차) 법인세등 16,500,000 (대) 선납세금 6,500,000

미지급세금 10,000,000

[결산자료입력]>9. 법인세등> · 1). 선납세금 6,500,000원 입력

· 2). 추가계상액 10,000,000원〉 F3전표추가

[4] [수동입력 후 자동결산]

(차) 재고자산감모손실 1,150,000 (대) 제품(타계정대체) 1,150,000

☞감모손실 = 감모수량(50개)×취득원가(23,000) = 1,150,000원

〈결산자료입력〉

· 제품매출원가>9)당기완성품제조원가>⑩기말제품재고액 44,850,000원>F3전표추가

문제 4 원천징수

[1] 연말정산(손대수)

1. [부양가족] 탭

(1) 인적공제(2025)

<table>
<tr><th rowspan="2">관계</th><th colspan="2">요 건</th><th>기본</th><th>추가</th><th rowspan="2">판 단</th></tr>
<tr><th>연령</th><th>소득</th><th>공제</th><th>(자녀)</th></tr>
<tr><td>본인(세대주)</td><td>-</td><td>-</td><td>○</td><td></td><td>총급여액 10,500만원</td></tr>
<tr><td>부(85)</td><td>○</td><td>○</td><td>○</td><td>경로</td><td></td></tr>
<tr><td>모(80)</td><td>○</td><td>○</td><td>○</td><td>경로</td><td></td></tr>
<tr><td>배우자</td><td>-</td><td>×</td><td>부</td><td></td><td>소득금액 1백만원 초과자</td></tr>
<tr><td>딸(26)</td><td>×</td><td>○</td><td>부</td><td></td><td></td></tr>
<tr><td>아들(19)</td><td>○</td><td>○</td><td>○</td><td>자녀</td><td>일용근로소득은 분리과세소득</td></tr>
</table>

(2) 연말정산 판단

<table>
<tr><th rowspan="2">항 목</th><th colspan="2">요건</th><th rowspan="2">내역 및 대상여부</th><th rowspan="2">입력</th></tr>
<tr><th>연령</th><th>소득</th></tr>
<tr><td>보 험 료</td><td>○
(×)</td><td>○</td><td>• 본인 보장성 보험료
• 딸 보장성보험료(연령요건 미충족)
• 아들 보장성보험료</td><td>○(일반 600,000)
×
○(일반 450,000)</td></tr>
<tr><td>교 육 비</td><td>×</td><td>○
(×)</td><td>• 본인 사이버 대학교 학비
• 딸 대학교 학비
• 아들 : 방과후학과 수업비 및 교복구입비 (한도 50만원)</td><td>○(본인 2,000,000)
○(대학 5,000,000)
○(고등 1,000,000)</td></tr>
<tr><td>의 료 비</td><td>×</td><td>×</td><td>• 본인 라식 수술
• 아버지 보청기 구입비
• 어머니 질병 치료(실손보험료 차감)
• 아들 안경 구입(한도 50만원)</td><td>○(본인 2,000,000)
○(65세 1,000,000)
○(65세 1,550,000)
○(일반 500,000)</td></tr>
<tr><td>신용카드</td><td>×</td><td>○</td><td>• 본인 신용카드
• 본인 현금영수증
• 딸 직불카드
• 아들 직불카드</td><td>○(신용 38,000,000)
○(현금 5,200,000)
○(직불 3,100,000)
○(직불 220,000
대중교통 400,000)</td></tr>
</table>

(3) 보험료세액공제

본인(손대수)

보장성보험-일반	600,000	
보장성보험-장애인		
합 계	**600,000**	

아들(손민우)

보장성보험-일반	450,000	
보장성보험-장애인		
합 계	**450,000**	

(4) 교육비세액공제

본인(손대수)

교육비		
일반		장애
2,000,000	4.본인	

딸(손아름)

교육비		
일반		장애인
5,000,000	3.대학생	

아들(손민우)

교육비		
일반		장애인
1,000,000	2.초중고	

2. [의료비] 탭

의료비 공제대상자					지급처			지급명세						14.산후조리원
성명	내/외	5.주민등록번호	6.본인등 해당여부		9.증빙코드	8.상호	7.사업자등록번호	10.건수	11.금액	11-1.실손보험수령액	12.미숙아 선천성이상아	13.난임여부		
손대수	내	620302-1111258	1	0	1				2,000,000		X	X		X
손준기	내	400505-1135650	2	0	1				1,000,000		X	X		X
최연주	내	450325-2122358	2	0	1				3,550,000	2,000,000	X	X		X
손민우	내	060205-3236141	3	X	5	경성안경	605-29-32588	1	500,000		X	X		X
					합계			1	7,050,000	2,000,000				
일반의료비(본인)		2,000,000	65세 이상자.장애인 건강보험산정특례자			4,550,000	일반의료비(그 외)		500,000	난임시술비				
										미숙아.선천성이상아				

3. [신용카드 등] 탭

소득명세 | 부양가족 | 신용카드 등 | 의료비 | 기부금 | 연금저축 등I | 연금저축 등II | 월세액 | 연말정산입력

내/외 관계	성명 생년월일	자료구분	신용카드	직불,선불	현금영수증	도서등 신용	도서등 직불	도서등 현금	전통시장	대중교통
내	손대수	국세청	38,000,000		5,200,000					
0	1962-03-02	기타								
내	손아름	국세청		3,100,000						
4	1999-05-06	기타								
내	손민우	국세청		220,000						400,000
4	2006-02-05	기타								
합계			38,000,000	3,320,000	5,200,000					400,000

4. [연말정산입력] 탭 : F8부양가족탭불러오기 실행

[소득공제]		
2. 신용카드	① 신용카드 ② 직불카드 ③ 현금영수증 ④ 대중교통	38,000,000 3,320,000 5,200,000 400,000
[특별세액공제]		
1. 보장성 보험료	① 일반	1,050,000
2. 의료비	① 특정(본인) ② 특정(65세 이상) ③ 일반	2,000,000 2,550,000 500,000
3. 교육비	① 본 인 ② 초중고 ③ 대학생	2,000,000 1,000,000 5,000,000

[2] 전자신고(6월)

1. [원천징수이행상황신고서] 작성 및 마감(귀속기간 6월,지급기간 6월,1.정기신고)

원천징수명세및납부세액 | 원천징수이행상황신고서 부표 | 원천징수세액환급신청서 | 기납부세액명세서 | 전월미환급세액 조정명세서 | 차월이월환급세액 승계명세

소득자	소득구분		코드	소득지급 인원	소득지급 총지급액	징수세액 소득세 등	징수세액 농어촌특별세	징수세액 가산세	당월조정 환급세액	납부세액 소득세 등	납부세액 농어촌특별세
거주자 비거주자	득	가 감 계	A20								
	사업소득	매월징수	A25	1	1,000,000	30,000					
		연말정산	A26								
		가 감 계	A30	1	1,000,000	30,000			30,000		
	기타소득	연금계좌	A41								
		종교인매월	A43								
		종교인연말	A44								
		가상자산	A49								
		인적용역	A59	3	2,300,000	184,000					
		그 외	A42								
		가 감 계	A40	3	2,300,000	184,000			57,000	127,000	

전월 미환급 세액의 계산			당월 발생 환급세액				18.조정대상환급(14+15+16+17)	19.당월조정환급세액계	20.차월이월환급세액	21.환급신청액
12.전월미환급	13.기환급	14.차감(12-13)	15.일반환급	16.신탁재산	금융회사 등	합병 등				
87,000		87,000					87,000	87,000		

2. [전자신고]>[전자신고제작] 탭>F4 제작>비밀번호 입력

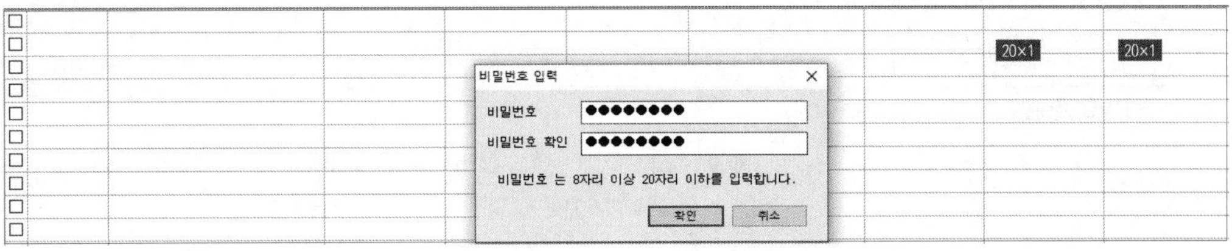

20×1 20×1

비밀번호 입력

비밀번호 ●●●●●●●●

비밀번호 확인 ●●●●●●●●

비밀번호 는 8자리 이상 20자리 이하를 입력합니다.

확인 취소

3. [국세청 홈택스 전자신고변환(교육용)]

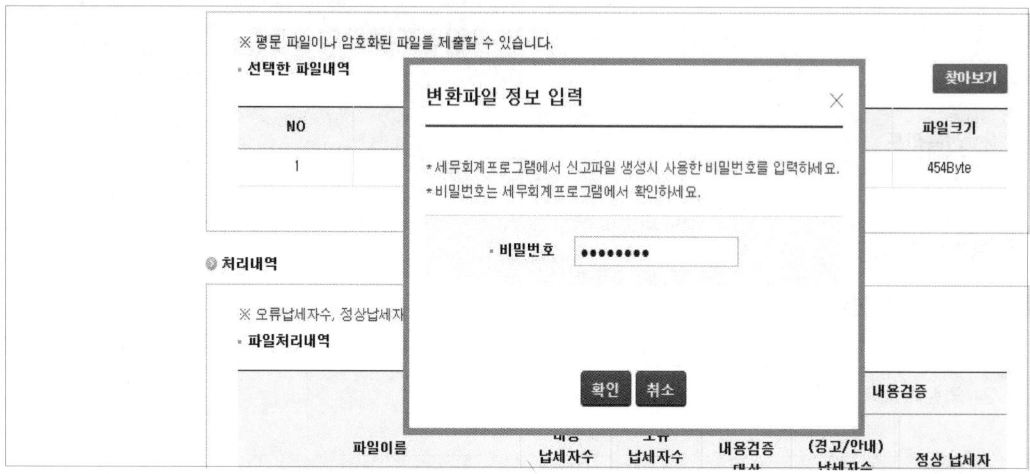

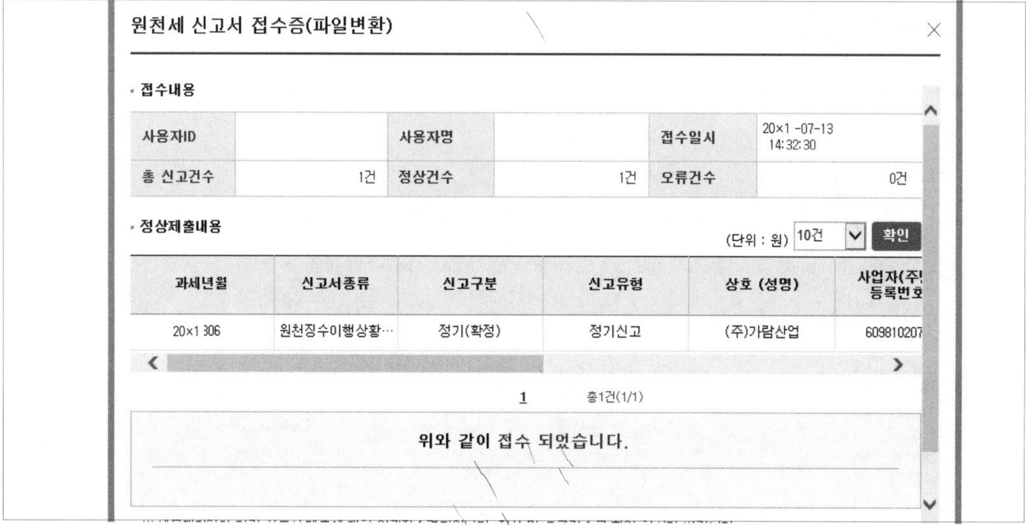

문제 5 세무조정

[1] [기업업무추진비조정명세서]

1. [1.기업업무추진비 입력(을)] 탭

(1) 수입금액명세

1 1. 수입금액명세

구 분	① 일반수입금액	② 특수관계인간 거래금액	③ 합 계(①+②)
금 액	2,000,000,000	500,000,000	2,500,000,000

(2) 기업업무추진비해당금액

4. 계정과목			합계	기업업무추진비(제조)	기업업무추진비(판관)
5. 계정금액			66,537,900	30,340,000	36,197,900
6. 기업업무추진비계상액 중 사적사용경비			970,000		970,000
7. 기업업무추진비해당금액(5-6)			65,567,900	30,340,000	35,227,900
8. 신용카드 등 미사용금액	경조사비 중 기준금액 초과액	9. 신용카드 등 미사용금액	525,000	525,000	
		10. 총 초과금액	525,000	525,000	
	국외지역 지출액 (법인세법 시행령 제41조제2항제1호)	11. 신용카드 등 미사용금액			
		12. 총 지출액			
	농어민 지출액 (법인세법 시행령 제41조제2항제2호)	13. 송금명세서 미제출금액			
		14. 총 지출액			
	기업업무추진비 중 기준금액 초과액	15. 신용카드 등 미사용금액	872,900		872,900
		16. 총 초과금액	64,962,900	29,780,000	35,182,900
	17. 신용카드 등 미사용 부인액		1,397,900	525,000	872,900
18. 기업업무추진비 부인액(6+17)			2,367,900	525,000	1,842,900

- **<u>기업업무추진비(판) 중 기준금액 초과액>(16)총 초과금액 : 3만원초과(36,152,900) - 사적사용(970,000) = 35,182,900원으로 입력하는 것이 정확 답안입니다.</u>**

2. [2.기업업무추진비 조정(갑)] 탭

3 기업업무추진비 한도초과액 조정

중소기업			□ 정부출자법인 □ 부동산임대업등(법.령제42조제2항)
구분			금액
1. 기업업무추진비 해당 금액			65,567,900
2. 기준금액 초과 기업업무추진비 중 신용카드 등 미사용으로 인한 손금불산입액			1,397,900
3. 차감 기업업무추진비 해당금액(1-2)			64,170,000
일반 기업업무추진비 한도	4. 12,000,000 (중소기업 36,000,000) X 월수(12) / 12		36,000,000
	총수입금액 기준	100억원 이하의 금액 X 30/10,000	7,500,000
		100억원 초과 500억원 이하의 금액 X 20/10,000	
		500억원 초과 금액 X 3/10,000	
		5. 소계	7,500,000
	일반수입금액 기준	100억원 이하의 금액 X 30/10,000	6,000,000
		100억원 초과 500억원 이하의 금액 X 20/10,000	
		500억원 초과 금액 X 3/10,000	
		6. 소계	6,000,000
	7. 수입금액기준	(5-6) X 10/100	150,000
	8. 일반기업업무추진비 한도액 (4+6+7)		42,150,000
문화기업업무추진비 한도(「조특법」 제136조제3항)	9. 문화기업업무추진비 지출액		5,000,000
	10. 문화기업업무추진비 한도액(9와 (8 X 20/100) 중 작은 금액)		5,000,000
전통시장기업업무추진비 한도(「조특법」 제136조제6항)	11. 전통시장기업업무추진비 지출액		
	12. 전통시장기업업무추진비 한도액(11과 (8 X 10/100) 중 작은 금액)		
13. 기업업무추진비 한도액 합계(8+10+12)			47,150,000
14. 한도초과액(3-13)			17,020,000
15. 손금산입한도 내 기업업무추진비 지출액(3과 13중 작은 금액)			47,150,000

3. 세무조정

〈손금불산입〉 기업업무추진비 개인사용액 970,000원 (상 여)

〈손금불산입〉 기업업무추진비 신용카드미사용액 1,397,900원 (기타사외유출)

☞ 판관비와 제조원가를 구분하여 세무조정한 경우에도 정답처리함.

〈손금불산입〉 기업업무추진비 한도초과액 17,020,000원 (기타사외유출)

[2] [세금과공과금조정명세서]

□	코드	계정과목	월	일	거래내용	코드	지급처	금 액	손금불산입표시
□	0817	세금과공과금	1	28	화물트럭 자동차세			460,000	
□	0817	세금과공과금	2	26	사업소분 주민세			800,000	
□	0817	세금과공과금	3	15	토지에 대한 개발부담금			2,100,000	손금불산입
□	0817	세금과공과금	4	30	법인세분지방소득세 및 농어촌특별세			4,200,000	손금불산입
□	0817	세금과공과금	7	20	폐수초과배출부담금			3,700,000	손금불산입
□	0817	세금과공과금	8	20	대표이사 소유 비상장주식매각 증권거래세			1,600,000	손금불산입
□	0817	세금과공과금	8	27	주차위반 과태료(업무 관련 발생분)			220,000	손금불산입
□	0817	세금과공과금	9	30	산재보험 연체료			480,000	
□	0817	세금과공과금	10	10	지급명세서미제출가산세			1,000,000	손금불산입
□	0817	세금과공과금	12	15	환경개선부담금			440,000	
					손 금 불 산 입 계			12,820,000	
					합 계			15,000,000	

[세무조정]

〈손금불산입〉 토지에 대한 개발부담금 2,100,000원 (유보발생)

〈손금불산입〉 법인세분지방소득세 및 농어촌특별세 4,200,000원 (기타사외유출)

〈손금불산입〉 폐수초과배출부담금 3,700,000원 (기타사외유출)

〈손금불산입〉 대표이사증권거래세 1,600,000원 (상여)

〈손금불산입〉 주차위반 과태료(업무 관련 발생분) 220,000원 (기타사외유출)

〈손금불산입〉 지급명세서미제출가산세 1,000,000원 (기타사외유출)

[3] [대손충당금및대손금조정명세서]

1. 대손금조정

대손내역	신고/결산	회사대손계상액	세법상 시인액	세법상부인액
1 사망	결산	40,000,000	40,000,000	0
2. 회수기일 1년 미경과채권	–	3,000,000		3,000,000
4 6개월 경과 부도어음	결산	19,999,000	19,999,000	
계		62,999,000	59,999,000	3,000,000

1	2. 대손금조정										크게보기
No	22. 일자	23.계정과목	24.채권내역	25.대손사유	26.금액	대손충당금상계액			당기 손비계상액		
						27.계	28.시인액	29.부인액	30.계	31.시인액	32.부인액
1	05.29	외상매출금	1.매출채권	3.사망,실종	40,000,000	40,000,000	40,000,000				
2	10.21	외상매출금	1.매출채권	기타	3,000,000	3,000,000		3,000,000			
3	02.01	받을어음	1.매출채권	5.부도(6개월경과)	19,999,000	19,999,000	19,999,000				
4											
			계		62,999,000	62,999,000	59,999,000	3,000,000			

2. 채권잔액

2	채권잔액						크게보기
No	16.계정과목	17.채권잔액의 장부가액	18.기말현재대손금부인누계		19.합계 (17+18)	20.충당금설정제외채권 (할인,배서,특수채권)	21.채 권 잔 액 (19-20)
			전기	당기			
1	외상매출금	1,300,000,000		3,000,000	1,303,000,000		1,303,000,000
2	받을어음	100,500,000			100,500,000		100,500,000
3							
	계	1,400,500,000		3,000,000	1,403,500,000		1,403,500,000

→ **당기 회수기일 1년 미경과채권 3,000,000원 대손금부인 누계액**

3. 대손충당금조정

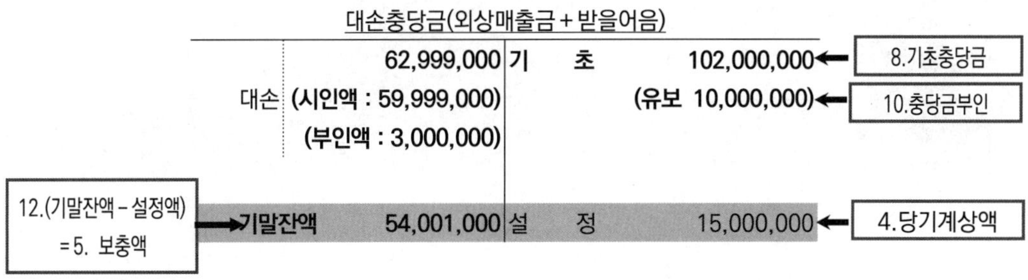

3	1.대손충당금조정								
손금산입액조정	1.채권잔액 (21의금액)	2.설정률(%)			3.한도액 (1×2)	회사계상액			7.한도초과액 (6-3)
		●기본율	○실적율	○적립기준		4.당기계상액	5.보충액	6.계	
	1,403,500,000	1			14,035,000	15,000,000	39,001,000	54,001,000	39,966,00

익금산입액조정	8.장부상 충당금기초잔액	9.기중 충당금환입액	10.충당금부인 누계액	11.당기대손금 상계액(27의금액)	12.충당금보충액 (충당금장부잔액)	13.환입할금액 (8-9-10-11-12)	14.회사환입액 (회사기말환입)	15.과소환입·과다 환입(△)(13-14)
	102,000,000		10,000,000	62,999,000	39,001,000	-10,000,000		-10,000,00

4. 세무조정

〈 손 금 산 입 〉전기 대손충당금 한도초과액 10,000,000원 (유보감소)
〈손금불산입〉대손금 부인액 3,000,000원 (유보발생)
〈손금불산입〉대손충당금 한도초과액 39,966,000원 (유보발생)

[4] 자본금과적립금보정명세 및 법인세과세표준 및 세액조정계산서

1. [자본금과적립금조정명세서]>[이월결손금] 탭

Ⅱ.이월결손금 계산서

1. 이월결손금 발생 및 증감내역

(6) 사업연도	이월결손금					감소내역				잔액		
	발생액			(10) 소급공제	(11) 차감계	(12) 기공제액	(13) 당기 공제액	(14) 보전	(15) 계	(16) 기한 내	(17) 기한 경과	(18) 계
	(7) 계	(8)일반 결손금	(9)배 분 한도초과 결손금{(9)=(25)}									
2009-12-31	130,000,000	130,000,000			130,000,000	50,000,000			50,000,000		80,000,000	80,000,000
2021-12-31	90,000,000	90,000,000			90,000,000		90,000,000		90,000,000			
계	220,000,000	220,000,000			220,000,000	50,000,000	90,000,000		140,000,000		80,000,000	80,000,000

2. [법인세과세표준및세액조정명세서]

구분	항목		코드	금액
① 각사업연도소득계산	101. 결산서상당기순손익		01	100,850,000
	소득조정 금액	102.익금산입	02	32,850,000
		103.손금산입	03	12,950,000
	104. 차가감소득금액 (101+102-103)		04	120,750,000
	105. 기부금한도초과액		05	
	106. 기부금한도초과 이월액 손금산입		54	
	107. 각사업연도소득금액(104+105-106)		06	120,750,000
② 과세표준계산	108. 각사업연도소득금액 (108=107)			120,750,000
	109. 이월결손금		07	90,000,000
	110. 비과세소득		08	
	111. 소득공제		09	
	112. 과세표준 (108-109-110-111)		10	30,750,000
	159. 선박표준이익		55	
③ 산출세액계산	113. 과세표준 (113=112+159)		56	30,750,000
	114. 세율		11	9%
	115. 산출세액		12	2,767,500
	116. 지점유보소득(법 제96조)		13	
	117. 세율		14	
	118. 산출세액		15	
	119. 합계 (115+118)		16	2,767,500

구분	항목			코드	금액
④ 납부할세액계산	120. 산출세액 (120=119)				2,767,500
	121. 최저한세 적용대상 공제감면세액			17	520,000
	122. 차감세액			18	2,247,500
	123. 최저한세 적용제외 공제감면세액			19	200,000
	124. 가산세액			20	
	125. 가감계 (122-123+124)			21	2,047,500
	기납부세액	기한내납부세액	126. 중간예납세액	22	
			127. 수시부과세액	23	
			128. 원천납부세액	24	140,000
			129. 간접 회사등 외국 납부세액	25	
			130. 소계(126+127+128+129)	26	140,000
		131. 신고납부전가산세액		27	
		132. 합계 (130+131)		28	140,000
	133. 감면분추가납부세액			29	
	134. 차가감납부할세액(125-132+133)			30	1,907,500
⑤토지등 양도소득, ⑥미환류소득 법인세 계산 (TAB로 이동)					
⑦ 세액계	151. 차감납부할 세액계 (134+150+166)			46	1,907,500
	152. 사실과 다른 회계 처리 경정 세액공제			57	
	153. 분납세액계산범위액 (151-124-133-145-152+131)			47	1,907,500
	154. 분납할세액			48	
	155. 차감납부세액 (151-152-154)			49	1,907,500

[5] [가산세액계산서] – 미제출가산세

신고납부가산세	미제출가산세	토지등양도소득가산세	미환류소득

구분		계산기준	기준금액	가산세율	코드	가산세액
지출증명서류		미(허위)수취금액	9,200,000	2/100	8	184,000
지급	미(누락)제출	미(누락)제출금액		10/1,000	9	
	불분명	불분명금액		1/100	10	
	상증법 82조 1 6	미(누락)제출금액		2/1,000	61	
		불분명금액		2/1,000	62	
	상증법 82조 3 4	미(누락)제출금액		2/10,000	67	
		불분명금액		2/10,000	68	
명세서	법인세법 제75의7①(일용근로)	미제출금액	30,000,000	12.5/10,000	96	37,500
		불분명등		25/10,000	97	

① 지출증명서류 미수취 가산세 = 지출 건당 3만원 초과분 × (4,400,000원 + 4,800,000원) × 2%
= 184,000원

- **건당 3만원 초과분은 법인세법에서 요구하는 세금계산서 등의 적격증빙을 갖추어야 하지만 그러하지 아니한 경우에는 지출증명서류 미수취 가산세 적용대상**이다.
- **임대인이 간이과세자인 경우라면 간이과세자로부터 부동산임대용역을 공급받는 경우에 해당되어 경비 등 송금명세서 특례가 인정**되나, 임대인이 일반과세자인 경우 지출증명서류 미수취 가산세를 적용한다.

② 지급명세서제출 불성실 가산세 = 30,000,000원 × 0.25% × 50%(감면) = 37,500원

- 일용직 근로소득에 대한 지급명세서 제출 불성실 가산세 : 0.25%
  → 제출기한 경과 후 1개월 이내 제출 시 0.125%(50%감면)

제105회 전산세무 1급

합격율	시험년월
11%	2022.12

이 론

01. 다음 중 재무회계 개념체계에 대한 설명으로 가장 틀린 것은?

① 개념체계와 일반기업회계기준이 상충될 경우에는 일반기업회계기준이 개념체계보다 우선한다.
② 회계정보의 질적특성 중 신뢰성은 예측역할과 관련이 있다.
③ 회계정보의 질적특성 중 목적적합성은 적시성과 관련이 있다.
④ 재무제표의 기본가정 중 하나는 계속기업의 가정이다.

02. 유형자산 취득 후의 지출액은 자산(자본적지출) 또는 비용(수익적지출)으로 인식될 수 있다. 다음 중 가장 틀린 설명은?

① 자본적지출이란 내용연수의 연장 등 자산의 가치를 증대시키는 지출액을 말한다.
② 상가 건물 취득 후 지출된 벽면 도색을 위한 지출액은 수익적지출에 해당한다.
③ 자본적지출을 수익적지출로 처리한 경우 당기순이익은 과대계상된다.
④ 수익적지출을 자본적지출로 처리한 경우 자본은 과대계상된다.

03. 다음 중 일반기업회계기준에 따른 충당부채에 대한 설명으로 옳지 않은 것은?

① 과거 사건이나 거래의 결과에 따른 현재의무가 존재하여야 한다.
② 충당부채의 명목금액과 현재가치의 차이가 중요한 경우에는 현재가치로 평가한다.
③ 충당부채는 보고기간 말 현재 최선의 추정치를 반영하여 증감 조정한다.
④ 충당부채와 관련된 내용은 주석에 기재하지 않는다.

04. 기계장치에 대한 자료가 다음과 같을 때 20x1년 감가상각비로 계상하여야 할 금액은 얼마인가?

- 기계장치 취득원가 : 1,000,000원
- 정부보조금 수령액 : 300,000원
- 취득일자 : 20x0년 7월 1일
- 내용연수 : 5년
- 상각방법 : 정액법
- 잔존가치 : 없음
- 기계장치 취득과 관련하여 정부보조금을 수령하고, 이를 자산차감법으로 인식함.

① 70,000원 ② 100,000원 ③ 140,000원 ④ 200,000원

05. 다음 중 회계변경에 관한 설명으로 틀린 것은?

① 일반기업회계기준에서 회계정책의 변경을 요구하는 경우 회계정책을 변경할 수 있다.

② 회계추정을 변경한 경우에는 변경내용, 그 정당성 및 그 변경이 당기 재무제표에 미치는 영향을 주석으로 기재한다.

③ 매기 동일한 회계정책 또는 회계추정을 사용하면 비교가능성이 증대되어 재무제표의 유용성이 향상된다.

④ 회계추정의 변경은 소급하여 적용하며, 전기 또는 그 이전의 재무제표를 비교목적으로 공시할 경우에는 소급적용에 따른 수정사항을 반영하여 재작성한다.

06. 다음 중 원가에 대한 설명으로 맞는 것은?

① 가공원가란 직접재료원가를 제외한 모든 원가를 말한다.

② 특정 제품 또는 특정 부문에 직접적으로 추적가능한 원가를 간접비라 한다

③ 변동원가 총액은 조업도에 비례하여 감소한다.

④ 직접재료원가와 직접노무원가는 가공원가에 해당한다.

07. 다음의 자료를 이용하여 직접재료원가와 직접노무원가를 구하시오.

- 기초 제품 재고액 : 2,000,000원
- 기말 제품 재고액 : 3,000,000원
- 기초 재공품 원가 : 2,500,000원
- 기말 재공품 원가 : 1,000,000원
- 가공원가 : 직접재료원가의 150%
- 제조간접원가 : 직접노무원가의 200%
- 매출원가 : 3,000,000원

	직접재료원가	직접노무원가
①	500,000원	1,000,000원
②	800,000원	1,600,000원
③	1,000,000원	500,000원
④	1,600,000원	800,000원

08. 다음 중 결합원가계산에 대한 설명으로 틀린 것은?

① 부산물 회계처리에서 생산기준법은 부산물을 생산하는 시점에 부산물을 인식하나, 판매기준법은 부산물을 판매하는 시점에 부산물을 인식한다.
② 순실현가치법에서 배분 대상이 되는 원가는 분리점에 도달하는 시점까지 발생한 결합원가뿐만 아니라 분리점 이후에 발생한 추가가공원가도 포함된다.
③ 판매가치기준법은 연산품의 분리점에서의 판매가치를 기준으로 결합원가를 배분하는 방법이다.
④ 균등매출총이익율법은 모든 개별제품의 매출총이익률이 같아지도록 결합원가를 배분하는 방법이다.

09. 보조부문의 원가를 단계배분법에 따라 제조부문에 배분할 때 조립부문에 배분될 보조부문의 원가는 얼마인가? (단, 동력부문의 원가를 먼저 배분한다.)

소비부문 / 제공부문	보조부문		제조부문	
	동력부문	수선부문	절단부문	조립부문
배분 전 원가	200,000원	120,000원	350,000원	400,000원
동력부문		20%	50%	30%
수선부문	60%		10%	30%

① 90,000원 ② 96,000원 ③ 120,000원 ④ 180,000원

10. 다음 중 표준원가계산과 관련된 설명으로 가장 거리가 먼 것은?

① 표준원가계산제도를 채택하면 실제원가와는 관계없이 언제나 표준원가로 계산된 재고자산이 재무제표에 보고된다.
② 표준원가계산은 예산과 실제원가를 기초로 차이를 분석하여 예외에 의한 관리를 통해 효율적인 원가통제가 가능하다.
③ 제품의 완성량만 파악하면 표준원가를 산출할 수 있으므로 신속하게 원가정보를 제공할 수 있다.
④ 직접재료원가가격차이를 원재료 구입시점에서 분리하든 사용시점에서 분리하든 직접재료원가능률차이에는 영향을 주지 않는다.

11. 다음 중 부가가치세법상 의제매입세액공제에 대한 설명으로 가장 옳지 않은 것은?

① 면세농산물 등을 공급받은 날이 속하는 예정신고 또는 확정신고 시 매출세액에서 공제한다.
② 예정신고 시에는 공제 한도 계산 없이 매입세액공제가 가능하다.
③ 간이과세자는 의제매입세액공제를 받을 수 없다.
④ 공제대상이 되는 원재료의 매입가액은 운임 등 취득부대비용을 포함한다.

12. 다음 중 부가가치세법상 공제되는 매입세액이 아닌 것은?

① 사업자등록을 신청하기 전 매입세액으로서 대표자주민번호를 적은 세금계산서도 발급받지 아니한 경우 당해 매입세액

② 매입처별세금계산서합계표를 경정청구나 결정 시에 제출하는 경우 당해 매입세액

③ 예정신고 시 매입처별 세금계산서합계표를 제출하지 못하여 해당 예정신고기간이 속하는 과세기간의 확정신고 시에 제출하는 경우 당해 매입세액

④ 공급시기 이후에 발급하는 세금계산서로서 해당 공급시기가 속하는 과세기간에 대한 확정신고기한 경과 전 발급받은 경우 당해 매입세액

13. 다음 중 소득세법상 공동사업장에 대한 소득금액 계산과 관련한 설명으로 옳지 않은 것은?

① 사업소득이 있는 거주자의 공동사업장에 대한 소득금액 계산에 있어서는 그 공동사업장을 1거주자로 본다.

② 대표공동사업자는 당해 공동사업장에서 발생하는 소득금액과 가산세액 및 원천징수된 세액의 각 공동사업자별 분배명세서를 제출하여야 한다.

③ 중소기업이 아닌 경우 기업업무추진비한도액은 연간 12,000,000원에 공동사업자 구성원 수를 곱하여 계산된 금액을 한도로 한다.

④ 공동사업장에 관련되는 가산세는 각 공동사업자의 약정된 손익분배비율에 의해 배분한다.

14. 다음 중 근로소득만 있는 거주자로서 연말정산 시 산출세액에서 공제하는 세액공제에 대한 설명으로 틀린 것은?

① 의료비세액공제는 지출된 의료비가 총급여액의 3%를 초과하는 경우에만 공제한다.

② 자녀세액공제는 특별세액공제에 해당하여 표준세액공제와 중복적용될 수 없다.

③ 근로자 본인을 위하여 지출된 교육비로서 학자금대출원리금상환액에 대해서도 교육비 세액공제를 적용한다.

④ 월세액세액공제를 적용받으면 표준세액공제가 적용되지 않는다.

15. 다음 중 법인세법상 결산조정과 신고조정에 대한 설명으로 틀린 것은?

① 결산조정항목은 원칙적으로 결산서상 비용으로 계상하여야 손금 인정이 가능하다.

② 결산조정은 손금의 귀속시기를 선택할 수 없으나 신고조정은 손금의 귀속시기를 선택할 수 있다.

③ 퇴직연금충당금은 결산조정 및 신고조정이 가능하다.

④ 결산조정항목은 대부분 추정경비이나 신고조정항목은 대부분 지출경비이다.

실 무

㈜서희전자(1050)은 제조 · 도소매업을 영위하는 중소기업이며, 당기 회계기간은 20x1.1.1.~20x1.12.31.이다. 전산세무회계 수험용 프로그램을 이용하여 다음 물음에 답하시오.

문제 1 다음 거래에 대하여 적절한 회계처리를 하시오.(12점)

[1] 08월 25일 당사는 제품인 컴퓨터를 ㈜성희에게 납품하고 총 대금 11,000,000원 중 5,000,000원을 보통예금으로 수령하였으며, 나머지 금액은 한 달 후에 수령하기로 하고 아래와 같은 전자세금계산서를 발급하였다. (3점)

<table>
<tr><td colspan="6">전자세금계산서</td><td colspan="2">승인번호</td><td colspan="6">20220825-15454645-58811886</td></tr>
<tr><td rowspan="5">공급자</td><td>등록번호</td><td>105-81-23608</td><td>종사업장번호</td><td colspan="2"></td><td rowspan="6">공급받는자</td><td>등록번호</td><td>126-87-10121</td><td>종사업장번호</td><td colspan="4"></td></tr>
<tr><td>상호(법인명)</td><td>㈜서희전자</td><td>성명</td><td colspan="2">최서희</td><td>상호(법인명)</td><td>㈜성희</td><td>성명</td><td colspan="4">하민우</td></tr>
<tr><td>사업장주소</td><td colspan="4">서울특별시 동작구 여의대방로 28</td><td>사업장주소</td><td colspan="6">경기도 이천시 가좌로1번길 21-26</td></tr>
<tr><td>업태</td><td>제조</td><td>종목</td><td colspan="2">전자제품</td><td>업태</td><td>도소매</td><td>종목</td><td colspan="4">전자제품</td></tr>
<tr><td rowspan="2">이메일</td><td colspan="4" rowspan="2"></td><td>이메일</td><td colspan="6"></td></tr>
<tr><td></td><td>이메일</td><td colspan="6"></td></tr>
<tr><td colspan="2">작성일자</td><td colspan="2">공급가액</td><td colspan="2">세액</td><td colspan="2">수정사유</td><td colspan="6">비고</td></tr>
<tr><td colspan="2">20x1-08-25</td><td colspan="2">10,000,000원</td><td colspan="2">1,000,000원</td><td colspan="2">해당 없음</td><td colspan="6"></td></tr>
<tr><td>월</td><td>일</td><td colspan="2">품목</td><td>규격</td><td>수량</td><td colspan="2">단가</td><td colspan="2">공급가액</td><td colspan="2">세액</td><td colspan="2">비고</td></tr>
<tr><td>8</td><td>25</td><td colspan="2">전자제품</td><td></td><td>20</td><td colspan="2">500,000원</td><td colspan="2">10,000,000원</td><td colspan="2">1,000,000원</td><td colspan="2"></td></tr>
<tr><td></td><td></td><td colspan="2"></td><td></td><td></td><td colspan="2"></td><td colspan="2"></td><td colspan="2"></td><td colspan="2"></td></tr>
<tr><td></td><td></td><td colspan="2"></td><td></td><td></td><td colspan="2"></td><td colspan="2"></td><td colspan="2"></td><td colspan="2"></td></tr>
<tr><td></td><td></td><td colspan="2"></td><td></td><td></td><td colspan="2"></td><td colspan="2"></td><td colspan="2"></td><td colspan="2"></td></tr>
</table>

[2] 08월 31일 단기매매목적으로 보유 중인 주식회사 최강의 주식(장부가액 15,000,000원)을 전부 20,000,000원에 매각하였다. 주식처분 관련 비용 15,000원을 차감한 잔액이 보통예금 계좌로 입금되었다. (3점)

[3] 09월 30일 당사는 미국의 Amazon.com사에 제품을 직수출(FOB 조건 수출)하였다. 총 매출대금은 $40,000로, 9월 15일 계약금 $4,000를 외화로 수령하고, 선적일인 9월 30일에 계약금을 제외한 잔금을 보통예금 외화계좌로 수령하였다(단, 수출신고번호는 고려하지 말 것). (3점)

• 9월 15일 기준환율 : 1,000원/$	• 9월 30일 기준환율 : 1,200원/$

[4] 10월 12일 당사가 발행한 사채(액면가액 : 100,000,000원)의 70%를 상환하였으며, 상환대금 60,000,000원은 보통예금으로 지급하였다(단, 상환일 현재 사채할증발행차금 잔액은 5,000,000원이다). (3점)

문제 2 다음 주어진 요구사항에 따라 부가가치세 신고서 및 부속서류를 작성하시오.(10점)

[1] 다음의 자료를 이용하여 ㈜서희전자의 제1기 확정 부가가치세 수정신고서를 작성하시오. 단, 법정신고 및 납부기한은 20x1년 7월 25일이며, 20x1년 8월 4일에 수정신고(1차) 및 납부하고자 한다. (6점)

1. 제1기 확정 부가가치세 신고서(정기신고하였으며, 납부세액은 기한 내 납부하였다.)
   - 전자세금계산서 발급 매출액 : 공급가액 100,000,000원, 세액 10,000,000원
   - 전자세금계산서 수취 매입액(일반매입) : 공급가액 50,000,000원, 세액 5,000,000원
2. 정기신고 시 누락된 자료(아래의 증빙자료는 법정기한 내 발급 및 수취하였다.)
   - 종이세금계산서 발급 매출액 : 공급가액 20,000,000원, 세액 2,000,000원
   - 종이세금계산서 수취 매입액(고정자산매입) : 공급가액 2,000,000원, 세액 200,000원
   - 법인카드 사용 매입액(일반매입) : 5,500,000원(부가가치세 포함)
     - 법인카드 사용액은 전액 사업 관련성이 있으며, 거래처와 식사한 금액 220,000원(부가가치세 포함)이 포함되어 있다.
3. 누락된 매출액은 부당하게 누락된 것이 아니다.

[2] 다음 자료를 보고 20x1년 제2기 부가가치세 확정신고 시 납부세액(환급세액)재계산을 위한 [공제받지못할매입세액명세서]를 작성하시오. (4점)

1. 과세사업과 면세사업에 공통으로 사용되는 자산의 구입내역

계정과목	취득일자	공급가액	부가가치세	비고
토지	2022.01.01.	300,000,000원	-	
건물	2023.01.01.	200,000,000원	20,000,000원	
기계장치	2024.05.01.	50,000,000원	5,000,000원	
비품	2023.10.05.	8,000,000원	800,000원	

2. 2024년 및 2025년의 공급가액 내역
   (2024년 및 2025년 제1기까지 납부세액 재계산은 올바르게 신고되었다.)

구분	2024년 제2기	2025년 제1기	2025년 제2기
과세사업	200,000,000원	-	400,000,000원
면세사업	300,000,000원	400,000,000원	600,000,000원

문제 3 다음의 결산정리사항에 대하여 결산정리분개를 하거나 입력을 하여 결산을 완료하시오.(8점)

[1] 당사는 10월 1일 회계부서 직원에 대하여 확정급여형(DB) 퇴직연금에 가입하였으며 20,000,000원을 운용한 결과 6%(연 이자율)의 이자수익이 발생하였고, 12월 31일에 3개월분의 이자수익이 입금되었다. (단, 이자수익은 월할계산할 것) (2점)

[2] 장부의 외상매출금 계정에는 해외 거래처인 Gigs와의 거래로 인한 외화외상매출금 $10,000(거래일 당시 기준환율 ₩1,200/$)가 포함되어 있다. 결산일 현재 필요한 회계처리를 하시오(단, 결산일 현재 기준환율은 ₩1,250/$이다). (2점)

[3] 12월 31일 결산 마감 전 개발비(무형자산) 잔액이 12,000,000원이 있으며, 해당 무형자산은 20x1년 7월 31일에 취득하여 사용하고 있는 것이다(단, 회사는 무형자산에 대하여 5년간 월할 균등상각하며, 상각기간 계산 시 1월 미만의 기간은 1월로 한다). (2점)

[4] 다음의 재고자산 자료를 결산시점에 필요에 따라 [일반전표입력] 메뉴와 [결산자료입력]메뉴에 반영하시오. (2점)

구분	장부상			단위당 시가	실사 후 수량
	수량	단가	합계		
제품	10,000개	1,000원	10,000,000원	1,300원	9,800개

※ 장부상 수량과 실사 후 수량의 차이 중 40%만 정상적인 것이다.

문제 4 **원천징수와 관련된 다음 물음에 답하시오.(10점)**

[1] 아래의 자료를 바탕으로 회계팀 과장인 윤서준(사번 : 101번, 주민등록번호 : 890630-1123453, 입사일 : 2023.1.5.)을 ①[사원등록]하고, 필요한 ②[수당공제등록]을 하여 ③20x1년 7월분 [급여자료입력]과 ④20x1년 7월분 [원천징수이행상황신고서]를 작성하시오. 한편 윤서준은 중소기업취업자소득세감면 적용 대상자로서 최초로 소득세 감면 신청을 하였으며, 매월 급여입력에 반영하는 것으로 가정한다. (6점)

1. 7월분 급여자료(급여지급일 : 7월 25일)

급여항목		공제항목	
기본급	4,500,000원	국민연금	202,500원
자가운전보조금	300,000원	건강보험료	157,270원
식대	200,000원	장기요양보험료	19,290원
국외근로수당	1,000,000원	고용보험료	42,300원

2. 부양가족 사항

관계	이름	주민등록번호	소득현황
배우자	이윤아	901212-2451116	별도의 소득금액 없음
자녀	윤아준	200301-3021410	

3. 추가 자료
- 수당등록 시 사용하지 않는 항목은 '부'로 표시하고, 월정액 여부와 통상임금 여부는 무시한다.
- 자가운전보조금은 본인 소유 차량을 업무에 사용하는 것에 대한 보조금이다(별도 여비 미지급).
- 회사는 매월 정액 식대를 지급하고 있으며 별도의 현물식사는 제공하지 않는다.
- 국외근로수당은 중국에 소재한 지점으로 발령받아 근무함으로써 발생한 근로소득이다.
- 국민연금, 건강보험료, 고용보험료 등은 등급표를 적용하지 않고, 상기 자료를 적용한다.
- 소득세 및 지방소득세는 자동계산된 자료를 사용한다(소득세 적용률 100% 적용).

[2] 다음은 중간배당에 대한 원천징수 관련 자료이다. 다음 자료를 이용하여 [이자배당소득자료입력]을 하시오. (2점)

1. 배당소득자 관련 정보
   - 성명 : 김세무(코드 : 101, 국적 : 대한민국, 거주자)
   - 주민등록번호 : 801111 - 1012342
   - 1주당 배당금 : 1,000원
   - 소유 주식 수 : 5,000주
2. 20x1년 9월 1일 이사회의 결의로 중간배당을 결의하고, 즉시 배당금을 현금으로 지급함.
3. 주어진 자료 이외의 자료입력은 생략함.

[3] 전산에 입력된 다음의 자료를 이용하여 [원천징수이행상황신고서]를 작성 및 마감하고 국세청 홈택스에 전자신고를 하시오. (2점)

1. 소득자료

귀속월	지급월	소득구분	신고코드	인원	총지급액	소득세	비고
10월	11월	기타소득	A42	3명	6,000,000원	1,200,000원	매월신고, 정기신고

   - 전월로부터 이월된 미환급세액 300,000원을 충당하기로 한다.
2. 유의사항
   전자신고용 전자파일 제작 시 신고인 구분은 2.납세자 자진신고를 선택하고, 비밀번호는 자유롭게 설정한다.

문제 5 **덕산기업㈜(1051)은 안전유리 등을 생산하고 제조 · 도매업 및 도급공사업을 영위하는 중소기업이며, 당해 사업연도는 20x1.1.1.~20x1.12.31.이다. [법인조정] 메뉴를 이용하여 기장되어 있는 재무회계 장부 자료와 제시된 보충자료에 의하여 해당 사업연도의 세무조정을 하시오. (30점) ※ 회사 선택 시 유의하시오.**

[1] 다음 자료를 이용하여 [수입금액조정명세서] 및 [조정후수입금액명세서]를 작성하고, 필요한 세무조정을 하시오. (6점)

1. 손익계산서상 수입금액은 다음과 같다.

구분	계정과목	기준경비율코드	결산서상 수입금액
1	제품매출	261004	2,500,800,000원
2	공사수입금	452122	178,200,000원
계			2,679,000,000원

2. 손익계산서상 공사수입금액에는 다음과 같이 작업진행률에 의해 가산되어야 하는 공사수입금액이 누락되었다.

• 공사명 : 제주도지하철공사	• 도급자 : 제주도도지사
• 도급금액 : 200,000,000원	• 총 공사예정비 : 100,000,000원
• 해당연도 말 총공사비 누적액 : 80,000,000원	• 전기말 누적수입계상액 : 150,000,000원

3. 기말 결산 시 제품판매누락(공급가액 2,200,000원, 원가 2,000,000원)이 있었으나, 손익계산서에는 반영하지 못하였다(부가가치세 수정신고는 적정하게 처리함).

4. 부가가치세법상 과세표준 내역

구분	금액	비고
제품매출	2,510,000,000원	사업상증여 시가 7,000,000원 포함 (매입세액공제를 정상적으로 받은 제품임)
공사수입금	178,200,000원	-
계	2,688,200,000원	-

[2] 다음의 자료를 이용하여 [선급비용명세서]를 작성하고, 관련된 세무조정을 [소득금액조정합계표및명세서]에 반영하시오(단, 세무조정은 각 건별로 행하는 것으로 한다). (6점)

1. 전기 자본금과적립금조정명세서(을)

사업연도	20x0.01.01. ~ 20x0.12.31.	**자본금과 적립금조정명세서(을)**		법인명	덕산기업㈜
세무조정유보소득계산					
① 과목 또는 사항	② 기초잔액	당기 중 증감		⑤ 기말잔액	비고
		③ 감소	④ 증가		
선급비용	-	-	500,000원	500,000원	-

※ 전기분 선급비용 500,000원이 당기에 보험기간의 만기가 도래하였다.

2. 당기 화재보험료 내역

구분	보험기간	납부금액	거래처	선급비용 계상액
본사	20x1.07.01.~20x2.06.30.	60,000,000원	㈜한화보험	-
공장	20x1.09.01.~20x2.08.31.	90,000,000원	㈜삼성보험	15,000,000원

[3] 다음 자료를 이용하여 [대손충당금및대손금조정명세서]를 작성하고 필요한 세무조정을 하시오. 단, 대손설정률은 1%로 가정한다. (6점)

1. 당해연도 대손충당금 변동내역

내 역	금 액	비 고
전기이월 대손충당금	15,000,000원	전기대손충당금한도초과액 : 6,000,000원
회수불가능 외상매출금 상계 대손충당금	2,000,000원	8월 16일 상계 처리하였으며, 이는 상법에 따른 소멸시효가 완성된 채권이다.
당기 설정 대손충당금	4,500,000원	
기말 대손충당금 잔액	17,500,000원	

2. 채권 잔액으로 당기말 외상매출금 잔액은 300,000,000원 당기말 미수금 잔액은 25,000,000원이다.
3. 전기 이전에 대손처리한 외상매출금에 대한 대손 요건 미충족으로 인한 유보금액 잔액이 전기 자본금과적립금조정명세서(을)에 7,000,000원이 남아있으며, 이는 아직 대손 요건을 충족하지 않는다.

[4] 아래의 자료를 바탕으로 [업무무관부동산등에관련한차입금이자조정명세서]를 작성하고, 필요한 세무조정을 하시오. (6점)

1. 재무상태표 내역
   - 자산총계 : 1,000,000,000원
   - 부채총계 : 300,000,000원
   - 납입자본금 : 100,000,000원
2. 손익계산서상 이자비용 (당기에 상환된 차입금은 없다.)

이자율	이자비용	차입일	비고
8%	10,000,000원	20x0.07.01.	국민은행이자
12%	15,000,000원	20x0.06.13.	건설자금이자 (현재 진행 중인 공장건설공사를 위한 이자비용)
10%	20,000,000원	2020.01.01.	금융어음할인료
4%	40,000,000원	20x1.01.01.	신한은행이자
6%	30,000,000원	20x1.01.01.	채권자 불분명사채이자 (원천징수는 없는 것으로 가정한다.)

3. 대표이사 김세무의 가지급금 관련 자료
   - 20x0년 10월 1일 대표이사 김세무의 개인 주택 구입 목적으로 600,000,000원을 대여하였다.
   - 대표이사 김세무의 전기이월 가수금은 100,000,000원이다.
   - 해당 가지급금 및 가수금은 상환기간 및 이자율 등에 관한 약정이 없다.
4. 업무무관부동산 내역 (결산일 말 현재 보유중인 부동산)

   20x0년 11월 10일 회사는 업무와 관련없이 토지를 300,000,000원에 취득하고, 해당 토지의 취득세 50,000,000원을 세금과공과로 당기비용 처리하였으며, 이에 대한 세무조정은 적정하게 반영되었다.

[5] 다음은 덕산기업㈜의 법인차량 관련 자료이다. 아래의 차량은 모두 영업관리부에서 업무용으로 사용 중이며 임직원전용보험에 가입하였다. 다음 자료를 이용하여 [업무용승용차등록] 및 [업무용승용차관련비용명세서]를 작성하고 관련 세무조정을 하시오(단, 당사는 부동산임대업을 영위하지 않는다). (6점)

27로2727 소나타(자가)	• 코드 : 101 • 취득일 : 20x0년 5월 1일 • 취득가액 : 34,000,000원(부가가치세 포함) • 감가상각비 : 6,800,000원 • 유류비 : 2,000,000원(부가가치세 포함) • 보험료 : 1,400,000원(20x2년 01월~04월 보험료 400,000원이 포함되어 있다.) • 자동차세 : 520,000원 • 보험기간 : 20x0.05.01.~20x1.04.30. 20x1.05.01.~20x2.04.30. • 20x1년 운행일지 : 미작성
38호2929 제네시스(렌트)	• 코드 : 102 • 임차일 : 20x1년 09월 01일 • 월 렌트료 : 1,320,000원(부가가치세 포함) • 렌트기간 : 20x1.09.01.~20x3.08.30. • 유류비 : 2,200,000원(부가가치세 포함) • 보험기간 : 20x1.09.01.~20x2.08.30. • 20x1년 운행일지 : 10,000㎞(업무용 사용거리 9,000㎞)

제105회 전산세무1급 답안 및 해설

이 론

1	2	3	4	5	6	7	8	9	10	11	12	13	14	15
②	③	④	③	④	①	③	②	④	①③	④	①	③	②	②

01. **회계정보의 질적특성 중 신뢰성은 표현의 충실성, 중립성, 검증가능성**과 관련된 개념이다.

02. 자본적지출을 수익적지출로 처리한 경우 **비용이 과대계상되어 당기순이익은 과소 계상**된다.

03. **충당부채와 관련하여 필요한 내용은 주석에 기재하여 공시**하여야 한다.

04. 정액법일 경우 **손익계산서에 반영되는 감가상각비는 순액으로 계산**해도 된다.

감가상각비 = [취득원가(1,000,000) - 정부보조금(300,000)] ÷ 5년 = 140,000원

05. **추정의 변경은 전진법으로 처리**한다.

06. **가공원가는 직접재료원가를 제외한 모든 원가**를 말한다.

07.

재고자산(재공품 + 제품)

기초재고(재공품 + 제품)	2,000,000 + 2,500,000	매출원가	3,000,000
당기총제조원가	**2,500,000**	기말재고(재공품 + 제품)	3,000,000 + 1,000,000
합 계	7,000,000	합 계	7,000,000

당기총제조원가(2,500,000) = 직접재료원가 + 가공원가 = 직접재료원가 + 직접재료원가 × 150%
= 직접재료원가 × 250% ∴ 직접재료원가 : 1,000,000원

당기총제조원가(2,500,000) = 직접재료원가(1,000,000) + 직접노무원가 + 직접노무원가 200%
∴ 직접노무원가 : 500,000원

08. 순실현가치법에서 배부 대상이 되는 원가는 분리점에 도달하는 시점까지 발생한 결합원가이고, **분리점 이후에 발생한 추가가공원가는 포함되지 않는다.**

09. 동력부문⇒수선부문 순으로 배분한다.

〈단계배분법〉	보조부문		제조부문	
	동력	수선	절단	조립
배분전 원가	200,000	120,000	350,000	400,000
동력부문(20% : 50% : 30%)	(200,000)	40,000	100,000	**60,000**
공장사무부문**(0 : 10% : 30%)**	-	(160,000)	40,000	120,000
보조부문 배부 원가			490,000	**580,000**

조립부문에 배분될 보조부문원가 = 동력부문(60,000) + 수선부문(120,000) = 180,000원

10. 표준원가와 실제원가가 **상당한 차이가 있는 경우에는 표준원가를 실제의 상황에 맞게 조정**하여야 한다.
    제품의 실제 생산량만 파악하면 표준원가를 산출할 수 있으므로 신속하게 원가정보를 제공할 수 있다.
11. 의제매입세액 계산시 **운임 등 취득부대비용은 제외한 금액을 매입가액**으로 한다.
12. 사업자등록을 신청한 사업자가 사업자등록증 발급일까지 거래에 대하여 해당 사업자 또는 대표자의 주민번호를 적어 발급받은 경우, 당해 매입세액은 매입세액공제가 가능하다.
13. 공동사업장의 소득금액을 계산하는 경우 **기업업무추진비 및 기부금의 한도액은 공동사업자를 1거주자로 보아 적용**한다.
14. 자녀세액공제는 특별세액공제에 해당하지 않기 때문에 특별소득공제 · 특별세액공제 · 월세액세액공제를 신청하지 않은 경우 **표준세액공제와 중복 공제가 가능**하다.
15. 결산조정은 손금의 귀속시기를 선택할 수 있으나 신고조정은 손금의 귀속시기를 선택할 수 없다.

실 무

문제 1 전표입력

[1] 8월 25일 매입매출전표

유형	공급가액	부가세	거래처	전자세금
11.과세	10,000,000	1,000,000	㈜성희	여

분개유형					
분개유형	(차) 보통예금	5,000,000	(대)	부가세예수금	1,000,000
혼합	외상매출금	6,000,000		제품매출	10,000,000

[2] 8월 31일 일반전표

(차) 보통예금	19,985,000	(대)	단기매매증권	15,000,000
			단기매매증권처분이익	4,985,000

[3] 8월 25일 매입매출전표(환가여부가 불투명하나 미환가로 답안제시)

유형	공급가액	부가세	거래처	전자세금
16.수출(①)	48,000,000	0	Amazon.com	–

분개유형					
분개유형	(차) 보통예금	43,200,000	(대)	제품매출	48,000,000
	선수금	4,000,000			
혼합	외환차손	800,000			
☞인용된 답안	(차) 보통예금	43,200,000	(대)	제품매출	48,000,000
	선수금	4,800,000			

[4] 10월 12일 일반전표

(차) 사채	70,000,000	(대) 보통예금	60,000,000
사채할증발행차금	3,500,000	사채상환이익	13,500,000

☞상환손익 = 상환가액(60,000,000) – 장부가액(70,000,000 + 5,000,000 × 70%) = △13,500,000(이익)

문제 2 부가가치세

[1] 부가가치세 신고서(4~6월) 2.수정신고

1. 납부세액

구분				정기신고금액 금액	세율	세액		수정신고금액 금액	세율	세액
과세표준및매출세액	과세	세금계산서발급분	1	100,000,000	10/100	10,000,000	1	120,000,000	10/100	12,000,000
		매입자발행세금계산서	2		10/100		2		10/100	
		신용카드·현금영수증발행분	3		10/100		3		10/100	
		기타(정규영수증외매출분)	4				4			
	영세	세금계산서발급분	5		0/100		5		0/100	
		기타	6		0/100		6		0/100	
	예정신고누락분		7				7			
	대손세액가감		8				8			
	합계		9	100,000,000	㉮	10,000,000	9	120,000,000	㉮	12,000,000
매입세액	세금계산서수취분	일반매입	10	50,000,000		5,000,000	10	50,000,000		5,000,000
		수출기업수입분납부유예	10				10			
		고정자산매입	11				11	2,000,000		200,000
	예정신고누락분		12				12			
	매입자발행세금계산서		13				13			
	그 밖의 공제매입세액		14				14	4,800,000		480,000
	합계(10)-(10-1)+(11)+(12)+(13)+(14)		15	50,000,000		5,000,000	15	56,800,000		5,680,000
	공제받지못할매입세액		16				16			
	차감계 (15-16)		17	50,000,000	㉯	5,000,000	17	56,800,000	㉯	5,680,000
납부(환급)세액(매출세액㉮-매입세액㉯)					㉰	5,000,000			㉰	6,320,000

- 그 밖의 공제매입세액

14.그 밖의 공제매입세액									
신용카드매출 수령금액합계표	일반매입	41			신용카드매출 수령금액합계표	일반매입	41	4,800,000	480,000
	고정매입	42				고정매입	42		

2. 가산세

〈매출매입신고누락분〉

구 분			공급가액	세액
매출	과세	세 금(전자)	20,000,000(종이)	2,000,000
		기 타		
	영세	세 금(전자)		
		기 타		
매입	세금계산서 등		2,000,000 + 4,800,000	680,000
미달신고(납부)←신고 · 납부지연 가산세				**1,320,000**

1. 전자세금계산서 미발급	**20,000,000원** × 1%(종이세금계산서) = 200,000원
2. 신고불성실	**1,320,000원** × 10% ×(1 – 90%) = 13,200원 * 1개월이내 수정신고시 90% 감면
3. 납부지연	**1,320,000원** × 10일 ×2.2/10,000 = 2,904원
계	**216,104원**

25.가산세명세

구분		코드	금액	세율	세액
사업자미등록등		61		1/100	
세 금 계산서	지연발급 등	62		1/100	
	지연수취	63		5/1,000	
	미발급 등	64		뒤쪽참조	
전자세금 발급명세	지연전송	65		3/1,000	
	미전송	66		5/1,000	
세금계산서 합계표	제출불성실	67		5/1,000	
	지연제출	68		3/1,000	
신고 불성실	무신고(일반)	69		뒤쪽	
	무신고(부당)	70		뒤쪽	
	과소·초과환급(일반)	71		뒤쪽	
	과소·초과환급(부당)	72		뒤쪽	
납부지연		73		뒤쪽	
영세율과세표준신고불성실		74		5/1,000	

25.가산세명세

구분		코드	금액	세율	세액
사업자미등록등		61		1/100	
세 금 계산서	지연발급 등	62		1/100	
	지연수취	63		5/1,000	
	미발급 등	64	20,000,000	뒤쪽참조	200,000
전자세금 발급명세	지연전송	65		3/1,000	
	미전송	66		5/1,000	
세금계산서 합계표	제출불성실	67		5/1,000	
	지연제출	68		3/1,000	
신고 불성실	무신고(일반)	69		뒤쪽	
	무신고(부당)	70		뒤쪽	
	과소·초과환급(일반)	71	1,320,000	뒤쪽	13,200
	과소·초과환급(부당)	72		뒤쪽	
납부지연		73	1,320,000	뒤쪽	2,904
영세율과세표준신고불성실		74		5/1,000	

[2] 납부세액(환급세액)재계산(10~12월)

1. 면세공급가액비율

구분	2024년 제2기	2025년 제1기	2025년 제2기
과세사업	200,000,000원	–	400,000,000원
면세사업	300,000,000원	400,000,000원	600,000,000원
면세공급가액비율	60%	100%	60%

2. 납부(환급세액)대상

계정과목	취득일자	부가가치세	대상여부	경과된 과세기간
토지	2022.01.01.	–	감가상각자산만 대상	–
건물	2023.01.01.	20,000,000		5
기계장치	2024.05.01.	5,000,000		3
비품	2023.10.05.	800,000	**경과된 과세기간이 4기이므로 대상에서 제외**	4

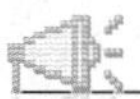

3. 납부환급세액 재계산

공제받지못할매입세액내역	공통매입세액안분계산내역	공통매입세액의정산내역	납부세액또는환급세액재계산

자산	(20)해당재화의 매입세액	(21)경감률 [1-(체감률*경과된과세기간의수)]				(22)증가 또는 감소된 면세공급가액(사용면적)비율					(23)가산또는 공제되는 매입세액 (20)*(21)*(22)
		취득년월	체감률	경과 과세기간	경감률	당기 총공급	당기 면세공급	직전 총공급	직전 면세공급	증가율	
1.건물,구축물	20,000,000	2023 -01	5	5	75	1,000,000,000.00	600,000,000.00	400,000,000.00	400,000,000.00	-40.000000	-6,000,000
2.기타자산	5,000,000	2024 -05	25	3	25	1,000,000,000.00	600,000,000.00	400,000,000.00	400,000,000.00	-40.000000	-500,000

문제 3 결산

[1] 〈수동결산〉

(차)	퇴직연금운용자산	300,000	(대)	퇴직연금운용수익 또는 이자수익	300,000

☞당기수익 = 20,000,000원 × 6% × 3/12 = 300,000원

[2] 〈수동결산〉

(차)	외상매출금(Gigs)	500,000	(대)	외화환산이익	500,000

☞환산손익(자산) = 공정가액($10,000 × 1,250) − 장부가액($10,000 × 1,200) = 500,000원(이익)

[3] 〈수동/자동결산〉

(차)	무형자산상각비	1,200,000	(대)	개발비	1,200,000

[결산자료입력]>4. 판매비와 일반관리비>6). 무형자산상각비
>개발비 결산반영금액란 1,200,000원 입력

☞ 무형자산상각비 = 취득가액(12,000,000) ÷ 5년 × 6개월/12개월 = 1,200,000원
1월 미만의 기간을 포함한다고 하였으므로 6개월간 상각하여 한다.

[4] 〈수동⇒자동결산〉

①	(차) 재고자산감모손실	120,000	(대)	제품(8.타계정대체)	120,000

☞ 재고자산감모손실 = (10,000개 − 9,800개) × 1,000원 = 200,000원
정상적인감모손실 = 200,000원 × 40% = 80,000원(매출원가)
비정상적인감모손실 = 200,000원 − 80,000원 = 120,000원(영업외비용)

② [결산자료입력]>기말제품 결산반영금액란 9,800,000원 입력>F3전표추가

☞ 기말재고자산 = 9,800개 × 1,000원(저가법) = 9,800,000원

문제 4 원천징수

[1] 사원등록, 급여자료입력, 원천징수이행상황신고서

1. 사원등록(윤서준)

(1) 기본사항 탭(101.윤서준)

기본사항	부양가족명세	추가사항			
1.입사년월일	2023 년 1 월 5 일				
2.내/외국인	1 내국인				
3.외국인국적	KR 한국	체류자격			
4.주민구분	1 주민등록번호	주민등록번호	890630-1123453		
5.거주구분	1 거주자	6.거주지국코드	KR 대한민국		
7.국외근로제공	1 월 100만원 비과세	8.단일세율적용	0 부	9.외국법인 파견근로자	0 부
10.생산직등여부	0 부	연장근로비과세	0 부	전년도총급여	

(2) 부양가족명세

관계	요건		기본 공제	추가 (자녀)	판 단
	연령	소득			
본인(세대주)	–	–	○		
배우자	–	○	○		
아들(5)	○	○	○		

(3) 추가사항

11.중소기업취업감면여부	1 여		나이(만)	36 세		
감면기간	2023-01-05 ~ 2028-01-31	감면율	4 90 %	감면입력	1 급여입력	
12.소득세 적용률	1 100%					

☞ 감면기간 종료일 : 취업일로부터 5년이 되는 날이 속하는 달의 말일

2. 수당공제등록

No	코드	과세구분	수당명	근로소득유형			월정액	통상임금	사용여부
				유형	코드	한도			
1	1001	과세	기본급	급여			정기	여	여
2	1002	과세	상여	상여			부정기	부	부
3	1003	과세	직책수당	급여			정기	부	부
4	1004	과세	월차수당	급여			정기	부	부
5	1005	비과세	식대	식대	P01	(월)200,000	정기	부	여
6	1006	비과세	자가운전보조금	자가운전보조금	H03	(월)200,000	부정기	부	여
7	1007	비과세	야간근로수당	야간근로수당	001	(년)2,400,000	부정기	부	부
8	2001	비과세	국외근로수당	국외근로 월100만원	M01	(월)1,000,000	정기	부	여

3. 급여자료입력(귀속년월 7월, 지급년월일 7월 25일)

사번	사원명	감면율	급여항목	금액	공제항목	금액
101	윤서준	90%	기본급	4,500,000	국민연금	202,500
			식대	200,000	건강보험	157,270
			자가운전보조금	300,000	장기요양보험	19,290
			국외근로수당	1,000,000	고용보험	43,200
					소득세(100%)	20,120
					지방소득세	2,010
					농특세	
			과세	4,600,000		
			비과세	1,400,000	공제총액	444,390
총인원(퇴사자) 1(0)			지급총액	6,000,000	차인지급액	5,555,610

☞ 비과세금액 = 식대(200,000) + 자가운전보조금(200,000) + 국외근로(1,000,000) = 1,400,000원
소득세 등은 자동계산되어집니다.

4. 원천징수이행상황신고서(귀속기간 7월, 지급기간 7월,1.정기신고)

원천징수명세및납부세액 | 원천징수이행상황신고서 부표 | 원천징수세액환급신청서 | 기납부세액명세서 | 전월미환급세액 조정명세서 | 차월이월환급세액 승계명세서

소득자 소득구분	코드	소득지급		징수세액			당월조정환급세액	납부세액	
		인원	총지급액	소득세 등	농어촌특별세	가산세		소득세 등	농어촌특별세
간이세액	A01	1	5,800,000	20,120					
중도퇴사	A02								

[2] 이자배당소득자료 입력

1. 기타소득자등록(101.김세무)

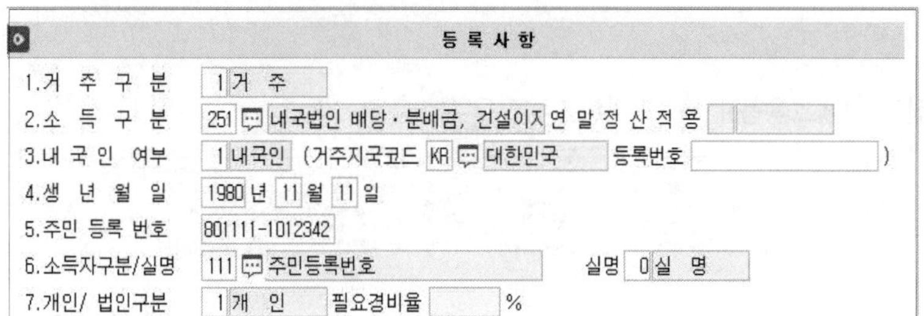

등록사항

1.거 주 구 분 1 거 주
2.소 득 구 분 251 내국법인 배당·분배금, 건설이자 연 말 정 산 적 용
3.내 국 인 여부 1 내국인 (거주지국코드 KR 대한민국 등록번호)
4.생 년 월 일 1980 년 11 월 11 일
5.주민 등록 번호 801111-1012342
6.소득자구분/실명 111 주민등록번호 실명 0 실 명
7.개인/ 법인구분 1 개 인 필요경비율 %

2. 이자배당소득자료입력(지급년월일 9월 1일)

구 분	입 력 내 용
1.소득자 구분/실명	111 주민등록번호 실명 0.실명
2.개인/법인구분	1.개인
3.지급(영수)일자	년 09 월 01 일
4.귀속년월	년 09 월

지 급 및 계 산 내 역

채권이자 구분	이자지급대상기간	이자율	금액	세율(%)	세액	지방소득세	농특세
	----‐--‐--~----‐--‐--		5,000,000	14	700,000	70,000	

[3] 전자신고

1. [원천징수이행상황신고서] 조회 및 마감(**귀속기간 10월, 지급기간 11월**, 1.정기신고)

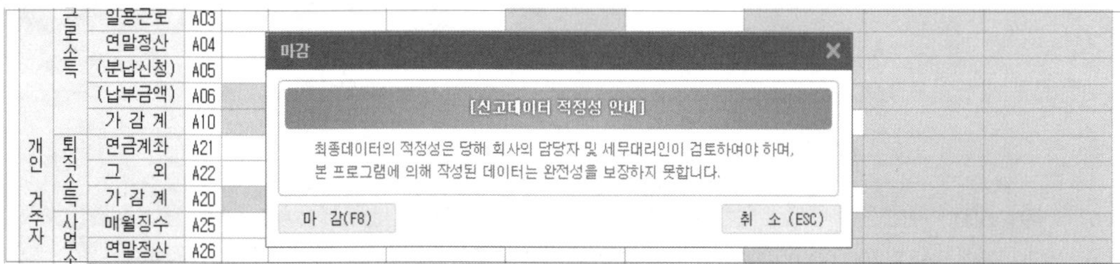

2. [전자신고] 비밀번호 자유롭게 8자(11111111)

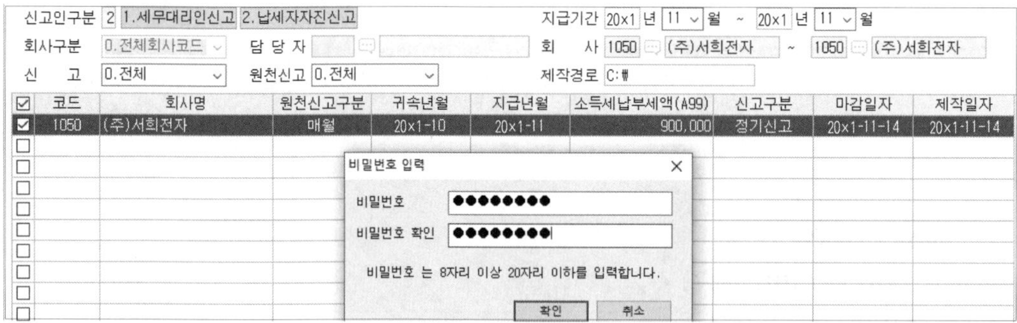

3. [국세청 홈택스 전자신고변환(교육용)]

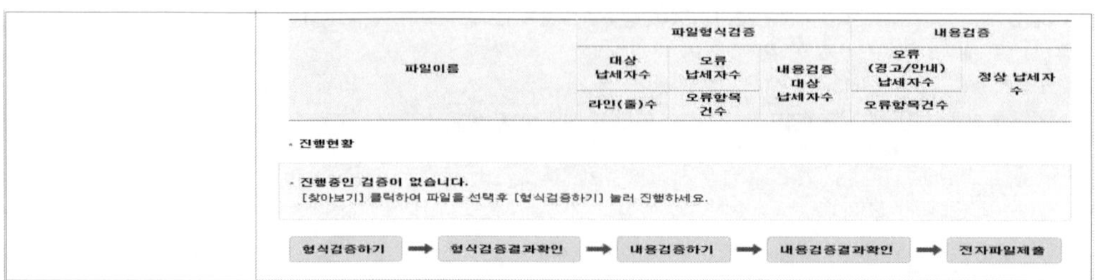

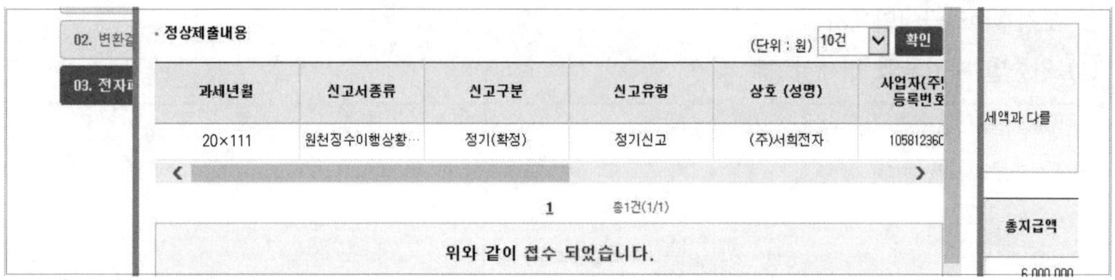

· 정상제출내용

(단위 : 원) 10건 확인

과세년월	신고서종류	신고구분	신고유형	상호 (성명)	사업자(주민)등록번호
20×111	원천징수이행상황…	정기(확정)	정기신고	(주)서희전자	10581236C

1 총1건(1/1)

위와 같이 접수 되었습니다.

문제 5 세무조정

[1] 수입금액조정명세서, 조정후수입금액명세서

1. 수입금액조정명세서

(1) 작업진행률에 의한 수입금액 탭

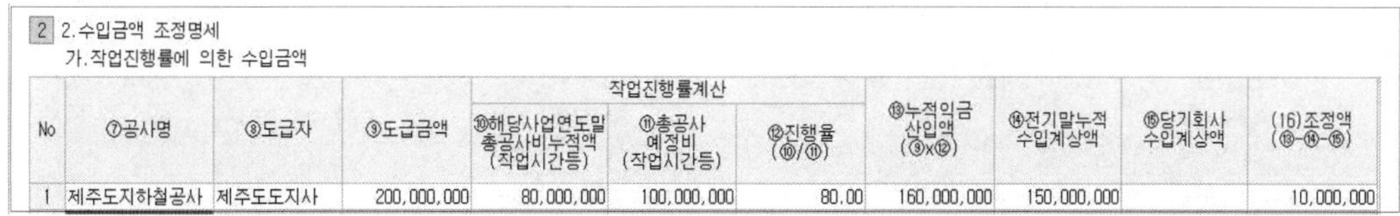

2 2.수입금액 조정명세
가.작업진행률에 의한 수입금액

No	⑦공사명	⑧도급자	⑨도급금액	작업진행률계산 ⑩해당사업연도말 총공사비누적액 (작업시간등)	⑪총공사 예정비 (작업시간등)	⑫진행율 (⑩/⑪)	⑬누적익금 산입액 (⑨x⑫)	⑭전기말누적 수입계상액	⑮당기회사 수입계상액	(16)조정액 (⑬-⑭-⑮)
1	제주도지하철공사	제주도도지사	200,000,000	80,000,000	100,000,000	80.00	160,000,000	150,000,000		10,000,000

(2) 기타수입금액조정 탭

2 2.수입금액 조정명세
다.기타 수입금액

No	(23)구 분	(24)근 거 법 령	(25)수 입 금 액	(26)대 응 원 가	비 고
1	제품매출		2,200,000	2,000,000	

(3) 수입금액조정계산 탭

수입금액조정계산 | 작업진행률에 의한 수입금액 | 중소기업 등 수입금액 인식기준 적용특례에 의한 수입금액 | 기타수입금액조정

1 1.수입금액 조정계산

No	계정과목 ①항 목	②계정과목	③결산서상 수입금액	조 정 ④가 산	⑤차 감	⑥조정후 수입금액 (③+④-⑤)	비 고
1	매 출	제품매출	2,500,800,000	2,200,000		2,503,000,000	
2	매 출	공사수입금	178,200,000	10,000,000		188,200,000	
	계		2,679,000,000	12,200,000		2,691,200,000	

2 2.수입금액조정명세

가.작업 진행률에 의한 수입금액	10,000,000
나.중소기업 등 수입금액 인식기준 적용특례에 의한 수입금액	
다.기타 수입금액	2,200,000
계	12,200,000

2. 조정후수입금액명세서

(1) 업종별 수입금액 명세서 탭

업종별 수입금액 명세서 | 과세표준과 수입금액 차액검토

1 1.업종별 수입금액 명세서

①업 태	②종 목	순번	③기준(단순)경비율번호	수입금액계정조회 ④계(⑤+⑥+⑦)	내수판매 ⑤국내생산품	내수판매 ⑥수입상품	⑦수 출(영세율대상)
제조.도매업,도급	안전유리	01	261004	2,503,000,000	2,503,000,000		
건설업	철도 궤도 전문공사업	02	452122	188,200,000	188,200,000		
(111)기 타		11					
(112)합 계		99		2,691,200,000	2,691,200,000		

(2) 과세표준과 수입금액 차액검토 탭

업종별 수입금액 명세서 | 과세표준과 수입금액 차액검토

2 2.부가가치세 과세표준과 수입금액 차액 검토 　부가가치세 신고 내역보기

(1) 부가가치세 과세표준과 수입금액 차액

⑧과세(일반)	⑨과세(영세율)	⑩면세수입금액	⑪합계(⑧+⑨+⑩)	⑫조정후수입금액	⑬차액(⑪-⑫)
2,688,200,000			2,688,200,000	2,691,200,000	-3,000,000

(2) 수입금액과의 차액내역(부가세과표에 포함되어 있으면 +금액, 포함되지 않았으면 -금액 처리)

⑭구 분	코드	(16)금 액	비 고	⑭구 분	코드	(16)금 액	비 고
자가공급(면세전용등)	21			거래(공급)시기차이감액	30		
사업상증여(접대제공)	22	7,000,000		주세 · 개별소비세	31		
개인적공급(개인적사용)	23			매출누락	32		
간주임대료	24				33		
자산매각 유형자산 및 무형자산 매각액	25				34		
자산매각 그밖의자산매각액(부산물)	26				35		
폐업시 잔존재고재화	27				36		
작업진행률 차이	28	-10,000,000			37		
거래(공급)시기차이가산	29			(17)차 액 계	50	-3,000,000	
				(13)차액과(17)차액계의차이금액			

3. 세무조정

〈 익금산입 〉 제품매출 2,200,000 원 (유보발생)

〈 손금산입 〉 제품매출원가 2,000,000 원 (유보발생)

〈 익금산입 〉 공사수입금 10,000,000 원 (유보발생)

[2] 선급비용명세서

구분	거래내용	거래처	대상기간 시작일	대상기간 종료일	지급액	선급비용	회사계상액	조정대상금액
선급보험료	본사화재보험료	(주)한화보험	20x1.07.01	20x2.06.30	60,000,000	29,753,424		29,753,424
선급보험료	공장화재보험료	(주)삼성보험	20x1.09.01	20x2.08.31	90,000,000	59,917,808	15,000,000	44,917,808

〈 손 금 산 입 〉 전기선급비용 500,000 원 (유보감소)
〈 손금불산입 〉 당기 선급보험료 29,753,424 원 (유보발생)
〈 손금불산입 〉 당기 선급보험료 44,917,808 원 (유보발생)

[3] 대손충당금및대손금조정명세서

1. 대손금 조정

1 2. 대손금조정 (크게보기)

No	22. 일자	23.계정과목	24.채권내역	25.대손사유	26.금액	대손충당금상계액			당기 손비계상액		
						27.계	28.시인액	29.부인액	30.계	31.시인액	32.부인액
1	08.16	외상매출금	1.매출채권	6.소멸시효완성	2,000,000	2,000,000	2,000,000				

2. 채권잔액

2 채권잔액 (크게보기)

No	16.계정과목	17.채권잔액의 장부가액	18.기말현재대손금부인누계		19.합계 (17+18)	20.충당금설정제외채권 (할인,배서,특수채권)	21.채 권 잔 액 (19-20)
			전기	당기			
1	외상매출금	300,000,000	7,000,000		307,000,000		307,000,000
2	미수금	25,000,000			25,000,000		25,000,000
3							
	계	325,000,000	7,000,000		332,000,000		332,000,000

3. 대손충당금조정

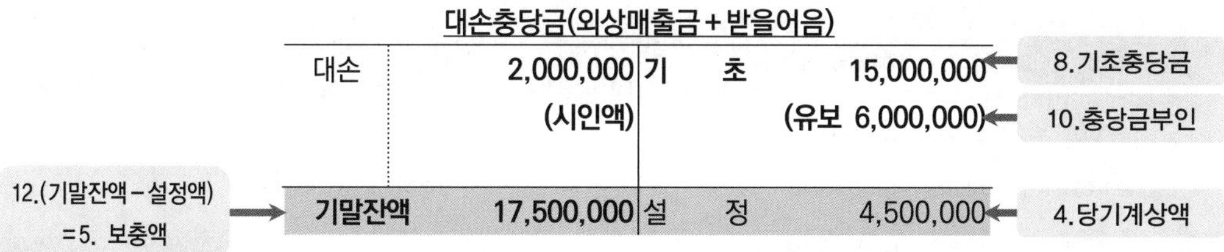

3 1.대손충당금조정

손금산입액조정	1.채권잔액 (21의금액)	2.설정률(%)			3.한도액 (1×2)	회사계상액			7.한도초과액 (6-3)
		◉기본율	○실적율	○적립기준		4.당기계상액	5.보충액	6.계	
	332,000,000	1			3,320,000	4,500,000	13,000,000	17,500,000	14,180,000

익금산입액조정	8.장부상 충당금기초잔액	9.기중 충당금환입액	10.충당금부인 누계액	11.당기대손금 상계액(27의금액)	12.충당금보충액 (충당금장부잔액)	13.환입할금액 (8-9-10-11-12)	14.회사환입액 (회사기말환입)	15.과소환입·과다 환입(△)(13-14)
	15,000,000		6,000,000	2,000,000	13,000,000	-6,000,000		-6,000,000

4. 세무조정

〈 익금불산입 〉 전기대손충당금한도초과 6,000,000 원 (유보감소)
〈 손금불산입 〉 대손충당금한도초과 14,180,000 원 (유보발생)

[4] 업무무관부동산등에관련한차입금이자조정명세서

1. 업무무관부동산 적수

1.업무무관부동산 | 2.업무무관동산 | 3.가지급금 | 4.가수금 | 5.그밖의 | 불러오기 | 적요수정

No	①월일		②적요	③차변	④대변	⑤잔액	⑥일수	⑦적수
1	1	1	전기이월	350,000,000		350,000,000	365	127,750,000,000
			합 계	350,000,000			365	127,750,000,000

6. 자기자본 적수 계산 불러오기

⑩재무상태표자산총계	⑪재무상태표부채총계	⑫자기자본 (⑩-⑪)	⑫납입자본금	⑬사업연도 일수	⑭적수
1,000,000,000	300,000,000	700,000,000	100,000,000	365	255,500,000,000

2. 업무무관가지급금 적수

1.업무무관부동산 | 2.업무무관동산 | 3.가지급금 | 4.가수금 | 5.그밖의 | 불러오기 | 적요수정

No	①월일		②적요	③차변	④대변	⑤잔액	⑥일수	⑦적수
1	1	1	전기이월	600,000,000		600,000,000	365	219,000,000,000

3. 가수금 적수

1.업무무관부동산 | 2.업무무관동산 | 3.가지급금 | 4.가수금 | 5.그밖의 | 불러오기 | 적요수정

No	①월일		②적요	③차변	④대변	⑤잔액	⑥일수	⑦적수
1	1	1	전기이월		100,000,000	100,000,000	365	36,500,000,000

4. 지급이자 손금불산입(갑)

① 지급이자 및 차입금적수계산

1 2. 지급이자 및 차입금 적수 계산 [연이율 일수 현재: 365일] 단수차이조정 연일수

No	(9) 이자율 (%)	(10)지급이자	(11)차입금적수	(12)채권자불분명 사채이자 수령자불분명 사채이자		(15)건설 자금 이자 국조법 14조에 따른 이자		차 감	
				(13)지급이자	(14)차입금적수	(16)지급이자	(17)차입금적수	(18)지급이자 (10-13-16)	(19)차입금적수 (11-14-17)
1	8.00000	10,000,000	45,625,000,000					10,000,000	45,625,000,000
2	12.00000	15,000,000	45,625,000,000			15,000,000	45,625,000,000		
3	10.00000	20,000,000	73,000,000,000					20,000,000	73,000,000,000
4	4.00000	40,000,000	365,000,000,000					40,000,000	365,000,000,000
5	6.00000	30,000,000	182,500,000,000	30,000,000	182,500,000,000				
	합계	115,000,000	711,750,000,000	30,000,000	182,500,000,000	15,000,000	45,625,000,000	70,000,000	483,625,000,000

② 업무무관부동산 등에 관련한 차입금 지급이자

①지급 이자	적 수				⑥차입금 (=19)	⑦ ⑤와 ⑥중 적은 금액	⑧손금불산입 지급이자 (①×⑦÷⑥)
	②업무무관 부 동 산	③업무무관 동 산	④가지급금 등	⑤계(②+③+④)			
70,000,000	127,750,000,000		182,500,000,000	310,250,000,000	483,625,000,000	310,250,000,000	44,905,660

5. 세무조정

〈손금불산입〉 업무무관자산지급이자 44,905,660 원 (기타사외유출)
〈손금불산입〉 채권자불분명사채이자(원천세 제외) 30,000,000 원 (상여)
〈손금불산입〉 건설자금이자 15,000,000 원 (유보발생)

[5] 업무용승용차관련 비용명세서

1. 소나타(27로2727)⇒자가

① 업무사용비율 : 0%(업무일지 작성안함.)

② 감가상각시부인

- 한도액 = 취득가액(34,000,000) ÷ 내용연수(5년) = 6,800,000원
- 회사계상각비 = 6,800,000원
- 시부인 없음

③ 업무용승용차관련비용 = 감가상각비(6,800,000) + 유류비(2,000,000) + 보험료(1,000,000) + 자동차세(520,000) = 10,320,000원

③ 업무미사용금액의 손금불산입 : 업무용승용차관련비용이 15백만원이므로 없음

(1) 업무용승용차 등록

차량 상세 등록 내용

1.고정자산계정과목	0208 차량운반구
2.고정자산코드/명	
3.취득일자	20×0-05-01
4.경비구분	6.800번대/판관비
5.사용자 부서	
6.사용자 직책	
7.사용자 성명	
8.임차여부	자가
9.임차기간	____-__-__ ~ ____-__-__
10.보험가입여부	가입
11.보험기간	20×0-05-01 ~ 20×1-04-30 20×1-05-01 ~ 20×2-04-30
12.운행기록부사용여부	부 / 전기이월누적거리 km
13.출퇴근사용여부	여 / 출퇴근거리 km

(2) 업무용승용차 관련 비용명세서

1 업무용 사용 비율 및 업무용 승용차 관련 비용 명세 (운행기록부: 미적용) 취득일: 20×0-05-01 □ 부동산임대업등 법령39조③항

(5) 총주행 거리(km)	(6) 업무용 사용 거리(km)	(7) 업무 사용비율	(8) 취득가액	(9) 보유또는 임차월수	(10)업무용 승용차 관련 비용 (11) 감가상각비	(12) 임차료 (감가상각비포함)	(13) 감가상각비상당액	(14) 유류비	(15) 보험료	(16) 수선비	(17) 자동차세	(18) 기타	(19) 합계
		100.0000	34,000,000	12	6,800,000			2,000,000	1,000,000		520,000		10,320,000
합 계					6,800,000	5,280,000	3,696,000	4,200,000	1,000,000		520,000		17,800,000

2 업무용 승용차 관련 비용 손금불산입 계산

(22) 업무 사용 금액			(23) 업무외 사용 금액			(30) 감가상각비(상당액) 한도초과금액	(31) 손금불산입 합계 ((29)+(30))	(32) 손금산입 합계 ((19)-(31))
(24) 감가상각비(상당액)[((11)또는(13))X(7)]	(25) 관련 비용 [((19)-(11)또는(19)-(13))X(7)]	(26) 합계 ((24)+(25))	(27) 감가상각비(상당액)((11)-(24)또는(13)-(24))	(28) 관련 비용 [((19)-(11)또는(19)-(13))-(25)]	(29) 합계 ((27)+(28))			
6,800,000	3,520,000	10,320,000						10,320,000
10,126,400	6,925,600	17,052,000	369,600	378,400	748,000	659,733	1,407,733	16,392,267

3 감가상각비(상당액) 한도초과금액 이월 명세

(37) 전기이월액	(38) 당기 감가상각비(상당액) 한도초과금액	(39) 감가상각비(상당액) 한도초과금액 누계	(40) 손금추인(산입)액	(41) 차기이월액((39)-(40))
	659,733	659,733		659,733

2. 제네시스(38호2929)⇒렌트

① 업무사용비율 : 9,000/10,000 = 90%

② 업무용승용차관련비용 = 렌트료(1,320,000×4개월) + 유류비(2,200,000) = 7,480,000원

③ 업무미사용금액 = 7,480,000×(1 - 90%) = 748,000원(손불, 상여)

④ 감가상각비 상당액 중 800만원초과분

- 감가상각비 상당액 = 5,280,000×70%(감가상각비 상당비율)×90%(업무사용비율) = 3,326,400원
- 한도(4개월분) = 8,000,000×4/12 = 2,666,667원
- 한도초과 = 상당액(3,326,400) - 한도액(2,666,667) = 659,733원(손불, 기타사외유출)

(1) 업무용승용차 등록

차량 상세 등록 내용

항목	내용
1.고정자산계정과목	
2.고정자산코드/명	
3.취득일자	20x1-09-01
4.경비구분	6.800번대/판관비
5.사용자 부서	
6.사용자 직책	
7.사용자 성명	
8.임차여부	렌트
9.임차기간	20x1-09-01 ~ 20x3-08-30
10.보험가입여부	가입
11.보험기간	20x1-09-01 ~ 20x2-08-30
	____-__-__ ~ ____-__-__
12.운행기록부사용여부	여 전기이월누적거리 km
13.출퇴근사용여부	여 출퇴근거리 km

(2) 업무용승용차관련비용명세서

1 업무용 사용 비율 및 업무용 승용차 관련 비용 명세 (운행기록부: 적용) 임차기간: 20x1-09-01 ~ 20x3-08-30 □ 부동산임대업등 법령39조③항

(5) 총주행 거리(km)	(6) 업무용 사용 거리(km)	(7) 업무 사용비율	(8) 취득가액	(9) 보유또는 임차월수	(10)업무용 승용차 관련 비용								
					(11) 감가상각비	(12) 임차료 (감가상각비포함)	(13) 감가상각비상당액	(14) 유류비	(15) 보험료	(16) 수선비	(17) 자동차세	(18) 기타	(19) 합계
10,000	9,000	90.0000		4		5,280,000	3,696,000	2,200,000					7,480,000
합 계					6,800,000	5,280,000	3,696,000	4,200,000	1,000,000		520,000		17,800,000

2 업무용 승용차 관련 비용 손금불산입 계산

(22) 업무 사용 금액			(23) 업무외 사용 금액			(30) 감가상각비 (상당액) 한도초과금액	(31) 손금불산입 합계 ((29)+(30))	(32) 손금산입 합계 ((19)-(31))
(24) 감가상각비 (상당액)[((11)또는 (13))X(7)]	(25) 관련 비용 [((19)-(11)또는 (19)-(13))X(7)]	(26) 합계 ((24)+(25))	(27) 감가상각비 (상당액)((11)-(24) 또는(13)-(24))	(28) 관련 비용 [((19)-(11)또는 (19)-(13))-(25)]	(29) 합계 ((27)+(28))			
3,326,400	3,405,600	6,732,000	369,600	378,400	748,000	659,733	1,407,733	6,072,267
10,126,400	6,925,600	17,052,000	369,600	378,400	748,000	659,733	1,407,733	16,392,267

3 감가상각비(상당액) 한도초과금액 이월 명세

(37) 전기이월액	(38) 당기 감가상각비(상당액) 한도초과금액	(39) 감가상각비(상당액) 한도초과금액 누계	(40) 손금추인(산입)액	(41) 차기이월액((39)-(40))
	659,733	659,733		659,733
	659,733	659,733		659,733

(3) 세무조정

〈 손금불산입 〉 감가상각비상당액 한도초과액 659,733 원 (기타사외유출)

〈 손금불산입 〉 업무용승용차 업무미사용분 748,000 원 (상여)

제104회 전산세무 1급

합격율	시험년월
14%	2022.10

이 론

01. 다음 중 일반기업회계기준상 재무제표에 대한 설명으로 잘못된 것은?

① 유동자산은 당좌자산과 재고자산으로 구분하고, 비유동자산은 투자자산, 유형자산, 무형자산, 기타비유동자산으로 구분한다.
② 정상적인 영업주기 내에 판매되는 재고자산은 보고기간종료일부터 1년 이내에 실현되지 않더라도 유동자산으로 분류한다.
③ 자본은 자본금, 자본잉여금, 자본조정, 기타포괄손익누계액 및 이익잉여금(또는 결손금)으로 구분한다.
④ 원칙적으로 당기 재무제표에 보고되는 모든 계량정보에 대해 전기 비교정보를 공시하지만 비계량정보의 경우에 비교정보는 재무제표에 이를 포함할 수 없다.

02. 일반기업회계기준에 따른 수익인식기준에 대한 설명 중 옳지 않은 것은?

① 광고제작수수료는 광고 제작 진행률에 따라 인식한다.
② 할부판매는 판매시점에 인식한다.
③ 반품권이 부여된 거래의 경우 판매한 시점에 인식한다.
④ 부동산의 판매수익은 법적 소유권이 구매자에게 이전되는 시점에 인식한다.

03. 재고자산에 대한 설명 중 옳지 않은 것은?

① 원재료의 현행대체원가는 순실현가능가치에 대한 최선의 이용가능한 측정치로 활용될 수 있다.
② 저가법 적용에 따라 평가손실을 초래한 상황이 해소되어 시가가 최초의 장부금액을 초과하는 경우 시가금액으로 평가손실을 환입한다.
③ 정상적으로 발생한 감모손실은 매출원가에 가산한다.
④ 특정 프로젝트별로 생산되는 제품의 원가는 개별법을 사용하여 결정한다.

04. 기말 현재 당기순이익은 10,000,000원으로 계상되어 있다. 아래의 내용을 추가로 고려할 경우 최종적으로 계상될 당기순이익은 얼마인가?

> ㉠ 보통예금으로 외상매입금 20,000,000원을 지출하였다.
> ㉡ 외상매출금 5,000,000원을 보통예금으로 수령하였다.
> ㉢ 사무실 화재보험료 1,200,000원을 12월 1일에 일시납입했고, 이에 대한 선급비용은 1,100,000원으로 계상되어 있다(보험기간은 20x1년 12월 1일~20x2년 11월 30일이며, 선급비용은 월할계산하였다).

① (-)10,000,000원　　② (-)5,000,000원
③ 8,900,000원　　④ 10,000,000원

05. 사채의 시장이자율보다 액면이자율이 높은 사채를 발행하고, 매년 유효이자율법에 의해 사채할증발행차금을 상각하는 경우 다음 설명 중 가장 옳지 않은 것은?

① 사채는 할증발행되고, 사채의 장부가액은 액면가액보다 높다.
② 사채의 장부가액은 매년 감소한다.
③ 사채할증발행차금의 상각액은 매년 감소한다.
④ 유효이자율법에 의한 이자비용은 매년 감소한다.

06. 일정기간 관련범위 내에서 조업도 수준의 변동에 따라 총원가가 일정한 모습으로 변동할 때 그 모습을 원가행태라고 한다. 원가행태에 대한 설명으로 틀린 것은?

① 변동원가는 관련범위 내에서 조업도의 변동에 정비례하여 총원가가 변동하는 원가를 말하며, 단위당 변동원가는 조업도의 변동에 관계없이 일정하다.
② 준고정원가는 조업도와 관계없이 발생하는 고정원가와 조업도의 변동에 비례하여 발생하는 변동원가로 구성된 원가를 말한다.
③ 고정원가의 단위당 원가는 조업도의 증감과 반대로 변동한다.
④ 관련범위 내에서 조업도의 변동에 관계없이 총원가가 일정한 원가를 고정원가라고 하며, 총원가가 조업도의 변동에 아무런 영향을 받지 않는다.

07. 다음 중 개별원가계산과 종합원가계산에 대한 설명으로 가장 틀린 것은?

① 개별원가계산은 다품종소량생산에, 종합원가계산은 소품종대량생산에 적합한 원가계산방식이다.
② 개별원가계산은 정확한 원가계산이 가능하나, 종합원가계산은 원가계산의 정확도가 떨어진다.
③ 개별원가계산은 완성품환산량을 산정해야 하며, 종합원가계산은 제조간접비를 배부해야 한다.
④ 개별원가계산은 조선업, 항공기제조업 등의 업종에 주로 사용되나, 종합원가계산은 자동차, 전자제품 등의 업종에서 주로 사용되는 원가계산 방식이다.

08. 다음의 자료에 의하여 종합원가계산에 의한 가공비의 완성품환산량을 계산하시오(단, 가공비는 가공 과정 동안 균등하게 발생한다고 가정한다).

• 기초재공품 : 400개(완성도 40%)	• 당기 착수량 : 800개
• 기말재공품 : 300개(완성도 60%)	• 당기 완성량 : 900개

	평균법	선입선출법		평균법	선입선출법
①	1,000개	900개	②	1,080개	920개
③	920개	1,080개	④	1,080개	900개

09. 부문별원가계산시 보조부문원가를 제조부문에 배분하는 방법에 대한 설명으로 틀린 것은?

① 보조부문 상호 간의 용역수수를 인식하는지 여부에 따라 직접배분법, 단계배분법, 상호배분법으로 구분된다.

② 보조부문 간의 용역수수관계가 중요한 경우 직접배분법을 적용하여 부문별원가를 배분하게 되면 원가배분의 왜곡을 초래할 수 있다.

③ 제조간접비를 부문별 제조간접비 배부율에 따라 배부하는 경우 각 제조부문의 특성에 따라 제조간접원가를 배부하기 때문에 공장 전체 제조간접원가 배부율에 따라 배부하는 것보다 정확한 제품원가를 계산할 수 있다.

④ 상호배분법은 보조부문의 원가배분 순서에 따라 배분원가가 달라진다.

10. ㈜시후의 20x1년 11월 직접노무비에 관한 내용이 다음과 같을 경우, 직접노무비 임률차이는 얼마인가?

(1) 실제 직접노무비 발생액 : 180,000원	(2) 실제 직접노동시간 : 33,000시간
(3) 표준 직접노동시간 : 34,000시간	(4) 직접노무비 능률차이 : 5,000원(유리)

① 유리한 차이 5,000원　　② 불리한 차이 5,000원
③ 불리한 차이 12,000원　　④ 불리한 차이 15,000원

11. 다음 중 부가가치세법상 수정(전자)세금계산서 발급사유와 발급절차에 관한 설명으로 잘못된 것은?

① 상대방에게 공급한 재화가 환입된 경우 수정(전자)세금계산서의 작성일은 재화가 환입된 날을 적는다.

② 계약의 해제로 재화·용역이 공급되지 않은 경우 수정(전자)세금계산서의 작성일은 계약해제일을 적는다.

③ 계약의 해지 등에 따라 공급가액에 추가 또는 차감되는 금액이 발생한 경우 수정(전자)세금계산서의 작성일은 증감사유가 발생한 날을 적는다.

④ 재화·용역을 공급한 후 공급시기가 속하는 과세기간 종료 후 25일 이내에 내국신용장이 개설된 경우 수정(전자)세금계산서의 작성일은 내국신용장이 개설된 날을 적는다.

12. 다음 중 부가가치세법상 면세와 영세율에 대한 설명으로 가장 틀린 것은?

① 면세의 경우 매입세액이 환급되지 않으나 영세율의 경우 매입세액의 전액 환급이 가능할 수 있다.
② 면세 대상은 주로 기초생활필수품 등의 재화의 공급이나 영세율 대상은 주로 수출 등 외화획득 재화의 공급이다.
③ 면세는 완전면세 제도이나 영세율은 부분면세 제도이다.
④ 면세사업자는 부가가치세법상 사업자가 아니나 영세율 사업자는 부가가치세법상 사업자이다.

13. 다음 중 소득세법상 종합소득과세표준 확정신고 대상자는?

① 공적연금소득과 양도소득이 있는 자
② 퇴직소득과 연말정산대상 근로소득이 있는 자
③ 일용근로소득과 연말정산대상 사업소득이 있는 자
④ 분리과세 이자소득과 사업소득에서 결손금이 발생한 자

14. 다음 중 소득세법상 결손금과 이월결손금에 관한 내용으로 틀린 것은?

① 사업소득의 이월결손금은 사업소득→근로소득→연금소득→기타소득→이자소득→배당소득의 순서로 공제한다.
② 사업소득의 이월결손금은 해당 이월결손금이 발생한 과세기간의 종료일부터 15년 이내에 끝나는 과세기간의 소득금액을 계산할 때 과거에 발생한 과세기간의 이월결손금부터 순서대로 공제한다.
③ 결손금 및 이월결손금을 공제할 때 해당 과세기간에 결손금이 발생하고 이월결손금이 있는 경우에는 결손금을 먼저 소득금액에서 공제한다.
④ 주거용 건물 임대 외의 부동산임대업에서 발생한 이월결손금은 타소득에서 공제할 수 있다.

15. 법인세법상 손익귀속시기에 관한 다음의 설명 중 가장 옳지 않은 것은?

① 지급기간이 1년 이하인 단기임대료는 원칙적으로 계약상 지급일을 귀속사업연도로 하나, 기간경과분에 대하여 임대료를 수익으로 계상한 경우에는 이를 익금으로 인정한다.
② 용역제공에 의한 손익 귀속사업연도에서 기업회계기준에 근거하여 인도기준으로 회계처리한 경우 이를 인정한다.
③ 중소기업의 계약기간 1년 미만인 건설의 경우라 하여도 수익과 비용을 각각 그 목적물의 인도일이 속하는 사업연도의 익금과 손금에 산입할 수 없다.
④ 자산을 타인에게 위탁하여 판매하는 경우에는 수탁자가 그 자산을 판매한 날이 속하는 사업연도를 귀속사업연도로 한다.

실 무

㈜진산산업(1040)은 제조 · 도소매업을 영위하는 중소기업이며, 당기 회계기간은 20x1.1.1.~20x1.12.31. 이다. 전산세무회계 수험용 프로그램을 이용하여 다음 물음에 답하시오.

문제 1 다음 거래에 대하여 적절한 회계처리를 하시오.(12점)

[1] 01월 15일 ㈜진산산업은 영업부에서 사용할 업무용승용차(2,000cc)를 이용하기 위하여 현주캐피탈㈜과 리스계약(운용리스)을 체결하고 다음의 전자계산서를 수취하였다. 임차료는 익월 5일, 보통예금에서 지급된다. (3점)

<table>
<tr><td colspan="5">전자계산서</td><td>승인번호</td><td colspan="4">20220115 - 15454645 - 58811886</td></tr>
<tr><td rowspan="5">공급자</td><td>등록번호</td><td>123 - 88 - 78774</td><td>종사업장 번호</td><td></td><td rowspan="6">공급받는자</td><td>등록번호</td><td>321 - 81 - 00129</td><td>종사업장 번호</td><td></td></tr>
<tr><td>상호(법인명)</td><td>현주캐피탈㈜</td><td>성명</td><td>박현주</td><td>상호(법인명)</td><td>㈜진산산업</td><td>성명</td><td>오현경</td></tr>
<tr><td>사업장 주소</td><td colspan="3">경기도 성남시 분당구</td><td>사업장 주소</td><td colspan="3">서울시 마포구 상암동 1605</td></tr>
<tr><td>업태</td><td>금융업</td><td>종목</td><td>시설대여업</td><td>업태</td><td>제조 외</td><td>종목</td><td>전자제품</td></tr>
<tr><td rowspan="2">이메일</td><td colspan="3" rowspan="2"></td><td>이메일</td><td colspan="3"></td></tr>
<tr><td></td><td>이메일</td><td colspan="3"></td></tr>
</table>

작성일자	공급가액	수정사유	비고
20x1 - 01 - 15	700,000원	해당 없음	

월	일	품목	규격	수량	단가	공급가액	비고
01	15	리스료(123하1234)			700,000원	700,000원	

합계금액	현금	수표	어음	외상미수금	위 금액을 (청구) 함
700,000원				700,000원	

[2] 02월 01일 만기 3년짜리 액면금액 50,000,000원인 사채를 48,000,000원에 할인발행하여 50,000원의 사채발행비를 제외한 금액이 보통예금으로 입금되었다. (3점)

[3] 03월 03일 회사는 사용 중이던 차량운반구를 중고차상사인 ㈜사랑최고사에 매각하고 전자세금계산서를 발급하였으며 매각대금은 당일 전액 보통예금으로 이체받았다. 결산서상 해당 차량운반구의 내역은 다음과 같다. (3점)

- 장부상 취득가액 55,000,000원
- 매각 시 감가상각누계액 40,000,000원

전자세금계산서	승인번호	20220303 - 15454645 - 58811886

구분	항목	내용	항목	내용	구분	항목	내용	항목	내용
공급자	등록번호	321 - 81 - 00129	종사업장번호		공급받는자	등록번호	126 - 87 - 10121	종사업장번호	
	상호(법인명)	㈜진산산업	성명	오현경		상호(법인명)	㈜사랑최고사	성명	이차량
	사업장주소	서울시 마포구 상암동 1605				사업장주소	경기도 이천시 가좌로1번길 21 - 26		
	업태	제조 외	종목	전자제품		업태	도소매	종목	중고차
	이메일					이메일			
						이메일			

작성일자	공급가액	세액	수정사유	비고
20x1 - 03 - 03	20,000,000원	2,000,000원	해당 없음	

월	일	품목	규격	수량	단가	공급가액	세액	비고
03	03	10수3325 차량대금		1	20,000,000원	20,000,000원	2,000,000원	

합계금액	현금	수표	어음	외상미수금	위 금액을 (영수) 함
22,000,000원	22,000,000원				

[4] 03월 21일 1월 21일에 2개월 후 상환조건으로 ㈜최강에 외화로 단기 대여한 $5,000에 대하여 만기가 도래하여 회수한 후 원화로 환전하여 보통예금 계좌에 이체하였다(대여 시 환율은 $1당 1,800원, 회수 시 환율은 $1당 1,860원이다). (3점)

문제 2 다음 주어진 요구사항에 따라 부가가치세 신고서 및 부속서류를 작성 하시오.(10점)

[1] 다음 자료를 바탕으로 제2기 부가가치세 예정신고기간(20x1년 7월 1일~20x1년 9월 30일)의 [수출실적명세서](거래처명은 생략) 및 [영세율매출명세서]를 작성하시오(단, 매입매출전표 입력은 생략한다). (4점)

1. 20x1년 기준환율

일자	7월 14일	7월 31일	9월 25일	9월 30일
환율	₩1,250/$	₩1,230/$	₩1,210/$	₩1,200/$

2. 매출 내역

(1) 수출실적내용

수출신고번호	선적일자	대금결제일	통화	금액
34554-67-7698012	20x1년 7월 14일	20x1년 7월 31일	USD	$10,000

(2) 기타영세율(국내에서 외국법인에게 공급한 재화에 해당함)

서류명	발급자	발급일자	공급일자	통화	금액
외화입금증명서	신한은행	20x1년 9월 30일	20x1년 9월 25일	USD	$20,000

[2] 다음 자료는 20x1년 제1기 부가가치세 확정신고에 대한 매입 관련 전자세금계산서 내역이다. [공제받지못할매입세액명세서]를 작성하시오(단, 전표 입력은 생략한다). (4점)

- 20x1년 4월 10일 원재료(공급가액 5,000,000원, 부가가치세 500,000원)를 구입하고 세금계산서를 수취하였다(세금계산서에 공급받는자의 상호가 누락된 점이 발견되었다).
- 20x1년 4월 12일 대표이사가 개인적 용도로 사용하기 위하여 승용차(배기량 990cc)를 15,000,000원(부가가치세 별도)에 구입하고 세금계산서를 발급받았다.
- 20x1년 4월 20일 거래처에 접대목적으로 제공하기 위하여 접대용 물품을 500,000원(부가가치세 별도)에 구입하고 세금계산서를 발급받았다.
- 20x1년 5월 10일 공장용 토지의 취득과 관련하여 지출한 중개수수료 3,000,000원(부가가치세 별도)을 지출하고 세금계산서를 발급받았다.
- 20x1년 5월 29일 복리후생목적으로 상품(공급가액 2,000,000원, 부가가치세 200,000원)을 구입하였으나 공급시기에 세금계산서를 수취하지 못하였다. 하지만 20x1년 제1기 확정신고기한 이내에 세금계산서를 수취하였다.

[3] 다음의 전산에 입력된 자료를 이용하여 20x1년 제2기 확정신고기간의 [부가가치세신고서]를 작성하여 마감하고 국세청 홈택스에 전자신고 하시오. (2점)

1. 매출 및 매입자료(아래의 자료 외 다른 매출 및 매입은 없으며, 세액공제는 고려하지 않는다.)
   - 매출전자세금계산서 공급가액 : 90,000,000원(부가가치세 별도)
   - 매입전자세금계산서 공급가액 : 75,000,000원(부가가치세 별도, 일반매입분)
2. 유의사항
   - 부속서류 및 부가가치세신고서는 입력된 자료를 조회하여 사용한다.
   - 마감 및 전자신고 시 오류는 발생하지 않아야 한다.
   - 신고서 마감 → [전자신고] → [국세청 홈택스 전자신고변환(교육용)] 순으로 진행한다.
   - 전자신고용 전자파일 제작 시 신고인 구분은 2.납세자 자진신고로 선택하고, 비밀번호는 "**12345678**"로 입력한다.
   - 전자신고용 전자파일 저장경로는 로컬디스크(C :)이며, 파일명은 "**enc작성연월일.101.v3218100129**"이다.
   - 최종적으로 국세청 홈택스에서 [전자파일 제출하기]를 완료한다.

문제 3 다음의 결산정리사항에 대하여 결산정리분개를 하거나 입력을 하여 결산을 완료하시오.(8점)

[1] 다음의 자료를 이용하여 제2기 부가가치세 확정신고기간에 대한 부가세대급금과 부가세예수금을 정리하는 분개를 입력하시오(납부세액은 미지급세금으로 계상하고 환급세액은 미수금으로 계상하되, 거래처는 입력하지 말 것). (2점)

- 부가세대급금 : 7,500,000원
- 부가세예수금 : 9,000,000원

[2] 20x1년 7월 1일 50,000,000원을 차입하고 연 10%의 이자율로 이자를 지급하기로 하였다. 이자는 1년이 되는 날에 지급하기로 하여 20x1년 12월 31일 현재 미지급하였다(단, 이자비용은 월할 계산할 것). (2점)

[3] 보유 중인 매도가능증권의 자료는 다음과 같다. 결산일의 필요한 회계처리를 하시오. (2점)

1. 매도가능증권 취득내역
   - 취득일 및 취득한 주식수 : 20x1년 12월 1일, 300주
   - 취득가액(주당) : 30,000원
   - 취득 시 직접 관련된 거래원가 : 주당 1,000원
2. 결산일 현재 공정가치(주당) : 32,000원
3. 회사는 매도가능증권 취득 시 일반기업회계기준에 따라 취득원가를 계상하였다.

[4] 당사는 9월 1일 제조공장에서 사용할 기계장치(120,000,000원)를 취득하였는데 취득 시 국고보조금 40,000,000원을 수령하였다. 해당 기계장치는 정액법(내용연수 5년, 잔존가치 없음)으로 월할 상각한다(단, 기계장치는 10월 2일부터 사용이 개시되었다). (2점)

문제 4 원천징수와 관련된 다음 물음에 답하시오.(10점)

[1] 당회사는 20x1년 9월 귀속, 10월 지급의 원천징수 신고를 11월 10일에 수행하였다. 다만, 회계담당자의 실수로 인하여 11월 20일에 다음의 사업소득자료가 누락된 것을 발견하였다. 누락된 사업소득자료를 [원천징수이행상황신고서]에 입력하고, 원천징수 관련 가산세를 반영하여 20x1년 9월 귀속, 10월 지급 [원천징수이행상황신고서]를 작성하시오(단, 수정신고서를 작성하며 수정차수는 1차이고 추가납부세액은 11월 30일에 신고 · 납부하는 것으로 하고, 납부지연가산세는 1일 2.2/10,000으로 가정한다). (3점)

1. 정기급여신고 자료

인원	총급여	징수세액
6	30,000,000원	2,632,350원

2. 중간퇴사자 자료

인원	총급여	징수세액
1	5,000,000원	△880,000원

3. 사업소득 자료(귀속연월일 9월 30일)

코드	성명	지급일	주민등록번호	지급액	내용	소득구분코드
100	김미영	20x1.10.31	790101 – 1234567	3,000,000원	강사료	940903

[2] 다음의 자료와 유의사항을 토대로 이준혁(사번 : 16)의 연말정산과 관련된 자료를 [연말정산추가자료입력] 메뉴에 입력하시오. 모든 자료는 국세청 홈페이지에서 조회금액이다. (7점)

1. 부양가족 현황

성명	관계	연령(만)	비 고
이준혁	본인	46세	세대주, 총급여액 7,500만원
이혁진	아버지	72세	총급여액 500만원
최민순	어머니	66세	장애인복지법상 장애인
장미정	배우자	42세	소득 없음
이미숙	여동생	34세	소득 없음
이시연	자녀	14세	중학생, 소득 없음
이채연	자녀	6세	취학전아동, 소득 없음

2. 연말정산 관련 자료

항목	내 용
보험료	• 본인 : 보장성보험료 60만원 • 자녀(이시연) : 상해보험료 100만원
의료비	• 어머니 : 보청기 구입비 150만원, 질병 치료 목적 한약구입비 30만원 • 배우자 : 질병치료비 100만원(실손의료보험금 40만원을 지급받음)
교육비	• 자녀(이시연) : 방과후학교 수업비 70만원, 교복구입비용 60만원 • 자녀(이채연) : 유치원 수업료 250만원, 합기도장 수업료(월 단위 실시, 1주 5일 수업) 30만원
기부금	• 본인 : 정치자금기부금 10만원
월세, 주택임차차입금	• 임대인 : 김정순(530820-2045891) • 임차인 : 이준혁 • 주택유형 : 단독주택 • 주택계약면적 : 84.56㎡ • 임대차계약서상 주소지(주민등록표 등본의 주소지) : 서울시 서초구 서초로 45 • 임대차계약 기간 : 20x0.06.01~20x2.05.31 • 매월 월세액 : 100만원(20x1년 총 지급액 1,200만원)
신용카드 등 사용액	• 신용카드 : 2,500만원(전통시장사용분 100만원 및 회사경비로 처리한 150만원 포함) • 현금영수증 : 중고자동차 구입비 1,400만원, 합기도장 수업료 30만원(위 자녀 이채연의 교육비 지출액임) • 위 신용카드 등 사용액은 모두 본인이 지출한 것임 ☞ 신용카드사용의 당해 연도 소비증가는 없다고 가정한다.

3. 유의사항

• 부양가족의 소득·세액공제 내용 중 이준혁이 공제받을 수 있는 내역은 모두 이준혁이 공제받는 것으로 한다.

• [월세, 주택임차차입] 탭은 월세액 세액공제 대상이 아니면 작성하지 말 것.

문제 5 **장수기업㈜(1041)은 금속제품을 생산하고 제조 · 도매업을 영위하는 중소기업이며, 당해 사업연도는 20x1.1.1.~20x1.12.31.이다. [법인조정] 메뉴를 이용하여 기장되어 있는 재무회계 장부 자료와 제시된 보충자료에 의하여 해당 사업연도의 세무조정을 하시오. (30점)**
※ 회사 선택 시 유의하시오.

[1] 아래의 내용을 바탕으로 당사의 [기업업무추진비조정명세서]를 작성하고, 필요한 세무조정을 하시오(단, 세무조정은 각 건별로 행하는 것으로 한다). (6점)

1. 손익계산서상 매출액과 영업외수익은 아래와 같다.

구분	매출액	특이사항
제품매출	2,000,000,000원	
상품매출	1,202,000,000원	특수관계자에 대한 매출액 100,000,000원 포함
영업외수익	50,000,000원	부산물 매출액
합계	3,252,000,000원	

2. 손익계산서상 기업업무추진비(판) 계정의 내역은 아래와 같다.

구분	금액	비고
상무이사 개인경비	1,000,000원	현금 지출분
법인신용카드 사용분	45,000,000원	전액 3만원 초과분
법정증빙서류 없는 기업업무추진비	500,000원	간이영수증 수취 1건
합계	46,500,000원	

3. 한편 당사는 자사 상품(원가 1,000,000원, 시가 1,500,000원)을 거래처에 사업상 증정하고 아래와 같이 회계처리하였다.

(차) 광고선전비(판)	1,150,000원	(대) 제품	1,000,000원
		부가세예수금	150,000원

[2] 다음의 고정자산에 대하여 감가상각비조정에서 [고정자산등록], [미상각자산감가상각조정명세서] 및 [감가상각비조정명세서합계표]를 작성하고 세무조정을 하시오. (6점)

구분	코드	자산명	취득일	취득가액	전기말 감가상각누계액	회사계상 상각비	구분	업종
건물	101	공장건물	2019.03.20.	400,000,000원	27,500,000원	8,000,000원	제조	연와조
기계장치	102	절단기	2020.07.01.	30,000,000원	20,000,000원	5,000,000원	제조	제조업

- 회사는 감가상각방법을 무신고하였다.
- 회사가 신고한 내용연수는 건물(연와조) 40년, 기계장치 5년이며, 이는 세법에서 정하는 범위 내의 기간이다.
- 회사는 공장건물의 승강기 설치비용(자본적지출) 30,000,000원을 당기 수선비로 회계처리하였다.
- 기계장치(절단기)의 전기말 상각부인액은 5,000,000원이다.

[3] 다음 자료를 토대로 [외화자산등평가차손익조정명세서(갑),(을)]를 작성하고, 관련 세무조정을 [소득금액합계표]에 반영하시오. (6점)

1. 외화예금	2. 외화차입금
• 발생일자 : 20x1년 07월 10일	• 발생일자 : 20x1년 09월 17일
• 외화종류 : USD	• 외화종류 : USD
• 외화금액 : $12,000	• 외화금액 : $7,500
• 발생 시 적용환율 : $1 = 1,800원	• 발생 시 적용환율 : $1 = 1,890원
• 사업연도 종료일 매매기준율 : $1 = 1,960원	• 사업연도 종료일 매매기준율 : $1 = 1,960원

1. 20x1년 결산 회계처리 시 외화자산과 외화부채에 대한 평가를 하지 않았다.
2. 법인세 신고 시 외화자산 및 외화부채의 평가에 적용되는 환율은 사업연도 종료일의 매매기준율로 신고되어 있다.
3. 당기 화폐성 외화자산과 외화부채는 위의 자료뿐이다.
4. 세무조정은 각 자산 및 부채별로 한다.

[4] 다음의 자료를 이용하여 각 세무조정사항을 [소득금액조정합계표]에 반영하시오. (6점)

계정과목	금액	비고
임차료	12,600,000원	업무용승용차(렌트차량)에 대한 감가상각비상당액 : 12,600,000원업무용승용차 감가상각비 한도액 : 8,000,000원
매도가능증권평가손실	3,000,000원	기말 현재 자본에 계상되어 있다.
법인세비용	7,200,000원	당기 손익계산서상에는 법인세 및 법인분지방소득세 합계금액 7,200,000원이 계상되어 있다.
세금과공과금	72,000원	부가가치세 납부지연가산세가 계상되었다.
선급비용	1,200,000원	20x1년 12월 1일 선불로 지급한 1년분(20x1.12.01.~20x2.11.30.) 사무실 임차료 총액이며, 전액 선급비용으로 계상하였다.

[5] 다음은 장수기업㈜의 기부금과 관련된 자료이다. 다음 자료를 보고 [기부금조정명세서]를 작성하고 필요한 세무조정을 하시오(단, 기존 자료는 무시하고 주어진 자료만을 이용하도록 한다). (6점)

1. 손익계산서상 기부금 내역
   - 03월 20일 천재지변으로 피해를 입은 이재민 구호금 4,000,000원
   - 05월 08일 어버이날을 맞아 인근 아파트 경로당 후원 2,000,000원
   - 10월 10일 교회 건물신축을 위하여 교회에 당사가 발행하여 지급한 약속어음(만기 20x2년 1월) 10,000,000원
   - 11월 11일 사회복지사업법에 따른 사회복지법인에 지급한 고유목적사업비 7,500,000원
2. 손익계산서상 당기순이익은 45,000,000원이다.
3. 기부금 세무조정 전 손금불산입액은 1,800,000원이며, 손금산입액은 0원이다.

제104회 전산세무1급 답안 및 해설

이 론

1	2	3	4	5	6	7	8	9	10	11	12	13	14	15
④	③	②	④	③	②	③	②	④	④	④	③	④	④	③

01. 전기의 **비계량정보가 당기 재무제표 이해에 필요한 경우 이를 당기와 비교하여 주석에 기재**할 수 있다.

02. 반품부 판매는 **구매자가 인수를 수락한 시점 또는 반품 기간이 종료된 시점에 인식**한다.

03. 평가손실환입시 **최초의 장부금액을 초과하지 않는 범위 내에서 평가손실을 환입**한다.

04.

1. 수정전 당기순이익	10,000,000	
① 외상매입금 지급	0	손익에 영향이 없다.
② 외상매출금 수령	0	손익에 영향이 없다.
③ 선급비용계상분	0	선급비용 = 1,200,000×11개월/12개월 = 1,100,000원 따라서 손익에 영향이 없다.
2. 수정후 당기순이익	10,000,000	

05. 할증발행이건 할인발행이건 **사채할증발행차금의 상각(환입)액은 매년 증가**한다.

06. 조업도와 관계없이 발생하는 **고정원가와 조업도의 변동에 비례하여 발생하는 변동원가**로 구성된 원가는 준변동원가를 의미한다..

07. 개별원가계산은 제조간접비의 배부를 해야 하며, 종합원가계산은 완성품환산량을 산정해야 한다.

08. **평균법과 선입선출법의 차이는 기초재공품의 완성품환산량차이이다.**

〈1단계〉 물량흐름파악(평균법) / **〈2단계〉 완성품환산량 계산**

재공품		재료비	가공비
	완성품 900(100%)		900
	기말재공품 300(60%)		180
	계 1,200		***1,080***

선입선출법 = 평균법 완성품환산량(1,080) - 기초재공품의 완성품환산량(400개×40%) = 920개

09. **상호배분법은 원가배분 순서에 관계없이 배분원가가 일정**하다.

10. 능률차이(△5,000원) = AQ(33,000) × SP - SQ(34,000) × SP

∴ 표준가격(SP) = 능률차이 △5,000원 ÷ (33,000시간 - 34,000시간) = 5원

AQ	AP	SQ	SP
33,000시간	??	34,000시간	5원
180,000원		**170,000원**	

AQ × AP(Ⓐ)	AQ × SP(Ⓑ)	SQ × SP(Ⓒ)
180,000원	165,000원	170,000원

임률차이(Ⓐ - Ⓑ) 15,000원(불리) **능률차이(Ⓑ - Ⓒ) △5,000원(유리)**

11. 공급시기가 속하는 과세기간 종료 후 25일 이내에 **내국신용장이 개설된 경우 당초 세금계산서 작성일**을 적는다.
12. 면세는 부분면세 제도이나 영세율은 완전면세 제도이다.
13. **사업소득에서 결손금이 발생한 경우에도 종합소득세 확정신고대상자에 해당**한다.
14. **부동산임대업에서 발생한 이월결손금은 부동산임대업의 소득금액만에서 공제**한다.
15. **중소기업인 경우 단기건설(1년 미만)의 경우에는 인도기준에 따라 수익과 비용을 인도일이 속하는 사업연도의 익금과 손금**에 산입할 수 있다.(특례조항)

실 무

문제 1 전표입력

문항	일자	유형	공급가액	부가세	거래처	전자
[1]	1/15	53.면세	700,000	0	현주캐피탈㈜	여
분개유형		(차) 임차료(판) 700,000		(대) 미지급금		700,000
혼합						

☞ 운용리스이므로 비용처리 하여야 한다.

[2] 일반전표입력(2/01)

(차) 보통예금	47,950,000	(대) 사채	50,000,000
사채할인발행차금	2,050,000		

☞ 발행가액(48,000,000 - 50,000) - 액면가액(50,000,000) = △2,050,000원(할인발행)

문항	일자	유형	공급가액	부가세	거래처	전자세금
[3]	3/3	11.과세	20,000,000	2,000,000	㈜사랑최고사	여
분개유형		(차) 보통예금 22,000,000		(대) 부가세예수금 2,000,000		
혼합		감가상각누계액(209) 40,000,000		차량운반구 55,000,000		
				유형자산처분이익 5,000,000		

☞ 처분손익 = 처분가액(20,000,000) – 장부가액(55,000,000 – 40,000,000) = +5,000,000원(이익)

[4] 일반전표입력(3/21)

(차) 보통예금 9,300,000 (대) 단기대여금(㈜최강) 9,000,000
외환차익 300,000

☞ 외환차손익 = 상환가액($5,000×1,860) – 장부가액($5,000×1,800) = 300,000원(이익)

문제 2 부가가치세

[1] 수출실적명세서 및 영세율 매출명세서

1. [수출실적명세서](7~9월)

구분	건수	외화금액	원화금액	비고
⑨합계	2	30,000.00	36,700,000	
⑩수출재화[=⑫합계]	1	10,000.00	12,500,000	
⑪기타영세율적용	1	20,000.00	24,200,000	

No	□	(13)수출신고번호	(14)선(기)적일자	(15)통화코드	(16)환율	금액 (17)외화	금액 (18)원화	전표정보 거래처코드	전표정보 거래처명
1	□	34554-67-7698012	20×1-07-14	USD	1,250.0000	10,000.00	12,500,000		

2. [영세율매출명세서](7~9월)

(7)구분	(8)조문	(9)내용	(10)금액(원)
부가가치	제21조	직접수출(대행수출 포함)	12,500,000
		중계무역·위탁판매·외국인도 또는 위탁가공무역 방식의 수출	
		내국신용장·구매확인서에 의하여 공급하는 재화	
		한국국제협력단 및 한국국제보건의료재단에 공급하는 해외반출용 재화	
		수탁가공무역 수출용으로 공급하는 재화	
	제22조	국외에서 제공하는 용역	
	제23조	선박·항공기에 의한 외국항행용역	
		국제복합운송계약에 의한 외국항행용역	
		국내에서 비거주자·외국법인에게 공급되는 재화 또는 용역	24,200,000
		수출재화임가공용역	

[2] [공제받지못할매입세액명세서](4~6월)

공제받지못할매입세액내역 | 공통매입세액안분계산내역 | 공통매입세액의정산내역 | 납부세액또는환급세액재계산

매입세액 불공제 사유	세금계산서		
	매수	공급가액	매입세액
①필요적 기재사항 누락 등			
②사업과 직접 관련 없는 지출	1	15,000,000	1,500,000
③비영업용 소형승용자동차 구입· 유지 및 임차			
④접대비 및 이와 유사한 비용 관련	1	500,000	50,000
⑤면세사업등 관련			
⑥토지의 자본적 지출 관련	1	3,000,000	300,000
합계	3	18,500,000	1,850,000

☞ **<u>공급받는자의 상호는 필요적기재사항이 아니므로 매입세액공제대상</u>**이 되고, 사업과 관련없는 차량의 매입세액은 불공제대상입니다.

[3] 홈택스 부가가치세전자신고(확정신고 10~12월)

1. 전자신고파일생성	1. 신고서 및 부속서류 작성 및 마감
	2. 전자신고서 제작(비밀번호 입력 12345678)
	3. C드라이브에 파일(파일명 메모)이 생성
2. 홈택스 전자신고	1. 전자신고파일 불러오기
	2. 형식검증하기(비밀번호 입력 12345678)→확인
	3. 내용검증하기→확인
	4. 전자파일 제출
	5. 접수증 확인

1. [부가가치세신고서] 및 부속서류 마감(10~12월)

구분		정기신고금액		
		금액	세율	세액
과세표준및매출세액 과세 세금계산서발급분	1	90,000,000	10/100	9,000,000
과세표준및매출세액 과세 매입자발행세금계산서	2		10/100	
과세표준및매출세액 과세 신용카드 · 현금영수증발행분	3		10/100	
과세표준및매출세액 과세 기타(정규영수증외매출분)	4			
과세표준및매출세액 영세 세금계산서발급분	5		0/100	
과세표준및매출세액 영세 기타	6		0/100	
예정신고누락분	7			
대손세액가감	8			
합계	9	90,000,000	㉮	9,000,000
매입세액 세금계산서수취분 일반매입	10	75,000,000		7,500,000
매입세액 세금계산서수취분 수출기업수입분납부유예	10			
매입세액 세금계산서수취분 고정자산매입	11			
예정신고누락분	12			
매입자발행세금계산서	13			
그 밖의 공제매입세액	14			
합계(10)-(10-1)+(11)+(12)+(13)+(14)	15	75,000,000		7,500,000
공제받지못할매입세액	16			
차감계 (15-16)	17	75,000,000	㉯	7,500,000
납부(환급)세액(매출세액㉮-매입세액㉯)			㉰	1,500,000
경감공제세액 그 밖의 경감 · 공제세액	18			
경감공제세액 신용카드매출전표등 발행공제등	19			
경감공제세액 합계	20		㉱	
소규모 개인사업자 부가가치세 감면세액	20		㉲	
예정신고미환급세액	21		㉳	
예정고지세액	22		㉴	
사업양수자의 대리납부 기납부세액	23		㉵	
매입자 납부특례 기납부세액	24		㉶	
신용카드업자의 대리납부 기납부세액	25		㉷	
가산세액계	26		㉸	
차가감하여 납부할세액(환급받을세액)㉰-㉱-㉲-㉳-㉴-㉵-㉶-㉷+㉸			27	1,500,000
총괄납부사업자가 납부할 세액(환급받을 세액)				

구분		금액	세율	세액
7.매출(예정신고누락분)				
예정누락분 과세 세금계산서	33		10/100	
예정누락분 과세 기타	34		10/100	
예정누락분 영세 세금계산서	35		0/100	
예정누락분 영세 기타	36		0/100	
합계	37			
12.매입(예정신고누락분)				
예정누락분 세금계산서	38			
예정누락분 그 밖의 공제매입세액	39			
예정누락분 합계	40			
예정누락분 신용카드매출 수령금액합계 일반매입				
예정누락분 신용카드매출 수령금액합계 고정매입				
예정누락분 의제매입세액				
예정누락분 재활용폐자원등매입세액				
예정누락분 과세사업전환매입세액				
예정누락분 재고매입세액				
예정누락분 변제대손세액				
예정누락분 외국인관광객에대한환급/				
예정누락분 합계				
14.그 밖의 공제매입세액				
신용카드매출 수령금액합계표 일반매입	41			
신용카드매출 수령금액합계표 고정매입	42			
의제매입세액	43		뒤쪽	
재활용폐자원등매입세액	44		뒤쪽	
과세사업전환매입세액	45			
재고매입세액	46			
변제대손세액	47			
외국인관광객에대한환급세액	48			

2. 전자신고 데이터 제작

제작경로 C:₩

☑	코드	회사명	사업자등록번호	사업구분	마감상태	마감일자	제작일자
☑	1040	(주)진산산업	321-81-00129	일반	정상마감	20×1-07-06	20×1-07-06
☐							
☐							

서식번호	서식명
I103200	일반과세자 부가가치세 신고서
I105000	매출처별 세금계산서 합계표(갑,을)
I105200	매입처별 세금계산서 합계표(갑,을)

3. 홈택스 전자신고파일 제출

문제 3 결산

[1] [수동결산]

(차)	부가세예수금	9,000,000	(대) 부가세대급금	7,500,000
			미지급세금	1,500,000

[2] [수동결산]

(차)	이자비용	2,500,000	(대) 미지급비용	2,500,000

☞이자비용(7.1~12.31) = 50,000,000원 × 10% × 6/12 = 2,500,000원

[3] [수동결산]

(차)	매도가능증권(178)	300,000	(대) 매도가능증권평가이익	300,000

· 평가손익(매도) = 공정가액(300주 × 32,000) – 취득가액(300주 × 31,000) = 300,000원(이익)

[4] [수동결산]

(차)	감가상각비(제)	4,000,000원*1	(대) 감가상각누계액(207)	6,000,000원
	국고보조금(217)	2,000,000원*2		

*1 취득가액 120,000,000원 × 1/5 × 3/12 = 6,000,000원

*2 국고보조금 40,000,000원 × 1/5 × 3/12 = 2,000,000원

· 고정자산의 감가상각은 취득시점(9월 1일)이 아닌 사용개시일(10월 2일)부터 시작한다.

문제 4 원천징수

[1] [원천징수이행상황신고서](귀속기간 9월, 지급기간 10월, 2.수정신고,1차)

원천징수명세및납부세액 | 원천징수이행상황신고서 부표 | 원천징수세액환급신청서 | 기납부세액명세서 | 전월미환급세액 조정명세서 | 차월이월환급세액 승계명세

			코드	소득지급		징수세액			당월조정환급세액	납부세액	
				인원	총지급액	소득세 등	농어촌특별세	가산세		소득세 등	농어촌특별세
개인 거주자	근로소득	간이세액	A01	6	30,000,000	2,632,350					
			A01	6	30,000,000	2,632,350					
		중도퇴사	A02	1	5,000,000	-880,000					
			A02	1	5,000,000	-880,000					
		일용근로	A03								
			A03								
		연말정산	A04								
			A04								
		(분납신청)	A05								
			A05								
		(납부금액)	A06								
			A06								
		가 감 계	A10	7	35,000,000	1,752,350				1,752,350	
			A10	7	35,000,000	1,752,350				1,752,350	
	퇴직소득	연금계좌	A21								
			A21								
		그 외	A22								
			A22								
		가 감 계	A20								
			A20								
	사	매월징수	A25								
			A25	1	3,000,000	90,000		3,096			

- 납부할 세액 = 3,000,000원(사업소득) × 3% = 90,000원
- 원천징수납부지연가산세 = Min(① 3,096원, ② 9,000원) = 3,096원

  ① 90,000원 × 3% + 90,000원 × 2.2(가정)/10,000 × 20일 = 3,096원

  ② 한도 : 90,000원 × 10% = 9,000원

[2] 연말정산(이준혁, 총급여액 8천만원 이하자)

항 목	요건		내역 및 대상여부	입력
	연령	소득		
보 험 료	○ (×)	○	• 본인 보장성보험료 • 자1(14) 상해보험료	○(일반 600,000) ○(일반 1,000,000)
의 료 비	×	×	• 모친 보청기, 치료목적 한약 구입 • 배우자 질병치료비(실손의료보험금 40만원 차감)	○(장애 1,800,000) ○(일반 600,000)
교 육 비	×	○	• 자1 방과후 수업료, 중학생 교복구입비 (한도 50만원) • 자2(6) 유치원 및 학원비	○(중학 1,200,000) ○(취학전 2,800,000)
기부금	×	○	• 본인 정치자금 기부금	○(10만원 이하 100,000)
신용카드	×	○	• 본인 신용카드(회사경비 제외) • 본인 현금영수증(중고자동차 한도 10%)	○(신용 22,500,000 전통시장 1,000,000) ○(현금 1,700,000)
월세	본인외		• 총급여액 8천만원 이하자	○(월세 12,000,000)

1. 부양가족 : 보험료 및 교육비 입력

① 본인(이준혁)

자료구분	보험료		
	건강	고용	일반보장성
국세청			600,000
기타	2,942,844	600,000	

③ 자녀(이채연)

교육비		
일반		장애인특수
2,800,000	1.취학전	

② 자녀(이시연)

자료구분	보험료				의료비					교육비		
	건강	고용	일반보장성	장애인전용	일반	실손	선천성이상아	난임	65세,장애인	일반		장애인특수
국세청			1,000,000							1,200,000	2.초중고	
기타												

2. 신용카드 등

내/외 관계	성명 생년월일	자료구분	신용카드	직불,선불	현금영수증	도서등 신용	도서등 직불	도서등 현금	전통시장	대중교통
내	이준혁	국세청	22,500,000		1,700,000				1,000,000	

3. 의료비

의료비 공제대상자				지급처			지급명세				
성명	내/외	6.본인등 해당여부		9.증빙코드	8.상호	7.사업자 등록번호	10.건수	11.금액	11-1.실손 보험수령액	12.미숙아 선천성이상아	13.난임 여부
최민순	내	2	O	1				1,800,000		X	X
장미정	내	3	X	1				1,000,000	400,000	X	X

4. 기부금

① 기부금 입력(본인, 이준혁)

구분		9.기부내용	기부처		기부명세				자료구분
7.유형	8.코드		10.상호(법인명)	11.사업자 번호 등	건수	13.기부금합계 금액(14+15)	14.공제대상 기부금액	15.기부장려금 신청 금액	
정치자금	20	금전			1	100,000	100,000		국세청

② 기부금 조정 : 상단의 공제금액계산 클릭→불러오기→공제금액반영

코드	구분	지출액	공제대상금액	공제율1 (15%, 20%)	공제율2 (25%,30%,35%)	소득/세액공제액	공제초과이월액
20	정치자금(10만원 이하)	100,000	100,000			90,909	

구분		기부연도	16.기부금액	17.전년도까지 공제된금액	18.공제대상 금액(16-17)	해당연도 공제금액	해당연도에 공제받지 못한 금액	
유형	코드						소멸금액	이월금액
정치자금	20	20×1	100,000		100,000	100,000		

5. 월세액(총급여액 8천만원 이하자)

1 월세액 세액공제 명세(연말정산입력 탭의 70.월세액) 크게보기

임대인명(상호)	주민등록번호(사업자번호)	유형	계약 면적(㎡)	임대차계약서 상 주소지	계약서상 임대차 계약기간			연간 월세액	공제대상금액	세액공제금액
					개시일	~	종료일			
김정순	530820-2045891	단독주택	84.56	서울시 서초구 서초로 45	2023-06-01	~	2025-05-31	12,000,000		

6. 연말정산입력

상단 F8부양가족탭 불러오기 실행 후 기 입력된 화면을 불러온다.

[소득공제]		
1. 신용카드	① 신용카드	22,500,000
	② 현금영수증	1,700,000
	③ 전통시장	1,000,000
[특별세액공제]		
1. 보장성 보험료	① 일반	1,600,000
2. 의료비	① 특정(장애인외)	1,800,000
	② 일반(실손의료보험금 40만원 차감)	600,000
3. 교육비	① 취학전	2,800,000
	② 초중고	1,200,000
4. 기부금	① 정치자금 -10만원 이하	100,000
[월세세액공제]	총급여액 8천만원 이하자	12,000,000

문제 5 세무조정

[1] [기업업무추진비조정명세서]

1. 수입금액 명세

1.접대비 입력 (을) | 2.접대비 조정 (갑)

1 1. 수입금액명세

구 분	① 일반수입금액	② 특수관계인간 거래금액	③ 합 계(①+②)
금 액	3,152,000,000	100,000,000	3,252,000,000

2. 기업업무추진비 해당액

2 2. 기업업무추진비 해당금액

4. 계정과목			합계	기업업무추진비(판관)	광고선전비	
5. 계정금액			48,150,000	46,500,000	1,650,000	
6. 기업업무추진비계상액 중 사적사용경비			1,000,000	1,000,000		
7. 기업업무추진비해당금액(5-6)			47,150,000	45,500,000	1,650,000	
8. 신용카드 등 미사용금액	경조사비 중 기준금액 초과액	9. 신용카드 등 미사용금액				
		10. 총 초과금액				
	국외지역 지출액 (법인세법 시행령 제41조제2항제1호)	11. 신용카드 등 미사용금액				
		12. 총 지출액				
	농어민 지출액 (법인세법 시행령 제41조제2항제2호)	13. 송금명세서 미제출금액				
		14. 총 지출액				
	기업업무추진비 중 기준금액 초과액	15. 신용카드 등 미사용금액	500,000	500,000		
		16. 총 초과금액	45,500,000	45,500,000		
	17. 신용카드 등 미사용 부인액		500,000	500,000		
18. 기업업무추진비 부인액(6+17)			1,500,000	1,500,000		

· 기업업무추진비(판)의 (16)총 초과금액 : 46,500,000원 또는 45,500,000원

☞ (16)총초과금액은 46,500,000원중 사적경비(1,000,000)가 3만원 초과라면 정확한 답안임.

3. [기업업무추진비조정(갑)] 탭

3	기업업무추진비 한도초과액 조정		
중소기업			□ 정부출자법인 □ 부동산임대업등(법.령제42조제2항)
구분			금액
1. 기업업무추진비 해당 금액			47,150,000
2. 기준금액 초과 기업업무추진비 중 신용카드 등 미사용으로 인한 손금불산입액			500,000
3. 차감 기업업무추진비 해당금액(1-2)			46,650,000
일반 기업업무추진비 한도	4. 12,000,000 (중소기업 36,000,000) X 월수(12) / 12		36,000,000
	총수입금액 기준	100억원 이하의 금액 X 30/10,000	9,756,000
		100억원 초과 500억원 이하의 금액 X 20/10,000	
		500억원 초과 금액 X 3/10,000	
		5. 소계	9,756,000
	일반수입금액 기준	100억원 이하의 금액 X 30/10,000	9,456,000
		100억원 초과 500억원 이하의 금액 X 20/10,000	
		500억원 초과 금액 X 3/10,000	
		6. 소계	9,456,000
	7. 수입금액기준	(5-6) X 10/100	30,000
	8. 일반기업업무추진비 한도액 (4+6+7)		45,486,000
문화기업업무추진비 한도(「조특법」 제136조제3항)	9. 문화기업업무추진비 지출액		
	10. 문화기업업무추진비 한도액(9와 (8 X 20/100) 중 작은 금액)		
전통시장기업업무추진비 한도(「조특법」 제136조제6항)	11. 전통시장기업업무추진비 지출액		
	12. 전통시장기업업무추진비 한도액(11과 (8 X 10/100) 중 작은 금액)		
13. 기업업무추진비 한도액 합계(8+10+12)			45,486,000
14. 한도초과액(3-13)			1,164,000
15. 손금산입한도 내 기업업무추진비 지출액(3과 13중 작은 금액)			45,486,000

4. 세무조정

〈손금불산입〉	상무이사 개인경비	1,000,000 원 (상여)
〈손금불산입〉	법정증빙서류 없는 기업업무추진비	500,000 원 (기타사외유출)
〈손금불산입〉	기업업무추진비 한도초과액	1,164,000 원 (기타사외유출)

[2] [감가상각비 조정]

1. 감가상각 한도계산

(1) 건물(정액법)→내용연수 40년

세무상취득가액(A)		상각범위액(B)	
=기말 재무상태표 취득가액 +즉시상각의제액(전기) +즉시상각의제액(당기)	400,000,000 30,000,000	상각율	10,750,000
430,000,000		0.025	
회사계상상각비(C)	8,000,000(감가상각비) + 30,00,000(즉시상각의제액) = 38,000,000원		
시부인액(B - C)	부인액 27,250,000(손금불산입, 유보)		

☞소액수선비 요건 = 장부가액(400,000,000 - 27,500,000) × 5% = 18,625,000원 이하

(2) 기계장치(정률법)→내용연수 5년

세무상취득가액(A)		세무상 기초감가상각누계액(B)	
=기말 재무상태표상 취득가액 +즉시상각의제액(당기)	30,000,000	기초 재무상태표상 감가상각누계액 (-) 전기상각부인누계액	20,000,000 △5,000,000
30,000,000		15,000,000	
미상각잔액(C=A-B)=15,000,000			
상각범위액(D)	세무상미상각잔액(C) × 상각률(0.451) = 6,765,000		
회사계상상각비(E)	5,000,000원(상각비)		
시부인액(D-E)	**시인액 1,765,000(손금산입, 유보추인)**		

2. [고정자산등록]

① 공장건물(101, 2019.03.20., 정액법)

기본등록사항 | 추가등록사항

1.기초가액	400,000,000
2.전기말상각누계액(-)	27,500,000
3.전기말장부가액	372,500,000
4.당기중 취득 및 당기증가(+)	
5.당기감소(일부양도·매각·폐기)(-)	
전기말상각누계액(당기감소분)(+)	
6.전기말자본적지출액누계(+)(정액법만)	
7.당기자본적지출액(즉시상각분)(+)	30,000,000
8.전기말부인누계액(+) (정률만 상각대상에 가산)	
9.전기말의제상각누계액(-)	
10.상각대상금액	430,000,000
11.내용연수/상각률(월수)	40 0.025 (12) 연수별
12.상각범위액(한도액)(10X상각율)	10,750,000
13.회사계상액(12)-(7)	8,000,000 사용자
14.경비구분	1.500번대/제조
15.당기말감가상각누계액	35,500,000
16.당기말장부가액	364,500,000
17.당기의제상각비	
18.전체양도일자	____-__-__
19.전체폐기일자	____-__-__
20.업종	02 연와조,블럭조

② 기계장치(102, 20200.07.01., 정률법)

기본등록사항 | 추가등록사항

1.기초가액	30,000,000
2.전기말상각누계액(-)	20,000,000
3.전기말장부가액	10,000,000
4.당기중 취득 및 당기증가(+)	
5.당기감소(일부양도·매각·폐기)(-)	
전기말상각누계액(당기감소분)(+)	
6.전기말자본적지출액누계(+)(정액법만)	
7.당기자본적지출액(즉시상각분)(+)	
8.전기말부인누계액(+) (정률만 상각대상에 가산)	5,000,000
9.전기말의제상각누계액(-)	
10.상각대상금액	15,000,000
11.내용연수/상각률(월수)	5 0.451 (12) 연수별상각율
12.상각범위액(한도액)(10X상각율)	6,765,000
13.회사계상액(12)-(7)	5,000,000 사용자수정
14.경비구분	1.500번대/제조
15.당기말감가상각누계액	25,000,000
16.당기말장부가액	5,000,000
17.당기의제상각비	
18.전체양도일자	____-__-__
19.전체폐기일자	____-__-__
20.업종	13 제조업

3. [미상각자산감가상각조정명세서]

① 공장건물

입력내용			금액
업종코드/명	02	연와조,블럭조	
합계표 자산구분		1. 건축물	
(4)내용연수(기준.신고)			40
상각계산의 기초가액	재무상태표 자산가액	(5)기말현재액	400,000,000
		(6)감가상각누계액	35,500,000
		(7)미상각잔액(5)-(6)	364,500,000
	회사계산 상각비	(8)전기말누계	27,500,000
		(9)당기상각비	8,000,000
		(10)당기말누계(8)+(9)	35,500,000
	자본적 지출액	(11)전기말누계	
		(12)당기지출액	30,000,000
		(13)합계(11)+(12)	30,000,000
(14)취득가액((7)+(10)+(13))			430,000,000
(15)일반상각률.특별상각률			0.025
상각범위 액계산	당기산출 상각액	(16)일반상각액	10,750,000
		(17)특별상각액	
		(18)계((16)+(17))	10,750,000
	(19) 당기상각시인범위액		10,750,000
(20)회사계상상각액((9)+(12))			38,000,000
(21)차감액((20)-(19))			27,250,000
(22)최저한세적용에따른특별상각부인액			
조정액	(23) 상각부인액((21)+(22))		27,250,000
	(24) 기왕부인액중당기손금추인액		
부인액 누계	(25) 전기말부인누계액		
	(26) 당기말부인누계액 (25)+(23)-|24|		27,250,000
당기말	(27) 당기의제상각액 |Δ(21)|-|(24)|		

② 기계장치

입력내용			금액
업종코드/명	13	제조업	
합계표 자산구분		2. 기계장치	
(4)내용연수			5
상각계산의 기초가액	재무상태표 자산가액	(5)기말현재액	30,000,000
		(6)감가상각누계액	25,000,000
		(7)미상각잔액(5)-(6)	5,000,000
	(8)회사계산감가상각비		5,000,000
	(9)자본적지출액		
	(10)전기말의제상각누계액		
	(11)전기말부인누계액		5,000,000
	(12)가감계((7)+(8)+(9)-(10)+(11))		15,000,000
(13)일반상각률.특별상각률			0.451
상각범위 액계산	당기산출 상각액	(14)일반상각액	6,765,000
		(15)특별상각액	
		(16)계((14)+(15))	6,765,000
	취득가액	(17)전기말현재취득가액	30,000,000
		(18)당기회사계산증가액	
		(19)당기자본적지출액	
		(20)계((17)+(18)+(19))	30,000,000
	(21) 잔존가액		1,500,000
	(22) 당기상각시인범위액		6,765,000
(23)회사계상상각액((8)+(9))			5,000,000
(24)차감액 ((23)-(22))			-1,765,000
(25)최저한세적용에따른특별상각부인액			
조정액	(26) 상각부인액 ((24)+(25))		
	(27) 기왕부인액중당기손금추인액		1,765,000
(28) 당기말부인누계액 ((11)+(26)-|(27)|)			3,235,000
당기말	(29) 당기의제상각액 |Δ(24)|-|(27)|		

4. 세무조정

〈손금산입〉 기계장치 감가상각비 시인부족액 1,765,000 원 (유보감소)
〈손금불산입〉 공장건물 감가상각비 한도초과액 27,250,000 원 (유보발생)

5. [감가상각비조정명세서합계표]

1.자 산 구 분		코드	2.합 계 액	유형자산 3.건 축 물	4.기계장치	5.기타자산	6.무형자산
재무상태표 상가액	101.기말현재액	01	430,000,000	400,000,000	30,000,000		
	102.감가상각누계액	02	60,500,000	35,500,000	25,000,000		
	103.미상각잔액	03	369,500,000	364,500,000	5,000,000		
104.상각범위액		04	17,515,000	10,750,000	6,765,000		
105.회사손금계상액		05	43,000,000	38,000,000	5,000,000		
조정 금액	106.상각부인액 (105-104)	06	27,250,000	27,250,000			
	107.시인부족액 (104-105)	07	1,765,000		1,765,000		
	108.기왕부인액 중 당기손금추인액	08	1,765,000		1,765,000		
109.신고조정손금계상액		09					

[3] 외화자산등 평가차손익조정명세서

계정과목	발생일 기준 환율	장부상 평가 환율	외화 금액($)	장부상 평가손익 (A)	세무상 평가환율	세무상 평가손익 (B)	차이 (B - A)
외화예금	1,800	좌동	12,000	0	1,960	1,920,000	1,920,000
외화차입금	1,890		7,500	0		- 525,000	- 525,000
회사손익금계상액				**0**	**세무상손익금**	**1,395,000**	**1,395,000**

1. [외화자산,부채의 평가(을지)] 탭

① 외화자산(외화예금)

외화자산,부채의평가(을지) | 통화선도,스왑,환변동보험의평가(을지) | 환율조정차,대등(갑지)

No	②외화종류(자산)	③외화금액	④장부가액		⑦평가금액		⑩평가손익
			⑤적용환율	⑥원화금액	⑧적용환율	⑨원화금액	자 산(⑨-⑥)
1	USD	12,000.00	1,800.0000	21,600,000	1,960.0000	23,520,000	1,920,000

② 외화부채(외화차입금)

No	②외화종류(부채)	③외화금액	④장부가액		⑦평가금액		⑩평가손익
			⑤적용환율	⑥원화금액	⑧적용환율	⑨원화금액	부 채(⑥-⑨)
1	USD	7,500.00	1,890.0000	14,175,000	1,960.0000	14,700,000	-525,000

2. [환율조정차,대등(갑지)]

①구분		②당기손익금 해당액	③회사손익금 계상액	조정		⑥손익조정금액 (②-③)
				④차익조정(③-②)	⑤차손조정(②-③)	
가.화폐성 외화자산.부채 평가손익		1,395,000				1,395,000
나.통화선도.통화스왑,환변동보험 평가손익						
다.환율조정 계정손익	차익					
	차손					
계		1,395,000				1,395,000

3. 세무조정

〈익금산입〉 외화예금 환산 1,920,000 원 (유보발생)
〈손금산입〉 외화차입금 환산 525,000 원 (유보발생)

[4] 소득금액조정합계표

〈손금불산입〉 업무용승용차 감가상각비 한도초과액 4,600,000 원 (기타사외유출)
〈 익 금 산 입 〉 매도가능증권 3,000,000 원 (유보발생)
〈 손 금 산 입 〉 매도가능증권평가손실 3,000,000 원 (기타)
〈손금불산입〉 법인세비용 7,200,000 원 (기타사외유출)
〈손금불산입〉 세금과공과금 72,000 원 (기타사외유출)
〈 손 금 산 입 〉 선급비용(임차료) 100,000 원 (유보발생)

☞당기비용(12.01~12.31) = 1,200,000÷12개월×1개월 = 100,000원

[5] [기부금조정명세서]

1. 기부금명세서

구분 1.유형	2.코드	3.과목	4.월일		5.적요	기부처 6.법인명등	7.사업자(주민)번호등	8.금액	비고
24조제2항제1호에	10	기부금	3	20	천재지변 이재민 구호금품			4,000,000	
24조제3항제1호에	40	기부금	5	8	어버이날 아파트경로당 후원			2,000,000	
기타	50	기부금	10	10	교회건물신축 어음지급 기부금			10,000,000	
24조제3항제1호에	40	기부금	11	11	사회복지법인 고유목적사업비			7,500,000	
9.소계	가. 「법인세법」 제24조제2항제1호에 따른 특례기부금						코드 10	4,000,000	
	나. 「법인세법」 제24조제3항제1호에 따른 일반기부금						코드 40	9,500,000	
	다. 〔조세특례제한법〕 제88조의4제13항의 우리사주조합 기부금						코드 42		
	라.그 밖의 기부금						코드 50	10,000,000	
	계							23,500,000	

☞ 경로당 후원금은 일반기부금에 해당합니다. 법인세법 시행령 4호 나목에 따른 시설에 해당하고 무료 또는 실비로 이용하는 경우 일반기부금단체에 해당합니다. 비지정기부금도 정답 인용하였으나, 아파트단지 안이나 마을에 있는 경로당(또는 노인정)은 어르신들이 무료로 이용합니다. **현실을 모르고 경로당을 비지정기부금으로 답안을 인용한 것은 수험생들에게 잘못된 정보를 제공할 소지가 있습니다.**

〈손금불산입〉 어음지급기부금 10,000,000원 (유보발생)

2. 소득금액 확정

2.소득금액확정 (새로 불러오기 / 수정)

1.결산서상 당기순이익	2.익금산입	3.손금산입	4.기부금합계	5.소득금액계(1+2-3+4)
45,000,000	11,800,000		13,500,000	70,300,000

3. [2.기부금 조정] 탭

① 특례기부금 한도 계산

1 1.「법인세법」 제24조제2항제1호에 따른 특례기부금 손금산입액 한도액 계산			
1.소득금액 계	70,300,000	5.이월잔액 중 손금산입액 MIN[4,23]	
2.법인세법 제13조제1항제1호에 따른 이월 결손금 합계액(기준소득금액의 80% 한도)		6.해당연도지출액 손금산입액 MIN[(④-⑤)>0, ③]	4,000,000
3.「법인세법」 제24조제2항제1호에 따른 특례기부금 해당 금액	4,000,000	7.한도초과액 [(3-6)>0]	
4.한도액 {[(1-2)〉0]X50%}	35,150,000	8.소득금액 차감잔액 [(①-②-⑤-⑥)>0]	66,300,000

② 일반기부금 한도 계산

3 3.「법인세법」 제24조제3항제1호에 따른 일반기부금 손금산입 한도액 계산			
13.「법인세법」 제24조제3항제1호에 따른 일반기부금 해당금액	9,500,000	16. 해당연도지출액 손금산입액 MIN[(14-15)>0, 13]	6,630,000
14. 한도액 ((8-11)x10%, 20%)	6,630,000	17. 한도초과액 [(13-16)>0]	2,870,000
15. 이월잔액 중 손금산입액 MIN(14, 23)			

4 4.기부금 한도초과액 총액		
18. 기부금 합계액 (3+9+13)	19. 손금산입 합계 (6+11+16)	20. 한도초과액 합계 (18-19)=(7+12+17)
13,500,000	10,630,000	2,870,000

③ 기부금지출액 명세(자동계산) - 일반기부금 이월액 2,870,000원

6 6. 해당 사업연도 기부금 지출액 명세				
사업연도	기부금 종류	26.지출액 합계금액	27.해당 사업연도 손금산입액	28.차기 이월액(26-27)
합계	「법인세법」 제24조제2항제1호에 따른 특례기부금	4,000,000	4,000,000	
	「법인세법」 제24조제3항제1호에 따른 일반기부금	9,500,000	6,630,000	2,870,000

제103회 전산세무 1급

합격율	시험년월
11%	2022.08

이 론

01. 다음 중 현금및현금성자산과 장기금융자산에 대한 설명으로 틀린 것은?

① 현금성자산은 이자율의 변동에 따른 가치변동이 커야 한다.
② 취득일로부터 3개월 이내 만기가 도래하는 정기예금은 현금성자산으로 분류한다.
③ 결산일로부터 1년 이후 만기가 도래하는 금융상품은 장기금융자산으로 분류한다.
④ 타인발행수표는 현금으로 분류한다.

02. 다음 중 유형자산의 취득원가에 포함되지 않는 것은?

가. 새로운 상품과 서비스를 소개하는 데에 발생하는 지출액
나. 유형자산이 정상적으로 작동하는지 여부를 시험하는 과정에서 발생하는 지출액
다. 유형자산의 설치장소 준비를 위하여 발생하는 지출액
라. 자산을 보유하면서 원상복구를 위해 발생되는 지출액

① 가　　② 나, 다　　③ 다, 라　　④ 가, 라

03. 다음은 자산과 부채의 유동성과 비유동성 구분에 대한 설명이다. 가장 옳지 않은 것은?

① 보고기간종료일로부터 1년 이내에 상환되어야 하는 채무는 보고기간종료일과 재무제표가 사실상 확정된 날 사이에 보고기간종료일로부터 1년을 초과하여 상환하기로 합의한 경우에는 비유동부채로 분류한다.
② 투자자산에 속하는 매도가능증권 또는 만기보유증권 등의 비유동자산 중 1년 이내에 실현되는 부분은 유동자산으로 분류한다.
③ 정상적인 영업주기 내에 판매되거나 사용되는 재고자산은 보고기간종료일로부터 1년 이내에 실현되지 않더라도 유동자산으로 분류한다.
④ 단기차입금 및 유동성장기차입금 등은 보고기간종료일로부터 1년 이내에 상환되어야 하므로 영업주기와 관계없이 유동부채로 분류한다.

04. ㈜세무는 아래의 조건으로 사채를 발행하였다. 사채의 발행방법 및 장부가액, 상각(환입)액, 이자비용의 변동으로 올바른 것은? (단, 사채이자는 유효이자율법에 따라 상각 및 환입한다.)

• 발행일 : 20x1년 1월 1일	• 이자는 매년 말 지급
• 액면가액 : 2,000,000원	• 액면이자율 : 연 12%
• 만기 : 3년	• 유효이자율 : 연 10%

	발행방법	장부가액	상각(환입)액	이자비용
①	할인발행	매년 증가	매년 감소	매년 감소
②	할인발행	매년 증가	매년 증가	매년 증가
③	할증발행	매년 감소	매년 감소	매년 증가
④	할증발행	매년 감소	매년 증가	매년 감소

05. 다음 중 재무상태표상의 자본에 대한 설명으로 옳은 것은?

① 자본금은 법정자본금으로 발행주식 수에 발행금액을 곱하여 계산한다.
② 보통주자본금과 우선주자본금은 자본금으로 통합하여 표시할 수 있다.
③ 자본잉여금은 주주와의 거래에서 발생하여 자본을 증가시키는 잉여금으로, 주식발행초과금, 자기주식처분이익, 감자차익, 감자차손을 포함한다.
④ 자본조정은 당해 항목의 성격으로 보아 자본거래에 해당하나 최종 납입된 자본으로 볼 수 없거나 자본의 가감 성격으로 자본금이나 자본잉여금으로 분류할 수 없는 항목이다.

06. 다음 중 원가행태에 대한 설명으로 가장 틀린 것은?

① 변동원가는 조업도의 변동에 비례하여 총원가가 변동하는 원가로써 직접재료비, 직접노무비가 이에 해당한다.
② 변동원가는 조업도의 증감에 따라 총변동원가는 증감하지만, 단위당 변동원가는 조업도의 변동에 영향을 받지 않는다.
③ 고정원가는 조업도의 변동과 관계없이 총원가가 일정하게 발생하는 원가를 말한다.
④ 준고정원가는 변동원가와 고정원가가 혼합된 원가를 말한다.

07. 다음 자료를 이용하여 직접재료원가와 직접노무원가를 계산하면 얼마인가?

구분	금액
직접재료원가	? 원
직접노무원가	? 원
제조간접원가	직접노무원가의 150%
가공원가	직접재료원가의 300%
당기총제조원가	1,400,000원

	직접재료원가	직접노무원가
①	350,000원	420,000원
②	350,000원	630,000원
③	420,000원	630,000원
④	420,000원	350,000원

08. 다음 중 부문별 원가계산에 대한 설명으로 가장 틀린 것은?

① 단계배분법은 보조부문 상호 간의 용역수수 관계를 일부만 반영한다.
② 제조간접비를 정확하게 배부하기 위해 부문별로 분류 및 집계하는 절차이고, 재고가 존재할 경우 배분방법에 따라 총이익이 달라진다.
③ 상호배분법은 보조부문원가의 배분이 배분 순서에 의해 영향을 받는다.
④ 보조부문이 하나인 경우 변동제조간접비와 고정제조간접비의 구분에 따라 단일배부율법과 이중배부율법을 적용할 수 있다.

09. 당사는 선입선출법에 따른 종합원가계산에 의하여 제품의 원가를 계산한다. 당기에 발생한 가공비는 15,000,000원이고 가공비 완성품 단위당 원가는 10,000원이다. 다음의 재공품 완성도를 참고하여 기말재공품 완성도를 구하시오(단, 가공비는 공정 전반에 걸쳐 균등하게 발생한다).

구분	수량	완성도
기초재공품	400개	30%
당기완성품	1,600개	100%
기말재공품	50개	?

① 20%　　② 30%　　③ 40%　　④ 70%

10. 다음 중 표준원가계산에 대한 설명으로 가장 틀린 것은?

① 표준원가계산은 사전에 객관적이고 합리적인 방법에 의하여 산정한 원가를 이용하되 그 표준원가는 회사 사정을 고려하여 현실적으로 달성 가능하도록 설정하여야 한다.
② 표준원가계산제도는 내부 의사결정을 위한 제도이다.
③ 예산과 실제원가의 차이분석을 통하여 효율적인 원가 통제의 정보를 제공한다.
④ 기말에 원가차이를 매출원가에서 조정할 경우 불리한 차이는 매출원가에서 차감하고 유리한 차이는 매출원가에 가산한다.

11. 다음 중 법인세법상 신고조정사항과 결산조정사항에 대한 설명으로 가장 틀린 것은?

① 신고조정사항은 객관적인 외부거래 없이 내부적인 계상항목들에 대하여 손금산입 여부를 임의로 선택할 수 있도록 규정하고 있다.
② 신고조정사항에 해당하는 항목에 대하여 결산서상 수익 · 비용 금액과 세법상 익금 · 손금이 다른 경우에는 세무조정을 하여야 한다.
③ 결산조정사항에 해당하는 항목은 결산서에 반드시 손비로 계상하여야만 세법상 손금으로 인정된다.
④ 결산조정사항을 제외한 모든 세무조정사항은 신고조정사항에 해당한다.

12. 다음 중 법인세법상 중간예납의무에 대한 설명으로 가장 틀린 것은?

① 사업연도의 기간이 6개월을 초과하는 내국법인은 원칙적으로 각 사업연도 중 중간예납기간에 대한 법인세 중간예납세액을 납부할 의무가 있다.
② 중간예납기간은 해당 사업연도의 개시일부터 6개월이 되는 날까지로 한다.
③ 합병이나 분할에 의하지 아니하고 새로 설립된 법인의 설립 후 최초 사업연도는 제외한다.
④ 직전 사업연도에 중소기업인 내국법인은 직전 사업연도의 산출세액을 기준으로 계산한 중간예납세액이 30만원 미만인 경우 중간예납세액을 납부할 의무가 없다.

13. 다음 중 소득세법상 비과세소득에 해당하지 않는 것은?

① 1개의 주택을 소유하는 자의 주택임대소득(기준시가가 12억원을 초과하는 주택 및 국외에 소재하는 주택의 임대소득은 제외)
② 발명진흥법에 따른 종업원이 사용자로부터 받는 직무발명보상금으로서 연 700만원 이하의 금액
③ 대금업을 영업으로 하지 않는 자가 타인에게 일시적 · 우발적으로 금전을 빌려주고 그 대가로 받은 이자 또는 수수료
④ 기타소득 중 서화 · 골동품을 박물관 또는 미술관에 양도함으로써 발생하는 소득

14. 다음 중 부가가치세법상 공급시기에 대한 설명으로 가장 틀린 것은?

① 사업자가 공급시기가 되기 전에 재화 또는 용역에 대한 대가의 전부를 받고, 그 받은 대가에 대하여 세금계산서를 발급하면 그 세금계산서를 발급하는 때를 공급시기로 본다.

② 공급 단위를 구획할 수 없는 용역을 계속적으로 공급하는 경우 대가의 각 부분을 받기로 한 때를 용역의 공급시기로 본다.

③ 사업자가 폐업 전에 공급한 재화의 공급시기가 폐업일 이후에 도래하는 경우에는 재화를 사용하거나 소비하는 때를 공급시기로 본다.

④ 재화의 공급의제 중 개인적 공급의 경우 재화를 사용하거나 소비하는 때를 공급시기로 본다.

15. 다음 중 부가가치세법상 수정세금계산서의 사유에 따른 절차가 바르게 나열되지 않은 것은?

	사유	발급매수	작성일자	수정신고 유무
①	재화의 환입	1매	환입된 날	수정신고 없음
②	내국신용장 사후개설	2매	내국신용장 개설일	수정신고 없음
③	공급가액 변동	1매	변동된 날	수정신고 없음
④	이중발급(착오)	1매	처음 작성일자	과세기간이 다를 경우 수정신고

실 무

㈜사천전자(1030)는 제조 및 도매업을 영위하는 중소기업이며, 당기 회계기간은 20x1.1.1.~20x1.12.31.이다. 전산세무회계 수험용 프로그램을 이용하여 다음의 물음에 답하시오.

문제 1 다음 거래에 대하여 적절한 회계처리를 하시오.(12점)

[1] 03월 31일 ㈜세무캐피탈로부터 03월 01일에 5년 할부 지급 조건으로 구입하고 장기미지급금으로 처리한 업무용 승용차의 매입대금과 이자를 아래의 예정상환일에 보통예금 계좌에서 이체하여 지급하였다. (3점)

원리금상환스케쥴표

거래처 : ㈜세무캐피탈

회차	예정상환일	할부원리금	원금	이자	잔액
1회차	20x1.03.31.	700,000원	650,000원	50,000원	29,350,000원

[2] 04월 20일 다음은 전기분 이익잉여금처분계산서 내역의 일부이다. 02월 28일에 열린 주주총회에서 확정된 배당을 실시하여 개인 주주에게 소득세 등 원천징수세액 3,080,000원을 차감한 16,920,000원을 보통예금에서 지급하였다. (3점)

과목	금액	
-중간생략 -		
Ⅲ 이익잉여금 처분액		29,000,000원
1. 이익준비금	2,000,000원	
2. 기업합리화적립금	-	
3. 배당금	20,000,000원	
가. 현금배당	20,000,000원	
4. 사업확장적립금	7,000,000원	

[3] 07월 01일 국고보조금에 의해 취득한 기계장치를 파란상사에 12,000,000원(부가가치세 별도)에 매각하고 전자세금계산서를 발급하였으며, 대금 중 7,700,000원은 보통예금 계좌로 송금받고 차액은 다음 달에 수령하기로 하였다. 처분 전까지의 감가상각과 관련한 회계처리는 적정하게 처리하였다고 가정하며 관련 자료는 다음과 같다. (3점)

- 기계장치 취득원가 : 35,000,000원
- 감가상각누계액 : 15,000,000원
- 국고보조금(기계차감) : 10,000,000원

[4] 08월 10일 수년간 거래해온 함박식당(직전 연도 공급대가가 7천만원인 간이과세자)에서 당사의 제품생산부 소속 직원들이 회식을 하고 식대 550,000원(공급대가)을 법인카드(하나카드)로 결제하였다. (3점)

문제 2 **다음 주어진 요구사항에 따라 부가가치세 신고서 및 부속서류를 작성하시오.(10점)**

[1] ㈜사천전자는 20x1년 제1기 부가가치세 확정신고를 기한 내에 정상적으로 마쳤으나, 신고기한이 지난 후 다음의 오류를 발견하여 정정하고자 한다. 아래의 자료를 이용하여 매입매출전표입력에서 오류사항을 수정 또는 입력하고 제1기 확정신고기간의 [부가가치세신고서(수정신고)]와 [과세표준및세액결정(경정)청구서]를 작성하시오. (7점)

1. 제1기 확정 부가가치세신고서

일반과세자 부가가치세 [ ]예정 [v]확정 [ ]기한후과세표준 [ ]영세율 등 조기환급 신고서

관리번호					처리기간	즉시
신고기간 20×1년 제 1기 (4월1일 ~ 6월30일)						
사업자	상 호(법인명)	(주)사천전자	성 명(대표자명)	윤정호	사업자등록번호	613-86-12344
	생년월일	1969-03-03	전화번호	사업장 051-1000-1234	주소지 - -	휴대전화 - -
	사업장 주소	경상남도 사천시 용현면 시청로 37-8			전자우편 주소	

❶ 신 고 내 용

구 분				금 액	세율	세 액
과세표준 및 매출세액	과세	세금계산서 발급분	(1)	32,500,000	10/100	3,250,000
	과세	매입자발행 세금계산서	(2)		10/100	
	과세	신용카드 · 현금영수증 발행분	(3)	500,000	10/100	50,000
	과세	기타(정규영수증 외 매출분)	(4)			
	영세율	세금계산서 발급분	(5)		0/100	
	영세율	기 타	(6)		0/100	
	예 정 신 고 누 락 분		(7)			
	대 손 세 액 가 감		(8)			
	합 계		(9)	33,000,000	㉮	3,300,000
매입세액	세금계산서 수 취 분	일 반 매 입	(10)	15,000,000		1,500,000
	세금계산서 수 취 분	수출기업 수입분 납부유예	(10-1)			
	세금계산서 수 취 분	고정자산 매입	(11)			
	예 정 신 고 누 락 분		(12)			
	매입자발행 세금계산서		(13)			
	그 밖의 공제매입세액		(14)			
	합계(10)-(10-1)+(11)+(12)+(13)+(14)		(15)	15,000,000		1,500,000
	공제받지 못할 매입세액		(16)			
	차 감 계 (15)-(16)		(17)	15,000,000	㉯	1,500,000
납부(환급)세액 (매출세액㉮-매입세액㉯)					㉰	1,800,000
경감·공제세액	그 밖의 경감 · 공제세액		(18)			
	신용카드매출전표등 발행공제 등		(19)	550,000		
	합 계		(20)		㉱	
소규모 개인사업자 부가가치세 감면세액			(20-1)		㉲	
예 정 신 고 미 환 급 세 액			(21)		㉳	
예 정 고 지 세 액			(22)		㉴	
사업양수자의 대리납부 기납부세액			(23)		㉵	
매입자 납부특례 기납부세액			(24)		㉶	
신용카드업자의 대리납부 기납부세액			(25)		㉷	
가 산 세 액 계			(26)		㉸	
차감 · 가감하여 납부할 세액(환급받을 세액)(㉰-㉱-㉲-㉳-㉴-㉵-㉶-㉷+㉸)					(27)	1,800,000
총괄 납부 사업자가 납부할 세액(환급받을 세액)						

2. 오류사항
   - 04월 30일 전자세금계산서를 발급한 외상매출금 중 550,000원(부가가치세 포함)을 신용카드로 결제받았는데, 이를 매출로 이중신고함.
   - 05월 31일 영업부의 운반비 110,000원(부가가치세 포함)을 한주상사에 현금으로 지급하고 종이세금계산서를 발급받았으나 이를 누락함.
3. 경정청구이유는 매출 : 신용카드 매출 과다 신고, 매입 : 매입세금계산서합계표 누락으로 한다.
4. 국세환급금 계좌신고는 공란으로 둔다.

[2] 다음은 20x1년 제2기 부가가치세 예정신고기간(07.01.~09.30.)의 자료이다. 매입매출전표입력은 생략하고, [신용카드매출전표등발행금액집계표]를 작성하시오. (3점)

1. 7월 7일 : 제품을 김씨에게 공급하고 현금영수증을 발행하였다.
   (공급가액 : 1,500,000원, 부가가치세 : 150,000원)
2. 8월 8일 : 제품을 나씨에게 판매하고 세금계산서를 발급하였으며 신용카드로 결제받았다. (공급가액 : 1,000,000원, 부가가치세 : 100,000원)
3. 9월 3일 : 면세제품(공급가액 : 500,000원)을 한씨에게 판매하고 계산서를 발급하였다.대금 중 200,000원은 현금영수증을 발급하고, 나머지는 한씨의 신용카드로 결제받았다.

문제 3 **다음의 결산정리사항에 대하여 결산정리분개를 하거나 입력을 하여 결산을 완료하시오.(8점)**

[1] 다음 자료를 이용하여 재무제표의 장기성예금에 대하여 결산일의 적절한 회계처리를 하시오. (2점)

은행명	예금종류	금액	개설일	만기일
대한은행	정기예금	30,000,000원	2020.05.01.	20x2.04.30.

[2] 04월 01일 생산부 공장의 1년치 화재보험료(보험기간 : 20x1.4.1.~20x2.3.31.) 7,500,000원을 동남화재보험에 일시불로 지급하고 선급비용으로 회계처리하였다. 당기분 보험료를 월할로 계산하여 기말 수정분개를 수행하시오. (2점)

[3] 연말 재고실사 과정에서 다음의 누락 사실을 발견하였다. (2점)

- 광고 선전 목적으로 불특정다수인에게 전달한 제품 12,000,000원
- 훼손으로 인해 가치를 상실하여 원가성이 없는 제품 3,500,000원

[4] 다음 자료는 회사의 실제 당기 법인세 과세표준 및 세액조정계산서의 일부 내용이다. 입력된 데이터는 무시하며, 법인세비용(법인지방소득세 포함)에 대한 회계처리를 하시오. (2점)

법인세과세표준 및세액조정계산서 일부내용	②과세 표준계산	⑩⑧ 각사업연도소득금액(⑩⑧ – ⑩⑦)		300,000,000
		⑩⑨ 이월결손금	07	50,000,000
		⑪⓪ 비과세소득	08	
		⑪① 소득공제	09	
		⑪② 과세표준(⑩⑧ – ⑩⑨ – ⑪⓪ – ⑪①)	10	250,000,000
기타	위의 모든 자료는 법인세법상 적절하게 산출된 금액이고, 법인세중간예납은 기한 내에 납부하여 선납세금 20,000,000원으로 회계처리하였다.			

문제 4 **원천징수와 관련된 다음 물음에 답하시오.(10점)**

[1] 다음은 ㈜사천전자 영업부서의 신유리(201)에 대한 연말정산자료이다. 신유리의 연말정산 관련 자료를 이용하여 세부담이 최소화되는 방향으로 [연말정산추가자료입력] 메뉴에서 연말정산을 완료하시오. (8점)

1. 신유리 급여 현황

근무지	근무기간	총급여	공제금액	
㈜영빌리지 152 – 88 – 11562	20x1.1.1.~20x1.6.30. (종전 근무지)	15,000,000원	국민연금보험료	675,000원
			건강보험료	526,250원
			장기요양보험료	64,320원
			고용보험료	135,000원
			근로소득세	249,780원
			지방소득세	24,960원
㈜사천전자 613 – 86 – 12344	20x1.7.1.~계속 근무 중 (현재 근무지)	18,000,000원	– 자동계산 –	

2. 가족현황(아래 소득 외 다른 소득은 없으며 세대주는 신유리이다.)

관계	성명(주민등록번호)	(만)나이	소득 여부
본인	신유리(740101－2156110)	51세	상기 총급여액에 대한 근로소득금액은 22,800,000원이다.
배우자	박진혁(730501－1234565)	52세	일용근로소득 7,000,000원
장녀	박은서(111101－4516589)	14세	기타소득금액 1,000,000원(퀴즈 대회 상금)
장남	박태수(050601－3456781)	20세	사업소득금액 5,000,000원(청소년 배우)
부친주1)	신장군(520207－1278511)	73세	즉석 복권 당첨금 20,000,000원, 장애인
모친주1)	김은정(530410－2584563)	72세	소득 없음

주1) 부친과 모친은 신유리의 집에서 함께 생활하고 있으며, 부친은 장애인복지법상 장애인에 해당한다.

3. 연말정산자료(모두 국세청 연말정산간소화서비스를 통해 조회된 자료이다.)

(1) 보험료 지출액

- 본인 : 자동차보험료 600,000원, 보장성보험료 700,000원
- 장남 : 보장성보험료 500,000원
- 부친 : 장애인전용보장성보험료 2,000,000원

(2) 의료비 지출액

- 배우자 : 건강증진 목적의 보약 300,000원, 시력보정용 콘택트렌즈 300,000원
- 장녀 : 시력보정용 안경 600,000원
- 부친 : 장애인 의료기기 임차료 1,000,000원

(3) 교육비 지출액

- 장녀 : 초등학교 수업료 1,000,000원, 교복 구입비 500,000원
- 부친 : 장애인 특수교육비 4,000,000원

[2] 다음 자료는 당사의 4월 급여대장과 사업소득지급대장 일부다. 해당 자료를 참조하여 [원천징수이행상황신고서]를 조회하여 마감한 후 국세청 홈택스 기능을 이용하여 전자신고를 수행하시오(단, 당사는 반기별 신고 특례 대상자가 아니다). (2점)

〈자료1〉

20x1년 4월 급여대장

지급일 : 20x1년 04월 30일

성명	지 급 내 용				공 제 내 용	
	기본급	직책수당	상여금	급여 계	소득세	지방소득세
홍길동	5,500,000원			5,500,000원	420,000원	42,000원
김정석	2,800,000원			2,800,000원	67,000원	6,700원

〈자료2〉

사업소득 지급대장

지급연월 : 20x1년 4월

성명	귀속연월	지급연월일	지급액	소득세	지방소득세	차인지급액
이동자	20x1.04.	20x1.04.30.	1,000,000원	30,000원	3,000원	967,000원

〈전자신고 관련 유의사항〉

- 전자신고용 전자파일 제작 시 신고인 구분은 2.납세자 자진신고로 선택하고, 비밀번호는 "12341234"로 입력한다.
- 전자신고용 전자파일 저장경로는 로컬디스크(C :)이며, 파일명은 "작성연월일.01.t6138612344"이다.

문제 5 **㈜신화정밀(1031)은 자동차부품 제조 및 도매업을 영위하는 중소기업이며, 당해 사업연도는 20x1.1.1.~20x1.12.31.이다. [법인조정] 메뉴를 이용하여 기장되어 있는 재무회계 장부 자료와 제시된 보충자료에 의하여 해당 사업연도의 세무조정을 하시오. (30점)**
※ 회사 선택 시 유의하시오.

[1] 다음 자료를 참조하여 [대손충당금및대손금조정명세서]를 작성하고 필요한 세무조정을 하시오. (6점)

1. 대손 관련 명세서 내용

일자	내역	비고
20x1.01.22.	㈜부실의 외상매출금 25,000,000원 대손 확정	회수기일이 2년 경과
20x1.07.01.	㈜한심의 받을어음 30,000,000원 부도 처리	부도발생일(22.7.1.)로부터 6개월 미경과
20x1.11.05.	㈜대단의 외상매출금 20,000,000원 대손 확정	강제집행으로 인하여 회수할 수 없음

2. 대손충당금 계정내역

대손충당금

외상매출금	45,000,000원	전기이월	82,000,000원
받을어음	30,000,000원	당기설정액	30,000,000원
차기이월액	37,000,000원		
계	112,000,000원	계	112,000,000원

3. 당기말 채권잔액

내역	금액	비고
외상매출금	2,420,000,000원	
받을어음	125,500,000원	
계	2,545,500,000원	

4. 전기말 자본금과 적립금 조정명세서(을) 일부

①과목 또는 사항	②기초잔액	③감 소	④증 가	⑤기말잔액
대손충당금	15,250,500원	15,250,500원	8,820,000원	8,820,000원

5. 기타내역

• 대손설정률은 1%로 가정한다.

[2] 아래 자료만을 이용하여 [업무무관부동산등에관련한차입금이자조정명세서(갑)(을)]을 작성하고 관련 세무조정을 하시오(단, 주어진 자료 외의 자료는 무시할 것). (6점)

1. 차입금에 대한 이자지급 내역

이자율	지급이자	차입금	비 고
4%	312,000원	7,800,000원	사채할인발행차금 상각액
5%	2,500,000원	50,000,000원	채권자 불분명 사채이자(원천징수세액 없음)
7%	14,840,000원	212,000,000원	

2. 대표이사(서태인)에 대한 업무무관 가지급금 증감내역

일 자	차 변	대 변	잔 액
전기이월	35,000,000원		35,000,000원
20x1.03.05	15,000,000원		50,000,000원
20x1.10.20		30,000,000원	20,000,000원

3. 대표이사(서태인)에 대한 가수금 증감내역

일 자	차 변	대 변	잔 액
20x1.05.30		7,000,000원	7,000,000원

4. 회사는 20x1년 7월 1일 업무와 관련없는 토지를 100,000,000원에 취득하였다.
5. 기타사항
   - 대표이사 서태인의 가지급금과 가수금은 기간 및 이자율에 대한 별도의 약정은 없다.
   - 자기자본 적수 계산은 무시하고 가지급금 인정이자조정명세서 작성은 생략한다.

[3] 당사는 확정급여형(DB)퇴직연금에 가입하였다. 다음 자료를 이용하여 [퇴직연금부담금조정명세서]를 작성하고 이와 관련된 세무조정이 있는 경우 [소득금액조정합계표]를 작성하시오. (6점)

1. 퇴직급여추계액
   - 기말 현재 퇴직급여지급 대상이 되는 임·직원에 대한 퇴직급여 추계액은 60,000,000원이다.
2. 퇴직연금운용자산 현황
   - 기초 잔액 : 23,000,000원
   - 당기납입액 : 51,000,000원
   - 당기감소액 : 16,000,000원
3. 당기 감소액에 대한 회계처리를 아래와 같이 하였다.

   (차) 퇴직급여 16,000,000 원 (대) 퇴직연금운용자산 16,000,000 원
4. 장부상 퇴직급여충당부채 및 퇴직연금충당부채를 설정하지 않고 신고조정에 의하여 손금에 산입하고 있으며, 직전 사업연도말 현재 신고조정으로 손금산입한 퇴직연금부담금은 23,000,000원이다.

[4] 아래의 고정자산에 대하여 [감가상각비조정] 메뉴에서 [고정자산등록] 및 [미상각자산감가상각조정명세서]를 작성하고 세무조정을 하시오. (6점)

구분	자산명/ 자산코드	취득일	취득가액	전기말 상각누계액	회사계상상각비 (제조)
건물	공장건물/1	2019.07.01.	300,000,000원	25,000,000원	10,000,000원
기계장치	기계장치/1	2021.07.01.	60,000,000원	26,250,000원	7,500,000원

1. 회사는 기계장치의 감가상각방법을 세법에서 정하는 적법한 시기에 정액법으로 신고하였다.
2. 회사는 감가상각대상자산의 내용연수를 세법에서 정한 범위 내의 최단기간으로 적법하게 신고하였다.
3. 회사의 감가상각대상자산의 내용연수와 관련된 자료는 다음과 같고, 상각률은 세법이 정한 기준에 의한다.

구분	기준내용연수	내용연수범위
건물	40년	30년 ~ 50년
기계장치	8년	6년 ~ 10년

4. 건물관리비 계정에는 건물에 대한 자본적 지출액 30,000,000원이 포함되어 있다.
5. 기계장치의 전기 말 상각부인액은 4,000,000원이다.

[5] 당사는 소기업으로써 「중소기업에 대한 특별세액감면」을 적용받으려 한다. 불러온 자료는 무시하고, 다음 자료만을 이용하여 [법인세과세표준및세액조정계산서]를 작성하시오. (6점)

1. 표준손익계산서 일부

Ⅷ.법인세비용차감전손익	217	315,000,000원
Ⅸ.법인세비용	218	42,660,000원
Ⅹ.당기순손익	219	272,340,000원

2. 소득금액조정합계표

익금산입 및 손금불산입			손금산입 및 익금불산입		
과 목	금 액	소득처분	과 목	금 액	소득처분
법인세비용 기업업무추진비 잡손실	42,660,000원 19,800,000원 4,500,000원	기타사외유출 기타사외유출 기타사외유출	선급비용	2,300,000원	유보감소
합계	66,960,000원		합계	2,300,000원	

3. 감면소득금액은 337,000,000원이고 감면율은 20%이며, 당사는 전년 대비 상시근로자수는 변동없고 최저한세 적용 감면배제금액도 없다.
4. 법인세 중간예납세액은 10,000,000원이고, 분납을 최대한 적용받고자 한다.

제103회 전산세무1급 답안 및 해설

이 론

1	2	3	4	5	6	7	8	9	10	11	12	13	14	15
①	④	①	④	④	④	①	③	③	④	①	④	③	③	②

01. **현금성자산은 이자율의 변동에 따른 가치변동이 작아야** 한다.

02. 상품소개비와 원상복구비는 자산의 취득가액에 포함되지 않는다.

☞ 복구원가가 취득원가가 되기 위해서는 유형자산의 경제적 사용이 종료된 후에 원상회복을 위하여 그 자산을 제거, 해체하거나 또는 부지를 복원하는데 소요될 것으로 추정되는 원가가 **충당부채의 인식요건을 충족하는 경우 그 지출의 현재가치**를 의미합니다. 지문의 복구원가는 자산의 원상복구를 위한 지출을 의미한 것으로 비용처리해야 합니다.

03. 보고기간종료일로부터 1년 이내에 상환되어야 하는 채무는 **보고기간종료일과 재무제표가 사실상 확정된 날 사이에 보고기간종료일로부터 1년을 초과하여 상환하기로 합의하더라도 유동부채로 분류**한다.

04. **액면이자율이 유효이자율보다 높으므로 할증발행에 해당**한다. 사채 할증발행의 경우 장부가액은 매년 감소하고, 상각액은 매년 증가하며, 이자비용은 매년 감소한다.

05. 자본금은 발행주식 수에 액면가액을 곱하여 계산한다.

보통주자본금과 우선주자본금은 권리와 배당액이 틀리기 때문에 구분하여 표시하여야 한다.

감자차손은 자본조정에 해당한다.

06. **변동원가와 고정원가가 혼합된 원가는 준변동원가**이다. 준고정원가는 특정 범위 내의 조업도에서는 총원가가 일정하지만 조업도가 특정 범위를 벗어나면 일정액만큼 증감되는 원가를 말한다.

07. 당기총제조원가 = 직접재료원가(A) + 가공원가(3 × A) = 1,400,000원

직접재료원가(A) = 350,000원

가공원가 = 직접노무원가(B) + 제조간접원가(1.5 × B) = 직접재료원가(350,000) × 3 = 1,050,000원

∴ **직접노무원가(B) = 420,000원**

08. **상호배부법은 보조부문비의 배부가 배부순서에 의해 영향을 받지 않는다.**

09.

〈1단계〉 물량흐름파악(선입선출법) 〈2단계〉 완성품환산량 계산

재공품		재료비	가공비
완성품	1,600		
-기초재공품	400(70%)	0	280
-당기투입분	1,200(100%)	1,200	1,200
기말재공품	**50(??%)**	50	**??(20)**
계	1,650	**1,250**	1,500

〈3단계〉 원가요약(당기투입원가) 15,000,000

1,500개

〈4단계〉 완성품환산량당 단위원가 = @10,000

∴기말재공품완성도 = 20개/50개 = 40%

10. **불리한 차이는 매출원가에 가산**하고 **유리한 차이는 매출원가에서 차감**한다.

11. 객관적인 외부거래 없이 **내부적인 계상항목들에 대하여 손금산입 여부를 임의로 선택할 수 있도록 규정**하고 있는 것은 결산조정사항에 대한 설명이다.

12. 직전 사업연도에 중소기업인 내국법인은 **직전 사업연도의 산출세액을 기준으로 계산한 중간예납세액이 50만원미만**인 경우 중간예납세액을 납부할 의무가 없다.

13. 비영업대금이익으로 이자소득에 해당되며, 대부업자의 금전대여 등 사업성이 있는 경우는 사업소득으로 과세한다.

14. 사업자가 폐업 전에 공급한 재화의 **공급시기가 폐업일 이후에 도래하는 경우에는 그 폐업일을 공급시기**로 본다.

15. **내국신용장 사후개설의 작성일자는 처음 세금계산서 작성일**이다.

실 무

문제 1 전표입력

[1] (차) 장기미지급금(㈜세무캐피탈) 650,000 (대) 보통예금 700,000
이자비용 50,000

[2] (차) 미지급배당금 20,000,000 (대) 보통예금 16,920,000
예수금 3,080,000

문항	일자	유형	공급가액	부가세	거래처	전자세금
[3]	7/01	11.과세	12,000,000	1,200,000	파란상사	여

분개유형	차변	금액	대변	금액
혼합	(차) 감가상각누계액	15,000,000	(대) 기계장치	35,000,000
	국고보조금(217)	10,000,000	부가세예수금	1,200,000
	보통예금	7,700,000	유형자산처분이익	2,000,000
	미수금	5,500,000		

☞처분손익 = 처분가액(12,000,000) – 장부가액(35,000,000 – 15,000,000 – 10,000,000) = +2,000,000(이익)

문항	일자	유형	공급가액	부가세	거래처	신용카드
[4]	8/10	57.카과	500,000	50,000	함박식당	하나카드
분개유형	(차) 복리후생비(제)		500,000	(대) 미지급금(하나카드)		550,000
혼합(카드)	부가세대급금		50,000			

☞직전연도 공급대가의 합계액이 4,800만원 이상인 간이과세자는 세금계산서 발급대상이므로 신용카드매출전표를 발행하더라도 매입세액공제가 대상이 됩니다. 따라서 카드과세로 입력해야 합니다.

문제 2 부가가치세

[1] 부가가치세 신고서(4월~6월)경정청구서

1. 매입매출전표입력

- 수정 전 : 4월 30일 매입매출전표 이중입력 →
  수정 후 : 삭제 또는 매입매출전표 (-)입력과 회계처리는 가능
- 추가입력 :

일자	유형	공급가액	부가세	거래처	전자세금
5/31	51.과세	100,000	10,000	한주상사	부
분개유형	(차) 운반비(판)	100,000	(대) 현금		110,000
혼합(현금)	부가세대급금	10,000			

2. [부가가치세신고서(수정신고)](4월~6월)

〈매출매입신고누락분〉

구 분			공급가액	세액
매출	과세	세 금(전자)		
		기 타	-500,000	-50,000
	영세	세 금(전자)		
		기 타		
매입	세금계산서 등		100,000	10,000
미달신고(납부)←신고 · 납부지연 가산세				**△60,000**

☞신고 및 납부지연가산세는 (-)이므로 계산대상에서 제외하고, 세금계산서 합계표 관련사항이 아니므로 가산세 대상에서 제외됩니다.

구분				정기신고금액				수정신고금액		
				금액	세율	세액		금액	세율	세액
과세표준및매출세액	과세	세금계산서발급분	1	32,500,000	10/100	3,250,000	1	32,500,000	10/100	3,250,000
		매입자발행세금계산서	2		10/100		2		10/100	
		신용카드 · 현금영수증발행분	3	500,000	10/100	50,000	3		10/100	
		기타(정규영수증외매출분)	4				4			
	영세	세금계산서발급분	5		0/100		5		0/100	
		기타	6		0/100		6		0/100	
	예정신고누락분		7				7			
	대손세액가감		8				8			
	합계		9	33,000,000	㉮	3,300,000	9	32,500,000	㉮	3,250,000
매입세액	세금계산서 수취분	일반매입	10	15,000,000		1,500,000	10	15,100,000		1,510,000
		수출기업수입분납부유예	10				10			
		고정자산매입	11				11			
	예정신고누락분		12				12			
	매입자발행세금계산서		13				13			
	그 밖의 공제매입세액		14				14			
	합계(10)-(10-1)+(11)+(12)+(13)+(14)		15	15,000,000		1,500,000	15	15,100,000		1,510,000
	공제받지못할매입세액		16				16			
	차감계 (15-16)		17	15,000,000	㉯	1,500,000	17	15,100,000	㉯	1,510,000
납부(환급)세액(매출세액㉮-매입세액㉯)					㉰	1,800,000			㉰	1,740,000
경감공제세액	그 밖의 경감 · 공제세액		18				18			
	신용카드매출전표등 발행공제등		19	550,000			19			
	합계		20		㉱		20		㉱	
소규모 개인사업자 부가가치세 감면세액			20		㉲		21		㉲	
예정신고미환급세액			21		㉳		21		㉳	
예정고지세액			22		㉴		22		㉴	
사업양수자의 대리납부 기납부세액			23		㉵		23		㉵	
매입자 납부특례 기납부세액			24		㉶		24		㉶	
신용카드업자의 대리납부 기납부세액			25		㉷		25		㉷	
가산세액계			26		㉸		26		㉸	
차가감하여 납부할세액(환급받을세액)㉰-㉱-㉲-㉳-㉴-㉵-㉶-㉷+㉸					27	1,800,000			27	1,740,000
총괄납부사업자가 납부할 세액(환급받을 세액)										

3. 과세표준및세액결정(경정)청구서(4월~6월)

신고내용

법정신고일	20×1	년	7	월	25	일	최초신고일	20×1	년	7	월	25	일
경정청구이유1	4102013						신용카드, 현금영수증 매출 과다 신고						
경정청구이유2	4103020						매입세금계산서합계표 단순 누락, 착오기재(세금계산서에 의해 확인되는 경						

구 분	최 초 신 고	경정(결정)청구 신 고
과 세 표 준 금 액	33,000,000	32,500,000
산 출 세 액	3,300,000	3,250,000
가 산 세 액		
공제 및 감면세액	1,500,000	1,510,000
납 부 할 세 액	1,800,000	1,740,000
국세환급금 계좌신고	거래은행	계좌번호
환 급 받 을 세 액		60,000

[2] [신용카드매출전표등발행금액집계표](7~9월)

2. 신용카드매출전표 등 발행금액 현황

구 분	합 계	신용 · 직불 · 기명식 선불카드	현금영수증	직불전자지급 수단 및 기명식선불 전자지급수단
합 계	3,250,000	1,400,000	1,850,000	
과세 매출분	2,750,000	1,100,000	1,650,000	
면세 매출분	500,000	300,000	200,000	
봉 사 료				

3. 신용카드매출전표 등 발행금액중 세금계산서 교부내역

세금계산서발급금액	1,100,000	계산서발급금액	500,000

문제 3 결산

[1] 〈수동결산〉 유동성 대체

(차) 정기예금(유동)	30,000,000	(대) 장기성예금(비유동)	30,000,000

[2] 〈수동결산〉

(차) 보험료(제)	5,625,000	(대) 선급비용	5,625,000

☞당기비용 = 7,500,000원 × 9개월(4.1~12.31)/12개월 = 5,625,000원

[3] 〈수동결산〉

(차) 광고선전비(판)	12,000,000	(대) 제품(8.타계정대체)	15,500,000
재고자산감모손실	3,500,000		

[4] 〈수동/자동결산〉

(차) 법인세등	30,500,000	(대) 선납세금	20,000,000
		미지급세금	10,500,000

☞ 법인세 산출세액 = 18,000,000 + 50,000,000원 × 19% = 27,500,000원
법인지방소득세 = 2억 × 1% + 50,000,000 × 2% = 3,000,000원

또는 [결산자료입력]>9.법인세등> • 1).선납세금 20,000,000원
• 2).추가계상액 10,500,000원 입력>F3전표추가

문제 4 원천징수

[1] 연말정산(신유리)

1. [소득명세] 탭

근무처명	사업자등록번호	급여	보험료 명세				세액명세		근무기간
			건강보험	장기요양	고용보험	국민연금	소득세	지방소득세	
㈜영빌리지	152-88-11562	15,000,000	526,250	64,320	135,000	675,000	249,780	24.960	1.1~6.30

2. 연말정산 대상여부 판단

항 목	요건		내역 및 대상여부	입력
	연령	소득		
보 험 료	○ (×)	○	• 본인 자동차 보험료 및 보장성보험료 • 장남은 소득요건을 충족하지 못함. • 부친 장애인 전용보장성보험료	○(일반 1,300,000) × ○(장애인 2,000,000)
의 료 비	×	×	• 배우자 시력보정용 렌즈구입 ☞**건강증진보약은 제외** • 장녀 안경구입비(안경은 500,000한도) • 부친 장애인의료기기 임차료	○(일반 300,000) ○(일반 500,000) ○(장애 1,000,000)
교 육 비	×	○	• 장녀 초등학교 수업료 ☞ **교복은 중고등학생만 대상** • 부친 장애인 특수교육비	○(초등 1,000,000) ○(장애 4,000,000)

3. [부양가족] 탭 : 보험료와 교육비 입력

관계	요 건		기본 공제	추가 (자녀)	판 단
	연령	소득			
본인(세대주)	–	–	○	부녀자	맞벌이 여성으로 종합소득금액 3천만원이하자
배우자	–	○	○	–	일용근로소득은 분리과세소득
장녀(14)	○	○	○	자녀	기타소득금액 1백만원 이하자
장남(20)	○	×	부	–	종합소득금액 1백만원 초과자
부(73)	○	○	○	경로,장애	복권당첨금은 분리과세소득
모(72)	○	○	○	경로	

① 본인(신유리)

자료구분	보험료			
	건강	고용	일반보장성	장
국세청			1,300,000	
기타	706,260	162,000		

② 부친(신장군)

교육비		
일반		장애인특수
		4,000,000

③ 장녀(박은서)

교육비		
일반		장애인특수
1,000,000	2.초중고	

4. 의료비

의료비 공제대상자					지급처			지급명세					14.산후조리원
성명	내/외	5.주민등록번호	6.본인등해당여부		9.증빙코드	8.상호	7.사업자등록번호	10.건수	11.금액	11-1.실손보험수령액	12.미숙아선천성이상아	13.난임여부	
박진혁	내	730501-1234565	3	X	1				300,000		X	X	X
박은서	내	111101-4516589	3	X	1				500,000		X	X	X
신장군	내	520207-1278511	2	0					1,000,000		X	X	X

5. 연말정산입력 : 상단 F8부양가족탭 불러오기 실행 후 기 입력된 화면을 불러온다.

-특별세액공제 확인

구분					지출액	공제대상금액	공제금액
액	특	61.보장성보험	일반	1,300,000	1,300,000	1,000,000	
			장애인	2,000,000	2,000,000	1,000,000	
	별	62.의료비		1,800,000	1,800,000	1,260,000	
		63.교육비		5,000,000	5,000,000	5,000,000	

[2] 홈택스 원천징수이행상황신고서(4월)전자신고

1. 원천징수이행상황신고서 조회 후 마감

신고구분	☑매월	□반기	□수정	□연말	□소득처분	□환급신청	귀속년월	20×1년 4월	지급년월	20×2년 4월
일괄납부여부	부	사업자단위과세여부	부	부표 작성		환급신청서 작성		승계명세 작성		

원천징수명세및납부세액 | 원천징수이행상황신고서 부표 | 원천징수세액환급신청서 | 기납부세액명세서 | 전월미환급세액 조정명세서 | 차월이월환급세액 승계명세

			코드	소득지급 인원	소득지급 총지급액	징수세액 소득세 등	징수세액 농어촌특별세	징수세액 가산세	당월조정 환급세액	납부세액 소득세 등	납부세액 농어촌특별세
개인 거주자 비거	근로소득	간이세액	A01	2	8,300,000	487,000					
		중도퇴사	A02								
		일용근로	A03								
		연말정산	A04								
		(분납신청)	A05								
		(납부금액)	A06								
		가 감 계	A10	2	8,300,000	487,000				487,000	
	퇴직소득	연금계좌	A21								
		그 외	A22								
		가 감 계	A20								
	사업소득	매월징수	A25	1	1,000,000	30,000					
		연말정산	A26								
		가 감 계	A30	1	1,000,000	30,000				30,000	

2. 전자신고용 파일 제작(비밀번호 12341234)

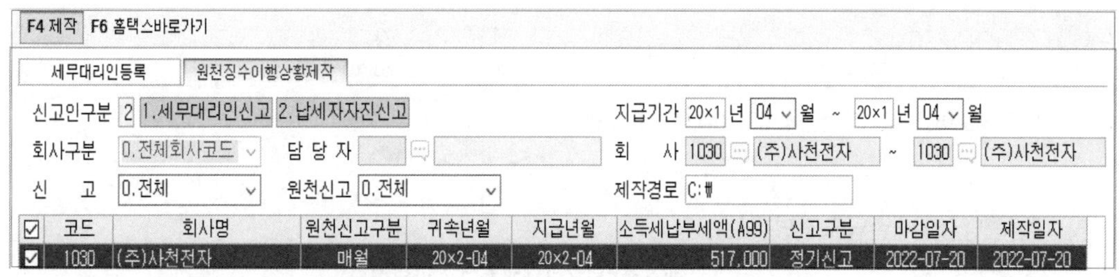

F4 제작 F6 홈택스바로가기

세무대리인등록 | 원천징수이행상황제작

신고인구분 2 1.세무대리인신고 2.납세자자진신고 지급기간 20×1 년 04 월 ~ 20×1 년 04 월

회사구분 0.전체회사코드 담 당 자 회 사 1030 (주)사천전자 ~ 1030 (주)사천전자

신 고 0.전체 원천신고 0.전체 제작경로 C:₩

☑	코드	회사명	원천신고구분	귀속년월	지급년월	소득세납부세액(A99)	신고구분	마감일자	제작일자
☑	1030	(주)사천전자	매월	20×2-04	20×2-04	517,000	정기신고	2022-07-20	2022-07-20

3. 국세청 홈택스 전자신고변환(교육용)

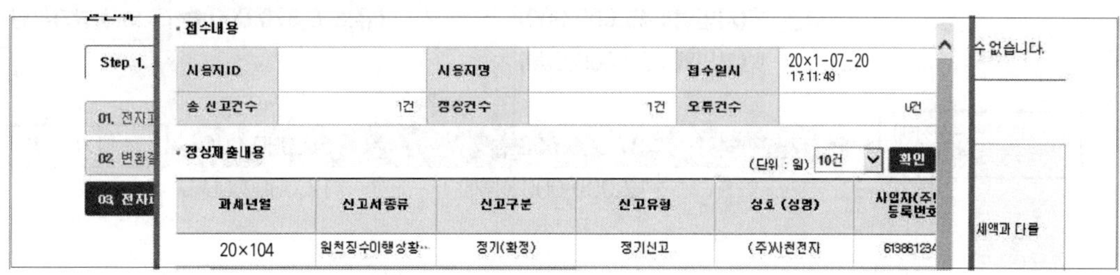

· 접수내용

사용자ID		사용자명		접수일시	20×1-07-20 17:11:49
총 신고건수	1건	정상건수	1건	오류건수	0건

· 정상제출내용 (단위 : 원) 10건 확인

과세년월	신고서종류	신고구분	신고유형	상호 (성명)	사업자(주민)등록번호
20×104	원천징수이행상황…	정기(확정)	정기신고	(주)사천전자	61386123…

문제 5 세무조정

[1] 대손충당금 및 대손금조정명세서

1. 대손금조정

대손내역	신고/결산	회사대손계상액	세법상 시인액	세법상부인액
1 회수기일 2년 지난 중소기업 외상매출금	결산	25,000,000	25,000,000	
2. 6월 미경과부도어음	-	30,000,000		30,000,000
3. 강제집행	결산	20,000,000	20,000,000	
계		75,000,000	45,000,000	30,000,000

〈 손금불산입 〉 대손금 부인액 30,000,000 원 (유보발생)

1 2. 대손금조정 이전화면

No	22. 일자	23. 계정과목	24. 채권내역	25. 대손사유	26. 금액	대손충당금상계액			당기 손비계상액		
						27. 계	28. 시인액	29. 부인액	30. 계	31. 시인액	32. 부인액
1	01.22	외상매출금	1.매출채권	회수기일 2년	25,000,000	25,000,000	25,000,000				
2	07.01	받을어음	1.매출채권	5.부도(6개월경	30,000,000	30,000,000		30,000,000			
3	11.05	외상매출금	1.매출채권	2.강제집행	20,000,000	20,000,000	20,000,000				
4											
	계				75,000,000	75,000,000	45,000,000	30,000,000			

2. 채권잔액

2 채권잔액 크게보기

No	16. 계정과목	17. 채권잔액의 장부가액	18. 기말현재대손금부인누계		19. 합계 (17+18)	20. 충당금설정제외채권 (할인, 배서, 특수채권)	21. 채권잔액 (19-20)
			전기	당기			
1	외상매출금	2,420,000,000			2,420,000,000		2,420,000,000
2	받을어음	125,500,000		30,000,000	155,500,000		155,500,000
3							
4							
	계	2,545,500,000		30,000,000	2,575,500,000		2,575,500,000

☞ 미경과부도어음 당기대손금부인액 30,000,000원 입력

3. 대손충당금및대손금조정명세서

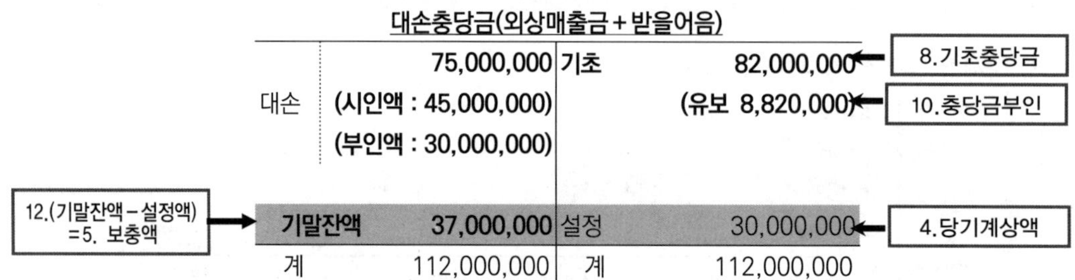

3 1.대손충당금조정

	1.채권잔액 (21의금액)	2.설정률(%)			3.한도액 (1×2)	회사계상액			7.한도초과액 (6-3)
손금산입액조정		◉기본율	○실적율	○적립기준		4.당기계상액	5.보충액	6.계	
	2,575,500,000	1			25,755,000	30,000,000	7,000,000	37,000,000	11,245,000

	8.장부상 충당금기초잔액	9.기중 충당금환입액	10.충당금부인 누계액	11.당기대손금 상계액(27의금액)	12.충당금보충액 (충당금장부잔액)	13.환입할금액 (3-9-10-11-12)	14.회사환입액 (회사기말환입)	15.과소환입·과다환입(△)(13-14)
익금산입액조정	82,000,000		8,820,000	75,000,000	7,000,000	-8,820,000		-8,820,000

〈 손금산입 〉 전기대손충당금 한도초과 8,820,000 원 (유보감소)

〈 손금불산입 〉 대손충당금 한도초과 11,245,000 원 (유보발생)

[2] 업무무관부동산등에 관련한 차입금이자조정명세서

1. 업무무관부동산등에관련한차입금이자조정명세서(을)

(1) [1.업무무관부동산] 탭

1.적수입력(을) | 2.지급이자 손금불산입(갑)

1.업무무관부동산 | 2.업무무관동산 | 3.가지급금 | 4.가수금 | 5.그밖의 | 불러오기 | 적요수정

No	①월일		②적요	③차변	④대변	⑤잔액	⑥일수	⑦적수
1	7		취 득	100,000,000		100,000,000	184	18,400,000,000

(2) [3.가지급금] 탭

1.업무무관부동산 | 2.업무무관동산 | 3.가지급금 | 4.가수금 | 5.그밖의 | 불러오기 | 적요수정

No	①월일		②적요	③차변	④대변	⑤잔액	⑥일수	⑦적수
1	1	1	전기이월	35,000,000		35,000,000	63	2,205,000,000
2	3	5	지 급	15,000,000		50,000,000	229	11,450,000,000
3	10	20	회 수		30,000,000	20,000,000	73	1,460,000,000

(3) [4.가수금] 탭

1.업무무관부동산 | 2.업무무관동산 | 3.가지급금 | 4.가수금 | 5.그밖의 | 불러오기 | 적요수정

No	①월일		②적요	③차변	④대변	⑤잔액	⑥일수	⑦적수
1	5	30	가 수		7,000,000	7,000,000	216	1,512,000,000

· 동일인에 대한 가수금은 별도의 약정이 없는 경우 가지급금과 상계 가능

2. 업무무관부동산등에관련한차입금이자조정명세서(갑) : [2.지급이자 손금불산입(갑)] 탭

(1) 지급이자 및 차입금적수계산

1 2. 지급이자 및 차입금 적수 계산 [연이율 일수 현재: 365일] 단수차이조정 연일수

No	(9) 이자율 (%)	(10)지급이자	(11)차입금적수	(12)채권자불분명 사채이자 수령자불분명 사채이자		(15)건설 자금 이자 국조법 14조에 따른 이자		차 감	
				(13)지급이자	(14)차입금적수	(16)지급이자	(17)차입금적수	(18)지급이자 (10-13-16)	(19)차입금적수 (11-14-17)
1	4.00000	312,000	2,847,000,000					312,000	2,847,000,000
2	5.00000	2,500,000	18,250,000,000	2,500,000	18,250,000,000				
3	7.00000	14,840,000	77,380,000,000					14,840,000	77,380,000,000
4									
	합계	17,652,000	98,477,000,000	2,500,000	18,250,000,000			15,152,000	80,227,000,000

(2) 업무무관부동산 등에 관련한 차입금 지급이자

1.적수입력(을) | 2.지급이자 손금불산입(갑)

2 1.업무무관부동산 등에 관련한 차입금 지급이자

①지급이자	적수				⑥차입금 (=19)	⑦ ⑤와 ⑥중 적은 금액	⑧손금불산입 지급이자 (①×⑦÷⑥)
	②업무무관 부동산	③업무무관 동산	④가지급금 등	⑤계(②+③+④)			
15,152,000	18,400,000,000		13,603,000,000	32,003,000,000	80,227,000,000	32,003,000,000	6,044,217

3. 세무조정

〈 손금불산입 〉 채권자불분명사채이자 2,500,000 원 (상여)

〈 손금불산입 〉 업무무관자산지급이자 6,044,217 원 (기타사외유출)

[3] 퇴직연금부담금등조정명세서

→세무상 퇴충잔액 = 0

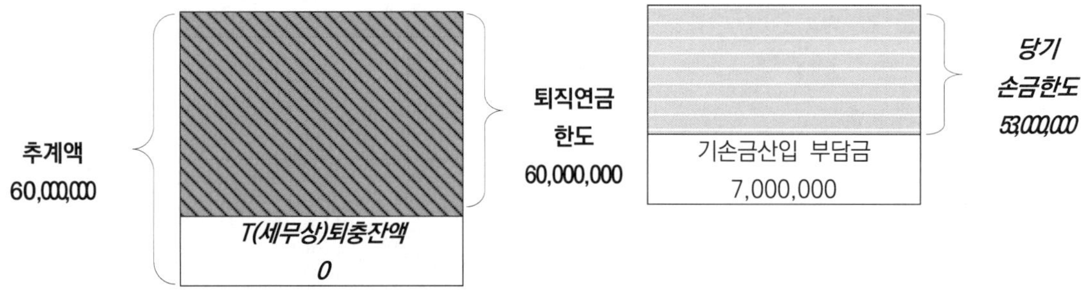

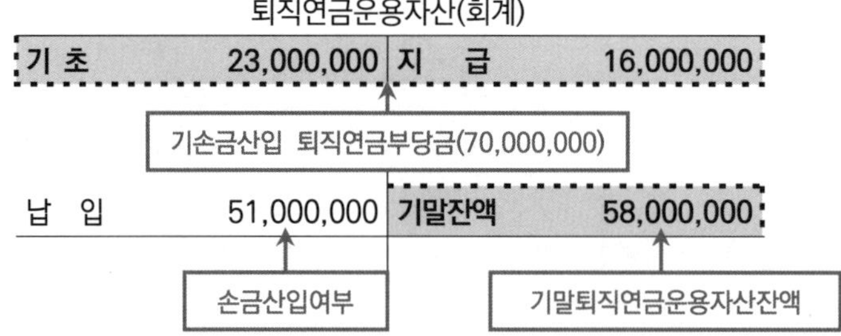

1. 이미손금산입한 부담금등의 계산

2.이미 손금산입한 부담금 등의 계산

1 나.기말 퇴직연금 예치금 등의 계산

19.기초 퇴직연금예치금 등	20.기중 퇴직연금예치금 등 수령 및 해약액	21.당기 퇴직연금예치금 등의 납입액	22.퇴직연금예치금 등 계 (19 - 20 + 21)
23,000,000	16,000,000	51,000,000	58,000,000

2 가.손금산입대상 부담금 등 계산

13.퇴직연금예치금 등 계 (22)	14.기초퇴직연금충당금등 및 전기말 신고조정에 의한 손금산입액	15.퇴직연금충당금등 손금부인 누계액	16.기중퇴직연금등 수령 및 해약액	17.이미 손금산입한 부담금등 (14 - 15 - 16)	18.손금산입대상 부담금 등 (13 - 17)
58,000,000	23,000,000		16,000,000	7,000,000	51,000,000

2. 퇴직연금 등의 부담금 조정

1.퇴직연금 등의 부담금 조정

1.퇴직급여추계액	당기말 현재 퇴직급여충당금				6.퇴직부담금 등 손금산입 누적한도액 (① - ⑤)
	2.장부상 기말잔액	3.확정기여형퇴직연금자의 설정전 기계상된 퇴직급여충당금	4.당기말 부인 누계액	5.차감액 (② - ③ - ④)	
60,000,000					60,000,000
7.이미 손금산입한 부담금 등 (17)	8.손금산입액 한도액 (⑥ - ⑦)	9.손금산입 대상 부담금 등 (18)	10.손금산입범위액 (⑧과 ⑨중 적은 금액)	11.회사 손금 계상액	12.조정금액 (⑩ - ⑪)
7,000,000	53,000,000	51,000,000	51,000,000		51,000,000

3. 세무조정

〈 손금불산입 〉 전기 퇴직연금충당금 16,000,000 원 (유보감소)

〈 손 금 산 입 〉 퇴직연금충당금 51,000,000 원 (유보발생)

[4] 감가상각비조정

1. 감가상각한도계산

(1) 건물(정액법)→내용연수 30년

세무상취득가액(A)		상각범위액(B)	
= 기말B/S상 취득가액 + 즉시상각의제액(전기) + 즉시상각의제액(당기)	300,000,000 30,000,000	상각율	**11,220,000**
330,000,000		**0.034**	
회사계상상각비(C)	**10,000,000(감가상각비) + 30,000,000(당기즉시상각의제액) = 40,000,000**		
시부인액(B - C)	**부인액 28,780,000(손금불산입, 유보)**		

☞소액수선비요건 = MAX[6,000,000원, 13,750,000(장부가액 × 5%)] = 13,750,000원
장부가액 = 취득가액(300,000,000) - 전기말상각누계액(25,000,000) = 275,000,000원

(2) 기계장치(정액법)→내용연수 6년(상각률 0.166)

세무상취득가액(A)		상각범위액(B)	
= 기말B/S상 취득가액	60,000,000	상각율	**9,960,000**
60,000,000		**0.166**	
회사계상상각비(C)	**7,500,000(감가상각비)**		
시부인액(B - C)	**시인액 2,460,000(손금산입, 유보추인)**		

2. 고정자산등록

① 공장건물(00001, 2019.07.01., 정액법)

기본등록사항 | 추가등록사항

1.기초가액	300,000,000
2.전기말상각누계액(-)	25,000,000
3.전기말장부가액	275,000,000
4.당기중 취득 및 당기증가(+)	
5.당기감소(일부양도 · 매각 · 폐기)(-)	
전기말상각누계액(당기감소분)(+)	
6.전기말자본적지출액누계(+)(정액법만)	
7.당기자본적지출액(즉시상각분)(+)	30,000,000
8.전기말부인누계액(+) (정률만 상각대상에 가산)	
9.전기말의제상각누계액(-)	
10.상각대상금액	330,000,000
11.내용연수/상각률(월수)	30 / 0.034 (12) 연수별상각율
12.상각범위액(한도액)(10X상각율)	11,220,000
13.회사계상액(12)-(7)	10,000,000 사용자수정
14.경비구분	1.500번대/제조
15.당기말감가상각누계액	35,000,000
16.당기말장부가액	265,000,000
17.당기의제상각비	
18.전체양도일자	____-__-__
19.전체폐기일자	____-__-__
20.업종	03 철골,철골,석조

② 기계장치(00001, 2021.07.01., 정액법)

1.기초가액	60,000,000
2.전기말상각누계액(-)	26,250,000
3.전기말장부가액	33,750,000
4.당기중 취득 및 당기증가(+)	
5.당기감소(일부양도 · 매각 · 폐기)(-)	
전기말상각누계액(당기감소분)(+)	
6.전기말자본적지출액누계(+)(정액법만)	
7.당기자본적지출액(즉시상각분)(+)	
8.전기말부인누계액(+) (정률만 상각대상에 가산)	
9.전기말의제상각누계액(-)	
10.상각대상금액	60,000,000
11.내용연수/상각률(월수)	6 / 0.166 (12) 연수별상각율
12.상각범위액(한도액)(10X상각율)	9,960,000
13.회사계상액(12)-(7)	7,500,000 사용자수정
14.경비구분	1.500번대/제조
15.당기말감가상각누계액	33,750,000
16.당기말장부가액	26,250,000
17.당기의제상각비	
18.전체양도일자	____-__-__
19.전체폐기일자	____-__-__
20.업종	13 제조업

☞전기말 부인누계액에 4,000,000원 입력(인용)
→이게 정확한 입력방법임.

3. [미상각자산감가상각조정명세서]

① 공장건물

입력내용			금액
업종코드/명	03	철골,철골,석조	
합계표 자산구분		1. 건축물	
(4)내용연수(기준.신고)			30
상각계산의 기초가액	재무상태표 자산가액	(5)기말현재액	300,000,000
		(6)감가상각누계액	35,000,000
		(7)미상각잔액(5)-(6)	265,000,000
	회사계산 상각비	(8)전기말누계	25,000,000
		(9)당기상각비	10,000,000
		(10)당기말누계(8)+(9)	35,000,000
	자본적 지출액	(11)전기말누계	
		(12)당기지출액	30,000,000
		(13)합계(11)+(12)	30,000,000
(14)취득가액((7)+(10)+(13))			330,000,000
(15)일반상각률.특별상각률			0.034
상각범위액계산	당기산출 상각액	(16)일반상각액	11,220,000
		(17)특별상각액	
		(18)계((16)+(17))	11,220,000
	(19) 당기상각시인범위액		11,220,000
(20)회사계상상각액((9)+(12))			40,000,000
(21)차감액((20)-(19))			28,780,000
(22)최저한세적용에따른특별상각부인액			
조정액	(23) 상각부인액((21)+(22))		28,780,000
	(24) 기왕부인액중당기손금추인액		
부인액 누계	(25) 전기말부인누계액		
	(26) 당기말부인누계액 (25)+(23)-|24|		28,780,000

② 기계장치

입력내용			금액
업종코드/명	13	제조업	
합계표 자산구분		2. 기계장치	
(4)내용연수(기준.신고)			6
상각계산의 기초가액	재무상태표 자산가액	(5)기말현재액	60,000,000
		(6)감가상각누계액	33,750,000
		(7)미상각잔액(5)-(6)	26,250,000
	회사계산 상각비	(8)전기말누계	26,250,000
		(9)당기상각비	7,500,000
		(10)당기말누계(8)+(9)	33,750,000
	자본적 지출액	(11)전기말누계	
		(12)당기지출액	
		(13)합계(11)+(12)	
(14)취득가액((7)+(10)+(13))			60,000,000
(15)일반상각률.특별상각률			0.166
상각범위액계산	당기산출 상각액	(16)일반상각액	9,960,000
		(17)특별상각액	
		(18)계((16)+(17))	9,960,000
	(19) 당기상각시인범위액		9,960,000
(20)회사계상상각액((9)+(12))			7,500,000
(21)차감액((20)-(19))			-2,460,000
(22)최저한세적용에따른특별상각부인액			
조정액	(23) 상각부인액((21)+(22))		
	(24) 기왕부인액중당기손금추인액		2,460,000
부인액 누계	(25) 전기말부인누계액		4,000,000
	(26) 당기말부인누계액 (25)+(23)-|24|		1,540,000

4. 소득금액조정합계표(세무조정)

〈손금불산입〉 건물감가상각비한도초과액 28,780,000 원 (유보발생)

〈손 금 산 입〉 전기 기계장치 감가상각비 부인액 2,460,000 원 (유보감소)

[5] [법인세과세표준및세액조정계산서]

※중소기업특별세액감면 = 법인세산출세액(44,030,000)×감면소득(337,000,000)/ 과세표준(337,000,000)원×20% = 8,806,000원

구분		항목	코드	금액
① 각사업연도소득계산		101. 결산서상 당기순손익	01	272,340,000
	소득조정 금액	102. 익금산입	02	66,960,000
		103. 손금산입	03	2,300,000
		104. 차가감소득금액 (101+102-103)	04	337,000,000
		105. 기부금한도초과액	05	
		106. 기부금한도초과 이월액 손금산입	54	
		107. 각사업연도소득금액(104+105-106)	06	337,000,000
② 과세표준계산		108. 각사업연도소득금액 (108=107)		337,000,000
		109. 이월결손금	07	
		110. 비과세소득	08	
		111. 소득공제	09	
		112. 과세표준 (108-109-110-111)	10	337,000,000
		159. 선박표준이익	55	
③ 산출세액계산		113. 과세표준 (113=112+159)	56	337,000,000
		114. 세율	11	19%
		115. 산출세액	12	44,030,000
		116. 지점유보소득 (법 제96조)	13	
		117. 세율	14	
		118. 산출세액	15	
		119. 합계 (115+118)	16	44,030,000

구분			항목	코드	금액
④ 납부할세액계산			120. 산출세액 (120=119)		44,030,000
			121. 최저한세 적용대상공제감면세액	17	8,806,000
			122. 차감세액	18	35,224,000
			123. 최저한세 적용제외공제감면세액	19	
			124. 가산세액	20	
			125. 가감계 (122-123+124)	21	35,224,000
	기납부세액	기한내납부세액	126. 중간예납세액	22	10,000,000
			127. 수시부과세액	23	
			128. 원천납부세액	24	
			129. 간접 회사등 외국 납부세액	25	
			130. 소계(126+127+128+129)	26	10,000,000
			131. 신고납부전가산세액	27	
			132. 합계 (130+131)	28	10,000,000
			133. 감면분추가납부세액	29	
			134. 차가감납부할세액(125-132+133)	30	25,224,000
⑤토지등 양도소득, ⑥미환류소득 법인세 계산 (TAB로 이동)					
⑦ 세액계			151. 차가감납부할세액계(134+150)	46	25,224,000
			152. 사실과 다른 회계 처리 경정 세액공제	57	
			153. 분납세액계산범위액 (151-124-133-145-152+131)	47	25,224,000
	분납할 세액		154. 현금납부	48	12,612,000
			155. 물납	49	
			156. 계 (154+155)	50	12,612,000
	차감 납부 세액		157. 현금납부	51	12,612,000
			158. 물납	52	
			160. 계 (157+158) [160=(151-152-156)]	53	12,612,000

제102회 전산세무 1급

합격율	시험년월
4%	2022.06

이 론

01. 다음 중 회계변경으로 인정되는 구체적인 사례로 가장 적절하지 않은 것은?

① 과거에는 발생한 경우가 없는 새로운 사건이나 거래에 대한 회계정책을 선택하거나 회계추정을 하는 경우

② 기업환경의 중대한 변화에 의하여 종전의 회계정책을 적용하면 재무제표가 왜곡되는 경우

③ 동종산업에 속한 대부분의 기업이 채택한 회계정책 또는 추정방법으로 변경함에 있어서 새로운 회계정책 또는 추정방법이 종전보다 더 합리적이라고 판단되는 경우

④ 일반기업회계기준의 제·개정으로 인하여 새로운 해석에 따라 회계변경을 하는 경우

02. 다음의 자료를 참조하여 계산한 20x0년 대손상각비와 20x1년 대손상각비는 각각 얼마인가?

구분	20x0년 말	20x1년 말
외상매출금	550,000원	300,000원
대손충당금	40,000원	20,000원
장부가액	510,000원	280,000원

• 20x1년 기말 대손충당금 잔액은 기중에 외상매출금 50,000원이 대손 확정된 후의 잔액임.
• 20x1년 기중에 18,000원의 외상매출금이 대손 확정 후, 기말 대손충당금 잔액은 12,000원임.

	20×0년 대손상각비	20×1년 대손상각비
①	20,000원	12,000원
②	30,000원	12,000원
③	20,000원	10,000원
④	30,000원	10,000원

03. 다음은 ㈜세계의 20x1.12.31. 현재 고정자산명세서의 일부이다. 빈칸에 들어갈 금액으로 맞는 것은? 단, 해당 자산의 잔존가치는 없다.

고정자산명세서

(20x1.12.31. 현재)

㈜세계 (단위 : 원)

자산명	취득일자	기초가액	당기증감	기말잔액	감가상각누계액	내용연수	상각방법
비품	20x1.10.01.	(1)	0	2,375,000	(2)	5년	정액법

	(1)	(2)		(1)	(2)
①	3,000,000원	625,000원	②	2,500,000원	125,000원
③	2,750,000원	375,000원	④	2,666,667원	291,667원

04. 다음 중 일반기업회계기준에 따른 수익의 인식기준에 대한 설명으로 가장 틀린 것은?

① 상품권의 발행과 관련된 수익은 재화를 인도하거나 판매한 시점에 인식하여야 하므로 상품권을 판매한 시점에는 수익을 인식하지 아니하고 선수금으로 처리한다.
② 재고자산의 판매거래 이후에도 판매자가 관련 재화의 소유에 따른 위험의 대부분을 부담하는 경우에는 그 거래를 아직 판매로 보지 아니하며 수익을 인식하지 않는다.
③ 정기간행물은 구독신청에 의하여 판매하는 경우에는 구독신청시에 수익을 인식한다.
④ 광고제작수수료는 광고제작의 진행률에 따라 인식한다.

05. 다음 중 자본금과 자본총계의 변동이 없는 거래를 모두 고른 것은?

가. 이익잉여금 적립	나. 주식병합	다. 주식배당	라. 현금배당

① 가, 나, 다, 라　　② 가, 나, 다
③ 가, 나　　④ 가

06. 다음 중 원가에 대한 설명으로 맞는 것은 모두 몇 개인가?

ㄱ. 매몰원가는 이미 발생한 과거의 원가로서 의사결정과정에 영향을 주지 못 하는 원가이다.
ㄴ. 고정원가는 관련범위 내에서 조업도의 증감에 상관없이 단위당 원가는 동일하다.
ㄷ. 종합원가계산은 제조원가를 직접재료비와 가공비로 구분하여 원가를 계산한다.
ㄹ. 표준원가계산에서 유리한 차이란 실제원가가 표준원가보다 큰 것을 말한다.

① 1개　　② 2개　　③ 3개　　④ 4개

07. 아래의 제조원가명가명세서에 대한 설명으로 다음 중 틀린 것은?

제조원가명세서		
Ⅰ. 재료비		85,000,000원
기초원재료재고액	25,000,000원	
( )	? 원	
기말원재료재고액	10,000,000원	
Ⅱ. 노무비		13,000,000원
Ⅲ. 제조경비		20,000,000원
Ⅳ. ( )		? 원
Ⅴ. 기초재공품재고액		? 원
Ⅵ. 합계		130,500,000원
Ⅶ. ( )		3,000,000원
Ⅷ. ( )		? 원

① 당기원재료매입액은 70,000,000원이다. ② 당기제품제조원가는 133,500,000원이다.
③ 기초재공품재고액은 12,500,000원이다. ④ 당기총제조원가는 118,000,000원이다.

08. ㈜세무는 선입선출법에 의한 종합원가제도를 채택하고 있다. 다음 자료를 참고하여 직접재료원가의 완성품환산량을 계산하면 얼마인가?

- 직접재료는 공정초기에 40%가 투입되고, 나머지는 공정이 60% 진행된 시점에 투입된다.
- 공손은 없는 것으로 가정한다.
- 기초재공품은 2,000단위이며 완성도는 20%이다.
- 당기착수량은 10,000단위이고 완성품 수량은 8,000단위이다
- 기말재공품은 4,000단위이며 완성도는 50%이다.

① 8,800단위 ② 9,200단위 ③ 10,800단위 ④ 12,000단위

09. 다음의 자료를 이용하여 계산한 직접재료원가의 가격차이와 수량차이로 올바른 것은?

- 실제 구입량 : 22,000㎏
- 실제 구입단가 : 30원/㎏
- 제품생산량 : 10,000개
- 표준수량 : 2㎏
- 표준가격 : 27.5원/㎏
- 표준원가 : 55원

	가격차이	수량차이		가격차이	수량차이
①	55,000원 불리	55,000원 불리	②	55,000원 유리	55,000원 유리
③	550,000원 유리	550,000원 유리	④	550,000원 불리	550,000원 불리

10. 다음 자료를 이용하여 계산한 정상공손 수량과 비정상공손 수량은 각각 몇 개인가? 단, 정상공손은 완성품 수량의 2%라 가정한다.

• 기초 재공품 수량 : 25,000개	• 기초 제품 수량 : 20,000개
• 당기 착수량 : 90,000개	• 제품 판매 수량 : 90,000개
• 기말 재공품 수량 : 12,500개	• 기말 제품 수량 : 30,000개

	정상공손	비정상공손		정상공손	비정상공손
①	1,200개	1,300개	②	2,000개	500개
③	1,000개	1,000개	④	2,300개	200개

11. 다음 중 아래의 (㉠), (㉡)에 들어갈 숫자를 바르게 나열한 것은?

> 내국법인의 각 사업연도의 소득에 대한 법인세의 과세표준은 각 사업연도의 소득의 범위에서 각 사업연도의 개시일 전 (㉠)년 이내에 개시한 사업연도에서 발생한 결손금을 공제한 금액으로 한다. 다만, 결손금은 각 사업연도 소득의 100분의 (㉡)(중소기업과 회생계획을 이행 중인 기업 등 제외)을 한도로 한다.

	㉠	㉡		㉠	㉡
①	10	50	②	10	60
③	15	50	④	15	80

12. 다음 중 조세특례제한법상 중소기업특별세액감면에 대한 설명으로 틀린 것은?

① 복식부기의무자(개인)가 중소기업특별세액감면을 받기 위해서는 사업용계좌를 신고해야 한다.
② 전년 대비 고용인원이 감소하지 않은 경우 감면한도는 1억원이다.
③ 중소기업 지원을 목적으로 하는 중소기업특별세액감면은 최저한세 적용배제 대상이다.
④ 법인의 본점이 수도권에 있는 경우 본점을 기준으로 감면율을 적용한다.

13. 다음 중 해당 과세기간의 총급여액이 7천만원을 초과하는 경우 적용받을 수 없는 소득공제 및 세액공제는 어느 것인가?

> 가. 신용카드 등 사용금액에 대한 소득공제 중 도서 · 신문 · 공연비 등 지출분에 대한 추가공제액
> 나. 월세 세액공제
> 다. 특별소득공제 중 장기주택저당차입금의 이자상환액 소득공제
> 라. 의료비 세액공제 중 산후조리원에 지출한 비용(출산 1회당 200만원 이내의 금액)

① 가, 나, 다, 라　　② 나　　③ 나, 라　　④ 가

14. 근로자인 백남봉 씨는 20x1년 귀속 연말정산 시 생계를 같이하는 부양가족에 대하여 인적공제(기본공제)를 적용하고자 한다. 다음 중 인적공제(기본공제) 대상이 아닌 것은? 단, 다른 소득은 없는 것으로 가정한다.

① 전업주부인 배우자는 로또(복권)에 당첨되어 1,000만원을 수령하였다.
② 구청에서 일용직으로 근무하시는 62세 어머니는 일용직 급여가 600만원이다.
③ 올해 초 퇴직하신 65세 아버지는 총급여가 300만원이고, 퇴직소득이 90만원이다.
④ 17세인 아들은 포스터 공모전에서 입상하여 시청으로부터 상금 500만원을 수령하였다.

15. 다음 중 부가가치세법상 과세기간에 대한 설명으로 틀린 것은?

① 신규사업자가 사업 개시 전 사업자등록을 하는 경우, 과세기간은 사업자등록일(등록신청일)로부터 해당 과세기간의 종료일까지이다.
② 간이과세자가 일반과세자로 변경되는 경우, 일반과세자로서 적용받게 되는 과세기간은 그 변경시점부터 12월 31일까지이다.
③ 폐업자의 과세기간은 해당 과세기간 개시일로부터 폐업일까지이다.
④ 간이과세자의 과세기간은 1월 1일부터 12월 31일까지이다.

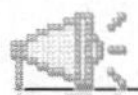

실 무

㈜강진테크(1020)은 제조 · 도소매업을 영위하는 중소기업이며, 당기 회계기간은 20x1.1.1.~20x1.12.31. 이다. 전산세무회계 수험용 프로그램을 이용하여 다음 물음에 답하시오.

문제 1 다음 거래에 대하여 적절한 회계처리를 하시오.(12점)

[1] 02월 15일 당사는 업무에 사용하기 위하여 중고자동차 매매상으로부터 레이(경차)를 매입하고 법인카드로 결제하였다. 별도의 세금계산서는 받지 않았다. (3점)

카드매출전표	
	국민카드
카드종류	: 2224 - 1222 - **** -
회원번호	: 1349
거래일시	: 20x1.02.15.　13 : 05 :
거래유형	: 16
공급가액	: 신용승인
부가세액	: 3,500,000원
합계	: 350,000원
결제방법	: 3,850,000원
승인번호	: 일시불
은행확인	: 71999995
	국민은행
가맹점명 : ㈜생생자동차유통	
사업자등록번호 : 130 - 86 - 23540	
- 이 하 생 략 -	

[2] 03월 10일 주주총회에서 아래와 같이 배당을 실시하기로 결의하였다. (3점)

- 현금배당 30,000,000원　　　　• 주식배당 50,000,000원
- 이익준비금은 현금배당의 10%를 적립하기로 한다.

[3] 04월 10일 제일투자㈜에서 차입한 장기차입금 100,000,000원의 상환기일이 도래하여 30,000,000원은 보통예금으로 바로 상환하고, 40,000,000원은 이에 상당하는 시가의 주식으로 출자전환을 하기로 하였으며, 잔액 30,000,000원은 채무면제를 받았다. 동일자에 출자전환을 위하여 보통주 6,000주(액면가액 5,000원)을 발행하여 교부하고, 자본 증자등기를 마쳤다(하나의 전표로 입력할 것). (3점)

[4] 09월 30일 당사는 ㈜백운기업로부터 기계장치(공급가액 20,000,000원, 세액 2,000,000원)를 구입하고 전자세금계산서를 발급받았다. 대금 중 5,000,000원은 보통예금에서 지급하고, 나머지는 외상으로 하였다. 단, 기계장치는 면세사업에만 사용하기로 한다. (3점)

문제 2 **다음 주어진 요구사항에 따라 부가가치세 신고서 및 부속서류를 작성 하시오.(10점)**

[1] 다음의 자료를 이용하여 20x1년 제1기 확정신고 기간(4월 1일~6월 30일)의 [대손세액공제신고서]를 작성하시오. (4점)

거래일자[주1)]	채권액 (부가가치세 포함)	거래처	채권의 종류	대손 사유
20x0년 8월 1일	5,500,000원	㈜태백	외상매출금	거래상대방의 실종이 입증됨. (실종선고일 : 20x1년 5월 10일)
20x0년 7월 1일	16,500,000원	백두공업	단기대여금	거래상대방의 파산이 입증됨. (파산선고일 : 20x1년 6월 1일)
20x0년 9월 1일	7,700,000원	㈜상성	받을어음	어음 부도 발생 (부도 발생일 : 20x0년 11월 1일)
2019년 5월 1일	11,000,000원	㈜한라	외상매출금	소멸시효의 완성 (소멸시효 완성일 : 20x1년 5월 1일)
20x1년 3월 7일	6,600,000원	㈜지구	받을어음	어음 부도 발생 (부도 발생일 : 20x1년 5월 1일)

주1) 세금계산서 작성일자를 의미함.

[2] 본 문제에 한하여 당사는 고등어 통조림 제조업을 영위하는 중소기업 법인으로 가정한다. 다음은 20x1년 제1기 확정신고기간(20x1.4.1.~20x1.6.30.)에 매입한 면세품목에 관한 자료이다. 의제매입세액공제와 관련한 거래만 **[매입매출전표]([의제류매입] 탭을 활용할 것)에 입력하고, [의제매입세액공제신고서(관리용)]를 작성하시오**(단, 수량은 모두 "1"로 기재하고, 고등어는 원재료 계정을 사용할 것). (4점)

1. 면세품목 매입내역

구분	일자	상호	사업자등록번호	매입가격	품명
전자계산서 매입분 (현금거래)	04.02.	㈜수상	108-81-49188	384,000원	수도요금
	05.08.	㈜한상	109-81-31809	7,080,000원	고등어
신용카드 매입분 (보람카드)	05.18.	㈜두상	107-81-69876	2,750,000원	고등어
	06.12.	㈜세상	208-81-61880	564,000원	방역비(면세)

2. 추가자료

- 제1기 예정분 과세표준은 40,000,000원, 제1기 확정분 과세표준은 60,000,000원이며, 과세표준은 의제매입세액공제신고서 상에 직접 입력한다.
- 제1기 예정신고 시 의제매입세액을 240,000원(매입가액 6,240,000원) 공제받은 것으로 가정한다.
- 관련 없는 다른 자료는 무시한다.

[3] 다음의 자료를 이용하여 20x1년 제2기 확정신고기간의 [부가가치세신고서]를 마감하고, 부가가치세신고서와 관련 부속서류를 국세청 홈택스에 전자신고하시오. (2점)

1. 부속서류 및 부가가치세신고서는 입력된 자료를 조회하여 사용한다.
2. 마감 및 전자신고 시 오류는 발생하지 않아야 한다.
3. 신고서 마감 → [전자신고] → [국세청 홈택스 전자신고변환(교육용)] 순으로 진행한다.
4. 전자신고용 전자파일 제작 시 신고인 구분은 2.납세자 자진신고로 선택하고, 비밀번호는 "**12345678**"로 입력한다.
5. 전자신고용 전자파일 저장경로는 로컬디스크(C :)이며, 파일명은 "**enc작성연월일.101.v8808612342**"이다.
6. 최종적으로 국세청 홈택스에서 [전자파일 제출하기]를 완료한다.

문제 3 다음의 결산정리사항에 대하여 결산정리분개를 하거나 입력을 하여 결산을 완료하시오.(8점)

[1] 다음의 사채할증발행차금 환입표를 참조하여 일반기업회계기준에 따라 당기 기말 이자비용에 대한 회계처리를 하시오. 단, 표시이자는 보통예금으로 지급하였다. (2점)

〈환입표〉

(단위 : 원)

연도	사채이자비용		사채할증발행차금		장부금액
	표시이자	유효이자	당기환입액	미환입잔액	
20x0.01.01.				5,151	105,151
20x0.12.31.	10,000	8,412	1,588	3,563	103,563
20x1.12.31.	10,000	8,285	1,715	1,848	101,848
20x2.12.31	10,000	8,152	1,848	0	100,000

[2] 다음은 장기투자목적으로 보유하고 있는 매도가능증권(시장성 있는 주식)에 관한 자료이다. 기말 현재 필요한 회계처리를 하시오. (2점)

- 취득 수량 : 700주(보통주)
- 1주당 취득원가 : 18,000원
- 20x0년 12월 31일 1주당 시가 : 20,000원
- 20x1년 7월 1일 : 50% 매각(1주당 19,000원)
- 20x1년 12월 31일 1주당 시가 : 17,500원
- 위 매도가능증권에 대한 수정전 재무상태표상 기타포괄손익누계액은 700,000원이며, 다른 매도가능증권은 없다.

[3] 결산일 현재 장기차입금에 관한 내용이다. 일반기업회계기준에 따라 회계처리를 하시오. 단, 이자계산은 월할계산으로 하되 1월 미만은 1월로 계산한다. (2점)

과목	거래처	발생일자	만기일자	금액(원)	이자율	이자지급일
장기 차입금	㈜우리 캐피탈	20x0.03.01	20x5.02.28	100,000,000	연 6%	• 매년 3월 1일과 9월 1일 • 후불로 6개월분씩 지급

[4] 재고자산 실지 조사 결과 기말재고자산 내역은 다음과 같고, 위수탁계약을 맺어 당기에 발송한 제품 중 수탁자가 아직 판매하지 않은 제품 3,000,000원은 실지재고조사 결과에 포함되어 있지 않다. (2점)

재고자산	기말재고액
원재료	35,000,000원
재공품	17,500,000원
제 품	55,000,000원

문제 4 원천징수와 관련된 다음 물음에 답하시오.(10점)

[1] 다음은 영업부 과장 김과장(사원코드 : 5, 주민등록번호 : 831013 - 1687411, 입사일 : 2018.03.02.)의 20x0년 연말정산 결과와 20x1년 2월 급여자료이다. 아래의 자료를 참고로 2월 귀속 급여자료를 입력하고, [원천징수이행상황신고서]를 작성하시오. 필요할 경우 수당 및 공제항목을 추가로 등록하되, 사용하지 않는 수당 및 공제항목은 사용 여부를 "부"로 반영하시오. (5점)

1. 김과장의 20x0년 귀속 총급여는 72,000,000원이며, 연말정산 결과는 다음과 같다.

구 분	소득세	지방소득세
결정세액	5,023,168원	502,316원
기납부세액	6,193,170원	619,320원
차가감징수세액	- 1,170,000원	- 117,000원

2. 20x1년 2월 급여명세서(급여지급일 : 매월 25일)

이름	김과장	지급일	20x1.02.25.
기본급여	5,000,000원	소 득 세	564,510원
직책수당	500,000원	지방소득세	56,450원
월차수당	270,000원	고용보험	48,560원
자가운전보조금	300,000원	국민연금	225,000원
식대	100,000원	건강보험	171,500원
귀하의 노고에 감사드립니다.		장기요양보험	21,040원

3. 특이사항
- 본인 차량을 업무에 사용하고 시내출장 등에 소요된 실제 여비를 자가운전보조금과 별도로 정산받음.
- 식대와 별도로 현물식사를 제공받지 않음.
- 사회보험료와 소득세 및 지방소득세 공제액은 요율표를 무시하고 주어진 자료를 이용할 것.
- 연말정산 결과는 2월분 급여에 전액 반영하기로 함.

[2] 다음의 자료를 바탕으로 배당소득자료를 입력하시오. (3점)

1. ㈜강진테크의 소득자별 배당소득 지급내역
   - ㈜강진테크의 주주는 다음과 같다.

소득자코드번호	주주	주민등록번호	거주자/비거주자 구분	지분율
00010	이사장	740102 - 1025122	거주자	100%

   - 제14기 배당금은 처분결의일에 지급할 예정이다.
   - 배당금을 결의한 이익잉여금처분계산서는 다음과 같다(전산에 입력된 자료는 무시할 것).

2. 20x0년 이익잉여금처분계산서

이익잉여금처분계산서

처분결의일 20x1.03.25. 제14기 20x0.01.01.~20x0.12.31. (단위 : 원)

과목	금액	
Ⅰ. 미처분이익잉여금		360,000,000
1. 전기이월 미처분이익잉여금	300,000,000	
2. 당기순이익	60,000,000	
Ⅱ. 이익잉여금처분액		44,000,000
1. 이익준비금	4,000,000	
2. 배당금		
가. 현금배당	40,000,000	
나. 주식배당	0	
Ⅲ. 차기이월 미처분이익잉여금		316,000,000

[3] 다음 자료는 중도 퇴사한 영업부 과장 박철민(사번 : 302)에 관한 자료이다. 자료를 이용하여 필요한 [사원등록] 내용을 추가하고, [퇴직소득자료] 입력 및 [퇴직소득원천징수영수증]을 작성하시오. (2점)

- 입사일 : 2017년 11월 1일
- 퇴사일 : 20x1년 11월 30일
- 퇴직금 : 14,800,000원(전액 과세)
- 퇴직사유 : 자발적 퇴직
- 퇴직금 지급일 : 20x1년 12월 5일

문제 5 **장흥기업㈜(1021)은 전자부품을 생산하고 제조 · 도매업을 영위하는 중소기업이며, 당해 사업연도는 20x1.1.1.~20x1.12.31.이다. [법인조정] 메뉴를 이용하여 기장되어 있는 재무회계 장부 자료와 제시된 보충자료에 의하여 해당 사업연도의 세무조정을 하시오. (30점)**

[1] 다음의 자료를 이용하여 [기업업무추진비조정명세서(갑),(을)]를 작성하고 세무조정사항이 있는 경우 [소득금액조정합계표]를 작성하시오. (6점)

1. 당사는 중소기업이다.
2. 수입금액조정명세서 내역은 다음과 같다.
   (1) 상품매출액 : 200,000,000원(특수관계인에 대한 매출액 50,000,000원 포함)
   (2) 제품매출액 : 2,350,000,000원(특수관계인에 대한 매출액 20,000,000원 포함)

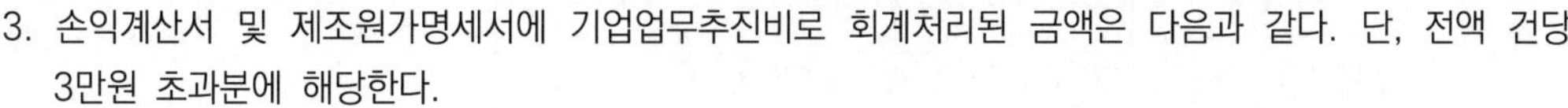

3. 손익계산서 및 제조원가명세서에 기업업무추진비로 회계처리된 금액은 다음과 같다. 단, 전액 건당 3만원 초과분에 해당한다.

계정과목	법인카드 사용액		현금 지출액	합계
	일반기업업무추진비	문화기업업무추진비	경조금	
기업업무추진비(판)	25,000,000원	2,300,000원[주1)]	200,000원[주2)]	27,500,000원
기업업무추진비(제)	20,000,000원	3,500,000원	-	23,500,000원

주1) 문화기업업무추진비 사용액 중 300,000원은 대표자와 그 가족이 박물관 관람을 위하여 사용하였다.
주2) 주요 거래처에 현금으로 경조사비를 지출하고, 적격증빙서류를 받지 않았다.

[2] 다음 관련 자료를 이용하여 [가지급금등의인정이자조정명세서]를 작성하고, 관련된 세무조정사항을 [소득금액조정합계표및명세서]에 반영하시오. (6점)

1. 차입금과 지급이자 내역

이자율	지급이자	차입금	비고
15%	3,000,000원	20,000,000원	기업은행 차입금
10%	4,000,000원	40,000,000원	농협은행 차입금
8%	8,000,000원	100,000,000원	자회사인 ㈜일등으로부터 차입금
계	15,000,000원	160,000,000원	

2. 가지급금과 이자수익 내역

구분	일자	가지급금	받을 이자수익
대표이사 : 장홍도	20x1.05.01.	40,000,000원	1,600,000원
감사 : 이감사	20x1.07.15.	15,000,000원	1,575,000원

3. 기획재정부령으로 정하는 당좌대출이자율은 연간 4.6%이며, 당 회사는 금전대차거래에 대해 시가적용방법을 신고한 바 없다고 가정한다.

[3] 20x0년 5월 3일 ㈜굿모닝캐피탈과 대표이사(장홍도) 전용 5인승 승용차 제네시스(14러 4813)의 장기운용리스계약을 체결하였다. 아래의 자료를 이용하여 [업무용승용차등록]및 [업무용승용차관련비용명세서]를 작성하여 관련 세무조정을 [소득금액조정합계표 및 명세서]에 반영하시오. (6점)

구분	금액	비고
리스료	24,000,000원	• 매월 2,000,000원, 계산서 수령함 • 리스료에는 보험료 500,000원, 자동차세 350,000원, 수선유지비 1,620,500원이 포함됨.
유류비	4,100,000원	
리스계약기간	20x0.05.03.~20x2.05.02.	
보험기간 (업무전용자동차보험 가입)	20x0.05.03.~20x1.05.02. 20x1.05.03.~20x2.05.02.	
거리	1. 전기이월누적거리 21,000km 2. 출퇴근거리 6,400km 3. 출퇴근 외 비업무거리 1,600km 4. 당기 총주행거리 8,000km	
기타사항	• 코드 0003, 판매관리부의 차량으로 등록할 것 • 업무전용보험 가입하고, 운행기록부는 작성하였다고 가정함 • 전기 감가상각비(상당액) 한도 초과 이월액 18,000,000원 있음	

[4] 입력된 자료는 무시하고 다음의 자료만을 이용하여 20x1년 말 [자본금과적립금조정명세서(을)]을 작성하시오. (6점)

1. 20x1년 말 [소득금액조정합계표]

익금산입 및 손금불산입		
과목	금액	비고
법인세비용	12,000,000원	당기 법인세비용 계상액
선급비용	500,000원	전기 선급비용 과대계상액
대손충당금	5,000,000원	당기 대손충당금 한도초과액
임차료	3,500,000원	렌트한 업무용승용차 관련 감가상각비상당액 한도초과금액
단기매매증권	2,000,000원	당기 단기매매증권평가손실금액

손금산입 및 익금불산입		
과목	금액	비고
선급비용	1,000,000원	당기 선급비용 과대계상액
대손충당금	4,000,000원	전기 대손충당금 한도초과액
감가상각비	800,000원	전기 비품상각부인액
제품	2,700,000원	전기 제품평가감금액

2. 20x0년 말 [자본금과적립금조정명세서(을)]

과목	기초	감소	증가	기말
선급비용	-800,000원	-800,000원	-500,000원	-500,000원
대손충당금	2,000,000원	2,000,000원	4,000,000원	4,000,000원
감가상각비			1,500,000원	1,500,000원
제품			2,700,000원	2,700,000원

[5] 다음의 자료를 참조하여 [세액공제조정명세서(3)] 중 [3.당기공제 및 이월액계산] 탭과 [최저한세조정계산서], [법인세과세표준및세액조정계산서]를 작성하시오(당사는 중소기업이며, 불러온 자료는 무시하고 아래의 자료만 참조한다). (6점)

1. 당기 표준손익계산서 일부

Ⅰ.매출액	01	5,330,600,000원
2.제품매출	05	5,330,600,000원
중략		
Ⅹ.당기순손익	219	272,385,400원

2. 당기 소득금액조정합계표및명세서 일부

익금산입 및 손금불산입				손금산입 및 익금불산입			
①과목	②금액	③소득처분		④과목	⑤금액	⑥소득처분	
		처분	코드			처분	코드
합계	12,400,200원			합계	17,326,000원		

3. 당기 공제감면세액 및 추가납부세액합계표(갑) 일부

1. 최저한세 적용제외 공제감면세액

① 구 분	② 근 거 법 조 항	코드	③ 대상세액	④ 감면(공제)세액
⑭ 일반 연구 · 인력개발비세액공제	「조세특례제한법」 제10조제1항제3호	16B	5,500,000원	5,500,000원

2. 최저한세 적용대상 공제감면세액

① 구 분	② 근 거 법 조 항	코드	③ 대상세액	④ 감면세액
⑮ 중소기업에 대한 특별세액감면	「조세특례제한법」 제7조	112	8,925,930원	8,925,930원

4. 선납세금 원장 일부

일자	적요	차변	대변	잔액
08 - 30	법인세 중간예납	1,360,000원		1,360,000원
[누 계]		1,360,000원		1,360,000원

5. 기타사항
   - 2021년에 이월된 중소기업 등 투자세액공제 잔액 6,650,000원이 있다.
   - 최저한세에 따른 공제감면 배제는 납세자에게 유리한 방법으로 한다.
   - 분납가능한 금액은 분납하기로 한다.
   - 위 자료 외에 세무조정, 세액공제감면은 없는 것으로 한다.

제102회 전산세무1급 답안 및 해설

이 론

1	2	3	4	5	6	7	8	9	10	11	12	13	14	15
①	④	②	③	③	②	②	①	①	②	④	③	④	③	②

01. **새로이 회계정책을 선택하거나 추정하는 경우**는 회계변경으로 인정되는 사유에 해당하지 않는다.

02.

대손충당금(20x0)

대손	50,000	기초	40,000
기말	20,000	**대손상각비(20x0)**	**30,000**
계	70,000	계	70,000

대손충당금(20x0)

대손	18,000	기초	20,000
기말	12,000	**대손상각비(20x1)**	**10,000**
계	30,000	계	30,000

03. 기초가액(취득가액) - 감가상각누계액(2) = 기말잔액(2,375,000)
내용연수 = 5년 = 60개월, 경과된 내용연수 = 3개월
기초가액 - 기초가액 × 3개월/60개월 = 2,375,000원 ∴ **(1) 기초가액 = 2,500,000원**
(2) 감가상각누계액 = 기초가액(2,500,000) - 기말잔액(2,375,000) = 125,000원

04. 정기간행물 등과 같이 그 가액이 매기간 비슷한 품목을 구독신청에 의해 판매하는 경우에는 **구독기간에 걸쳐 정액법으로 수익을 인식**한다.

05. 주식배당은 자본금이 증가하고, 자본총계는 변동이 없다. 현금배당은 자본금의 변동은 없으나 자본총계는 감소한다.

06. ㄴ. 고정원가는 **조업도의 증감에 따라 단위당 원가가 증감**한다.
ㄹ. 실제원가가 표준원가보다 큰 것은 **이익을 감소시키므로 불리한 차이다.**

07. 제조원가명세서는 원재료 T계정과 재공품 T계정을 합쳐 놓은 것이다.

원재료

기초	25,000,000	직접재료비	85,000,000
매입①	*70,000,000*	기말	10,000,000
계	95,000,000	계	95,000,000

⇒

재공품

기초③	*12,500,000*	*당기제품제조원가②*	*127,500,000*
당기총제조원가④	*118,000,000*	기말	3,000,000
계	130,500,000	계	130,500,000

당기총제조원가 = 직 · 재(85,000,000) + 직 · 노(13,000,000) + 제 · 간(20,000,000) = 118,000,000원

08.

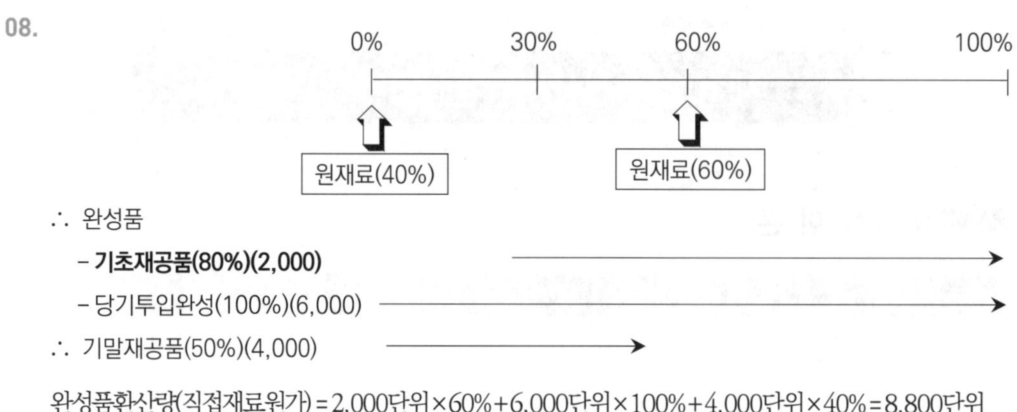

∴ 완성품

- **기초재공품(80%)(2,000)**
- 당기투입완성(100%)(6,000)

∴ 기말재공품(50%)(4,000)

완성품환산량(직접재료원가) = 2,000단위 × 60% + 6,000단위 × 100% + 4,000단위 × 40% = 8,800단위

09.

AQ	AP	SQ	SP
22,000kg	30원/kg	10,000개 × 2 = 20,000kg	27.5/kg

AQ × AP	AQ × SP	SQ × SP
22,000kg × @30	22,000kg × @27.5	10,000개 × 2kg × @27.5
= 660,000원	= 605,000원	= 550,000원

<u>**가격차이 55,000원 불리**</u>　　<u>**수량차이 55,000원 불리**</u>

10.

제품

기초	20,000개	판매	90,000개
완성품	100,000개	기말	30,000개
계	120,000개	계	120,000개

<u>**정상공손수량 = 완성품(100,000) × 2% = 2,000개**</u>

재공품

기초재공품	25,000개	완성품		100,000개
		공손품	*<u>정상공손</u>*	*<u>2,000개</u>*
		(2,500개)	*<u>비정상공손</u>*	*<u>500개</u>*
당기투입	90,000개	기말재공품		12,500개
계	115,000개	계		115,000개

11. 이월결손금은 15년간 공제가 되고, <u>**일반기업의 이월결손금 공제한도는 각사업연도소득의 80/100**</u>

12. <u>**중소기업특별세액감면은 최저한세 적용대상**</u>이다.

13. 특별소득공제 중 <u>**장기주택저당차입금 이자상환액 소득공제와 의료비 중 산후조리비용 은 총급여액에 관계없이 공제 가능**</u>하다. <u>**월세 세액공제도 총급여액 8천만원 이하자도 적용이 가능하다.**</u>

14. 소득금액의 합계액은 종합소득, 퇴직소득, 양도소득을 합하여 판단하고, 비과세소득 및 분리과세소득은 제외한다. <u>**아버지의 총소득금액은 180만원(300만원 × 30% + 90만원)이므로 기본공제 대상이 아니다.**</u> 배우자 복권당첨금과 어머니의 일용근로소득은 분리과세소득이고, 아들의 국가등으로 받은 상금은 비과세 기타소득에 해당한다.

15. 간이과세자가 일반과세자로 변경되는 경우, 간이과세로 적용되는 과세기간은 그 변경 이전 1월 1일부터 6월 30일까지이다. 따라서 **일반과세자로서 적용받게 되는 과세기간은 7월 1일부터 12월 31일까지**이다.

실 무

문제 1 전표입력

문항	일자	유형	공급가액	부가세	거래처	신용카드
[1]	2/15	57.카과	3,500,000	350,000	㈜생생자동차유통	국민카드
분개유형	(차) 부가세대급금		350,000	(대) 미지급금(국민카드)		3,850,000
카드(혼합)	차량운반구		3,500,000			

[2] (차) 미처분이익잉여금(377) 83,000,000 (대) 미지급배당금 30,000,000
미교부주식배당금 50,000,000
이익준비금 3,000,000

〈문제1의 [2]에 대한 필자 주〉

당초 가답안에는 이월이익잉여금 계정으로 제시하였고 확정답안에는 미처분이익잉여금(377)으로 제시하였다. **"미처분이익잉여금(377) 계정이 처분 대상이 되는 이익잉여금에 해당하고, 이월이익잉여금(375)은 이익잉여금 처분 후 남은 잉여금으로 사내에 유보하여 차기로 이월하는 잉여금입니다"**라 주장하면서 답안을 정정하였는데 기존 과거 답안을 뒤집어 놓았다.

〈과거 이익잉여금 처분문제〉

TAT1급(한국공인회계사)	전산세무1급(한국세무사회)
45회 실무 문제 1 [1]	87회 전산세무1급 (문제1) [1]
43회 실무 문제 1 [1]	85회 전산세무1급 (문제1) [2]
41회 실무 문제 1 [1]	80회 전산세무1급 (문제1) [1]
36회 실무 문제 1 [1]	

저자가 ㈜강진테크의 처분전 합계잔액시산표와 처분후 합계잔액시산표를 조회해보았다.

〈처분전 합계잔액 시산표〉

기간 [ ]년 03월 10일

관리용 제출용

차변 잔액	차변 합계	계정과목	대변 합계	대변 잔액
		9.이 익 잉 여 금	208,915,695	208,915,695
		이 익 준 비 금	5,000,000	5,000,000
		이 월 이 익 잉 여 금	203,915,695	203,915,695

〈처분후 합계잔액 시산표〉

기간 년 03 월 10 일

관리용 제출용

차변 잔액	차변 합계	계정과목	대변 합계	대변 잔액
	83,000,000	9.이 익 잉 여 금	211,915,695	128,915,695
		이 익 준 비 금	8,000,000	8,000,000
		이 월 이 익 잉 여 금	203,915,695	203,915,695
	83,000,000	미 처 분 이 익잉여금		-83,000,000

결국 3월 10일 기준에서 이익잉여금중 이월이익잉여금에 계상되어 있는 금액을 처분해야 한다.
해당 답안의 정당성을 가지기 위해서는 다음과 같은 회계처리를 해야 하나 불필요한 회계처리가 된다.
(차) 이월이익잉여금 83,000,000 (대) 미처분이익잉여금 83,000,000
전산세무1급 & TAT1급 자격증을 취득한 세무사들이 출제해야 일관성 있는 답을 제시할 것이다.

[3] (차)	장기차입금(제일투자㈜)	100,000,000	(대) 보통예금	30,000,000
			자본금	30,000,000
			주식할인발행차금	2,000,000
			주식발행초과금	8,000,000
			채무면제이익	30,000,000

〈4월 10일 합계잔액시산표 조회〉

차변 잔액	차변 합계	계정과목	대변 합계	대변 잔액
2,000,000	2,000,000	주 식 할 인 발행차금		
700,000	700,000	자 기 주 식		

☞**문제에서 주식할인발행차금잔액을 제시 않아 가답안 주식발행초과금 10,000,000으로 한 것도 정답처리하였음.**

문항	일자	유형	공급가액	부가세	거래처	전자세금
[4]	9/30	54.불공(⑤)	20,000,000	2,000,000	㈜백운기업	여
분개유형	(차) 기계장치		22,000,000	(대) 보통예금		5,000,000
혼합				미지급금(㈜백운기업)		17,000,000

문제 2 부가가치세

[1] [대손세액공제신고서](4~6월)

당초공급일	대손확정일	대손금액	공제율	대손세액	거래처		대손사유
20×1-08-01	2022-05-10	5,500,000	10/110	500,000	(주)태백	3	사망,실종
20×1-09-01	2022-05-02	7,700,000	10/110	700,000	(주)상성	5	부도(6개월경과)
2019-05-01	2022-05-01	11,000,000	10/110	1,000,000	(주)한라	6	소멸시효완성

☞ 단기대여금에 대해서는 대손세액공제를 받을 수 없다.
부도가 발생한 어음(1기 5월 1일)에 대해서는 부도발생일부터 6개월이 지난 날이 속하는 확정신고기한(2기)에 대손세액공제를 받을 수 있다.

[2] 의제매입세액공제신고서(4~6월)

1. 매입매출전표입력

(1) ㈜한상

유형: 면세 공급가액: 7,080,000 원 의제구분및매입액: 1. 7,080,000 원 세율: 4/104 공제세액: 272,307원
공급처명: ㈜한상 전자: 여 분개: 현금 또는 혼합

(차)	부가세대급금	272,307	(대) 현금	7,080,000
	원재료	6,807,693		

(2) ㈜두상

유형: 카면 공급가액: 2,750,000 원 의제구분및매입액: 1. 2,750,000 원 세율: 4/104 공제세액: 105,769원
공급처명: ㈜두상 분개: 카드 또는 혼합 신용카드사:보람카드

(차)	부가세대급금	105,769	(대) 외상매입금(보람카드)	2,750,000
	원재료	2,644,231		

2. 의제매입세액공제신고서(**제조기업영위 중소기업 4/104**)

(1) ㈜한상

취득일자	구분	물품명	수량	매입가액	공제율	의제매입세액	건수
-05-18	신용카드등	고등어	1	2,750,000	4/104	105,769	1

(2) ㈜두상

취득일자	구분	물품명	수량	매입가액	공제율	의제매입세액	건수
-05-08	계산서	고등어	1	7,080,000	4/104	272,307	1

(3) 한도계산

면세농산물등 | 제조업 면세농산물등

가. 과세기간 과세표준 및 공제가능한 금액등 [불러오기]

과세표준			대상액 한도계산		B.당기매입액	공제대상금액 [MIN (A,B)]
합계	예정분	확정분	한도율	A.한도액		
100,000,000	40,000,000	60,000,000	50/100	50,000,000	16,070,000	16,070,000

나. 과세기간 공제할 세액

공제대상세액		이미 공제받은 금액			공제(납부)할세액 (C-D)
공제율	C.공제대상금액	D.합계	예정신고분	월별조기분	
4/104	618,076	240,000	240,000		378,076

☞ 당기매입액 = 예정신고 매입액(6,240,000) + 확정신고 매입액(9,830,000) = 16,070,000원

[3] 홈택스 부가가치세전자신고(확정신고 10~12월)

1. 전자신고파일생성	1. 신고서 및 부속서류 작성 및 마감
	2. 전자신고서 제작(비밀번호 입력 12345678)
	3. C드라이브에 파일(파일명 메모)이 생성
2. 홈택스 전자신고	1. 전자신고파일 불러오기
	2. 형식검증하기(비밀번호 입력 12345678)→확인
	3. 내용검증하기→확인
	4. 전자파일 제출
	5. 접수증 확인

문제 3 결산

[1]~[3] 수동결산, [4]는 자동결산

[1] (차) 이자비용 8,285 (대) 보통예금 10,000
사채할증발행차금 1,715

[2] (차) 매도가능증권평가이익 700,000 (대) 매도가능증권(178) 875,000
매도가능증권평가손실 175,000

• 취득가액=350주×18,000원=6,300,000원→처분수량에 대해서는 감안하지 말고 잔여수량으로 계산

	취득가액 (350주)	공정가액		평가이익	평가손실
		주당	가액		
전기	6,300,000	20,000	7,000,000	700,000	0
당기		17,500	6,125,000	△700,000	175,000
계				0	175,000

[3] (차) 이자비용 2,000,000 (대) 미지급비용 2,000,000

☞기간경과분 이자비용=100,000,000원×6%×4/12=2,000,000원

미지급비용도 채무계정이므로 거래처(주)우리캐피탈을 입력하는 것이 정확한 답안이다.

[4] [결산자료입력]

• 기말원재료재고액 : 35,000,000원, • 기말재공품재고액 : 17,500,000원

• 기말제품재고액 : 58,000,000원(적송품 3,000,000원 포함) 입력 후>F3 전표추가

문제 4 원천징수

[1] 급여자료 및 원천징수 이행상황신고서

1. 수당등록

수당등록 | 공제등록

No	코드	과세구분	수당명	근로소득유형 유형	코드	한도	월정액	통상임금	사용여부
1	1001	과세	기본급	급여			정기		여
2	1002	과세	상여	상여			부정기		부
3	1003	과세	직책수당	급여			정기		여
4	1004	과세	월차수당	급여			정기		여
5	1005	비과세	식대	식대	P01	(월)200,000	정기		여
6	1006	비과세	자가운전보조금	자가운전보조금	H03	(월)200,000	부정기		부
7	1007	비과세	야간근로수당	야간근로수당	001	(년)2,400,000	부정기		부
8	2001	과세	자가운전보조금	급여			정기	부	여

- **자가운전보조금은 별도의 시내출장 등에 소요된 실제 여비를 별도로 정산받기 때문**에 비과세근로소득에 해당하지 않으므로 수당등록에 **과세수당으로 추가 입력한다.**

2. 급여자료입력(김과장 귀속년월 2월, 지급년월일 2월 25일)

급여항목	금액	공제항목	금액
기본급	5,000,000	국민연금	225,000
직책수당	500,000	건강보험	171,500
월차수당	270,000	장기요양보험	21,040
식대	100,000	고용보험	48,560
자가운전보조금	300,000	소득세(100%)	564,510
		지방소득세	56,450
		농특세	
		연말정산소득세	-1,170,000
		연말정산지방소득세	-117,000
과세	6,070,000		
비과세	100,000	공제총액	-199,940
지급총액	6,170,000	차인지급액	6,369,940

- Shift+F6 연말정산 〉 연말정산소득세와 연말정산지방소득세 환급액 반영

3. 원천징수이행상황신고서(귀속기간 2월, 지급기간 2월, 1.정기신고)

원천징수명세및납부세액 | 원천징수이행상황신고서 부표 | 원천징수세액환급신청서 | 기납부세액명세서 | 전월미환급세액 조정명세서 | 차월이월환급세액 승계명세

		코드	소득지급 인원	소득지급 총지급액	징수세액 소득세 등	징수세액 농어촌특별세	징수세액 가산세	당월조정환급세액	납부세액 소득세 등	납부세액 농어촌특별세
근로소득	간이세액	A01	1	6,170,000	564,510					
	중도퇴사	A02								
	일용근로	A03								
	연말정산	A04	1	72,000,000	-1,170,000					
	(분납신청)	A05								
	(납부금액)	A06			-1,170,000					
	가감계	A10	2	78,070,000	-605,490					

[2] 배당소득

1. 기타소득자등록(이사장)

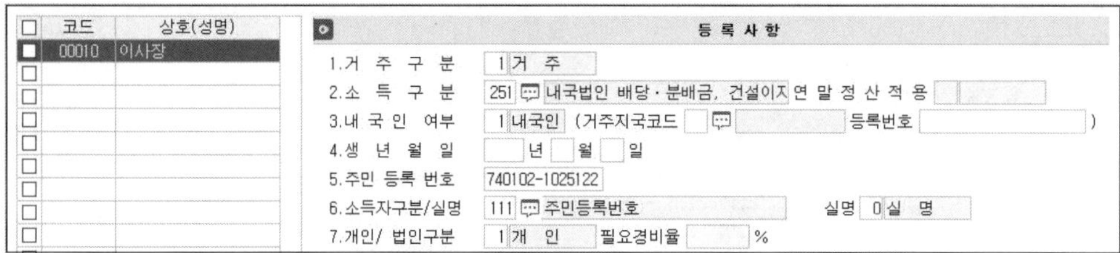

코드	상호(성명)
00010	이사장

등록사항

1.거 주 구 분	1 거 주
2.소 득 구 분	251 내국법인 배당·분배금, 건설이자 / 연 말 정 산 적 용
3.내 국 인 여부	1 내국인 (거주지국코드 / 등록번호)
4.생 년 월 일	년 월 일
5.주민 등록 번호	740102-1025122
6.소득자구분/실명	111 주민등록번호 / 실명 0 실 명
7.개인/ 법인구분	1 개 인 / 필요경비율 %

2. 이자배당소득자료입력(지급년월일 3월 25일)

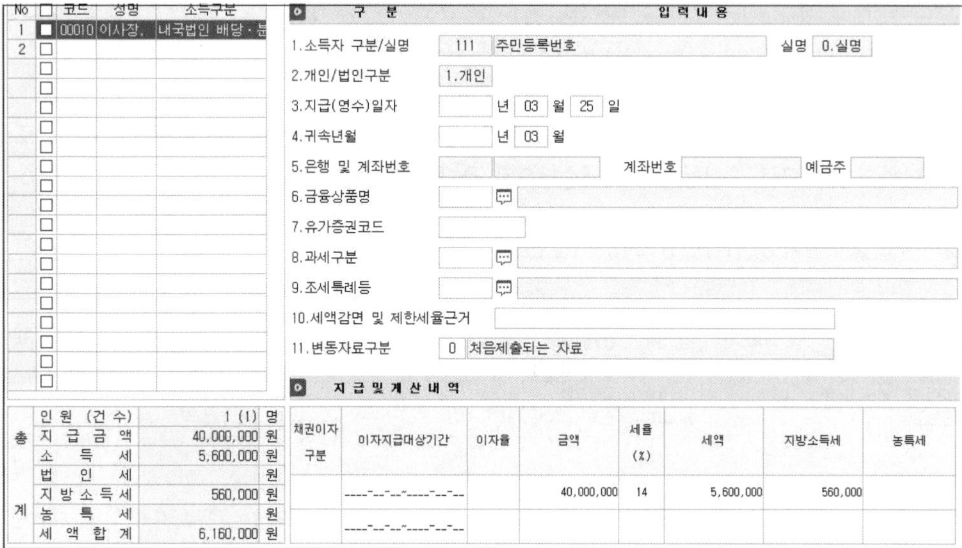

No	코드	성명	소득구분
1	00010	이사장.	내국법인 배당·분
2			

구 분	입 력 내 용
1.소득자 구분/실명	111 주민등록번호 / 실명 0.실명
2.개인/법인구분	1.개인
3.지급(영수)일자	년 03 월 25 일
4.귀속년월	년 03 월
5.은행 및 계좌번호	계좌번호 / 예금주
6.금융상품명	
7.유가증권코드	
8.과세구분	
9.조세특례등	
10.세액감면 및 제한세율근거	
11.변동자료구분	0 처음제출되는 자료

총계		
인 원 (건 수)	1 (1)	명
지 급 금 액	40,000,000	원
소 득 세	5,600,000	원
법 인 세		원
지 방 소 득 세	560,000	원
농 특 세		원
세 액 합 계	6,160,000	원

지 급 및 계 산 내 역

채권이자구분	이자지급대상기간	이자율	금액	세율(%)	세액	지방소득세	농특세
	-----------------		40,000,000	14	5,600,000	560,000	
	-----------------						

[3] 퇴직소득

1. 사원등록([기본사항] 탭) : 퇴사년월일(20x1.11.30) 입력
2. 퇴직소득자료입력(**지급년월 12월, 귀속년월 11월**, 영수일자 12월 05일)

지급년월 20x1 년 12 월 / 소득자구분 1.근로

사번	성명	구분
302	박철민	퇴직

소득명세 / 세액계산 / 중간정산지급내역

1. 귀속년월(신고서) 20x1 년 12 월 2. 영수일자 20x1-12-05

	중간지급등		최종		정산
근 무 처 명			(주)강진테크		
등록번호/퇴직사유	----------		880-86-12342	자발적 퇴직	
기 산 일/입 사 일	____/__/__	____/__/__	2017/11/01	2017/11/01	
퇴 사 일/지 급 일	____/__/__	____/__/__	20x1/11/30	20x1/12/05	
근 속 월 수			97		
제 외 월 수					
가 산 월 수					
과 세 퇴 직 급 여				14,800,000	14,800,000
비 과 세 퇴직급여					
세 액 공 제					

3. **퇴직소득원천징수영수증(지급년월 12월) 조회**

☞ 퇴직소득세는 프로그램이 자동 계산합니다.

문제 5 세무조정

[1] 기업업무추진비조정명세서

1. 기업업무추진비입력(을)

① 수입금액 명세

구 분	① 일반수입금액	② 특수관계인간 거래금액	③ 합 계(①+②)
금 액	2,480,000,000	70,000,000	2,550,000,000

② 기업업무추진비해당금액

4. 계정과목			합계	기업업무추진비(제조)	기업업무추진비(판관)	
5. 계정금액			51,000,000	23,500,000	27,500,000	
6. 기업업무추진비계상액 중 사적사용경비			300,000		300,000	
7. 기업업무추진비해당금액(5-6)			50,700,000	23,500,000	27,200,000	
8. 신용카드 등 미사용금액	경조사비 중 기준금액 초과액	9. 신용카드 등 미사용금액				
		10. 총 초과금액				
	국외지역 지출액 (법인세법 시행령 제41조제2항제1호)	11. 신용카드 등 미사용금액				
		12. 총 지출액				
	농어민 지출액 (법인세법 시행령 제41조제2항제2호)	13. 송금명세서 미제출금액				
		14. 총 지출액				
	기업업무추진비 중 기준금액 초과액	15. 신용카드 등 미사용금액				
		16. 총 초과금액	50,800,000	23,500,000	27,300,000	
	17. 신용카드 등 미사용 부인액					
18. 기업업무추진비 부인액(6+17)			300,000		300,000	

☞ 사적경비 300,000원은 건당 기준금액(3만원) 초과여부가 불투명하므로(16) 총초과금액에 27,000,000원 차감한 것도 정답으로 인용

2. 기업업무추진비조정(갑)(**문화기업업무추진비 사적경비 300,000원 차감한 5,500,000원 입력**)

중소기업			□ 정부출자법인 □ 부동산임대업등(법.령제42조제2항)
구분			금액
1. 기업업무추진비 해당 금액			50,700,000
2. 기준금액 초과 기업업무추진비 중 신용카드 등 미사용으로 인한 손금불산입액			
3. 차감 기업업무추진비 해당금액(1-2)			50,700,000
일반 기업업무추진비 한도	4. 12,000,000 (중소기업 36,000,000) X 월수(12) / 12		36,000,000
	총수입금액 기준	100억원 이하의 금액 X 30/10,000	7,650,000
		100억원 초과 500억원 이하의 금액 X 20/10,000	
		500억원 초과 금액 X 3/10,000	
		5. 소계	7,650,000
	일반수입금액 기준	100억원 이하의 금액 X 30/10,000	7,440,000
		100억원 초과 500억원 이하의 금액 X 20/10,000	
		500억원 초과 금액 X 3/10,000	
		6. 소계	7,440,000
	7. 수입금액기준	(5-6) X 10/100	21,000
	8. 일반기업업무추진비 한도액 (4+6+7)		43,461,000
문화기업업무추진비 한도(「조특법」 제136조제3항)	9. 문화기업업무추진비 지출액		5,500,000
	10. 문화기업업무추진비 한도액(9와 (8 X 20/100) 중 작은 금액)		5,500,000
전통시장기업업무추진비 한도(「조특법」 제136조제6항)	11. 전통시장기업업무추진비 지출액		
	12. 전통시장기업업무추진비 한도액(11과 (8 X 10/100) 중 작은 금액)		
13. 기업업무추진비 한도액 합계(8+10+12)			48,961,000
14. 한도초과액(3-13)			1,739,000
15. 손금산입한도 내 기업업무추진비 지출액(3과 13중 작은 금액)			48,961,000

3. 세무조정

〈 손금불산입 〉 기업업무추진비 중 사적경비 300,000 원 (상여)
〈 손금불산입 〉 기업업무추진비 한도 초과액 1,739,000 원 (기타사외유출)

[2] 가지급금등의인정이자조정명세서

1. 가지급금 · 가수금 입력

1.가지급금.가수금 입력 | 2.차입금 입력 | 3.인정이자계산 : (을)지 | 4.인정이자조정 : (갑)지 | 이자율선택 : [2] 가중평균차입이자율로 계산

○가지급금,가수금 선택: 1.가지급금 | 회계데이터불러오기

No	직책	성명
1	대표이사	장홍도

No	적요	년월일		차변	대변	잔액	일수	적수
1	2.대여	5	1	40,000,000		40,000,000	245	9,800,000,000

No	직책	성명
1	대표이사	장홍도
2	감사	이감사

No	적요	년월일		차변	대변	잔액	일수	적수
1	2.대여	7	15	15,000,000		15,000,000	170	2,550,000,000
2								

2. 차입금입력

No	거래처명
1	기업은행

No	□	적요	연월일		차변	대변	이자대상금액	이자율 %	이자
1	□	1.전기이월	1	1		20,000,000	20,000,000	15.00000	3,000,000

No	거래처명
1	기업은행
2	농협은행

No	□	적요	연월일		차변	대변	이자대상금액	이자율 %	이자
1	□	1.전기이월	1	1		40,000,000	40,000,000	10.00000	4,000,000
2	□								

3. 인정이자조정 : (갑)지

1.가지급금.가수금 입력 | 2.차입금 입력 | 3.인정이자계산 : (을)지 | 4.인정이자조정 : (갑)지 | 이자율선택 : [2] 가중평균차입이자율로 계산

2.가중평균차입이자율에 따른 가지급금 등의 인정이자 조정 (연일수 : 365일)

No	1.성명	2.가지급금적수	3.가수금적수	4.차감적수(2-3)	5.인정이자	6.회사계상액	시가인정범위		9.조정액(=7) 7>=3억,8>=5%
							7.차액(5-6)	8.비율(%)	
1	장홍도	9,800,000,000		9,800,000,000	3,132,418	1,600,000	1,532,418	48.92124	1,532,418
2	이감사	2,550,000,000		2,550,000,000	815,068	1,757,000	-941,932		

4. 세무조정

〈 익금산입 〉 대표이사 가지급금 인정이자 1,532,418 원 (상여)

[3] 업무용승용차관련 비용명세서

1. 업무용승용차등록

□	코드	차량번호	차종	사용
■	0003	14러4813	제네시스	사용

차량 상세 등록 내용

1.고정자산계정과목	
2.고정자산코드/명	
3.취득일자	20×0-05-03
4.경비구분	6.800번대/판관비
5.사용자 부서	
6.사용자 직책	대표이사
7.사용자 성명	장홍도
8.임차여부	운용리스
9.임차기간	20×0-05-03 ~ 20×2-05-02
10.보험가입여부	가입
11.보험기간	20×0-05-03 ~ 20×1-05-02 20×1-05-03 ~ 20×2-05-02
12.운행기록부사용여부	여 / 전기이월누적거리 21,000 km
13.출퇴근사용여부	여 / 출퇴근거리 6,400 km

2. 업무용승용차관련비용명세서

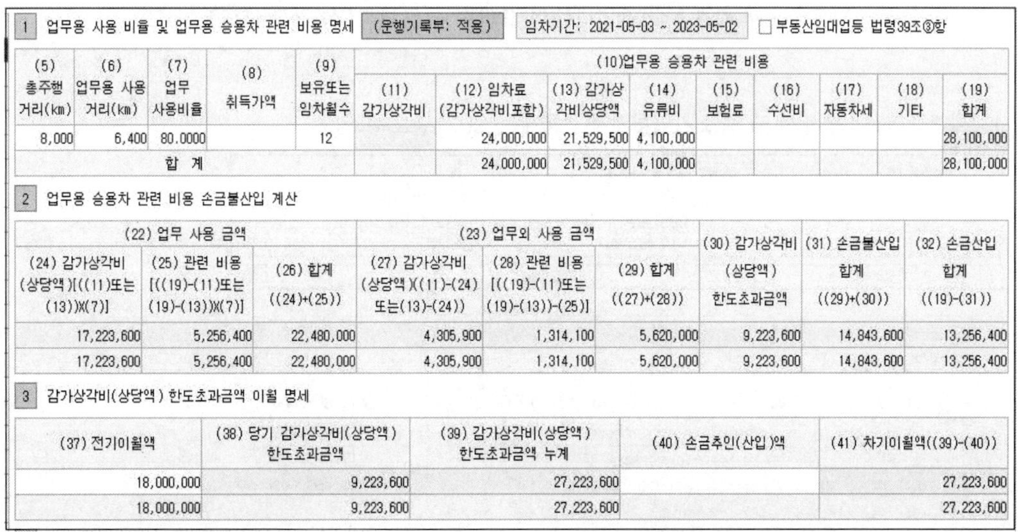

1 업무용 사용 비율 및 업무용 승용차 관련 비용 명세 (운행기록부: 적용) 임차기간: 2021-05-03 ~ 2023-05-02 □ 부동산임대업등 법령39조③항

(5) 총주행 거리(km)	(6) 업무용 사용 거리(km)	(7) 업무 사용비율	(8) 취득가액	(9) 보유또는 임차월수	(10)업무용 승용차 관련 비용 (11) 감가상각비	(12) 임차료 (감가상각비포함)	(13) 감가상 각비상당액	(14) 유류비	(15) 보험료	(16) 수선비	(17) 자동차세	(18) 기타	(19) 합계
8,000	6,400	80.0000		12		24,000,000	21,529,500	4,100,000					28,100,000
합 계						24,000,000	21,529,500	4,100,000					28,100,000

2 업무용 승용차 관련 비용 손금불산입 계산

(22) 업무 사용 금액 (24) 감가상각비 (상당액)[((11)또는 (13))X(7)]	(25) 관련 비용 [((19)-(11)또는 (19)-(13))X(7)]	(26) 합계 ((24)+(25))	(23) 업무외 사용 금액 (27) 감가상각비 (상당액)((11)-(24) 또는(13)-(24))	(28) 관련 비용 [((19)-(11)또는 (19)-(13))-(25)]	(29) 합계 ((27)+(28))	(30) 감가상각비 (상당액) 한도초과금액	(31) 손금불산입 합계 ((29)+(30))	(32) 손금산입 합계 ((19)-(31))
17,223,600	5,256,400	22,480,000	4,305,900	1,314,100	5,620,000	9,223,600	14,843,600	13,256,400
17,223,600	5,256,400	22,480,000	4,305,900	1,314,100	5,620,000	9,223,600	14,843,600	13,256,400

3 감가상각비(상당액) 한도초과금액 이월 명세

(37) 전기이월액	(38) 당기 감가상각비(상당액) 한도초과금액	(39) 감가상각비(상당액) 한도초과금액 누계	(40) 손금추인(산입)액	(41) 차기이월액((39)-(40))
18,000,000	9,223,600	27,223,600		27,223,600
18,000,000	9,223,600	27,223,600		27,223,600

☞ 업무용사용비율 : 6,400/8,000 = 80%

☞ **감가상각비상당액(13) = 리스료(24,000,000) - 보험료(500,000) + 자동차세(350,000) + 수선유지비(1,620,500)**
= 21,529,500원

3. 세무조정

〈 손금불산입 〉 업무용승용차 업무미사용분 5,620,000 원 (상여)

〈 손금불산입 〉 업무용승용차 감가상각비상당액 한도 초과액 9,223,600 원 (기타사외유출)

[4] 자본금과 적립금 조정명세서(을)

1. 자본금과적립금조정명세서(을)

자본금과적립금조정명세서(을) | 자본금과적립금조정명세서(병) | 자본금과적립금조정명세서(갑) | 이월결손금

Ⅰ.세무조정유보소득계산

①과목 또는 사항	②기초잔액	당기중증감 ③감 소	당기중증감 ④증 가	⑤기말잔액 (=②-③+④)	비 고
선급비용	-500,000	-500,000	-1,000,000	-1,000,000	
대손충당금	4,000,000	4,000,000	5,000,000	5,000,000	
감가상각비	1,500,000	800,000		700,000	
제품	2,700,000	2,700,000			
단기매매증권			2,000,000	2,000,000	
합 계	7,700,000	7,000,000	6,000,000	6,700,000	

☞ 법인세비용과 임차료는 기타사외유출에 해당한다.

[5] 최저한세조정계산서 및 법인세과세표준 및 세액조정계산서

1.세액공제조정명세서(공제세액) → 2.세액조정계산서(산출세액) → 3.최저한세 → 4.세액공제조정명세서(이월세액) → 5.세액조정계산서(최종)

1. 세액공제조정명세서(3) 중소기업투자세액공제는 2021년도분 임.

1.세액공제(1) | 2.세액공제(2) | 3.당기공제 및 이월액계산

(105)구분	(106)사업연도	요공제액 (107)당기분	요공제액 (108)이월분	당기공제대상세액 (109)당기분	당기공제대상세액 (110)1차연도	당기공제대상세액 (112)3차연도	(120)계
중소기업 등 투자세액	2021		6,650,000		6,650,000		6,650,000
연구·인력개발비세액	20×1	5,500,000		5,500,000			5,500,000

2. 세액조정계산서

구분	항목		코드	금액
① 각 사업연도 소득계산	101. 결산서상 당기순손익		01	272,385,400
	소득조정 금액	102.익금산입	02	12,400,200
		103.손금산입	03	17,326,000
	104. 차가감소득금액 (101+102-103)		04	267,459,600
	105. 기부금한도초과액		05	
	106. 기부금한도초과 이월액 손금산입		54	
	107. 각사업연도소득금액(104+105-106)		06	267,459,600
② 과세표준계산	108. 각사업연도소득금액 (108=107)			267,459,600
	109. 이월결손금		07	
	110. 비과세소득		08	
	111. 소득공제		09	
	112. 과세표준 (108-109-110-111)		10	267,459,600
	159. 선박표준이익		55	
③ 산출	113. 과세표준 (113=112+159)		56	267,459,600
	114. 세율		11	19%
	115. 산출세액		12	30,817,324

3. 최저한세조정계산서(최저한세 배제금액 3,480,778원)

①구분		코드	②감면후세액	③최저한세	④조정감	⑤조정후세액
(101) 결 산 서 상 당 기 순 이 익		01	272,385,400			
소득조정금액	(102)익 금 산 입	02	12,400,200			
	(103)손 금 산 입	03	17,326,000			
(104) 조 정 후 소 득 금 액 (101+102-103)		04	267,459,600	267,459,600		267,459,600
최저한세적용대상 특 별 비 용	(105)준 비 금	05				
	(106)특별상각, 특례상각	06				
(107) 특별비용손금산입전소득금액(104+105+106)		07	267,459,600	267,459,600		267,459,600
(108) 기 부 금 한 도 초 과 액		08				
(109) 기부금 한도초과 이월액 손 금 산 입		09				
(110) 각 사업 년 도 소 득 금 액 (107+108-109)		10	267,459,600	267,459,600		267,459,600
(111) 이 월 결 손 금		11				
(112) 비 과 세 소 득		12				
(113) 최저한세적용대상 비 과 세 소 득		13				
(114) 최저한세적용대상 익금불산입 · 손금산입		14				
(115) 차가감 소 득 금 액(110-111-112+113+114)		15	267,459,600	267,459,600		267,459,600
(116) 소 득 공 제		16				
(117) 최저한세적용대상 소 득 공 제		17				
(118) 과 세 표 준 금 액(115-116+117)		18	267,459,600	267,459,600		267,459,600
(119) 선 박 표 준 이 익		24				
(120) 과 세 표 준 금 액 (118+119)		25	267,459,600	267,459,600		267,459,600
(121) 세 율		19	19 %	7 %		19 %
(122) 산 출 세 액		20	30,817,324	18,722,172		30,817,324
(123) 감 면 세 액		21	8,925,930			8,925,930
(124) 세 액 공 제		22	6,650,000		3,480,778	3,169,222
(125) 차 감 세 액 (122-123-124)		23	15,241,394			18,722,172

4. 세액공제조정명세서(3) 최저한세 미공제액 입력

(105)구분	(106) 사업연도	요공제액 (107)당기분	(108)이월분	(109)당기분	)1차	(111)2차연도	121)최저한세적용 게따른 미공제액	(122)기타사유 로인한 미공제으	(123)공제세액 (120-121-122)	(124)소멸	(125)이월액 07+108-123-12
중소기업 등 투자세액	2021		6,650,000			6,650,00(	3,480,778		3,169,222		3,480,778

5. 법인세과세표준및세액조정계산서(최종)

구분	항목		코드	금액
① 각사업연도소득계산	101. 결 산 서 상 당 기 순 손 익		01	272,385,400
	소 득 조 정 금 액	102.익 금 산 입	02	12,400,200
		103.손 금 산 입	03	17,326,000
	104. 차 가 감 소 득 금 액 (101+102-103)		04	267,459,600
	105. 기 부 금 한 도 초 과 액		05	
	106. 기 부 금 한 도 초 과 이월액 손금산입		54	
	107. 각 사 업 연 도 소 득 금 액(104+105-106)		06	267,459,600
② 과세표준계산	108. 각 사 업 연 도 소 득 금 액 (108=107)			267,459,600
	109. 이 월 결 손 금		07	
	110. 비 과 세 소 득		08	
	111. 소 득 공 제		09	
	112. 과 세 표 준 (108-109-110-111)		10	267,459,600
	159. 선 박 표 준 이 익		55	
③ 산출세액계산	113. 과 세 표 준 (113=112+159)		56	267,459,600
	114. 세 율		11	19%
	115. 산 출 세 액		12	30,817,324
	116. 지 점 유 보 소 득 (법 제96조)		13	
	117. 세 율		14	
	118. 산 출 세 액		15	
	119. 합 계 (115+118)		16	30,817,324

구분	항목			코드	금액
④ 납부할세액계산	120. 산 출 세 액 (120=119)				30,817,324
	121. 최저한세 적 용 대 상 공 제 감 면 세 액			17	12,095,152
	122. 차 감 세 액			18	18,722,172
	123. 최저한세 적 용 제 외 공 제 감 면 세 액			19	5,500,000
	124. 가 산 세 액			20	
	125. 가 감 계 (122-123+124)			21	13,222,172
	기납부세액	기한내납부세액	126. 중 간 예 납 세 액	22	1,360,000
			127. 수 시 부 과 세 액	23	
			128. 원 천 납 부 세 액	24	
			129. 간접 회사등 외국 납부세액	25	
			130. 소 계(126+127+128+129)	26	1,360,000
		131. 신 고 납 부 전 가 산 세 액		27	
		132. 합 계 (130+131)		28	1,360,000
	133. 감 면 분 추 가 납 부 세 액			29	
	134. 차 가 감 납 부 할 세 액(125-132+133)			30	11,862,172
⑤토지등 양도소득, ⑥미환류소득 법인세 계산 (TAB로 이동)					
⑦ 세액계	151. 차 가 감 납 부 할 세 액 계(134+150)			46	11,862,172
	152. 사 실 과 다 른 회계 처리 경정 세액공제			57	
	153. 분 납 세 액 계 산 범 위 액 (151-124-133-145-152+131)			47	11,862,172
	분납할 세 액	154. 현 금 납 부		48	1,862,172
		155. 물 납		49	
		156. 계 (154+155)		50	1,862,172
	차감 납부 세액	157. 현 금 납 부		51	10,000,000
		158. 물 납		52	
		160. 계 (157+158) [160=(151-152-156)]		53	10,000,000

제101회 전산세무 1급

합격율	시험년월
9%	2022.04

이 론

01. 다음 중 유가증권에 대한 설명으로 가장 틀린 것은?

① 만기까지 보유할 적극적인 의사와 능력이 있는 채무증권을 만기보유증권이라 한다.
② 단기매매증권을 취득하기 위하여 부담한 증권거래수수료 등은 취득원가에 포함하지 않는다.
③ 단기매매증권과 매도가능증권은 공정가치로 평가한다.
④ 공정가치로 평가한 매도가능증권의 평가손익은 당기손익으로 인식한다.

02. 다음 중 재고자산에 대한 설명으로 가장 옳지 않은 것은?

① 재고자산이란 정상적인 영업활동 과정에서 판매를 목적으로 보유하고 있는 상품 또는 제품, 생산과정에 있는 자산 또는 생산이나 용역 제공과정에 사용될 자산을 말한다.
② 재고자산의 매입원가는 매입가격에 수입관세, 매입운임 등 취득과정에서 정상적으로 발생한 부대원가를 가산한 금액이다.
③ 재고자산의 가격이 계속 상승하고 재고자산 매입 수량이 판매 수량보다 큰 경우에 재고자산을 가장 낮게 보수적으로 평가하는 방법은 선입선출법이다.
④ 기초재고 수량과 기말재고 수량이 같고 물가가 상승할 때 선입선출법은 현재의 수익에 과거의 원가가대응되므로 후입선출법보다 높은 이익을 계상하게 된다.

03. ㈜세무는 20x1년 새로 취득한 차량의 감가상각방법으로 정률법을 채택하였으나 회계부서의 실수로 정액법으로 감가상각비를 인식하였다. 이로 인해 20x1년 기말 재무제표에 미치는 영향으로 옳은 것은?

	감가상각비	당기순이익	차량의 장부가액
①	감소	증가	감소
②	감소	증가	증가
③	증가	감소	감소
④	증가	감소	증가

04. ㈜디엘은 20x0년 1월 1일부터 3년간 ㈜미래의 사옥을 신축하는 계약을 체결하고 공사를 진행하고 있으며 관련 자료는 다음과 같다. 해당 공사의 수익인식기준으로 진행기준을 적용할 경우 ㈜디엘이 인식할 20x1년의 공사손실은 얼마인가?

1. 계약금액 : 100,000,000원
2. 사옥 신축 관련 원가 자료는 다음과 같다.

구 분	20x0년	20x1년	20x2년
당기발생공사원가	38,000,000원	46,000,000원	21,000,000원
추가소요추정원가	57,000,000원	21,000,000원	
누적 진행률	40%	80%	100%

3. 20x0년에 인식한 공사이익은 2,000,000원이다.

① 5,000,000원
② 6,000,000원
③ 7,000,000원
④ 8,000,000원

05. 다음 중 퇴직연금제도에 대한 설명으로 가장 틀린 것은?

① 확정기여제도에서 기업은 납부하여야 할 부담금을 퇴직급여비용으로 계상한다.
② 확정기여제도에서 기업은 추가적인 출연의무가 발생한다.
③ 확정급여제도에서 종업원은 확정된 퇴직급여를 받게 된다.
④ 확정급여제도에서 보고기간말 현재 모든 종업원이 일시에 퇴직할 경우 지급하여야 할 퇴직금이 부채로 확정된다.

06. ㈜트리는 목재를 원재료로 하는 4가지 종류의 제품생산을 고려 중이다. 총 두 번의 공정을 거쳐 제품을 완성하는데 제2공정의 작업량에 따라 최종제품이 결정된다. ㈜트리가 완제품에 대한 최선안을 선택할 때 기회원가는 얼마인가?

구분	침대	책상	의자	연필
판매가격	200,000원	150,000원	100,000원	90,000원
제1공정 원가	50,000원	50,000원	50,000원	50,000원
제2공정 원가	110,000원	50,000원	15,000원	10,000원

① 30,000원
② 35,000원
③ 40,000원
④ 110,000원

07. 다음은 원가계산방법에 대한 설명으로 아래의 빈칸에 각각 들어갈 말로 옳은 것은?

> 동일한 제조공정에서 동일한 종류의 원재료를 투입하여 서로 다른 2종 이상의 제품이 생산되는 것을 연산품이라 한다. 이러한 연산품이 개별적으로 식별 가능한 시점을 (㉠)이라 하고, (㉠)에 도달하기 전까지 연산품을 제조하는 과정에서 발생한 원가를 (㉡)라 한다.

	(㉠)	(㉡)
①	식별가능점	결합원가
②	식별가능점	추가가공원가
③	분리점	추가가공원가
④	분리점	결합원가

08. ㈜한세는 보조부문의 제조간접원가를 이중배분율법에 의해 제조부문에 배분하고자 한다. 보조부문에서 발생한 변동제조간접원가는 3,000,000원, 고정제조간접원가는 4,200,000원이다. 이 경우 수선부문에 배분될 보조부문의 제조간접원가를 구하시오.

제조부문	실제기계시간	최대기계시간
조립부문	2,000시간	3,000시간
수선부문	1,000시간	2,000시간

① 2,600,000원 ② 2,680,000원
③ 3,080,000원 ④ 3,520,000원

09. 선입선출법에 의한 종합원가계산을 적용할 경우 아래의 자료를 참고하여 당기 가공원가 발생액을 구하면 얼마인가?

> • 당기 가공원가에 대한 완성품 단위당원가는 12원이다.
> • 기초재공품은 250단위 (완성도 20%)이다.
> • 기말재공품은 450단위 (완성도 80%)이다.
> • 당기착수 수량은 2,300단위이며, 당기완성품 수량은 2,100단위이다.

① 21,480원 ② 28,920원
③ 30,120원 ④ 36,120원

10. 표준원가계산을 채택하고 있는 ㈜세무의 직접노무원가 관련 자료는 다음과 같다. 직접노무원가의 능률차이는 얼마인가?

• 직접노무원가 임률차이 : 20,000원(불리)	• 실제 직접노무원가 발생액 : 500,000원
• 실제 직접노동시간 : 4,800시간	• 표준 직접노동시간 : 4,900시간

① 10,000원 유리　　② 10,000원 불리
③ 20,000원 불리　　④ 20,000원 유리

11. 다음은 법인세법상 가산세에 대한 설명이다. 올바른 항목을 모두 고른 것은?

가. 주식등변동상황명세서 제출 불성실 가산세는 산출세액이 없으면 적용하지 않는다.
나. 과세소득이 있는 내국법인이 복식부기 방식으로 장부로 기장을 하지 않으면 산출세액의 20%와 수입금액의 0.07% 중 큰 금액을 가산세로 납부해야 한다.
다. 내국법인이 기업업무추진비를 지출하면서 적격증명서류를 받지 않아 손금불산입된 경우에도 증명서류 수취 불성실 가산세를 납부해야 한다.
라. 이자소득을 지급한 법인이 지급명세서를 제출기한이 지난 후 3개월 이내에 제출하는 경우 지급금액의 0.5%를 가산세로 납부해야 한다.

① 가, 라　　② 나, 다
③ 가, 다　　④ 나, 라

12. 다음 중 빈칸에 들어갈 금액이 다른 것은?

① 일반과세자의 부가가치세 예정고지세액이 (　　)원 미만인 경우에는 부가가치세를 징수하지 않는다.
② 직전 사업연도에 중소기업인 내국법인은 직전 사업연도의 산출세액을 기준으로 계산한 중간예납세액이 (　　)원 미만인 경우 중간예납세액을 납부할 의무가 없다.
③ 간이과세자의 부가가치세 예정부과금액이 (　　)원 미만인 경우에는 부가가치세를 징수하지 않는다.
④ 종합소득이 있는 거주자의 소득세 중간예납세액이 (　　)원 미만인 경우 중간예납세액을 징수하지 않는다.

13. 다음 중 소득세법상 납세의무에 대한 설명으로 가장 틀린 것은?

① 비거주자는 국내 및 국외 원천소득에 대한 소득세 납부의무를 진다.
② 법인으로 보는 단체가 아닌 단체로서 구성원 간 이익의 분배비율이 정해져 있지 않고 사실상 구성원별로 이익이 분배되지 않은 경우 1거주자로 보아 소득세 납세의무를 진다.
③ 공동사업장의 경우 원칙상 공동사업자별로 납세의무를 진다.
④ 피상속인의 소득금액에 대해 과세하는 경우에는 그 상속인이 납세의무를 진다.

14. 다음 중 부가가치세법상 공통매입세액의 안분계산에 대한 설명으로 가장 틀린 것은?

① 해당 과세기간의 총공급가액 중 면세공급가액이 5% 미만인 경우의 공통매입세액은 예외 없이 공통매입세액 전부를 매출세액에서 공제한다.
② 공통매입세액 안분계산 시 과세사업과 면세사업의 공급가액이 없는 경우에는 원칙적으로 면세사업의 매입가액비율, 예정공급가액비율, 예정사용면적비율의 순으로 적용한다. 다만, 예정사용면적비율을 우선 적용하는 예외가 있다.
③ 공통매입세액을 ②의 경우와 같이 안분하여 계산한 경우 과세사업과 면세사업의 공급가액 또는 사용면적이 확정되는 과세기간에 대한 납부세액을 확정신고를 할 때에 정산한다.
④ 해당 과세기간 중의 공통매입세액이 5만원 미만인 경우 안분계산 없이 공통매입세액 전부를 매출세액에서 공제한다.

15. 다음 중 부가가치세법상 간이과세자에 대한 설명으로 가장 틀린 것은?

① 간이과세자는 의제매입세액공제를 적용하지 않는다.
② 해당 과세기간에 발급받은 세금계산서상 공급대가의 0.5%를 매입세액공제 한다.
③ 일반과세를 적용받으려는 자는 언제든지 간이과세 포기신고를 할 수 있다.
④ 해당 과세기간에 대한 공급대가의 합계액이 4,800만원 미만이면 납부의무를 면제한다.

실 무

㈜하나전자(1010)는 제조·도소매업을 영위하는 중소기업이며, 당기 회계기간은 20x1.1.1.~20x1.12.31. 이다. 전산세무회계 수험용 프로그램을 이용하여 다음 물음에 답하시오.

문제 1 다음 거래에 대하여 적절한 회계처리를 하시오.(12점)

[1] 02월 15일 ㈜한라기계로부터 기계장치(공급가액 60,000,000원, 부가가치세액 6,000,000원)를 취득하고 전자세금계산서를 발급받았으며, 대금은 보통예금으로 지급하였다. 당사는 설비자산 취득을 위해 1월 30일에 정부로부터 상환의무가 없는 국고보조금 50,000,000원을 보통예금 계좌로 수령하였다(단, 국고보조금 회계처리를 포함한 모든 입력은 매입매출전표에서 할 것). (3점)

[2] 07월 05일 개인 소비자에게 제품 10대(대당 공급가액 300,000원, 부가가치세 별도)를 판매하고 대금을 현금으로 수령하였다. 소비자가 현금영수증의 발급을 원하지 않은 관계로 동 금액에 대해 국세청 지정번호(010-0000-1234)로 현금영수증을 발급하였다(단, 거래처 입력은 생략할 것). (3점)

[3] 08월 10일 당사와 김부자 씨가 체결한 자본투자 계약의 약정에 따라 보통예금으로 자본납입을 받았다. (신주인수대금이 보통예금 계좌로 입금되었으며, 즉시 신주 교부와 증자등기를 완료하였다.) 다음은 투자계약서의 일부 내용이다. (3점)

> 제1조 (신주의 발행과 인수)
>
> ① 회사는 본 계약에 따라 다음과 같은 본 건 주식을 발행하여 증자등기를 하고, 투자자는 이를 인수한다.
>
> 1. 발행할 주식의 총수(수권주식수) : 1,000,000주
> 2. 금회의 신주발행 내역
>   가. 신주의 종류와 수 : 기명식 (보통주) 10,000주
>   나. 1주의 금액(액면가) : 금 500원
>   다. 본건 주식의 1주당 발행가액 : 금 3,000원
>   라. 본건 주식의 총 인수대금 : 금 30,000,000원
>   마. 본건 주식의 납입기일(증자등기일) : 20x1년 08월 10일

[4] 12월 20일 당사가 보유하고 있던 매도가능증권을 다음과 같은 조건으로 처분하고 대금은 보통예금계좌로 입금되었다(단, 20x0.12.31. 기말평가는 일반기업회계기준에 따라 적절히 이루어졌다). (3점)

취득원가	20x0.12.31. 공정가액	20x1.12.20. 양도가액	비고
15,000,000원	19,000,000원	17,000,000원	시장성 있음

문제 2 다음 주어진 요구사항에 따라 부가가치세 신고서 및 부속서류를 작성 하시오.(10점)

[1] 다음 자료에 근거하여 20x1년 제1기(4월 1일~6월 30일)의 [신용카드매출전표등수령명세서(갑)(을)]을 작성하고, 매입세액공제가 불가능한 세금계산서 매입의 경우 [공제받지못할매입세액명세서]를 작성하시오. 단, 신용카드매출전표 수령분은 모두 법인 명의의 신한카드(1111-2222-3333-4444)를 사용하였다. (5점)

사용일자	상호	유형	사업자등록번호	공급대가	수취 증빙	비고
05월 01일	㈜문구사랑	일반	115-81-00451	220,000원	세금계산서	경리부 문구 구입
05월 07일	과일나라	면세	323-90-11890	55,000원	신용카드매출전표	직원 간식 구입
05월 11일	㈜착한마트	일반	551-87-33392	165,000원	신용카드매출전표	영업부 소모품 구입
05월 27일	㈜기프트	일반	505-87-22155	550,000원	세금계산서	거래처 접대물품 구입
06월 07일	구인천국㈜	일반	516-88-25450	330,000원	현금영수증	직원 채용 광고비
06월 16일	커피세상	간이[1]	165-77-15608	52,250원	현금영수증	직원 간식 구입
06월 27일	쎈수학학원	면세	245-90-67890	220,000원	신용카드매출전표	대표자 자녀 학원비

1) 세금계산서는 발급이 금지되어 있고, 영수증만을 발급해야 하는 자임.

[2] 당사는 20x1년 제2기 확정신고기간(10.1.~12.31.)의 부가가치세 신고를 기한 내에 하지 않아 20x2년 2월 10일에 기한후신고를 하고 납부를 하고자 한다. **다음 자료를 매입매출전표에 입력(분개는 생략)하고, [부가가치세신고서]를 작성하시오.** 단, 전자세금계산서는 모두 적정하게 작성 및 전송하였으며, 가산세는 미납일수를 16일, 1일 2.2/10,000로 하고, 일반무신고가산세를 적용한다. (5점)

- 11월 30일 : 원재료(공급가액 10,000,000원, 부가가치세액 1,000,000원)를 ㈜하나물산으로부터 매입하고 전자세금계산서를 발급받았다.
- 12월 15일 : 제품(공급가액 15,000,000원, 부가가치세액 1,500,000원)을 ㈜삼일전자에 판매하고 전자세금계산서를 발급하였다.

문제 3 다음의 결산정리사항에 대하여 결산정리분개를 하거나 입력을 하여 결산을 완료하시오.(8점)

[1] 제2기 부가가치세 확정신고기간의 부가가치세와 관련된 내용이 아래와 같다. 입력된 다른 데이터는 무시하고 12월 31일 현재 부가세예수금과 부가세대급금의 정리분개를 수행하시오(단, 납부세액일 경우 미지급세금, 환급세액일 경우에는 미수금으로 회계처리할 것). (2점)

- 부가세예수금 : 48,000,000원
- 부가세대급금 : 63,500,000원
- 전자신고세액공제 : 10,000원

[2] 당사는 ㈜금성이 20x1년 1월 1일 발행한 액면금액 2,000,000원인 채권(만기 3년, 표시 이자율 연 7%, 유효이자율 연 10%, 만기 3년)을 1,850,787원에 만기보유목적으로 현금을 지급하고 취득하였다. 20x1년 12월 31일 회계처리를 하시오(단, 표시이자는 매년 말 현금으로 수령하고, 기말 공정가치 측정은 고려하지 않으며, 소수점 미만은 절사한다). (2점)

[3] 다음은 대표이사가 당사로부터 차입한 금전소비대차 관련 자료이다. 20x1년 12월 31일 현재 가지급금 인정이자에 대한 회계처리를 하시오. (2점)

- 대여일 : 20x1.05.01.
- 대여금액 : 24,000,000원
- 적용이자율 : 당좌대출이자율 (연간 4.6%)
- 적수 계산은 편의상 월할 계산함

[4] 당사는 20x0년 7월 1일에 영업권을 취득하였다. 영업권의 내용연수는 5년이고, 상각방법은 정액법, 표시방법은 직접법을 채택하고 있다. 20x0년 회계연도 결산 시 무형자산상각비는 월할상각하여 적절히 반영하였으며, 영업권의 20x0년 기말잔액은 45,000,000원이다. 영업권에 대한 결산분개를 하시오. (2점)

문제 4 원천징수와 관련된 다음 물음에 답하시오.(10점)

[1] 다음은 20x1년 4월 22일에 입사한 조지욱(사번 : 222번, 세대주)과 관련된 자료이다. [사원등록] 메뉴의 [부양가족명세] 탭을 수정하여 작성하고(기본공제 대상이 아닌 경우 반드시 기본공제를 "부"로 입력), [연말정산추가자료입력] 메뉴에서 연말정산을 완료하시오(단, 소득세 부담 최소화를 가정한다). (8점)

1. 종전 근무지 관련 자료
   - 근무처명 : ㈜재무(106-87-42541)
   - 근무기간 : 20x1.01.01.~20x1.03.31.
   - 급여내역 : 급여 20,000,000원, 상여 2,000,000원
   - 사회보험 :

국민연금	건강보험	장기요양	고용보험
707,400원	768,900원	53,740원	198,000원

   - 세액명세 :

구분		소득세	지방소득세
결정세액	결정세액	630,530원	63,050원
	기납부세액	2,101,770원	210,170원
	차감징수세액	-1,471,240원	-147,120원

2. 부양가족

가족관계증명서

등록기준지	서울특별시 성북구 장위동 324 – 4

구분	성 명	출생연월일	주민등록번호	성별
본인	조지욱	1977년 04월 28일	770428 – 1072227	남

가족사항

구분	성 명	출생연월일	주민등록번호	성별
부	조유성	1947년 08월 02일	470802 – 1028226	남
모	우유순	1948년 01월 14일	480114 – 2033216	여
배우자	이미지	1979년 09월 01일	790901 – 2245303	여
자녀	조지예	2011년 03월 31일	110331 – 4274315	여
자녀	조지근	2022년 03월 15일	220315 – 3044219	남

- 배우자는 프리랜서 사업소득자로 연간 사업소득금액이 15,000,000원이다.
- 본인의 부모님은 소득이 없으며, 다른 가족의 기본공제 대상자가 아니다.
- 아버지(조유성)는 장애인복지법상 지체장애4급 장애인이다.
- 장인(이기진 520730 – 1052118)은 무직이나 20x1년 주택처분으로 인한 양도소득금액 10,000,000원이 발생하였고, 다른 가족의 기본공제 대상자가 아니다.
- 장모(유이자 531212 – 2033101)는 소득이 없으며, 다른 가족의 기본공제 대상자가 아니다.
- 그 외 부양가족은 소득이 없고, 주민등록번호는 모두 정상으로 가정한다.

3. 국세청 연말정산간소화서비스 자료
- 조지욱 본인과 가족들의 자료이며, 의료비는 조지욱이 전부 지출하였다.
- 위 자료 외의 다른 국세청 연말정산간소화서비스 자료는 없는 것으로 한다.

20x1년 귀속 소득 · 세액공제증명서류 : 기본(지출처별)내역 [보장성보험, 장애인전용보장성보험]

■ 계약자 인적사항

성명	조지욱	주민등록번호	770428 – *******

■ 보장성보험(장애인전용보장성보험)납입내역 (단위 : 원)

종류	상호	보험종류			납입금액 계
	사업자번호	증권번호	주피보험자		
	종피보험자1	종피보험자2	종피보험자3		
보장성	현다화재	자동차보험			1,200,000
	101 – 82 – *****	8282882	770428 – *******	조지욱	
보장성	현다화재	보장성보험			500,000
	101 – 82 – ******	MM82882	110331 – *******	조지예	
인별합계금액		1,700,000			

20x1년 귀속 소득 · 세액공제증명서류 : 기본(지출처별)내역 [의료비]

■ 환자 인적사항

성명	조지근	주민등록번호	220315 – *******

■ 의료비 지출내역 (단위 : 원)

사업자번호	상호	종류	납입금액 계
0 – 90 – 14*	삼숭****	일반	3,600,000
의료비 인별합계금액	3,600,000		
안경구입비 인별합계금액			
인별합계금액	3,600,000		

20x1년 귀속 소득 · 세액공제증명서류 : 기본(지출처별)내역 [기부금]

■ 기부자 인적사항

성명	조지예	주민등록번호	110331 – *******

■ 기부금 지출내역 (단위 : 원)

사업자번호	단체명	기부유형	기부금액 합계	공제대상 기부금액	기부장려금 신청금액
102 – 82 – 07606	(사)세프	종교단체외 일반기부금	800,000	800,000	
인별합계금액	800,000				

[2] 다음 자료를 이용하여 이미 작성된 [원천징수이행상황신고서]를 조회하여 마감하고, 국세청 홈택스에 전자신고하시오. (2점)

1. 전산에 입력되어 있는 기본자료

귀속월	지급월	소득구분	신고코드	인원	총지급액	소득세	비고
5월	5월	근로소득	A01	5명	20,000,000원	1,000,000원	매월신고, 정기신고

2. 유의사항

- 위 자료를 바탕으로 원천징수이행상황신고서가 작성되어 있다.
- [원천징수이행상황신고서] 마감→[전자신고]→[국세청 홈택스 전자신고 변환(교육용)] 순으로 진행한다.
- 전자신고용 전자파일 제작 시 신고인 구분은 2.납세자 자진신고를 선택하고, 비밀번호는 "12345678"을 입력한다.
- 전자신고용 전자파일 저장경로는 로컬디스크 (C :)이며, 파일명은 "작성연월일.01.t1258110126"이다.
- 최종적으로 국세청 홈택스에서 [전자파일 제출하기]를 완료하여야 한다.

문제 5 **진주물산㈜(1011)은 제조업을 영위하는 중소기업으로 전자부품을 생산하며, 당해 사업연도)는 20x1.1.1.~20x1.12.31.이다. [법인조정] 메뉴를 이용하여 기장되어 있는 재무회계 장부 자료와 제시된 보충자료에 의하여 해당 사업연도의 세무조정을 하시오. (30점)**
※ 회사 선택 시 유의하시오.

[1] 다음 자료를 참조하여 [수입금액조정명세서]와 [조정후수입금액명세서]를 작성하시오(단, 세무조정은 각 건별로 처리한다). (6점)

1. 재고 실사 반영 전 손익계산서 일부

Ⅰ. 매출액		**3,730,810,900원**
제품매출	3,730,810,900원	

※ 제품매출액에는 수출액 582,809,400원이 포함되어 있다.

2. 20x1년 제1기 예정 부가가치세신고서 중 과세표준명세

④ 과세표준명세			
업태	종목	업종코드	금액
(27) 제조	그 외 기타 전자 부품 제조	321001	872,400,600원
(28)			
(29)			
(30) 수입금액제외	그 외 기타 전자 부품 제조	321001	12,000,000원
(31) 합　계			884,400,600원

※ 과세표준명세상 수입금액제외는 업무용승용차 처분에 따른 전자세금계산서 발급분이다.

3. 20x1년 귀속 부가가치세 신고 내역

기수	일반과표	영세율과표	면세수입금액	합계
제1기 예정	733,511,000원	150,889,600원	0	884,400,600원
제1기 확정	795,515,000원	138,591,200원	0	934,106,200원
제2기 예정	802,445,000원	147,600,500원	0	950,045,500원
제2기 확정	828,530,500원	145,728,100원	0	974,258,600원
계	3,160,001,500원	582,809,400원	0	3,742,810,900원

4. 재고 실사 보고서 일부

- 제품재고 중 15,200,000원(판매가 18,000,000원)은 시송품으로 거래처에 반출하였으며, 20x1.12.29. 국내 구매자가 해당 제품의 구입의사를 전달했으나 재무제표에 반영되지 않았다.
- 제품재고 중 8,500,000원(판매가 10,000,000원)은 위탁판매를 위해 수탁자에게 전달되었으며, 20x1.12.31. 국내 수탁자가 해당 제품이 판매되었다고 출고장을 보내왔으나 재무제표에 반영되지 않았다.

[2] 세금과공과금의 계정별원장을 조회하여 [세금과공과금명세서]를 작성하고 관련 세무조정을 [소득금액조정합계표및명세서]에 반영하시오(단, 아래의 항목 중 다른 세무조정명세서에 영향을 미치는 사항은 관련된 조정명세서에서 적정하게 처리되었다고 가정하고, 세무조정은 건별로 처리하도록 한다). (6점)

월 일	적 요	금 액
01월 12일	주민세(종업원분)	1,700,000원
02월 15일	산재보험료 연체금	300,000원
03월 12일	국민연금 회사부담분	3,200,000원
03월 24일	사업과 관련없는 불공제매입세액	1,200,000원
04월 30일	법인세분 법인지방소득세	3,500,000원
05월 08일	대표자 개인의 양도소득세 납부	5,000,000원
06월 25일	폐수 초과배출부담금	750,000원
07월 03일	지급명세서미제출가산세	1,500,000원
09월 15일	간주임대료에 대한 부가가치세	650,000원
10월 05일	업무상 교통위반 과태료	100,000원
12월 09일	법인분 종합부동산세	5,700,000원

[3] 아래 당기의 외화거래자료를 이용하여 [외화자산등평가차손익조정명세서](갑),(을)를 작성하고, 세무조정사항이 있는 경우 [소득금액조정합계표및명세서]를 작성하시오. (6점)

계정과목	발생일자	외화금액(USD)	발생일 매매기준율	기말 매매기준율
외상매출금	2022.03.02.	$20,000	$1 = 1,150원	$1 = 1,250원
외상매입금	2022.05.05.	$12,000	$1 = 1,200원	$1 = 1,250원

• 당사는 외화자산 및 부채의 평가방법으로 사업연도 종료일 현재의 매매기준율을 관할 세무서장에게 신고하였지만, 실제 결산 시 1,200원/$의 환율을 적용하여 외화자산 및 부채를 평가하였다.
• 화폐성외화자산 및 부채는 위에 제시된 자료뿐이다.
• 세무조정 발생 시 세무조정은 각 자산 및 부채별로 하기로 한다.

[4] 다음의 자료를 이용하여 [소득금액조정합계표및명세서]를 추가로 작성하시오. (6점)

1. 손익계산서상 임원 상여금 5,000,000원, 제조원가명세서상 직원 상여금 25,000,000원이 계상되어 있다. 단, 당사는 임원 및 직원에 대한 상여금 지급 규정이 없다.
2. 업무용 화물트럭의 자동차세 과오납금에 대한 환급금 200,000원과 환부이자 10,000원을 모두 잡이익으로 회계처리 하였다.
3. 당기 손익계산서상 법인세등 12,000,000원이 계상되어 있다.
4. 회사가 계상한 감가상각비는 20,000,000원이며, 세법상 감가상각범위액은 25,000,000원이다. 단, 전기 감가상각부인액 8,000,000원이 있다.
5. 채권자가 불분명한 사채이자를 지급하면서 다음과 같이 회계처리하고, 예수금은 원천징수세액으로 납부하였다

• 이자 지급 시	: (차) 이자비용	2,000,000원	(대)	보통예금	1,450,000원
				예수금	550,000원
• 원천징수세액 납부 시	: (차) 예수금	550,000원	(대)	현금	550,000원

[5] 다음 자료를 이용하여 [기부금조정명세서]의 [1.기부금입력] 탭과 [2.기부금조정] 탭을 작성하고 세무조정을 하시오(단, 기부처의 사업자(주민)번호 입력은 생략하되, 기부금 입력 시 불러오기를 이용하고, 불러온 자료를 수정하여 완성할 것). (6점)

1. 기부금 등 관련 내역

발생일	금액	지출처[주1)]	내용
03월 11일	5,000,000원	일반기부금단체	종교단체 기부금
05월 23일	20,000,000원	특례기부금단체	국립대학병원에 연구비로 지출한 기부금
07월 21일	?	특례기부금단체	이재민 구호물품 (시가 : 4,000,000원, 장부가액 : 5,000,000원)
09월 10일	?	비지정기부금단체	보유 중인 토지를 양도 (시가 : 100,000,000원, 양도가액 : 60,000,000원)[주2)]

※ 특례정기부금은 법인세법 제24조 제2항 1호, 일반기부금은 법인세법 제24조 제3항 1호에 해당한다.

주1) 당사와 특수관계가 없는 단체이며, 사업과 직접적인 관계가 없는 지출이다.

주2) 토지는 정당한 사유 없이 저가 양도하였다.

2. 법인세과세표준 및 세액조정계산서상 차가감소득금액

결산서상 당기순손익		270,000,000원
소득조정 금액	익금산입	25,000,000원
	손금산입	10,000,000원

※ 기부금에 대한 세무조정 전 금액이다.

3. 세무상 미공제 이월결손금 및 이월기부금

구분	이월결손금	이월기부금(일반기부금)
2021년 발생분	15,000,000원	3,000,000원

제101회 전산세무1급 답안 및 해설

이 론

1	2	3	4	5	6	7	8	9	10	11	12	13	14	15
④	③	②	③	②	③	④	②	②	①	④	모두	①	①	③

01. **매도가능증권에 대한 미실현보유손익은 기타포괄손익누계액**으로 처리하고, 당해 유가증권에 대한 기타포괄손익누계액은 그 유가증권을 처분하거나 손상차손을 인식하는 시점에 일괄하여 당기손익에 반영한다.

02. 재고자산의 원가흐름 가정 중 **후입선출법은 현행수익에 대하여 현행원가가 대응되는 평가**방법으로 기말재고액이 오래전에 구입한 원가로 계상되므로 **물가 상승 시 기말재고액이 낮게 계상**된다.

03. 유형자산을 신규로 취득한 회계연도의 감가상각비는 정률법보다 정액법이 작다. 그러므로 감가상각비는 감소하고, 당기순이익과 차량의 장부가액은 증가한다.

04. 계약금액 = 100,000,000원(총계약수익)

총공사예정원가(20X1) = 20X0발생(38,000,000) + 20X1발생(46,000,000)

+ 추가소요(21,000,000) = 105,000,000원

당기추정예상이익 = 총계약수익(100,000,000) - 예정원가(105,000,000) = △5,000,000원

당기공사손실 = 총공사손실(5,000,000) + 전기공사이익인식액(2,000,000) = 7,000,000원

⇛ 이미 발생한 원가와 그 거래를 완료하기 위해 추가로 발생할 것으로 **추정되는 원가의 합계액(105,000,000)이 해당 용역거래의 총수익(100,000,000)을 초과하는 경우에는 그 초과액(5,000,000)과 이미 인식한 이익의 합계액(2,000,000)을 전액 당기손실(7,000,000)으로 인식**

05. 확정기여제도 : 기업이 별개의 실체(기금)에 고정 기여금을 납부하고, 기여금을 납부할 법적의무나 의제의무가 더는 없는 퇴직급여제도이다. 즉 그 기금에서 당기와 과거기간에 제공된 종업원 근무용역과 관련된 모든 **종업원급여를 지급할 수 있을 정도로 자산을 충분히 보유하지 못하더라도 기업에는 추가로 기여금을 납부 할 의무가 없다**(확정기여형퇴직연금제도).

06.

구분	침대	**책상(선택)**	의자	연필
판매가격	200,000원	150,000원	100,000원	90,000원
제1공정 원가	50,000원	50,000원	50,000원	50,000원
제2공정 원가	110,000원	50,000원	15,000원	10,000원
이익	**40,000원** **(차선안 중 최대)**	50,000원	35,000원	30,000원

07. 연산품이 개별적으로 **식별 가능한 시점을 분리점**이라 하고, 분리점에 도달하기 전까지 연산품을 제조하는 과정에서 발생한 원가를 결합원가라 한다. 추가가공원가는 분리점 이후의 추가가공과 관련하여 발생하는 원가이다.

08. 변동원가는 실제기계시간으로 고정원가는 최대기계시간으로 배분한다.

$$\frac{\text{변동제조간접원가}}{3,000,000\text{원}} \times \frac{1,000\text{시간}}{3,000\text{시간}} + \frac{\text{고정제조간접원가}}{4,200,000\text{원}} \times \frac{2,000\text{시간}}{5,000\text{시간}} = 2,680,000\text{원}$$

09. 〈1단계〉 물량흐름파악(선입선출법) 〈2단계〉 완성품환산량 계산

재공품			재료비	가공비
	완성품	2,100		
	– 기초재공품	250(80%)		200
	– 당기투입분	1,850(100%)		1,850
	기말재공품	450(80%)		360
	계	2,550		**2,410**

〈3단계〉 원가요약(당기투입원가) *가공비=@12×2,410개=28,920원*

〈4단계〉 완성품환산량당 단위원가 = @12

10.

AQ	AP	SQ	SP
4,800시간	?	4,900시간	?
500,000원		-	

실제 발생액	AQ × SP	SQ × SP
	4,800시간 × **100원**	4,900시간 × 100원
500,000원	=480,000원	=490,000원

임률차이 20,000원 불리 **능률차이 △10,000원 유리**

11. 가. 주식등변동상황명세서는 주주들의 변동명세서이므로 제출 불성실 가산세는 **산출세액이 없는 경우에도 적용**한다.
다. 적격증명서류를 구비하지 않은 **기업업무추진비로서 손금불산입된 경우 증명서류 수취 불성실가산세를 적용하지 않는다.**

12. 사업연도의 기간이 6개월을 초과하는 내국법인은 각 사업연도 중 중간예납기간에 대한 법인세액을 납부할 의무가 있다. 다만, **직전 사업연도의 중소기업으로서 중간예납세액이 50만원미만인 내국법인은 중간예납세액을 납부할 의무가 없다.**

- 관할 세무서장은 개인사업자(간이과세자 포함)에 대하여는 각 예정신고(부과)기간마다 직전 과세기간에 대한 납부세액의 50퍼센트를 예정신고(부과)기간의 납부세액으로 결정하여 해당 예정신고(부과)기간이 끝난 후 25일까지 징수한다. 다만, **징수하여야 할 금액이 50만원 미만인 경우에는 징수하지 아니한다.**
- **중간예납세액이 50만원 미만인 경우 해당 소득세를 징수하지 아니한다.**

13. 비거주자는 **국내원천소득에 대한 소득세를 납부할 의무**를 진다.

14. 해당 과세기간의 총공급가액 중 면세공급가액이 5퍼센트 미만인 경우의 공통매입세액은 공제되는 매입세액으로 한다. 다만, **공통매입세액이 5백만원 이상인 경우는 제외**한다.

15. 간이과세를 포기하고 일반과세를 적용받으려는 자는 일반과세자에 관한 규정을 적용받으려는 달의 **전달의 마지막 날까지 간이과세 포기신고**를 해야 한다.

실 무

문제 1 전표입력

문항	일자	유형	공급가액	부가세	거래처	전자세금
[1]	2/15	51.과세	60,000,000	6,000,000	㈜한라기계	여
분개유형	(차) 기계장치	60,000,000	(대) 보통예금	66,000,000		
혼합	부가세대급금	6,000,000	국고보조금(217)	50,000,000		
	국고보조금(122)	50,000,000				

문항	일자	유형	공급가액	부가세	거래처	전자세금
[2]	7/05	22.현과	3,000,000	300,000	-	-
분개유형	(차) 현금	3,300,000	(대) 제품매출	3,000,000		
혼합(현금)			부가세예수금	300,000		

[3] (차) 보통예금 30,000,000 (대) 자본금 5,000,000
주식발행초과금 25,000,000

[4] (차) 보통예금 17,000,000 (대) 매도가능증권(178) 19,000,000
매도가능증권평가이익 4,000,000 매도가능증권처분이익 2,000,000

☞처분손익(매도) = 처분가액(17,000,000) – 취득가액(15,000,000) = 2,000,000원(이익)
제거되는평가손익 = 전기말공정가액(19,000,000) – 취득가액(15,000,000) = 4,000,000원(평가이익)

문제 2 부가가치세

[1] [신용카드매출전표등수령명세서(갑)(을)](4~6월)

2. 신용카드 등 매입내역 합계

구분	거래건수	공급가액	세액
합 계	2	450,000	45,000
현금영수증	1	300,000	30,000
화물운전자복지카드			
사업용신용카드	1	150,000	15,000
그 밖의 신용카드			

3. 거래내역입력

No	□	월/일	구분	공급자	공급자(가맹점) 사업자등록번호	카드회원번호	그 밖의 신용카드 등 거래내역 합계 거래건수	공급가액	세액
1	□	05-11	사업	(주)착한마트	551-87-33392	1111-2222-3333-4444	1	150,000	15,000
2	□	06-07	현금	구인천국(주)	516-88-25450		1	300,000	30,000

☞ 영수증만을 발급해야 하는 간이과세자로부터 매입한 품목에 대해서는 매입세액 공제를 받을 수 없다.
면세는 매입세액이 없으므로 입력하면 안된다.

[2] 확정신고서(10~12월)

1. 매입매출전표입력

· 20x1.11.30. 유형: 51.과세 공급가액: 10,000,000원 부가세: 1,000,000원 거래처: ㈜하나물산 전자: 여 분개: 없음
· 20x1.12.15. 유형: 11.과세 공급가액: 15,000,000원 부가세: 1,500,000원 거래처: ㈜삼일전자 전자: 여 분개: 없음

2. [부가가치세신고서](10~12월)

구분					정기신고금액		
					금액	세율	세액
과세표준및매출세액	과세	세금계산서발급분		1	15,000,000	10/100	1,500,000
		매입자발행세금계산서		2		10/100	
		신용카드 · 현금영수증발행분		3		10/100	
		기타(정규영수증외매출분)		4			
	영세	세금계산서발급분		5		0/100	
		기타		6		0/100	
	예정신고누락분			7			
	대손세액가감			8			
	합계			9	15,000,000	㉮	1,500,000
매입세액	세금계산서수취분	일반매입		10	10,000,000		1,000,000
		수출기업수입분납부유예		10			
		고정자산매입		11			
	예정신고누락분			12			
	매입자발행세금계산서			13			
	그 밖의 공제매입세액			14			
	합계(10)-(10-1)+(11)+(12)+(13)+(14)			15	10,000,000		1,000,000
	공제받지못할매입세액			16			
	차감계 (15-16)			17	10,000,000	㉯	1,000,000
납부(환급)세액(매출세액㉮-매입세액㉯)						㉰	500,000

3. 가산세

1. 신고불성실	**500,000원** × 20%(무신고) × (1 – 50%) = 50,000원
2. 납부지연	**500,000원** ×16일 ×2.2(가정)/10,000 = 1,760원
계	51,760원

4. 납부할 세액 : 551,760원

문제 3 결산

[1]~[3] 수동결산 [4] 자동/수동결산

[1] (차) 부가세예수금 48,000,000 (대) 부가세대급금 63,500,000
미수금 15,510,000 잡이익 10,000

[2] (차) 현금 140,000 (대) 이자수익 또는 185,078
만기보유증권(181) 45,078 만기보유증권이자(902)

☞ 이자수익 = 만기보유증권 장부가액(1,850,787) × 유효이자율(10%) = 185,078원
액면(표시)이자 = 만기보유증권 액면금액(2,000,000) × 표시이자율(7%) = 140,000원

[3] (차) 미수수익 736,000 (대) 이자수익 736,000

☞ 이자수익 : 가지급금 24,000,000원 × 당좌대출이자율 4.6% × 8/12 = 736,000원

[4] · 영업권 취득가액 = 전기말 장부금액(45,000,000)×60개월/54개월 = 50,000,000원(6개월상각)
· 무형자산상각비 = 영업권 취득가액(50,000,000)÷5년 = 10,000,000원/년
1. [결산자료입력]>4.판매비와관리비>6)무형자산상각비>영업권 결산반영금액란 10,000,000원 입력>F3 전표추가

또는 2. (차) 무형자산상각비 10,000,000 (대) 영업권 10,000,000

문제 4 원천징수

[1] 연말정산(조지욱)(2025)

1. [소득명세] 탭

근무처명	사업자등록번호	급여	상여	보험료 명세				세액명세		근무기간
				건강보험	장기요양	국민연금	고용보험	소득세	지방소득세	
㈜재무	106-87-42541	20,000,000	2,000,000	768,900	53,740	707,400	198,000	630,530	63,050	1.1~3.31

2. 연말정산 입력

(1) 부양가족 탭 또는 사원등록 메뉴에서 입력해도 된다.

관계	요건		기본공제	추가(자녀)	판단
	연령	소득			
본인(세대주)	-	-	○		
부(78)	○	○	○	경로,장애(1)	
모(77)	○	○	○	경로	
배우자	-	×	부	-	사업소득금액 1백만원 초과자
자1(14)	○	○	○	자녀	
자2(3)	○	○	○		
장인(73)	○	×	부	-	양도소득금액 1백만원 초과자
장모(72)	○	○	○	경로	

〈연말정산 대상 여부 판단〉

항 목	요건		내역 및 대상여부	입력
	연령	소득		
보 험 료	○ (×)	○	•본인 자동차보험료 •자1 보장성보험료	○(일반 1,200,000) ○(일반 500,000)
의 료 비	×	×	•자2 의료비(6세 이하)	○(특정 3,60,000)
기부금	×	○	•자1 종교단체외 일반기부금	○(종교단체외 800,000)

(2) 부양가족 탭(보험료)

① 본인(조지욱) 보험료

자료구분	보험료			
	건강	고용	일반보장성	장애인전용
국세청			1,200,000	
기타	3,647,740	854,000		

② 자녀(조지예) 보험료

자료구분	보험료			
	건강	고용	일반보장성	장애인전용
국세청			500,000	
기타				

(3) 의료비(조지근)

의료비 공제대상자				지급처			지급명세					14.산후조리원
성명	내/외	5.주민등록번호	6.본인등해당여부	9.증빙코드	8.상호	7.사업자등록번호	10.건수	11.금액	11-1.실손보험수령액	12.미숙아선천성이상아	13.난임여부	
조지근	내	220315-3044219	2 ○	1				3,600,000		X	X	X

(4) 기부금

① 기부금 입력(조지예)

구분		9.기부내용	기부처		기부명세				자료구분
7.유형	8.코드		10.상호(법인명)	11.사업자번호 등	건수	13.기부금합계 금액 (14+15)	14.공제대상 기부금액	15.기부장려금 신청 금액	
일반	40	금전				800,000	800,000		국세청

② 기부금 조정 : 상단의 공제금액계산 클릭→불러오기→공제금액반영

40	일반기부금(종교외) 당기	800,000	800,000	800,000		120,000	

(5) [연말정산입력] 탭 : 상단 F8부양가족탭 불러오기 실행 후 기 입력된 화면을 불러온다.

구분					지출액	공제대상금액	공제금액
액 공	특별세액공	61.보장성보험	일반	1,700,000	1,700,000	1,000,000	120,000
			장애인				
		62.의료비		3,600,000	3,600,000	480,000	72,000
		63.교육비					
		64.기부금		800,000	800,000	800,000	120,000
		1)정치자금 기부금	10만원이하				
			10만원초과				
		2)특례기부금(전액)					
		3)우리사주조합기부금					
		4)일반기부금(종교단체외)			800,000	800,000	120,000

[2] 홈택스 [원천징수이행상황신고서] 전자신고(귀속기간 5월, 지급기간 5월, 1.정기신고)

1. 전자신고파일생성	1. 신고서 및 부속서류 작성 및 마감
	2. 전자신고서 제작(비밀번호 입력 12345678)
	3. C드라이브에 파일(파일명 메모)이 생성
2. 홈택스 전자신고	1. 전자신고파일 불러오기
	2. 형식검증하기(비밀번호 입력 12345678)→확인
	3. 내용검증하기→확인
	4. 전자파일 제출
	5. 접수증 확인

문제 5 세무조정

[1] [수입금액조정명세서]

1. [수입금액조정계산] 탭

수입금액조정계산 | 작업진행률에 의한 수입금액 | 중소기업 등 수입금액 인식기준 적용특례에 의한 수입금액 | 기타수입금액조정

1 1.수입금액 조정계산

No	계정과목		③결산서상 수입금액	조 정		⑥조정후 수입금액 (③+④-⑤)	비 고
	①항 목	②계정과목		④가 산	⑤차 감		
1	매 출	제품매출	3,730,810,900	28,000,000		3,758,810,900	

2. [기타수입금액조정] 탭

수입금액조정계산 | 작업진행률에 의한 수입금액 | 중소기업 등 수입금액 인식기준 적용특례에 의한 수입금액 | 기타수입금액조정

2 2.수입금액 조정명세
다.기타 수입금액

No	(23)구 분	(24)근 거 법 령	(25)수 입 금 액	(26)대 응 원 가	비 고
1	제품매출(시송품매출)		18,000,000	15,200,000	
2	제품매출(위탁매출)		10,000,000	8,500,000	

3. 세무조정

〈 익금산입 〉 제품매출(시송품매출) 18,000,000 원 (유보발생)
〈 손금산입 〉 제품매출원가 15,200,000 원 (유보발생)
〈 익금산입 〉 제품매출(위탁매출) 10,000,000 원 (유보발생)
〈 손금산입 〉 제품매출원가 8,500,000 원 (유보발생)

4. [조정후수입금액명세서]

(1) [업종별 수입금액 명세서] 탭

1 1.업종별 수입금액 명세서

①업 태	②종 목	순번	③기준(단순) 경비율번호	수 입 금 액			
				수입금액계정조회	내 수 판 매		⑦수 출 (영세율대상)
				④계(⑤+⑥+⑦)	⑤국내생산품	⑥수입상품	
제조	전자부품	01	321001	3,758,810,900	3,176,001,500		582,809,400

(2) [과세표준과 수입금액 차액검토] 탭

업종별 수입금액 명세서 | 과세표준과 수입금액 차액검토

2 2.부가가치세 과세표준과 수입금액 차액 검토 　　부가가치세 신고 내역보기

(1) 부가가치세 과세표준과 수입금액 차액

⑧과세(일반)	⑨과세(영세율)	⑩면세수입금액	⑪합계(⑧+⑨+⑩)	⑫조정후수입금액	⑬차액(⑪-⑫)
3,160,001,500	582,809,400		3,742,810,900	3,758,810,900	-16,000,000

(2) 수입금액과의 차액내역(부가세과표에 포함되어 있으면 +금액, 포함되지 않았으면 -금액 처리)

⑭구 분	코드	(16)금 액	비 고	⑭구 분	코드	(16)금 액	비 고
자가공급(면세전용등)	21			거래(공급)시기차이감액	30		
사업상증여(접대제공)	22			주세 · 개별소비세	31		
개인적공급(개인적사용)	23			매출누락	32	-28,000,000	
간주임대료	24				33		
자산매각 유형자산 및 무형자산 매각액	25	12,000,000			34		
자산매각 그밖의자산매각액(부산물)	26				35		
폐업시 잔존재고재화	27				36		
작업진행률 차이	28				37		
거래(공급)시기차이가산	29			(17)차 액 계	50	-16,000,000	
				(13)차액과(17)차액계의차이금액			

[2] [세금과공과금명세서]

□	코드	계정과목	월	일	거래내용	코드	지급처	금 액	손금불산입표시
□	0817	세금과공과금	1	12	주민세(종업원분)			1,700,000	
□	0817	세금과공과금	2	15	산재보험료 연체금			300,000	
□	0817	세금과공과금	3	12	국민연금회사부담금		국민연금관리공단	3,200,000	
□	0817	세금과공과금	3	24	사업과 관련없는 불공제매입세액	00120	신세상백화점	1,200,000	손금불산입
□	0817	세금과공과금	4	30	법인세분 법인지방소득세			3,500,000	손금불산입
□	0817	세금과공과금	5	8	대표자 개인의 양도소득세 납부		강남구청	5,000,000	손금불산입
□	0517	세금과공과금	6	25	폐수 초과배출부담금		진주시청	750,000	손금불산입
□	0817	세금과공과금	7	3	지급명세서미제출가산세		진주세무서	1,500,000	손금불산입
□	0817	세금과공과금	9	15	간주임대료에대한부가세		진주세무서	650,000	
□	0817	세금과공과금	10	5	업무상 교통위반과태료		진주경찰서	100,000	손금불산입
□	0817	세금과공과금	12	9	법인분 종합부동산세			5,700,000	
					손 금 불 산 입 계			12,050,000	
					합 계			23,600,000	

■ 세무조정

〈 손금불산입 〉 사업과 관련 없는 불공제매입세액 1,200,000 원 (기타사외유출)
〈 손금불산입 〉 법인지방소득세(법인세분) 3,500,000 원 (기타사외유출)
〈 손금불산입 〉 대표자 개인 양도소득세 5,000,000 원 (상여)
〈 손금불산입 〉 폐수 초과배출부담금 750,000 원 (기타사외유출)
〈 손금불산입 〉 지급명세서 미제출가산세 1,500,000 원 (기타사외유출)
〈 손금불산입 〉 업무상 교통위반 과태료 100,000 원 (기타사외유출)

[3] [외화자산등평가차손익조정명세서]

1. [외화자산,부채의평가(을지)] 탭

계정과목	발생일 기준 환율	장부상 평가 환율	외화 금액 ($)	장부상 평가손익 (A)	세무상 평가환율	세무상 평가손익 (B)	차이 (B－A)
외상매출금	1,150	1,200	20,000	1,000,000	1,250	2,000,000	1.000,000
외상매입금	1,200		12,000	0		－600,000	－600,000
회사손익금계상액				**1,000,000**	**세무상손익금**	**1,400,000**	**+400,000**

(1) 외상매출금

외화자산,부채의평가(을지) | 통화선도,스왑,환변동보험의평가(을지) | 환율조정차,대등(갑지)

No	②외화종류(자산)	③외화금액	④장부가액 ⑤적용환율	⑥원화금액	⑦평가금액 ⑧적용환율	⑨원화금액	⑩평가손익 자 산(⑨-⑥)
1	USD	20,000.00	1,150.0000	23,000,000	1,250.0000	25,000,000	2,000,000

(2)외상매입금

No	②외화종류(부채)	③외화금액	④장부가액 ⑤적용환율	⑥원화금액	⑦평가금액 ⑧적용환율	⑨원화금액	⑩평가손익 부 채(⑥-⑨)
1	USD	12,000.00	1,200.0000	14,400,000	1,250.0000	15,000,000	-600,000

(3) 환율조정차,대등(갑지)

①구분		②당기손익금 해당액	③회사손익금 계상액	조정 ④차익조정(③-②)	⑤차손조정(②-③)	⑥손익조정금액 (②-③)
가.화폐성 외화자산.부채 평가손익		1,400,000	1,000,000			400,000
나.통화선도.통화스왑,환변동보험 평가손익						
다.환율조정 계정손익	차익					
	차손					
계		1,400,000	1,000,000			400,000

2. 세무조정

〈 익금산입 〉 외상매출금 1,000,000 원 (유보발생)

〈 손금산입 〉 외상매입금 600,000 원 (유보발생)

[4] 소득금액 조정합계표

〈손금불산입〉 임원상여금 한도초과액 5,000,000 원 (상여)

〈익금불산입〉 자동차세 과오납금 환부이자 10,000 원 (기타)

〈손금불산입〉 법인세등 12,000,000 원 (기타사외유출)

〈 손금산입 〉 전기 감가상각비 손금부인액 추인 5,000,000 원 (유보감소)

〈손금불산입〉 채권자불분명사채이자 1,450,000 원 (상여)

〈손금불산입〉 채권자불분명사채이자 원천징수세액 550,000 원 (기타사외유출)

[5] 기부금조정

1. [1.기부금 입력] 탭

(1) 기부금명세서

구분 1.유형	구분 2.코드	3.과목	4.월일		5.적요	기부처 6.법인명등	기부처 7.사업자(주민)번호등	8.금액
24조제3항제1호에	40	기부금	3	11	종교단체기부금	종교단체		5,000,000
24조제2항제1호에	10	기부금	5	23	연구비기부	국립대학병원		20,000,000
24조제2항제1호에	10	기부금	7	21	이재민구호물품	이재민단체		5,000,000
기타	50	기부금	9	10	간주기부금	비지정기부금단체		10,000,000
9.소계	가. 「법인세법」 제24조제2항제1호에 따른 특례기부금						코드 10	25,000,000
	나. 「법인세법」 제24조제3항제1호에 따른 일반기부금						코드 40	5,000,000
	다. 〔조세특례제한법〕 제88조의4제13항의 우리사주조합 기부금						코드 42	
	라.그 밖의 기부금						코드 50	10,000,000
계								40,000,000

☞ 간주기부금 : (100,000,000원×70%) – 60,000,000원 = 10,000,000원

2. 세무조정

〈 손금불산입 〉 비지정기부금 10,000,000 원 (기타사외유출)

3. 소득금액 확정[익금산입 = 25,000,000 + 비지정기부금(10,000,000) = 35,000,000원]

2.소득금액확정 (새로 불러오기 / 수정)

1.결산서상 당기순이익	2.익금산입	3.손금산입	4.기부금합계	5.소득금액계(1+2-3+4)
270,000,000	35,000,000	10,000,000	30,000,000	325,000,000

4. [2.기부금 조정] 탭

1	1. 「법인세법」 제24조제2항제1호에 따른 특례기부금 손금산입액 한도액 계산		
1.소득금액 계	325,000,000	5.이월잔액 중 손금산입액 MIN[4,23]	
2.법인세법 제13조제1항제1호에 따른 이월 결손금 합계액(기준소득금액의 80% 한도)	15,000,000	6.해당연도지출액 손금산입액 MIN[(④-⑤)>0, ③]	25,000,000
3. 「법인세법」 제24조제2항제1호에 따른 특례기부금 해당 금액	25,000,000	7.한도초과액 [(3-6)>0]	
4.한도액 {[(1-2)〉 0]X50%}	155,000,000	8.소득금액 차감잔액 [(①-②-⑤-⑥)>0]	285,000,000
2	2. 「조세특례제한법」 제88조의4에 따라 우리사주조합에 지출하는 기부금 손금산입액 한도액 계산		
9. 「조세특례제한법」 제88조의4제13항에 따른 우리사주조합 기부금 해당 금액		11. 손금산입액 MIN(9, 10)	
10. 한도액 (8×30%)	85,500,000	12. 한도초과액 [(9-10)>0]	
3	3. 「법인세법」 제24조제3항제1호에 따른 일반기부금 손금산입 한도액 계산		
13. 「법인세법」 제24조제3항제1호에 따른 일반기부금 해당금액	5,000,000	16. 해당연도지출액 손금산입액 MIN[(14-15)>0, 13]	5,000,000
14. 한도액 ((8-11)x10%, 20%)	28,500,000	17. 한도초과액 [(13-16)>0]	
15. 이월잔액 중 손금산입액 MIN(14, 23)	3,000,000		

4	4.기부금 한도초과액 총액	
18. 기부금 합계액 (3+9+13)	19. 손금산입 합계 (6+11+16)	20. 한도초과액 합계 (18-19)=(7+12+17)
30,000,000	30,000,000	

5 5.기부금 이월액 명세

사업연도	기부금 종류	21.한도초과 손금불산입액	22.기공제액	23.공제가능 잔액(21-22)	24.해당연도 손금추인액	25.차기이월액 (23-24)
합계	「법인세법」 제24조제2항제1호에 따른 특례기부금					
	「법인세법」 제24조제3항제1호에 따른 일반기부금	3,000,000		3,000,000	3,000,000	
2021	「법인세법」 제24조제3항제1호에 따른 일반	3,000,000		3,000,000	3,000,000	

제100회 전산세무 1급

합격율	시험년월
16%	2022.02

이 론

01. 다음 중 재무제표의 수정을 요하는 보고기간후사건으로 볼 수 있는 것은 모두 몇 개인가?

가. 보고기간말 현재 이미 자산의 가치가 하락되었음을 나타내는 정보를 보고기간말 이후에 입수하는 경우
나. 보고기간말 이전에 존재하였던 소송사건의 결과가 보고기간 후에 확정되어 이미 인식한 손실금액을 수정하여야 하는 경우
다. 유가증권의 시장가격이 보고기간말과 재무제표가 사실상 확정된 날 사이에 하락한 경우

① 0개 ② 1개 ③ 2개 ④ 3개

02. 다음 중 유형자산에 대한 설명으로 옳은 것은 모두 몇 개인지 고르시오.

㉠ 동종자산 간에 교환하는 경우에 취득하는 자산의 원가는 제공하는 자산의 장부금액으로 처리한다.
㉡ 감가상각비는 다른 자산의 제조와 관련된 경우에는 관련 자산의 제조원가로 처리하고, 그 밖의 경우에는 영업외비용으로 처리한다.
㉢ 건물을 신축하기 위하여 사용 중인 기존 건물을 철거하는 경우, 기존 건물의 장부가액은 제거하여 처분손실로 반영하고, 철거비용은 전액 당기비용으로 처리한다.
㉣ 정부보조금을 받아 취득하는 유형자산의 경우 취득원가는 취득일의 공정가액으로 한다.
㉤ 감가상각대상금액은 취득원가에서 취득부대비용을 차감한 금액을 말한다.

① 2개 ② 3개 ③ 4개 ④ 5개

03. ㈜성진의 당기 중 대손충당금의 변동내역은 아래와 같다. 당기 말 현재 매출채권 잔액의 1%를 대손충당금으로 설정한다고 가정할 때, 다음 중 옳지 않은 것은?

대손충당금			
매출채권	250,000원	기초잔액	270,000원
기말잔액	250,000원	현금	80,000원
		대손상각비	150,000원

① 당기 말 매출채권 잔액은 25,000,000원이다.
② 전기 말 매출채권 잔액은 27,000,000원이다.
③ 당기 중 대손발생액은 170,000원이다.
④ 당기 말 손익계산서상 대손상각비는 150,000원이다.

04. ㈜두인의 당기말 수정전시산표와 수정후시산표의 일부이다. 빈칸에 들어갈 금액으로 옳지 않은 것은?

계정과목	수정 전 시산표		수정 후 시산표	
	차변	대변	차변	대변
미수수익	50,000원		(가)	
선급보험료	0원		(나)	
미지급급여				1,000,000원
선수임대료				150,000원
이자수익		3,000원		13,000원
수입임대료		300,000원		(다)
보험료	120,000원		60,000원	
급여	1,000,000원		(라)	

① (가) 40,000원　② (나) 60,000원
③ (다) 150,000원　④ (라) 2,000,000원

05. 다음 중 정당한 회계변경의 사유가 아닌 것은?

① 합병, 대규모 투자 등 기업환경의 중대한 변화로 종전의 회계정책을 적용하면 재무제표가 왜곡되는 경우
② 주식회사의 외부감사에 관한 법률에 의해 최초로 회계감사를 받는 경우
③ 일반기업회계기준의 제정, 개정 또는 기존의 일반기업회계기준에 대한 새로운 해석에 따라 회계변경을 하는 경우
④ 동종산업에 속한 대부분의 기업이 채택한 회계정책 또는 추정방법으로 변경함에 있어서 새로운 회계정책 또는 추정방법이 종전보다 더 합리적이라고 판단되는 경우

06. 다음 중 원가에 관한 설명으로 틀린 것은?

① 표준원가는 정기적으로 검토하여야 하며, 필요한 경우 현재의 상황에 맞게 조정하여야 한다.
② 표준원가계산은 미리 표준으로 설정된 원가자료를 사용하여 원가를 계산하는 방법으로 원가관리에 유용하다.
③ 순실현가치법은 분리점에서 중간제품의 판매가치를 알 수 없는 경우에도 적용할 수 있다.
④ 전부원가계산은 변동제조원가만을 계산하며 고정제조원가를 포함하지 아니한다.

07. ㈜경기의 원가 관련 자료가 아래와 같을 때 당기제품제조원가는 얼마인가?

• 기초재공품 : 20,000원	• 기초원가 : 50,000원
• 기말재공품 : 30,000원	• 가공원가 : 70,000원
• 제조간접원가는 직접노무원가의 1.5배만큼 비례하여 발생한다.	

① 79,000원　② 80,000원
③ 81,000원　④ 82,000원

08. 다음 중 개별원가계산에 대한 설명으로 옳지 않은 것은?

① 개별원가계산은 조선업, 건설업 등 고객의 요구에 따라 소량으로 주문생산하는 기업의 원가계산에 적합한 원가계산 방식이다.
② 종합원가계산과는 달리 개별원가계산은 완성품환산량을 산정할 필요가 없다.
③ 개별원가계산은 제조원가가 각 작업별로 집계되며 그 작업에서 생산된 제품단위에 원가를 배분한다.
④ 개별원가계산은 상대적으로 원가계산과정이 부정확하다.

09. 다음은 선입선출법에 의한 종합원가계산을 적용하고 있는 ㈜한세의 당기 생산 관련 자료이다. 아래의 자료를 이용하여 기초재공품의 완성도를 계산하면 얼마인가? 단, 가공비는 균등하게 발생하고, 당기 발생 가공비는 200,000원, 완성품의 가공비 단위당 원가는 20원이다.

구분	수량	완성도
기초재공품	2,000개	?
당기착수	9,000개	
기말재공품	1,000개	80%

① 40%　② 50%　③ 60%　④ 70%

10. 다음 중 관련 범위 내에서 단위당 변동원가와 총고정원가를 설명한 것으로 옳은 것은?

	단위당 변동원가	총고정원가
①	생산량이 증가함에 따라 감소한다.	각 생산수준에서 일정하다.
②	생산량이 증가함에 따라 증가한다.	생산량이 증가함에 따라 감소한다.
③	각 생산수준에서 일정하다.	생산량이 증가함에 따라 감소한다.
④	각 생산수준에서 일정하다.	각 생산수준에서 일정하다.

11. 다음 중 법인세법상 기업업무추진비에 대한 설명으로 가장 옳지 않은 것은?

① 기업업무추진비가 1만원(경조금 20만원)을 초과하는 경우에는 적격증명서류를 수취하여야 한다.

② 사업연도가 12개월인 중소기업 법인의 기업업무추진비 한도를 계산할 때 기본한도는 3천6백만원이다.

③ 금전 외의 자산으로 기업업무추진비를 제공한 경우 해당 자산의 가액은 제공한 때의 시가와 장부가액 중 큰 금액으로 산정한다.

④ 증빙을 누락하여 귀속이 불분명한 기업업무추진비는 손금불산입하고, 대표자 상여로 소득처분한다.

12. 다음 중 법인세법상 세무조정 및 소득처분으로 틀린 것은?

① 임원상여금 한도초과액 : 손금불산입 〈상여〉

② 기업업무추진비 한도초과액 : 손금불산입 〈기타사외유출〉

③ 감가상각비 부인액 : 손금불산입 〈유보〉

④ 임직원이 아닌 지배주주에 대한 여비교통비 지급액 : 손금불산입 〈상여〉

13. 다음 중 종합소득에 대한 설명으로 틀린 것은?

① 기타소득금액이 2,500,000원인 경우는 반드시 종합과세할 필요는 없다.

② 세무서에 사업자등록을 한 사업자의 사업소득은 금액과 관계없이 종합과세되는 소득이다.

③ 퇴직소득만 25,000,000원이 발생한 경우에는 종합소득세를 신고할 필요가 없다.

④ 종합소득금액에서 종합소득공제를 차감한 금액을 기준소득금액이라고 한다.

14. 다음 중 부가가치세법상 납세지에 대한 설명으로 틀린 것은?

① 원칙적으로 사업자는 각 사업장마다 부가가치세를 신고 및 납부하여야 한다.
② 사업자 단위 과세 사업자는 그 사업자의 본점 또는 주사무소에서 총괄하여 신고 및 납부할 수 있다.
③ 주사업장 총괄 납부제도는 주된 사업장에서 납부세액 또는 환급세액을 통산하여 납부 또는 환급받을 수 있는 제도를 말한다.
④ 하치장 또한 사업장으로써 납세지의 기능을 할 수 있다.

15. 다음 중 부가가치세법상 대손세액공제와 관련된 설명으로 옳지 않은 것은?

① 대손세액공제는 일반과세자에게 적용되며, 간이과세자에게는 적용하지 아니한다.
② 재화·용역을 공급한 후 그 공급일로부터 5년이 지난 날이 속하는 과세기간에 대한 확정신고기한까지 대손이 확정되어야 한다.
③ 예정신고시에는 대손세액공제를 적용할 수 없다.
④ 대손세액공제를 받은 사업자가 그 대손금액의 전부 또는 일부를 회수한 경우에는 회수한 대손금액에 관련된 대손세액을 회수한 날이 속하는 과세기간의 매출세액에 더한다.

실 무

홍도전기㈜(1000)는 제조·도소매업을 영위하는 중소기업이며, 당기 회계기간은 20x1.1.1.~20x1.12.31.이다. 전산세무회계 수험용 프로그램을 이용하여 다음 물음에 답하시오.

문제 1 다음 거래에 대하여 적절한 회계처리를 하시오.(12점)

[1] 01월 25일 당사가 개발 중인 신제품이 20x1년 9월 말에 개발이 완료될 것으로 예상하였으나 경쟁력 미비로 신제품 개발을 중단하기로 하였다. 해당 제품 개발과 관련하여 개발비 계정에 20,000,000원이 계상되어 있다. 개발비 계정의 잔액을 일반기업회계기준과 법인세법의 규정을 충족하도록 회계처리하시오. (3점)

[2] 06월 20일 원재료 운반용으로 사용하는 법인 명의 화물차에 주유하고 대금은 법인카드(비씨카드)로 결제하면서 아래의 증빙을 수취하였다(해당 주유소는 일반과세자에 해당한다). (3점)

회원번호	9430-0302-3927-1230			BC 비씨카드 매출표	
성명	㈜성동			품명	금액 (백/천/원)
가맹점번호	7 0 1 5 0 6 0 0 2	매출취소시 당초매출일			
가맹점명	남대문주유소	매출일자	20x1.6.20.	경유	70000
사업자 등록번호	106-81-56311			부가세	7000
		매장명	취급자	봉사료	
대표자명	최준석	판매 구분	☑ 일반 □ 할부 / 할부기간	합계	77000
주소	서울 용산 효창 5-86			※할부거래는 회원매출표를 참조하십시오	
●ARS거래승인절차 1588-4500→1번 선택→가맹전번호 9자리 입력→전화안내에 따라 진행		승인번호	9 2 6 5 9 7 8 3	회원서명(CARDHOLDER SIGNATURE) 홍도전기 주식회사	
BC 비씨카드주식회사		종합상담1588-4000 거래승인1588-4500	www.bccard .com	B 가맹점용	

[3] 09월 08일 XYZ.Co에 직수출하는 제품의 선적을 완료하고, 당일에 $50,000을 보통예금 외화통장으로 받았다. 제품 수출금액은 $100,000으로서 잔액은 다음 달 20일에 받기로 하였다. 20x1년 9월 8일의 기준환율은 1,400원/$이다(단, 수출신고번호 입력은 생략한다). (3점)

[4] 09월 30일 다음은 20x0년 12월 31일 현재 자본구성을 표시한 것이다. 20x1년 9월 30일에 보유하던 자기주식 300주를 1,700,000원에 처분하고 대금은 보통예금으로 수령하였다. (3점)

부분 재무상태표

20x0년 12월 31일 현재

항목		금액
자본금(보통주 12,000주, @5,000원)		60,000,000원
자본잉여금		4,000,000원
주식발행초과금	3,000,000원	
자기주식처분이익	1,000,000원	
자본조정		(3,000,000원)
자기주식(500주, @6,000원)	3,000,000원	
기타포괄손익누계액		
이익잉여금		100,000,000원
자본총계		161,000,000원

문제 2 다음 주어진 요구사항에 따라 부가가치세 신고서 및 부속서류를 작성 하시오.(10점)

[1] 아래의 거래를 매입매출전표에 입력(서류번호는 생략)하고, 20x1년 1기 예정신고 기간의 [내국신용장 · 구매확인서전자발급명세서]를 작성하시오. (4점)

<table>
<tr><td colspan="5">전자세금계산서</td><td colspan="2">승인번호</td><td colspan="4">20210328 - 31000013 - 44346631</td></tr>
<tr><td rowspan="6">공급자</td><td>사업자 등록번호</td><td>123 - 86 - 11105</td><td>종사업장 번호</td><td></td><td rowspan="6">공급받는자</td><td>사업자 등록번호</td><td>130 - 86 - 55834</td><td>종사업장 번호</td><td></td></tr>
<tr><td>상호 (법인명)</td><td>홍도전기㈜</td><td>성명 (대표자)</td><td>김은정</td><td>상호 (법인명)</td><td>㈜두인테크</td><td>성명 (대표자)</td><td>두나무</td></tr>
<tr><td>사업장 주소</td><td colspan="3">경기도 안양시 만안구 경수대로 995</td><td>사업장 주소</td><td colspan="3">서울시 금천구 가산디지털1로</td></tr>
<tr><td>업태</td><td>도소매업</td><td>종목</td><td>가전</td><td>업태</td><td>도소매업</td><td>종목</td><td>가전</td></tr>
<tr><td>이메일</td><td colspan="3"></td><td>이메일</td><td colspan="3"></td></tr>
</table>

작성일자	공급가액	세액	수정사유
20x1 - 03 - 15	94,638,000원		해당 없음
비고			

월	일	품목	규격	수량	단가	공급가액	세액	비고
3	15	가전				94,638,000원		

합계금액	현금	수표	어음	외상미수금	이 금액을 청구 함
94,638,000원				94,638,000원	

외화획득용원료 · 기재구매확인서

※ 구매확인서번호 : PKT202103150011

(1) 구매자 (상호) ㈜두인테크
(주소) 서울시 금천구 가산디지털1로
(성명) 두나무
(사업자등록번호) 130 - 86 - 55834

(2) 공급자 (상호) 홍도전기㈜
(주소) 경기도 안양시 만안구 경수대로 995
(성명) 김은정
(사업자등록번호) 123 - 86 - 11105

1. 구매원료의 내용

(3) HS부호	(4) 품명 및 규격	(5) 단위수량	(6) 구매일	(7) 단가	(8) 금액	(9) 비고
5171230	USED SMART PHONE	10 BOX	20x1 - 03 - 15	KRW 9,463,800	94,638,000원	
TOTAL		10 BOX			94,638,000원	

2. 세금계산서(외화획득용 원료 · 기재를 구매한 자가 신청하는 경우에만 기재)

(10) 세금계산서번호	(11) 작성일자	(12) 공급가액	(13) 세액	(14) 품목	(15) 규격	(16) 수량

(17) 구매원료 · 기재의 용도명세 : 완제품

위의 사항을 대외무역법 제18조에 따라 확인합니다.

확인일자 20x1년 03월 28일
확인기관 한국무역정보통신
전자서명 1208102920

제출자 : ㈜두인테크 (인)

[2] 아래의 자료를 이용하여 20x1년 제2기 확정신고 기간의 [부가가치세신고서]를 작성하시오. 다만, 모두 10월~12월에 발생한 거래로 가정하고, 전표입력 및 과세표준명세작성은 생략한다). (6점)

1. 수출내역(공급가액)
   - 직수출 : 500,000,000원
   - 국내거래 : 50,000,000원(구매확인서 발급일 : 20x2년 1월 20일)
2. 국내할부판매
   - 제품인도일 : 20x1년 10월 01일(원칙적인 재화의 공급시기에 세금계산서를 발급하기로 한다.)
   - 대금지급일

구분	1차 할부	2차 할부	3차 할부 (최종)
대금 지급 약정일	20x1.10.01.	20x2.06.30.	20x2.11.01.
공급가액	5,000,000원	5,000,000원	5,000,000원
세액	500,000원	500,000원	500,000원

3. 거래처에 무상 견본품 제공 : 원가 1,000,000원, 시가 2,000,000원(당초 매입세액공제를 받은 제품)
4. 자녀에게 사무실 무상 임대 : 월 임대료 적정 시가 1,000,000원, 무상임대기간 10월 1일~12월 31일

※국내할부판매분과 수출내역 중 국내거래분은 전자세금계산서를 모두 적법하게 발급하였다고 가정함

문제 3 **다음의 결산정리사항에 대하여 결산정리분개를 하거나 입력을 하여 결산을 완료하시오.(8점)**

[1] 공장건물의 화재보험료(보험기간 : 20x1.5.1.~20x2.4.30.) 2,400,000원을 지불하고 전액 선급비용으로 회계처리 하였다(단, 기간은 월할 계산한다). (2점)

[2] 장부의 외상매입금 계정에는 Biden사와의 거래로 인한 대금 $75,000(당시 기준환율 ₩1,100/$)이 포함되어 있다. 결산일 현재의 기준환율이 ₩1,080/$일 경우 필요한 회계처리를 하시오. (2점)

[3] 당사는 20x1년 7월 1일 영업 관리용 시설장치 1대를 40,000,000원에 신규 취득하였으며, 해당 시설장치 취득과 관련하여 국고보조금 20,000,000원을 수령하였다. 해당 시설장치에 대한 감가상각비를 계상하시오. 단, 시설장치의 감가상각방법은 정액법, 내용연수는 5년, 잔존가치는 없으며, 월할 상각한다(음수로 입력하지 말 것). (2점)

[4] 재고자산 실지조사 결과 기말재고 내역은 다음과 같으며, 한주상사와 위수탁판매계약을 맺고 당기에 발송한 제품 중 수탁자가 아직 판매하지 않은 제품 1,500,000원은 실지재고조사 결과에 포함되어 있지 않다. (2점)

• 원재료 3,000,000원	• 재공품 5,000,000원	• 제품 4,800,000원

문제 4 원천징수와 관련된 다음 물음에 답하시오.(10점)

[1] 다음은 20x1년 7월분 사업소득 지급내역이다. 아래의 자료를 이용하여 [사업소득자등록] 및 [사업소득자료입력]을 하시오. 한편 사업소득자는 모두 내국인 및 거주자이며, 주어진 주민등록번호는 모두 옳은 것으로 가정한다. (3점)

코드	수령자	지급일	주민등록번호	세전지급액(원)	내역
101	김수연	20x1.07.31.	850505 - 2455744	2,500,000	1인 미디어콘텐츠 창작자
102	한소희	20x1.07.25.	890102 - 2415657	3,000,000	모델

[2] 다음 자료를 이용하여 종업원 금나라를 [사원등록](사번 : 102번)하고, 3월분 급여자료를 입력하시오. 다만, 사원등록 상의 부양가족명세를 금나라의 세부담이 최소화되도록 입력하고, 수당공제등록 시 사용하지 않는 항목은 '부'로 표시한다. (7점)

1. 3월분 급여자료(급여지급일 : 3월 31일)

급여항목			
기본급	식대	자가운전보조금	육아수당
2,000,000원	100,000원	200,000원	100,000원

2. 추가 자료

- 홍도전기㈜는 근로자 5인 이상 10인 미만의 소규모 사업장이다.
- 금나라는 여태까지 실업 상태였다가 홍도전기㈜에 생애 최초로 입사한 것으로 국민연금 등의 사회보험에 신규 가입하는 자이며, 본인 명의의 재산은 전혀 없다. 금나라의 20x1년 월평균급여는 위에서 제시된 급여와 정확히 같고, 위의 근로소득 외 어떤 다른 소득도 없다고 가정한다.
- <u>두루누리사회보험여부 및 적용률(80%)을 반드시 표시</u>한다.
- 건강보험료경감은 부로 표시한다.
- 회사는 구내식당에서 점심 식사(현물)를 지원한다.
- 자가운전보조금은 직원 개인 소유의 차량을 업무 목적으로 사용하는 것에 대한 지원금으로 시내 출장 등에 소요된 실제 경비는 정산하여 지급하지 않는다.

• 국민연금, 건강보험, 장기요양보험, 고용보험, 소득세, 지방소득세는 자동계산된 자료를 사용하고, 소득세 적용률은 100%를 적용한다.)

3. 부양가족 명세(인적공제 대상에 해당하지 않는 경우, 부양가족명세에 입력 자체를 하지 말 것)

관계	성명	비고
본인	금나라(900213 - 2234568)	• 입사일 20x1.1.1. • 세대주
배우자	김철수(941214 - 1457690)	• 20x1년 3월 부동산 양도소득금액 50,000,000원 발생 • 무직, 위 외의 어떠한 소득도 없음
자녀	김나철(200104 - 3511111)	

문제 5 **㈜우암(1001)은 제조 및 도매업을 영위하는 중소기업으로 전자부품 등을 생산하며, 당해 사업연도는 20x1.1.1.~20x1.12.31.이다. [법인조정] 메뉴를 이용하여 기장되어 있는 재무회계 장부 자료와 제시된 보충 자료에 따라 당해 사업연도의 세무조정을 하시오. (30점)**
※ 회사 선택 시 유의하시오.

[1] 다음 자료를 참조하여 [대손충당금및대손금조정명세서]를 작성하고 필요한 세무조정을 하시오. (6점)

1. 당기 대손충당금과 상계된 금액의 내역
   • 20x1.02.10. : ㈜종민이 발행한 약속어음(받을어음)으로 부도 발생일로부터 6개월이 경과한 부도어음 15,000,000원(비망계정 1,000원을 공제하고 난 후의 금액으로 가정한다.)
   • 20x1.06.10. : ㈜상민의 파산으로 인해 회수불능으로 확정된 미수금 8,000,000원
2. 대손충당금 내역

대손충당금

차변	금액	대변	금액
미수금	8,000,000원	전기이월	35,000,000원
받을어음	15,000,000원	대손상각비	2,000,000원
차기이월	14,000,000원		
계	37,000,000원	계	37,000,000원

3. 기말 대손충당금 설정 대상 채권잔액
   • 외상매출금 : 500,000,000원(20x1.09.01. 소멸시효 완성분 3,000,000원 포함)
   • 받을어음 : 300,000,000원(할인어음 3,000,000원 포함)
4. 전기 자본금과적립금조정명세서(을) 기말잔액
   • 대손충당금 한도 초과 1,500,000원(유보)
5. 대손설정률은 1%로 가정한다.

[2] 다음의 자료를 이용하여 [선급비용명세서]를 작성하고 관련된 세무조정을 하시오(단, 세무조정은 건별로 각각 처리한다). (6점)

1. 자본금과적립금조정명세서 잔액

사업연도	20x1.01.01. ~ 20x1.12.31.	자본금과적립금조정명세서(을)			법인명	㈜우암
세무조정유보소득계산						
① 과목 또는 사항		② 기초잔액	당기 중 증감		⑤ 기말잔액 (익기 초 현재)	비고
			③ 감소	④ 증가		
선급비용		560,000	?	?	?	

※ 전기에 기간미경과로 인해 유보로 처리한 보험료의 기간이 도래하였다.

2. 당기의 임차료 내역

구분	임차기간	선납 금액	임대인
평택 공장	2025.05.01.~2025.04.30.	84,000,000원	㈜성삼
제천 공장	2025.08.01.~2027.07.31.	120,000,000원	이근희

※ 임차료는 장부에 선급비용으로 계상된 금액은 없다.

[3] 다음 자료를 이용하여 [업무용승용차등록]과 [업무용승용차관련비용명세서]를 작성하고 관련 세무조정을 반영하시오. 다만, 아래의 업무용승용차는 모두 임직원전용보험에 가입하였으며, 출퇴근용으로 사용하였으나 당기 차량운행일지를 작성하지는 않았다. (6점)

1. 운용리스계약기간 및 보험가입기간(계약기간과 보험가입기간은 같다)

구분	계약기간 (보험가입기간)	보증금	자산코드
BMW	20x1.06.01.~20x4.06.01	20,500,000원	0101
PORSCHE	20x1.05.01.~20x3.05.01.	21,000,000원	0102

2.

차종	차량번호	운용리스금액	감가상각비상당액	유류비	차량 비용 총액
BMW	04소7777	10,106,750원	8,000,375원	1,293,421원	11,400,171원
PORSCHE	357우8888	17,204,410원	16,833,975원	1,041,282원	18,245,692원

[4] 다음 자료를 이용하여 [자본금과적립금조정명세서](갑), (을)을 작성하시오(단, 불러온 기존자료 및 다른 문제의 내용은 무시하고 아래 자료만을 이용하도록 하며, 세무조정은 생략한다). (6점)

1. 다음은 자본금과적립금조정명세서(갑) 상의 변동 내용이다.
   (1) 전기 자본금 기말잔액 : 50,000,000원
   (2) 당기 자본금 증가액 : 50,000,000원
   (3) 전기 자본잉여금 기말잔액 : 4,000,000원(당기 중 자본잉여금의 변동은 없음)
   (4) 전기 이익잉여금 기말잔액 : 65,000,000원
   (5) 당기 이익잉여금 증가액 : 72,000,000원
2. 전기 말 자본금과적립금조정명세서(을) 잔액은 다음과 같다.
   (1) 대손충당금 한도초과액 12,000,000원
   (2) 선급비용 2,500,000원
   (3) 재고자산평가감 1,000,000원
3. 당기 중 유보금액 변동내역은 다음과 같다.
   (1) 당기 대손충당금한도초과액은 11,000,000원이다.
   (2) 선급비용은 모두 20x1.1.1.~20x1.3.31. 분으로 전기 말에 손금불산입(유보)로 세무조정된 금액이다.
   (3) 재고자산평가감된 재고자산은 모두 판매되었고, 당기말에는 재고자산평가감이 발생하지 않았다.
   (4) 당기 기계장치에 대한 감가상각비 한도초과액이 4,000,000원 발생하였다.
4. 전기 이월 결손금은 없는 것으로 가정한다.

[5] 아래의 자료를 이용하여 [법인세과세표준및세액조정계산서]와 [최저한세조정계산서]를 작성하시오 (단, 불러온 기존자료 및 다른 문제의 내용은 무시하고 아래의 자료만을 활용한다.) (6점)

1. 결산서상 당기순이익 : 162,000,000원
2. 세무조정사항
   - 익금산입액(가산조정) : 130,000,000원
   - 손금산입액(차감조정) : 100,000,000원
3. 기부금 관련 사항은 아래와 같다.

지출연도	일반기부금지출액	일반기부금 한도액
2019년도	10,000,000원	7,000,000원
20x1년도(당기)	18,000,000원	20,000,000원

4. 이월결손금 : 10,000,000원(전액 20x0년도 귀속분이다.)
5. 수도권 내 청년창업중소기업에 대한 세액감면(최저한세 적용대상) : 9,000,000원
6. 중간예납세액 : 3,000,000원
7. 원천납부세액 : 1,200,000원

제100회 전산세무1급 답안 및 해설

이 론

1	2	3	4	5	6	7	8	9	10	11	12	13	14	15
③	②	③	①	②	④	④	④	①	④	①	④	②④	④	②

01. • 수정을 요하는 보고기간후사건은 보고기간말 현재 존재하였던 상황에 대한 추가적 증거를 제공하는 사건으로서 재무제표상의 금액에 영향을 주는 사건을 말하며, 그 영향을 반영하여 재무제표를 수정한다. 재무제표에 이미 인식한 추정치는 그 금액을 수정하고, 재무제표에 인식하지 아니한 항목은 이를 새로이 인식한다.

 • **유가증권의 시장가격이 보고기간말과 재무제표가 사실상 확정된 날 사이에 하락한 것**은 **수정을 요하지 않는 보고기간후사건의 예**이다.

02. 감가상각비는 제조와 관련된 경우는 제조원가로 처리하고, **그 밖의 경우에는 판매비와관리비로 처리**한다.

 감가상각대상금액은 **취득원가에서 잔존가액을 차감한 금액**을 말한다.

03. ① 당기말매출채권잔액 = 당기 대손충당금기말잔액(250,000) ÷ 1% = 25,000,000원
 ② 전기말매출채권잔액 = 전기 대손충당금기말잔액(270,000) ÷ 1% = 27,000,000원
 ③ 대손발생액은 대손충당금 차변 발생금액(250,000)이다.
 ④ 손익계산서상 대손상각비는 대손충당금 대변(150,000) 대손상각비 금액이다.

04. 〈수정분개〉

• 미지급급여 0→1,000,000이므로	(차) 급여	1,000,000	(대) 미지급급여	1,000,000
• 선수임대료 0→150,000이므로	(차) 수입임대료	150,000	(대) 선수임대료	150,000
• 이자수익 3,000→13,000이므로	(차) 미수수익	10,000	(대) 이자수익	10,000
• 보험료 120,000→60,000이므로	(차) 선급보험료	60,000	(대) 보험료	60,000

 (가) 미수수익 : 60,000원 (나) 선급보험료 60,000
 (다) 수입임대료 150,000 (라) 급여 2,000,000

05. 주식회사의 외부감사에 관한 법률에 의해 **최초로 회계감사를 받는 경우는 정당한 회계변경의 사유**가 아니다.

06. 전부원가계산은 **변동제조원가 뿐만 아니라 고정제조원가까지도 포함하여 원가**를 계산한다.

07. 제조간접원가 = 직접노무원가 × 1.5

가공원가 = 직접노무원가 + 제조간접원가(직접노무원가 × 1.5) = 70,000원

∴ 직접노무원가 = 28,000원　제조간접원가 = 42,000원

당기총제조원가 = 기초원가(50,000) + 제조간접원가(42,000) = 92,000원

재공품

기초	20,000	*당기제품제조원가*	*82,000*
당기총제조원가	92,000	기말	30,000
계	112,000	계	112,000

08. <u>**개별원가계산은 원가계산과정이 복잡하나 원가의 정확성은 더 높다.**</u>

09. **〈1단계〉 물량흐름파악(선입선출법)**　**〈2단계〉 완성품환산량 계산**

재공품			재료비	가공비
	완성품	10,000		
	– <u>기초재공품</u>	<u>2,000(??%)</u>		???(1,200개)
	– 당기투입분	8,000(100%)		8,000
	기말재공품	1,000(80%)		800
	계	11,000		**10,000**
〈3단계〉 원가요약(당기투입원가)				<u>200,000</u>
				10,000개
〈4단계〉 완성품환산량당 단위원가				= @20

∴<u>**기초재공품의 완성도 = 1 - 1,200개/2,000개 = 40%**</u>

10. <u>**단위당 변동원가와 총고정원가는 각 생산수준에서 일정**</u>하다.

11. 내국법인이 한 차례의 접대에 지출한 기업업무추진비 중 3만원(경조금 20만원)을 초과하는 기업업무추진비로서 적격증빙을 수취하지 아니한 경우 각 사업연도의 소득금액을 계산할 때 손금에 산입하지 아니한다.

12. 익금에 산입한 금액은 귀속자가 주주 등(임원 또는 직원인 주주 등을 제외한다)인 경우에는 그 귀속자에 대한 배당으로 처분한다. 따라서 임직원이 아닌 <u>**지배주주에 대한 여비교통비 지급액의 경우 손금불산입하고 배당**</u>으로 처분한다.

13. 사업소득 중 총수입금액의 합계액이 2천만원 이하인 자의 주택임대소득은 종합소득과세표준을 계산할 때 합산하지 아니하고, 분리과세할 수 있다.

종합소득에 대한 과세표준은 종합소득금액에서 종합소득공제를 적용한 금액으로 한다.

14. 재화를 보관하고 관리할 수 있는 시설만 갖춘 장소로서 <u>**하치장(荷置場)으로 신고된 장소는 사업장으로 보지 아니한다.**</u>

15. 재화·용역을 공급한 후 그 <u>**공급일로부터 10년이 지난 날이 속하는 과세기간에 대한 확정신고기한까지 대손이 확정**</u>되어야 한다.

실 무

문제 1 전표입력

[1] (차) 무형자산손상차손 20,000,000 (대) 개발비 20,000,000

문항	일자	유형	공급가액	부가세	거래처	신용카드
[2]	6/20	57.카과	70,000	7,000	남대문주유소	비씨카드
분개유형		(차) 차량유지비(제) 70,000		(대) 미지급금(비씨카드)		77,000
카드(혼합)		부가세대급금 7,000				

문항	일자	유형	공급가액	부가세	거래처	전자세금
[3]	9/8	16.수출(1)	140,000,000	0	XYZ.Co	–
분개유형		(차) 보통예금 70,000,000		(대) 제품매출		140,000,000
혼합		외상매출금 70,000,000				

[4] (차) 보통예금 1,700,000 (대) 자기주식 1,800,000
자기주식처분이익 100,000

☞ 처분손익 = 처분가액(1,700,000) – 장부가액(300주 × 6,000) = △100,000(손실)
자기주식처분이익(1,000,000)원 중 손실(100,000)을 우선 상계한다

문제 2 부가가치세

[1]

1. [내국신용장 · 구매확인서전자발급명세서]

일자	유형	공급가액	부가세	거래처	전자세금
3/15	12.영세(3)	94,638,000	0	㈜두인테크	여
분개유형	(차) 외상매출금 94,638,000		(대) 제품매출 또는 상품매출		94,638,000
외상(혼합)	((주)두인테크)				

2. [내국신용장 · 구매확인서전자발급명세서](1~3월)

2. 내국신용장 · 구매확인서에 의한 공급실적 합계

구분	건수	금액(원)	비고
(9)합계(10+11)	1	94,638,000	
(10)내국신용장			
(11)구매확인서	1	94,638,000	

[참고] 내국신용장 또는 구매확인서에 의한 영세율 첨부서류 방법 변경(영 제64조 제3항 제1의3호)
▶ 전자무역기반시설을 통하여 개설되거나 발급된 경우 내국신용장 · 구매확인서 전자발급명세서를 제출하고 이 외의 경우 내국신용장 사본을 제출함
=> 2011.7.1 이후 최초로 개설되거나 발급되는 내국신용장 또는 구매확인서부터 적용

3. 내국신용장 · 구매확인서에 의한 공급실적 명세서

(12)번호	(13)구분	(14)서류번호	(15)발급일	거래처정보		(17)금액	전표일자	(18)비고
				거래처명	(16)공급받는자의 사업자등록번호			
1	구매확인서	PKT202103150011	20×1-03-28	(주)두인테크	130-86-55834	94,638,000	20×1-03-15	

[2] 부가가치세 신고서(10~12월)

1. 과세표준 및 매출세액

구분				정기신고금액 금액	세율	세액
과세표준및매출세액	과세	세금계산서발급분	1	5,000,000	10/100	500,000
		매입자발행세금계산서	2		10/100	
		신용카드 · 현금영수증발행분	3		10/100	
		기타(정규영수증외매출분)	4	3,000,000		300,000
	영세	세금계산서발급분	5	50,000,000	0/100	
		기타	6	500,000,000	0/100	
	예정신고누락분		7			
	대손세액가감		8			
	합계		9	558,000,000	㉮	800,000

☞ **과세기간 종료 후 25일 이내에 구매확인서가 발급되는 경우 영세율 적용대상**이 된다.
· **장기할부판매의 경우 대가의 각 부분을 받기로 한 때(5,000,000원)가 그 공급시기**가 된다.
· 사업을 위하여 대가를 받지 아니하고 다른 사업자에 인도하는 **견본품은 사업상 증여로 보지 아니한다.**
· **특수관계인에게 사업용 부동산의 임대용역을 무상으로 공급하는 것은 용역의 공급**으로 본다.

2. 매입세액은 없음.

문제 3 결산

[1]~[3] 수동결산, [4] 자동결산

[1] (차) 보험료(제) 1,600,000 (대) 선급비용 1,600,000

☞당기비용 = 2,400,000 × 8개월/12개월 = 1,600,000원

[2] (차) 외상매입금(Biden) 1,500,000 (대) 외화환산이익 1,500,000

☞환산손익(부채) = [공정가액(1,080/$) – 장부가액(1,100/$)] × $75,000 = △1,500,000(이익)

[3] (차) 감가상각비(판) 4,000,000 (대) 감가상각누계액(196) 4,000,000
국고보조금 2,000,000 감가상각비(판) 2,000,000

☞ 감가상각비 = 40,000,000원÷5년x6/12 = 4,000,000원
국고보조금 상각액 = 20,000,000원÷5년x6/12 = 2,000,000원
→감가상각비에 대해서 순액으로 회계처리해도 무방

[4] • 기말 원재료 재고액 : 3,000,000원, 기말 재공품 재고액 : 5,000,000원
• 기말 제품 재고액 : 6,300,000원 입력 〉 F3 전표추가

☞기말 제품 재고액 = 창고 보관 재고액(4,800,000) + 적송품(1,500,000) = 6,300,000원

문제 4 원천징수

[1] 사업소득

1. 사업소득자등록

(1) 김수연

1.소 득 구 분	940306 1인미디어콘텐츠창작자	연 말 정 산 적 용	0 부
2.내 국 인 여부	1 내국인 (외국인 국적	등록번호	)
3.주민 등록 번호	850505-2455744		
4.거 주 구 분	1 거 주	※ 비거주자는 기타소득에서 입력하십시오.	

(2) 한소희

1.소 득 구 분	940303 모델	연 말 정 산 적 용	0 부
2.내 국 인 여부	1 내국인 (외국인 국적	등록번호	)
3.주민 등록 번호	890102-2415657		
4.거 주 구 분	1 거 주	※ 비거주자는 기타소득에서 입력하십시오.	

2. [사업소득자료입력]

(1) 김수연(지급년월일 7월 31일)

귀속년월		지급(영수)			지급액	세율(%)	소득세	지방소득세	학자금상환	차인지급액
년	월	년	월	일						
	07		07	31	2,500,000	3	75,000	7,500		2,417,500

(2) 한소희(지급년월일 7월 25일)

귀속년월		지급(영수)			지급액	세율(%)	소득세	지방소득세	학자금상환	차인지급액
년	월	년	월	일						
	07		07	25	3,000,000	3	90,000	9,000		2,901,000

[2] 급여자료

1. [사원등록]

(1) 기본사항(102.금나라) - 건강보험료 경감은 부로 표시

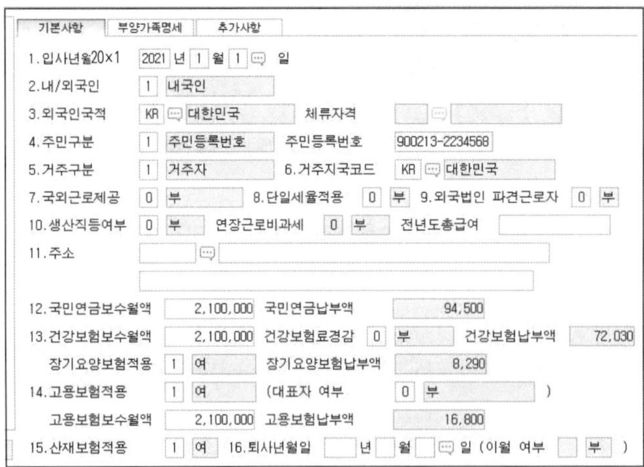

기본사항 | 부양가족명세 | 추가사항

1.입사년월20×1 2021 년 1 월 1 일
2.내/외국인 1 내국인
3.외국인국적 KR 대한민국 체류자격
4.주민구분 1 주민등록번호 주민등록번호 900213-2234568
5.거주구분 1 거주자 6.거주지국코드 KR 대한민국
7.국외근로제공 0 부 8.단일세율적용 0 부 9.외국법인 파견근로자 0 부
10.생산직등여부 0 부 연장근로비과세 0 부 전년도총급여
11.주소
12.국민연금보수월액 2,100,000 국민연금납부액 94,500
13.건강보험보수월액 2,100,000 건강보험료경감 0 부 건강보험납부액 72,030
장기요양보험적용 1 여 장기요양보험납부액 8,290
14.고용보험적용 1 여 (대표자 여부 0 부)
고용보험보수월액 2,100,000 고용보험납부액 16,800
15.산재보험적용 1 여 16.퇴사년월일 년 월 일 (이월 여부 부)

☞**보수월액(과세대상소득) = 근로소득(2,400,000) - 비과세소득(300,000, 자가운전보조금, 육아수당) = 2,100,000원**

(2) 부양가족명세

관계	요건		기본공제	추가(자녀)	판단
	연령	소득			
본인(세대주)	-	-	○	부녀자	맞벌이 여성(종합소득금액 3천만원 이하자)
배우자	-	×	미입력	-	양도소득금액 1백만원초과자 **입력하지말라고 문제에서 제시**
자(5)	○	○	○		

(3) 추가사항

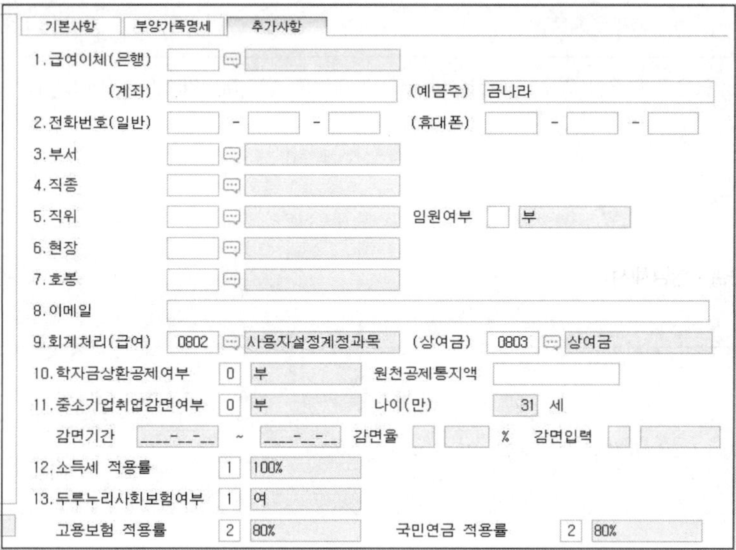

기본사항 | 부양가족명세 | 추가사항

1.급여이체(은행)

(계좌) (예금주) 금나라

2.전화번호(일반) - - (휴대폰) - -

3.부서

4.직종

5.직위 임원여부 부

6.현장

7.호봉

8.이메일

9.회계처리(급여) 0802 사용자설정계정과목 (상여금) 0803 상여금

10.학자금상환공제여부 0 부 원천공제통지액

11.중소기업취업감면여부 0 부 나이(만) 31 세

감면기간 ____-__-__ ~ ____-__-__ 감면율 % 감면입력

12.소득세 적용률 1 100%

13.두루누리사회보험여부 1 여

고용보험 적용률 2 80% 국민연금 적용률 2 80%

2. [수당공제등록]

- 식대는 **현물식사를 무상으로 제공받으므로 비과세 대상에 해당**하지 않는다.
- 종업원 소유의 차량을 업무에 사용하면서 시내 출장 등에 소요된 경비를 정산하지 않고 지급하는 자가운전보조금은 월 20만원까지 비과세한다.(과세로 입력한 것도 정답 인용→"본인 명의의 재산은 전혀 없다"라고 문제에서 제시)
- 6세 이하 자녀에 대한 육아수당은 월 20만원까지 비과세한다.

수당등록

No	코드	과세구분	수당명	근로소득유형			월정액	사용여부
				유형	코드	한도		
1	1001	과세	기본급	급여			정기	여
2	1002	과세	상여	상여			부정기	부
3	1003	과세	직책수당	급여			정기	부
4	1004	과세	월차수당	급여			정기	부
5	1005	비과세	식대	식대	P01	(월)200,000	정기	부
6	1006	비과세	자가운전보조금	자가운전보조금	H03	(월)200,000	부정기	여
7	1007	비과세	야간근로수당	야간근로수당	001	(년)2,400,000	부정기	부
8	2001	과세	식대	급여			정기	여
9	2002	비과세	육아수당	육아수당	Q01	(월)200,000	정기	여

3. [급여자료입력](귀속년월 3월, 지급년월일 3월 31일)

□	사번	사원명	감면율
■	102	금나라	
총인원(퇴사자)			1(0)

급여항목	금액
기본급	2,000,000
자가운전보조금	200,000
식대	100,000
육아수당	100,000
과 세	2,100,000
비 과 세	300,000
지 급 총 액	2,400,000

공제항목	금액
국민연금(80%)	18,900
건강보험	72,030
장기요양보험	8,290
고용보험(80%)	3,360
소득세(100%)	16,810
지방소득세	1,680
농특세	
공 제 총 액	121,070
차 인 지 급 액	2,278,930

☞자가운전보조금을 과세수당으로 등록한 경우 급여항목의 비과세 금액은 100,000원(육아수당)이 된다.

문제 5 세무조정

[1] 대손충당금 및 대손금조정명세서

1. 대손금 조정

1 2. 대손금조정 크게보기

No	22. 일자	23.계정과목	24.채권내역	25.대손사유	26.금액	대손충당금상계액 27.계	28.시인액	29.부인액	당기 손비계상액 30.계	31.시인액	32.부인액
1	02.10	받을어음	1.매출채권	5.부도(6개월경과)	15,000,000	15,000,000	15,000,000				
2	06.10	미수금	2.미수금	1.파산	8,000,000	8,000,000	8,000,000				
			계		23,000,000	23,000,000	23,000,000				

2. 세무조정 및 채권잔액

〈 손 금 산 입 〉 소멸시효 완성 외상매출금 3,000,000 (유보발생)

2 채권잔액 크게보기

No	16.계정과목	17.채권잔액의 장부가액	18.기말현재대손금부인누계 전기	당기	19.합계 (17+18)	20.충당금설정제외채권 (할인,배서,특수채권)	21.채 권 잔 액 (19-20)
1	외상매출금	500,000,000		-3,000,000	497,000,000		497,000,000
2	받을어음	300,000,000			300,000,000	3,000,000	297,000,000

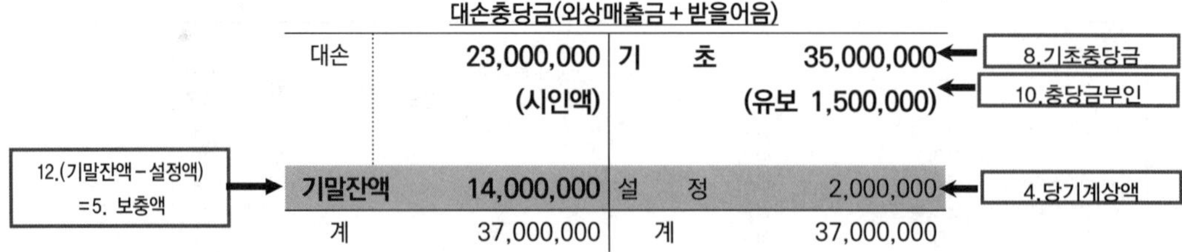

대손충당금(외상매출금+받을어음)
대손
23,000,000
(시인액)
기 초
35,000,000
(유보 1,500,000)
8.기초충당금
10.충당금부인
12.(기말잔액-설정액)
=5. 보충액
기말잔액
14,000,000
설 정
2,000,000
4.당기계상액
계
37,000,000
계
37,000,000

3. 대손충당금 조정

3 1.대손충당금조정

손금산입액 조정	1.채권잔액 (21의금액)	2.설정률(%) ◉기본율	○실적율	○적립기준	3.한도액 (1×2)	회사계상액 4.당기계상액	5.보충액	6.계	7.한도초과액 (6-3)
	794,000,000	1			7,940,000	2,000,000	12,000,000	14,000,000	6,060,000

익금산입액 조정	8.장부상 충당금기초잔액	9.기중 충당금환입액	10.충당금부인 누계액	11.당기대손금 상계액(27의금액)	12.충당금보충액 (충당금장부잔액)	13.환입할금액 (8-9-10-11-12)	14.회사환입액 (회사기말환입)	15.과소환입·과다환입(△)(13-14)
	35,000,000		1,500,000	23,000,000	12,000,000	-1,500,000		-1,500,000

4. 대손충당금 세무조정

〈 손 금 산 입 〉 전기 대손충당금 한도초과금 1,500,000 (유보감소)
〈손금불산입〉 대손충당금 한도초과 6,060,000 (유보발생)

[2] 선급비용명세서

구분	거래내용	거래처	대상기간 시작일	대상기간 종료일	지급액	선급비용	회사계상액	조정대상금액
선급임차료	평택공장	㈜성삼	20x1.05.01	20x2.04.30	84,000,000	27,692,307		27,692,307
선급임차료	제천공장	이근희	20x1.08.01	20x3.07.31	120,000,000	94,979,423		94,979,423

〈 손 금 산 입 〉 전기 기간미경과 보험료 560,000 원 (유보감소)
〈 손금불산입 〉 당기 기간미경과 임차료 27,692,307 원 (유보발생)
〈 손금불산입 〉 당기 기간미경과 임차료 94,979,423 원 (유보발생)

[3] 업무용승용차관련비용명세서

1. [업무용승용차등록]

(1) BMW(101.04소7777, BMW)

차량 상세 등록 내용

1.고정자산계정과목
2.고정자산코드/명
3.취득일자 20×1-06-01
4.경비구분
5.사용자 부서
6.사용자 직책
7.사용자 성명
8.임차여부 운용리스
9.임차기간 20×1-06-01 ~ 20×4-06-01
10.보험가입여부 가입
11.보험기간 20×1-06-01 ~ 20×4-06-01
12.운행기록부사용여부 부 전기이월누적거리 ㎞
13.출퇴근사용여부 여 출퇴근거리 ㎞

(2) PORSCHE(0102. 357우8888, PORSCHE)

차량 상세 등록 내용

1.고정자산계정과목
2.고정자산코드/명
3.취득일자 20×1-05-01
4.경비구분
5.사용자 부서
6.사용자 직책
7.사용자 성명
8.임차여부 운용리스
9.임차기간 20×1-05-01 ~ 20×3-05-01
10.보험가입여부 가입
11.보험기간 20×1-05-01 ~ 20×3-05-01
12.운행기록부사용여부 부 전기이월누적거리 ㎞
13.출퇴근사용여부 여 출퇴근거리 ㎞

2. [업무용승용차관련비용명세서]

(1) BMW

1 업무용 사용 비율 및 업무용 승용차 관련 비용 명세 (운행기록부: 미적용) 임차기간: 2021-06-01 ~ 2024-06-01 □ 부동산임대업등 법령39조③항

(5) 총주행 거리(㎞)	(6) 업무용 사용 거리(㎞)	(7) 업무 사용비율	(8) 취득가액	(9) 보유또는 임차월수	(10)업무용 승용차 관련 비용								
					(11) 감가상각비	(12) 임차료 (감가상각비포함)	(13) 감가상 각비상당액	(14) 유류비	(15) 보험료	(16) 수선비	(17) 자동차세	(18) 기타	(19) 합계
		76.7532		7		10,106,750	8,000,375	1,293,421					11,400,171
합 계						10,106,750	8,000,375	1,293,421					11,400,171

2 업무용 승용차 관련 비용 손금불산입 계산

(22) 업무 사용 금액			(23) 업무외 사용 금액			(30) 감가상각비 (상당액) 한도초과금액	(31) 손금불산입 합계 ((29)+(30))	(32) 손금산입 합계 ((19)-(31))
(24) 감가상각비 (상당액)[((11)또는 (13))X(7)]	(25) 관련 비용 [((19)-(11)또는 (19)-(13))X(7)]	(26) 합계 ((24)+(25))	(27) 감가상각비 (상당액)((11)-(24) 또는(13)-(24))	(28) 관련 비용 [((19)-(11)또는 (19)-(13))-(25)]	(29) 합계 ((27)+(28))			
6,140,548	2,609,452	8,750,000	1,859,827	790,344	2,650,171	1,473,881	4,124,052	7,276,119
6,140,548	2,609,452	8,750,000	1,859,827	790,344	2,650,171	1,473,881	4,124,052	7,276,119

3 감가상각비(상당액) 한도초과금액 이월 명세

(37) 전기이월액	(38) 당기 감가상각비(상당액) 한도초과금액	(39) 감가상각비(상당액) 한도초과금액 누계	(40) 손금추인(산입)액	(41) 차기이월액((39)-(40))
	1,473,881	1,473,881		1,473,881
	1,473,881	1,473,881		1,473,881

(2) PORSCHE

1 업무용 사용 비율 및 업무용 승용차 관련 비용 명세 (운행기록부: 미적용) 임차기간: 2021-05-01 ~ 2023-05-01 □ 부동산임대업등 법령39조③항

(5) 총주행 거리(㎞)	(6) 업무용 사용 거리(㎞)	(7) 업무 사용비율	(8) 취득가액	(9) 보유또는 임차월수	(10)업무용 승용차 관련 비용								
					(11) 감가상각비	(12) 임차료 (감가상각비포함)	(13) 감가상 각비상당액	(14) 유류비	(15) 보험료	(16) 수선비	(17) 자동차세	(18) 기타	(19) 합계
		54.8075		8		17,204,410	16,833,975	1,041,282					18,245,692
합 계						27,311,160	24,834,350	2,334,703					29,645,863

2 업무용 승용차 관련 비용 손금불산입 계산

(22) 업무 사용 금액			(23) 업무외 사용 금액			(30) 감가상각비 (상당액) 한도초과금액	(31) 손금불산입 합계 ((29)+(30))	(32) 손금산입 합계 ((19)-(31))
(24) 감가상각비 (상당액)[((11)또는 (13))X(7)]	(25) 관련 비용 [((19)-(11)또는 (19)-(13))X(7)]	(26) 합계 ((24)+(25))	(27) 감가상각비 (상당액)((11)-(24) 또는(13)-(24))	(28) 관련 비용 [((19)-(11)또는 (19)-(13))-(25)]	(29) 합계 ((27)+(28))			
9,226,274	773,726	10,000,000	7,607,701	637,991	8,245,692	3,892,940	12,138,632	6,107,060
15,366,822	3,383,178	18,750,000	9,467,528	1,428,335	10,895,863	5,366,821	16,262,684	13,383,179

3 감가상각비(상당액) 한도초과금액 이월 명세

(37) 전기이월액	(38) 당기 감가상각비(상당액) 한도초과금액	(39) 감가상각비(상당액) 한도초과금액 누계	(40) 손금추인(산입)액	(41) 차기이월액((39)-(40))
	3,892,940	3,892,940		3,892,940
	5,366,821	5,366,821		5,366,821

3. 세무조정

〈손금불산입〉 업무용승용차 업무미사용분(BMW) 2,650,171 원 (상 여)

〈손금불산입〉 업무용승용차 업무미사용분(PORSCHE) 8,245,692 원 (상 여)

〈손금불산입〉 업무용승용차감가상각비 한도초과(BMW) 1,473,881 원 (기타사외유출)

〈손금불산입〉 업무용승용차감가상각비한도초과(PORSCHE) 3,892,940 원 (기타사외유출)

[4] 자본금과적립금조정명세서(을)

1. 자본금과적립금조정명세서(을)

Ⅰ.세무조정유보소득계산

①과목 또는 사항	②기초잔액	당기중증감 ③감소	당기중증감 ④증가	⑤기말잔액 (=②-③+④)	비고
대손충당금 한도 초과액	12,000,000	12,000,000	11,000,000	11,000,000	
선급비용	2,500,000	2,500,000			
재고자산평가감	1,000,000	1,000,000			
기계장치감가상각비한도초과			4,000,000	4,000,000	
합 계	15,500,000	15,500,000	15,000,000	15,000,000	

2. 자본금과적립금조정명세서(갑)

자본금과적립금조정명세서(을) | 자본금과적립금조정명세서(갑) | 이월결손금

Ⅰ.자본금과 적립금 계산서

①과목 또는 사항		코드	②기초잔액	당기중증감 ③감소	당기중증감 ④증가	⑤기말잔액 (=②-③+④)	비고
자본금및 잉여금의 계산	1.자본금	01	50,000,000		50,000,000	100,000,000	
	2.자본잉여금	02	4,000,000			4,000,000	
	3.자본조정	15					
	4.기타포괄손익누계액	18					
	5.이익잉여금	14	65,000,000		72,000,000	137,000,000	
		17					
	6.계	20	119,000,000		122,000,000	241,000,000	
7.자본금과 적립금명세서(을)계		21	15,500,000	15,500,000	15,000,000	15,000,000	
손익미계상 법인세 등	8.법인세	22					
	9.지방소득세	23					
	10. 계 (8+9)	30					
11.차가감계 (6+7-10)		31	134,500,000	15,500,000	137,000,000	256,000,000	

[5] 법인세 과세표준 및 최저한세조정계산서

1.세액조정계산서(산출세액) → 2.최저한세 → 3.세액조정계산서(최종)

1. 법인세 과세표준 및 세액조정계산서(산출세액)

구분	항목		코드	금액
① 각사업연도소득계산	101. 결산서상 당기순손익		01	162,000,000
	소득조정 금액	102.익금산입	02	130,000,000
		103.손금산입	03	100,000,000
	104. 차가감소득금액 (101+102-103)		04	192,000,000
	105. 기부금한도초과액		05	1,000,000
	106. 기부금한도초과이월액 손금산입		54	3,000,000
	107. 각사업연도소득금액(104+105-106)		06	190,000,000
② 과세표준계산	108. 각사업연도소득금액 (108=107)			190,000,000
	109. 이월결손금		07	10,000,000
	110. 비과세소득		08	
	111. 소득공제		09	
	112. 과세표준 (108-109-110-111)		10	180,000,000
	159. 선박표준이익		55	
③ 산출세액계산	113. 과세표준 (113=112+159)		56	180,000,000
	114. 세율		11	9%
	115. 산출세액		12	16,200,000
	116. 지점유보소득(법 제96조)		13	
	117. 세율		14	
	118. 산출세액		15	
	119. 합계 (115+118)		16	16,200,000

지출연도	일반기부금 지출액	일반기부금 한도액	한도초과액
2019년도	10,000,000	7,000,000	3,000,000
20x1년도	18,000,000	20,000,000	△2,000,000

☞ 당기 기부금 한도 적용 시 **이월기부금을 당기 지출 기부금보다 우선 공제**한다. 따라서 **이월기부금 3,000,000원을 기부금 한도초과 이월액 손금산입**하고, 잔여 한도액을 초과하는 **당기 지출 기부금 1,000,000원은 기부금한도초과액으로 이월**한다.

2. [최저한세조정계산서](최저한세 적용대상 세액감면입력)

①구분		코드	②감면후세액	③최저한세	④조정감	⑤조정후세액
(101) 결 산 서 상 당 기 순 이 익		01	162,000,000			
소득조정금액	(102)익 금 산 입	02	130,000,000			
	(103)손 금 산 입	03	100,000,000			
(104) 조 정 후 소 득 금 액 (101+102-103)		04	192,000,000	192,000,000		192,000,000
최저한세적용대상 특 별 비 용	(105)준 비 금	05				
	(106)특별상각,특례상각	06				
(107) 특별비용손금산입전소득금액(104+105+106)		07	192,000,000	192,000,000		192,000,000
(108) 기 부 금 한 도 초 과 액		08	1,000,000	1,000,000		1,000,000
(109) 기부금 한도초과 이월액 손 금 산 입		09	3,000,000	3,000,000		3,000,000
(110) 각 사업 년 도 소 득 금 액 (107+108-109)		10	190,000,000	190,000,000		190,000,000
(111) 이 월 결 손 금		11	10,000,000	10,000,000		10,000,000
(112) 비 과 세 소 득		12				
(113) 최저한세적용대상 비 과 세 소 득		13				
(114) 최저한세적용대상 익금불산입 · 손금산입		14				
(115) 차가감 소 득 금 액(110-111-112+113+114)		15	180,000,000	180,000,000		180,000,000
(116) 소 득 공 제		16				
(117) 최저한세적용대상 소 득 공 제		17				
(118) 과 세 표 준 금 액(115-116+117)		18	180,000,000	180,000,000		180,000,000
(119) 선 박 표 준 이 익		24				
(120) 과 세 표 준 금 액 (118+119)		25	180,000,000	180,000,000		180,000,000
(121) 세 율		19	9 %	7 %		9 %
(122) 산 출 세 액		20	16,200,000	12,600,000		16,200,000
(123) 감 면 세 액		21	9,000,000		5,400,000	3,600,000
(124) 세 액 공 제		22				
(125) 차 감 세 액 (122-123-124)		23	7,200,000			12,600,000

3. 법인세과세표준 및 세액조정계산서(최종)

- 최저한세 적용대상 공제감면세액 3,600,000원 입력

구분	항목		코드	금액
① 각사업연도소득계산	101. 결 산 서 상 당 기 순 손 익		01	162,000,000
	소 득 조 정 금 액	102.익 금 산 입	02	130,000,000
		103.손 금 산 입	03	100,000,000
	104. 차 가 감 소 득 금 액 (101+102-103)		04	192,000,000
	105. 기 부 금 한 도 초 과 액		05	1,000,000
	106. 기 부 금 한 도 초 과 이월액 손금산입		54	3,000,000
	107. 각 사 업 연 도 소 득 금 액(104+105-106)		06	190,000,000
② 과세표준계산	108. 각 사 업 연 도 소 득 금 액 (108=107)			190,000,000
	109. 이 월 결 손 금		07	10,000,000
	110. 비 과 세 소 득		08	
	111. 소 득 공 제		09	
	112. 과 세 표 준 (108-109-110-111)		10	180,000,000
	159. 선 박 표 준 이 익		55	
③ 산출세액계산	113. 과 세 표 준 (113=112+159)		56	180,000,000
	114. 세 율		11	9%
	115. 산 출 세 액		12	16,200,000
	116. 지 점 유 보 소 득 (법 제96조)		13	
	117. 세 율		14	
	118. 산 출 세 액		15	
	119. 합 계 (115+118)		16	16,200,000

구분	항목			코드	금액
④ 납부할세액계산	120. 산 출 세 액 (120=119)				16,200,000
	121. 최저한세 적 용 대 상 공 제 감 면 세 액			17	3,600,000
	122. 차 감 세 액			18	12,600,000
	123. 최저한세 적 용 제 외 공 제 감 면 세 액			19	
	124. 가 산 세 액			20	
	125. 가 감 계 (122-123+124)			21	12,600,000
	기납부세액	기한내납부세액	126. 중 간 예 납 세 액	22	3,000,000
			127. 수 시 부 과 세 액	23	
			128. 원 천 납 부 세 액	24	1,200,000
			129. 간접 회사등 외국 납부세액	25	
			130. 소 계(126+127+128+129)	26	4,200,000
		131. 신 고 납 부 전 가 산 세 액		27	
		132. 합 계 (130+131)		28	4,200,000
	133. 감 면 분 추 가 납 부 세 액			29	
	134. 차 가 감 납 부 할 세 액(125-132+133)			30	8,400,000
⑤토지등 양도소득, ⑥미환류소득 법인세 계산 (TAB로 이동)					
⑦ 세액계	151. 차 가 감 납 부 할 세 액 계(134+150)			46	8,400,000
	152. 사 실 과 다 른 회계 처리 경정 세액공제			57	
	153. 분 납 세 액 계 산 범 위 액 (151-124-133-145-152+131)			47	8,400,000
	분납할 세 액	154. 현 금 납 부		48	
		155. 물 납		49	
		156. 계 (154+155)		50	
	차감 납부 세액	157. 현 금 납 부		51	8,400,000
		158. 물 납		52	
		160. 계 (157+158) [160=(151-152-156)]		53	8,400,000

제99회 전산세무 1급

합격율	시험년월
7%	2021.12

이 론

01. 다음 중 회계상 보수주의의 개념과 거리가 먼 사례는?

① 저가주의에 의한 재고자산의 평가
② 전기오류수정사항을 손익으로 인식하지 않고 이익잉여금에 반영
③ 물가상승 시 후입선출법에 따른 재고자산 평가
④ 발생 가능성이 높은 우발이익을 주석으로 보고

02. 다음 중 일반기업회계기준상 유가증권에 대한 설명으로 틀린 것은?

① 만기보유증권은 공정가치법으로 평가한다.
② 유가증권은 취득한 후에 단기매매증권, 매도가능증권, 만기보유증권, 지분법적용투자주식 중의 하나로 분류된다.
③ 매도가능증권의 평가손익은 미실현보유손익이므로 자본항목으로 처리하여야 한다.
④ 단기매매증권의 취득원가는 매입가액(최초 인식 시 공정가치)으로 한다. 단, 취득과 관련된 매입수수료, 이전비용 등의 지출금액은 당기 비용으로 처리한다.

03. 다음 중 기업회계기준상 무형자산에 관한 설명으로 틀린 것은?

① 프로젝트의 연구단계에서는 미래경제적효익을 창출할 무형자산이 존재한다는 것을 입증할 수 없기 때문에 연구단계에서 발생한 지출은 무형자산으로 인식할 수 없고 발생한 기간의 비용으로 인식한다.
② 새롭거나 개선된 재료, 장치, 제품, 공정, 시스템, 용역 등에 대한 여러 가지 대체안을 제안, 설계, 평가 및 최종 선택하는 활동은 연구단계에 속하는 활동이다.
③ 새롭거나 개선된 재료, 장치, 제품, 공정, 시스템 및 용역 등에 대하여 최종적으로 선정된 안을 설계, 제작 및 시험하는 활동은 개발단계에 속하는 활동이다.
④ 무형자산을 창출하기 위한 내부 프로젝트를 연구단계와 개발단계로 구분할 수 없는 경우에는 그 프로젝트에서 발생한 지출은 모두 개발단계에서 발생한 것으로 본다.

04. 다음은 ㈜신속의 자본 내역이다. ㈜신속이 보유하고 있는 자기주식(1주당 취득가액 50,000원) 100주를 주당 80,000원에 처분하고 회계처리 하는 경우 자기주식처분이익 계정과목의 금액은 얼마인가?

- 보통주 자본금 : 50,000,000원(10,000주, 주당 5,000원)
- 자기주식처분손실 : 2,000,000원
- 자기주식 : 5,000,000원
- 감자차손 : 2,000,000원
- 처분전이익잉여금 : 25,800,000원

① 500,000원 ② 1,000,000원 ③ 2,000,000원 ④ 3,000,000원

05. 다음은 ㈜유민의 상품과 관련된 자료이다. 기말 결산분개로 올바른 회계처리는?

- 장부상 수량 : 1,000개
- 실제 수량 : 900개
- 장부상 단가 : 1,900원
- 단위당 판매가능금액 : 2,000원
- 단위당 판매비용 : 200원

단, 재고자산의 감모는 전액 비정상적으로 발생하였다고 가정한다.

① (차)	재고자산감모손실	190,000원	(대)	상품	190,000원
	매출원가	90,000원		재고자산평가충당금	90,000원
② (차)	재고자산감모손실	90,000원	(대)	상품	90,000원
③ (차)	재고자산감모손실	190,000원	(대)	재고자산평가충당금	190,000원
④ (차)	재고자산감모손실	90,000원	(대)	재고자산평가충당금	90,000원
	매출원가	190,000원		상품	190,000원

06. 다음 중 원가의 회계처리와 흐름에 대한 설명으로 옳은 것을 고르시오.

가. 원가계산의 절차는 원가요소별 계산 → 생산부문별 계산 → 제품별 계산의 순서로 이루어진다.
나. 다품종 소량생산시스템은 종합원가계산에 적합하다.
다. 전기 미지급된 노무비를 당기에 지급하면, 당기 노무비로 계상한다.
라. 제조간접비가 제조부문과 관리부문에 동시에 발생할 경우, 많은 비중을 차지하는 부문으로 처리한다.

① 가 ② 나 ③ 다 ④ 라

07. 다음 중 종합원가계산의 선입선출법 및 평균법에 대한 설명으로 틀린 것은?

① 기초재공품원가는 선입선출법 적용 시에 완성품환산량 단위당 원가계산에 영향을 미치지 않는다.
② 기초재공품의 완성도는 평균법에서 고려대상이 아니다.
③ 기말재공품의 완성도는 선입선출법에서만 고려대상이다.
④ 선입선출법과 평균법의 수량 차이는 기초재공품 완성품환산량의 차이이다.

08. 다음 중 원가배분에 대한 설명으로 옳지 않은 것은?

① 부문관리자의 성과 평가를 위해서는 이중배분율법이 단일배분율법보다 합리적일 수 있다.
② 직접배분법은 보조부문 상호 간에 용역수수관계를 전혀 인식하지 않는 방법이다.
③ 원가배분기준으로 선택된 원가동인이 원가 발생의 인과관계를 잘 반영하지 못하는 경우 제품원가 계산이 왜곡될 수 있다.
④ 공장 전체 제조간접비 배부율을 이용할 경우에도 보조부문원가를 먼저 제조부문에 배분하는 절차가 필요하다.

09. ㈜미래는 제조간접비를 직접노무시간을 기준으로 배부하고 있다. 당해 연도 초의 제조간접비 예상액은 5,000,000원이고 예상 직접노무시간은 50,000시간이다. 당기말 현재 실제 제조간접비 발생액이 6,000,000원이고 실제 직접노무시간이 51,500시간일 경우 당기의 제조간접비 과소 또는 과대배부액은 얼마인가?

① 850,000원 과소배부
② 850,000원 과대배부
③ 1,000,000원 과소배부
④ 1,000,000원 과대배부

10. ㈜보람은 주산물 A와 부산물 B를 생산하고 있으며 부산물 B의 처분액을 전액 영업외수익으로 반영하고 있다. ㈜보람이 발생한 제조원가를 모두 주산물 A에만 부담시키는 회계처리를 하는 경우 이로 인하여 미치는 영향으로 옳지 않은 것은?

① 매출원가 과대계상
② 매출총이익 과소계상
③ 영업이익 과소계상
④ 당기순이익 과소계상

11. 다음 중 법인세법상 재고자산의 평가에 대한 설명으로 옳지 않은 것은?

① 재고자산의 평가방법을 변경하고자 하는 법인은 변경할 평가방법을 적용하고자 하는 사업연도의 종료일 이전 3개월이 되는 날까지 신고하여야 한다.
② 신설하는 영리법인은 설립일이 속하는 사업연도의 말일까지 재고자산의 평가방법신고서를 납세지 관할세무서장에게 제출하여야 한다.
③ 재고자산의 평가방법을 임의변경한 경우에는 당초 신고한 평가방법에 의한 평가금액과 무신고시의 평가방법에 의한 평가금액 중 큰 금액으로 평가한다.
④ 법인이 재고자산을 평가함에 있어 영업장별 또는 재고자산의 종류별로 각각 다른 방법에 의하여 평가할 수 있다.

12. 다음 중 법인세법상 결손금 공제제도에 관한 설명으로 틀린 것은?

① 내국법인의 각 사업연도의 소득에 대한 법인세 과세표준은 각 사업연도의 소득의 범위 안에서 이월결손금 · 비과세소득 및 소득공제액을 순차적으로 공제하여 계산한다.
② 예외적으로 중소기업의 경우 소급공제를 허용한다.
③ 과세표준 계산 시 공제되지 아니한 비과세소득 및 소득공제는 다음 사업연도부터 5년간 이월하여 공제받을 수 있다.
④ 이월결손금은 공제기한 내에 임의로 선택하여 공제받을 수 없으며, 공제 가능한 사업연도의 소득금액 범위 안에서 각 사업연도 소득금액의 80%(중소기업은 100%)를 한도로 한다.

13. 다음 중 소득세법상 간편장부대상자(소규모사업자가 아님)에게 적용되지 않는 가산세는 어떤 것인가?

① 법정증명서류 수취불성실 가산세(증빙불비 가산세)
② 사업용계좌 미신고 및 미사용 가산세
③ 장부의 기록 · 보관 불성실가산세(무기장가산세)
④ 원천징수 등 납부지연가산세

14. 다음 중 소득세법상 종합소득공제에 대한 설명으로 틀린 것은?

① 기본공제대상자가 아닌 자는 추가공제대상자가 될 수 없다.
② 총급여액 5,000,000원 이하의 근로소득만 있는 57세의 배우자는 기본공제대상자에 해당한다.
③ 배우자가 일용근로소득이 아닌 근로소득금액 500,000원과 사업소득금액 550,000원이 있는 경우 기본공제대상자에 해당한다.
④ 종합소득이 있는 거주자와 생계를 같이 하면서 양도소득금액이 4,000,000원이 있는 51세의 장애인인 형제는 기본공제대상자에 해당하지 아니한다.

15. 다음 중 부가가치세법상 면세 재화 또는 용역에 해당하지 않는 것은?

① 등록된 자동차운전학원에서 지식 및 기술 등을 가르치는 교육용역
② 김치를 단순히 운반의 편의를 위하여 일시적으로 비닐포장 등을 하여 공급
③ 일반 시내버스 사업에서 제공하는 여객운송용역
④ 국민주택규모를 초과하는 주택에 대한 임대용역

실 무

신곡물산㈜(0990)은 제조 및 도 · 소매업을 영위하는 중소기업이며, 당 회계기간은 20x1.1.1.~ 20x1.12.31.이다. 전산세무회계 수험용 프로그램을 이용하여 다음 물음에 답하시오.

문제 1 다음 거래에 대하여 적절한 회계처리를 하시오.(12점)

[1] 01월 30일 토지에 대한 전기분 재산세 납부액 중 870,000원에 대하여 과오납을 원인으로 용산구청으로부터 환급 통보를 받았으며, 환급금은 한 달 뒤에 입금될 예정이다. (거래처명을 입력하고 당기의 영업외수익으로 처리할 것) (3점)

[2] 07월 06일 김신희로부터 공장 신축을 위한 건물과 토지를 현물출자 받았으며, 즉시 그 토지에 있던 구건물을 철거하였다. 토지와 구건물 취득 관련 내역은 다음과 같다. (3점)

- 현물출자로 보통주 7,000주(주당 액면가액 5,000원, 시가 6,000원)를 발행하였다.
- 토지와 구건물의 취득 관련 비용, 구건물 철거비, 토지 정지비 등의 명목으로 3,000,000원을 보통예금 계좌에서 지급하였다.
- 토지 및 구건물의 공정가치는 주식의 공정가치와 동일하다.

[3] 08월 01일 당사의 영업부서가 한강마트로부터 거래처에 증정할 선물을 아래와 같이 외상으로 구입하고 종이세금계산서를 수취하였다. (단, 전액 비용으로 회계처리할 것.) (3점)

(청 색)

세금계산서(공급받는자 보관용)

책번호 권 호
일련번호 -

공급자	등록번호	123-21-14082			공급받는자	등록번호	110-81-21413		
	상호(법인명)	한강마트	성명	윤소희		상호(법인명)	신곡물산㈜	성명	한오성
	사업장주소	서울특별시 마포구 백범로 100				사업장주소	서울특별시 용산구 임정로 25		
	업태	도소매	종목	잡화		업태	제조,도소매	종목	자동차부품

작성				공급가액										세액										비고
년	월	일	공란수	십	억	천	백	십	만	천	백	십	일	십	억	천	백	십	만	천	백	십	일	
x1	08	01	3				2	0	0	0	0	0	0					2	0	0	0	0	0	

월	일	품목	규격	수량	단가	공급가액	세액	비고
08	01	선물세트		100	20,000	2,000,000	200,000	

합계금액	현금	수표	어음	외상미수금	이 금액을 **청구** 함
2,200,000				2,200,000	

[4] 08월 06일 당사는 ㈜안정과 2019년 8월 6일에 제품공급계약을 체결하고, 제품은 잔금 지급일인 2022년 8월 6일에 인도하기로 했다. 제품 공급가액은 300,000,000원이며 부가가치세는 30,000,000원이다. 대금은 지급 약정일에 보통예금으로 수령하였으며, 해당 제품의 공급과 관련하여 전자세금계산서는 부가가치세법에 따라 정상적으로 발급하였다. 2022년에 해당하는 전자세금계산서에 대한 회계처리를 하시오. (3점)

구분	지급약정일	지급액
계약금	2019.08.06.	33,000,000원
1차 중도금	2020.08.06.	88,000,000원
2차 중도금	2021.08.06.	88,000,000원
잔금	2022.08.06.	121,000,000원

문제 2 다음 주어진 요구사항에 따라 부가가치세 신고서 및 부속서류를 작성하시오.(10점)

[1] 다음과 같은 부동산 임대차계약서를 작성하고 이와 관련된 전자세금계산서를 모두 발급하였다. 이를 바탕으로 제1기 확정신고기간(20x1.4.1.~20x1.6.30.)의 부동산임대공급가액명세서 및 부가가치세신고서(과세표준명세 작성은 생략함)를 작성하시오. 단, 당사는 차입금 과다법인이 아니며, 간주임대료에 대한 정기예금이자율은 3.5%로 가정한다. (5점)

부 동 산 임 대 차 계 약 서

■ 임 대 인 용
□ 임 차 인 용
□ 사무소보관용

부동산의 표시	소재지	서울시 용산구 임정로 25 상공빌딩 1층				
	구 조	철근콘크리트조	용도	상업용	면적	100 ㎡ 평
보 증 금		금 100,000,000원정		월세 2,200,000원정(VAT 별도)		

제 1 조 위 부동산의 임대인과 임차인의 합의하에 아래와 같이 계약함.

제 2 조 위 부동산의 임대차에 있어 임차인은 보증금을 아래와 같이 지불키로 함.

계 약 금	30,000,000 원정은 계약 시에 지불하고
중 도 금	원정은 년 월 일 지불하며
잔 금	70,000,000 원정은 20x1 년 4 월 30 일 중개업자 입회 하에 지불함.

제 3 조 위 부동산의 명도는 20x1 년 5 월 1 일로 함.

제 4 조 임대차 기간은 20x1 년 5 월 1 일부터 20x3 년 4 월 30 일까지로 함.

제 5 조 월세액은 매 월(30)일에 지불키로 하되 만약 기일 내에 지불하지 못할 시에는 보증금에서 공제키로 함.

제 6 조 임차인은 임대인의 승인 하에 계약 대상물을 개축 또는 변조할 수 있으나 명도 시에는 임차인이 비용 일체를 부담하여 원상복구 하여야 함.

제 7 조 임대인과 중개업자는 별첨 중개물건 확인설명서를 작성하여 서명・날인하고 임차인은 이를 확인 수령함. 다만, 임대인은 중개물건 확인설명에 필요한 자료를 중개업자에게 제공하거나 자료수집에 따른 법령에 규정한 실비를 지급하고 대행케 하여야 함.

제 8 조 본 계약을 임대인이 위약 시는 계약금의 배액을 변상하며 임차인이 위약 시는 계약금은 무효로 하고 반환을 청구할 수 없음.

제 9 조 부동산중개업법 제20조 규정에 의하여 중개료는 계약 당시 쌍방에서 법정수수료를 중개인에게 지불하여야 함.

위 계약조건을 확실히 하고 후일에 증하기 위하여 본 계약서를 작성하고 각 1통씩 보관한다.

20x1 년 3 월 1 일

임 대 인	주 소	서울시 용산구 임정로 25 상공빌딩 1층				
	사업자등록번호	110 - 81 - 21413	전화번호	02 - 1234 - 1234	성명	신곡물산㈜ ㊞
임 차 인	주 소	서울시 용산구 임정로 25 상공빌딩 1층				
	사업자등록번호	101 - 41 - 12345	전화번호	02 - 1234 - 0001	성명	서울물산 ㊞
중개업자	주 소	서울시 용산구 임정로 127			허가번호	XX - XXX - XXX
	상 호	중앙 공인중개사무소	전화번호	02 - 1234 - 6655	성명	홍동경 ㊞

[2] 다음 자료를 매입매출전표에 입력(분개는 생략)하고, 20x1년 제2기 확정신고기간(20x1.10.01.~20x1.12.31.) 부가가치세 신고 시 첨부서류인 내국신용장·구매확인서전자발급명세서 및 영세율매출명세서를 작성하시오. (5점)

- 20x1년 10월 10일 : ㈜신우무역에 제품 48,000,000원(부가가치세 별도)을 공급하고 구매확인서(발급일 : 20x1년 10월 15일, 서류번호 : 1111111)를 발급받아 제품공급일을 작성일자로 하여 20x1.10.15.에 영세율전자세금계산서를 작성하여 전송하였다.
- 20x1년 11월 13일 : ㈜주철기업으로부터 발급받은 내국신용장(발급일 : 20x1년 11월 10일, 서류번호 : 2222222)에 의하여 제품 16,000,000원(부가가치세 별도)을 공급하고 제품공급일을 작성일자로 하여 20x1.11.13.에 영세율전자세금계산서를 작성하여 전송하였다.

문제 3 **다음의 결산정리사항에 대하여 결산정리분개를 하거나 입력을 하여 결산을 완료하시오.(8점)**

[1] 20x1년 7월 25일에 취득하여 보유 중인 단기매매증권(150주, 취득가액 주당 10,000원)이 있다. 결산일 현재 공정가치가 주당 12,000원인 경우 필요한 회계처리를 하시오. (2점)

[2] 아래와 같이 발행된 사채에 대하여 결산일에 필요한 회계처리를 하시오. (2점)

발행일	사채 액면가액	사채 발행가액	액면이자율	유효이자율
20x1.01.01.	30,000,000원	28,000,000원	연 5%	연 7%

- 사채의 발행가액은 적정하고, 사채발행비와 중도에 상환된 내역은 없는 것으로 가정한다.
- 이자는 매년 말에 보통예금으로 이체한다.

[3] 회사는 기말에 퇴직금 추계액 전액을 퇴직급여충당부채로 설정하고 있다. 아래의 자료를 이용하여 당기 퇴직급여충당부채를 계상하시오. (2점)

구분	전기말 퇴직금 추계액	당해연도 퇴직금 지급액 (퇴직급여충당부채와 상계)	당기말 퇴직금 추계액
영업부서	30,000,000원	15,000,000원	40,000,000원
생산부서	64,000,000원	15,000,000원	65,000,000원

[4] 아래의 자료는 당사의 실제 당기 법인세과세표준및세액조정계산서의 일부 내용이다. 입력된 데이터는 무시하고, 주어진 세율 정보를 참고하여 법인세비용에 대한 회계처리를 하시오. (2점)

<table>
<tr><td>법인세 과세표준 및 세액 조정 계산서 일부 내용</td><td>
<table>
<tr><td rowspan="5">과세표준 계산</td><td>108 각사업연도소득금액(108 = 107)</td><td></td><td>300,000,000원</td></tr>
<tr><td>109 이월결손금</td><td>07</td><td>40,000,000원</td></tr>
<tr><td>110 비과세소득</td><td>08</td><td>0원</td></tr>
<tr><td>111 소득공제</td><td>09</td><td>0원</td></tr>
<tr><td>112 과세표준(108 − 109 − 110 − 111)</td><td>10</td><td>260,000,000원</td></tr>
</table>
</td></tr>
<tr><td>세율 정보
(가정한다.)</td><td>• 법인세율
− 법인세 과세표준 2억원 이하 : 9%
− 법인세 과세표준 2억원 초과 200억원 이하 : 19%
• 지방소득세율
− 법인세 과세표준 2억원 이하 : 1%
− 법인세 과세표준 2억원 초과 200억원 이하 : 2%</td></tr>
<tr><td>기타</td><td>• 위의 모든 자료는 법인세법상 적절하게 산출된 금액이다.
• 기한 내 납부한 법인세 중간예납세액은 9,500,000원, 예금이자에 대한 원천징수 법인세액은 920,000원, 지방소득세액은 92,000원이 있다.</td></tr>
</table>

문제 4 원천징수와 관련된 다음 물음에 답하시오.(10점)

[1] 6월 30일에 지급한 사원 이창현(사번 : 104)의 6월분 급여내역은 다음과 같다. 6월분 급여자료를 입력하시오. (단, 필요한 수당 및 공제항목은 수정 및 등록하고 사용하지 않는 수당 및 공제항목은 '부'로 한다.) (4점)

- 기본급 : 2,600,000원
- 식대 : 100,000원 (식대와 별도로 현물식사를 중복으로 제공받고 있음)
- 직책수당 : 200,000원
- 자가운전보조금 : 200,000원 (본인 소유 차량을 업무에 이용하고 실비정산을 받지 않음)
- 연구보조비 : 100,000원 (기업부설연구소 연구원으로 비과세요건 충족, 근로소득유형 코드는 H10으로 할 것)
- 국민연금 : 110,000원
- 건강보험료 : 89,000원
- 장기요양보험료 : 10,250원
- 고용보험료 : 23,200원

※ 건강보험료, 국민연금보험료, 고용보험료는 등급표 대신 제시된 자료를 기준으로 하고, 소득세 등은 자동계산 금액에 따른다.

[2] 다음은 제조공장 생산부서에 근무하는 김정훈(사번 : 121, 입사일 : 2016년 01월 01일, 주민등록번호 : 720614 - 1052364)에 대한 연말정산 관련 자료이다. 김정훈의 연말정산 관련 자료를 이용하여 연말정산을 완료하시오. 단, 세부담 최소화를 가정하며, 모든 자료는 국세청 자료로 가정한다.(6점)

1. 김정훈의 부양가족은 다음과 같다.
   (기본공제대상자가 아닌 경우에도 부양가족명세에 입력하고 '기본공제'에서 '부'로 표시한다.)
   (1) 배우자 : 신혜미, 761125 - 2078454, 총급여액 5,500,000원
   (2) 모친 : 이정자, 470213 - 2231641, 장애인, 소득 없음
   (3) 자녀 : 김이슬, 041220 - 4052135, 소득 없음

2. 이정자는 중증환자로서 취업이나 취학이 곤란한 상태이며, 의사가 발행한 장애인증명서를 제출하였다.

3. 김정훈이 납부한 손해보험료 내역은 다음과 같다.

계약자	피보험자	납부액
김정훈	신혜미	2,000,000원
김정훈	김이슬	900,000원

4. 김정훈이 지급한 의료비는 다음과 같다. 단, 김이슬의 의료비 외의 모든 의료비는 김정훈 본인의 신용카드로 지급하였다.

부양가족	금액	비고
김정훈	2,500,000원	안경구입비 80만원 포함
신혜미	1,000,000원	미용 목적이 아닌 치료목적의 성형수술비
이정자	2,400,000원	장애인 재활치료비
김이슬	400,000원	질병 치료비로 김이슬 명의의 현금영수증 240,000원 발급 실손보험금 160,000원 포함

☞ 신용카드사용의 당해 연도 소비증가는 없다고 가정한다.

5. 김정훈이 지급한 교육비는 다음과 같다.

부양가족	금액	비고
김정훈	5,000,000원	대학원 박사과정 등록금
김이슬	3,000,000원	고등학교 체험학습비 500,000원, 고등학교 교복구입비 600,000원 포함 고등학교 교복구입비는 김정훈 명의의 신용카드로 지급

문제 5 **㈜성동물산(0991)은 자동차부품 등의 제조 및 도매업을 영위하는 중소기업으로, 당해 사업연도는 20x1.1.1.~20x1.12.31.이다. 법인세무조정 메뉴를 이용하여 재무회계 기장자료와 제시된 보충자료에 의하여 당해 사업연도의 세무조정을 하시오. (30점)**
※ 회사선택시 유의하시오.

[1] 아래의 내용을 바탕으로 당사의 기업업무추진비조정명세서를 작성하고, 필요한 세무조정을 하시오. (6점)

1. 손익계산서상 매출액과 영업외수익은 아래와 같다.

구분	매출액	특이사항
제품매출	1,890,000,000원	특수관계자에 대한 매출액 200,000,000원 포함
상품매출	1,500,000,000원	
영업외수익	100,000,000원	부산물 매출액
합계	3,490,000,000원	

2. 손익계산서상 기업업무추진비(판) 계정의 내역은 아래와 같다.

구분	금액	비고
대표이사 개인경비	5,000,000원	법인신용카드 사용분
법인신용카드 사용분	46,900,000원	전액 3만원 초과분
간이영수증 수취분 (경조사비가 아닌 일반 기업업무추진비)	4,650,000원	건당 3만원 초과분 : 4,000,000원 건당 3만원 이하분 : 650,000원
합계	56,550,000원	

3. 한편 당사는 자사 제품(원가 2,000,000원, 시가 3,000,000원)을 거래처에 사업상 증여하고 아래와 같이 회계처리 하였다.

(차)	복리후생비(제)	2,300,000원	(대)	제품	2,000,000원
				부가세예수금	300,000원

[2] 다음 자료를 이용하여 감가상각비조정 메뉴에서 고정자산을 등록하고 미상각분감가상각조정명세서 및 감가상각비조정명세서합계표를 작성하고 세무조정을 하시오. (6점)

1. 감가상각 대상 자산
   - 계정과목 : 기계장치
   - 자산코드/자산명 : 001/기계
   - 취득한 기계장치가 사용 가능한 상태에 이르기까지의 운반비 1,000,000원을 지급하였다.

취득일	취득가액 (부대비용 제외한 금액)	전기감가상각누계액	기준 내용연수	경비구분 /업종	상각 방법
2019.09.18	40,000,000원	12,000,000원	5년	제조	정률법

2. 회사는 기계장치에 대하여 전기에 다음과 같이 세무조정을 하였다.
   〈손금불산입〉 감가상각비 상각부인액 1,477,493원 (유보발생)

3. 당기 제조원가명세서에 반영된 기계장치의 감가상각비 : 12,000,000원

[3] 다음 자료를 이용하여 가지급금등의인정이자조정명세서를 작성하고, 관련된 세무조정을 소득금액조정합계표에 반영하시오. (6점)

1. 차입금과 지급이자 내역

연 이자율	차입금	지급이자	거래처	차입기간
2.9%	40,000,000원	1,160,000원	새마을은행	20x0.07.06.~20x2.07.05.
2.1%	25,000,000원	525,000원	시민은행	20x1.03.01.~20x2.02.28.
2.3%	10,000,000원	230,000원	㈜동호물산	20x0.11.04.~20x2.11.03.

※ ㈜동호물산은 당사와 특수관계에 있는 회사이다.

2. 가지급금 내역

직책	성명	가지급금	발생일자	수령이자
대표이사	유현진	85,000,000원	20x1.03.02.	630,000원
사내이사	김강현	17,000,000원	20x1.05.17.	265,000원

※ 수령한 이자는 장부에 이자수익으로 계상되어 있다.

3. 제시된 자료 외의 차입금과 가지급금은 없다고 가정하고, 가중평균차입이자율을 적용하기로 한다.

[4] 다음 자료를 이용하여 퇴직연금부담금조정명세서를 작성하고, 이와 관련한 세무조정을 소득금액조정합계표에 반영하시오. (6점)

1. 기말 현재 임직원 전원 퇴직 시 퇴직금 추계액 : 280,000,000원

2. 퇴직급여충당금 내역
   - 기초퇴직급여충당금 : 25,000,000원
   - 전기말 현재 퇴직급여충당금부인액 : 4,000,000원

3. 당기 퇴직 현황
   - 20x1년 퇴직금지급액은 총 16,000,000원이며, 전액 퇴직급여충당금과 상계하였다.
   - 퇴직연금 수령액은 3,000,000원이다.

4. 퇴직연금 현황
   - 20x1년 기초 퇴직연금운용자산 금액은 200,000,000원이다.
   - 확정급여형 퇴직연금과 관련하여 신고조정으로 손금산입하고 있으며, 전기분까지 신고조정으로 손금산입된 금액은 200,000,000원이다.
   - 당기 회사의 퇴직연금불입액은 40,000,000원이다.

[5] 다른 문제 및 기존 자료 등의 내용은 무시하고 다음 자료만을 이용하여 기부금조정명세서 및 기부금 명세서를 작성한 후 필요한 세무조정을 하시오. 단, 당사는 세법상 중소기업에 해당한다. (6점)

1. 당기 기부금 내용은 다음과 같다. 기부처 입력은 생략한다.

일자	금액	지급내용
02월 20일	50,000,000원	코로나 극복을 위해 지방자치단체에 의료용품 기부
08월 10일	20,000,000원	태풍으로 인한 이재민 구호금품
09월 25일	100,000,000원	사립대학교에 장학금으로 지출한 기부금
12월 25일	3,000,000원	정당에 기부한 정치자금

2. 기부금 계산과 관련된 기타자료는 다음과 같다.
   - 한도 초과로 이월된 기부금은 2020년 특례기부금 한도초과액 10,000,000원이다.
   - 결산서상 당기순이익은 300,000,000원이며, 위에 나열된 기부금에 대한 세무조정 전 익금산입 및 손금불산입 금액은 30,000,000원, 손금산입 및 익금불산입금액은 4,500,000원이다.
   - 당기로 이월된 결손금은 2018년 발생분 150,000,000원이다.

제99회 전산세무1급 답안 및 해설

이 론

1	2	3	4	5	6	7	8	9	10	11	12	13	14	15
②	①	④	②	①	①	③	④	①	④	②④	③	②	③	①

01. 보수주의는 두 가지 이상의 대체적인 회계처리 방법이 있을 경우 재무적 기초를 견고히 하는 관점에서 **이익을 낮게 보고하는 방법을 선택**하는 것으로, 전기오류수정사항을 이익잉여금에 반영하는 것은 중대한 오류에 대한 회계처리로 보수주의와는 무관하다.

02. **만기보유증권은 상각후원가법으로 평가**한다.

03. 무형자산을 창출하기 위한 내부 프로젝트를 **연구단계와 개발단계로 구분할 수 없는 경우**에는 그 프로젝트에서 발생한 지출은 **모두 연구단계에서 발생한 것**으로 본다.

04. 처분손익 = [처분가액(80,000) - 취득가액(50,000)] × 100주 = 3,000,000원(이익)

자기주식처분이익(3,000,000)은 자기주식처분손실(2,000,000)과 우선 상계하고, 나머지 **잔액을 자기주식처분이익(1,000,000)**으로 처리한다.

〈회계처리〉

(차)	현금 등	8,000,000원	(대)	자기주식	5,000,000원
				자기주식처분손실	2,000,000원
				자기주식처분이익	1,000,000원

05. **선감모 후평가손실 인식**

- 감모손실 = [실제(900개) - 장부(1,000개)] × 장부가액(1,900) = △190,000원
- 순실현가능가치 = 단위당 판매가능금액(2,000) - 단위당 판매비용(200) = 1,800원
- 평가손실 = 실제(900개) × [순실현가치(1,800) - 장부가액(1,900)] = △90,000원
- **비정상적으로 발생한 감모손실**은 **재고자산감모손실(영업외비용)로 회계처리**한다.
  평가손실은 재고자산의 차감계정(재고자산평가충당금)으로 표시하고 매출원가에 가산한다.

06.
- **다품종 소량생산시스템은 개별원가시스템**에 적합하다.
- 전기 미지급 노무비를 당기에 지급하면, 전기의 노무비로 계상해야 한다.(발생주의)
- 제조간접비가 제조부문과 관리부문에 동시에 발생하면, **합리적 배부기준에 의해 배부**한다.

07. **기말재공품의 완성도는 평균법과 선입선출법 모두에서 고려대상**이다.

08. 공장 전체 제조간접비 배부율을 이용할 때에는 공장 전체 총제조간접비를 사용하여 배부율을 계산하므로 보조부문의 제조간접비를 제조부문에 배분하는 절차가 필요하지 않다.

09. 예정배부율 = 제조간접비 예상액(5,000,000) ÷ 예상 직접노무시간(50,000시간) = 100원/직접노무시간

예정배부액 = 실제 직접노무시간(51,500) × 예정배부율(@100원) = 5,150,000원

실제 제조간접비 발생액(6,000,000) - 예정배부액(5,150,000) = 850,000원(과소배부)

10. 주산물 A의 제조원가(**결합원가가 모두 반영**)가 과대계상되어 영업이익이 과소계상되는만큼 **영업외수익(B의 처분액)이 과대** 계상되어 **당기순이익은 영향을 받지 않는다.**
    · 주산물 A 제조원가 과대계상 → 매출원가 과대계상 → 매출총이익 과소계상 → 영업이익과소계상
    · 부산물 B 제조원가 미배분 → 영업외수익(처분액) 과대계상
    · 영업이익 과소계상+영업외수익 과대계상 → 당기순이익 영향 없음
11. 신설하는 영리법인은 설립일이 속하는 사업연도의 **법인세 과세표준신고기한까지 평가방법신고서**를 납세지 관할세무서장에게 제출하여야 한다. 법인은 재고자산을 평가할 때 해당 자산을 **자산별로 구분하여 '종류별·영업장별'로 각각 다른 방법에 의하여 평가**할 수 있다.
12. 각 사업연도의 소득에 대한 법인세의 과세표준을 계산함에 있어서 **공제되지 아니한 비과세소득 및 소득공제액은 이월되지 않고 소멸한다.**
13. 사업용계좌 신고 및 사용의무는 복식부기의무자에게만 있다. 따라서 **사업용계좌 미신고 및 미사용 가산세는 복식부기의무자만 적용**된다.
14. 기본공제 대상자 판정 시 배우자는 나이요건의 제한을 받지 않으나 소득요건의 제한을 받으므로 소득금액의 합계액이 100만원(근로소득만 있는 경우 총급여 500만원) 이하인 경우에 기본공제를 적용받을 수 있다.
    종합소득금액=근로소득금액(500,000)+사업소득금액(550,000)=1,050,000원
    → 100만원 초과자 → 소득요건 미충족
15. **자동차운전학원에서 제공되는 교육용역은 과세대상**이다.

실 무

문제 1 전표입력

[1] (차) 미수금(용산구청) 870,000 (대) 전기오류수정이익(912) 870,000

[2] (차) 토지 45,000,000 (대) 자본금 35,000,000
주식발행초과금 7,000,000
보통예금 3,000,000

☞ 토지의 매입가액=보통주 7,000주×시가 6,000원(제공한 자산의 공정가치)=42,000,000원
토지 취득가액=토지매입가액(42,000,000)+취득 부대비용(3,000,000)=45,000,000원

문항	일자	유형	공급가액	부가세	거래처	전자
[3]	8/1	54.불공(4)	2,000,000	200,000	한강마트	부
분개유형	(차) 기업업무추진비(판) 2,200,000 (대) 미지급금 2,200,000					
혼합						

문항	일자	유형	공급가액	부가세	거래처	전자
[4]	8/6	11.과세	110,000,000	11,000,000	㈜안정	여
분개유형	(차) 보통예금		121,000,000	(대) 부가세예수금		11,000,000
혼합	선수금		190,000,000	제품매출		300,000,000

☞ 중간지급조건부 거래로서 공급시기는 대가의 각부분을 받기로 한때이다. 따라서 잔금에 대하여 세금계산서를 발급한 건이다.

문제 2 부가가치세

[1] 부동산임대공급가액명세서 및 신고서

1. 부동산임대공급가액명세서(4~6월) 적용이자율 3.5%(가정)

임대기간	보증금	월세	월관리비	간주임대료
20x1.5.1 ~ 20x3.4.30	100,000,000	2,200,000	0	584,931

2. 부가가치세신고서(4~6월)

구분				금액	세율	세액
과세표준및	과세	세금계산서발급분	1	4,400,000	10/100	440,000
		매입자발행세금계산서	2		10/100	
		신용카드 · 현금영수증발행분	3		10/100	
		기타(정규영수증외매출분)	4	584,931		58,493
	영	세금계산서발급분	5		0/100	

[2] 내국신용장 · 구매확인서 전자발급명세서 및 영세율매출명세서

1. 매입매출전표 입력

일자	유형	공급가액	부가세	거래처	전자	분개
10/10	12.영세(3)	48,000,000	0	㈜신우무역	여	없음
11/13	12.영세(3)	16,000,000	0	㈜주철기업	여	없음

2. 내국신용장 · 구매확인서전자발급명세서(10~12월)

2. 내국신용장 · 구매확인서에 의한 공급실적 합계

구분	건수	금액(원)	비고
(9)합계(10+11)	2	64,000,000	
(10)내국신용장	1	16,000,000	
(11)구매확인서	1	48,000,000	

[참고] 내국신용장 또는 구매확인서에 의한 영세율 첨부서류 방법 변경(영 제64조 제3항 제1의3호)
▶ 전자무역기반시설을 통하여 개설되거나 발급된 경우 내국신용장 · 구매확인서 전자발급명세서를 제출하고 이 외의 경우 내국신용장 사본을 제출함
=> 2011.7.1 이후 최초로 개설되거나 발급되는 내국신용장 또는 구매확인서부터 적용

3. 내국신용장 · 구매확인서에 의한 공급실적 명세서

(12)번호	(13)구분	(14)서류번호	(15)발급일	거래처정보		(17)금액	전표일자	(18)비고
				거래처명	(16)공급받는자의 사업자등록번호			
1	구매확인서	1111111	-10-15	(주)신우무역	621-85-05380	48,000,000		
2	내국신용장	2222222	-11-10	(주)주철기업	617-85-11831	16,000,000		

3. 영세율매출명세서(10~12월)

부가가치세법 | 조세특례제한법

(7)구분	(8)조문	(9)내용	(10)금액(원)
	제21조	직접수출(대행수출 포함)	
		중계무역·위탁판매·외국인도 또는 위탁가공무역 방식의 수출	
		내국신용장·구매확인서에 의하여 공급하는 재화	64,000,000
		한국국제협력단 및 한국국제보건의료재단에 공급하는 해외반출용 재화	
		수탁가공무역 수출용으로 공급하는 재화	

문제 3 결산

[1] 〈수동결산〉

(차) 단기매매증권 300,000 (대) 단기매매증권평가이익 300,000

☞평가손익 = [기말 공정가치(12,000) – 취득가액(10,000)] × 150주 = 300,000원(이익)

[2] 〈수동결산〉

(차) 이자비용 1,960,000 (대) 보통예금 1,500,000

사채할인발행차금 460,000

☞유효이자(이자비용) = 발행가액(28,000,000) × 유효이자율(7%) = 1,960,000원

액면이자 = 액면가액(30,000,000) × 액면이자율(5%) = 1,500,000원

[3] 〈수동/자동결산〉

(차) 퇴직급여(판) 25,000,000 (대) 퇴직급여충당부채 41,000,000

퇴직급여(제) 16,000,000

구분	당기말 퇴직금 추계액(①)	설정전 퇴충부채 잔액			당기퇴직급여설정액 (①–④)
		전기말퇴직금 추계액(②)	퇴직금 지급액(③)	설정전 퇴충잔액④ (②–③)	
영업부	40,000,000	30,000,000	15,000,000	15,000,000	25,000,000
생산부	65,000,000	64,000,000	15,000,000	49,000,000	16,000,000

[4] 〈수동/자동결산〉

(차) 법인세등 32,600,000 (대) 선납세금 10,512,000

미지급세금 22,088,000

- 법인세 산출세액 = 18,000,000 + 60,000,000 × 19% = 29,400,000원
- 법인세 지방소득세액 = 2억 × 1% + 60,000,000 × 2% = 3,200,000원
- 법인세비용 = 29,400,000원 + 3,200,000원 = 32,600,000원
- 선납세금 = 중간예납세액(9,500,000) + 원천징수세액(920,000 + 92,000) = 10,512,000원

또는 결산자료입력 메뉴의 [9.법인세 등 – 1) 선납세금]란에 10,512,000원, [9.법인세 등 – 2) 추가계상액]란에 22,088,000원을 입력한 후 F3 전표추가를 클릭한다.

문제 4 원천징수

[1] 급여자료 입력

1. 수당공제등록

- 수당등록

No	코드	과세구분	수당명	근로소득유형			월정액	사용여부
				유형	코드	한도		
1	1001	과세	기본급	급여			정기	여
2	1002	과세	상여	상여			부정기	부
3	1003	과세	직책수당	급여			정기	여
4	1004	과세	월차수당	급여			정기	부
5	1005	비과세	식대	식대	P01	(월)200,000	정기	부
6	1006	비과세	자가운전보조금	자가운전보조금	H03	(월)200,000	정기	여
7	1007	비과세	야간근로수당	야간근로수당	001	(년)2,400,000	부정기	부
8	2001	과세	식대	급여			정기	여
9	2002	비과세	연구보조비	[기업연구소]연구보조비	H10	(월)200,000	정기	여

- 공제등록

No	코드	공제항목명	공제소득유형	사용여부
1	5001	국민연금	고정항목	여
2	5002	건강보험	고정항목	여
3	5003	장기요양보험	고정항목	여
4	5004	고용보험	고정항목	여
5	5005	학자금상환	고정항목	부
6				

☞비과세 : 자가운전보조금, 연구보조비

- 식대 : **과세 수당으로 추가등록, 별도의 현물식사를 제공받으므로 식대는 과세 대상**이다.
- 연구보조비(비과세) : 수당명 - 연구보조비, 유형코드 - H10([기업연구소]연구보조비)
- 사용하지 않는 위 외의 수당과 공제항목은 사용 여부를 모두 '부'로 변경한다.

2. 급여자료입력(104.이창현, 귀속년월 6월, 지급년월일 6월 30일)

급여항목	금액	공제항목	금액
기본급	2,600,000	국민연금	110,000
직책수당	200,000	건강보험	89,000
자가운전보조금	200,000	장기요양보험	10,250
식대	100,000	고용보험	23,200
연구보조비	100,000	소득세(100%)	75,860
		지방소득세	7,580
		농특세	
과세	2,900,000		
비과세	300,000	공제총액	315,890
지급총액	3,200,000	차인지급액	2,884,110

☞ 비과세 = 자가운전보조금(200,000) + 연구보조비(100,000) = 300,000원

[2] 연말정산(김정훈)

1. 부양가족명세

관계	요건		기본 공제	추가 (자녀)	판단
	연령	소득			
본인(세대주)	-	-	○		
배우자	-	×	부		총급여액 5백만원 초과자
모(78)	○	○	○	경로,장애(3)	
자(21)	×	○	부		

2. 연말정산입력

항 목	요건		내역 및 대상여부	입력
	연령	소득		
보 험 료	○	○	• 배우자 손해보험료(소득요건 미충족) • 자의 손해보험료(연령요건 미충족)	× ×
의 료 비	×	×	• 본인 의료비(**안경 50만원 한도**) • 배우자 **치료목적 성형수술비** • 모 장애인 재활치료비 • 자 질병치료비(실손보험금 차감)	○(본인 2,200,000) ○(일반 1,000,000) ○(장애 2,400,000) ○(일반 240,000)
교 육 비	×	○	• 본인 대학원 등록금 • 자 고등학교 교육비(**체험 30만원 한도, 교복 50만원 한도**)	○(본인 5,000,000) ○(고등 2,700,000)
신용카드	×	○	• 본인 신용카드(의료비) • 자 현금영수증(의료비) • 본인 신용카드(교복구입비)	○(신용 5,900,000) ○(현금 240,000) ○(신용 600,000)

[소득공제]		
1. 신용카드	① 신용카드 ② 현금영수증	6,500,000 240,000
[특별세액공제]		
1. 보장성 보험료	① 일반	
2. 의료비	① 특정(본인, 65세 이상) ② 특정(장애인외) ③ 일반(실손보험료 160,000 차감)	2,200,000 2,400,000 1,240,000
3. 교육비	① 본 인 ② 초중고	5,000,000 2,700,000

문제 5 세무조정

[1] 기업업무추진비조정명세서

1. 수입금액명세

1 1. 수입금액명세

구 분	① 일반수입금액	② 특수관계인간 거래금액	③ 합 계(①+②)
금 액	3,290,000,000	200,000,000	3,490,000,000

2. 기업업무추진비 해당금액

4. 계정과목			합계	기업업무추진비(판관)	복리후생비	
5. 계정금액			59,850,000	56,550,000	3,300,000	
6. 기업업무추진비계상액 중 사적사용경비			5,000,000	5,000,000		
7. 기업업무추진비해당금액(5-6)			54,850,000	51,550,000	3,300,000	
8. 신용카드 등 미사용금액	경조사비 중 기준금액 초과액	9. 신용카드 등 미사용금액				
		10. 총 초과금액				
	국외지역 지출액 (법인세법 시행령 제41조제2항제1호)	11. 신용카드 등 미사용금액				
		12. 총 지출액				
	농어민 지출액 (법인세법 시행령 제41조제2항제2호)	13. 송금명세서 미제출금액				
		14. 총 지출액				
	기업업무추진비 중 기준금액 초과액	15. 신용카드 등 미사용금액	4,000,000	4,000,000		
		16. 총 초과금액	50,900,000	50,900,000		
	17. 신용카드 등 미사용 부인액		4,000,000	4,000,000		
18. 기업업무추진비 부인액(6+17)			9,000,000	9,000,000		

3. 기업업무추진비 조정(갑)

중소기업			☐ 정부출자법인 ☐ 부동산임대업등(법.령제42조제2항)
구분			금액
1. 기업업무추진비 해당 금액			54,850,000
2. 기준금액 초과 기업업무추진비 중 신용카드 등 미사용으로 인한 손금불산입액			4,000,000
3. 차감 기업업무추진비 해당금액(1-2)			50,850,000
일반 기업업무추진비 한도	4. 12,000,000 (중소기업 36,000,000) X 월수(12) / 12		36,000,000
	총수입금액 기준	100억원 이하의 금액 X 30/10,000	10,470,000
		100억원 초과 500억원 이하의 금액 X 20/10,000	
		500억원 초과 금액 X 3/10,000	
		5. 소계	10,470,000
	일반수입금액 기준	100억원 이하의 금액 X 30/10,000	9,870,000
		100억원 초과 500억원 이하의 금액 X 20/10,000	
		500억원 초과 금액 X 3/10,000	
		6. 소계	9,870,000
	7. 수입금액기준	(5-6) X 10/100	60,000
	8. 일반기업업무추진비 한도액 (4+6+7)		45,930,000
문화기업업무추진비 한도(「조특법」 제136조제3항)	9. 문화기업업무추진비 지출액		
	10. 문화기업업무추진비 한도액(9와 (8 X 20/100) 중 작은 금액)		
전통시장기업업무추진비 한도(「조특법」 제136조제6항)	11. 전통시장기업업무추진비 지출액		
	12. 전통시장기업업무추진비 한도액(11과 (8 X 10/100) 중 작은 금액)		
13. 기업업무추진비 한도액 합계(8+10+12)			45,930,000
14. 한도초과액(3-13)			4,920,000
15. 손금산입한도 내 기업업무추진비 지출액(3과 13중 작은 금액)			45,930,000

4. 조정등록

〈손금불산입〉 대표이사 개인경비 5,000,000원(상여)

〈손금불산입〉 적격증빙불비 기업업무추진비 4,000,000원(기타사외유출)
(건당 3만원 초과 간이영수증 수취분)

〈손금불산입〉 기업업무추진비 한도초과액 4,920,000원(기타사외유출)

[2] 감가상각

세무상취득가액(A)		세무상 기초감가상각누계액(B)	
=기말B/S상 취득가액 +즉시상각의제액(당기)	41,000,000 0	기초B/S상 감가상각누계액 (−) 전기상각부인누계액	12,000,000 (1,477,493)
41,000,000		10,522,507	
미상각잔액(C=A−B)=30,477,493			
상각범위액(D)	세무상미상각잔액(C) × 상각률(0.451)=13,745,349		
회사계상상각비(E)	12,000,000원(상각비)		
시부인액(D−E)	**시인액 1,745,349(전기말 상각부인액 손금추인)**		

1. 고정자산등록

(000001.기계, 취득년월일 2019.09.18.)

1.기초가액	41,000,000
2.전기말상각누계액(-)	12,000,000
3.전기말장부가액	29,000,000
4.당기중 취득 및 당기증가(+)	
5.당기감소(일부양도·매각·폐기)(-)	
전기말상각누계액(당기감소분)(+)	
6.전기말자본적지출액누계(+)(정액법만)	
7.당기자본적지출액(즉시상각분)(+)	
8.전기말부인누계액(+) (정률만 상각대상에 가산)	1,477,493
9.전기말의제상각누계액(-)	
10.상각대상금액	30,477,493
11.내용연수/상각률(월수)	5 0.451 (12)
12.상각범위액(한도액)(10X상각율)	13,745,349
13.회사계상액(12)-(7)	12,000,000
14.경비구분	1.500번대/제조
15.당기말감가상각누계액	24,000,000
16.당기말장부가액	17,000,000
17.당기의제상각비	
18.전체양도일자	____-__-__
19.전체폐기일자	____-__-__
20.업종	13 제조업

2. 미상각자산감가상각조정명세서

입력내용			금액
업종코드/명	13	제조업	
합계표 자산구분		2. 기계장치	
(4)내용연수			5
상각계산의 기초가액	재무상태표 자산가액	(5)기말현재액	41,000,000
		(6)감가상각누계액	24,000,000
		(7)미상각잔액(5)-(6)	17,000,000
	(8)회사계산감가상각비		12,000,000
	(9)자본적지출액		
	(10)전기말의제상각누계액		
	(11)전기말부인누계액		1,477,493
	(12)가감계((7)+(8)+(9)-(10)+(11))		30,477,493
(13)일반상각률.특별상각률			0.451
상각범위액계산	당기산출 상각액	(14)일반상각액	13,745,349
		(15)특별상각액	
		(16)계((14)+(15))	13,745,349
	취득가액	(17)전기말현재취득가액	41,000,000
		(18)당기회사계산증가액	
		(19)당기자본적지출액	
		(20)계((17)+(18)+(19))	41,000,000
	(21) 잔존가액		2,050,000
	(22) 당기상각시인범위액		13,745,349
(23)회사계상상각액((8)+(9))			12,000,000
(24)차감액 ((23)-(22))			-1,745,349
(25)최저한세적용에따른특별상각부인액			
조정액	(26) 상각부인액 ((24)+(25))		
	(27) 기왕부인액중당기손금추인액		1,477,493
(28) 당기말부인누계액 ((11)+(26)-|(27)|)			

3. 감가상각비조정명세서합계표

1.자 산 구 분		코드	2.합 계 액	유형자산 3.건 축 물	유형자산 4.기계장치	유형자산 5.기타자산	6.무형자산
재무상태표 상가액	101.기말현재액	01	41,000,000		41,000,000		
	102.감가상각누계액	02	24,000,000		24,000,000		
	103.미상각잔액	03	17,000,000		17,000,000		
104.상각범위액		04	13,745,349		13,745,349		
105.회사손금계상액		05	12,000,000		12,000,000		
조정금액	106.상각부인액 (105-104)	06					
	107.시인부족액 (104-105)	07	1,745,349		1,745,349		
	108.기왕부인액 중 당기손금추인액	08	1,477,493		1,477,493		

4. 조정등록

〈손금산입〉 감가상각비 시인부족액 추인 1,477,493원(유보감소)

[3] 가지급금등의 인정이자 조정명세서

1. 가지급금, 가수금 입력

① 대표이사 유현진

ㅇ가지급금,가수금 선택: 1.가지급금 　 회계데이터불러오기

No	적요	년월일	차변	대변	잔액	일수	적수
1	2.대여	3 2	85,000,000		85,000,000	305	25,925,000,000

② 사내이사 김강현

ㅇ가지급금,가수금 선택: 1.가지급금 　 회계데이터불러오기

No	적요	년월일	차변	대변	잔액	일수	적수
1	2.대여	5 17	17,000,000		17,000,000	229	3,893,000,000

2. 차입금 입력

① 새마을은행

No	□	적요	연월일	차변	대변	이자대상금액	이자율 %	이자
1	□	1.전기이월	1 1		40,000,000	40,000,000	2.90000	1,160,000

② 시민은행

No	□	적요	연월일	차변	대변	이자대상금액	이자율 %	이자
1	□	2.차입	3 1		25,000,000	25,000,000	2.10000	525,000

☞(주)동호물산은 특수관계회사이므로 차입금입력 대상에서 제외

3. 인정이자계산 : (을)지(인정이자율 2.59230%)

① 대표이사 유현진

No	대여기간		연월일	적요	5.차변	6.대변	7.잔액(5-6)	일수	가지급금적수(7X8)	10.가수금적수	11.차감적수	이자율(%)	13.인정이자(11X12)
	발생연월일	회수일											
1	3 2	차기 이월	3 2	2.대여	85,000,000		85,000,000	305	25,925,000,000		25,925,000,000	2.59230	1,841,243

② 사내이사 김강현

No	대여기간		연월일	적요	5.차변	6.대변	7.잔액(5-6)	일수	가지급금적수(7X8)	10.가수금적수	11.차감적수	이자율(%)	13.인정이자(11X12)
	발생연월일	회수일											
1	5 17	차기 이월	5 17	2.대여	17,000,000		17,000,000	229	3,893,000,000		3,893,000,000	2.59230	276,488

4. 인정이자조정 : (갑)지

1.가지급금.가수금 입력 | 2.차입금 입력 | 3.인정이자계산 : (을)지 | 4.인정이자조정 : (갑)지 　 이자율선택 : [2] 가중평균차입이자율로 계산

2.가중평균차입이자율에 따른 가지급금 등의 인정이자 조정 (연일수 : 365일)

No	1.성명	2.가지급금적수	3.가수금적수	4.차감적수(2-3)	5.인정이자	6.회사계상액	시가인정범위		9.조정액(=7) 7>=3억,8>=5%
							7.차액(5-6)	8.비율(%)	
1	유현진	25,925,000,000		25,925,000,000	1,841,243	630,000	1,211,243	65.78398	1,211,243
2	김강현	3,893,000,000		3,893,000,000	276,488	265,000	11,488	4.15497	

5. 조정등록

〈익금산입〉 　 가지급금 인정이자(대표이사) 　 1,211,243원(상여)

[4] 퇴직연금부담금 조정명세서

→ T기말 퇴중잔액 = 기초퇴충(25,000,000) - 지급액(16,000,000) - 유보(1,000,000) = 8,000,000원

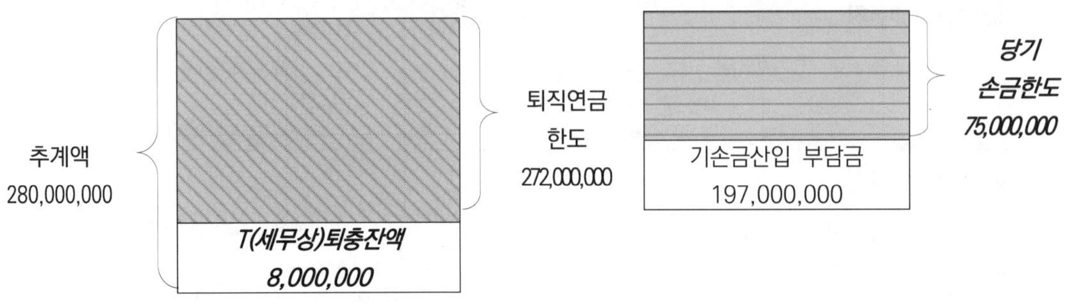

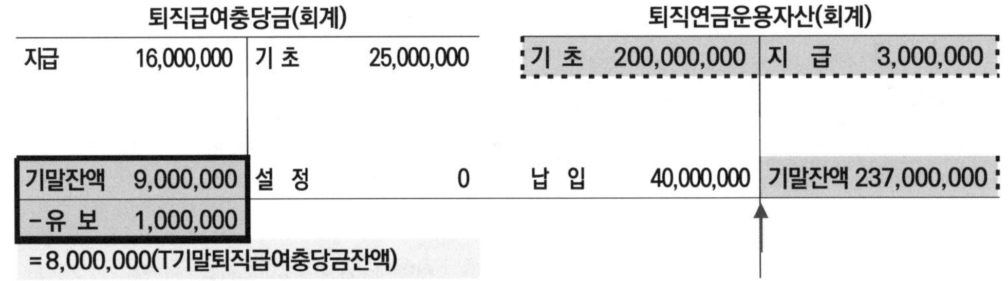

1. 기말 퇴직연금 예치금등의 계산

1 나.기말 퇴직연금 예치금 등의 계산

19.기초 퇴직연금예치금 등	20.기중 퇴직연금예치금 등 수령 및 해약액	21.당기 퇴직연금예치금 등의 납입액	22.퇴직연금예치금 등 계 (19 - 20 + 21)
200,000,000	3,000,000	40,000,000	237,000,000

2. 손금산입대상 부담금등 계산

2 가.손금산입대상 부담금 등 계산

13.퇴직연금예치금 등 계 (22)	14.기초퇴직연금충당금등 및 전기말 신고조정에 의한 손금산입액	15.퇴직연금충당금등 손금부인 누계액	16.기중퇴직연금등 수령 및 해약액	17.이미 손금산입한 부담금등 (14 - 15 - 16)	18.손금산입대상 부담금 등 (13 - 17)
237,000,000	200,000,000		3,000,000	197,000,000	40,000,000

3. 퇴직연금 등의 부담금 조정

1.퇴직연금 등의 부담금 조정

1.퇴직급여추계액	당기말 현재 퇴직급여충당금				6.퇴직부담금 등 손금산입 누적한도액 (①-⑤)
	2.장부상 기말잔액	3.확정기여형퇴직연금자의 설정전 기계상된 퇴직급여충당금	4.당기말 부인 누계액	5.차감액 (②-③-④)	
280,000,000	9,000,000		1,000,000	8,000,000	272,000,000
7.이미 손금산입한 부담금 등 (17)	8.손금산입액 한도액 (⑥-⑦)	9.손금산입 대상 부담금 등 (18)	10.손금산입범위액 (⑧과 ⑨중 적은 금액)	11.회사 손금 계상액	12.조정금액 (⑩-⑪)
197,000,000	75,000,000	40,000,000	40,000,000		40,000,000

4. 조정등록세무조정

〈손금불산입〉 전기퇴직연금운용자산 3,000,000원(유보감소)
〈 손 금 산 입 〉 전기퇴직급여충당금 3,000,000원(유보감소)
〈 손 금 산 입 〉 퇴직연금운용자산 40,000,000원(유보발생)

[5] 기부금조정명세서

1. 기부금 입력

1.기부금명세서 　월별로 전환 　구분만 별도 입력하기

구분		3.과목	4.월일		5.적요	기부처		8.금액
1.유형	2.코드					6.법인명등	7.사업자(주민)번호등	
24조제2항제1호에	10	기부금	2	20	의료용품 기부			50,000,000
24조제2항제1호에	10	기부금	8	10	이재민 구호물품			20,000,000
24조제2항제1호에	10	기부금	9	25	장학금			100,000,000
기타	50	기부금	12	25	정치자금			3,000,000
	가. 「법인세법」 제24조제2항제1호에 따른 특례기부금						코드 10	170,000,000
	나. 「법인세법」 제24조제3항제1호에 따른 일반기부금						코드 40	
	다. [조세특례제한법] 제88조의4제13항의 우리사주조합 기부금						코드 42	
	라.그 밖의 기부금						코드 50	3,000,000
	계							173,000,000

〈손금불산입〉 정치자금 3,000,000원(기타사외유출)

☞<u>개인의 정치자금은 세액공제 대상이지만 법인의 정당 정치자금 기부는 불법입니다. 정당에서도 기부를 받지도 않습니다.</u>

> 〈정치자금법〉
> 제31조【기부의 제한】 ① 외국인, **국내·외의 법인** 또는 단체는 **정치자금을 기부할 수 없다.**
> ② 누구든지 **국내·외의 법인 또는 단체와 관련된 자금으로 정치자금을 기부할 수 없다.**

2. 소득금액 확정 후 저장

- 가산조정 = 익금산입(30,000,000) + 손금불산입(정치자금, 3,000,000) = 33,000,000원

2.소득금액확정 (새로 불러오기 / 수정 해제)

1.결산서상 당기순이익	2.익금산입	3.손금산입	4.기부금합계	5.소득금액계(1+2-3+4)
300,000,000	33,000,000	4,500,000	170,000,000	498,500,000

3. 기부금 이월액 명세

5 5.기부금 이월액 명세

사업연도	기부금 종류	21.한도초과 손금불산입액	22.기공제액	23.공제가능 잔액(21-22)	24.해당연도 손금추인액	25.차기이월액(23-24)
합계	「법인세법」 제24조제2항제1호에 따른 특례기부금	10,000,000		10,000,000		10,000,000
	「법인세법」 제24조제3항제1호에 따른 일반기부금					
2020	「법인세법」 제24조제2항제1호에 따른 특례	10,000,000		10,000,000		10,000,000

4. 특례기부금 한도 계산(2018년 이월결손금 150,000,000입력)

1 1.「법인세법」 제24조제2항제1호에 따른 특례기부금 손금산입액 한도액 계산

1.소득금액 계	498,500,000	5.이월잔액 중 손금산입액 MIN[4,23]	10,000,000
2.법인세법 제13조제1항제1호에 따른 이월 결손금 합계액(기준소득금액의 80% 한도)	150,000,000	6.해당연도지출액 손금산입액 MIN[(④-⑤)>0, ③]	164,250,000
3.「법인세법」 제24조제2항제1호에 따른 특례기부금 해당 금액	170,000,000	7.한도초과액 [(3-6)>0]	5,750,000
4.한도액 {[(1-2)〉 0]X50%}	174,250,000	8.소득금액 차감잔액 [(①-②-⑤-⑥)>0]	174,250,000

5. 기부금이월액 명세(해당연도 손금추인액 10,000,000원 입력)

5 5.기부금 이월액 명세

사업연도	기부금 종류	21.한도초과 손금불산입액	22.기공제액	23.공제가능 잔액(21-22)	24.해당연도 손금추인액	25.차기이월액(23-24)
합계	「법인세법」 제24조제2항제1호에 따른 특례기부금	10,000,000		10,000,000	10,000,000	
	「법인세법」 제24조제3항제1호에 따른 일반기부금					
2020	「법인세법」 제24조제2항제1호에 따른 특례	10,000,000		10,000,000	10,000,000	

6 6. 해당 사업연도 기부금 지출액 명세

사업연도	기부금 종류	26.지출액 합계금액	27.해당 사업연도 손금산입액	28.차기 이월액(26-27)
합계	「법인세법」 제24조제2항제1호에 따른 특례기부금	170,000,000	164,250,000	5,750,000
	「법인세법」 제24조제3항제1호에 따른 일반기부금			

- 당기 특례기부금 한도초과액(5,750,000)은 10년간 이월공제

제97회 전산세무 1급

합격율	시험년월
2%	2021.08

이 론

01. 다음 중 자산과 부채의 유동성과 비유동성 구분에 대한 설명으로 옳지 않은 것은?

① 정상적인 영업주기 내에 판매되거나 사용되는 재고자산과 회수되는 매출채권 등은 보고기간종료일로부터 1년 이내에 실현되지 않을 경우 비유동자산으로 분류하고, 1년 이내에 실현되지 않을 금액을 주석으로 기재한다.

② 장기미수금이나 투자자산에 속하는 매도가능증권 또는 만기보유증권 등의 비유동자산 중 1년 이내에 실현되는 부분은 유동자산으로 분류한다.

③ 비유동부채 중 보고기간종료일로부터 1년 이내에 자원의 유출이 예상되는 부분은 유동부채로 분류한다.

④ 보고기간종료일로부터 1년 이내에 상환기일이 도래하더라도 기존의 차입약정에 따라 보고기간종료일로부터 1년을 초과하여 상환할 수 있고 기업이 그러한 의도가 있는 경우에는 비유동부채로 분류한다.

02. 다음 중 일반기업회계기준상 금융상품에 대한 설명으로 틀린 것은?

① 금융자산이나 금융부채는 최초인식시 공정가치로 측정한다.

② 최초인식시 금융상품의 공정가치는 일반적으로 거래가격이다.

③ 소멸하거나 제3자에게 양도한 금융부채의 장부금액과 지급한 대가의 차액은 당기손익으로 인식한다.

④ 금융자산을 양도한 후에도 양도인이 해당 양도자산에 대한 권리를 행사할 수 있는 경우, 해당 금융자산을 제거하고 양도인의 권리를 주석으로 공시한다.

03. 다음 중 유형자산과 관련한 일반기업회계기준 내용으로 맞지 않는 것은?

① 정부보조 등에 의해 유형자산을 공정가치보다 낮은 대가로 취득한 경우 그 유형자산의 취득원가는 대가를 지급한 금액으로 한다.
② 자가건설 과정에서 원재료, 인력 등의 낭비로 인한 비정상적인 원가는 취득원가에 포함하지 않는다.
③ 다른 종류의 자산과의 교환을 위하여 제공한 자산의 공정가치가 불확실한 경우에는 교환으로 취득한 자산의 공정가치를 취득원가로 할 수 있다.
④ 새로운 상품과 서비스를 소개하는데 소요되는 원가는 유형자산의 원가로 포함하지 않는다.

04. 다음은 ㈜삼진이 발행한 사채와 관련한 자료이다. 사채발행과 관련한 설명으로 맞는 것은? (단, 단수차이로 인해 오차가 있다면 가장 근사치를 선택한다.)

○ 사채발행내역
- 사채액면금액 : 2,000,000원
- 표시이자율 : 10%, 시장이자율 8%
- 사채발행일자 : 20x1년 01월 01일
- 사채만기일자 : 20x3년 12월 31일

○ 현가계수표

할인율 / 기간	단일금액 1원의 현재가치		정상연금 1원의 현재가치	
	8%	10%	8%	10%
3년	0.7938	0.7513	2.5771	2.4868

① 사채발행시 사채 계정으로 계상할 금액은 2,103,020원이다.
② 사채발행시 사채할증발행차금은 103,020원이다.
③ 20x1년말 사채할증발행차금 환입액은 39,951원이다.
④ 20x2년말 사채할증발행차금 환입액은 37,582원이다.

05. 자본에 대한 설명으로 틀린 것은?

① 주주로부터 현금을 수령하고 주식을 발행하는 경우에 주식의 발행금액이 액면금액보다 크다면 그 차액을 자본잉여금으로 회계처리한다.
② 기업이 주주에게 순자산을 반환하지 않고 주식의 액면금액을 감소시키거나 주식수를 감소시키는 경우에는 감소되는 액면금액을 이익잉여금으로 회계처리한다.
③ 기업이 매입 등을 통하여 취득하는 자기주식은 취득원가를 자본조정으로 회계처리한다
④ 주식으로 배당하는 경우에는 발행주식의 액면금액을 배당액으로 하여 자본금의 증가와 이익잉여금의 감소로 회계처리한다.

06. ㈜부강은 제조부문1과 제조부문2를 가지고 제품 A와 B를 생산하고 있다. 20x0년 제조부문별 예정제조간접원가는 제조부문1은 992,000원, 제조부문2는 3,000,000원이며, 제품A의 생산량은 300개 제품B의 생산량은 400개이며, 제조부문1의 제품 A와 B를 1단위 생산하는데 투입된 직접노동시간은 제품A는 4시간, 제품B는 5시간이다. 직접노동시간을 기준으로 제조간접원가를 예정배부시 제조부문1의 직접노동시간당 예정배부율은 얼마인가?

① 280원 ② 310원 ③ 360원 ④ 400원

07. 다음 중 부문별 원가계산에 대한 설명 중 가장 옳지 않은 것은?

① 제조간접비를 정확하게 배부하기 위해 부문별로 분류, 집계하는 절차이며 배부방법에 따라 총이익은 달라지지 않는다.
② 단계배부법은 보조부문 상호간의 용역수수 관계를 일부만 반영한다.
③ 보조부문이 하나인 경우 변동제조간접비와 고정제조간접비의 구분에 따라 단일배부율법과 이중배부율법이 있다.
④ 상호배부법은 보조부문비의 배부가 배부순서에 의해 영향을 받지 않는다.

08. 다음 중 결합원가계산에 대한 설명으로 잘못된 것은?

① 결합원가계산은 동일한 종류의 원재료를 투입하여 동시에 생산되는 서로 다른 2종 이상의 제품을 생산할 때 필요한 원가계산 방법이다.
② 결합원가계산에서 부산물이란 주산품의 제조과정에서 부수적으로 생산되는 제품으로서 상대적으로 판매가치가 적은 제품을 말한다.
③ 결합원가계산에서 분리점이란 연산품이 개별적으로 식별 가능한 시점을 가리킨다.
④ 결합원가를 순실현가치법에 따라 배분할 때 순실현가치란 개별제품의 최종판매가격에서 분리점 이후의 추가적인 가공원가만 차감하고, 판매비와 관리비는 차감하기 전의 금액을 말한다.

09. 당사는 선입선출법에 의한 종합원가계산으로 제품원가를 계산한다. 다음 자료를 참조하여 계산한 기말재공품의 완성도는 얼마인가?

1. 재공품 완성도

구 분	수 량	완성도
기초 재공품	550개	40%
당기 완성품	1,300개	100%
기말 재공품	600개	?

2. 기타
- 당기 발생 가공비는 12,000,000원이다.
- 가공비 완성품 단위당 원가는 10,000원이다.
- 가공비는 공정 전반에 걸쳐 균등하게 발생한다고 가정한다.

① 10% ② 20% ③ 80% ④ 90%

10. ㈜예인은 표준원가계산제도를 채택하여 화장품을 생산하고 있다. 다음의 자료에 따른 재료비의 가격차이와 수량차이는 얼마인가?

- 예상생산량 : 10,000단위
- 실제생산량 : 9,000단위
- 실제수량 : 100,000kg
- 실제단가 : 300원/kg
- 표준수량 : 12kg/단위
- 표준단가 : 320원/kg

	가격차이	수량차이
①	2,000,000원 유리	2,560,000원 유리
②	2,000,000원 유리	2,400,000원 유리
③	2,000,000원 불리	2,400,000원 불리
④	2,000,000원 불리	2,560,000원 불리

11. 다음 중 법인세법상 기업업무추진비와 관련된 내용으로 맞는 것은?

① 임원이 부담해야 할 성질의 기업업무추진비를 법인이 지출한 경우 기업업무추진비로 본다.
② 법정증명서류를 수취하지 않더라도 손금불산입이 되지 않는 기준금액은 경조사는 20만원 이하, 그 외의 경우에는 3만원이하이다.
③ 약정에 따라 채권의 전부 또는 일부를 포기하는 경우 해당금액을 대손금으로 처리한다.
④ 중소기업의 기업업무추진비 기본한도액은 2,400만원에 해당사업연도 개월수를 곱하여 계산한다.

12. 다음 중 법인세법상의 소득처분에 대한 설명으로 틀린 것은?

① 추계결정 시의 소득처분에서 천재지변이나 그 밖에 불가항력으로 장부나 그 밖의 증빙서류가 멸실되어 추계결정된 과세표준은 기타사외유출로 소득처분한다.
② 사외유출된 것은 분명하나 소득처분에 따른 소득의 귀속자가 불분명한 경우 대표자에 대한 상여로 소득처분한다.
③ 추계로 과세표준을 결정 · 경정할 때 대표자 상여처분에 따라 발생한 소득세를 법인이 대납하고 이를 손비로 계상한 경우 대표자 상여로 소득처분한다.
④ 소득처분에 따른 소득의 귀속자가 법인으로서, 그 분여된 이익이 내국법인의 각 사업연도소득을 구성하는 경우 기타사외유출로 소득처분한다.

13. 다음 중 부가가치세법상 재화의 공급에 대한 설명으로 틀린 것은?

① 차입금을 현금대신 건물 등으로 변제하는 대물변제는 건물의 공급에 해당하므로 재화의 공급으로 본다.
② 사업자간에 재화를 차용하여 사용 · 소비하고 동종 또는 이종의 재화를 반환하는 소비대차의 경우에 해당 재화를 차용하거나 반환하는 것은 각각 재화의 공급에 해당한다.
③ 저당권의 목적으로 부동산 및 부동산상의 권리를 제공하는 경우에는 재화의 공급으로 본다.
④ 수용(법률에 따른 수용은 제외)에 따라 재화를 인도하거나 양도하는 것은 재화의 공급으로 본다.

14. 부가가치세법상 간이과세자(부동산임대업, 과세유흥장소 제외)에 대한 설명으로 올바른 것은?

가. 간이과세 적용범위 중 금액기준은 직전연도 공급대가 합계액이 1억 4백만원 미만인 개인사업자이다.
나. 간이과세자에 대한 부가가치세 납부의무 면제 기준금액은 해당연도 공급대가 합계액이 4,800만원 미만인 간이과세자이다.
다. 세금계산서를 발급한 간이과세자는 예정부과기간(1.1.~6.30.)의 부가가치세 신고를 7.25.까지 해야 한다.
라. 간이과세자는 면세농산물 등에 대한 의제매입세액공제를 적용받을 수 있다.

① 없음　② 가, 나　③ 가, 나, 다　④ 가, 나, 다, 라

15. 소득세법상 기타소득 중 실제 소요된 필요경비가 없는 경우에도 수입금액의 60%를 필요경비로 공제하는 것이 아닌 것은?

① 일시적 원고료　② 종교인 소득
③ 일시적 강연료　④ 산업재산권 대여소득

실 무

㈜홍도산업(0970)은 제조 · 도소매업을 영위하는 중소기업이며, 당기 회계기간은 20x1.1.1.~20x1.12.31.이다. 전산세무회계 수험용 프로그램을 이용하여 다음 물음에 답하시오.

문제 1 다음 거래에 대하여 적절한 회계처리를 하시오.(12점)

[1] 3월 14일 제품을 미국 NICE 사에 직수출하고 대금은 2개월 후에 수령하기로 하였다. 선적일의 기준환율은 1$당 1,150원이고, 총신고가격(FOB)은 $40,000, 결제금액(CIF)은 $43,000이다.(단, 수출신고번호 입력은 생략할 것)(3점)

[2] 3월 30일 당사는 제품 제조공장을 짓기 위해 건물이 있는 토지를 매입하고 즉시 건물을 철거하기로 하였다. 같은 날짜에 철거비용으로 ㈜백두물산으로부터 전자세금계산서(공급가액 30,000,000원, 세액 3,000,000원)를 발급받고 대금은 5일 후 지급하기로 하였다.(3점)

[3] 4월 19일 당사가 5%의 지분을 소유한 ㈜연준으로부터 현금배당 8,000,000원과 주식배당 100주(주당 액면가액 10,000원)를 보통예금 및 주식으로 수령하였다. 배당에 관한 회계처리는 기업회계기준을 준수하였다.(단, 원천징수는 무시할 것)(3점)

[4] 12월 15일 당사는 공급가액 100,000,000원에 ㈜전동에 제품을 매출하고 전자세금계산서를 발급하였으며, 대금 중 50%는 보통예금으로 나머지 금액은 당좌예금으로 입금받았다. 매출거래처 ㈜전동은 수출업자와 수출재화임가공용역계약을 체결하여 영세율을 적용받고 있다.(3점)

문제 2 다음 주어진 요구사항에 따라 부가가치세 신고서 및 부속서류를 작성하시오.(10점)

[1] 다음 자료는 20x1년 2기 확정(10.1.~12.31.) 부가가치세신고에 대한 매입관련 전자세금계산서내역이다. 공제받지 못 할 매입세액명세서를 작성하시오. (단, 전표입력은 생략하고, 세금계산서는 작성일자에 발급함)(4점)

작성일자	거래내용	공급가액	부가가치세	매수
10.5.	업무무관자산을 관리함으로써 생기는 유지비용	3,500,000	350,000	1
10.20.	구매부서의 프린터 구입비용 (세금계산서 발급일자는 당기 12월 1일임)	400,000	40,000	1
10.26.	업무용승용차(배기량 990cc) 구입비용	12,000,000	1,200,000	1
11.14.	거래처에 무상제공하기 위한 난방기 구입비용	5,000,000	500,000	1
12.18.	출퇴근용 승합차(12인승)의 차량 수리비용	300,000	30,000	1
12.29.	공장용토지의 경계측량을 위한 측량비용	1,000,000	100,000	1

[2] 본 문제에 한하여 당사는 중소기업(음식점업)을 영위하는 법인이라고 가정하고, 20x1년 1기 확정(4.1.~6.30.) 부가가치세 신고시 의제매입세액공제신고서를 작성(전표입력은 생략)하시오.(단, 모든 원재료는 면세대상이며 모두 음식점업의 식자재로 사용된다.)(3점)

매입일자	공급자	사업자번호 (또는 주민등록번호)	물품명	매입가액(원)	증빙자료	수량
20x1.04.05	전봉준(어민)	650621 - 1036915	수산물	50,000,000	현금으로 지급하고 증빙없음	1,000
20x1.06.09	㈜더케이푸드	123 - 81 - 77081	농산물	7,200,000	계산서	500

※ 제1기 과세기간의 의제매입과 관련된 제품매출액(과세표준)은 예정신고기간에 100,000,000원, 확정신고기간에 80,000,000원이 발생하였다. 제1기 예정 부가가치세신고시 의제매입세액 적용 매입가액은 52,000,000원이며 의제매입세액 공제액은 2,000,000원이다.

[3] 다음 주어진 자료를 보고 20x1년도 제1기 확정신고시 대손세액공제신고서를 작성하시오.(3점)

1. 매출채권의 대손 발생 내역

공급일	상호 및 사업자등록번호	계정과목	대손금액	비고
2017.10.1.	㈜미래상사 (105-81-62708)	외상매출금	7,700,000원	20x1.4.25.(소멸시효 완성)
2019.12.5.	㈜오늘무역 (636-81-11678)	외상매출금	2,200,000원	20x0.10.8.(부도발생일)
20x0.10.9.	장래교역 (311-03-59120)	받을어음	3,300,000원	20x1.5.10.(부도발생일)
20x0.11.3.	내일식품 (123-03-10160)	외상매출금	5,500,000원	20x1.6.15.(파산법에 의한 파산으로 회수불가)

2. 대손 처리된 매출채권 회수 내역
   전기에 대손세액공제를 받았던 ㈜태양에 대한 외상매출금(5,500,000원)을 20x1.3.15.에 회수하였다.

문제 3 다음의 결산정리사항에 대하여 결산정리분개를 하거나 입력을 하여 결산을 완료하시오. (8점)

[1] 다음은 제2기 부가가치세 확정신고와 관련된 자료이다. 입력된 데이터는 무시하고 다음의 자료를 이용하여 12월 31일 부가가치세 확정신고와 관련된 계정을 정리하는 회계처리를 하시오.(2점)

1. 20x1년 12월 31일 계정별 잔액

미수금	부가세대급금	부가세예수금
1,200,000원	32,300,000원	45,600,000원

2. 기타
- 미수금 잔액은 전액 제2기 부가가치세 예정신고 미환급세액이다.
- 부가가치세 가산세 100,000원이 발생하였다.
- 납부할 세액은 미지급세금 계정을 사용한다.

[2] 다음의 자료는 화폐성 외화자산(장기대여금) 및 외화부채(장기차입금)의 내역 및 환율이다. (단, 외화환산이익과 외화환산손실을 각각 인식할 것)(2점)

계정과목	금액	거래처	발생일	발생일 환율	20x0.12.31 환율	20x1.12.31 환율
장기차입금	$12,000	㈜와플	20x0.05.26	1,380원	1,210원	1,110원
장기대여금	$28,000	㈜세무	20x0.08.08	1,320원		

[3] 회사는 연령분석법으로 매출채권에 대하여 대손을 추정하고 대손상각비를 계상하고 있다. 기존 입력된 데이터는 무시하고 다음의 자료를 이용하여 대손충당금을 설정하고 장부에 반영하시오. (2점)

(1) 매출채권잔액과 대손설정율

구분	당기말 채권잔액			대손설정율
	외상매출금	미수금	받을어음	
30일 이내	5,000,000원	-	-	5%
30일 초과 90일 이내	10,000,000원	3,000,000원	-	10%
90일 초과	2,000,000원	-	1,000,000원	15%
합계	17,000,000원	3,000,000원	1,000,000원	

(2) 전기말 대손충당금 잔액은 아래와 같고, 회사는 보충법에 따라 대손충당금을 설정하고 있다.

구분	외상매출금	미수금	받을어음
전기말 대손충당금 잔액	1,000,000원	300,000원	-

[4] 당기초 재무상태표의 선급비용 26,250,000원은 ㈜대영산업과 20x0년 10월 1일에 계약한 2년치 창고임차료(판관비)에 대한 건이다. 당기 결산시 회계처리를 하시오.(단, 월할계산하고 부가가치세는 고려안함)(2점)

문제 4 원천징수와 관련된 다음 물음에 답하시오.(10점)

[1] 다음은 20x1년 8월 12일에 입사한 마세욱(사원코드 311번, 세대주)과 관련된 자료이다. 「사원등록 메뉴」의 「부양가족등록탭」을 작성하고(기본공제 대상이 아닌 경우 반드시 기본공제를 "부"로 하여 입력), 「연말정산추가자료입력 메뉴」에서 연말정산을 완료하시오.(단, 소득세 부담 최소화를 가정한다)(7점)

(1) 가족관계증명서

가족관계증명서

등록기준지	서울특별시 강서구 화곡동 220

구분	성 명	출생연월일	주민등록번호	성별
본인	마세욱	1983년 02월 22일	830222-1033260	남

가족사항

구분	성 명	출생연월일	주민등록번호	성별
부	마동탁 사망	1953년 04월 16일	530416-1033160	남
모	양지순	1957년 12월 01일	571201-2233014	여
배우자	유지운	1983년 06월 30일	830630-2054517	여
자녀	마연우	2011년 05월 20일	110520-3081253	남
자녀	마연지	2020년 03월 15일	200315-4032919	여

- 마세욱과 생계를 같이하는 부양가족은 위 가족관계증명서에 나오는 가족뿐이다.
- 자녀 중 마연우는 장애인 복지법에 따른 장애인이다.
- 부친인 마동탁은 20x1년 02월 28일에 사망하였으며, 소득은 없었다.
- 모친인 양지순은 무직으로 소득이 없으나, 20x1년 주택을 처분하여 양도소득금액 200만원이 발생하였다.
- 마세욱은 아래 제시된 근로소득만 있으며 배우자와 자녀는 소득이 없다.

(2) 종전 근무지 관련 자료

- 근무처 : ㈜삼강(110-86-32502)
- 근무기간 : 20x1.01.01.~20x1.07.31.
- 급여내역 : 급여(24,500,000원), 상여(4,000,000원)
- 4대보험 :

국민연금	건강보험	장기요양	고용보험
1,282,500원	1,034,550원	119,180원	228,000원

• 세액명세

세액명세	구분	소득세	지방소득세
결정세액	결정세액	603,300원	60,330원
	기납부세액	1,532,790원	153,270원
	차감징수세액	-929,490원	-92,940원

(3) 국세청 연말정산간소화 서비스 자료

- 아래의 자료는 마세욱 본인과 가족들의 것이며, 다른 국세청 자료는 없는 것으로 한다.

20x1년 귀속 소득(세액)공제증명서류 : 기본(지출처별)내역 [보장성 보험, 장애인전용보장성보험]

■ 계약자 인적사항

성명	마세욱	주민등록번호	830222 - *******

■ 보장성보험(장애인전용보장성보험)납입내역 (단위 : 원)

종류	상호 / 사업자번호 / 종피보험자1	보험종류 / 증권번호 / 종피보험자2	주피보험자 / 종피보험자3	납입금액 계
보장성	삼숭화재**	자동차보험		300,000
	103 - 85 - *****	72727222	830222 - ******* 마세욱	
장애인전용 보장성	제일화재**	장애인전용보장성보험		1,000,000
	106 - 85 - ******	PPO34252	110520 - ******* 마연우	
인별합계금액		1,300,000		

20x1년 귀속 소득(세액)공제증명서류 : 기본(지출처별)내역 [의료비]

■ 환자 인적사항

성명	마연우	주민등록번호	110520 - *******

■ 의료비 지출내역 (단위 : 원)

사업자번호	상호	종류	납입금액 계
5 - 90 - 32*	제일**병원	일반	2,040,000
의료비 인별합계금액			2,040,000
안경구입비 인별합계금액			
인별합계금액			2,040,000

20x1년 귀속 소득(세액)공제증명서류 : 기본(지출처별)내역 [교육비]

■ 학생 인적사항

성명	마연우	주민등록번호	110520 - *******

■ 교육비 지출내역 (단위 : 원)

교육비 종류	학교명	사업자번호	납입금액 계
초등학교	**초등학교	**8 - 81 - *****	300,000
인별합계금액	300,000		

(4) 월세자료

- 다음은 무주택자인 마세욱과 그 가족이 거주하는 아파트의 월세계약서 일부이다.
- 주민등록상 주소지와 임대차계약서상의 주소지가 동일하다.
- 임대차계약서대로 월세는 지급되었다

부동산 월세 계약서

본 부동산에 대하여 임대인과 임차인 쌍방은 다음과 같이 합의하여 임대차계약을 체결한다.

1. 부동산의 표시

소재지	서울 강남구 도산대로 120, 1501 - 503					
건 물	구 조	철근콘크리트	용 도	아파트(주거용)	면 적	82 ㎡
임 대 부 분	상동 소재지 전부					

2. 계약내용

제 1 조 위 부동산의 임대차계약에 있어 임차인은 보증금 및 차임을 아래와 같이 지불하기로 한다.

보증금	일금 이억 원정 (₩200,000,000)
차 임	일금 일백만 원정 (₩1,000,000)은 매월 말일에 지불한다.

제 2 조 임대인은 위 부동산을 임대차 목적대로 사용 수익할 수 있는 상태로 하여 20x0년 06월 01일까지 임차인에게 인도하며, 임대차기간은 인도일로부터 20x2년 05월 31일까지 24개월로 한다.

… 중략 …

임 대 인 : 나주인 (470404 - 2133121) (인)
임 차 인 : 마세욱 (830222 - 1033260) (인)

[2] 다음은 이자 및 배당소득에 대한 원천징수자료이다. 다음의 자료를 이용하여 [기타소득자등록] 및 [이자배당소득자료입력] 메뉴에 관련 자료를 입력하시오.(3점)

1. 소득지급내역

소득자				소득금액	소득구분	소득지급일/영수일
구분	코드	상호(성명)	사업자(주민등록)번호			
법인	101	㈜더케이	113 - 86 - 32442	12,000,000원	이자소득	20x1.4.15
개인	102	연예인	800207 - 1234567	15,000,000원	배당소득	20x1.4.30

2. ㈜더케이에 지급한 이자소득은 단기차입금에 대한 것이며, ㈜더케이는 내국법인으로 금융업을 영위하지 않는다. (단, 이자지급대상 기간과 이자율 입력은 생략한다.)
3. 연예인(거주자, 내국인)은 당사의 주주로 20x0년도 이익잉여금 처분에 따라 배당금을 현금으로 지급하였다.

문제 5 **㈜선유물산(0971)은 금속을 생산하고 제조 · 도매업을 영위하는 중소기업이며, 당해 사업연도는 20x1.1.1.~20x1.12.31.이다. 법인세무조정메뉴를 이용하여 재무회계 기장자료와 제시된 보충자료에 의하여 당해 사업연도의 세무조정을 하시오.(30점) ※ 회사선택 시 유의하시오.**

[1] 다음 자료는 당기에 도원2공장 신축을 위하여 신축자금을 교동은행에서 차입하였다. [건설자금이자조정명세서]를 작성하고 관련 세무조정을 하시오(원단위 미만은 절사함).(6점)

1. 도원2공장 신축공사관련 차입내역

차입기관	차입기간	연이자율	차입금액(원)	비 고
교동은행	x1.7.1~x2.10.31	3.5%	1,000,000,000	공장신축을 위한 특정차입금임

* 당해 공사일수는 153일이며, 차입일수는 184일에 해당함(1년은 365일로 계산할 것)
* 차입금액 중 100,000,000원을 차입일부터 일시투자하여 연 5%의 투자수익이 발생함.

2. 공사관련 내용
- 도원2공장 신축관련공사로 공사기간은 20x1.8.1.~20x2.9.30.이며, 준공예정일은 20x2.9.30.이다.
- 신축공사관련 차입금에 대한 이자비용으로 17,643,835원, 일시이자수익은 2,520,547원을 손익계산서에 계상함.

[2] 당기 대손금 및 대손충당금 관련 자료는 다음과 같다. 당기 대손충당금 및 대손금조정명세서를 작성하고 세부담이 최소화 되도록 세무조정을 하시오.(단, 기존자료는 무시하고 다음의 자료만을 이용할 것)(6점)

1. 당기 대손충당금 변동내역은 다음과 같다.
   전기이월액에는 전기 대손충당금 한도초과액 5,000,000원이 포함되어 있다.

대손충당금

외상매출금 상계액	5,000,000원	전기이월액	20,000,000원
받을어음 상계액	5,000,000원	당기설정액	10,000,000원
차기이월액	20,000,000원		
	30,000,000원		30,000,000원

2. 당기 대손발생내역은 다음과 같고, 모두 대손충당금과 상계처리하였다.
   1) 3월 30일 : 외상매출금 중 채무자가 연락되지 않아 회수가 불가능한 금액 5,000,000원을 대손처리하였다.
   2) 5월 6일 : 매출거래처가 부도처리되어 부도일부터 6개월이 지난 부도어음 5,000,000원을 대손처리하였다.

3. 당기 대손충당금 설정대상 채권 내역은 다음과 같다.
   1) 외상매출금 250,000,000원　　2) 받을어음　200,000,000원

4. 대손실적률은 2%로 가정한다.

[3] 입력된 자료는 무시하고 다음의 자료만을 이용하여 [법인세과세표준및세액조정계산서]와 [최저한세 조정명세서]를 작성하시오.(단, 분납을 최대한 적용받기로 한다.)(6점)

- 결산서상 당기순이익 : 200,150,000원
- 익금산입액 : 28,150,000원
- 손금산입액 : 10,320,000원
- 기부금한도초과액 : 3,180,000원
- 이월결손금 : 35,000,000원(2008년 귀속분 : 10,000,000원, 2020년 귀속분 : 25,000,000원)
- 통합투자세액공제 : 7,000,000원(최저한세 적용 대상)
- 가산세액 : 1,500,000원
- 원천납부세액 : 1,400,000원

[4] 다음 자료를 참조하여 「수입배당금액명세서」에 내용을 추가하여 작성을 완료하고 필요한 세무조정을 하시오.(6점)

1. 배당금 수취 현황

일자	회사명	사업자등록번호	대표자	소재지	배당액
20x1.04.10.	㈜한다	106-85-32321	김서울	서울시 영등포구 국제금융로 8	5,000,000원
20x1.04.30.	㈜간다	108-86-00273	이인천	서울시 마포구 마포대로 3	750,000원

2. ㈜한다 주식내역

발행주식총수	당사보유내역	지분율	비고
60,000주	60,000주	100%	- 일반법인 - 2018.10.15. 100% 지분 취득 - 취득일 이후 지분변동 없음

3. ㈜간다 주식내역

발행주식총수	당사보유내역	지분율	비고
1,000,000주	5,000주	0.5%	- 주권상장법인 - 2019.03.15. 0.5% 지분 취득 - 취득일 이후 지분변동 없음

4. 기타내역
   - 당사는 유동화전문회사 및 지주회사가 아니다.
   - 당사는 지급이자가 없는 것으로 가정한다.
   - 이에 따라 익금불산입 배제금액은 없다.

[5] 다음의 자료를 이용하여 [임대보증금등의 간주익금조정명세서]를 작성하고 세무조정을 하시오.(단, 기존에 입력된 데이터는 무시하고 제시된 자료로 계산하며, 이 문제에 한정해서 부동산임대업을 주업으로 하는 영리내국법인으로서 차입금이 자기 자본의 2배를 초과하는 법인으로 가정한다)(6점)

1.임대보증금의 내역

구분	금액	임대면적	비고
전기이월	600,000,000원	20,000㎡	
4월 30일 보증금 감소	200,000,000원	6,000㎡	퇴실 면적 계산시 이용
6월 1일 보증금 증가	300,000,000원	6,000㎡	입실 면적 계산시 이용
기말잔액	700,000,000원	20,000㎡	

2. 건설비상당액은 전기 말 400,000,000원으로 건물의 총 연면적은 20,000㎡이다.
3. 손익계산서상 이자수익 13,500,000원 중 임대보증금 운용수입은 2,800,000원이다.(1년 만기 정기예금이자율은 1.2%로 가정함)

제97회 전산세무1급 답안 및 해설

이 론

1	2	3	4	5	6	7	8	9	10	11	12	13	14	15
①	④	①	②	②	②	①	④	②	①	②	③	③	③	②

01. **정상적인 영업주기 내에 판매되거나 사용되는 재고자산과 회수되는 매출채권** 등은 보고기간종료일로부터 **1년 이내에 실현되지 않더라도 유동자산으로 분류**한다. 이 경우 유동자산으로 분류한 금액 중 **1년 이내에 실현되지 않을 금액을 주석으로 기재**한다.

02. 금융자산을 양도한 후 양도인이 양도자산에 대한 권리를 행사할 수 있는 경우 해당 금융자산을 담보로 한 차입거래로 본다.

03. 정부보조 등에 유형자산을 무상, 공정가치보다 **낮은 대가로 취득하는 경우 취득원가는 취득일의 공정가치**로 한다.

04. 사채발행가액 = (2,000,000 × 0.7938) + (200,000 × 2.5771) = 2,103,020원
사채할증발행차금 = 2,103,020(발행가액) - 2,000,000(액면가액,①) = 103,020원(②)

연도	유효이자(A) (BV × 8%)	액면이자(B) (액면가액 × 10%)	할증발행차금 (A - B)	장부금액 (BV)
20x1. 1. 1				2,103,020
20x1.12.31	168,241	200,000	31,759(③)	2,071,261
20x2.12.31	165,700	200,000	34,299(④)	2,036,962

05. 기업이 주주에게 순자산을 반환하지 않고 주식의 액면금액을 감소시키거나 주식수를 감소시키는 경우에는 감소되는 액면금액 또는 감소되는 주식수에 해당하는 액면금액을 감자차익으로 하여 자본잉여금으로 회계처리한다.

06. 예정조업도(제품A) = 300개 × 4시간 = 1,200시간
예정조업도(제품B) = 400개 × 5시간 = 2,000시간
예정배부율(제조부문1) = 예정간접원가(992,000) ÷ 예정조업도(3,200시간) = 310원/직접노동시간

07. **재고가 존재할 경우 배부방법에 따라 총이익이 달라진다.**

08. 결합원가를 순실현가치법에 따라 배분할 때 순실현가치란 개별제품의 최종판매가격에서 분리점 이후의 추가적인 가공원가와 판매비와 관리비를 차감한 후의 금액을 말한다.

09.

〈1단계〉 물량흐름파악(선입선출법) 재공품			〈2단계〉 완성품환산량 계산 재료비	가공비
	완성품	1,300		
	- **기초재공품**	**550(60%)**		330
	- 당기투입분	750(100%)		750
	기말재공품	600(x%)		**120**
	계	1,900		**1,200**

〈3단계〉 원가요약(당기투입원가) 12,000,000 / 1,200개

〈4단계〉 완성품환산량당 단위원가 = @10,000

X = 120개/600개 = 20%

10.

AQ	AP	SQ	SP
100,000kg	300원/kg	9,000단위 × 12kg = 108,000kg	320원/kg
30,000,000		34,560,000	

AQ × AP(Ⓐ)	**AQ × SP(Ⓑ)**	**SQ × SP(Ⓒ)**
30,000,000	100,000kg × **320원/kg** = 32,000,000	**34,560,000**

가격차이(Ⓐ − Ⓑ) = △2,000,000(유리)

수량차이(Ⓑ − Ⓒ) = △2,560,000원(유리)

11. ① **임원이 부담할 기업업무추진비는 기업업무추진비로 보지 않고 개인사용경비**로 본다.
    ③ 정당한 사유가 있는 경우에는 대손금으로 보나 그 이외는 기업업무추진비 또는 기부금으로 본다.
    ④ **중소기업의 기업업무추진비 기본한도액은 연간 3,600만원**이다.

12. 추계로 과세표준을 결정 · 경정할 때 대표자 상여처분에 따라 발생한 소득세를 법인이 대납하고 이를 손비로 계상한 경우 기타사외유출로 소득처분한다.

13. 저당권의 목적으로 부동산 및 부동산상의 권리를 제공하는 경우에는 재화의 공급으로 보지 아니한다.

14. **간이과세자에 대한 면세농산물 등 의제매입세액공제 적용을 배제**한다.

15. 종교관련 종사자에 대한 필요경비는 별도 산식에 의한다.

실 무

문제 1 전표입력

문항	일자	유형	공급가액	부가세	거래처	전자세금
[1]	3/14	16.수출(1)	49,450,000	0	NICE	부
분개유형		(차) 외상매출금	49,450,000	(대) 제품매출		49,450,000
외상						

☞수출시 과세표준 = \$43,000 × 1,150 = 49,450,000원

문항	일자	유형	공급가액	부가세	거래처	전자세금
[2]	3/30	54.불공(6)	30,000,000	3,000,000	㈜백두물산	여
분개유형		(차) 토지	33,000,000	(대) 미지급금		33,000,000
혼합						

[3] (차) 보통예금 8,000,000 (대) 배당금수익 8,000,000

☞기업회계기준상 회사가 수령한 현금배당은 배당수익으로 인식하지만 주식배당은 배당수익으로 계상하지 아니하며 회사가 보유한 주식의 수량만 증가시킨다.

문항	일자	유형	공급가액	부가세	거래처	전자세금
[4]	12/15	11.과세	100,000,000	10,000,000	㈜전동	여
분개유형		(차) 보통예금	55,000,000	(대) 제품매출		100,000,000
혼합		당좌예금	55,000,000	부가세예수금		10,000,000

☞공급자인 ㈜홍도산업이 공급받는자인 ㈜전동에게 임가공용역을 제공한 것이 아니므로 영세율대상이 아니다.

문제 2 부가가치세

[1] 공제받지못할매입세액명세서(10~12월)

공제받지못할매입세액내역 | 공통매입세액안분계산내역 | 공통매입세액의정산내역 | 납부세액또는환급세액재계산

매입세액 불공제 사유	세금계산서 매수	세금계산서 공급가액	세금계산서 매입세액
①필요적 기재사항 누락 등			
②사업과 직접 관련 없는 지출	1	3,500,000	350,000
③비영업용 소형승용자동차 구입· 유지 및 임차			
④접대비 및 이와 유사한 비용 관련	1	5,000,000	500,000
⑤면세사업등 관련			
⑥토지의 자본적 지출 관련	1	1,000,000	100,000
⑦사업자등록 전 매입세액			
⑧금· 구리 스크랩 거래계좌 미사용 관련 매입세액			

☞1,000CC이하 경차, 9인승 이상 승합차는 매입세액공제대상임.

[2] 의제매입세액공제신고서(4~6월)

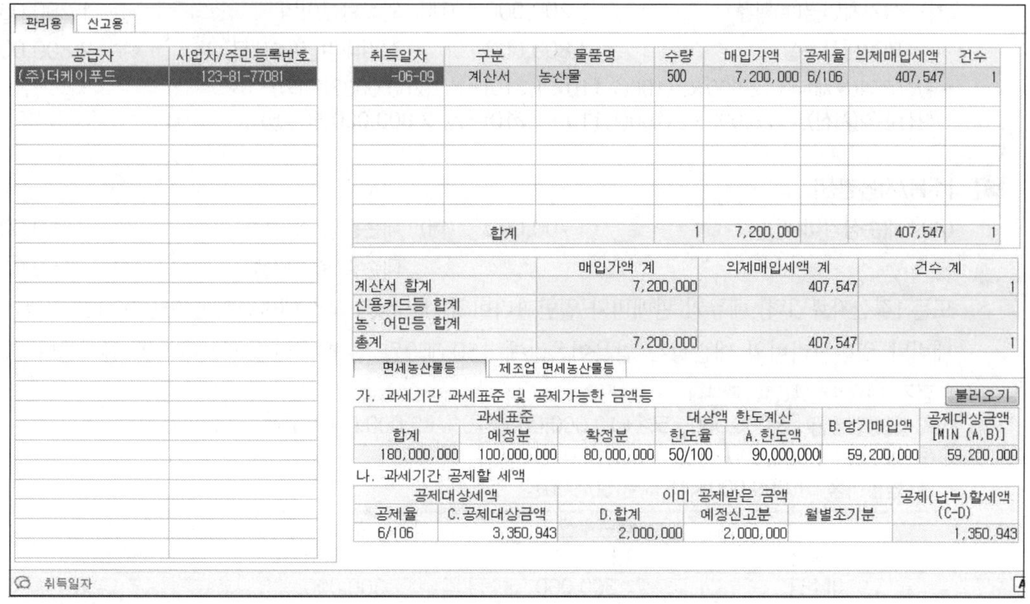

관리용 | 신고용

공급자	사업자/주민등록번호
(주)더케이푸드	123-81-77081

취득일자	구분	물품명	수량	매입가액	공제율	의제매입세액	건수
-06-09	계산서	농산물	500	7,200,000	6/106	407,547	1
	합계		1	7,200,000		407,547	1

	매입가액 계	의제매입세액 계	건수 계
계산서 합계	7,200,000	407,547	1
신용카드등 합계			
농·어민등 합계			
총계	7,200,000	407,547	1

면세농산물등 | 제조업 면세농산물등

가. 과세기간 과세표준 및 공제가능한 금액등 (불러오기)

과세표준			대상액 한도계산		B.당기매입액	공제대상금액 [MIN (A,B)]
합계	예정분	확정분	한도율	A.한도액		
180,000,000	100,000,000	80,000,000	50/100	90,000,000	59,200,000	59,200,000

나. 과세기간 공제할 세액

공제대상세액		이미 공제받은 금액			공제(납부)할세액 (C-D)
공제율	C.공제대상금액	D.합계	예정신고분	월별조기분	
6/106	3,350,943	2,000,000	2,000,000		1,350,943

취득일자

☞<u>음식점업을 영위시 적격증빙을 수취해야 의제매입세액공제를 적용받을 수 있다.</u>

[3] 대손세액공제신고서(4~6월)

대손확정일	대손금액	공제율	대손세액	거래처		대손사유
20x1-04-25	7,700,000	10/110	700,000	미래상사	6	소멸시효완성
20x1-04-09	2,200,000	10/110	200,000	오늘무역	5	부도(6개월경과)
20x1-06-15	5,500,000	10/110	500,000	내일식품	1	파산
20x1-03-15	-5,500,000	10/110	-500,000	(주)태양	7	대손채권회수
합 계	9,900,000		900,000			

☞장래교역 받을어음은 부도발생일부터 6개월이 지나지 않아 대손세액공제를 받을 수 없다. 2기확정 신고서 적용된다.
☞<u>㈜오늘무역의 어음은 부도발생일(20x0.10.08)로부터 6월이 되는 날의 다음날이므로 20x1.04.09이 대손확정일</u>이 된다.

문제 3 결산

[1] [수동결산]

(차)	부가세예수금	45,600,000	(대) 부가세예수금	32,300,000
	세금과공과(판) 또는 잡손실	100,000	미수금	1,200,000
			미지급세금	12,200,000

[2] [수동결산]

(차) 장기차입금(㈜와플) 1,200,000 (대) 외화환산이익 1,200,000
외화환산손실 2,800,000 장기대여금(㈜세무) 2,800,000

☞환산손익(부채) = $12,000×△100(1,110 − 1,210) = △1,200,000원(이익)
환산손익(자산) = $28,000×△100(1,110 − 1,210) = △ 2,800,000원(손실)

[3] [수동/자동결산]

(차) 대손상각비(판) 700,000 (대) 대손충당금(외상) 550,000
대손충당금(받을) 150,000

또는 [결산자료입력] 메뉴의 판매비와 일반관리비의 대손상각 외상매출금란에 550,000원 입력, 판매비와 일반관리비의 대손상각 받을어음란에 150,000원 입력 후 F3 전표추가를 클릭한다.

* 당기 대손추산액(연령분석법)
① 외상매출금 : 5,000,000×5% + 10,000,000×10% + 2,000,000×15% = 1,550,000원
② 미수금 : 3,000,000×10% = 300,000원
③ 받을어음 : 1,000,000×15% = 150,000원

	대손추산액	설정전대손충당금	당기대손상각비
외상매출금	1,550,000	1,000,000	550,000
미수금	300,000	300,000	0
받을어음	150,000	0	150,000
계			700,000

[4] [수동결산]

(차) 임차료(판관비) 15,000,000 (대) 선급비용(㈜대영산업) 15,000,000

☞ 1개월치 창고 임차료 = 26,250,000원(선급비용)÷21개월 = 1,250,000원/월
20x1년 임차료(당기비용) = 1,250,000원×12개월 = 15,000,000원

문제 4 원천징수

[1] 연말정산(마세욱)

1. 부양가족명세

관계	요 건		기본공제	추가(자녀)	판 단
	연령	소득			
본인(세대주)	−	−	○		
배우자	−	○	○		
부(72)	○	○	○	경로	사망일 전일로 판단
모(68)	○	×	부		소득금액 1백만원 초과자
자1(14)	○	○	○	장애(1), 자녀	
자2(5)	○	○	○		

2. 소득명세

근무처명	사업자등록번호	급여	상여	보험료 명세				세액명세		근무기간
				건강보험	장기요양	국민연금	고용보험	소득세	지방소득세	
㈜상강	110-86-32502	24,500,000	4,000,000	1,034,550	119,180	1,282,500	228,000	603,300	60,330	1.1~7.31

☞기납부세액란은 종전근무지 결정세액을 입력해야 한다.

3. 월세,주택임차 탭

임대인명(상호)	주민등록번호(사업자번호)	유형	계약면적(㎡)	임대차계약서 상 주소지	계약서상 임대차 계약기간			연간 월세액	공제대상금액	세액공제금액
					개시일	~	종료일			
나주인	470404-2133121	아파트	82.00	서울 강남구 도산대로 120,	20×0-06-01	~	20×2-05-31	12,000,000	7,500,000	750,000

4. 연말정산입력 탭

과 목	명 세	금 액	비 고
보 험 료	본인의 자동차 보험료	300,000원	보장성 보험 일반에 입력
	자1 장애인전용보장성보험료	1,000,000원	보장성 보험 장애인에 입력
의 료 비	마연우 의료비	2,040,000원	의료비 장애인에 입력
교 육 비	마연우 초등학교 수업료	300,000원	초중고에 300,000원 입력

부양가족	의료비	월세액	연말정산입력
보험료 교육비	**해당 사항을 입력 후 최종적으로 연말정산 입력 탭에서 F8부양가족탭불러오기를 클릭하여 입력된 데이터를 불러와서 최종 확인한다.**		

[2] 이자배당소득

1. 기타소득자 등록

① 101.(주)더케이

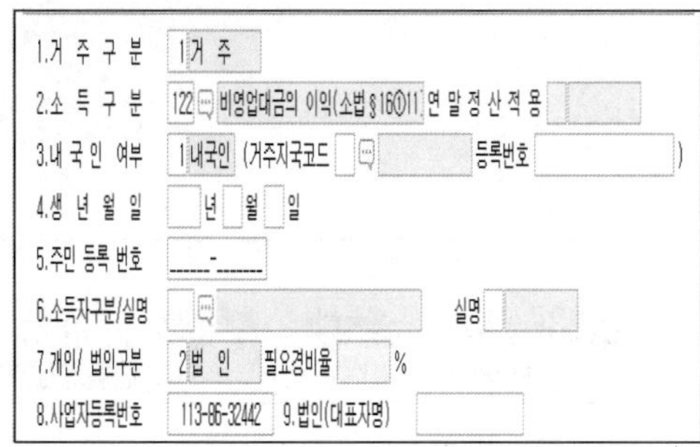

1.거 주 구 분	1 거 주		
2.소 득 구 분	122 비영업대금의 이익(소법§16①11	연 말 정 산 적 용	
3.내 국 인 여부	1 내국인	(거주지국코드	등록번호)
4.생 년 월 일	년 월 일		
5.주민 등록 번호	______-_______		
6.소득자구분/실명		실명	
7.개인/ 법인구분	2 법 인	필요경비율	%
8.사업자등록번호	113-86-32442	9.법인(대표자명)	

② 102.연예인

1.거 주 구 분	1 거 주		
2.소 득 구 분	251 내국법인 배당·분배금, 건설이자	연 말 정 산 적 용	
3.내 국 인 여부		(거주지국코드	등록번호)
4.생 년 월 일	년 월 일		
5.주민 등록 번호	800207-1234567		
6.소득자구분/실명	111 내국인주민등록번호	실명	0 실 명
7.개인/ 법인구분	1 개 인	필요경비율	%
8.사업자등록번호	___-__-_____	9.법인(대표자명)	

2. 이자배당 소득자료입력

① 101.(주)더케이(이자소득, 지급년월일 4월 15일)

1.소득자 구분/실명 / 실명
2.개인/법인구분: 2.법인
3.지급(영수)일자: 20x1 년 04 월 15 일
4.귀속년월: 20x1 년 04 월
5.은행 및 계좌번호 / 계좌번호 / 예금주
6.금융상품명
7.유가증권코드
8.과세구분
9.조세특례등
10.세액감면 및 제한세율근거
11.변동자료구분: 0 처음제출되는 자료

지 급 및 계 산 내 역

채권이자구분	이자지급대상기간	이자율	금액	세율(%)	세액	지방소득세	농특세
	----'--'--'----'--'--		12,000,000	25	3,000,000	300,000	

② 102.연예인(배당소득, 지급년월일 4월 30일)

1.소득자 구분/실명: 111 내국인주민등록번호 / 실명
2.개인/법인구분: 1.개인
3.지급(영수)일자: 20x1 년 04 월 30 일
4.귀속년월: 20x1 년 04 월
5.은행 및 계좌번호 / 계좌번호 / 예금주
6.금융상품명
7.유가증권코드
8.과세구분: 242 (구)위에 해당하지 않는 배당소득
9.조세특례등
10.세액감면 및 제한세율근거
11.변동자료구분: 0 처음제출되는 자료

지 급 및 계 산 내 역

채권이자구분	이자지급대상기간	이자율	금액	세율(%)	세액	지방소득세	농특세
	----'--'--'----'--'--		15,000,000	14	2,100,000	210,000	

☞배당소득의 귀속연월(잉여금처분결의일)이 2월이므로 귀속연월을 2월로 입력한 것도 정답으로 인용

문제 5 세무조정

[1] 건설자금이자 조정명세서

1. 특정차입금 건설자금이자 계산 명세

2. 특정차입금 건설자금이자계산 명세

	⑤건설자산명	⑥대출기관명	⑦차입일	⑧차입금액	⑨이자율	⑩지급이자(일시이자수익차감)	⑪준공일(또는 예정일)	⑫대상일수(공사일수)	⑬대상금액(건설이자)
1	도원2공장신축	교동은행	20x1-07-01	1,000,000,000	3.500	15,123,288	20x2-09-30	153	12,575,342

☞⑩ 지급이자(일시이자수익차감) = 17,643,835 - 2,520,547 = 15,123,288원
⑬ 건설이자 = 15,123,288÷184일×153일 = 12,575,342원

2. 건설자금이자계산조정

3 1. 건설자금이자계산 조정

구 분	① 건설자금이자	② 회사계상액	③ 상각대상자산분	④ 차감조정액(①-②-③)
건설완료자산분				
건설중인자산분	12,575,342			12,575,342
계	12,575,342			12,575,342

3. 세무조정 : (손금불산입) 건설자금이자 12,575,342원 (유보)

[2] 대손충당금 및 대손금 조정명세서

1. 대손금조정

1 2. 대손금조정 크게보기

No	22. 일자	23.계정과목	24.채권내역	25.대손사유	26.금액	대손충당금상계액 27.계	28.시인액	29.부인액	당기 손비계상액 30.계	31.시인액	32.부인액
1	03.30	외상매출금	1.매출채권	채무자 연락두	5,000,000	5,000,000		5,000,000			
2	05.06	받을어음	1.매출채권	5.부도(6개월경	5,000,000	5,000,000	4,999,000	1,000			
			계		10,000,000	10,000,000	4,999,000	5,001,000			

☞채무자의 연락두절은 대손사유가 아니고, <u>어음은 비망가액 1,000원을 남겨두어야 한다.</u>
☞어음의 계정과목을 부도어음과수표 계정으로 제시되었는데, 잘못된 답안이고 받을어음으로 입력해야 한다.

2. 채권잔액

2 채권잔액 크게보기

No	16.계정과목	17.채권잔액의 장부가액	18.기말현재대손금부인누계 전기	18. 당기	19.합계 (17+18)	20.충당금설정제외채권 (할인,배서,특수채권)	21.채 권 잔 액 (19-20)
1	외상매출금	250,000,000		5,000,000	255,000,000		255,000,000
2	받을어음	200,000,000		1,000	200,001,000		200,001,000
3							
	계	450,000,000		5,001,000	455,001,000		455,001,000

3. 대손충당금 조정

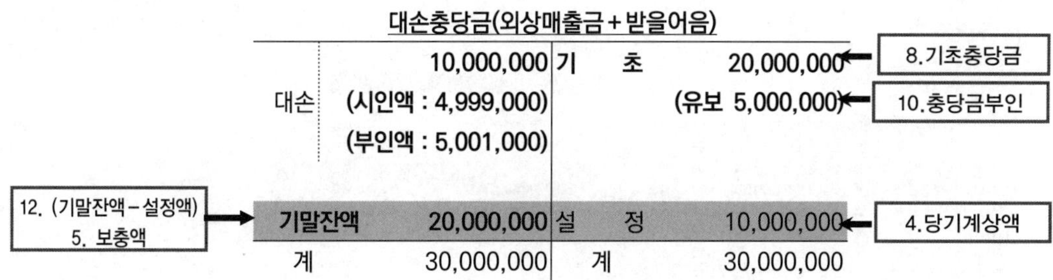

3 1.대손충당금조정

손금산입액 조정	1.채권잔액 (21의금액)	2.설정률(%) ○기본율	◉실적율	○적립기준	3.한도액 (1×2)	회사계상액 4.당기계상액	5.보충액	6.계	7.한도초과액 (6-3)
	455,001,000	1	2		9,100,020	10,000,000	10,000,000	20,000,000	10,899,980

익금산입액 조정	8.장부상 충당금기초잔액	9.기중 충당금환입액	10.충당금부인 누계액	11.당기대손금 상계액(27의금액)	12.충당금보충액 (충당금장부잔액)	13.환입할금액 (8-9-10-11-12)	14.회사환입액 (회사기말환입)	15.과소환입·과다환입(△)(13-14)
	20,000,000		5,000,000	10,000,000	10,000,000	-5,000,000		-5,000,000

4. 세무조정

〈손금불산입〉 대손금부인액 5,000,000원 (유보발생)
〈손금불산입〉 대손금부인액 1,000원 (유보발생)
〈익금불산입〉 전기 대손충당금 한도초과액 5,000,000원 (유보감소)
〈손금불산입〉 대손충당금 한도초과액 10,899,980원 (유보발생)

[3] 세액조정계산서 및 최저한세 조정명세서

1.세액조정계산서(산출세액) → 2.최저한세 → 3.세액조정계산서(최종)

1. 법인세과세표준 및 세액조정계산서(산출세액 계산)

구분			코드	금액
① 각사업연도소득계산	101. 결 산 서 상 당 기 순 손 익		01	200,150,000
	소 득 조 정 금 액	102.익 금 산 입	02	28,150,000
		103.손 금 산 입	03	10,320,000
	104. 차 가 감 소 득 금 액 (101+102-103)		04	217,980,000
	105. 기 부 금 한 도 초 과 액		05	3,180,000
	106. 기 부 금 한 도 초 과 이월액 손금산입		54	
	107. 각 사 업 연 도 소 득 금 액(104+105-106)		06	221,160,000
② 과세표준계산	108. 각 사 업 연 도 소 득 금 액 (108=107)			221,160,000
	109. 이 월 결 손 금		07	25,000,000
	110. 비 과 세 소 득		08	
	111. 소 득 공 제		09	
	112. 과 세 표 준 (108-109-110-111)		10	196,160,000
	159. 선 박 표 준 이 익		55	
③ 산출	113. 과 세 표 준 (113=112+159)		56	196,160,000
	114. 세 율		11	9%
	115. 산 출 세 액		12	17,654,400

☞2008년 이월결손금 공제기한(5년) 경과

2. 최저한세조정계산서

①구분		코드	②감면후세액	③최저한세	④조정감	⑤조정후세액
(101) 결 산 서 상 당 기 순 이 익		01	200,150,000			
소득조정금액	(102)익 금 산 입	02	28,150,000			
	(103)손 금 산 입	03	10,320,000			
(104) 조 정 후 소 득 금 액 (101+102-103)		04	217,980,000	217,980,000		217,980,000
최저한세적용대상 특 별 비 용	(105)준 비 금	05				
	(106)특별상각,특례상각	06				
(107) 특별비용손금산입전소득금액(104+105+106)		07	217,980,000	217,980,000		217,980,000
(108) 기 부 금 한 도 초 과 액		08	3,180,000	3,180,000		3,180,000
(109) 기부금 한도초과 이월액 손 금 산 입		09				
(110) 각 사업 년 도 소 득 금 액 (107+108-109)		10	221,160,000	221,160,000		221,160,000
(111) 이 월 결 손 금		11	25,000,000	25,000,000		25,000,000
(112) 비 과 세 소 득		12				
(113) 최저한세적용대상 비 과 세 소 득		13				
(114) 최저한세적용대상 익금불산입 · 손금산입		14				
(115) 차가감 소 득 금 액(110-111-112+113+114)		15	196,160,000	196,160,000		196,160,000
(116) 소 득 공 제		16				
(117) 최저한세적용대상 소 득 공 제		17				
(118) 과 세 표 준 금 액(115-116+117)		18	196,160,000	196,160,000		196,160,000
(119) 선 박 표 준 이 익		24				
(120) 과 세 표 준 금 액 (118+119)		25	196,160,000	196,160,000		196,160,000
(121) 세 율		19	9 %	7 %		9 %
(122) 산 출 세 액		20	17,654,400	13,731,200		17,654,400
(123) 감 면 세 액		21				
(124) 세 액 공 제		22	7,000,000		3,076,800	3,923,200
(125) 차 감 세 액 (122-123-124)		23	10,654,400			13,731,200

3. 법인세과세표준 및 세액조정계산서

구분	항목		코드	금액
① 각사업연도소득계산	101. 결산서상 당기순손익		01	200,150,000
	소득조정 금액	102. 익금산입	02	28,150,000
		103. 손금산입	03	10,320,000
	104. 차가감소득금액 (101+102-103)		04	217,980,000
	105. 기부금한도초과액		05	3,180,000
	106. 기부금한도초과이월액 손금산입		54	
	107. 각사업연도소득금액(104+105-106)		06	221,160,000
② 과세표준계산	108. 각사업연도소득금액 (108=107)			221,160,000
	109. 이월결손금		07	25,000,000
	110. 비과세소득		08	
	111. 소득공제		09	
	112. 과세표준 (108-109-110-111)		10	196,160,000
	159. 선박표준이익		55	
③ 산출세액계산	113. 과세표준 (113=112+159)		56	196,160,000
	114. 세율		11	9%
	115. 산출세액		12	17,654,400
	116. 지점유보소득 (법 제96조)		13	
	117. 세율		14	
	118. 산출세액		15	
	119. 합계 (115+118)		16	17,654,400

구분	항목			코드	금액
④ 납부할세액계산	120. 산출세액 (120=119)				17,654,400
	121. 최저한세 적용대상공제감면세액			17	3,923,200
	122. 차감세액			18	13,731,200
	123. 최저한세 적용제외공제감면세액			19	
	124. 가산세액			20	1,500,000
	125. 가감계 (122-123+124)			21	15,231,200
	기납부세액	기한내납부세액	126. 중간예납세액	22	
			127. 수시부과세액	23	
			128. 원천납부세액	24	1,400,000
			129. 간접 회사등 외국 납부세액	25	
			130. 소계(126+127+128+129)	26	1,400,000
		131. 신고납부전가산세액		27	
		132. 합계 (130+131)		28	1,400,000
	133. 감면분추가납부세액			29	
	134. 차가감 납부할 세액(125-132+133)			30	13,831,200
⑤토지등 양도소득, ⑥미환류소득 법인세 계산 (TAB로 이동)					
⑦ 세액계	151. 차가감 납부할 세액계(134+150)			46	13,831,200
	152. 사실과 다른 회계 처리 경정 세액공제			57	2,331,200
	153. 분납세액 계산 범위액 (151-124-133-145-152+131)			47	10,000,000
	분납할 세액	154. 현금납부		48	
		155. 물납		49	
		156. 계 (154+155)		50	
	차감 납부 세액	157. 현금납부		51	11,500,000
		158. 물납		52	
		160. 계 (157+158) [160=(151-152-156)]		53	11,500,000

☞최저한세 적용대상 공제감면세액(통합투자세액공제) = 7,000,000 – 3,076,800 = 3,923,200원

[4] 수입배당금액명세서

1. 출자법인현황(2. 일반법인)

1 1.지주회사 또는 출자법인 현황

1.법인명	2.구분	3.사업자등록번호	4.소재지	5.대표자성명	6.업태 + 종목
(주)선유물산	2.일반법인	409-81-60674	서울특별시 영등포구 선유로 343 (당산동)	김홍도	제조,도매,건설 금속제품외,도급

2. 배당금지급법인 현황

2 2.자회사 또는 배당금 지급법인 현황

No	7.법인명	8.구분	9.사업자등록번호	10.소재지	11.대표자	12.발행주식총수	13.지분율(%)
1	(주)한다	2.기타법인	106-85-32321	서울시 영등포구 국제금융로 8	김서울	60,000	100.00
2	(주)간다	1.주권,코스닥상장	108-86-00273	서울시 마포구 마포대로 3	이인천	1,000,000	0.50

3. 수입배당금 및 익금불산입 금액 명세

3 3.수입배당금 및 익금불산입 금액 명세

No	14.자회사 또는 배당금 지급 법인명	15.배당금액	16.익금불산입비율(%)	17.익금불산입대상금액(15*16)	18.지급이자관련익금불산입배제금액					19.익금불산입액(17-18)
					지급이자	16.비율(%)	익금불산입 적용대상자회사 주식의 장부가액	지주회사(출자법인)의 자산총액	18.배제금액	
1	(주)한다	5,000,000	100.00	5,000,000		100.00				5,000,000
2	(주)간다	750,000	30.00	225,000		30.00				225,000
3										

☞익금불산입비율 법인 구분없이 지분율에 따라 익금불산입률 규정

지분율	익금불산입율
50%이상	100%
30%이상 50%미만	80%
30%미만	30%

4 세무조정

〈익금불산입〉 수입배당금((주)한다) 5,000,000원 (기타)

〈익금불산입〉 수입배당금((주)간다) 225,000원 (기타)

[5] 임대보증금등의 간주익금 조정명세서

1. [2. 임대보증금등의 적수계산]

2.임대보증금등의 적수계산 크게보기

No	⑧일	자	⑨적 요	⑩임대보증금누계			⑪일 수	⑫적 수 (⑩X⑪)
				입금액	반환액	잔액누계		
1	01	01	전기이월	600,000,000		600,000,000	119	71,400,000,000
2	04	30	반환		200,000,000	400,000,000	32	12,800,000,000
3	06	01	입금	300,000,000		700,000,000	214	149,800,000,000
			계	900,000,000	200,000,000	700,000,000	365	234,000,000,000

2. [3. 건설비 상당액 적수계산]

3.건설비 상당액 적수계산

가.건설비의 안분계산	⑬건설비 총액적수 ((20)의 합계)	⑭임대면적 적수 ((24)의 합계)	⑮건물연면적 적수 ((28)의 합계)	(16)건설비상당액적수 ((⑬X⑭)/⑮)
	146,000,000,000	7,108,000	7,300,000	142,160,000,000

나.임대면적등적수계산 : (17)건설비 총액적수

No	⑧일	자	건설비 총액	(18)건설비총액 누계	(19)일 수	(20)적 수 ((18)X(19))
1	01	01	400,000,000	400,000,000	365	146,000,000,000
2						
			계		365	146,000,000,000

나.임대면적등적수계산 : (21)건물임대면적 적수(공유면적 포함)

No	⑧일	자	입실면적	퇴실면적	(22)임대면적 누계	(23)일 수	(24)적 수 ((22)X(23))
1	01	01	20,000.00		20,000	119	2,380,000
2	04	30		6,000.00	14,000	32	448,000
3	06	01	6,000.00		20,000	214	4,280,000
				계		365	7,108,000

나.임대면적등적수계산 : (25)건물연면적 적수(지하층 포함)

No	⑧일	자	건물연면적 총계	(26)건물연면적 누계	(27)일 수	(28)적 수 ((26)X(27))
1	01	01	20,000.00	20,000	365	7,300,000

3. [4. 임대보증금등의 운용수입금액 명세서]

4.임대보증금등의 운용수입금액 명세서

No	(29)과 목	(30)계 정 금 액	(31)보증금운용수입금액	(32)기타수입금액	(33)비 고
1	이자수익	13,500,000	2,800,000	10,700,000	

4. [1.임대보증금의 간주익금 조정] 및 소득금액조정합계표 작성(**정기예금 이자율 1.2% 가정**)

1.임대보증금등의 간주익금 조정 보증금적수계산 일수 수정

①임대보증금등 적 수	②건설비상당액 적 수	③보증금잔액 {(①-②)/365}	④이자율 (%)	⑤(③X④) 익금상당액	⑥보증금운용 수 입	⑦(⑤-⑥) 익금산입금액
234,000,000,000	142,160,000,000	251,616,438	1.2	3,019,397	2,800,000	219,397

5. 세무조정 〈익금산입〉 임대보증금간주익금 219,397원 (기타사외유출)

제96회 전산세무 1급

합격율	시험년월
9%	2021.06

이 론

01. 다음 중 일반기업회계기준상 재무상태표의 기본구조에 대한 설명으로 가장 옳지 않은 것은?

① 자산과 부채는 유동성이 낮은 항목부터 배열하는 것을 원칙으로 한다.

② 자산은 유동자산과 비유동자산으로 구분한다. 유동자산은 당좌자산과 재고자산으로 구분하고, 비유동자산은 투자자산, 유형자산, 무형자산, 기타비유동자산으로 구분한다.

③ 자본은 자본금, 자본잉여금, 자본조정, 기타포괄손익누계액 및 이익잉여금(또는 결손금)으로 구분한다.

④ 부채는 유동부채와 비유동부채로 구분한다.

02. 다음 중 재고자산의 분류와 공시에 대한 설명으로 가장 옳지 않은 것은?

① 재고자산은 총액으로 보고하거나 상품, 제품, 재공품, 원재료 및 소모품 등으로 분류하여 재무상태표에 표시한다.

② 재고자산을 총액으로 보고한 경우 그 내용을 재무제표의 주석으로 기재한다.

③ 선입선출법을 사용하여 재고자산의 원가를 결정한 경우에는 재무상태표가액과, 후입선출법 또는 평균법에 저가법을 적용하여 계산한 재고자산평가액과의 차이를 주석으로 기재한다.

④ 재고자산의 원가결정방법은 재무제표의 주석으로 기재한다.

03. 다음은 ㈜충현의 신축건물 건설과 관련한 내역이다. 당사의 결산일은 12월 31일이다. 20x0년도 공사대금평균지출액(공사기간 20x0.4.1.~20x1.5.31.)은 350,000원이며, 특정차입금은 720,000원(차입기간 20x0.4.1.~20x1.5.31., 연이자율 10%)이다. 20x0년도에 일반차입금의 자본화대상 차입원가는 얼마인가?(이자비용은 월할상각한다.)

일반차입금종류	차입금액	차입기간	연이자율
대한은행	300,000원	전전기.7.1. - 20x0.12.31.	8%
신라은행	200,000원	20x0.1.1. - 20x0.12.31.	10%

① 0원 ② 46,500원 ③ 45,756원 ④ 48,258원

04. 장부의 오류 중 재무상태표와 손익계산서 오류는 자동조정오류와 비자동조정오류로 구분된다. 다음 중 자동조정오류가 아닌 것은?

① 미지급비용 오류 ② 투자부동산 오류
③ 선수수익 오류 ④ 재고자산 오류

05. 다음 중 우발부채와 충당부채에 대한 설명으로 가장 옳지 않은 것은?

① 우발부채는 의무를 이행하기 위하여 자원이 유출될 가능성이 아주 낮지 않는 한 부채로 인식한다.
② 충당부채는 과거사건이나 거래의 결과에 의한 현재의무로서, 지출의 시기 또는 금액이 불확실하지만 그 의무를 이행하기 위하여 자원이 유출될 가능성이 매우 높고 또한 당해 금액을 신뢰성 있게 추정할 수 있는 의무를 말한다.
③ 충당부채의 명목금액과 현재가치의 차이가 중요한 경우에는 의무를 이행하기 위하여 예상되는 지출액의 현재가치로 평가한다.
④ 충당부채로 인식하기 위해서는 현재의무가 존재하여야 할 뿐만 아니라 그 의무의 이행을 위한 자원의 유출 가능성이 매우 높아야 한다.

06. 다음 중 원가계산방법에 대한 설명으로 가장 옳지 않은 것은?

① 표준원가계산제도에서 변동제조간접비 배부차이는 소비차이와 능률차이가 있다.
② 종합원가계산은 동종, 대량제품생산, 개별원가계산은 이종, 소량생산에 적용된다.
③ 종합원가계산제도에서는 공손은 통제가능요인으로 품질, 규격이 표준에 미치지 못하는 불합격품이며 이에 대하여 정상공손은 제조원가에 가산하고 비정상공손은 영업외비용으로 처리한다.
④ 정상원가계산, 표준원가계산의 공통점은 직접재료비, 직접노무비를 제외한 제조간접비배부율을 정하여 실제 발생한 배부기준량에 따라 배부하는 것이다.

07. ㈜세무의 제조공장에는 두 개의 보조부문과 두 개의 제조부문이 있다. 각 부문의 용역수수관계와 제조간접비가 다음과 같을 때 단계배부법(전력부부터 배부)에 따라 보조부문원가를 제조부문에 배부한 후 침대에 집계되는 제조원가는 얼마인가?

제공 / 사용	보조부문		제조부문		합 계
	전력부	절단부	책상	침대	
전력부(%)	-	10%	40%	50%	100%
절단부(%)	50%	-	20%	30%	100%
발생원가(원)	500,000원	400,000원	600,000원	800,000원	2,300,000원

① 1,230,000원 ② 1,290,000원 ③ 1,320,000원 ④ 1,350,000원

08. 다음 중 개별원가계산의 특징이 아닌 것은?

① 다품종을 주문에 의해 생산하거나 동종제품을 일정간격을 두고 비반복적으로 생산하는 업종에 적합하다.
② 개별원가계산은 제조간접비의 배부가 필요하므로 변동원가계산제도를 채택할 수 없다.
③ 조선업에서 사용하기 적당하며, 작업원가표를 사용하면 편리하다.
④ 제조간접원가는 작업별로 추적할 수 없어 배부율을 계산하여 사용한다.

09. 다음 중 공손품에 대한 설명으로 올바른 것은?

가. 공손품이란 품질 및 규격이 표준에 미달하는 불합격품을 말한다. 나. 정상공손은 작업자의 부주의, 생산계획의 미비 등의 이유로 발생한다. 다. 비정상공손은 생산과정에서 불가피하게 발생하는 공손을 말한다. 라. 비정상공손에 투입된 원가는 영업외비용으로 처리한다.

① 가, 나, 다, 라　② 가, 나, 다　③ 가, 라　④ 가

10. ㈜예인은 기계시간에 비례하여 제조간접비를 예정배부하고 있다. 다음의 자료를 이용하여 제조간접비 배부차이를 구하시오.

• 제조간접비예산 : 1,500,000원 • 제조간접비 실제발생액 : 1,200,000원 • 예산조업도 : 100,000기계시간 • 실제조업도 : 90,000기계시간

① 150,000원 과대배부　② 300,000원 과대배부
③ 150,000원 과소배부　④ 300,000원 과소배부

11. 다음 중 법인세법상 손익귀속사업연도에 대한 설명으로 가장 옳지 않은 것은?

① 매출할인을 하는 경우 해당금액은 상대방과의 약정에 의한 경우에는 지급기일이 속하는 사업연도의 매출액에서 차감한다.
② 장기할부조건으로는 월부, 연부에 따라 2회이상 분할하여 수입하고 인도일부터 최종 할부금의 지급기일까지의 기간이 1년 이상인 것을 말한다.
③ 용역제공에 따른 손익귀속은 원칙적으로 진행기준을 적용하나, 예외적으로 중소기업의 계약기간 1년 미만의 건설 등의 경우에는 인도기준을 적용할 수 있는 특례규정이 있다.
④ 결산확정시 이미 경과한 기간에 대응하는 이자 등(법인세가 원천징수되는 이자 등은 제외)을 해당 사업연도의 수익으로 계상한 경우에는 계상한 연도의 익금으로 한다.

12. 다음 중 법인세법상 신고 및 납부에 대한 설명으로 가장 옳지 않은 것은?

① 내국법인이 납부할 세액이 1천만원을 초과하는 경우에는 일정 기한 내에 분납할 수 있다.
② 영리내국법인이 법인세 신고 시 「법인세 과세표준 및 세액신고서」를 첨부하지 않은 경우에는 무신고에 해당한다.
③ 성실신고확인서를 제출한 내국법인의 법인세 신고기한은 각 사업연도 종료일이 속하는 달의 말일부터 4개월 이내이다.
④ 내국법인이 토지수용으로 인해 발생하는 소득에 대한 법인세를 금전으로 납부하기 곤란한 경우에는 물납할 수 있다.

13. 다음 중 소득세법상 공동사업에 대한 설명으로 가장 옳지 않은 것은?

① 사업소득이 발생하는 공동사업의 경우 공동사업장을 1거주자로 보아 소득금액을 계산한다.
② 공동사업에서 발생한 소득금액은 공동사업자의 손익분배비율에 따라 배분한다.
③ 거주자 1인과 특수관계인이 공동사업자에 포함되어 있는 경우로서 조세회피 목적으로 공동사업을 영위하는 경우에는 해당 특수관계인의 소득금액은 주된 공동사업자의 소득금액으로 본다.
④ 공동사업장의 기업업무추진비 및 기부금의 한도액은 각각의 공동사업자를 1거주자로 보아 적용한다.

14. 복식부기의무자인 개인사업자 김선미씨의 손익계산서상 비용항목에는 아래의 비용이 포함되어 있다. 이 중 소득세법상 사업소득의 필요경비 불산입에 해당하는 것은 몇 개인가?

(가) 대표자 급여	(나) 건강보험료(직장가입자인 대표자 해당분)
(다) 소득세와 개인지방소득세	(라) 벌금 · 과료 · 과태료

① 1개　　② 2개　　③ 3개　　④ 4개

15. 다음 중 부가가치세법상 세금계산서 발급에 관한 설명으로 가장 옳지 않은 것은?

① 전자세금계산서 의무발급 개인사업자가 전자세금계산서를 발급하여야 하는 기간은 사업장별 재화 및 용역의 공급가액의 합계액이 0.8억원 이상인 해의 다음 해 제2기 과세기간과 그 다음 해 제1기 과세기간으로 한다.
② 법인사업자가 계약의 해제로 수정세금계산서를 발급해야하는 경우 그 작성일자는 계약의 해제일이다.
③ 도매업을 영위하는 법인사업자가 재화를 판매하고 우선적으로 신용카드매출전표 등을 발급하는 경우 세금계산서를 발급하지 않아야 한다.
④ 개인사업자가 공급시기가 되기 전에 재화 또는 용역에 대한 대가의 전부 또는 일부를 받고, 그 받은 대가에 대하여 세금계산서를 발급하는 것은 올바른 세금계산서 발급이 아니다.

실 무

㈜금강물산(0960)은 제조 · 도소매업을 영위하는 중소기업이며, 당기 회계기간은 20x1.1.1.~20x1.12.31.이다. 전산세무회계 수험용 프로그램을 이용하여 다음 물음에 답하시오.

문제 1 다음 거래에 대하여 적절한 회계처리를 하시오.(12점)

[1] 6월 24일 당사는 3월 5일에 1주당(보통주) 9,000원에 취득한 자기주식 100주(액면가액 5,000원)를 소각하고 기업회계기준에 의해 회계처리하였다.(단, 본 거래이외에는 자본상 감자차손익은 없음)(3점)

[2] 7월 12일 당사는 프린터를 ㈜쌍용에게 납품하기로 하고 대금은 현금으로 받았고 다음과 같이 선발행 세금계산서를 발급하였다. 실제 납품은 20x1년 8월 20일에 발생할 것으로 예상된다.(3점)

<table>
<tr><td colspan="7">전자세금계산서(공급자 보관용)</td><td colspan="2">승인번호</td><td colspan="3">2020712222525410</td></tr>
<tr><td rowspan="5">공급자</td><td>등록번호</td><td colspan="4">107 - 87 - 12341</td><td rowspan="5">공급받는자</td><td>등록번호</td><td colspan="4">203 - 85 - 10254</td></tr>
<tr><td>상호</td><td>㈜금강물산</td><td>성 명
(대표자)</td><td colspan="2">조지훈</td><td>상호</td><td>㈜쌍용</td><td>성 명
(대표자)</td><td colspan="2">김인천</td></tr>
<tr><td>사업장
주소</td><td colspan="4">세종특별자치시 금남면 가동길 2 - 3</td><td>사업장
주소</td><td colspan="4">인천 남구 주안1동 203</td></tr>
<tr><td>업태</td><td colspan="2">제조 도소매</td><td colspan="2">종사업장번호</td><td>업 태</td><td colspan="2">도소매업</td><td colspan="2">종사업장번호</td></tr>
<tr><td>종목</td><td colspan="2">자동차부품외</td><td colspan="2"></td><td>종목</td><td colspan="2">전자제품</td><td colspan="2"></td></tr>
<tr><td>비고</td><td colspan="5">선발행 세금계산서</td><td colspan="3">수정사유</td><td colspan="3"></td></tr>
<tr><td>작성
일자</td><td colspan="5">20x1.07.12.</td><td>공급
가액</td><td colspan="2">6,000,000원</td><td>세액</td><td colspan="2">600,000원</td></tr>
<tr><td>월</td><td>일</td><td colspan="2">품 목</td><td>규 격</td><td>수 량</td><td>단 가</td><td colspan="2">공 급 가 액</td><td>세 액</td><td colspan="2">비 고</td></tr>
<tr><td>7</td><td>12</td><td colspan="2">프린터</td><td></td><td>30</td><td>200,000원</td><td colspan="2">6,000,000원</td><td>600,000원</td><td colspan="2"></td></tr>
<tr><td></td><td></td><td colspan="2"></td><td></td><td></td><td></td><td colspan="2"></td><td></td><td colspan="2"></td></tr>
<tr><td colspan="2">합 계 금 액</td><td colspan="2">현 금</td><td colspan="2">수 표</td><td colspan="2">어 음</td><td>외 상 미 수 금</td><td colspan="3" rowspan="2">이 금액을 영수 / 청구 함</td></tr>
<tr><td colspan="2">6,600,000원</td><td colspan="2">6,600,000원</td><td colspan="2"></td><td colspan="2"></td><td></td></tr>
</table>

[3] 9월 9일 명진상사로부터 기계장치(부품 제작용)를 납품을 받고, 아래와 같은 세금계산서를 발급받았다. 아래의 비고란을 확인하고 적절한 회계처리를 하시오.(다만, 명진상사에게 지급하지 못한 금액은 미지급금 계정을 사용할 것)(3점)

<table>
<tr><td colspan="7">전자세금계산서(공급받는자 보관용)</td><td colspan="2">승인번호</td><td colspan="3">20210909 - 3026712 - 00001234</td></tr>
<tr><td rowspan="5">공급자</td><td>사업자등록번호</td><td>265 - 08 - 95129</td><td>종사업장 번호</td><td></td><td rowspan="5">공급받는자</td><td>사업자등록번호</td><td>107 - 87 - 12341</td><td>종사업장 번호</td><td colspan="3"></td></tr>
<tr><td>상호(법인명)</td><td>명진상사</td><td>성명(대표자)</td><td>류현진</td><td>상호(법인명)</td><td>㈜금강물산</td><td>성명(대표자)</td><td colspan="3">조지훈</td></tr>
<tr><td>사업장주소</td><td colspan="3">인천광역시 부평구 신트리로 10</td><td>사업장주소</td><td colspan="5">세종특별자치시 금남면 가동길 2 - 3</td></tr>
<tr><td>업태</td><td>제조, 서비스</td><td>종목</td><td>기계</td><td>업 태</td><td>제조,도소매</td><td>종목</td><td colspan="3">자동차부품 외</td></tr>
<tr><td>이메일</td><td colspan="3"></td><td>이메일</td><td colspan="5"></td></tr>
<tr><td>비고</td><td colspan="5"></td><td colspan="3">수정사유</td><td colspan="3"></td></tr>
<tr><td>작성일자</td><td colspan="5">20x1.9.9</td><td>공급가액</td><td>20,000,000원</td><td>세액</td><td colspan="3">2,000,000원</td></tr>
<tr><td>월</td><td>일</td><td>품 목</td><td>규 격</td><td>수 량</td><td>단 가</td><td>공 급 가 액</td><td>세 액</td><td colspan="4">비 고</td></tr>
<tr><td>9</td><td>9</td><td>부품 제작 기계장치</td><td></td><td>1</td><td></td><td>20,000,000원</td><td>2,000,000원</td><td colspan="4">8월 1일에 계약금 5,000,000원 있음</td></tr>
<tr><td></td><td></td><td></td><td></td><td></td><td></td><td></td><td></td><td colspan="4"></td></tr>
<tr><td>합 계 금 액</td><td>현 금</td><td>수 표</td><td>어 음</td><td>외 상 미 수 금</td><td colspan="7" rowspan="2">이 금액을 청구 함</td></tr>
<tr><td>22,000,000원</td><td>5,000,000원</td><td></td><td>5,000,000원</td><td>7,000,000원</td></tr>
</table>

[4] 11월 15일 ㈜삼원공업으로부터 9월 4일에 대손처리 하였던 3,200,000원을 보통예금으로 입금을 받았다. 참고로 9월 4일 매출처 ㈜삼원공업의 부도로 외상매출금 잔액 3,200,000원이 회수 불가능하여 회계처리(대손처리)를 올바르게 하였다. 9월 4일 현재 대손충당금 잔액은 1,200,000원이다.(단, 금액을 음수(-)로 입력하지 말 것)(3점)

문제 2 다음 주어진 요구사항에 따라 부가가치세 신고서 및 부속서류를 작성 하시오.(10점)

[1] 당사는 제1기 부가가치세 예정신고를 기한내에 하지 못하여 5월 1일에 기한후신고를 하고자한다. 입력된 데이터는 무시하고 다음 자료에 의하여 부가가치세 기한후신고서(신고구분은 정기신고를 선택할 것)를 작성하시오.(단, 과세표준명세 작성과 회계처리는 생략할 것)(6점)

1. 매출 관련 자료
- 매출 관련 자료는 모두 부가가치세가 포함된 금액이며, 영세율 매출 및 면세 매출은 없음.
- 전자세금계산서 발급금액 : 550,000,000원
- 신용카드 발급금액 : 3,300,000원(전자세금계산서 발급금액 1,100,000원 포함)
- 현금영수증 발급금액 : 2,200,000원
- 20x1년 2월 15일에 소멸시효가 완성된 매출채권금액 : 1,650,000원

2. 매입 관련 자료
- 전자세금계산서 수취한 일반매입액 : 공급가액 350,000,000원, 세액 35,000,000원
- 신용카드 일반매입액 : 공급가액 21,000,000원, 세액 2,100,000원
- 매입세액불공제분(위의 일반매입액에 포함되어 있음)
  - 전자세금계산서 수취분 : 공급가액 5,000,000원, 세액 500,000원
  - 신용카드 수취분 : 공급가액 1,000,000원, 세액 100,000원

3. 기타 자료
- 매출 · 매입에 대한 전자세금계산서는 적법하게 발급되었음.
- 가산세는 일반무신고가산세를 적용하며, 납부지연가산세 계산시 미납일수는 5일, 1일 2.2/10,000로 가정한다.

[2] 당사는 수출용 원자재를 ㈜삼진에게 공급하고 구매확인서를 받았다. 다음의 구매확인서를 참조하여 1기 확정 부가가치세 신고시 「내국신용장 · 구매확인서전자발급명세서」와 「영세율매출명세서」를 작성하고 「부가가치세신고서의 과세표준 및 매출세액」을 작성하시오.(단, 회계처리는 생략할 것)(4점)

외화획득용원료 · 기재구매확인서

※ 구매확인서번호 : PKT202100712222

(1) 구매자 (상호) ㈜삼진
(주소) 경기도 고양시 세솔로 11
(성명) 오도난
(사업자등록번호) 201 - 86 - 02911

(2) 공급자 (상호) ㈜금강물산
(주소) 세종특별자치시 금남면 가동길 2 - 3
(성명) 조지훈
(사업자등록번호) 107 - 87 - 12341

1. 구매원료의 내용

(3) HS부호	(4)품명 및 규격	(5)단위수량	(6)구매일	(7)단가	(8)금액	(9)비고
6885550000	At	100 DPR	20x1 - 04 - 30	USD 2,500	USD 250,000	
TOTAL		100 DPR			USD 250,000	

2. 세금계산서(외화획득용 원료 · 기재를 구매한 자가 신청하는 경우에만 기재)

(10)세금계산서번호	(11)작성일자	(12)공급가액	(13)세액	(14)품목	(15)규격	(16)수량
2021043010000008 4522665	20x1.04.30.	277,500,000원	0원			

(17) 구매원료 · 기재의 용도명세 : 원자재

위의 사항을 대외무역법 제18조에 따라 확인합니다.

확인일자 20x1년 05월 08일
확인기관 한국무역정보통신
전자서명 1208102922

문제 3 **다음의 결산정리사항에 대하여 결산정리분개를 하거나 입력을 하여 결산을 완료하시오. (8점)**

[1] 당사는 1월 1일에 영업부서 임직원에 대한 퇴직연금을 확정급여형(DB)으로 50,000,000원을 보통예금으로 납입하여 운영한 결과, 이자 200,000원이 발생하였다. 이에 대해 12월 31일 결산시 회계처리를 하시오.(2점)

[2] 결산일 현재 보관 중인 소모품은 577,000원이다. 회사는 당기 소모품 취득시 모두 비용으로 회계처리하였고, 전기말 재무상태표상 소모품(자산) 잔액은 150,000원이다.(단, 비용은 판관비로 처리하고, 음수로 입력하지 말 것)(2점)

[3] 전기말 무형자산 명세서를 참조하여 당해 결산시 회계처리를 하시오.(2점)

• 전기말(20x0년 12월 31일) 무형자산 명세서

NO	취득일자	무형자산내역	장부가액	내용연수	비고
1	전기.07.01.	특허권	19,000,000원	10년	
2	전전기.01.01.	개발비	30,000,000원	5년	

• 추가사항
- 20x1년 결산일 현재 개발비에 대한 연구는 실패가 확실할 것으로 판단된다.

[4] 다음 자료를 참고하여, 기말재고자산의 장부가액을 [결산자료입력]메뉴에 입력하시오.(결산일은 12월 31일임)(2점)

• 원재료 : 20,000,000원*1)　　• 재공품 : 15,000,000원　　• 제품 : 10,000,000원*2)

*1) 원재료 장부가액 내역
- 창고내 원재료 실사가액 10,000,000원
- FOB도착지인도조건으로 운송중인 원재료 4,000,000원
- FOB선적지인도조건으로 운송중인 원재료 6,000,000원

*2) 제품 장부가액 내역
제품 장부가액에는 위탁판매로 수탁자가 12월 31일 현재 보관하고 있는 제품(장부가액 1,500,000원)이 포함되어 있다.(해당 제품은 결산일 현재 판매되지 않음)

문제 4 원천징수와 관련된 다음 물음에 답하시오.(10점)

[1] 당사는 20x1년 03월 22일 저명한 학자 Tomy Jason(코드 : 1)을 국내로 초빙하여 임직원을 위한 강의를 개최하였다. 강의 당일 강의료 $3,300를 바로 해외송금(기준환율 : $1,110)하였으며, 미국과의 조세조약을 살펴보니 강의료가 $3,000가 넘으면 국내에서 지방세 포함하여 22%를 원천징수해야 한다고 한다. [기타소득자등록]과 [기타소득자자료입력]을 입력하시오. (단, 인적사항 등록시 거주구분은 비거주자, 소득구분은 인적용역, 내국인여부는 외국인 · 미국거주로 하고, 나머지는 생략할 것)(2점)

[2] 다음 자료는 20x1년 5월 15일 퇴사한 영업부 윤미래(사번 : 201, 주민등록번호 800302 - 2025718)에 관한 자료이다. 자료를 이용하여 [사원등록]의 내용수정 및 [퇴직소득자료입력]을 입력하고, [퇴직소득원천징수영수증] 및 [원천징수이행상황신고서]를 작성하시오.(5점)

• 입사일 : 2015년 12월 1일	• 퇴사일 : 20x1년 5월 15일
• 이월여부 : 부	• 퇴직금 : 25,941,000원(전액 과세)
• 퇴직사유 : 자발적 퇴직	• 퇴직금 지급일 : 20x1년 05월 31일

[3] 다음은 당사의 3월 급여명세의 일부 자료이다. 다음의 자료를 이용하여 [급여자료 입력] 및 지급월별[원천징수이행상황신고서]를 작성하시오.(3점)

1. 3월 급여명세

사번	성명	지급일	급여내역		공제내역	
			기본급	식대	소득세	지방소득세
301	김우리	20x1.03.31.	3,000,000원	100,000원	84,850원	8,480원
302	박하늘	20x1.04.10.	2,500,000원	100,000원	41,630원	4,160원

2. 기타
- 식대외에 별도의 식사를 제공받지 않는다.
- 4대보험 입력은 생략한다.

문제 5 **화담전자㈜(0961)은 전자부품을 생산하고 제조·도매업을 영위하는 중소기업이며, 당해 사업연도는 20x1.1.1.~20x1.12.31.이다. 법인세무조정메뉴를 이용하여 재무회계 기장자료와 제시된 보충자료에 의하여 당해 사업연도의 세무조정을 하시오.(30점) ※ 회사선택 시 유의하시오.**

[1] 다음의 자료는 20x1년 1월 1일부터 12월 31일까지의 원천징수와 관련한 자료이다. 주어진 자료를 이용하여 원천납부세액명세서(갑) 표를 작성하시오.(단, 지방세 납세지는 기재하지 말 것)(6점)

원천징수내역

(단위 : 원)

적요	원천징수 대상금액	원천징수일	원천징수세율	원천징수의무자	사업자등록번호
정기예금이자	1,000,000	6.30	14%	㈜한들은행	110－81－12345
보통예금이자	2,000,000	12.31	14%	㈜두리은행	210－81－12345
저축성보험차익*1)	10,000,000	8.31	14%	㈜신흥해상보험	123－81－25808

*1) 저축성보험차익은 만기보험금이 납입보험료를 초과한 금액으로 2017년 9월 30일에 가입하였으며 만기는 20x2년 9월 30일에 도래하나, 회사사정상 당해연도 8월 31일에 해지하였다. 보험계약기간 중 저축성보험관련 배당금 및 기타 유사한 금액은 지급되지 않았다.

[2] 다음의 퇴직연금관련 자료에 따라 [퇴직연금부담금등조정명세서]를 작성하고 세무조정사항이 있는 경우 [소득금액조정합계표]에 반영하시오.(6점)

1. 퇴직연금운용자산 계정내역은 다음과 같다.

퇴직연금운용자산

기초잔액	100,000,000원	당기감소액	30,000,000원
당기납입액	50,000,000원	기말잔액	120,000,000원
	150,000,000원		150,000,000원

2. 전기 자본금과 적립금 조정명세서(을)에는 퇴직연금운용자산 100,000,000원(△유보)이 있다.
3. 당기 퇴사자에 대하여 퇴직금 40,000,000원 중 30,000,000원은 퇴직연금에서 지급하고 나머지 금액은 당사 보통예금 계좌에서 이체하여 지급하였으며, 회계처리는 다음과 같다.
   (차) 퇴직급여 40,000,000원 (대) 퇴직연금운용자산 30,000,000원
   보통예금 10,000,000원
4. 당기말 현재 퇴직급여추계액은 130,000,000원이다.

[3] 다음의 자료를 이용하여 「외화자산등평가차손익조정명세서(갑,을)」를 작성하고 필요한 세무조정을 하시오.(6점)

1. 외화부채내역

구분	발생일자	외화종류	외화금액	20x0년말 매매기준율	20x1년말 매매기준율
외화장기차입금	20x0. 7. 1.	USD	$20,000	$1 = 1,200원	$1 = 1,300원

2. 20x0년 자본금과 적립금 조정명세서(을)

과목	기초잔액	감소	증가	기말
외화장기차입금			-1,000,000원	-1,000,000원

3. 기타

- 화폐성 외화부채는 위의 자료뿐이고, 상환은 없다.
- 발생시 적용환율은 회사와 법인세법상 차이가 없다.
- 회사는 전년도 법인세 신고시 기말 매매기준율등으로 평가하는 방법으로 화폐성외화자산등평가방법신고서를 작성하여 적법하게 제출하였다.
- 20x0년 결산 회계처리시 $1 = 1,150원을 적용하여 외화부채를 평가하고 장부에 반영하였다.
- 20x1년 결산 회계처리시 $1 = 1,200원을 적용하여 외화부채를 평가하고 장부에 반영하였다.

[4] 당사의 기업부설연구소(2018년 2월 1일 설립)는 여러 연구원을 두고 기술개발을 위한 연구활동을 하고 있다. 이에 따라 관련 연구원 인건비에 대해 세액공제를 받고자 한다. 다음 자료를 참조하여 [일반연구및인력개발비명세서] 중 「1. 발생명세 및 증가발생액계산」, 「2. 공제세액」을 작성한 후, [세액공제조정명세서(3)] 중 「3. 당기공제 및 이월계산」을 작성하시오. (6점)

1. 기업부설연구소 연구개발인력 현황 신고서 중 일부

연구원 현황

⑤ 구분	⑥ 일련번호	⑦ 직위	⑧ 성명	⑨ 생년월일	⑩ 소속부서	⑪ 최종학교	⑫ 최종학위	⑬ 병적사항	⑭ 발령일	⑮ 신규편입 여부
연구소장	1	소장	나소장	19721103	연구소	서운대	박사	병역필	20180201	전입
전담요원	2	선임연구원	이대단	19820301	연구소	연센대	석사	병역필	20180201	전입
전담요원	3	연구원	박최고	19861202	연구소	고령대	학사	병역필	20190102	전입

2. 기업부설연구소 급여지급 내역(이익처분에 따른 성과급 미포함)

직위	성명	급여액	비고
연구소장	나소장	105,000,000원	당사 주식 15% 소유한 등기상 이사 겸 지배주주
전담요원	이대단	85,000,000원	주주임원 아님
전담요원	박최고	36,000,000원	주주임원 아님

3. 기타

- 당사는 중소기업에 해당함
- 기업부설연구소 인건비만 경상연구개발비(제조)로 처리함
- 기업부설연구소 연구는 연구 · 인력개발비에 대한 세액공제(최저한세 적용 제외) 대상이며, 일반연구개발비에 해당함(신성장 · 원천기술 연구개발비는 아님)
- 당기발생액 기준으로만 세액공제액을 계산함
- 당기 법인세 산출세액은 20,250,000원이며, 공제받지 못한 세액공제는 이월공제함
- 연구인력개발비 세액공제 외 다른 공제와 감면은 없다고 가정함

[5] 다음 자료는 당기 보험료 내역이다. [선급비용명세서] 탭을 작성하고, 보험료와 선급비용에 대하여 세무조정하시오.(단, 기존에 입력된 데이터는 무시하고 제시된 자료로 계산하고, 세무조정은 각 건별로 할 것) (6점)

1. 보험료 내역(보험료는 전액 일시납입.)

(1) 건물(판매부서) 화재보험 내역

보험사	납입액	보험기간	비고
삼송화재	2,400,000원	20x1.03.01. ~ 20x2.02./E	보험료(판)로 처리함.

(2) 자동차(판매부서) 보험 내역

보험사	납입액	보험기간	비고
국민화재	1,800,000원	20x1.05.01. ~ 20x2.04.30.	장부에 선급비용 500,000원 계상

(3) 공장(생산부서) 화재보험 내역

보험사	납입액	보험기간	비고
환하화재	3,000,000원	20x1.07.01. ~ 20x2.06.30.	장부에 선급비용 1,800,000원 계상

2. 20x0년 자본금과 적립금 조정명세서(을)(전기에 (2), (3)과 관련된 선급비용 내역)

과목	기초잔액	감소	증가	기말
선급비용			1,300,000원	1,300,000원

※ 전기분 선급비용 1,300,000원은 당기에 손금 귀속시기가 도래하였다.

제96회 전산세무1급 답안 및 해설

이 론

1	2	3	4	5	6	7	8	9	10	11	12	13	14	15
①	③	①	②	①	③④	③	②	③	①	②	④	④	③	④

01. 자산과 부채는 유동성이 높은 항목부터 배열하는 것을 원칙으로 한다.

02. **후입선출법을 사용**하여 재고자산의 원가를 결정한 경우에는 **재무상태표가액과, 선입선출법 또는 평균법에 저가법을 적용하여 계산한 재고자산평가액과의 차이를 주석으로 기재**한다.

03. 공사대금(전년도)연평균지출액 = 350,000원
특정차입금(전년도)연평균지출액 = 720,000×9개월/12개월 = 540,000원
특정차입금연평균지출액이 공사대금연평균지출액보다 크므로 일반차입금 자본화대상차입원가를 계상할 필요가 없다.

04. 자동조정오류는 회계오류가 발생한 다음 회계연도의 장부가 마감된 경우 회계오류가 자동적으로 상계되어 오류수정분개가 필요없는 오류를 말하며 투자부동산 오류는 투자부동산이 판매될 때까지 오류가 상계되지 않는다.

05. **우발부채는 부채로 인식하지 아니한다.** 의무를 이행하기 위하여 자원이 유출될 가능성이 아주 낮지 않는 한, **우발부채를 주석에 기재**한다.

06. 표준원가는 직접재료비, 직접노무비, 제조간접비 모두를 배부기준량으로 배부한다.
정상공손은 통제가 불가능하고 비정상공손은 통제가 가능한 공손이다.

07. 단계배분법(전력부 부터 먼저 배부)

	보조부문		제조부문	
	전력부	절단부	책상	침대
배분전 원가	500,000	400,000	600,000	800,000
전력부(10% : 40% : 50%)	(500,000)	50,000	200,000	250,000
절단부**(0 : 20% : 30%)**	-	(450,000)	180,000	270,000
보조부문 배부 원가			980,000	**1,320,000**

08. 개별원가계산과 변동원가계산은 함께 적용가능하다.

09. 정상공손은 생산과정에서 불가피하게 발생하는 공손을 말하고, **비정상공손은 작업자의 부주의, 생산계획의 미비 등의 이유로 발생한 공손**을 말한다.

10. 예정배부율 = 1,500,000원/100,000시간 = 15원/기계시간
예정배부액 = 15원×90,000시간(실제조업도) = 1,350,000원
배부차이 = 예정배부(1,350,000) - 실제발생액(1,200,000) = 150,000원 과대배부

11. 장기할부는 **인도일의 다음날부터 최종할부금의 지급기일까지의 기간이 1년이상**인 것을 말한다.

12. **법인세법은 물납규정이 없다.**

13. 공동사업장의 기업업무추진비 및 기부금의 한도액은 그 **공동사업장을 1거주자로 보아 한도액을 계산**한다.

14. **직장가입자인 대표자의 건강보험료는 필요경비 산입**에 해당한다.

15. 사업자가 공급시기가 되기 전에 재화 또는 용역에 대한 대가의 전부 또는 일부를 받고, 그 받은 대가에 대하여 세금계산서를 발급하면 그 세금계산서 등을 발급하는 때를 각각 그 재화 또는 용역의 공급시기로 본다.

실 무

문제 1 전표입력

[1] (차) 자본금 500,000 (대) 자기주식 900,000
감자차손 400,000

문항	일자	유형	공급가액	부가세	거래처	전자세금
[2]	7/12	11.과세	6,000,000	600,000	㈜쌍용	여
분개유형	(차) 현금		6,600,000	(대) 선수금		6,000,000
혼합(현금)				부가세예수금		600,000

문항	일자	유형	공급가액	부가세	거래처	전자세금
[3]	9/9	51.과세	20,000,000	2,000,000	명진상사	여
분개유형	(차) 기계장치		20,000,000	(대) 현금		5,000,000
혼합	부가세대급금		2,000,000	미지급금		12,000,000
				선급금		5,000,000

[4] (차) 보통예금 3,200,000 (대) 대손충당금(외상) 3,200,000
또는
(차) 보통예금 3,200,000 (대) 대손충당금(외상) 1,200,000
대손상각비 2,000,000

☞ 대손처리한 대손금의 회수는 대손충당금의 증가로 회계처리해도 기말결산분개시 보충법에 따라 대손상각비 설정금액이 적게 되므로 같은 결과가 나타남.

문제 2 부가가치세

[1] 부가가치세 기한후신고서(1~3월)

1. 과세표준 및 매출세액

구분				정기신고금액 금액	세율	세액
과세표준및매출세액	과세	세금계산서발급분	1	500,000,000	10/100	50,000,000
		매입자발행세금계산서	2		10/100	
		신용카드 · 현금영수증발행분	3	4,000,000	10/100	400,000
		기타(정규영수증외매출분)	4			
	영세	세금계산서발급분	5		0/100	
		기타	6		0/100	
	예정신고누락분		7			
	대손세액가감		8			
	합계		9	504,000,000	㉮	50,400,000

☞ 소멸시효완성매출채권금액은 확정신고시 대손세액공제가 가능하다.

2. 매입세액

구분				금액	세율	세액
매입세액	세금계산서 수취분	일반매입	10	350,000,000		35,000,000
		수출기업수입분납부유예	10			
		고정자산매입	11			
	예정신고누락분		12			
	매입자발행세금계산서		13			
	그 밖의 공제매입세액		14	20,000,000		2,000,000
	합계(10)-(10-1)+(11)+(12)+(13)+(14)		15	370,000,000		37,000,000
	공제받지못할매입세액		16	5,000,000		500,000
	차감계 (15-16)		17	365,000,000	㉯	36,500,000
납부(환급)세액(매출세액㉮-매입세액㉯)					㉰	13,900,000

- 공제받지못할 매입세액 : 금액 5,000,000원, 세액 500,000원
- 그 밖의 공제매입세액 : 일반매입 금액 20,000,000원 세액 2,000,000원

3. 가산세

1. 신고불성실	**13,900,000원** × 20% × (1 - 50%) = 1,390,000원 * 1개월 이내 기한신고시 50% 감면
2. 납부지연	**13,900,000원** × 5일 ×2.2(가정)/10,000 = 15,290원
계	1,405,290원

4. 납부할 세액 15,305,290원

[2] 부가가치세 신고서(4~6월)외

1. 내국신용장 구매확인서전자발급명세서(4~6월)

2. 내국신용장 · 구매확인서에 의한 공급실적 합계

구분	건수	금액(원)	비고
(9)합계(10+11)	1	277,500,000	
(10)내국신용장			
(11)구매확인서	1	277,500,000	

[참고] 내국신용장 또는 구매확인서에 의한 영세율 첨부서류 방법 변경(영 제64조 제3항 제1의3호)
▶ 전자무역기반시설을 통하여 개설되거나 발급된 경우 내국신용장 · 구매확인서 전자발급명세서를 제출하고 이 외의 경우 내국신용장 사본을 제출함
=> 2011.7.1 이후 최초로 개설되거나 발급되는 내국신용장 또는 구매확인서부터 적용

3. 내국신용장 · 구매확인서에 의한 공급실적 명세서

(12)번호	(13)구분	(14)서류번호	(15)발급일	거래처정보 거래처명	(16)공급받는자의 사업자등록번호	(17)금액	전표일자	(18)비고
1	구매확인서	PKT202100712222	20×1-05-08	(주)삼진	201-86-02911	277,500,000		

2. 영세율매출명세서(4~6월)

부가가치세법 | 조세특례제한법

(7)구분	(8)조문	(9)내용	(10)금액(원)
	제21조	직접수출(대행수출 포함)	
		중계무역·위탁판매·외국인도 또는 위탁가공무역 방식의 수출	
		내국신용장·구매확인서에 의하여 공급하는 재화	277,500,000
		한국국제협력단 및 한국국제보건의료재단에 공급하는 해외반출용 재화	

3. 부가가치세신고서(4~6월)

구분				정기신고금액 금액	세율	세액
과세표준및매	과세	세금계산서발급분	1		10/100	
		매입자발행세금계산서	2		10/100	
		신용카드 · 현금영수증발행분	3		10/100	
		기타(정규영수증외매출분)	4			
	영세	세금계산서발급분	5	277,500,000	0/100	
		기타	6		0/100	

문제 3 결산

[1] 〈수동결산〉

(차) 퇴직연금운용자산 200,000 (대) 퇴직연금운용수익(이자수익) 200,000

[2] 〈수동결산〉

(차) 소모품 427,000 (대) 소모품비(판) 427,000

☞ 소모품(자산) = 577,000(기말잔액) - 150,000(전기말잔액) = 427,000원

[3] 〈수동결산〉

(차) 무형자산상각비(특허권) 2,000,000 (대) 특허권 2,000,000
무형자산상각비(개발비) 10,000,000 개발비 10,000,000
무형자산손상차손 20,000,000 개발비 20,000,000

☞ 특허권 취득가액 = 19,000,000 × 10년/9.5년 = 20,000,000원
상각비 = 20,000,000(취득가액) ÷ 10년(내용연수) = 19,000,000(장부가액) ÷ 9.5년(잔여내용연수)
= 2,000,000원/년

☞ 개발비 취득가액 = 30,000,000 × 5년/3년 = 50,000,000원
상각비 = 50,000,000(취득가액) ÷ 5년(내용연수) = 30,000,000(장부가액) ÷ 잔여내용연수(3년)
= 10,000,000원/년

[4] 〈자동결산〉

기말원재료 16,000,000원, 기말재공품 15,000,000원 제품 10,000,000원(수탁자 보관 제품 포함)을 입력하고 전표추가한다.

☞ 원재료 = 창고(10,000,000) + 선적지인도조건(6,000,000) = 16,000,000원

문제 4 원천징수

[1] 기타소득(Tomy Jason)

1. 기타소득자등록(00001. Tomy Jason)

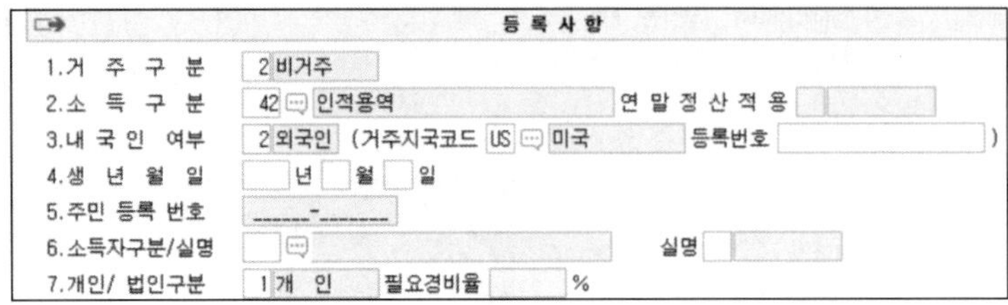

등록사항

1.거 주 구 분 2 비거주
2.소 득 구 분 42 인적용역 연 말 정 산 적 용
3.내 국 인 여부 2 외국인 (거주지국코드 US 미국 등록번호)
4.생 년 월 일 년 월 일
5.주민 등록 번호 ______-_______
6.소득자구분/실명 실명
7.개인/ 법인구분 1 개 인 필요경비율 %

2. 기타소득자자료입력(지급년월일 3월 22일)

소득자내역

1.거 주 구 분 2 비거주
2.소 득 구 분 42 인적용역 연 말 정 산 적 용
3.내 국 인 여부 2 외국인 (거주지국코드 US 미국 등록번호)
4.주민 등록 번호 ______-_______
5.개인/ 법인구분 1 개 인 필요경비율 %

지급 및 계산내역

1.지 급(영 수) 일 자 년 03 월 22 일
2.귀 속 년 월 년 03 월
3.지 급 총 액 3,663,000
4.필 요 경 비
5.소 득 금 액 3,663,000
6.세 율(%) 20 % 7.세액감면및제한세율근거
8.기타소득(법인)세액 732,600
9.지 방 소 득 세 73,260

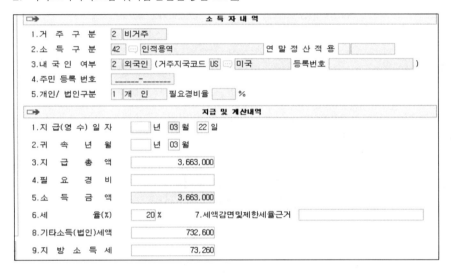

[2] 퇴직소득(윤미래)

1. 사원등록 : 퇴사일 20x1.05.15입력

2. 퇴직소득 자료입력(지급년월 05월, 소득자구분 : 1.근로, 영수일자 5월 31일

	중간지급등		최종		정산
근 무 처 명			(주)금강물산		
등록번호/퇴직사유	___-__-_____		107-87-12341	자발적 퇴직	
기 산 일/입 사 일	____/__/__	____/__/__	2015/12/01	2015/12/01	
퇴 사 일/지 급 일	____/__/__	____/__/__	20x1 /05/15	20x1 /05/31	
근 속 월 수			114		
제 외 월 수					
가 산 월 수					
과 세 퇴 직 급 여			25,941,000		25,941,000
비 과 세 퇴직급여					
세 액 공 제					

☞ 소득세 등은 자동계산되어집니다.

3. 퇴직소득원천징수영수증(지급년월 5월) : **자동계산되므로 조회 후 나오시면 됩니다.**

4. 원천징수이행상황신고서(귀속기간 : 5월, 지급기간 : 5월, 1.정기신고)

원천징수명세및납부세액 | 원천징수이행상황신고서 부표 | 원천징수세액환급신청서 | 기납부세액명세서 | 전월미환급세액 조정명세서 | 차월이월환급세액 승계명세

			코드	소득지급		징수세액			당월조정 환급세액	납부세액	
				인원	총지급액	소득세 등	농어촌특별세	가산세		소득세 등	농어촌특별세
개인 거주	퇴직소득	가 감 계	A10								
		연금계좌	A21								
		그 외	A22	1	25,941,000	656,460					
		가 감 계	A20	1	25,941,000	656,460				656,460	

☞ 소득세 등은 자동계산되어집니다.

[3] 급여자료 및 원천징수이행상황신고서

1. 3월 급여대장

• 김우리 : **귀속월 : 3월, 지급년월 : 3월 31일**

급여항목	금액	공제항목	금액
기본급	3,000,000	국민연금	
상여		건강보험	
직책수당		장기요양보험	
월차수당		고용보험	
식대	100,000	소득세(100%)	84,850
자가운전보조금		지방소득세	8,480
야간근로수당		농특세	

• 박하늘 : **귀속월 : 3월, 지급월 : 4월 10일**

급여항목	금액	공제항목	금액
기본급	2,500,000	국민연금	
상여		건강보험	
직책수당		장기요양보험	
월차수당		고용보험	
식대	100,000	소득세(100%)	41,630
자가운전보조금		지방소득세	4,160
야간근로수당		농특세	

2. 원천징수이행상황신고서

• 김우리 : **귀속월 : 3월, 지급월 : 3월**

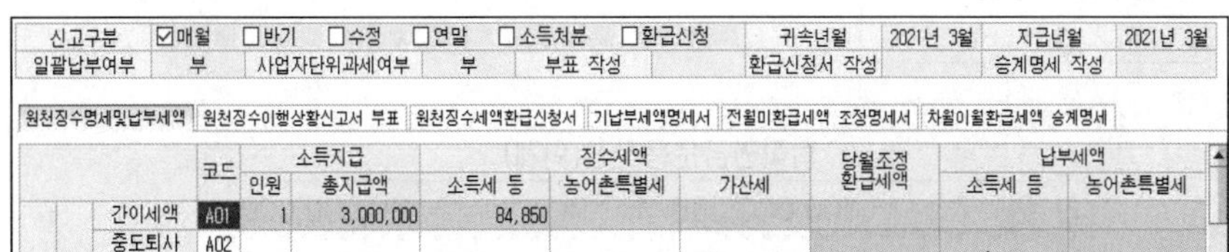

신고구분	☑매월	□반기	□수정	□연말	□소득처분	□환급신청	귀속년월	2021년 3월	지급년월	2021년 3월
일괄납부여부	부	사업자단위과세여부	부	부표 작성		환급신청서 작성		승계명세 작성		

원천징수명세및납부세액 | 원천징수이행상황신고서 부표 | 원천징수세액환급신청서 | 기납부세액명세서 | 전월미환급세액 조정명세서 | 차월이월환급세액 승계명세

	코드	소득지급		징수세액			당월조정 환급세액	납부세액	
		인원	총지급액	소득세 등	농어촌특별세	가산세		소득세 등	농어촌특별세
간이세액	A01	1	3,000,000	84,850					
중도퇴사	A02								

• 박하늘 ; **귀속월 : 3월, 지급월 : 4월**

신고구분	☑매월	□반기	□수정	□연말	□소득처분	□환급신청	귀속년월	2021년 3월	지급년월	2021년 4월
일괄납부여부	부	사업자단위과세여부	부	부표 작성		환급신청서 작성		승계명세 작성		

원천징수명세및납부세액 | 원천징수이행상황신고서 부표 | 원천징수세액환급신청서 | 기납부세액명세서 | 전월미환급세액 조정명세서 | 차월이월환급세액 승계명세

	코드	소득지급		징수세액			당월조정 환급세액	납부세액	
		인원	총지급액	소득세 등	농어촌특별세	가산세		소득세 등	농어촌특별세
간이세액	A01	1	2,500,000	41,630					
중도퇴사	A02								

☞원천징수이행상황신고서는 지급월별로 작성해야 합니다.

〈국세청 발간책자 : 알기쉬운 연말정산 안내〉

사 례

월별납부 원천징수의무자가 2007.7월 및 2007.8월귀속 근로소득을 2007년 8월에 지급한 경우 아래와 같이 원천징수이행상황신고서를 별지로 작성·제출합니다.

– 월별납부자

구 분	귀속연월	지급연월	제출기한
신고서Ⅰ	2007년 7월	2007년 8월	2007년 9월 10일
신고서Ⅱ	2007년 8월	2007년 8월	2007년 9월 10일

문제 5 세무조정

[1] 원천징수납세액명세서(갑)

원천납부세액(갑) | 원천납부세액(을)

No	□	1.적요 (이자발생사유)	2.원천징수의무자 구분	사업자(주민)번호	상호(성명)	3.원천징수일		4.이자·배당금액	5.세율(%)	6.법인세
1	□	정기예금이자	내국인	110-81-12345	(주)한들은행	6	30	1,000,000	14.00	140,000
2	□	보통예금이자	내국인	210-81-12345	(주)두리은행	12	31	2,000,000	14.00	280,000
3	□	저축성보험차익	내국인	123-81-25808	(주)신흥해상보험	8	31	10,000,000	14.00	1,400,000

[2] 퇴직연금부담금등조정명세서

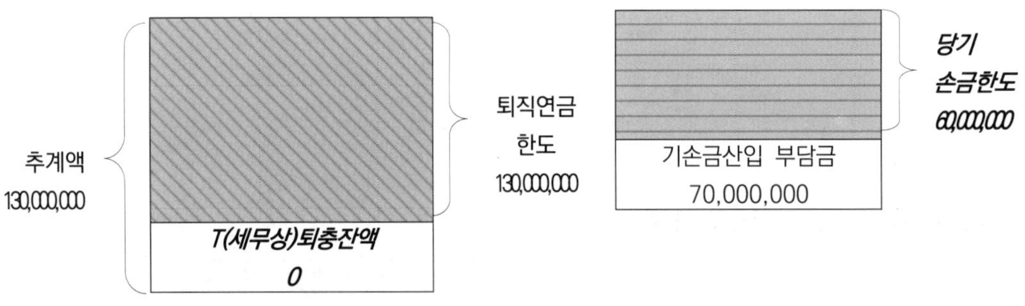

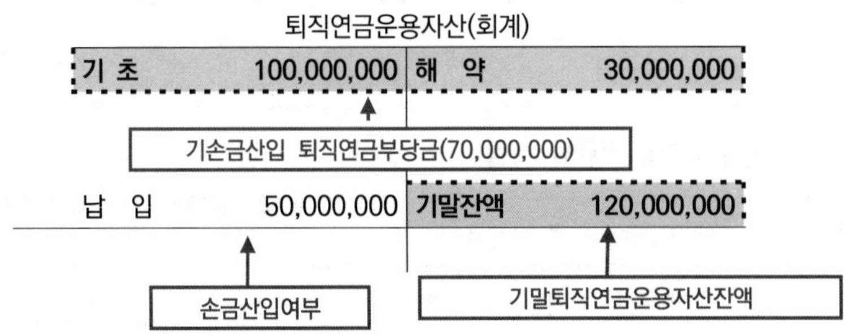

1. 기말퇴직연금예치금등의 계산

□➔ **2.이미 손금산입한 부담금 등의 계산**

1 나.기말 퇴직연금 예치금 등의 계산

19.기초 퇴직연금예치금 등	20.기중 퇴직연금예치금 등 수령 및 해약액	21.당기 퇴직연금예치금 등의 납입액	22.퇴직연금예치금 등 계 (19 - 20 + 21)
100,000,000	30,000,000	50,000,000	120,000,000

2. 손금산입대상 부담금등 계산

2 가.손금산입대상 부담금 등 계산

13.퇴직연금예치금 등 계 (22)	14.기초퇴직연금충당금등 및 전기말 신고조정에 의한 손금산입액	15.퇴직연금충당금등 손금부인 누계액	16.기중퇴직연금등 수령 및 해약액	17.이미 손금산입한 부담금등 (14 - 15 - 16)	18.손금산입대상 부담금 등 (13 - 17)
120,000,000	100,000,000		30,000,000	70,000,000	50,000,000

□➔ **1.퇴직연금 등의 부담금 조정**

1.퇴직급여추계액	당기말 현재 퇴직급여충당금				6.퇴직부담금 등 손금산입 누적한도액 (① - ⑤)
	2.장부상 기말잔액	3.확정기여형퇴직연금자의 설정전 기계상된 퇴직급여충당금	4.당기말 부인 누계액	5.차감액 (② - ③ - ④)	
130,000,000					130,000,000
7.이미 손금산입한 부담금 등 (17)	8.손금산입액 한도액 (⑥ - ⑦)	9.손금산입 대상 부담금 등 (18)	10.손금산입범위액 (⑧과 ⑨중 적은 금액)	11.회사 손금 계상액	12.조정금액 (⑩ - ⑪)
70,000,000	60,000,000	50,000,000	50,000,000		50,000,000

3. 소득금액조정합계표

익금산입 및 손금불산입			손금산입 및 익금불산입		
과 목	금 액	소득처분	과 목	금 액	소득처분
전기퇴직연금운용자산	30,000,000	유보감소	퇴직연금운용자산	50,000,000	유보발생

[3] 외화자산등평가차손익조정명세서

계정과목	외화금액 ($)	장부상			세무상			차이 (B – A)
		평가환율		평가손익(A)	매매기준율		평가손익(B)	
		전기말	당기말		전기	당기		
외화장기차입금	20,000	1,150	1,200	–1,000,000	1,200	1,300	–2,000,000	–1,000,000

1. 외화자산등 평가차손익조정(을)

No	②외화종류(부채)	③외화금액	④장부가액		⑦평가금액		⑩평가손익
			⑤적용환율	⑥원화금액	⑧적용환율	⑨원화금액	부 채(⑥-⑨)
1	USD	20,000.00	1,200.0000	24,000,000	1,300.0000	26,000,000	-2,000,000
2							

2. 외화자산등 평가차손익조정(갑)

①구분	②당기손익금 해당액	③회사손익금 계상액	조정		⑥손익조정금액 (②-③)
			④차익조정(③-②)	⑤차손조정(②-③)	
가.화폐성 외화자산.부채 평가손익	-2,000,000	-1,000,000			-1,000,000

3. 세무조정 〈손금산입〉 외화장기차입금 1,000,000원 (유보발생)

[4] 연구인력개발비 세액공제

1. 일반연구및인력개발비명세서

(1) 발생명세 및 증가발생액계산

1.발생명세 및 증가발생액계산 | 2.공제세액 | 3.연구소/전담부서 현황 | 4.해당연도 연구·인력개발비 발생명세

1 해당 연도의 연구 및 인력개발비 발생 명세

	계정과목	자체연구개발비					
		인건비		재료비 등		기타	
		인원	(6)금액	건수	(7)금액	건수	(8)금액
1	경상연구개발비	2	121,000,000				
2							
	합계	2	121,000,000				

	계정과목	위탁 및 공동 연구개발비		(10)인력개발비	(11)맞춤형교육비용	(12)현장훈련수당 등	(13)총 계
		건수	9.금액				
1	경상연구개발비						121,000,000

- **나소장에 대한 인건비(10% 초과, 주주)는 세액공제 대상이 아님**

(2) 공제세액

3 공제세액

해당 연도 총발생금액 공제	중소기업	(24)대상금액(=13)	(25)공제율			(26)공제세액
		121,000,000	25%			30,250,000
	중소기업 유예기간 종료이후 5년내기업	(27)대상금액(=13)	(28)유예기간 종료연도	(29)유예기간 종료이후년차	(30)공제율	(31)공제세액
			____-__			
	중견기업	(32)대상금액(=13)	(33)공제율			(34)공제세액
			8%			
	일반기업	(35)대상금액(=13)	공제율			(39)공제세액
			(36)기본율	(37)추가	(38)계	
증가발생금액 공제		(40)대상금액(=23)	(41)공제율	(42)공제세액		※공제율 중소기업 : 50% 중견기업 : 40% 대 기업 : 25%
			50%			
(43)해당연도에 공제받을 세액		중소기업(26과 42 중 선택) 중소기업 유예기간 종료이후 5년내 기업(31과 42 중 선택) 중견기업(34와 42 중 선택) 일반기업(39와 42 중 선택)		30,250,000		※ 최저한세 설정 ◉ 제외 ○ 대상

2. 세액공제조정명세서(3)

1.세액공제(1) | 2.세액공제(2) | 3.당기공제 및 이월액계산

(105)구분	(106)사업연도	요공제액		당기공제대상세액							(116)최저한세에 따른 미공제액	(117)기타사유로인한 미공제액	(118)공제세액 (115-116-117)	(119)소멸	(120)이월액 (107+108-118-119)
		(107)당기분	(108)이월분	(109)당기분	(110)1차연도	(111)2차연도	(112)3차연도	(113)4차연도	(114)5차	(115)계					
연구·인력개발비세	20×1	30,250,000		30,250,000						30,250,000		10,000,000	20,250,000		10,000,000

☞ 산출세액(20,250,000)〈세액공제(30,250,000)이므로 **기타사유로 인한 미공제세액에 10,000,000원을 입력**해야 합니다,

[5] 선급비용명세서

계정구분	거래내용	거래처	대상기간		지급액	선급비용	회사계상액	조정대상금액
			시작일	종료일				
선급 보험료	건물 화재보험	삼송화재	20×1-03-01	20×2-02-28	2,400,000	387,945		387,945
선급 보험료	자동차보험	국민화재	20×1-05-01	20×2-04-30	1,800,000	591,780	500,000	91,780
선급 보험료	공장화재보험	환하화재	20×1-07-01	20×2-06-30	3,000,000	1,487,671	1,800,000	-312,329

〈손금산입〉 선급비용 1,300,000원 (유보감소)
〈손금불산입〉 건물화재보험 387,945원 (유보발생)
〈손금불산입〉 자동차보험 91,780원 (유보발생)
〈손금산입〉 공장화재보험 312,329원 (유보발생)

제95회 전산세무 1급

합격율	시험년월
5%	2021.04

이 론

01. 다음은 ㈜신흥의 20x1년 1월 1일부터 12월 31일까지 재고자산과 관련한 자료이다. 매출원가는 얼마인가?

항 목	금액(취득원가기준)	비 고
기초재고자산	50,000원	
당기매입액	250,000원	미착상품 포함금액
기말재고자산실사액	20,000원	창고보유분
미착상품(매입)	30,000원	선적지인도조건으로 현재 운송중
적송품	50,000원	70% 판매완료
저당상품	10,000원	차입금관련 담보제공자산이며, 기말재고실사시 포함하지않음.
반품가능판매	15,000원	반품액의 합리적 추정 불가함.

① 185,000원　② 200,000원　③ 210,000원　④ 245,000원

02. 다음 중 유형자산의 인식요건에 해당하는 것을 모두 고른 것은?

가. 자산으로부터 발생하는 미래경제적효익이 기업에 유입될 가능성이 매우 높다.
나. 자산의 원가를 신뢰성 있게 측정할 수 있다.
다. 자산이 분리 가능하여야 한다.
라. 자산이 통제 가능하여야 한다.

① 가　② 가, 나　③ 가, 나, 다　④ 가, 나, 다, 라

03. 다음 중 이연법인세에 대한 설명으로 옳지 않은 것은?

① 차감할 일시적 차이에 대하여 인식하는 이연법인세자산은 향후 과세소득의 발생가능성이 매우 높은 경우에 인식한다.

② 공정가치로 평가된 자산의 장부금액이 세무기준액보다 크면 이연법인세자산으로 인식하여야 한다.

③ 영업권의 상각이 과세소득을 계산할 때 손금으로 인정되지 않는 경우에는 이연법인세부채를 인식하지 않는다.

④ 자산·부채의 장부금액과 세무기준액의 차이인 일시적 차이에 대하여 원칙적으로 이연법인세를 인식하여야 한다.

04. 다음 중 자본에 대한 설명으로 가장 옳지 않은 것은?

① 자본잉여금 또는 이익잉여금을 자본금에 전입하여 기존의 주주에게 무상으로 신주를 발행하는 경우에는 주식의 액면금액을 주식의 발행금액으로 한다.

② 자본잉여금에는 주식발행초과금, 자기주식처분이익, 감자차익 등이 포함된다.

③ 매입 등을 통하여 취득하는 자기주식은 액면금액을 자기주식의 과목으로 하여 자본조정으로 회계처리한다.

④ 현물을 제공받고 주식을 발행한 경우에는 제공받은 현물의 공정가치를 주식의 발행금액으로 한다.

05. 현금흐름표에 대한 설명으로 올바른 것은?

가. 현금흐름표는 영업활동으로 인한 현금흐름, 투자활동으로 인한 현금흐름, 재무활동으로 인한 현금흐름으로 구분하여 표시한다.
나. 영업활동으로 인한 현금흐름은 현금의 대여와 회수활동, 유가증권·투자자산·유형자산 등의 취득과 처분활동 등을 말한다.
다. 재무활동으로 인한 현금흐름은 현금의 차입 및 상환활동, 신주발행이나 배당금의 지급활동 등과 같이 부채 및 자본계정에 영향을 미치는 거래를 말한다.
라. 영업활동으로 인한 현금흐름은 직접법으로만 표시한다.

① 가, 다　　② 가, 다, 라　　③ 가, 나, 다, 라　　④ 나, 라

06. 다음 중 원가에 대한 설명으로 틀린 것을 모두 고른 것은?

> ㄱ. 고정원가란 관련 범위 내에서 조업도의 증감에 따라 단위당 원가가 증감하는 원가이다.
> ㄴ. 종합원가계산은 항공기 제작업, 건설업 등에 적합한 원가계산 방식이다.
> ㄷ. 특정 제품에 직접 추적할 수 있는 원가 요소를 직접원가라고 한다.
> ㄹ. 공통원가 또는 간접원가를 배분하는 가장 이상적인 배분 기준은 수혜기준이다.

① ㄱ　② ㄱ, ㄷ　③ ㄹ　④ ㄴ, ㄹ

07. 다음 자료를 참조하여 당기총제조원가를 구하면 얼마인가?

구　분	금　액
직접재료원가	250,000원
직접노무원가	?　원
제조간접원가	직접노무원가의 200%
가 공 원 가	직접재료원가의 150%

① 625,000원　② 750,000원　③ 375,000원　④ 1,000,000원

08. 다음 중 보조부문의 원가배분에서 배분기준으로 적합하지 않은 것은?

① 전력부분 : 사용한 전력량　② 수선유지부 : 면적
③ 구매부분 : 주문횟수　④ 인사관리부 : 종업원수

09. 다음 자료를 이용하여 ㈜원일의 직접재료비의 완성품 환산량을 구하면 얼마인가?

> • 당사는 선입선출법에 의한 종합원가제도를 채택하고 있다.
> • 직접재료는 공정 초기에 40%가 투입되고, 나머지는 공정이 70% 진행된 시점에 전부 투입된다.
> • 공손은 없는 것으로 가정한다.
> • 기초재공품은 300단위이며 완성도는 90%이다.
> • 당기착수량은 6,000단위이고 완성품수량은 5,500단위이다.
> • 기말재공품의 완성도는 50%이다.

① 5,200단위　② 5,520단위
③ 5,700단위　④ 5,820단위

10. 표준원가계산제도를 채택하고 있는 ㈜운주의 직접노무비 관련자료는 다음과 같다. ㈜운주의 직접작업시간은 얼마인가?

• 표준임률 : 직접작업시간당 5,000원	• 실제임률 : 직접작업시간당 6,000원
• 표준직접작업시간 : 2,000시간	• 능률차이(유리) : 1,000,000원

① 1,800시간 ② 2,000시간 ③ 2,200시간 ④ 2,250시간

11. 다음은 부가가치세법상 가산세에 대한 내용으로 맞는 것은?

① 사업자가 법정신고기한까지 예정신고를 하지 않는 경우에는 일반적인 무신고는 무신고납부세액의 20%(영세율무신고시에는 영세율과세표준의 0.5%)를 적용한다.
② 사업자는 법정신고기한까지 확정신고를 한 경우로서 납부할 세액을 신고하여야할 세액보다 적게 신고한 경우에는 일반과소신고납부세액의 20%를 적용한다.
③ 간이과세자가 납부의무가 면제되는 경우에는 과소신고시 10%의 가산세를 적용한다.
④ 사업자가 법정납부기한까지 납부를 하지 않는 경우에는 미납세액에 미납기간을 적용한 금액에 3/10,000(2024년)을 납부지연가산세로 적용한다.

12. 다음은 부가가치세법상 예정신고와 납부에 관한 설명이다. 빈칸에 들어갈 금액은 얼마인가?

납세지 관할 세무서장은 직전 과세기간 공급가액의 합계액이 (㉠) 미만인 법인사업자에 대해서는 각 예정신고기간마다 직전 과세기간에 대한 납부세액의 50%로 결정하여 해당 예정신고기간이 끝난 후 25일까지 징수한다. 다만, 징수하여야 할 금액이 (㉡) 미만인 경우에는 징수하지 아니한다.

① ㉠: 48,000,000원 ㉡: 200,000원 ② ㉠: 100,000,000원 ㉡: 200,000원
③ ㉠: 50,000,000원 ㉡: 300,000원 ④ ㉠: 150,000,000원 ㉡: 500,000원

13. 다음 중 법인세법상 납세의무자별 과세대상 소득의 범위에 대한 구분으로 틀린 것은?

번호	법인 구분		각사업연도 소득의 범위	토지 등 양도소득	청산소득
	내국/외국	영리/비영리			
①	내국	영리	국내외 원천의 모든 소득	과세 ○	과세 ○
②	내국	비영리	국내외 원천소득 중 일정한 수익사업에서 생기는 소득	과세 ○	과세 ○
③	외국	영리	국내 원천 소득	과세 ○	과세 ×
④	외국	비영리	국내 원천 소득 중 일정한 수익사업에서 생기는 소득	과세 ○	과세 ×

14. 법인세법상 업무무관경비에 대한 설명으로 올바른 것은?

가. 법인이 직접 사용하지 아니하고 타인이 주로 사용하고 있는 장소 · 건물 · 물건 등의 유지 · 관리비 등은 업무무관경비에 해당한다.
나. 법인의 대주주가 사용하는 사택에 대한 경비는 업무무관경비에 해당한다.
다. 법인의 임원이나 대주주가 아닌 종업원에게 제공한 사택의 임차료는 업무무관경비에 해당한다.
라. 법인이 종업원의 사기진작 및 복리후생 측면에서 노사합의에 의하여 콘도미니엄회원권을 취득한 후 전종업원의 복리후생 목적으로 사용하는 경우에는 업무무관자산으로 보지 않는다.

① 가, 라　② 가, 나　③ 가, 나, 다　④ 가, 나, 라

15. 소득세법상 원천징수와 관련한 설명으로 틀린 것은?

① 도소매업을 영위하는 ㈜하루는 제조업을 영위하는 ㈜내일로부터 일시적으로 자금을 차입하고 이자를 지급하려 한다. 이자를 지급할 때 지급이자의 25%(지방소득세는 별도)를 원천징수해야 한다.
② 거주자인 이상해씨는 복권 및 복권기금법에 따른 복권 2억원 당첨되었다. 이 때 20%(지방소득세는 별도) 원천징수로 분리과세 된다.
③ ㈜삼진은 주주총회에서 주주들에게 총 1억원을 배당하기로 했다. 그러나 코로나로 인한 자금조달의 문제로 배당금을 지급하지 못하였다. 이 경우 배당소득세를 원천징수하지 않아도 된다.
④ 헬스장을 운영하는 개인사업자인 나건강씨는 홍보를 위해 홍보 전단을 나누어 줄 일용직을 하루 동안 고용하고 일당 10만원을 지급하였다. 이 경우 일당을 지급할 때 원천징수할 원천세는 없다.

실 무

안곡물산㈜(0950)은 제조 · 도소매업을 영위하는 중소기업이며, 당기 회계기간은 20x1.1.1.~20x1.12.31.이다. 전산세무회계 수험용 프로그램을 이용하여 다음 물음에 답하시오.

문제 1 다음 거래에 대하여 적절한 회계처리를 하시오.(12점)

[1] 2월 15일 영업부서 이미란과장의 생일선물로 당사가 생산한 제품(시가 : 300,000원 원가 : 200,000원)을 사용하였다.(단, 시가와 원가는 부가가치세 제외금액이며, 모든 입력은 매입매출전표에서 할 것)(3점)

[2] 3월 31일 당사의 영업부서는 업무 수행을 위해서 ㈜예인렌트카로부터 승용차(3,300CC, 5인승)를 임차하고 월 이용료는 익월 10일에 통장에서 자동이체되며 전자세금계산서는 다음과 같이 발급받았다.(임차료 계정을 사용할 것)(3점)

<table>
<tr><td colspan="9">전자세금계산서</td><td>승인번호</td><td colspan="2">20210331 - 31000013 - 44346631</td></tr>
<tr><td rowspan="5">공급자</td><td>사업자 등록번호</td><td>137 - 86 - 11216</td><td>종사업장 번호</td><td></td><td rowspan="5">공급받는자</td><td>사업자 등록번호</td><td>308 - 81 - 12340</td><td>종사업장 번호</td><td colspan="3"></td></tr>
<tr><td>상호(법인명)</td><td>㈜예인렌트카</td><td>성명(대표자)</td><td>연예인</td><td>상호(법인명)</td><td>안곡물산㈜</td><td>성명(대표자)</td><td colspan="3">박세영</td></tr>
<tr><td>사업장주소</td><td colspan="3">서울 영등포구 여의도동 34</td><td>사업장주소</td><td colspan="5">경기도 화성시 꽃내음4길 28 - 9</td></tr>
<tr><td>업 태</td><td>자동차렌터</td><td>종 목</td><td>자동차</td><td>업 태</td><td>제조,도매업 외</td><td>종 목</td><td colspan="3">전자부품외</td></tr>
<tr><td>이메일</td><td colspan="3"></td><td>이메일</td><td colspan="5"></td></tr>
<tr><td colspan="2">작성일자</td><td>공급가액</td><td>세액</td><td colspan="8">수정사유</td></tr>
<tr><td colspan="2">20x1 - 03 - 31</td><td>1,500,000원</td><td>150,000원</td><td colspan="8">해당없음</td></tr>
<tr><td colspan="2">비고</td><td colspan="10"></td></tr>
<tr><td>월</td><td>일</td><td>품 목</td><td>규 격</td><td>수 량</td><td>단 가</td><td colspan="2">공 급 가 액</td><td colspan="2">세 액</td><td colspan="2">비 고</td></tr>
<tr><td>3</td><td>31</td><td>팬텀 렌트비</td><td></td><td></td><td></td><td colspan="2">1,500,000원</td><td colspan="2">150,000원</td><td colspan="2"></td></tr>
<tr><td></td><td></td><td></td><td></td><td></td><td></td><td colspan="2"></td><td colspan="2"></td><td colspan="2"></td></tr>
<tr><td colspan="2">합 계 금 액</td><td>현 금</td><td colspan="2">수 표</td><td colspan="2">어 음</td><td colspan="2">외 상 미 수 금</td><td colspan="3" rowspan="2">이 금액을 청구함</td></tr>
<tr><td colspan="2">1,650,000원</td><td></td><td colspan="2"></td><td colspan="2"></td><td colspan="2">1,650,000원</td></tr>
</table>

[3] 5월 30일 당사는 저명한 학자 스미스씨(미국거주)를 국내로 초빙하여 임직원을 위한 강의를 개최하였다. 강의 당일 강의료 $3,300에 대하여 원천징수한 후 해외로 송금하였으며 송금수수료 15,000원을 포함하여 보통예금에서 인출하였다. 미국과의 조세조약을 살펴보니 강의료가 $3,000가 넘으면 국내에서 지방세 포함하여 22%를 원천징수해야 한다고 한다. (용역비 계정을 사용하고 하나의 전표로 처리할 것, 예수금 거래처는 국세의 경우 화성세무서, 지방세의 경우 화성시청으로 처리하며, 5월 30일 기준환율은 $1당 1,110원이다.) (3점)

[4] 모두 정답

문제 2 다음 주어진 요구사항에 따라 부가가치세 신고서 및 부속서류를 작성 하시오.(10점)

[1] 다음의 수출신고필증 및 환율정보를 이용하여 매입매출전표입력메뉴에 입력하고 수출실적명세서를 작성하시오.(4점)

1. 수출신고필증의 정보

UNI-PASS

수 출 신 고 필 증

(갑지)
※ 처리기간 : 즉시

제출번호 99999-99-9999999 ①신 고 자 강남 관세사	⑤신고번호 41757-17-050611X	⑥신고일자 20x1/03/20	⑦신고구분 일반P/L신고	⑧C/S구분 A
②수출대행자 (주)예인 (통관고유부호) ㈜예인 1-23-4-56-7 수출자구분 (C)	⑨거래구분 11 일반형태	⑩종류 A 일반수출	⑪결제방법 TT 단순송금방식	
	⑫목적국 US USA	⑬적재항 ICN 인천항	⑭선박회사(항공사)	
수 출 화 주 안곡물산(주) (통관고유부호) ㈜동한 1-23-4-56-7 (주소) (대표자) (사업자등록번호) 308-81-12340	⑮선박명(항공편명)	⑯출항예정일자	⑰적재예정보세구역	
	⑱운송형태 10 ETC		⑲검사희망일 20x1/3/21	
	⑳물품소재지			
③제 조 자 ㈜더케이 (통관고유부호) ㈜더케이 1-23-4-56-7 제조장소 산업단지부호 999	㉑L/C번호		㉒물품상태	
	㉓사전임시개청통보여부		㉔반송 사유	
④구 매 자 NICE.Co.Ltd. (구매자부호)	㉕환급신청인(1 : 수출/위탁자, 2 : 제조자) 간이환급			

· 품명 · 규격 (란번호/총란수 : 999/999)

㉖품 명 ㉗거래품명			㉘상표명		
㉙모델 · 규격	㉚성분	㉛수량	㉜단가(USD)	㉝금액(USD)	
K		150(EA)	200	30,000	
㉞세번부호	9999.99-9999	㉟순중량 320kg	㊱수량	㊲신고가격(FOB)	$ 28,500 ₩28,500,000
㊳송품장부호		㊴수입신고번호		㊵원산지	㊶포장갯수(종류)
㊷수출요건확인 (발급서류명)					
㊸총중량	320kg	㊹총포장갯수		㊺총신고가격 (FOB)	$ 28,500 ₩28,500,000
㊻운임(₩)	1,180,970	㊼보험료(₩)		㊽결제금액	CFR - USD - 30,000
㊾수입화물 관리번호				㊿컨테이너번호	
수출요건확인 (발급서류명)					
※신고인기재란			⑤①세관기재란		
⑤②운송(신고)인 ⑤③기간 부터 까지	⑤④적재의무기한	20x1/04/30	⑤⑤담당자	⑤⑥신고수리일자	20x1/03/25

2. B/L에 의한 제품선적일은 20x1년 4월 2일이다.
3. 본 제품 수출거래와 관련하여 대금은 20x1년 4월 15일 전액 보통예금계좌에 입금되었다.
4. 기준환율정보는 다음과 같다.

구분	20x1.03.20.	20x1.04.02.	20x1.04.15.
환율	1$ = 1,100	1$ = 1,050	1$ = 1,200

[2] 당사는 과세사업과 면세사업을 겸영하는 사업자로 가정한다. 입력된 자료는 무시하고 다음 자료를 이용하여 20x1년 제1기 부가가치세 확정신고시 [공제받지못할매입세액명세서]를 작성하시오.(6점)

1. 공급가액에 관한 자료

구분	과세사업	면세사업	합계
20x0년 1~6월	400,000,000원	100,000,000원	500,000,000원
20x0년 7~12월	378,000,000원	72,000,000원	450,000,000원
20x1년 1~6월	420,000,000원	180,000,000원	600,000,000원

2. 공장용 건물(감가상각자산) 취득내역

취득일	건물		비고
	공급가액	매입세액	
20x0.1.1	200,000,000원	20,000,000원	과세, 면세 공통매입

3. 20x0년 부가가치세 신고는 세법에 따라 적절하게 신고하였다.

문제 3 다음의 결산정리사항에 대하여 결산정리분개를 하거나 입력을 하여 결산을 완료하시오. (8점)

[1] 미래은행으로부터 차입한 장기차입금 100,000,000원의 만기일이 20x2년 3월 31일 도래한다.(2점)

[2] 확정급여형퇴직연금에 가입되어 있고, 이에 대한 당월기여금 2,000,000원을 12월 1일에 보통예금계좌에서 이체하고 기업회계기준에 맞게 회계처리하였다. 결산일 현재 퇴직금추계액은 160,000,000원이고 퇴직연금운용자산 잔액은 98,000,000원, 퇴직급여충당부채 잔액은 134,000,000원일 경우 결산분개를 하시오.(단, 비용과 관련된 계정과목은 판매비와 관리비의 계정과목을 사용할 것)(2점)

[3] 당사의 제품재고는 다음과 같다. 제품과 관련한 감모손실을 [일반전표 입력]메뉴에 입력하고, [결산자료입력]메뉴에 기말제품재고액을 반영하시오.(2점)

구분	수량(개)	단가(원)	재고자산가액(원)	비고
장부상 재고	5,000	1,000	5,000,000	감모손실 중 60%는 정상감모이며, 40%는 비정상감모임.
실사상 재고	4,750	1,000	4,750,000	

[4] 다음은 당기 [법인세 과세표준 및 세액조정계산서]의 일부 내용이다. 입력된 데이터는 무시하고, 주어진 자료만 참고하여 법인세등에 대한 회계처리를 하시오.(2점)

<table>
<tr><td rowspan="7">법인세
과세표준 및
세액조정
계산서 일부
내용</td><td rowspan="7">납부할
세액 계산</td><td colspan="2">① 산출세액</td><td></td><td>15,520,000원</td></tr>
<tr><td colspan="2">② 최저한세 적용제외 공제감면세액</td><td>19</td><td>1,500,000원</td></tr>
<tr><td colspan="2">③ 가 감 계(①-②)</td><td>21</td><td>14,020,000원</td></tr>
<tr><td rowspan="3">기납부
세액</td><td>④ 중간예납세액</td><td>22</td><td>5,800,000원</td></tr>
<tr><td>⑤ 원천납부세액</td><td>24</td><td>0원</td></tr>
<tr><td>⑥ 합 계(④+⑤)</td><td>28</td><td>5,800,000원</td></tr>
<tr><td colspan="2">⑦ 차감납부할세액(③-⑥)</td><td>30</td><td>8,220,000원</td></tr>
<tr><td>기타</td><td colspan="5">• 선납세금은 적절히 회계처리하였다.
• 법인세와 관련된 지방소득세의 선납세금은 없으며, 납부할세액은 1,552,000원이다.</td></tr>
</table>

문제 4 원천징수와 관련된 다음 물음에 답하시오.(10점)

[1] 다음은 국내영업관리직인 엄익창(사번 104)씨의 급여관련자료이다. 사원등록을 입력하고 사원등록상의 부양가족명세를 세부담이 최소화되도록 입력하시오.(4점)
(입력된 자료 및 주민등록번호 오류는 무시하고 다음 자료만을 이용하여 입력할 것)

관 계	성 명	비 고
본인(세대주)	엄익창(710210-1354633)	입사일 20x1.8.1
배우자	김옥경(761214-2457690)	부동산임대소득금액 3,500,000원
본인의 부	엄유석(400814-1557890)	-
본인의 모	진유선(430425-2631211)	일용근로소득금액 2,000,000원 장애인복지법상 장애인
장남	엄기수(990505-1349871)	대학생
장녀	엄지영(030214-4652148)	대학생
본인의 형	엄지철(670415-1478523)	장애인(중증환자)에 해당함.

[2] 당사는 일시적 자금난 때문에 거래처인 ㈜대박으로부터 운용자금을 차입하고 이에 대한 이자를 매달 지급하고 있다. 다음의 자료를 참조하여 이자배당소득자료 입력은 하지 않고, 20x1년 02월 귀속분 원천징수이행상황신고서(부표 포함)를 직접 작성하시오. (단, 당사는 반기별 사업장이 아니며, 다른 원천신고 사항은 무시한다.)(4점)

- ㈜대박 차입금 : 150,000,000원
- 2월 귀속분 이자 : 625,000원(연 이자율 5%)
- 지급일 : 20x1년 03월 10일
- 2월 귀속 3월 지급분으로 작성할 것

[3] 다음의 자료를 이용하여 소득자의 인적사항을 등록하고 소득 관련 자료를 입력하시오.(2점)

코드	소득종류	성명	지급일	주민등록번호	지급액	소득구분
101	사업소득	박다함	20x1.5.30.	850604 - 2811310	5,000,000원	기타모집수당
201	기타소득	최연준	20x1.5.30.	891031 - 1058813	2,000,000원	강연료 등

- 소득귀속일과 지급일은 동일하다.
- 소득자는 모두 거주자이고, 내국인이다.
- 박다함은 인적용역사업소득자이다.

문제 5 **㈜용연(0951)은 자동차부품등을 생산하고 제조 · 도매업을 영위하는 중소기업이며, 당해 사업연도는 20x1.1.1.~20x1.12.31.이다. 법인세무조정메뉴를 이용하여 재무회계 기장자료와 제시된 보충자료에 의하여 당해 사업연도의 세무조정을 하시오.(30점) ※ 회사선택 시 유의하시오.**

[1] 다음의 자료를 이용하여 [수입금액조정명세서]와 [조정후수입금액명세서]를 작성하고 매출관련 세무조정을 하시오.(6점)

1. 손익계산서상 매출 및 영업외수익내역은 다음과 같다.

구분	수익내역	업태/종목	기준경비율 코드	금액(원)
매출액	제품매출	제조/자동차부품	343000	1,385,000,000
	상품매출*	도매 · 소매 자동차부품	503006	1,140,000,000
영업외수익	이자수익			1,650,000
	잡이익	제품부산물매각대	343000	1,500,000
총 계				2,528,150,000

* 상품매출에는 위탁판매의 매출액 20,000,000원(매출원가 14,000,000원)이 누락되었으며, 부가가치세 수정신고서는 관할 세무서에 제출됨.

2. 부가가치세 신고 내역

구분	금액(원)
제품매출	1,386,500,000
상품매출	1,160,000,000
비품매각대	5,000,000
상품매출관련 선수금	10,000,000
개인적공급*	500,000

*개인적 공급은 당해 제품에 대하여 매입세액공제를 받았으며 해당금액은 시가임.

[2] 다음 자료를 이용하여 [기업업무추진비 조정명세서]를 작성하고 관련 세무조정을 하시오.(6점)

1. 손익계산서에 반영된 기업업무추진비계정의 내역은 다음과 같다.
   (1) 당기 기업업무추진비 총액은 45,000,000원이며 모두 판매관리비로 계상되었다. 이 중 법인신용카드 사용분은 39,000,000원이며, 나머지 6,000,000원은 현금으로 지출하고 간이영수증을 발급받았다.
   (2) 현금으로 지출한 기업업무추진비 6,000,000원중 1,000,000원은 경조사비로서 20만원 초과이다.
   (3) 모든 기업업무추진비의 건당 지출액은 3만원을 초과한다.

2. 당기에 거래관계를 원만하게 할 목적으로 매출거래처에 무상으로 제공한 제품의 취득가액은 4,000,000원이고, 시가는 7,000,000원이며, 아래와 같이 회계처리하였다.

(차) 광고선전비(판) 4,700,000원	(대) 제 품	4,000,000원
	부가세예수금	700,000원

3. 기업회계기준상 매출액은 2,526,500,000원이며 이 중 100,000,000원은 법인세법상 특수관계인과의 매출이다.

[3] 입력된 자료는 무시하고 다음의 자료만을 이용하여 20x1년말 [자본금과적립금조정명세서(을)]를 작성하시오.(단, 세무조정 입력은 생략할 것)(6점)

1. 20x0년말 [자본금과적립금조정명세서(을)]

과목	기초	감소	증가	기말
대손충당금한도초과	3,000,000원	3,000,000원	5,000,000원	5,000,000원
선급비용(보험료) 과소계상	1,500,000원	1,500,000원	1,800,000원	1,800,000원
기계장치 감가상각비한도초과	4,000,000원	2,500,000원		1,500,000원
단기매매증권평가이익			-2,800,000원	-2,800,000원

2. 20x1년 중 유보금액과 관련된 내역은 다음과 같다.
   (1) 당기 대손충당금한도초과액은 7,000,000원이다.
   (2) 전기 유보된 선급비용은 전액 20x1.1.1.~20x1.6.30.비용분이다.
   (3) 당기 기계장치의 감가상각비 시인부족액은 2,000,000원이다.
   (4) 당기에 단기매매증권의 50%를 처분하였다. 그 외에 단기매매증권의 취득 및 처분은 없고, 당기는 별도의 단기매매증권평가를 회계처리하지 않았다.
   (5) 당기 기부금 중 어음으로 발행하여 기부한 금액은 4,000,000원이고, 만기일은 20x2.12.31.이다.

[4] 입력된 자료는 무시하고 다음의 자료를 참조하여 [주식등변동상황명세서]를 작성하시오.(6점)

1. 등기사항전부증명서 일부

1주의 금액 금 5,000원	. .
	. .

발행할 주식의 총수 1,000,000주	. .
	. .

발행주식의 총수와 그 종류 및 각각의 수	자본금의 액면	변 경 연 월 일 등 기 연 월 일
발행주식의 총수 20,000주 보통주식 20,000주	금 100,000,000 원	20x1.04.18. 변경 20x1.04.18. 등기

2. 주주내역

(1) 20x0년 말 주주내역

성명	주민등록번호	지배주주관계	주식수
장세억	660813 - 1953116	본인	5,000주
인재율	690327 - 1082111	없음	5,000주

(2) 20x1년 말 주주내역

성명	주민등록번호	지배주주관계	주식수
장세억	660813 - 1953116	본인	10,000주
인재율	690327 - 1082111	없음	8,000주
우민오	691115 - 1173526	없음	2,000주

- 장세억과 인재율은 20x1.4.18. 유상증자에 참여하였다. 유상증자는 액면가액으로 진행되었다.
- 인재율은 20x1.11.15. 본인의 주식 2,000주를 우민오에게 액면가액으로 양도하였다.

[5] 다음의 자료를 참조하여 법인세 수정신고서 작성시 [가산세액계산서]를 작성하시오.(3점)

1. 당사 1인 주주인 나주주씨는 20x1.12.30. 주식 전부를 액면가액인 50,000,000원으로 박상우씨에게 양도하였다. 하지만 법인세 신고시 주식변동이 없는 것으로 착각하여 주식등변동상황명세서를 제출하지 않았다.
2. 법인세법상 정규증빙을 수취하지 못한 내역이 다음과 같이 존재하는데 법인세 신고시 가산세를 반영하지 못하였다.
   - 여비교통비 : 총3건 2,000,000원(이 중 1건은 20,000원으로 간이영수증을 수취하였음)
   - 소모품비 : 총4건 3,200,000원(4건 모두 3만원 초과분)
3. 당사는 법인세 수정신고서를 법정신고기한 10일 후 제출하였다.

[6] 다음의 자료를 참조하여 [소득금액조정합계표]메뉴를 작성하시오.(3점)

계정과목	금액(원)	비 고
잡이익	750,000	당해(전기귀속) 법인세신고납부 후 경정청구로 환급된 법인세임.
이자수익	100,000	공장건물 재산세과오납 환급금에 대한 이자임.
세금과공과	800,000	공장용트럭 취득에 따른 취득세임.
보험차익	1,250,000	공장창고화재로 인한 보험차익임.
자기주식처분이익	500,000	자기주식처분이익으로 기타자본잉여금에 계상됨.

제95회 전산세무1급 답안 및 해설

이 론

1	2	3	4	5	6	7	8	9	10	11	12	13	14	15
③	②	②	③	①	④	①	②	②	①	①	④	②	④	③

01. 기말재고액 = 기말실사액(20,000) + 선적지인도조건(30,000) + 미판매적송품30%(15,000) + 저당상품(10,000) + 반품추정불능재고(15,000) = 90,000원

재고자산

기초재고	50,000	*매출원가*	*210,000*
총매입액	250,000	기말재고	90,000
계	300,000	계	300,000

02. 다(식별가능성 중 분리가능), 라(통제가능성)는 무형자산의 인식요건에 해당한다.

03. **공정가치로 평가된 자산의 장부금액이 세무기준액보다 크다면(△유보)** 그 차이가 (미래)가산할 일시적 차이이며 **이연법인세부채로 인식**하여야 한다.

04. 발행기업이 매입 등을 통하여 취득하는 자기주식은 취득원가를 자기주식의 과목으로 하여 자본조정으로 회계처리한다.

05. 나. 영업활동으로 인한 현금흐름은 일반적으로 제품의 생산과 상품 및 용역의 구매·판매활동을 말한다.
라. **영업활동으로 인한 현금흐름은 직접법 또는 간접법으로 표시**한다.

06. ㄴ. 종합원가계산은 제지업, 제과업 등 단일 제품을 연속적으로 대량 생산하는 경우에 적합하고, 항공기 제작업, 건설업 등에 적합한 원가계산 방식은 개별원가계산이다.
ㄹ. 공통원가 또는 간접원가를 배분하는 가장 이상적인 배분기준은 인과관계기준이다.

07. 가공원가 = 직접재료원가 × 150% = 250,000원 × 150% = 375,000원
당기총제조원가 = 직접재료원가(250,000) + 가공원가(375,000) = 625,000원

08. 수선유지부는 면적보다는 수선횟수 또는 수선시간이 배분기준으로 적합하다.

09. 직접재료비는 공정초에 40%, 70%시점에 60%투입

〈1단계〉 물량흐름파악(선입선출법) 재공품			〈2단계〉 완성품환산량 계산 재료비
	완성품	5,500	
	- 기초재공품	300(10%)	0
	- 당기투입분	5,200(100%)	5,200
	기말재공품	800(50%)	320(800×40%)
	계	6,300	**5,520**

10.

AQ	AP	SQ	SP
?	6,000원/시간	2,000시간	5,000원/시간

AQ × AP(Ⓐ)	AQ × SP(Ⓑ)	SQ × SP(Ⓒ)
	1,800시간 × 5,000원	2,000시간 × 5,000원
	= 9,000,000원	= 10,000,000원

가격차이(Ⓐ − Ⓑ)　　**능률차이,수량차이**(*Ⓑ − Ⓒ)?*

= △1,000,000원(유리)

11. ② 10%　③ 신고불성실가산세가 적용되지 않는다.　④ 2.2/10,000

13. 내국 비영리법인은 청산소득에 대해서는 과세하지 않는다.

14. 법인의 임원이나 대주주가 아닌 종업원에게 제공한 사택의 임차료는 업무관련 경비로 보아 손금산입한다.

15. 법인이 이익 또는 잉여금의 처분에 따른 **배당 또는 분배금을 그 처분을 결정한 날부터 3개월이 되는 날까지 지급하지 아니한 경우에는 그 3개월이 되는 날에 그 배당소득을 지급한 것**으로 보아 소득세를 원천징수한다.(지급시기의제)

실 무

문제 1 전표입력

문항	일자	유형	공급가액	부가세	거래처	전자세금
[1]	2/15	14.건별	300,000	30,000	-	-
분개유형	(차) 복리후생비(판)			230,000	(대) 부가세예수금	30,000
혼합					제　품(8.타계정대체)	200,000

☞ **제시된 답안은 잘못된 답안으로 개인적 공급(경조사) 중 10만원 초과분에 대해서만 간주공급이 되어야 하므로 공급가액(200,000원), 부가세(20,000원)으로 수정되어야 한다.**

다음 자료는 국세청 발간 개정세법해설(2021)이다.

나. 개정내용

종　전	개　정
□ 다음의 재화는 사업자가 사용인에게 실비변상적・복리후생적 목적으로 제공하는 것으로서, 재화의 공급으로 보지 않음	□ 경조사 관련 재화 범위 확대 및 관련 규정 명확화
○ 작업복・작업모・작업화 ○ 직장체육・문화와 관련된 재화	(좌　동)
○ 경조사*와 관련된 재화로서 1인당 연간 10만 원 이하 재화 * 설날・추석・창립기념일・생일 등 포함	○ 경조사를 ①과 ②의 경우로 구분하여 각각 1인당 연간 10만 원 이하 재화 ① 경조사와 관련된 재화 ② 명절・기념일 등*과 관련된 재화 * 설날・추석・창립기념일・생일 등 포함 ※ 연간 10만 원을 초과하는 경우 초과금액에 대해서 재화의 공급으로 봄

문항	일자	유형	공급가액	부가세	거래처	전자세금
[2]	3/31	54.불공(3)	1,500,000	150,000	㈜예인렌터카	여
분개유형		(차) 임차료(판)		1,650,000 (대) 미지급금		1,650,000
혼합						

[3] 5월 30일 일반전표

(차)	용역비	3,663,000	(대) 보통예금	2,872,140
	수수료비용	15,000	예수금(화성세무서)	732,600
			예수금(화성시청)	73,260

- 용역비 : $3,300×1,110원=3,663,000원
- 예수금(세무서) : 3,663,000×20%=732,600원
- 예수금(구청) : 732,600×10%=73,260원

[4] 모두 정답

문제 2 부가가치세

[1] 수출실적명세서(4~6월)

일자	유형	공급가액	부가세	거래처	수출신고번호
4/02	16.수출(1)	31,500,000	0	NICE.Co.,Ltd.	41757-17-050611X
분개유형	(차) 외상매출금		31,500,000 (대) 제품매출		31,500,000
외상					

☞공급가액=$30,000×1,050원=31,500,000원
<u>수출의 공급시기는 선적일이며, 수출신고필증상 결제금액을 매출로 회계처리</u>한다.

구분	건수	외화금액	원화금액	비고
⑨합계	1	30,000.00	31,500,000	
⑩수출재화[=⑫합계]	1	30,000.00	31,500,000	
⑪기타영세율적용				

No	□	(13)수출신고번호	(14)선(기)적일자	(15)통화코드	(16)환율	금액 (17)외화	금액 (18)원화	전표정보 거래처코드	전표정보 거래처명
1	□	41757-17-050611X	20×1-04-02	USD	1,050.0000	30,000.00	31,500,000	00125	NICE.Co.,Ltd.
2	□								

[2] 공제받지못할매입세액명세서[납부세액또는환급세액재계산](4~6월)

구분	과세사업	면세사업	합계	면세공급가액비율	재계산 여부
20x0년 1기	400,000,000원	100,000,000원	500,000,000원	<u>20%</u>	
20x0년 2기	378,000,000원	72,000,000원	450,000,000원	16%	X
20x1년 1기	420,000,000원	180,000,000원	600,000,000원	<u>30%</u>	○

납부세액 또는 환급세액의 재계산은 감가상각자산의 취득일이 속하는 과세기간(그 후의 과세기간에 재계산하였을 때에는 그 재계산한 기간)에 적용한 면세비율간의 차이가 5% 이상인 경우에만 적용한다. 따라서 20x0년 2기에는 재계산하지 않고 20x1년 1기에 재계산한다.

공제받지못할매입세액내역 | 공통매입세액안분계산내역 | 공통매입세액의정산내역 | 납부세액또는환급세액재계산

자산	(20)해당재화의 매입세액	(21)경감률[1-(체감률*경과된과세기간의수)]				(22)증가 또는 감소된 면세공급가액(사용면적)비율					(23)가산또는 공제되는 매입세액 (20)*(21)*(22)
		취득년월	체감률	경과과세기간	경감률	당기		직전		증가율	
						총공급	면세공급	총공급	면세공급		
1.건물,구축물	20,000,000	2024-01	5	2	90	600,000,000.00	180,000,000.00	500,000,000.00	100,000,000.00	10.000000	1,800,000
합계											1,800,000

가산또는공제되는매입세액 (1,800,000) = 해당재화의매입세액(20,000,000) * 경감률(%)(90) * 증가율(%)(10.000000)

문제 3 결산

[1] 〈수동결산〉

(차) 장기차입금(미래은행) 100,000,000 (대) 유동성장기부채(미래은행) 100,000,000

[2] 〈수동결산/자동결산〉

(차) 퇴직급여(판) 26,000,000 (대) 퇴직급여충당부채 26,000,000

☞설정액 = 퇴직금추계액(160,000,000) – 설정전퇴직급여충당부채(134,000,000) = 26,000,000원

[3] 〈수동결산〉

(차) 재고자산감모손실 100,000 (대) 제품(8.타계정대체) 100,000

☞감모 = 실사상재고(4,750,000) – 장부상재고(5,000,000) = △250,000원
비정상감모 = 감모(△250,000) × 40% = △100,000(영업외비용)

〈자동결산〉

기말제품재고액 4,750,000원 입력

[4] 〈수동/자동결산〉

(차) 법인세등 15,572,000 (대) 선납세금 5,800,000
미지급세금 9,772,000

☞법인세등 = 법인세(14,020,000) + 지방소득세(1,552,000) = 15,572,000원

(차) 법인세등 9,772,000 (대) 미지급세금 9,772,000

☞"선납세금은 적절히 회계처리하였다"제시가 되어 있어 미지급세금부분만 처리한 것도 정답으로 인용

문제 4 원천징수

[1] 사원등록 및 부양가족명세(엄익창)

1. 사원등록 104.엄익창, 입사년월월 : 20x1년 8월 1일

2. 부양가족명세

관계	요건 연령	요건 소득	기본 공제	추가 (자녀)	판단
본인(세대주)	–	–	○		
배우자	–	×	부		사업소득금액 1백만원초과자
부(85)	○	○	○	경로	
모(82)	○	○	○	경로,장애(1)	일용근로소득은 분리과세소득
장남(26)	×	○	부		
장녀(22)	×	○	부		
형(58)	×	○	○	장애(3)	장애인은 연령요건을 따지지 않는다.

[2] 원천징수이행상황신고서(귀속기간 2월, 지급기간 3월, 1.정기신고)

1. 원천징수이행상황신고서 부표

원천징수명세및납부세액 | 원천징수이행상황신고서 부표 | 원천징수세액환급신청서 | 기납부세액명세서 | 전월미환급세액 조정명세서 | 차월이월환급세액 승계명세

				코드	소득지급 인원	소득지급 총지급액	징수세액 소득세 등	징수세액 농어촌특별세	징수세액 가산세	조정환급세액	납부세액 소득세 등	납부세액 농어촌특별세
법인	내국법인	이자	14%	C71								
		투자신탁의 이익	14%	C72								
		신탁재산 분배	14%	C73								
		신탁업자 징수분	14%	C74								
		비영업대금의 이익(25%)		C75	1	625,000	156,250				156,250	
		비과세 소득		C76								
		이자	제한, 20%	C81								

⇒ 소득세등(비영업대금이익) = 625,000 × 25% = 156,250원

2. 원천징수명세 및 납부세액→자동반영

원천징수명세및납부세액 | 원천징수이행상황신고서 부표 | 원천징수세액환급신청서 | 기납부세액명세서 | 전월미환급세액 조정명세서 | 차월이월환급세액 승계명세

	코드	소득지급 인원	소득지급 총지급액	징수세액 소득세 등	징수세액 농어촌특별세	징수세액 가산세	당월조정 환급세액	납부세액 소득세 등	납부세액 농어촌특별세
법인 내/외국법인원천	A80	1	625,000	156,250				156,250	
수정신고(세액)	A90								
총 합 계	A99	1	625,000	156,250				156,250	

[3] 사업소득 및 기타소득

1. 사업소득

① 사업소득자 등록(101.박다함)

1.소 득 구 분 940911 기타모집수당 연 말 정 산 적 용 0 부
2.내 국 인 여부 1 내국인 (외국인 국적 등록번호)
3.주민 등록 번호 850604-2811310
4.거 주 구 분 1 거 주 ※ 비거주자는 기타소득에서 입력하십시오.
5.사업자등록번호 ___-__-_____ ※ 소득구분 851101-병의원 필수입력사항
6.상 호

② 사업소득자자료입력(지급년월일 5월30일)

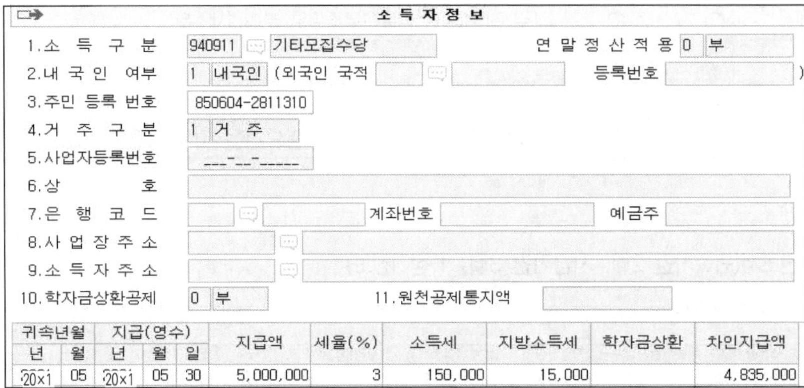

소 득 자 정 보

1.소 득 구 분 940911 기타모집수당 연 말 정 산 적 용 0 부
2.내 국 인 여부 1 내국인 (외국인 국적 등록번호)
3.주민 등록 번호 850604-2811310
4.거 주 구 분 1 거 주
5.사업자등록번호 ___-__-_____
6.상 호
7.은 행 코 드 계좌번호 예금주
8.사 업 장 주 소
9.소 득 자 주 소
10.학자금상환공제 0 부 11.원천공제통지액

귀속년월		지급(영수)			지급액	세율(%)	소득세	지방소득세	학자금상환	차인지급액
년	월	년	월	일						
20x1	05	20x1	05	30	5,000,000	3	150,000	15,000		4,835,000

2. 기타소득

① 기타소득자등록(201.최연준)

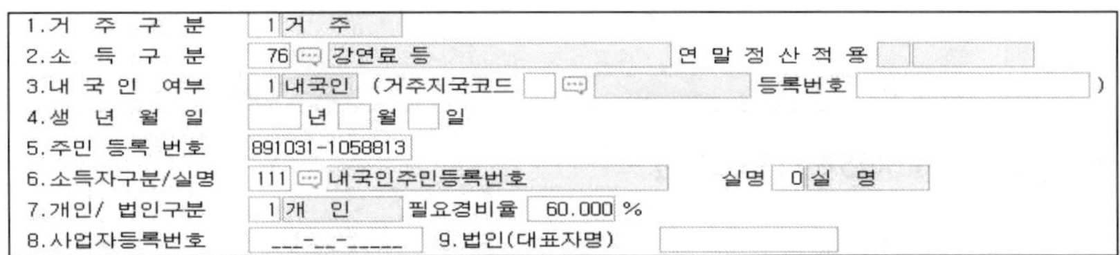

1.거 주 구 분 1 거 주
2.소 득 구 분 76 강연료 등 연 말 정 산 적 용
3.내 국 인 여부 1 내국인 (거주지국코드 등록번호)
4.생 년 월 일 년 월 일
5.주민 등록 번호 891031-1058813
6.소득자구분/실명 111 내국인주민등록번호 실명 0 실 명
7.개인/ 법인구분 1 개 인 필요경비율 60.000 %
8.사업자등록번호 ___-__-_____ 9.법인(대표자명)

② 기타소득자자료입력(지급년월일 5월30일)

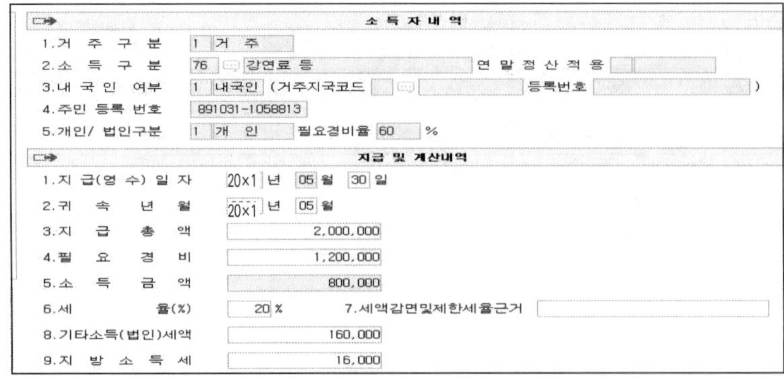

소 득 자 내 역

1.거 주 구 분 1 거 주
2.소 득 구 분 76 강연료 등 연 말 정 산 적 용
3.내 국 인 여부 1 내국인 (거주지국코드 등록번호)
4.주민 등록 번호 891031-1058813
5.개인/ 법인구분 1 개 인 필요경비율 60 %

지급 및 계산내역

1.지 급(영 수) 일 자 20x1 년 05 월 30 일
2.귀 속 년 월 20x1 년 05 월
3.지 급 총 액 2,000,000
4.필 요 경 비 1,200,000
5.소 득 금 액 800,000
6.세 율(%) 20 % 7.세액감면및제한세율근거
8.기타소득(법인)세액 160,000
9.지 방 소 득 세 16,000

문제 5 세무조정

[1] 수입금액조정명세서와 조정후수입금액명세서

1. 수입금액조정명세서

① 기타수입금액조정

수입금액조정계산 | 작업진행률에 의한 수입금액 | 중소기업 등 수입금액 인식기준 적용특례에 의한 수입금액 | 기타수입금액조정

2 2.수입금액 조정명세
다.기타 수입금액

No	(23)구 분	(24)근 거 법 령	(25)수 입 금 액	(26)대 응 원 가	비 고
1	상품매출		20,000,000	14,000,000	
2					

② 수입금액조정계산

수입금액조정계산 | 작업진행률에 의한 수입금액 | 중소기업 등 수입금액 인식기준 적용특례에 의한 수입금액 | 기타수입금액조정

1 1.수입금액 조정계산

No	계정과목 ①항 목	②계정과목	③결산서상 수입금액	조정 ④가 산	⑤차 감	⑥조정후 수입금액 (③+④-⑤)	비 고
1	매 출	상품매출	1,140,000,000	20,000,000		1,160,000,000	
2	매 출	제품매출	1,385,000,000			1,385,000,000	
3	영업외수익	잡이익	1,500,000			1,500,000	
		계	2,526,500,000	20,000,000		2,546,500,000	

2 2.수입금액조정명세

가.작업 진행률에 의한 수입금액		
나.중소기업 등 수입금액 인식기준 적용특례에 의한 수입금액		
다.기타 수입금액	20,000,000	
계	20,000,000	

2. 위탁매출에 대한 세무조정

〈익금산입〉 상품매출 20,000,000원 (유보발생)

〈손금산입〉 상품매출원가 14,000,000원 (유보발생)

3. 조정후수입금액명세서

① 업종별수입금액명세서

1 1.업종별 수입금액 명세서

①업 태	②종 목	순번	③기준(단순) 경비율번호	수입금액 수입금액계정조회 ④계(⑤+⑥+⑦)	내수판매 ⑤국내생산품	내수판매 ⑥수입상품	⑦수 출 (영세율대상)
제조,도매업	자동차부품	01	343000	1,386,500,000	1,386,500,000		
자동차 판매 수리	도매 및 소매업 / 자동	02	503006	1,160,000,000	1,160,000,000		
(111)기 타		11					
(112)합 계		99		2,546,500,000	2,546,500,000		

② 과세표준과 수입금액 차액검토

업종별 수입금액 명세서 | 과세표준과 수입금액 차액검토

2 2.부가가치세 과세표준과 수입금액 차액 검토 [부가가치세 신고 내역보기]

(1) 부가가치세 과세표준과 수입금액 차액

⑧과세(일반)	⑨과세(영세율)	⑩면세수입금액	⑪합계(⑧+⑨+⑩)	⑫조정후수입금액	⑬차액(⑪-⑫)
2,562,000,000			2,562,000,000	2,546,500,000	15,500,000

(2) 수입금액과의 차액내역(부가세과표에 포함되어 있으면 +금액, 포함되지 않았으면 -금액 처리)

⑭구 분		코드	(16)금 액	비 고	⑭구 분	코드	(16)금 액	비 고
자가공급(면세전용등)		21			거래(공급)시기차이감액	30		
사업상증여(접대제공)		22			주세 · 개별소비세	31		
개인적공급(개인적사용)		23	500,000		매출누락	32		
간주임대료		24				33		
자산 매각	유형자산 및 무형자산 매각액	25	5,000,000			34		
	그밖의자산매각액(부산물)	26				35		
폐업시 잔존재고재화		27				36		
작업진행률 차이		28				37		
거래(공급)시기차이가산		29	10,000,000		(17)차 액 계	50	15,500,000	
					(13)차액과(17)차액계의차이금액			

[2] 기업업무추진비조정명세서

1. 기업업무추진비조정명세서(을)

① 수입금액명세

구 분	① 일반수입금액	② 특수관계인간 거래금액	③ 합 계(①+②)
금 액	2,426,500,000	100,000,000	2,526,500,000

② 기업업무추진비해당금액

4. 계정과목			합계	기업업무추진비(판관)	광고선전비	
5. 계정금액			52,700,000	45,000,000	7,700,000	
6. 기업업무추진비계상액 중 사적사용경비						
7. 기업업무추진비해당금액(5-6)			52,700,000	45,000,000	7,700,000	
8. 신용카드 등 미사용금액	경조사비 중 기준금액 초과액	9. 신용카드 등 미사용금액	1,000,000	1,000,000		
		10. 총 초과금액	1,000,000	1,000,000		
	국외지역 지출액 (법인세법 시행령 제41조제2항제1호)	11. 신용카드 등 미사용금액				
		12. 총 지출액				
	농어민 지출액 (법인세법 시행령 제41조제2항제2호)	13. 송금명세서 미제출금액				
		14. 총 지출액				
	기업업무추진비 중 기준금액 초과액	15. 신용카드 등 미사용금액	5,000,000	5,000,000		
		16. 총 초과금액	44,000,000	44,000,000		
	17. 신용카드 등 미사용 부인액		6,000,000	6,000,000		
18. 기업업무추진비 부인액(6+17)			6,000,000	6,000,000		

☞ 광고선전비(1건,7,700,000)은 기업업무추진비중 기준금액 (16)총초과금액에 입력해야 정확한 답안이 되는 것임.

2. 기업업무추진비조정명세서(갑)

3 기업업무추진비 한도초과액 조정			
중소기업			□ 정부출자법인 □ 부동산임대업등(법.령제42조제2항)
구분			금액
1. 기업업무추진비 해당 금액			52,700,000
2. 기준금액 초과 기업업무추진비 중 신용카드 등 미사용으로 인한 손금불산입액			6,000,000
3. 차감 기업업무추진비 해당금액(1-2)			46,700,000
일반 기업업무추진비 한도	4. 12,000,000 (중소기업 36,000,000) X 월수(12) / 12		36,000,000
	총수입금액 기준	100억원 이하의 금액 X 30/10,000	7,579,500
		100억원 초과 500억원 이하의 금액 X 20/10,000	
		500억원 초과 금액 X 3/10,000	
		5. 소계	7,579,500
	일반수입금액 기준	100억원 이하의 금액 X 30/10,000	7,279,500
		100억원 초과 500억원 이하의 금액 X 20/10,000	
		500억원 초과 금액 X 3/10,000	
		6. 소계	7,279,500
	7. 수입금액기준	(5-6) X 10/100	30,000
	8. 일반기업업무추진비 한도액 (4+6+7)		43,309,500
문화기업업무추진비 한도(「조특법」 제136조제3항)	9. 문화기업업무추진비 지출액		
	10. 문화기업업무추진비 한도액(9와 (8 X 20/100) 중 작은 금액)		
전통시장기업업무추진비 한도(「조특법」 제136조제6항)	11. 전통시장기업업무추진비 지출액		
	12. 전통시장기업업무추진비 한도액(11과 (8 X 10/100) 중 작은 금액)		
13. 기업업무추진비 한도액 합계(8+10+12)			43,309,500
14. 한도초과액(3-13)			3,390,500
15. 손금산입한도 내 기업업무추진비 지출액(3과 13중 작은 금액)			43,309,500

3. 소득금액조정합계표

〈손금불산입〉 기업업무추진비 중 신용카드미사용 6,000,000원 (기타사외유출)

〈손금불산입〉 기업업무추진비 한도초과액 3,390,500원 (기타사외유출)

[3] 자본금과적립금조정명세서(을)

⇒ 전기대손충당금한도초과액은 자동추인하고, 전기감가상각부인액은 시인부족액한도까지 유보추인

자본금과적립금조정명세서(을) | 자본금과적립금조정명세서(갑) | 이월결손금

Ⅰ.세무조정유보소득계산

①과목 또는 사항	②기초잔액	당 기 중 증 감		⑤기말잔액 (=②-③+④)
		③감 소	④증 가	
대손충당금한도초과	5,000,000	5,000,000	7,000,000	7,000,000
선급비용(보험료)과소계상	1,800,000	1,800,000		
기계장치감가상각비한도초과	1,500,000	1,500,000		
단기매매증권평가이익	-2,800,000	-1,400,000		-1,400,000
어음지급기부금			4,000,000	4,000,000
합 계	5,500,000	6,900,000	11,000,000	9,600,000

[4] 주식등변동상황명세서

1. 자본금 변동상황(기말 자본금 100,000,000원 확인)

(단위: 주,원)

⑧일자	주식종류	⑨원인코드	⑪주식수	⑫주당액면가	주당발행(인수)가액	⑬증가(감소) 자본금(⑪X⑫)
기초	보통주		10,000	5,000		50,000,000
	우선주					
20×1-04-18	1 보통주	1 유상증자(증)	10,000	5,000		50,000,000
기말	보통주		20,000	5,000		100,000,000
	우선주					

2. 자본금변동상황과 주식에 대한 사항의 차이내용(자동반영)

2 [자본금(출자금)변동 상황]과 [주식 및 출자지분에 대한 사항]의 차이내용

차액내용	구 분	기 초	기 말	구 분	기 초	기 말
	총주식수	10,000 주	20,000 주	총주식수	10,000 주	20,000 주
	입력누계	10,000 주	20,000 주	1주당 액면가액	5,000 원	원
	총주식수와의 차이	주	주	자본금	50,000,000 원	원

3. 주식 및 출자지분에 대한 사항-총주식수와의 차이가 "0"가 될 때까지 입력

① 장세억(유상증자 5,000주, 지배주주와의 관계 : 00.본인)

No	성명(법인명)	구분
1	장세억	2.개 인
2		

구 분 [1:개인, 2:우리사주] 등록번호 660813-1953116 거주국 코드 KR 대한민국

	기 초	증 가	감 소	기 말
주식수	5,000 주	5,000 주	주	10,000 주
지분율	50 %			50 %
지분율누계	50.00 %			50.00 %

기중변동사항	증가		감소	
	양 수	주	양 도	주
	유상증자	5,000 주		주
	무상증자	주		주
	상 속	주	상 속	주
	증 여	주	증 여	주
	출자전환	주	감 자	주
	실명전환	주	실명전환	주
	기 타	주	기 타	주

지배주주와의관계 00 본인

② 인재율(유상증자 5,000주, 양도 2,000주, 지배주주와의 관계 : 09.기타)

3 주식 및 출자지분에 대한 사항 화면정렬: 구 분 순 지분율재계산 EXCEL자료업로드 EXCEL자료다운

No	성명(법인명)	구분
1	장세억	2.개 인
2	인재율	2.개 인
3		

구 분 [1:개인, 2:우리사주] 등록번호 690327-1082111 거주국 코드 KR 대한민국

	기 초	증 가	감 소	기 말
주식수	5,000 주	5,000 주	2,000 주	8,000 주
지분율	50 %			40 %
지분율누계	100.00 %			90.00 %

기중변동사항	증가		감소	
	양 수	주	양 도	2,000 주
	유상증자	5,000 주		주
	무상증자	주		주
	상 속	주	상 속	주
	증 여	주	증 여	주
	출자전환	주	감 자	주
	실명전환	주	실명전환	주
	기 타	주	기 타	주

지배주주와의관계 09 기타

③ 우민오(양수 2,000주, 지배주주와의 관계 : 09.기타)

번호	성명(법인명)	구분
1	장세억	2.개 인
2	인재율	2.개 인
3	우민오	2.개 인
4		

구 분 [1:개인, 2:우리사주] 등록번호 691115-1173526 거주국 코드 KR 대한민국

	기 초		증 가		감 소		기 말	
주식수		주	2,000	주		주	2,000	주
지분율		%					10	%
지분율누계	100.00	%					100.00	%

기중변동사항	증가			감소		
	양 수	2,000	주	양 도		주
	유상증자		주			주
	무상증자		주			주
	상 속		주	상 속		주
	증 여		주	증 여		주
	출자전환		주	감 자		주
	실명전환		주	실명전환		주
	기 타		주	기 타		주

지배주주와의관계 09 기타

[5] 가산세액계산서(미제출가산세)

- 지출증명서류 미수취금액(3만원초과분) = 5,200,000 - 20,000(1건) = 5,180,000원
- 주식등변동상황명세서 제출불성실가산세는 액면가액의 1%이다. 단, 제출기한 경과 후 1개월이내 제출하는 경우 가산세를 50% 감면하여 0.5%이다.

신고납부가산세 | 미제출가산세 | 토지등양도소득가산세 | 미환류소득

구분		계산기준	기준금액	가산세율	코드	가산세액
지출증명서류		미(허위)수취금액	5,180,000	2/100	8	103,600
지급명세서	미(누락)제출	미(누락)제출금액		10/1,000	9	
	불분명	불분명금액		1/100	10	
	상증법 82조 1 6	미(누락)제출금액		2/1,000	61	
		불분명금액		2/1,000	62	
	상증법 82조 3 4	미(누락)제출금액		2/10,000	67	
		불분명금액		2/10,000	68	
	법인세법 75조 7 1	미제출금액		5/1,000	96	
		불분명등		5/1,000	97	
	소 계				11	
주식등변동상황명세서	미제출	액면(출자)금액	50,000,000	5/1,000	12	250,000
	누락제출	액면(출자)금액		10/1,000	13	
	불분명	액면(출자)금액		1/100	14	
	소 계				15	250,000
	미(누락)제출	액면(출자)금액		5/1,000	69	

[6] 소득금액조정합계표

익금산입 및 손금불산입			손금산입 및 익금불산입		
과 목	금 액	소득처분	과 목	금 액	소득처분
자기주식처분이익	500,000	기타	법인세환급액	750,000	기타
			이자수익	100,000	기타

☞ 트럭 취득세는 즉시상각의제에 해당하므로 별도세무조정은 없고 한도초과 계산시 반영됨

제93회 전산세무 1급

합격율	시험년월
8%	2020.11

이 론

01. 제10기(20x1. 1. 1. ~ 20x1. 12. 31.)재무상태표상 자본금은 1억원, 이익준비금은 없으며 처분예정(확정)일이 20x2년 3월 20일인 이익잉여금처분계산서는 다음과 같다. 다음의 설명 중 가장 틀린 것은?

Ⅰ. 미처분이익잉여금		105,000,000원
1. 전기이월이익잉여금	70,000,000원	
2. 전기오류수정손실	(–)5,000,000원	
3. 당기순이익	40,000,000원	
Ⅱ. 임의적립금 이입액		20,000,000원
1. 연구인력개발준비금	20,000,000원	
Ⅲ. 이익잉여금 처분액		22,000,000원
1. 이익준비금	2,000,000원	
2. 현금배당	20,000,000원	
Ⅵ. 차기이월미처분이익잉여금		103,000,000원

① 20x1년도 손익계산서상 당기순이익은 40,000,000원이다.
② 이익준비금 2,000,000원은 임의적립금에 해당한다.
③ 20x2년 3월 20일, 현금배당과 관련된 회계처리를 하여야 한다.
④ 20x1년에 전기 오류수정사항을 발견하였으며, 이는 중대한 오류에 해당한다.

02. 20x1년 1월 1일에 아래의 조건으로 사채를 발행하였다. 20x1년 12월 31일 장부에 인식할 해당 사채와 관련된 사채할인발행차금 상각액은 얼마인가?(사채할인발행차금은 유효이자율법에 따라 상각하고, 소수점 이하는 절사한다.)

• 액면가액 : 3,000,000원	• 액면이자율 : 연 7%
• 만기 : 3년	• 유효이자율 : 연 10%
• 이자는 매년 말 지급	• 발행가액 : 2,776,183원

① 67,618원 ② 194,332원 ③ 210,000원 ④ 277,618원

03. 회계정보의 질적특성인 목적적합성과 신뢰성에 대한 설명으로 잘못된 것은?

① 회계정보의 질적특성은 회계정보가 유용하게 쓰이기 위해 갖추어야 할 주요 속성을 말하며 주요 특성은 목적적합성과 신뢰성이며, 기타 질적특성으로는 비교 가능성이 있다.

② 회계정보의 질적특성은 상충될 수 있다.

③ 회계정보의 신뢰성은 과거의 의사결정을 확인 또는 수정하도록 해줌으로써 유사한 미래에 대한 의사결정에 도움을 주는 속성이다.

④ 일반적으로 반기재무제표는 연차재무제표에 비해 목적적합성은 높지만 신뢰성은 낮다.

04. 「근로자퇴직급여보장법」에 의한 퇴직연금에는 확정급여형(DB형)과 확정기여형(DC형)이 있다. 일반기업회계기준에 따른 확정급여형(DB)형의 회계처리 중 옳지 않은 것은?

① 회사가 퇴직연금의 부담금 2,000,000원을 납부하면서 운용관리수수료 50,000원을 퇴직연금운용사업자에게 보통예금에서 계좌이체 하였다.

(차) 퇴직연금운용자산	2,050,000원	(대) 보통예금	2,050,000원

② 회사가 연금운용사업자로부터 퇴직연금 운용수익 560,000원을 퇴직연금운용자산 원본에 가산하였다.

(차) 퇴직연금운용자산	560,000원	(대) 퇴직연금운용수익	560,000원

③ 보고기간 종료일 현재 종업원이 퇴직하면서 퇴직일시금의 수령을 선택한다고 가정하고 이때 지급하여야 할 퇴직일시금에 상당하는 금액을 측정하여 퇴직급여 충당부채로 5,000,000원 인식하였다.

(차) 퇴직급여	5,000,000원	(대) 퇴직급여 충당부채	5,000,000원

④ 종업원이 퇴직연금에 대한 수급요건 중 가입기간 요건을 갖추고 퇴사하였으며, 일시금 3,000,000원을 선택하였다. 일시금 3,000,000원 중 퇴직연금 운용사업자가 지급한 금액은 1,600,000원이고 회사가 지급할 금액 1,400,000원을 계좌이체 하였다. (회사는 전 종업원의 퇴직급여충당부채를 설정하고 있다.)

(차) 퇴직급여충당부채	3,000,000원	(대) 퇴직연금 운용자산	1,600,000원
		보통예금	1,400,000원

05. 다음 자료를 보고 장기용역제공에 따른 20x1년 당기손익을 구하시오.

• 용역제공기간 : 3년 • 계약기간 총수익 : 1,200,000원

• 용역제공 관련 원가

구 분	20x0년	20x1년	20x2년
당기발생원가	700,000원	500,000원	300,000원
추가소요추정원가	300,000원	300,000원	0원
손익인식액	이익 140,000원	?	

① 0원
② 손실 240,000원
③ 손실 380,000원
④ 손실 440,000원

06. 당사는 기계시간을 기준으로 정상원가계산에 의하여 제품원가를 계산하고 있다. 다음의 자료를 이용하여 실제조업도를 계산하면 몇 시간인가?

- 제조간접비 실제발생액 : 1,000,000원
- 제조간접비 과소배부액 : 400,000원
- 예정배부율 : 5원/기계시간

① 120,000시간 ② 140,000시간 ③ 200,000시간 ④ 280,000시간

07. 다음의 자료를 바탕으로 당월의 기말제품재고액을 구하시오.

- 당월의 기말재공품재고액은 기초에 비해 100,000원 증가
- 당월의 기말제품재고액은 기초에 비해 50,000원 감소
- 당월의 총제조원가 3,100,000원
- 판매가능제품액 3,250,000원

① 100,000원 ② 150,000원 ③ 200,000원 ④ 300,000원

08. 당 회사는 예정배부법을 사용하여 제조간접비를 배부하고 있다. 배부차이를 확인한 결과 과대배부금액이 300,000원 발생하였다. 해당 배부차이를 총원가비례법에 따라 처리할 경우 조정 후의 기말재공품 가액은 얼마인가?

구분	기말 재공품	기말 제품	매출원가
직접재료비	300,000원	400,000원	1,100,000원
직접노무비	500,000원	800,000원	1,500,000원
제조경비	200,000원	250,000원	950,000원
합계	1,000,000원	1,450,000원	3,550,000원

① 950,000원 ② 1,050,000원 ③ 3,372,500원 ④ 3,727,500원

09. 특정 의사결정에 필요한 원가로서 의사결정 대안간에 차이가 나는 원가가 아닌 것은?

① 매몰원가 ② 차액원가 ③ 기회원가 ④ 회피가능원가

10. 기초 및 기말재공품과 기초제품이 없고 판매량이 동일하다는 가정하에 표준원가계산에서 불리한 배부차이를 조정하는 방법 중 영업이익이 가장 크게 표시되는 방법은 무엇인가?

① 매출원가조정법 ② 영업외손익법 ③ 총원가기준법 ④ 원가요소기준법

11. 다음 중 법인세법상 부당행위계산부인에 대한 설명 중 가장 옳지 않은 것은?

① 부당행위계산부인을 적용하더라도 사법상의 효력은 적법 · 유효하다.
② 대표적 유형으로는 특수관계인과의 거래로서 고가매입 또는 저가양도가 있다.
③ 해당 법인에 30% 이상을 출자한 법인에 30% 이상을 출자하고 있는 법인이나 개인은 법인세법상 해당 법인의 특수관계자에 해당한다.
④ 법인이 소액주주 임원에게 사택을 무상 또는 낮은 임대료로 제공하는 경우에 부당행위계산의 부인 규정을 적용한다.

12. 다음 중 부가가치세법상 수정세금계산서에 대한 설명으로 가장 옳지 않은 것은?

① 수정세금계산서는 당초 세금계산서를 적법하게 발급한 이후에 기재사항 등에 변경사유가 발생하면 법령에 따라 발급할 수 있다.
② 필요적 기재사항 등이 착오 외의 사유로 잘못 적힌 경우에는 재화나 용역의 공급일이 속하는 과세기간에 대한 확정신고기한 다음날부터 1년까지 수정세금계산서를 작성할 수 있다. 다만, 과세표준과 세액을 경정할 것을 미리 알고 있는 경우에는 제외한다.
③ 계약의 해제로 인하여 재화 또는 용역이 공급되지 아니한 경우에는 작성일은 계약해제일로 적어 수정세금계산서를 발급해야 한다.
④ 재화 또는 용역을 공급한 후 공급시기가 속하는 과세기간 종료 후 25일 이내에 내국신용장이 개설된 경우에는 작성일은 내국신용장 개설일로 적어 수정세금계산서를 발급해야 한다.

13. 법인세법상 이월결손금과 결손금에 대한 다음의 설명 중 틀린 것은?

① 이월결손금은 먼저 발생한 사업연도의 결손금부터 차례대로 공제한다.
② 중소기업에 해당하는 내국법인은 각 사업연도에 세무상 결손금이 발생한 경우 그 결손금을 소급공제하여 감소되는 직전 사업연도 법인세액을 환급 신청할 수 있다.
③ 법인세 과세표준을 추계결정 · 경정하는 경우에는 특별한 사유가 있지 않는 이상 이월결손금 공제 규정을 적용하지 않는다.
④ 중소기업 등이 아닌 일반기업의 이월결손금 공제한도는 공제대상 이월결손금과 각 사업연도 소득금액의 60%금액 중 작은 금액으로 한다.

14. 다음 중 근로소득자만 적용받을 수 있는 소득세법상 특별세액공제는 무엇인가?

① 기부금세액공제 ② 의료비세액공제 ③ 교육비세액공제 ④ 보험료세액공제

15. 소득세법상 근로소득의 내용으로 맞지 않는 것은?

① 직원의 사택제공이익은 근로소득에 포함되지 아니한다.
② 건설공사종사자의 일용근로자는 동일한 고용주에게 계속하여 1년 미만 고용된 사람을 말한다.
③ 월정액급여 210만원이하인 생산직근로자가 받는 초과근로수당은 연 240만원범위 내에서 비과세가 된다. 단, 직전 과세기간의 총급여액이 3,000만원을 초과하는 자는 제외한다.
④ 월정액급여란 매월직급별로 받는 급여총액에서 상여등 부정기급여, 실비변상적 급여, 초과근로수당을 차감한 금액을 말한다.

실 무

㈜우진기업(0930)은 제조 · 도소매업을 영위하는 중소기업이며, 당기 회계기간은 20x1.1.1.~20x1.12.31.이다. 전산세무회계 수험용 프로그램을 이용하여 다음 물음에 답하시오.

문제 1 다음 거래에 대하여 적절한 회계처리를 하시오.(12점)

[1] 1월 2일 판매부서는 다음과 같이 보험료로 2,500,000원을 보통예금으로 납부하였다. (단, 자산으로 인식되는 부분은 정기예금으로 회계처리 할 것). (3점)

	계약자	피보험자	수익자
계약현황	㈜우진기업	(판매부) 임직원	㈜우진기업
보험료 납부내역	2,500,000원	임직원 보장성(상해보험) 500,000원, 저축성(만기 환급) 2,000,000원	
계약기간	5년 납입, 10년 만기	가입 후 2년이 지난 상태임	

[2] 5월 31일 금융리스로 이용중인 기계장치의 상환내역서는 다음과 같으며, 매월 보통예금에서 이체되고 있다.(3점)

상환예정내역서				㈜열제캐피탈
예정상환일	할부금	원 금	이 자	잔 액
20x1.4.30	500,000원	470,000원	30,000원	24,530,000원
20x1.5.31	500,000원	480,000원	20,000원	24,050,000원
20x1.6.30	500,000원	490,000원	10,000원	23,560,000원

[3] 7월 7일 회사는 ㈜민진에 제조과정에서 사용하던 기계장치를 전자세금계산서를 발급하고 아래와 같이 처분하였다. 처분하기 전까지의 회계처리는 적정하게 반영되었다.(3점)

• 취득가액 : 5,000,000원	• 감가상각누계액 : 2,800,000원(처분시점)
• 처분금액 : 3,000,000원(VAT 별도)	• 대금결제 : 외상결제(1개월 이내 받기로 함)

[4] 7월 24일 당사는 공장을 신축하기 위하여 토지의 형질변경비 5,500,000원(부가가치세 포함)과 공장신축을 위한 토지굴착비로 3,300,000원(부가가치세 포함)을 보통예금으로 지급하고 ㈜대민건설로부터 전자세금계산서를 각각 수취하였다.(상기 형질변경비와 토지굴착비의 계정은 토지 또는 건물의 계정과목으로 회계처리할 것)(3점)

문제 2 다음 주어진 요구사항에 따라 부가가치세 신고서 및 부속서류를 작성 하시오.(10점)

[1] 당사는 과세사업과 면세사업을 겸영하는 사업자이다. 아래의 자료를 바탕으로 20x1년 1기 예정신고기간(20x1. 1. 1 ~ 20x1. 3. 31)에 대한 공제받지 못할 매입세액명세서를 작성하시오.(단, 매입매출전표 입력은 생략한다.)(4점)

• 공장으로 사용할 토지를 매입하는 과정에서 등기 업무를 법무사에게 500,000원(VAT 별도)에 의뢰하고 전자세금계산서를 수취하였다.
• 거래처인 ㈜동호에게 제공할 선물세트를 300,000원(VAT 별도)에 구매하고 세금계산서를 수령하였다.

• 20x1년 1기 예정신고기간 동안의 공통매입분에 대한 부가가치세액은 1,050,000원이다.
• 20x1년 1기 예정신고기간 공급내역은 아래와 같다. (단, 불러온 자료는 무시하기로 한다.)

구분	20x1년 1기 예정
과세	260,000,000원
면세	140,000,000원

[2] 당사의 부가가치세 신고와 관련하여 다음의 자료를 토대로 20x1년 제1기 확정 부가가치세 신고서를 작성하시오.(모두 4~6월에 발생한 거래로 가정하고 전표입력 및 과세표준명세작성은 생략한다.)(6점)

1. 수출내역(공급가액)
   • 직수출 : 300,000,000원
   • 국내거래 : 100,000,000원(구매확인서 20x1년 7월 31일 발급)

2. 국내할부판매 : 제품인도일 20x1년 5월 8일

구 분	1차할부	2차할부	3차할부(최종)
약정기일	20x1.5.8	20x1.8.8	20x1.10.8
공급가액	10,000,000원	10,000,000원	10,000,000원
세액	1,000,000원	1,000,000원	1,000,000원

3. 접대목적으로 제공한 제품 : 원가 13,000,000원, 시가 20,000,000원(당초 매입세액공제를 받은 제품)

4. 자녀에게 공장 일부를 무상으로 임대 : 시가 1,000,000원
   ※국내할부판매분과 수출내역 중 국내거래분은 적법하게 전자세금계산서 발급됨

문제 3 다음의 결산정리사항에 대하여 결산정리분개를 하거나 입력을 하여 결산을 완료하시오.(8점)

[1] 당사는 소모품을 구입하는 시점에 모두 소모품 계정으로 처리하고 있다고 가정한다. 결산일 현재 확인 결과 소모품 사용액은 2,450,000원이고, 이 중에서 판매부문 사용액은 1,800,000원이고 나머지는 제조부문 사용액이다.(2점)

[2] 다음의 보험료에 대한 내용을 결산에 반영하시오.(보험료 계산은 월할계산 할 것) (2점)

• 7월 1일 일반전표 : (차) 선급비용 2,400,000원 (대) 보통예금 2,400,000원

구분	회계처리일	대상기간	금액	비고
화재보험료	20x1.7.1.	20x1.7.1. ~ 20x3.6.30.	2,400,000원	공장건물 화재보험료

[3] 기말 현재 장기차입금 내역 및 상환방식은 다음과 같다.(2점)

은행	12월 31일 잔액	만기일	상환방식	이자지급
절세은행	50,000,000원	20x2년 4월 30일	만기상환	매월 고정금리
구리은행	100,000,000원	20x3년 5월 31일	만기상환	매월 고정금리

[4] 당사는 기말 현재 장기투자목적으로 보유하고 있는 매도가능증권(시장성 있는 주식)의 관련자료는 다음과 같다. 매도가능증권의 20x1년 결산시 기말평가에 대한 회계처리를 하시오.(2점)

구분	20x0년 취득수량	1주당 취득원가	20x0년 결산일 시가	20x1년 기중거래	20x1년 결산일 시가
매도가능증권	3,000주	@15,000원	@14,000원	-	@16,000원

문제 4 원천징수와 관련된 다음 물음에 답하시오.(10점)

[1] 다음의 자료에 대한 20x1년 6월 사업소득의 사업소득자 등록과 사업소득자료입력을 하시오.(4점)

코드	수령자	지급일	주민등록번호	지급금액(원)	내역
201	최관우	6.5	740505 - 1234781	1,500,000	자문료(자문/고문)
202	영탁	6.30	840116 - 1789456	3,000,000	축하공연(가수)

[2] 다음은 영업부의 부장 김다움(사원코드 : 101, 주민등록번호 : 780103 - 1234567, 입사일 : 2010.5.6.)의 20x0년말 연말정산 결과와 20x1년 2월 급여자료이다. 자료를 바탕으로 20x1년 2월분 급여대장과 원천징수 이행상황신고서를 작성하시오. 필요한 경우 수당 및 공제사항을 반드시 등록하시오.(6점)

1. 김다움의 20x0년 총급여는 70,000,000원이며 연말정산 결과는 다음과 같다.

구분	소득세	지방소득세
결정세액	6,110,000원	611,000원
기납부세액	4,010,000원	401,000원
차감징수세액	2,100,000원	210,000원

2. 20x1년 2월 급여명세서는 다음과 같다(급여 지급일은 2월 28일임).

구분		금액	비고
지급액	기본급	2,500,000원	
	가족수당	300,000원	
	야간근로수당	400,000원	
	월차수당	120,000원	
	식대	200,000원	별도 식사 제공 없음
	자가운전보조금	300,000원	본인 차량을 업무에 사용하고, 별도 여비를 지급하지 않음
공제액	국민연금	150,000원	국민연금, 건강보험료, 장기요양보험료, 고용보험료, 소득세, 지방소득세는 요율표를 무시하고 주어진 자료를 이용함
	건강보험료	200,000원	
	장기요양보험료	20,500원	
	고용보험료	28,160원	
	소득세	119,660원	
	지방소득세	11,960원	

3. 전년도 연말정산으로 인한 추가 납부세액은 3개월간 균등하게 분납하여 납부하는 것으로 신고하였다.

문제 5 **해강산업㈜(0931)은 전자부품을 생산하고 제조 · 도매업을 영위하는 중소기업이며, 당해 사업연도는 20x1.1.1.~20x1.12.31.이다. 법인세무조정메뉴를 이용하여 재무회계 기장자료와 제시된 보충자료에 의하여 당해 사업연도의 세무조정을 하시오.(30점)**

[1] 다음의 자료에 근거하여 해강산업㈜의 대손충당금 및 대손금조정명세서를 작성하고 대손충당금관련 세무조정을 하시오(단, 대손실적률은 1%이다).(6점)

1. 매출채권내역
   (1) 외상매출금 : 110,000,000원(부가가치세 매출세액 포함)
   (2) 받을어음 : 20,000,000원(부가가치세 매출세액 포함)
   (3) 공사미수금 : 32,000,000원(부가가치세 매출세액 포함)
2. 대손내역
   (1) 4월 5일 거래처 부도발생일부터 6개월 경과한 받을어음 1,000,000원을 대손충당금과 상계하였다.
   (2) 6월 10일 거래처 대표이사의 사망으로 회수할 수 없는 외상매출금 500,000원을 대손충당금과 상계하였다.

(3) 7월 25일 거래처의 부도발생으로 받을어음 800,000원을 대손충당금과 상계하였다.

(4) 9월 18일 회수기일이 6개월 경과한 특정 거래처의 소액채권인 외상매출금 150,000원을 대손충당금과 상계하였다.

3. 재무상태표상 대손충당금내역

대손충당금

당기　2,450,000원	기초　3,200,000원
기말　2,920,000원	설정　2,170,000원

*전기말 대손충당금부인액 600,000원이 있음

[2] 다음의 자료를 이용하여 가지급금등의인정이자조정명세서를 작성하고 필요한 세무조정을 하시오.(6점)

1. 가지급금 내역은 다음과 같다.

일자	직책	금액	내용
1월 1일	대표이사(이한강)	15,000,000원	전기 이월
3월 14일	대표이사(이한강)	10,000,000원	대여
9월 20일	대표이사(이한강)	7,000,000원	회수
11월 5일	대표이사(이한강)	5,000,000원	대여

- 제시된 자료 외의 가지급금 및 가수금은 없으며, 가지급금 관련하여 약정된 이율이나 수령한 이자는 없다고 가정한다.

2. 차입금 내역은 다음과 같다.

상호	차입금	이자율	이자비용	차입기간
모두은행	30,000,000원	연 3.5%	1,050,000원	20x0. 7. 1. ~ 20x2. 6. 30.
㈜오케이	50,000,000원	연 2.7%	1,350,000원	20x1. 3. 1. ~ 20x2. 2. 28.
우리저축은행	27,000,000원	연 4.5%	1,215,000원	20x1. 11. 1. ~ 20x2. 10. 31.

㈜오케이는 당사와 특수관계에 있는 회사이다. 가중평균차입이자율을 적용하기로 한다.

[3] 다음 자료에 의하여 업무용승용차 등록과 업무용승용차관리비용명세서를 작성하고 관련 세무조정을 반영하시오.(6점) 20x0년 2월 12일 대표이사(이한강) 전용 5인승 승용차(22조8518)를 ㈜대여캐피탈과 장기렌트계약을 체결하였다.

구분	금액	비고
렌트료	? 원	매월 2,000,000원(부가가치세 포함)세금계산서를 수령한다.
유류비	3,600,000원	
임차기간(보험기간)	20x0.02.12.~20x2.02.11	
거리	1. 전기이월누적거리 18,500km 2. 출퇴근거리 5,000km 3. 출퇴근 외 업무거리 1,000km 4. 당기 총주행거리 6,000km	
운행기록부 작성여부	작성함	
기타	코드 0001, 판매 관리부의 차량으로 등록할 것 업무전용보험 가입	

[4] 다음 자료를 보고 소득금액조정합계표를 작성하시오.(6점)

과 목	장부상 금액	비 고
세금과공과	2,135,000원	대표이사 개인차량 취득세
세금과공과	3,157,400원	간주임대료 부가가치세
세금과공과	517,200원	법인의 사업용 부동산 재산세
보험료	5,800,000원	화재보험기간 20x1.7.1.~20x2.6.30.(월할계산할 것)
이자수익	864,000원	국세환급금 이자
기부금한도초과액	3,400,000원	일반기부금 한도초과액

- 자본금과 적립금조정명세서(을) 기초잔액
  - 재고자산평가증(제품) : 2,700,000원
  - 선급비용 : 2,600,000원(화재보험료이며 보험기간은 20x0.7.1. ~ 20x1.6.30.)
- 건물에 대한 자본적 지출액 30,000,000원을 손익계산서에 수선비로 회계처리함
  - 장부상 건물 취득가액 800,000,000원, 기초 감가상각누계액 360,000,000원, 정액법, 내용년수 40년
  - 손익계산서 건물 감가상각비 계상액 20,000,000원

[5] 다음 자료만을 참조하여 세액공제조정명세서(3) 중 3.당기공제 및 이월액계산 탭, 최저한세조정계산서, 법인세 과세표준 및 세액조정계산서를 완성하시오.(**<u>당사는 중소기업이며</u>** 불러온 자료는 무시하고 아래의 자료만을 참조한다.) (6점)

- 결산서상 당기순이익 : 350,000,000원
- 익금산입액 : 27,000,000원
- 손금산입액 : 140,000,000원
- 중소기업에 대한 특별세액감면 : 5,197,400원
- 당기 발생 연구인력개발비 세액공제 : 3,500,000원
- 고용증대세액공제액 : 7,000,000원(전기 이월액은 3,500,000원, 당기분은 3,500,000원)
- 원천납부세액 : 880,000원
- 최저한세에 따른 공제감면 배제는 납세자에게 유리한 방법으로 한다.
- 위 이외의 세무조정 자료는 없다.
- 당사는 분납을 하고자 한다.
- 고용인원은 전년도와 동일한 것으로 가정한다.

제93회 전산세무1급 답안 및 해설

이 론

1	2	3	4	5	6	7	8	9	10	11	12	13	14	15
②	①	③	①	④	①	③	①	①	②	④	④	④	④	①

01. 상법상 이익준비금은 임의적립금이 아니라 법정적립금이다.

02. 유효이자 = 발행가액(2,776,183) × 10% = 277,618원
액면이자 = 액면가액(3,000,000) × 7% = 210,000원

(차) 이자비용	277,618	(대) 현 금	210,000
		사채할인발행차금	67,618

03. 목적적합성의 하부 속성 중 피드백가치는 과거의 의사결정을 확인 또는 수정하도록 해줌으로써 유사한 미래에 대한 의사결정에 도움을 주는 속성이다.

04. 퇴직연금 운용사업자에게 지급하는 지급수수료는 부담금 납입시 운용관리회사에 납부하는 운용관리수수료이므로 당기 비용으로 처리한다.

05. 당기추정 예상계약이익 = 예상계약수익(1,200,000) - 예상계약원가(1,500,000) = △300,000원(손실)
당기말 공사손실충당부채 = 총공사손실(300,000) × [1 - 누적진행률(80%)] = 60,000원(당기공사손실충당부채전입액)

구 분	전기	당기	차기
당기발생원가	700,000원	500,000원	300,000원
누적공사원가(A)	-	1,200,000원	1,500,000원
추가소요추정원가	300,000원	300,000원	0원
총공사예정원가(B)	1,000,000원	**1,500,000원**	1,500,000원
누적진행율(A/B)	70%	80%	100%
누적공사수익	840,000원	960,000원	1,200,000원
당기공사수익(①)	840,000원	120,000원	240,000원
당기공사원가(실제)②	700,000원	500,000원	300,000원
공사손실충당부채전입(환입)액③	0원	**60,000원**	(60,000원)
당기공사이익(① - ② - ③)	140,000원	- 440,000원	0원

⇒ 이미 발생한 원가와 그 거래를 완료하기 위해 추가로 발생할 것으로 추정되는 원가의 합계액(1,500,000)이 해당 용역거래의 총수익(1,200,000)을 초과하는 경우에는 그 초과액(300,000)과 이미 인식한 이익의 합계액(140,000)을 전액 당기손실(440,000)로 인식한다.

06. 제조간접비

② 실제발생액 (1,000,000)	① 예정배부액 (600,000)
	과소배부 (400,000)

실제조업도 = 예정배부액(600,000) ÷ 5원 = 120,000시간

07.

재공품

기초	0	당기제품제조원가	3,000,000
당기총제조원가	3.100,000	기말	100,000
계	3,100,000	계	3,1000,000

⇒

제 품

기초	250,000	매출원가	3,050,000
당기제품제조원가	3,000,000	*기말*	*200,000*
계(판매가능재고)	3,250,000	계	3,250,000

08.

	기말 재공품	기말 제품	매출원가	합계
예정배부	1,000,000원	1,450,000원	3,550,000원	6,000,000원
배부차이	△50,000원	△72,500원	△177,500원	-300,000원(과대배부)
배부후 가액	*950,000원*	←배부후 기말재공품		5,700,000 (배부후 금액)

09. 매몰원가는 과거 의사결정결과로 이미 발생한 원가이며, 의사결정 대안간에 차이가 없다.

10. 기초 및 기말재공품과 기초제품이 없고 판매량이 동일하다면 매출원가조정법, 총원가기준법, 원가요소기준법은 불리한 배부차이가 매출원가로 배분되며, 영업외손익법만 영업외비용으로 배분된다. 따라서 영업이익이 가장 크게 표시되는 것은 영업외손익법이다.

11. **법인이 소액주주 임원에게 사택을 무상 또는 낮은 임대료로 제공**하는 경우에는 부당행위계산의 부인규정을 적용할 수 없다.

12. 재화 또는 용역을 공급한 후 공급시기가 속하는 **과세기간 종료 후 25일 이내에 내국신용장이 개설**된 경우에는 작성일은 **당초 세금계산서 발급일을 적어 수정세금계산서를 발급**해야 한다.

13. 중소기업 등이 아닌 일반기업의 이월결손금 공제한도는 공제대상 이월결손금과 각 사업연도 소득금액의 80%금액 중 작은 금액으로 한다.

14. 기부금은 일정한 **사업소득자, 의료비 및 교육비는 성실사업자의 경우 세액공제가 가능**하다

15. **직원의 사택제공이익은 근로소득**이나, **복리후생적 성질의 급여로 비과세 처리**한다.

실 무

문제 1 전표입력

[1] (차) 정기예금 2,000,000 (대) 보통예금 2,500,000
보험료(판) 500,000

☞보장성비용은 비용처리하고 저축성보험은 정기예금으로 회계처리한다.

[2] (차) 리스부채((주)열제캐피탈) 480,000 (대) 보통예금 500,000
이자비용 20,000

☞금융리스료의 원금은 리스부채(비유동부채), 이자는 이자비용으로 인식한다.

문항	일자	유형	공급가액	부가세	거래처	전자세금
[3]	7/7	11.과세	3,000,000	300,000	㈜민진	여
분개유형	(차) 감가상각누계액 2,800,000			(대) 기계장치		5,000,000
혼합	미수금 3,300,000			부가세예수금		300,000
				유형자산처분이익		800,000

문항	일자	유형	공급가액	부가세	거래처	전자세금
[4]	7/24	54.불공(6)	5,000,000	500,000	㈜대민건설	여
분개유형	(차) 토 지 5,500,000			(대) 보통예금		5,500,000
혼합						

문항	일자	유형	공급가액	부가세	거래처	전자세금
	7/24	51.과세	3,000,000	300,000	㈜대민건설	여
분개유형	(차) 건 물 3,000,000			(대) 보통예금		3,300,000
혼합	부가세대급금 300,000					

문제 2 부가가치세

[1] 공제받지못할 매입세액 명세서(1~3월)

1. 공제받지못할 매입세액 내역

공제받지못할매입세액내역 | 공통매입세액안분계산내역 | 공통매입세액의정산내역 | 납부세액또는환급세액재계산

매입세액 불공제 사유	세금계산서		
	매수	공급가액	매입세액
①필요적 기재사항 누락 등			
②사업과 직접 관련 없는 지출			
③개별소비세법 제1조제2항제3호에 따른 자동차 구입 · 유지			
④기업업무추진비 및 이와 유사한 비용 관련	1	300,000	30,000
⑤면세사업등 관련			
⑥토지의 자본적 지출 관련	1	500,000	50,000

2. 공통매입세액 안분계산내역

공제받지못할매입세액내역	공통매입세액안분계산내역	공통매입세액의정산내역	납부세액또는환급세액재계산			
산식	구분	과세·면세사업 공통매입 ⑩공급가액	과세·면세사업 공통매입 ⑪세액	⑫총공급가액등	⑬면세공급가액등	면세비율 (⑬÷⑫)	⑭불공제매입세액 [⑪*(⑬÷⑫)]
1.당해과세기간의 공급가액기준		10,500,000	1,050,000	400,000,000.00	140,000,000.00	35.000000	367,500

불공제매입세액 (367,500) = 세액(1,050,000) * 면세공급가액 (140,000,000) / 총공급가액 (400,000,000)

[2] 부가가치세 확정신고서(4~6월)

1. **과세기간 종료후 25일 이내에 구매확인서가 발급되지 않은 경우 영세율이 아니다.**
2. 단기할부판매의 경우 재화가 인도되는 때 전액 세금계산서를 발급함
3. **특수관계인에게 사업용 부동산의 임대용역을 무상으로 공급하는 것은 용역의 공급**으로 본다.

구분				정기신고금액 금액	세율	세액
과세표준및매출세액	과세	세금계산서발급분	1	130,000,000	10/100	13,000,000
	과세	매입자발행세금계산서	2		10/100	
	과세	신용카드 · 현금영수증발행분	3		10/100	
	과세	기타(정규영수증외매출분)	4	21,000,000		2,100,000
	영세	세금계산서발급분	5		0/100	
	영세	기타	6	300,000,000	0/100	
	예정신고누락분		7			
	대손세액가감		8			
	합계		9	451,000,000	㉮	15,100,000
매입세액	세금계산서수취분	일반매입	10			
	세금계산서수취분	수출기업수입분납부유예	10			
	세금계산서수취분	고정자산매입	11			
	예정신고누락분		12			
	매입자발행세금계산서		13			
	그 밖의 공제매입세액		14			
	합계(10)-(10-1)+(11)+(12)+(13)+(14)		15			
	공제받지못할매입세액		16			
	차감계 (15-16)		17		㉯	
납부(환급)세액(매출세액㉮-매입세액㉯)					㉰	15,100,000
경감공제세액	그 밖의 경감 · 공제세액		18			
	신용카드매출전표등 발행공제등		19			
	합계		20		㉱	
소규모 개인사업자 부가가치세 감면세액			20		㉲	
예정신고미환급세액			21		㉳	
예정고지세액			22		㉴	
사업양수자의 대리납부 기납부세액			23		㉵	
매입자 납부특례 기납부세액			24		㉶	
신용카드업자의 대리납부 기납부세액			25		㉷	
가산세액계			26		㉸	
차가감하여 납부할세액(환급받을세액)㉰-㉱-㉲-㉳-㉴-㉵-㉶-㉷+㉸					27	15,100,000
총괄납부사업자가 납부할 세액(환급받을 세액)						

문제 3 결산

[1] (차) 소모품비(제) 650,000 (대) 소모품 2,450,000
소모품비(판) 1,800,000

[2] (차) 보험료(제) 600,000 (대) 선급비용 600,000

☞선급비용 2,400,000원×6개월/24개월=600,000원

[3] (차) 장기차입금(절세은행) 50,000,000 (대) 유동성장기부채(절세은행) 50,000,000

[4] (차) 매도가증권(178) 6,000,000 (대) 매도가능조건평가손실 3,000,000
매도가능증권평가이익 3,000,000

☞전년도 회계처리 (차) 매도가능증권 평가손실 3,000,000 (대) 매도가능증권 3,000,000

문제 4 원천징수

[1] 사업소득

1. 사업소득자 등록

① 201. 최관우

등록사항

1.소 득 구 분	940600 자문/고문	연말정산적용	0 부
2.내 국 인 여부	1 내국인 (외국인 국적)	등록번호	
3.주민 등록 번호	740605-1234781		
4.거 주 구 분	1 거 주	※ 비거주자는 기타소득에서 입력하십시오.	
5.사업자등록번호	___-__-_____	※ 소득구분 851101-병의원 필수입력사항	

② 202.영탁

등록사항

1.소 득 구 분	940304 가수	연말정산적용	0 부
2.내 국 인 여부	1 내국인 (외국인 국적)	등록번호	
3.주민 등록 번호	840116-1789456		
4.거 주 구 분	1 거 주	※ 비거주자는 기타소득에서 입력하십시오.	
5.사업자등록번호	___-__-_____	※ 소득구분 851101-병의원 필수입력사항	

2. 사업소득자료 입력(지급년월

① 201. 최관우(지급년월일 6월 5일)

귀속년월		지급(영수)			지급액	세율(%)	소득세	지방소득세	학자금상환	차인지급액
년	월	년	월	일						
20X1	06	20X1	06	05	1,500,000	3	45,000	4,500		1,450,500

② 202. 영탁(지급년월일 6월30일)

귀속년월		지급(영수)			지급액	세율(%)	소득세	지방소득세	학자금상환	차인지급액
년	월	년	월	일						
20X1	06	20X1	06	30	3,000,000	3	90,000	9,000		2,901,000

[2] 급여자료 및 원천징수이행상황신고서

1. [급여자료입력] 수당공제등록
   - 수당공제등록에서 [과세구분]란에 '1.과세', [수당명]란에 '가족수당'을 추가 등록한다.
2. [급여자료입력] 귀속년월 2월, 지급년월일 2월 28일(김다움)
   - [급여자료입력] 메뉴 상단 툴바 F7중도퇴사자정산▽의 아래 화살표를 클릭한 후 F11분납적용을 선택한다. 다음의 분납적용 창에서 사원코드 '101.김다움'의 체크박스를 체크한 후 연말정산불러오기, <u>분납(환급)계산을 클릭하여 계산한 후 분납적용(Tab)을 선택</u>한다.

급여항목	금액	공제항목	금액
기본급	2,500,000	국민연금	150,000
상여		건강보험	200,000
직책수당		장기요양보험	20,500
월차수당	120,000	고용보험	28,160
식대	200,000	소득세(100%)	119,660
자가운전보조금	300,000	지방소득세	11,960
야간근로수당	400,000	농특세	
가족수당	300,000	연말정산소득세	700,000
		연말정산지방소득세	70,000

☞ 비과세금액 = 식대(200,000) + 자가운전보조금(200,000) = 400,000원

3. [원천징수 이행상황 신고서] 귀속기간 2월, 지급기간 2월, 1.정기신고

소득자 소득구분		코드	소득지급		징수세액			당월조정 환급세액	납부
			인원	총지급액	소득세 등	농어촌특별세	가산세		소득세 등
근로소득	간이세액	A01	1	3,620,000	119,660				
	중도퇴사	A02							
	일용근로	A03							
	연말정산	A04	1	70,000,000	2,100,000				
	(분납신청)	A05			1,400,000				
	(납부금액)	A06			700,000				
	가 감 계	A10	2	73,620,000	819,660				819,660

문제 5 세무조정

[1] 대손충당금 및 대손금조정명세서

1. 대손금 내역

	회사계상액	세법상시인액	부인액
6월경과 부도어음	1,000,000	999,000	1,000(비망가액)
사망 외상매출금	500,000	500,000	0
6개월 미경과 부도어음	800,000	0	800,000
6월경과 외상매출금(소액채권)	150,000	150,000	0
총계	2,450,000	1,649,000	801,000

2.대손금조정

1 2. 대손금조정

	22. 일자	23.계정 과목	24.채권 내역	25.대손 사유	26.금액	대손충당금상계액			당기 손비계상액		
						27.계	28.시인액	29.부인액	30.계	31.시인액	32.부인액
1	04.05	받을어음	1.매출채권	5.부도(6개월	1,000,000	1,000,000	999,000	1,000			
2	06.10	외상매출금	1.매출채권	3.사망,실종	500,000	500,000	500,000				
3	07.25	받을어음	1.매출채권	미경과부도	800,000	800,000		800,000			
4	09.18	외상매출금	1.매출채권	소액채권	150,000	150,000	150,000				
	계				2,450,000	2,450,000	1,649,000	801,000			

〈손금불산입〉 6월 경과한 부도어음 1,000원(유보발생)

〈손금불산입〉 6월 미경과한 부도어음 800,000원(유보발생)

3. 채권잔액(부인액 801,000원 가산)

2 채권잔액

	16.계정 과목	17.채권잔액의 장부가액	18.기말현재대손금부인누계		19.합계 (17+18)	20.충당금설정제외채권 (할인,배서,특수채권)	21.채 권 잔 액 (19-20)
			전기	당기			
1	외상매출금	110,000,000			110,000,000		110,000,000
2	받을어음	20,000,000		801,000	20,801,000		20,801,000
3	공사미수금	32,000,000			32,000,000		32,000,000
4							
	계	162,000,000		801,000	162,801,000		162,801,000

4. 대손충당금 조정

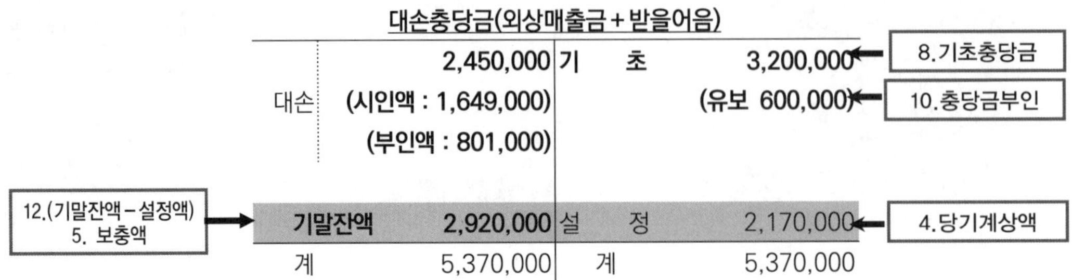

대손충당금(외상매출금+받을어음)
대손
2,450,000
(시인액 : 1,649,000)
(부인액 : 801,000)
기 초
3,200,000
(유보 600,000)
8.기초충당금
10.충당금부인
12.(기말잔액－설정액)
5. 보충액
기말잔액 2,920,000
설 정 2,170,000
4.당기계상액
계 5,370,000
계 5,370,000

3 1.대손충당금조정

손금산입액 조정	1.채권잔액 (21의금액)	2.설정률(%) ○기본율	◉실적율	○적립기준	3.한도액 (1×2)	회사계상액 4.당기계상액	5.보충액	6.계	7.한도초과액 (6-3)
	162,801,000	1	1		1,628,010	2,170,000	750,000	2,920,000	1,291,990

익금산입액 조정	8.장부상 충당금기초잔액	9.기중 충당금환입액	10.충당금부인 누계액	11.당기대손금 상계액(27의금액)	12.충당금보충액 (충당금장부잔액)	13.환입할금액 (8-9-10-11-12)	14.회사환입액 (회사기말환입)	15.과소환입·과다환입(△)(13-14)
	3,200,000		600,000	2,450,000	750,000	-600,000		-600,000

5. 세무조정

〈손금산입〉 전기대손충당금한도초과 600,000원(유보감소)

〈손금불산입〉 대손충당금한도초과 1,291,990원(유보발생)

[2] 가지급금인정이자조정명세서

1. 가지급금 입력(대표이사 이한강)

○가지급금,가수금 선택: 1.가지급금 회계데이타불러오기

	직책	성명
1	대표이사	이한강
2		

	적요	년월일		차변	대변	잔액	일수	적수
1	1.전기이월	1	1	15,000,000		15,000,000	72	1,080,000,000
2	2.대여	3	14	10,000,000		25,000,000	190	4,750,000,000
3	3.회수	9	20		7,000,000	18,000,000	46	828,000,000
4	2.대여	11	5	5,000,000		23,000,000	57	1,311,000,000

2. 차입금 입력

① 모두은행

	□	적요	연월일			차변	대변	이자대상금액	이자율 %	이자
1	□	1.전기이월	20X1	1	1		30,000,000	30,000,000	3.50000	1,050,000
2	□									

② 우리저축은행

	□	적요	연월일			차변	대변	이자대상금액	이자율 %	이자
1	□	2.차입	20X1	11	1		27,000,000	27,000,000	4.50000	1,215,000
2	□									

3. 인정이자계산(을)

	대여기간 발생연월일		회수일		연월일		적요	5.차변	6.대변	7.잔액(5-6)	일수	가지급금적수(7X8)	10.가수금적수	11.차감적수	이자율(%)	인정이자(11X
1	1	1	차기	이월	1	1	1.전기이월	15,000,000		15,000,000	262	3,930,000,000		3,930,000,000	3.50000	376,849
2	1	1	차기	이월	9	20	3.회수		7,000,000	8,000,000	103	824,000,000		824,000,000	3.50000	79,013
3	3	14	차기	이월	3	14	2.대여	10,000,000		10,000,000	293	2,930,000,000		2,930,000,000	3.50000	280,958
4	11	5	차기	이월	11	5	2.대여	5,000,000		5,000,000	57	285,000,000		285,000,000	3.97368	31,027
	합 계							30,000,000	7,000,000	23,000,000		7,969,000,000		7,969,000,000		767,847

4. 인정이자조정(갑)

2.가중평균차입이자율에 따른 가지급금 등의 인정이자 조정 (연일수 : 365일)

	1.성명	2.가지급금적수	가수금적	4.차감적수(2-3)	5.인정이자	6.회사계상액	시가인정범위		9.조정액(=7) 7>=3억,8>=5%
							7.차액(5-6)	8.비율(%)	
1	이한강	7,969,000,000		7,969,000,000	767,847		767,847	100.00000	767,847

5. 세무조정 〈익금산입〉 가지급금인정이자 767,847원(상여)

[3] 업무용승용차관련비용명세서(렌트)

1. 업무사용비율 = 업무용사용거리(6,000㎞) ÷ 총주행거리(6,000㎞) = 100%
2. 업무미사용금액의 손금불산입
   ① 업무용승용차관련비용 = 렌트료(2,000,000원 - 부가세포함) × 12개월 + 유류비(3,600,000)
   = 27,600,000원
   ② 업무용승용차관련비용 × (1 - 업무사용비율) = 27,600,000 × (1 - 100%) = **0(세무조정 없음)**
3. 업무사용감가상각비 상당액 중 800만원 초과분 손금불산입
   ① 감가상각비 상당액 = 24,000,000(렌트료) × 70%(감가상각비 상당 비율)
   × 100%(업무사용 비율) = 16,800,000원
   ② 8백만원(연) 초과분 손금불산입 8,800,000원(기타사외유출)

(1) 업무용승용차 등록(코드 : 1, 차량번호 22조8518, 차종 : 승용차)

차량 상세 등록 내용

1.고정자산계정과목	0208 차량운반구
2.고정자산코드/명	
3.취득일자	20X0-02-1
4.경비구분	6.800번대/판관비
5.사용자 부서	
6.사용자 직책	대표이사
7.사용자 성명	이한강
8.임차여부	렌트
9.임차기간	20X0-02-1 ~ 20X2-02-1
10.보험가입여부	가입
11.보험기간	____-__-__ ~ ____-__-__
	____-__-__ ~ ____-__-__
12.운행기록부사용여부	여 전기이월누적거리 18,500 km
13.출퇴근사용여부	여 출퇴근거리 5,000 km

(2) 업무용승용차 관리비용명세서(렌트)

1 업무용 사용 비율 및 업무용 승용차 관련 비용 명세 (운행기록부: 적용) 임차기간: 01-01 ~ 12-31 □ 부동산임대업등 법령39조③항

(5) 총주행 거리(km)	(6) 업무용 사용 거리(km)	(7) 업무 사용비율	(8) 취득가액	(9) 보유또는 임차월수	(10)업무용 승용차 관련 비용								
					(11) 감가상각비	(12) 임차료 (감가상각비포함)	(13) 감가상각비상당액	(14) 유류비	(15) 보험료	(16) 수선비	(17) 자동차세	(18) 기타	(19) 합계
6,000	6,000	100		12		24,000,000	16,800,000	3,600,000					27,600,000
합 계						24,000,000	16,800,000	3,600,000					27,600,000

2 업무용 승용차 관련 비용 손금불산입 계산

(22) 업무 사용 금액			(23) 업무외 사용 금액			(30) 감가상각비 (상당액) 한도초과금액	(31) 손금불산입 합계 ((29)+(30))	(32) 손금산입 합계 ((19)-(31))
(24) 감가상각비 (상당액)[((11)또는 (13))X(7)]	(25) 관련 비용 [((19)-(11)또는 (19)-(13))X(7)]	(26) 합계 ((24)+(25))	(27) 감가상각비 (상당액)((11)-(24) 또는(13)-(24))	(28) 관련 비용 [((19)-(11)또는 (19)-(13))-(25)]	(29) 합계 ((27)+(28))			
16,800,000	10,800,000	27,600,000				8,800,000	8,800,000	18,800,000
16,800,000	10,800,000	27,600,000				8,800,000	8,800,000	18,800,000

3 감가상각비(상당액) 한도초과금액 이월 명세

(37) 전기이월액	(38) 당기 감가상각비(상당액) 한도초과금액	(39) 감가상각비(상당액) 한도초과금액 누계	(40) 손금추인(산입)액	(41) 차기이월액((39)-(40))
	8,800,000	8,800,000		8,800,000
	8,800,000	8,800,000		8,800,000

(3) 세무조정 : 〈손금불산입〉 업무용승용차 감가상각비 800만원 초과분 8,800,000원 (기타사외유출)

[4] 소득금액조정합계표

〈손금불산입〉 세금과공과(대표이사 개인차량 취득세) 2,135,000 (상여)

〈손금불산입〉 보험료 2,900,000 (유보발생)

〈익금불산입〉 이자수익 864,000 (기타)

〈익금산입〉 전기 재고자산평가증(제품) 2,700,000 (유보감소)

☞ 전기 자본금과적립금명세서 중 재고자산 평가증(제품) : 2,700,000원으로 하여 주어졌으나, +유보로 오인하게 만들었는데 (-)로 표시되어 있어야 한다.
즉 전기에 〈손금산입〉 재고자산평가증(제품) 2,700,000원(유보발생)은 자본금과 적립금조정명세서(을) 기초잔액에 -2,700,000원으로 표시되어야 한다.

〈손금산입〉 전기 선급비용 2,600,000 (유보감소)

〈손금불산입〉 감가상각비 29,250,000 (유보발생)

☞ 상각범위액 = [800,000,000 + 30,000,000] × 2.5% = 20,750,000원
회사계상각비 = (20,000,000 + 30,000,000) = 50,000,000원
부인액 = (50,000,000 - 20,750,000) = 29,250,000원

[5] 세액공제명세서(3), 법인세과세표준및세액조정, 최저한세조정계산서

1. 세액공제조정명세서(공제세액) → 2. 세액조정계산서(산출세액) → 3. 최저한세 → 4. 세액공제조정명세서(이월세액) → 5. 세액조정계산서(최종)

1. 세액공제조정명세서(3) 중 3. 당기공제 및 이월액계산(당기공제액 계산)

1.세액공제(1) | 2.세액공제(2) | 3.당기공제 및 이월액계산

(105)구분	(106)사업연도	요공제액		당기공제대상세액				
		(107)당기분	(108)이월분	(109)당기분	(110)1차연도	(111)2차연도	(112)3차연도	(113)4차연도
고용을 증대시킨 기업	20X0		3,500,000		3,500,000			
	20X1	3,500,000		3,500,000				
연구·인력개발비세액	20X1	3,500,000		3,500,000				

☞ 고용을 증대시킨 기업에 대한 세액공제(조세특례제한법)
내국인이 해당과세연도의 상시 근로자의 수가 직전 과세연도의 상시근로자의 수보다 증가한 경우에는 해당 과세연도와 해당과세연도의 종료일부터 1년(중소기업 및 중견기업은 2년)이 되는 날이 속하는 과세연도까지 세액공제

2. 법인세 과세표준 및 세액조정명세서(산출세액 계산)

구분	항목		코드	금액
① 각사업연도소득계산	101. 결산서상당기순손익		01	350,000,000
	소득조정금액	102.익금산입	02	27,000,000
		103.손금산입	03	140,000,000
	104. 차가감소득금액(101+102-103)		04	237,000,000
	105. 기부금한도초과액		05	
	106. 기부금한도초과 이월액 손금산입		54	
	107. 각사업연도소득금액(104+105-106)		06	237,000,000
② 과세표준계산	108. 각사업연도소득금액(108=107)			237,000,000
	109. 이월결손금		07	
	110. 비과세소득		08	
	111. 소득공제		09	
	112. 과세표준(108-109-110-111)		10	237,000,000
	159. 선박표준이익		55	
③ 산출	113. 과세표준(113=112+159)		56	237,000,000
	114. 세율		11	19%
	115. 산출세액		12	25,030,000

3. 최저한세조정계산서

⇛ 중소기업특별세액 감면 : 5,197,400원, 고용증대세액공제 : 7,000,000원 입력

☞ **<u>고용증대세액공제는 중소기업특별세액감면과 중복적용된다.</u>**

①구분		코드	②감면후세액	③최저한세	④조정감	⑤조정후세액
(101) 결산서상당기순이익		01	350,000,000			
소득조정금액	(102)익금산입	02	27,000,000			
	(103)손금산입	03	140,000,000			
(104) 조정후소득금액(101+102-103)		04	237,000,000	237,000,000		237,000,000
최저한세적용대상 특별비용	(105)준비금	05				
	(106)특별상각, 특례상각	06				
(107) 특별비용손금산입전소득금액(104+105+106)		07	237,000,000	237,000,000		237,000,000
(108) 기부금한도초과액		08				
(109) 기부금 한도초과 이월액 손금산입		09				
(110) 각사업년도소득금액(107+108-109)		10	237,000,000	237,000,000		237,000,000
(111) 이월결손금		11				
(112) 비과세소득		12				
(113) 최저한세적용대상 비과세소득		13				
(114) 최저한세적용대상 익금불산입·손금산입		14				
(115) 차가감소득금액(110-111-112+113+114)		15	237,000,000	237,000,000		237,000,000
(116) 소득공제		16				
(117) 최저한세적용대상 소득공제		17				
(118) 과세표준금액(115-116+117)		18	237,000,000	237,000,000		237,000,000
(119) 선박표준이익		24				
(120) 과세표준금액(118+119)		25	237,000,000	237,000,000		237,000,000
(121) 세율		19	19 %	7 %		19 %
(122) 산출세액		20	25,030,000	16,590,000		25,030,000
(123) 감면세액		21	5,197,400			5,197,400
(124) 세액공제		22	7,000,000		3,757,400	3,242,600
(125) 차감세액(122-123-124)		23	12,832,600			16,590,000

⇛ 고용증대세액공제(최저한세 배제) : 3,757,400원

4. 세액공제조정명세서(3) 중 3. 당기공제 및 이월액계산(최저한세 적용에 따른 미공제액 입력)

(105)구분	(106)사업연도	(120)계	(121)최저한세적용에따른 미공제액	(122)기타사유로인한 미공제액	(123)공제세액(120-121-122)	(124)소멸	(125)이월액(107+108-123-124)
고용을 증대시킨 기업	20×0	3,500,000	257,400		3,242,600		257,400
	20×1	3,500,000	3,500,000				3,500,000

	(105)구분	(106)사업연도	요공제액			
			(107)당기분	(108)이월분	(109)당기분	(110)1차연도
	연구·인력개발비세액	20×1	3,500,000		3,500,000	

5. 법인세 과세표준 및 세액조정명세서(최종)

⇒ **<u>최저한세적용대상 : 중소기업특별세액감면(5,197,400)+고용증대세액공제(3,242,600)=8,440,000원</u>**

구분	항목		코드	금액
① 각사업연도소득계산	101. 결산서상 당기순손익		01	350,000,000
	소득조정 금액	102.익금산입	02	27,000,000
		103.손금산입	03	140,000,000
	104. 차가감소득금액 (101+102-103)		04	237,000,000
	105. 기부금한도초과액		05	
	106. 기부금한도초과 이월액 손금산입		54	
	107. 각사업연도소득금액(104+105-106)		06	237,000,000
② 과세표준계산	108. 각사업연도소득금액 (108=107)			237,000,000
	109. 이월결손금		07	
	110. 비과세소득		08	
	111. 소득공제		09	
	112. 과세표준 (108-109-110-111)		10	237,000,000
	159. 선박표준이익		55	
③ 산출세액계산	113. 과세표준 (113=112+159)		56	237,000,000
	114. 세율		11	19%
	115. 산출세액		12	25,030,000
	116. 지점유보소득(법 제96조)		13	
	117. 세율		14	
	118. 산출세액		15	
	119. 합계 (115+118)		16	25,030,000

구분			항목	코드	금액
④ 납부할세액계산			120. 산출세액 (120=119)		25,030,000
			121. 최저한세 적용대상공제감면세액	17	8,440,000
			122. 차감세액	18	16,590,000
			123. 최저한세 적용제외공제감면세액	19	3,500,000
			124. 가산세액	20	
			125. 가감계 (122-123+124)	21	13,090,000
	기납부세액	기한내납부세액	126. 중간예납세액	22	
			127. 수시부과세액	23	
			128. 원천납부세액	24	880,000
			129. 간접 회사등 외국 납부세액	25	
			130. 소계(126+127+128+129)	26	880,000
		131. 신고납부전가산세액		27	
		132. 합계 (130+131)		28	880,000
			133. 감면분추가납부세액	29	
			134. 차가감납부할세액(125-132+133)	30	12,210,000
⑤토지등 양도소득, ⑥미환류소득 법인세 계산 (TAB로 이동)					
⑦ 세액계			151. 차가감납부할 세액계(134+150)	46	12,210,000
			152. 사실과 다른 회계 처리 경정 세액공제	57	
			153. 분납세액 계산 범위액 (151-124-133-145-152+131)	47	12,210,000
	분납할 세액		154. 현금납부	48	2,210,000
			155. 물납	49	
			156. 계 (154+155)	50	2,210,000
	차감 납부세액		157. 현금납부	51	10,000,000
			158. 물납	52	
			160. 계 (157+158) [160=(151-152-156)]	53	10,000,000

제91회 전산세무 1급

합격율	시험년월
13%	2020.08

이 론

01. 다음 중 일반기업회계기준상 재무제표에 대한 설명으로 틀린 것은?

① 정상적인 영업주기 내에 판매되는 재고자산은 보고기간 종료일로부터 1년 이내에 실현되지 않더라도 유동자산으로 분류 한다.

② 현금흐름표 작성 중 사채발행으로 인한 현금유입 시에는 발행금액으로 표시한다.

③ 상계금지의 원칙에 따라 매출채권에 대한 대손충당금은 매출채권에서 직접차감하여 표시할 수 없다.

④ 자본변동표 작성시 자본금은 보통주자본금과 우선주자본금으로 구분하여 표시한다.

02. 다음 중 ㈜세무가 취득한 매도가능증권의 최초 취득원가는 얼마인가?

- 20x0년 3월 1일 ㈜세무는 매도가능증권(상장주식, 시장성 있음)을 취득하였다.
- 20x1년 12월 31일 현재까지 보유기간 중 추가취득 및 처분한 주식은 없으며, 공정가액으로 평가하였다.
- 20x0년과 20x1년의 부분 재무상태표는 다음과 같다.

부분 재무상태표
20x0년 12월 31일 현재

매도가능증권	1,500,000원	매도가능증권평가이익	200,000원

부분 재무상태표
20x1년 12월 31일 현재

매도가능증권	1,400,000원	매도가능증권평가이익	100,000원

① 1,300,000원　　② 1,400,000원　　③ 1,500,000원　　④ 1,700,000원

03. 다음 중 회계변경에 대한 설명으로 옳지 않은 것은?

① 변경된 새로운 회계정책은 소급하여 적용한다.
② 회계정책의 변경과 회계추정의 변경이 동시에 이루어지는 경우에는 회계추정의 변경효과를 먼저 전진적으로 적용한 후 회계정책의 변경에 의한 누적효과를 적용한다.
③ 회계추정을 변경한 경우에는 변경내용, 그 정당성 및 그 변경이 당기 재무제표에 미치는 영향을 주석으로 기재한다.
④ 회계변경의 속성상 그 효과를 회계정책의 변경효과와 회계추정의 변경효과로 구분하기가 불가능한 경우에는 이를 회계추정의 변경으로 본다.

04. ㈜세무는 사용하던 기계장치를 ㈜대한의 차량운반구와 교환하였다. 해당 기계장치의 장부가액은 5,000,000원이고, 추가로 200,000원을 ㈜대한으로부터 현금수령하였다. 기계장치의 공정가액이 4,500,000원인 경우 차량운반구의 취득가액은 얼마인가?

① 4,300,000원 ② 4,500,000원 ③ 4,800,000원 ④ 5,200,000원

05. 다음 중 재고자산에 대한 설명으로 옳지 않은 것은?

① 정상적인 영업과정에서 판매를 위하여 보유하거나 생산과정에 있는 자산 또는 서비스 제공과정에 투입될 원재료나 소모품의 형태로 존재하는 자산을 말한다.
② 재고자산은 취득원가를 장부금액으로 한다. 다만, 시가가 취득원가보다 낮은 경우에는 시가를 장부금액으로 한다.
③ 보험료는 재고자산의 취득과정에서 정상적으로 발생했다 하더라도 매입원가에 가산하지 않는다.
④ 성격이 상이한 재고자산을 일괄하여 구입한 경우에는 총매입원가를 각 재고자산의 공정가치 비율에 따라 배분하여 개별 재고자산의 매입원가를 결정한다.

06. 다음 중 보조부문 원가를 제조부문에 배부하는 방법에 대한 설명으로 틀린 것은?

① 직접배부법은 보조부문 상호간에 용역수수관계를 전혀 인식하지 않는 방법이다.
② 보조부문원가를 변동원가와 고정원가로 구분없이 배분하는 방법을 이중배분율법이라 한다.
③ 단계배부법을 사용하는 경우 가장 먼저 배부되는 보조부문 원가는 다른 보조부문에도 배부될 수 있다.
④ 상호배부법은 보조부문 상호간에도 원가를 배분하는 방법으로서 보조부문 상호간의 용역수수관계가 중요한 경우에 적용한다.

07. ㈜세무는 제조간접비를 직접노무시간으로 예정배부하고 있다. 당초 제조간접비 예산금액은 800,000원이고, 예산직접노무시간은 1,000시간이다. 당기말 현재 실제 제조간접비는 860,000원이고, 실제직접노무시간이 1,050시간일 경우 제조간접비의 배부차액은 얼마인가?

① 20,000원(과소배부)　② 20,000원(과대배부)
③ 60,000원(과소배부)　④ 60,000원(과대배부)

08. 다음 중 원가를 의사결정과 관련하여 분류한 것으로 옳지 않은 것은?

① 관련원가란 특정의사결정과 관련이 있는 원가를 말하며, 비관련원가란 특정 의사결정과 관련이 없는 원가를 말한다.
② 매몰원가는 의사결정을 할 때 어떤 대안을 선택하든지 회복할 수 없으므로 미래의 의사결정에 고려하지 말아야 한다.
③ 기회비용은 자원을 현재 용도 이외의 다른 용도로 사용했을 경우 포기해야하는 대안들 중 효익이 가장 큰 것을 말한다.
④ 기회비용은 의사결정을 할 때 반드시 고려되어야 하며, 재무제표에 그 추정액을 주석으로 기재한다.

09. ㈜세무는 종합원가계산제도를 채택하고 있다. 모든 원가는 공정전체를 통하여 균등하게 발생되고 있으며, 당기의 제조활동에 대한 자료가 다음과 같은 경우, 기말재공품원가는 얼마인가?(단, 기말재공품의 평가는 평균법을 이용하며, 공손품은 발생하지 않았다.)

· 기초재공품 : 300개, 45,000원(완성도 40%)	· 당기완성품수량 : 700개
· 당기투입원가 : 655,000원	· 기말재공품 : 200개(완성도 50%)

① 67,500원　② 75,000원　③ 87,500원　④ 90,000원

10. ㈜세무는 표준원가계산제도를 채택하고 있다. 고정제조간접원가는 기계시간을 기준으로 배부하고 있는데, 제품 단위당 4시간의 기계시간이 소요된다. 다음 자료에 의해 기준조업도(정상조업도)를 구하면 얼마인가?

· 예산액 : 20,000원	· 실제생산량 : 900단위
· 실제발생액 : 21,000원	· 예산차이 : 1,000원(불리한차이)
· 조업도차이 : 2,000원(불리한 차이)	

① 800단위　② 900단위　③ 1,000단위　④ 1,100단위

11. 다음 중 법인세법상 수입배당금 익금불산입 규정에 대한 설명으로 가장 옳지 않은 것은?

① 내국법인이 다른 내국법인으로부터 받은 수입배당금은 익금불산입 규정이 적용된다.
② 비상장법인에 출자비율이 50% 미만인 경우에는 익금불산입율 80%를 적용한다.
③ 외국법인으로부터 받은 수입배당금은 익금불산입규정을 적용하지 아니한다.
④ 배당기준일 전 4개월 이내에 취득한 주식 등을 보유함으로써 발생하는 수입배당금은 익금불산입 규정을 적용하지 아니한다.

12. 다음 중 법인세법상 손금불산입 항목에 해당하지 않는 것은?

① 법인이 임원 또는 직원이 아닌 지배주주 등에게 지급한 여비 또는 교육훈련비
② 업무무관 자산의 유지비 또는 관리비
③ 소액주주임원이 아닌 출자임원에게 제공한 사택의 유지관리비
④ 파손, 부패된 재고자산의 감액손실

13. 다음 중 소득세법상 사업소득금액을 계산할 때 총수입금액에 산입하는 것은?

① 소득세 환급가산금
② 거래상대방으로부터 받은 장려금
③ 사업자가 자기가 생산한 제품을 다른 제품의 원재료로 사용한 금액
④ 사업과 무관한 자산수증이익

14. 다음 중 근로소득 연말정산 시 「특별세액공제」와「신용카드등 사용금액 소득공제」의 중복 적용 여부가 틀린 것은?

구분		특별세액공제	신용카드등 사용금액 소득공제
①	신용카드로 결제한 의료비	의료비 세액공제 가능	공제 가능
②	신용카드로 결제한 월세액	월세액 세액공제 가능	공제 불가
③	신용카드로 결제한 보장성보험료	보험료 세액공제 가능	공제 불가
④	신용카드로 결제한 교복구입비	교육비 세액공제 가능	공제 불가

15. 다음 중 부가가치세법상 과세대상인 재화 또는 용역의 공급인 것은?

① 상가 부수토지의 임대
② 국민주택규모 초과 주택 및 부수토지의 임대
③ 상가 부수토지의 매매
④ 국민주택규모 이하 주택의 매매

실 무

㈜운정산업(0910)은 제조 · 도소매업을 영위하는 중소기업이며, 당 회계기간은 20x1.1.1.~20x1.12.31.이다. 전산세무회계 수험용 프로그램을 이용하여 다음 물음에 답하시오.

문제 1 **다음 거래에 대하여 적절한 회계처리를 하시오.(12점)**

[1] 3월 10일 ㈜한국에 5,000,000원의 제품을 매출하고 수령한 약속어음을 하늘은행에서 할인하고 4,800,000원을 보통예금으로 수령하였다.(매각거래의 요건을 충족함)(3점)

[2] 3월 16일 당사는 ㈜백두에 제품 6억원(부가세 별도)을 잔금일에 인도하기로 계약하였다. 대금은 수령약정일에 보통예금으로 이체받았으며, 해당 제품의 공급과 관련하여 전자세금계산서는 부가가치세법에 따라 정상적으로 발급하였다.(3점)

구분	계약금	1차 중도금	2차중도금	잔금
수령약정일	20x1.03.16.	20x2.03.16.	20x3.03.16.	20x4.03.16.
수령액(부가가치세포함)	165,000,000원	110,000,000원	110,000,000원	275,000,000원

[3] 7월 2일 ㈜한대자동차로부터 업무용으로 사용할 화물트럭을 외상으로 구입하면서 아래와 같이 전자세금계산서를 발급받았다. 동 차량 구입으로 인하여 의무적으로 매입해야 하는 채권(액면금액 1,000,000원, 공정가치 800,000원)을 액면금액으로 매입하고 대금은 보통예금에서 지급하였다. 채권은 매도가능증권(투자자산)으로 분류되며 거래내용은 매입매출전표에서 일괄처리한다.(3점)

(청 색)

전자세금계산서(공급받는자 보관용)					승인번호	20200702 - 1038712 - 00006541		
공급자	사업자등록번호	513 - 81 - 19310	종사업장번호		공급받는자	사업자등록번호	107 - 87 - 12341	종사업장번호	
	상호(법인명)	㈜한대자동차	성명(대표자)	정봉구		상호(법인명)	㈜운정산업	성명(대표자)	김철수
	사업장주소	서울특별시 서초구 양재대로 321				사업장주소	서울 영등포구 경인로 775		
	업태	제조 서비스	종목	자동차		업 태	제조, 도소매	종목	자동차부품
	이메일					이메일			

비고		수정사유	
작성일자	20x1.07.02	공급가액	30,000,000원	세액	3,000,000원

월	일	품 목	규 격	수 량	단 가	공 급 가 액	세 액	비 고
7	2	포터 V3		1		30,000,000원	3,000,000원	

합 계 금 액	현 금	수 표	어 음	외 상 미 수 금	이 금액을 **청구** 함
33,000,000원				33,000,000원	

[4] 9월 15일 유상증자로 주식 100,000주(액면금액 5,000원)를 1주당 10,000원에 발행하고 그 대금이 보통예금으로 입금되었다. 주식발행 관련 수수료 13,000,000원은 수표를 발행하여 지급하였다. 관련 데이터를 조회하여 처리하시오.(3점)

문제 2 **다음 주어진 요구사항에 따라 부가가치세 신고서 및 부속서류를 작성 하시오.(10점)**

[1] 입력된 데이터는 무시하고 다음 자료에 의하여 20x1년 제1기 확정 부가가치세신고서를 작성하시오. (단, 과세표준명세는 생략할 것)(6점)

1. 매출 관련 자료
- 전자세금계산서 발급 매출액 : 300,000,000원(부가가치세 별도)
- 직수출 매출액 : 50,000,000원
- 당사 제품 현물접대 : 시가 2,000,000원, 원가 1,500,000원

2. 매입 관련 자료
- 세금계산서 수취한 일반매입액 : 공급가액 210,000,000원, 세액 21,000,000원
- 신용카드 일반매입액 : 공급가액 15,000,000원, 세액 1,500,000원
  (매입세액불공제분 공급가액 5,000,000원, 세액 500,000원 포함)

3. 기타 자료
- 예정신고 시 미환급된 세액 : 2,000,000원

[2] 다음의 각 채권들은 특별한 사정에 의하여 회수하지 못하게 되었다. 자료를 이용하여 20x1년 제2기 부가가치세 확정신고시의 대손세액공제신고서를 작성하시오.(4점)

날짜	채권금액 (부가세포함)	거래처	채권 종류	대손사유
10월 5일	3,300,000원	미래상사	외상매출금	사망으로 회수 할 수 없음이 입증됨
10월 20일	10,000,000원	㈜대운	받을어음	부도발생됨
11월 10일	22,000,000원	㈜행운	단기대여금	파산으로 회수 할 수 없음이 입증됨
11월 25일	1,000,000원	㈜상생	외상매출금	소멸시효 완성됨

문제 3 다음의 결산정리사항에 대하여 결산정리분개를 하거나 입력을 하여 결산을 완료하시오.(8점)

[1] 결산일 현재 우수금융으로부터 차입한 장기차입금 100,000,000원의 상환기일이 20x2년 8월 10일 도래한다.(2점)

[2] 당사의 화폐성 외화자산 및 부채와 결산일 현재의 환율은 다음과 같다. 회사는 일반기업회계기준에 따라 회계처리하며, 20x0년 결산시 회계처리는 정상적으로 이루어졌다. 외화장기차입금에 대한 거래처코드 입력은 생략하기로 한다.(2점)

계정과목	발생일	발생일 현재환율	20x0년 12월 31일 환율	20x1년 12월 31일 환율
외화장기차입금 ($50,000)	20x0년 7월 1일	1,200원/$	1,100원/$	1,050원/$

[3] 당기 법인세 총부담세액은 10,000,000원, 법인세분 지방소득세는 1,000,000원이다. 다음 자료를 이용하여 적절한 결산 분개를 하시오.(단, 거래처명은 생략할 것.)(2점)

계정과목명	거래처명	금액	비고
예수금	영등포세무서	2,000,000원	12월 근로소득 원천징수분
	영등포구청	200,000원	
선납세금	영등포세무서	4,000,000원	법인세 중간예납액
	강남세무서	1,400,000원	이자소득 원천징수분
	강남구청	140,000원	

[4] 기말 현재의 제품은 다음과 같다. 관련내용을 반영하여 결산을 완료하시오.(2점)

구 분	제품 장부상 금액	제품 시가(순실현가능가액)
제 품	30,000,000원	25,000,000원

※ 제품의 시가(순실현가능가액)는 일반기업회계기준상 저가법의 사유로 인하여 발생된 것이다.

문제 4 원천징수와 관련된 다음 물음에 답하시오.(10점)

[1] 다음 자료를 이용하여 영업부 직원인 최온누리(주민번호 : 800213-1234567, 입사일 : 2018. 1. 1.)를 사원등록(사번 : 100번)하고, 3월 급여자료를 입력한 후, 원천징수이행상황신고서를 작성하시오.(단, 수당공제 등록시 사용하지 않는 항목은 '부'로 표시할 것)(7점)

1. 3월분 급여자료(급여지급일 : 3월 31일)

급여항목				
기본급	초과근무수당	자가운전보조금	식대	국외근로수당
5,000,000원	300,000원	300,000원	150,000원	1,000,000원

공제항목			
국민연금	건강보험료	장기요양보험료	고용보험료
225,000원	175,000원	17,930원	43,600원

2. 추가 자료

- 회사는 해당 근로자(주주도 아니며 주주와 특수관계자도 아님)에 대하여 사택을 무상으로 제공하고 있으며, 해당 사택의 월 임차료는 1,000,000원, 임차보증금은 30,000,000원이다.
- 자가운전보조금은 개인 소유의 차량을 업무목적으로 사용하는 것에 대한 지원금이다.
- 회사는 매월 동일한 식대보조금을 지급하고 있으며 별도로 음식물을 제공받지 않는다.
- 국외근로수당은 미국 플로리다에 있는 지점으로 발령받아 근무함으로서 발생한 근로소득이다. (당사는 제조, 도소매업을 영위하는 회사이다)
- 국민연금, 건강보험료, 고용보험료 등은 등급표를 적용하지 않고 상기의 자료를 적용한다.
- 소득세 및 지방소득세는 자동계산된 자료를 사용한다.(원천공제율 100%적용)

[2] ㈜운정산업은 확정급여형(DB형) 퇴직연금에 가입되어 있으며 10월 1일 퇴사한 직원 1명의 퇴직금산정액은 25,000,000원이다. 기불입된 퇴직연금액은 19,000,000원이며 추가로 6,000,000원을 불입하여 개인퇴직연금계좌(미산은행, 계좌번호 210-951478-11011, 입금일 10월 15일)에 지급하였다. 이에 대하여 원천징수이행상황신고서(매월 정기신고분)에만 반영하시오.(3점)

문제 5 **㈜약수기업(0911)은 제조 · 도매업을 영위하는 중소기업이며, 당해 사업연도(제15기)는 20x1.1.1.~20x1.12.31.이다. 법인세무조정메뉴를 이용하여 재무회계 기장자료와 제시된 보충자료에 의하여 당해 사업연도의 세무조정을 하시오.(30점) ※ 회사선택 시 유의하시오.**

[1] 다음 자료를 이용하여 해당 자산을 고정자산등록 메뉴에 등록하고, 미상각자산감가상각조정명세서를 작성하여 세무조정하시오.(6점)

1. 감가상각대상자산

자산코드	계정과목	자산명	취득일	취득가액	전기말감가상각누계액	당기감가상각비 계상액	경비구분
1	기계장치	부품절단기	2019.01.20.	50,000,000원	23,000,000원	9,000,000원	제조

2. 회사는 감가상각방법을 신고하지 않았으며 기계장치의 내용연수는 5년으로 가정한다.

3. 수선비계정에는 기계장치에 대한 자본적 지출액 5,000,000원이 포함되어 있다.

4. 전기 감가상각비한도초과로 부인된 금액이 450,000원 있다.

[2] 다음의 지급이자 관련 자료(20x1년 12월 31일 현재)를 보고 업무무관부동산등에관련한차입금이자조정명세서의 1. 적수입력(을)과 2. 지급이자손금불산입(갑)을 작성하고 필요한 세무조정을 하시오.(6점)

1. 가지급금 명세

수령자	지급일	금액	비고
대표이사	20x0년 5월 10일	50,000,000원	업무 무관 대여금
구매팀 팀장	20x1년 8월 10일	4,500,000원	월정급여액의 범위에서의 일시적인 가불금

2. 그 외 자산 명세

구분	금액	비고
선박	500,000,000원	채권 변제받기 위하여 취득 (전전기 10월 5일 취득)
토지	100,000,000원	투자목적(20x1년 7월 1일 취득)

3. 대표이사에 대한 가수금 적수는 0원이다.

4. 손익계산서상 이자비용 명세

내용	연 이자율	금액
금융어음의 할인료	5%	2,500,000원
연지급수입이자	8%	8,000,000원
은행차입금이자	6%	3,000,000원

[3] 다음의 퇴직급여 관련 자료에 따라 퇴직연금부담금조정명세서를 작성하고 필요한 세무조정을 행하시오. 당사는 확정급여형 퇴직연금에 가입하였으며, 장부상 퇴직급여충당부채 및 퇴직연금충당부채를 설정하지 아니하고 전액 신고조정에 의하여 손금에 산입하고 있다.(6점)

1. 퇴직연금운용자산

퇴직연금운용자산

기 초 잔 액	37,000,000원	당기감소액	10,000,000원
당기납부액	53,000,000원	기 말 잔 액	80,000,000원
	90,000,000원		90,000,000원

※ 당기 감소액에 대한 회계처리는 다음과 같다.

(차) 퇴직급여 10,000,000원 (대) 퇴직연금운용자산 10,000,000원

2. 퇴직급여추계액

해당 사업연도 종료일 현재 퇴직급여지급 대상이 되는 임원 및 사용인에 대한 퇴직급여추계액은 100,000,000원이다. 보험수리적 퇴직급여추계액은 90,000,000원이다.

3. 기타자료

· 직전 사업연도말 현재 손금산입한 퇴직연금부담금 : 37,000,000원

· 당기에 회사가 손금산입한 퇴직연금부담금 : 0원

[4] ㈜약수기업의 재무상태표 및 손익계산서에는 다음과 같은 계정과목이 포함되어 있으며 기업회계기준에 따라 정확하게 회계 처리되었다. 이와 관련하여 소득금액조정합계표를 완성하시오.(6점)

계 정 과 목	금 액	비 고
상여금	12,000,000원	임원상여금으로 상여금 지급규정 없이 지급한 금액이다.
유형자산 손상차손	5,000,000원	비품의 회사계상 감가상각비는 10,000,000원이며, 세법상의 감가상각 범위액은 10,000,000원이다.
매도가능증권 평가이익	7,000,000원	기말 현재 기타포괄손익누계액에 계상된 금액이다.
법인세비용	24,000,000원	

[5] 다음의 자료를 이용하여 기부금조정명세서와 법인세과세표준및세액조정계산서를 작성하고 관련 세무조정을 하시오.(단, 입력된 데이터는 무시하고 제시된 자료만을 사용하여 문제를 풀 것)(6점)

1. 2019년 일반기부금한도초과액은 10,000,000원이었다.
2. 기부금 지출내역(기부처는 기재하지 말 것)
   · 4월 15일 : 천재지변으로 인한 이재민에 대한 구호금품 9,000,000원(어음으로 발행하여 기부한 5,000,000원이 포함되어 있으며, 만기 20x2년 1월 21일이다)
   · 5월 26일 : 대표자의 종친회 기부금 700,000원
   · 10월 8일 : 일반기부금단체인 아동복지시설에 대한 기부금 2,500,000원
3. 법인세과세표준 및 세액조정계산서상 차가감소득금액(위 '2. 기부금 지출내역'에서 발생한 세무조정사항은 반영되지 않은 상태임)
   · 결산서상 당기순이익 : 212,000,000원
   · 익금산입, 손금불산입 : 4,500,000원
   · 손금산입, 익금불산입 : 1,500,000원
4. 법인세과세표준 및 세액조정계산서상 각사업연도소득금액 이후의 세액 등은 고려하지 않는다.

제91회 전산세무1급 답안 및 해설

이 론

1	2	3	4	5	6	7	8	9	10	11	12	13	14	15
③	①	②	①	③	②	①	④	③	③	④	④	②	④	①

01. **매출채권에 대한 대손충당금 등은 해당 자산이나 부채에서 직접 가감**하여 표시할 수 있다.

02. 매도가능증권(취득원가) = 1,400,000원(20x0.공정가액) - 100,000원(평가이익)
= 1,500,000원(20x1.공정가액) - 200,000원(평가이익) = 1,300,000원

03. 회계정책의 변경과 회계추정의 변경이 동시에 이루어지는 경우에는 **회계정책의 변경에 의한 누적효과를 먼저 계산**하여 소급적용한 후, **회계추정의 변경효과를 전진적으로 적용**한다.

04. 다른 종류의 자산과의 교환으로 취득한 유형자산의 취득원가는 교환을 위하여 **제공한 자산의 공정가치로 측정**한다. 자산의 교환에 현금수수액이 있는 경우에는 현금수수액을 반영하여 취득원가를 결정한다.

취득원가 = 제공한 자산의 공정가치(4,500,000) - 현금수령액(200,000) = 4,300,000원

05. 취득과정에서 정상적으로 발생한 보험료는 매입원가에 가산한다.

06. 보조부문원가를 변동원가와 고정원가로 구분하여 각각 다른 배분기준을 적용하여 배분하는 방법을 이중배분율법이라 한다.

07. 예정배부율 = 제조간접비예산(800,000)/예산직접노무시간(1,000시간) = 800원/시간

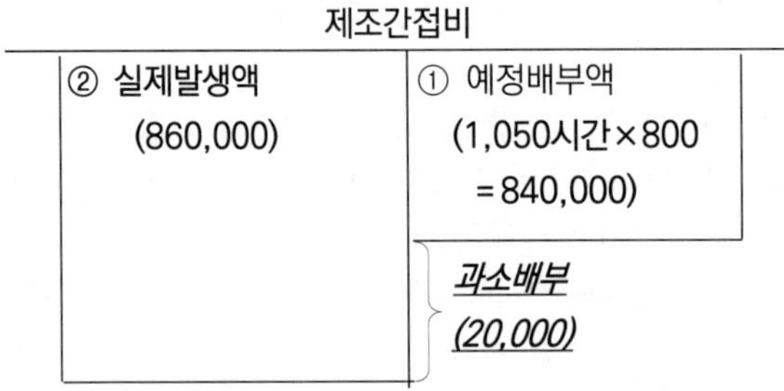

08. **기회비용은 의사결정을 할 때에 반드시 고려되지만, 회계장부에는 기록되지 않는다.**

09.

〈1단계〉 물량흐름파악 평균법		〈2단계〉 완성품환산량 계산 재료비, 가공비
완성품	700(100%)	700
기말재공품	200(50%)	100
계	900	800
〈3단계〉원가요약(기초재공품원가+당기투입원가)		45,000+655,000
		800
〈4단계〉 완성품환산량당단위원가		@875

〈5단계〉 기말재공품원가계산 : 100개 × @875원 = ***87,500원***

10.

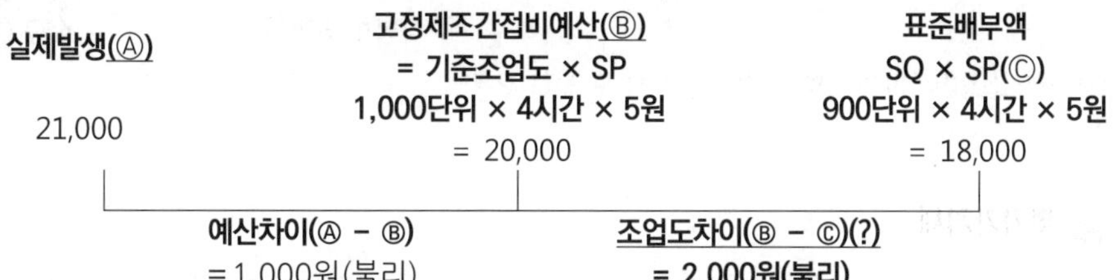

11. <u>배당기준일 전 3개월 이내에 취득한 주식 등을 보유</u>함으로써 발생하는 수입배당금에 대해서는 익금불산입규정을 적용하지 아니한다.

12. **<u>파손, 부패된 재고자산의 감액손실 등의 결산조정사항은 손금</u>**으로 인정된다.

13. 거래상대방으로부터 받은 장려금은 총수입금액에 산입한다.

14. **<u>신용카드로 결제한 교복구입비는 신용카드등 사용금액 소득공제가 가능</u>**하다.

15. 상가 부수토지의 임대는 과세대상이다.

실 무

문제 1 전표입력

[1] 3월 10일 일반전표입력

(차) 보통예금	4,800,000	(대) 받을어음((주)한국)	5,000,000
매출채권처분손실	200,000		

문항	일자	유형	공급가액	부가세	거래처	전자세금
[2]	3/16	11.과세	150,000,000	15,000,000	(주)백두	여
분개유형	(차) 보통예금		165,000,000	(대) 부가세예수금		15,000,000
혼합				선수금		150,000,000

☞ 재화의 공급의 수익인식은 인도기준을 적용하므로 대금수령일에 선수금으로 처리하고 잔금일인 인도일에 매출로 인식한다.

문항	일자	유형	공급가액	부가세	거래처	전자세금
[3]	7/2	51.과세	30,000,000	3,000,000	㈜한대자동차	여
분개유형	(차) 부가세대급금		3,000,000	(대) 보통예금		1,000,000
혼합	차량운반구		30,200,000	미지급금		33,000,000
	매도가능증권(178)		800,000	((주)한대자동차)		

[4] 9월 15일 일반전표입력

(차) 보통예금	1,000,000,000	(대) 자본금	500,000,000
		주식할인발행차금	30,000,000
		당좌예금	13,000,000
		주식발행초과금	457,000,000

☞ 합계잔액시산표(9/15) 주식할인발행차금 조회 후 우선 상계

문제 2 부가가치세

[1] 부가가치세 1기 확정신고서(4~6월)

1. 과세표준 및 매출세액

구분				정기신고금액 금액	세율	세액
과세표준및매출세액	과세	세금계산서발급분	1	300,000,000	10/100	30,000,000
	과세	매입자발행세금계산서	2		10/100	
	과세	신용카드 · 현금영수증발행분	3		10/100	
	과세	기타(정규영수증외매출분)	4	2,000,000		200,000
	영세	세금계산서발급분	5		0/100	
	영세	기타	6	50,000,000	0/100	
	예정신고누락분		7			
	대손세액가감		8			
	합계		9	352,000,000	㉮	30,200,000

2. 매입세액

구분				금액		세액
매입세액	세금계산서수취분	일반매입	10	210,000,000		21,000,000
	세금계산서수취분	수출기업수입분납부유예	10			
	세금계산서수취분	고정자산매입	11			
	예정신고누락분		12			
	매입자발행세금계산서		13			
	그 밖의 공제매입세액		14	10,000,000		1,000,000
	합계(10)-(10-1)+(11)+(12)+(13)+(14)		15	220,000,000		22,000,000
	공제받지못할매입세액		16			
	차감계 (15-16)		17	220,000,000	㉯	22,000,000
납부(환급)세액(매출세액㉮-매입세액㉯)					㉰	8,200,000

14.그 밖의 공제매입세액					
신용카드매출수령금액합계표	일반매입	41	10,000,000		1,000,000
	고정매입	42			

3. 납부세액

경감	그 밖의 경감 · 공제세액	18			
공제	신용카드매출전표등 발행공제등	19			
세액	합계	20		㉱	
예정신고미환급세액		21		㉲	2,000,000
예정고지세액		22		㉳	
사업양수자의 대리납부 기납부세액		23		㉴	
매입자 납부특례 기납부세액		24		㉵	
신용카드업자의 대리납부 기납부세액		25		㉶	
가산세액계		26		㉷	
차감.가감하여 납부할세액(환급받을세액)(㉰-㉱-㉲-㉳-㉴-㉵-㉶+㉷)				27	6,200,000
총괄납부사업자가 납부할 세액(환급받을 세액)					

[2] 대손세액공제신고서(10~12월)

⇒ ㈜대운 : 부도발생일로부터 6개월 이상 지난 때의 20x2년 1기 확정신고기간에 대손세액공제 가능함.

⇒ ㈜행운 : 단기대여금은 대손세액공제대상이 아님

대손확정일	대손금액	공제율	대손세액	거래처	대손사유	
20X1-10-05	3,300,000	10/110	300,000	미래상사	3	사망,실종
20X1-11-25	1,000,000	10/110	90,909	(주)상생	6	소멸시효완성

문제 3 결산

[1] [수동결산]

(차) 장기차입금(우수금융) 100,000,000 (대) 유동성장기부채(우수금융) 100,000,000

[2] [수동결산]

(차) 외화장기차입금 2,500,000 (대) 외화환산이익 2,500,000

[3] [수동/자동결산]

(차) 법인세등 11,000,000 (대) 선납세금 5,540,000

미지급세금 5,460,000

[4] [수동결산]

(차) 재고자산평가손실 5,000,000 (대) 재고자산평가충당금(173) 5,000,000

[자동결산]

결산자료입력에서 기말제품 재고액 30,000,000원 입력 후 전표 추가

또는 [자동결산]

결산자료입력에서 제품평가손실 5,000,000원, 기말제품 재고액 30,000,000원 입력 후 전표 추가

문제 4 원천징수

[1] 사원등록(100.최온누리),급여자료입력,원천징수이행상황신고서

1. 사원등록 : 국외근로제공 1.월 100만원 비과세 선택, 추가사항 : 소득세 적용률 100%

기본사항	부양가족명세	추가사항	
1.입사년월일	2018 년 1 월 1 일		
2.내/외국인	1 내국인		
3.외국인국적	KR 대한민국	체류자격	
4.주민구분	1 주민등록번호	주민등록번호	
5.거주구분	1 거주자	6.거주지국코드	
7.국외근로제공	1 (일반) 월 1(	8.단일세율적용	0
10.생산직등여부	0 부	연장근로비과세	0 부

12.소득세 적용률	1	100%

2. 수당등록

⇒ 사원등록에서 국외근로소득 체크한 후 급여자료입력에서 수당등록

No	코드	과세구분	수당명	근로소득유형			월정액	통상임금	사용여부
				유형	코드	한도			
4	1004	과세	월차수당	급여			정기	부	부
5	1005	비과세	식대	식대	P01	(월)200,000	정기	부	여
6	1006	비과세	자가운전보조금	자가운전보조금	H03	(월)200,000	부정기	부	여
7	1007	비과세	야간근로수당	야간근로수당	001	(년)2,400,000	부정기	부	부
8	2001	과세	초과근무수당	급여			정기	부	여
9	2002	비과세	국외근로수당	국외근로 월100만원	M01	(월)1,000,000	정기	부	여

3. 급여자료입력(귀속기간 3월, 지급년월일 3월 31일)

급여항목	금액	공제항목	금액
기본급	5,000,000	국민연금	225,000
식대	150,000	건강보험	175,000
자가운전보조금	300,000	장기요양보험	17,930
초과근무수당	300,000	고용보험	43,600
국외근로수당	1,000,000	소득세(100%)	391,570
		지방소득세	39,150
		농특세	
과 세	5,400,000		
비 과 세	1,350,000	공 제 총 액	892,250
지 급 총 액	6,750,000	차 인 지 급 액	5,857,750

☞ 소득세 등은 자동 계산 되어 집니다.

4. 원천징수이행상황 신고서(귀속기간 3월, 지급기간 3월, 1.정기신고)

원천징수명세및납부세액 | 원천징수이행상황신고서 부표 | 원천징수세액환급신청서 | 기납부세액명세서 | 전월미환급세액 조정명세서 | 차월이월환급세액 승계명세

소득자 소득구분		코드	소득지급		징수세액			당월조정 환급세액	납부세액	
			인원	총지급액	소득세 등	농어촌특별세	가산세		소득세 등	농어촌특별세
근로소득	간이세액	A01	1	6,550,000	391,570					
	중도퇴사	A02								
	일용근로	A03								
	연말정산	A04								
	(분납신청)	A05								
	(납부금액)	A06								
	가 감 계	A10	1	6,550,000	391,570				391,570	

[2] 원천징수이행상황신고서(귀속기간 10월, 지급기간 10월, 1.정기신고)

개인 거주자		가 감 계	A10								
	퇴직소득	연금계좌	A21								
		그 외	A22	1	25,000,000						
		가 감 계	A20	1	25,000,000						
	사	매월징수	A25								

→ 원천징수이행상황신고서상 퇴직소득부분의 '그외(A22)'란에 퇴직소득 금액을 반영하는 것이며 '총지급액'란에는 퇴직연금액 25,000,000원을 '소득세 등'란에는 퇴직소득세가 과세이연되므로 '0'원으로 기재하여 지급월의 다음달 10일까지 제출한다.

☞ A21. 연금계좌란은 금융기관(운용기관)에서 원천징수하는 경우에 기재합니다.

문제 5 세무조정

[1] 고정자산

세무상취득가액(A)		세무상 기초감가상각누계액(B)	
=기말B/S상 취득가액 +즉시상각의제액(당기)	50,000,000	기초B/S상 감가상각누계액 (-) 전기상각부인누계액	23,000,000 (450,000)
50,000,000		22,550,000	
미상각잔액(C=A-B)=27,450,000			
상각범위액(D)	세무상미상각잔액(C) × 상각율(0.451)= 12,379,950		
회사계상상각비(E)	9,000,000원(상각비)		
시부인액(D-E)	**시인액 3,379,950**		

☞기계장치에 대한 수선시 5,000,000원은 소액수선비(600만원 미만)이므로 즉시상각의제규정에서 제외됨.

1. 고정자산등록(1.부품절단기, 취득년월일 2019.01.20., 정률법)

기본등록사항	추가등록사항
1.기초가액	50,000,000
2.전기말상각누계액(-)	23,000,000
3.전기말장부가액	27,000,000
4.당기중 취득 및 당기증가(+)	
5.당기감소(일부양도 · 매각 · 폐기)(-)	
전기말상각누계액(당기감소분)(+)	
6.전기말자본적지출액누계(+)(정액법만)	
7.당기자본적지출액(즉시상각분)(+)	
8.전기말부인누계액(+) (정률만 상각대상에 가산)	450,000
9.전기말의제상각누계액(-)	
10.상각대상금액	27,450,000
11.내용연수/상각률(월수)	5 0.451 (12)
12.상각범위액(한도액)(10X상각율)	12,379,950
13.회사계상액(12)-(7)	9,000,000
14.경비구분	1.500번대/제조
15.당기말감가상각누계액	32,000,000
16.당기말장부가액	18,000,000

2. 미상각자산감가상각조정명세서

입력내용			금액
업종코드/명			
합계표 자산구분		2. 기계장치	
(4)내용연수			5
상각계산의 기초가액	재무상태표 자산가액	(5)기말현재액	50,000,000
		(6)감가상각누계액	32,000,000
		(7)미상각잔액(5)-(6)	18,000,000
	(8)회사계산감가상각비		9,000,000
	(9)자본적지출액		
	(10)전기말의제상각누계액		
	(11)전기말부인누계액		450,000
	(12)가감계((7)+(8)+(9)-(10)+(11))		27,450,000
(13)일반상각률.특별상각률			0.451
상각범위액계산	당기산출 상각액	(14)일반상각액	12,379,950
		(15)특별상각액	
		(16)계((14)+(15))	12,379,950
	취득가액	(17)전기말현재취득가액	50,000,000
		(18)당기회사계산증가액	
		(19)당기자본적지출액	
		(20)계((17)+(18)+(19))	50,000,000
	(21) 잔존가액		2,500,000
	(22) 당기상각시인범위액		12,379,950
(23)회사계상상각액((8)+(9))			9,000,000
(24)차감액 ((23)-(22))			-3,379,950
(25)최저한세적용에따른특별상각부인액			
조정액	(26) 상각부인액 ((24)+(25))		
	(27) 기왕부인액중당기손금추인액		450,000

3. 세무조정

〈손금산입〉 기계장치 전기감가상각비 한도초과액 450,000원 (유보,감소)

[2] 업무무관부동산등에 관련한 차입금이자조정명세서

1. 적수입력(을)

① 업무무관부동산

⇒ <u>저당권의 실행 기타채권을 변제받기 위하여 취득한 선박으로서 3년이 경과하지 않는 선박등은 업무무관자산에서</u> 제외한다.

1.업무무관부동산 | 2.업무무관동산 | 3.가지급금 | 4.가수금 | 5.그밖의 | 불러오기 | 적요수정

	①월일		②적요	③차변	④대변	⑤잔액	⑥일수	⑦적수
1	7	1	취 득	100,000,000		100,000,000	184	18,400,000,000
2								

② 업무무관가지급금

⇒ 월정급여액 범위내의 일시적인 가불금은 제외

1.업무무관부동산 | 2.업무무관동산 | 3.가지급금 | 4.가수금 | 5.그밖의 | 불러오기 | 적요수정

	①월일		②적요	③차변	④대변	⑤잔액	⑥일수	⑦적수
1	1	1	전기이월	50,000,000		50,000,000	365	18,250,000,000

2. 지급이자손금불산입(갑)

① 지급이자 및 차입금 적수계산

⇒ 연지급 수입에 따른 지급이자는 제외한다.

1 2. 지급이자 및 차입금 적수 계산 [연이율 일수 현재: 365일] 단수차이조정 연일수

	(9) 이자율 (%)	(10)지급이자	(11)차입금적수	(12)채권자불분명 사채이자 수령자불분명 사채이자		(15)건설 자금 이자 국조법 14조에 따른 이자		차 감	
				(13)지급이자	(14)차입금적수	(16)지급이자	(17)차입금적수	(18)지급이자 (10-13-16)	(19)차입금적수 (11-14-17)
1	6.00000	3,000,000	18,250,000,000					3,000,000	18,250,000,000
2	5.00000	2,500,000	18,250,000,000					2,500,000	18,250,000,000

② 업무무관부동산 등에 관련한 차입금 지급이자

1.적수입력(을) 2.지급이자 손금불산입(갑)

2 1.업무무관부동산 등에 관련한 차입금 지급이자

①지급 이자	적 수				⑥차입금 (=19)	⑦ ⑤와 ⑥중 적은 금액	⑧손금불산입 지급이자 (①×⑦÷⑥)
	②업무무관 부동산	③업무무관 동산	④가지급금 등	⑤계(②+③+④)			
5,500,000	18,400,000,000		18,250,000,000	36,650,000,000	36,500,000,000	36,500,000,000	5,500,000

3. 세무조정

〈손금불산입〉 업무무관자산지급이자 5,500,000원(기타사외유출)

[3] 퇴직연금부담금조정명세서

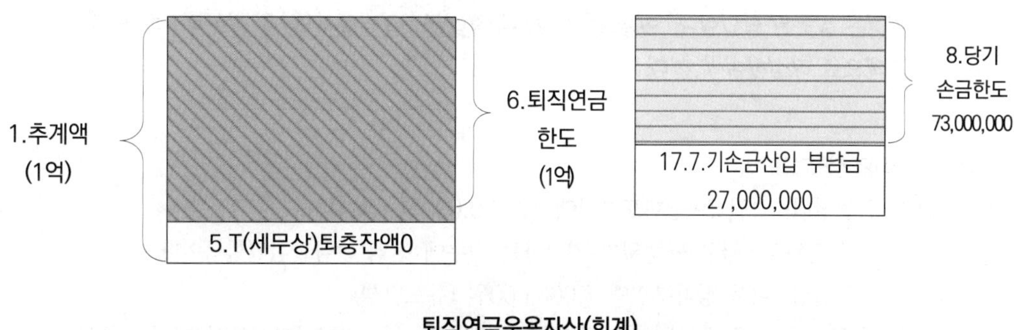

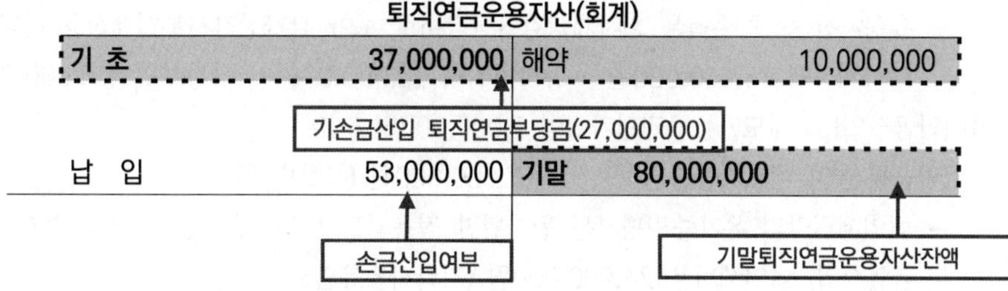

1. 기말퇴직연금예치금등의 계산

2.이미 손금산입한 부담금 등의 계산

1 나.기말 퇴직연금 예치금 등의 계산

19.기초 퇴직연금예치금 등	20.기중 퇴직연금예치금 등 수령 및 해약액	21.당기 퇴직연금예치금 등의 납입액	22.퇴직연금예치금 등 계 (19 - 20 + 21)
37,000,000	10,000,000	53,000,000	80,000,000

2. 손금산입대상 부담금등 계산

2 가.손금산입대상 부담금 등 계산

13.퇴직연금예치금 등 계 (22)	14.기초퇴직연금충당금등 및 전기말 신고조정에 의한 손금산입액	15.퇴직연금충당금등 손금부인 누계액	16.기중퇴직연금등 수령 및 해약액	17.이미 손금산입한 부담금등 (14 - 15 - 16)	18.손금산입대상 부담금 등 (13 - 17)
80,000,000	37,000,000		10,000,000	27,000,000	53,000,000

3. 퇴직연금 등의 부담금 조정

1.퇴직연금 등의 부담금 조정

1.퇴직급여추계액	당기말 현재 퇴직급여충당금				6.퇴직부담금 등 손금산입 누적한도액 (① - ⑤)
	2.장부상 기말잔액	3.확정기여형퇴직연금자의 설정전 기계상된 퇴직급여충당금	4.당기말 부인 누계액	5.차감액 (② - ③ - ④)	
100,000,000					100,000,000
7.이미 손금산입한 부담금 등 (17)	8.손금산입액 한도액 (⑥ - ⑦)	9.손금산입 대상 부담금 등 (18)	10.손금산입범위액 (⑧과 ⑨중 적은 금액)	11.회사 손금 계상액	12.조정금액 (⑩ - ⑪)
27,000,000	73,000,000	53,000,000	53,000,000		53,000,000

4. 세무조정

〈손금불산입〉 퇴직연금해약 10,000,000원(유보감소)

〈손금산입〉 퇴직연금가입 53,000,000원(유보발생)

⇒ 확정답안에 〈손금산입〉 퇴직연금가입 43,000,000원(유보발생)으로 순액의 답안을 제시했는데 이것은 잘못된 답안이다. 이럴 경우 자본금적립금조정명세서(을)을 잘못작성하게 된다. 그러므로 총액으로 작성하여야 한다.

[4] 소득금액조정합계표

(1) [손금불산입] 임원상여금한도초과액 12,000,000원 (상여)

→ 임원상여금은 규정없이 지급하는 경우에 전액 손금불산입항목이다.

(2) [손금불산입] 비품 상각부인액 5,000,000원 (유보발생)

→ 유형자산손상차손액은 회사계상감가상각비로 보아 감가상각시부인계산을 한다.

회사계상액 15,000,000원 - 상각범위액 10,000,000원 = 상각부인액 5,000,000원

(3) [익금산입] 매도가능증권평가이익 7,000,000원 (기타)

[익금불산입] 매도가능증권 7,000,000원 (유보발생)

→ 법인세법상의 유가증권평가는 원가법만 적용되므로 평가손익은 계상될 수가 없다.

(4) [손금불산입] 법인세비용 24,000,000원 (기타사외유출)

→ 법인세비용은 손금불산입항목이다.

[5] 기부금조정명세서

1. 세무조정

〈손금불산입〉 어음기부금 5,000,000원(유보발생)

〈손금불산입〉 대표자 종친회기부금 700,000원(상여)

[확정답안]

"내국법인이 업무와 관계없이 비지정기부금을 지출한 경우 당해 손금불산입하고 기타사외유출로 소득처분하는 것이나~" 기타사외유출도 답안을 제시했음.

〈개정세법 2020〉

종 전	개 정
▢ 기타사외유출 소득처분대상 ○ 법 §24(기부금의 손금불산입)에 따라 익금에 산입한 금액 ※ 법정·지정기부금 한도초과액뿐 아니라 비지정기부금, 기부금 귀속시기 등으로 손금불산입된 금액도 포함되는 것으로 해석될 여지	▢ 기타사외유출 소득처분 대상 기부금범위 명확화 ○ 법 §24에 따라 법정·지정기부금의 손금산입한도액을 초과하여 익금에 산입한 금액

→ 비지정기부금에 대해서 무조건 기타사외유출 처분하지 말라고 개정되었으며, 소득의 귀속을 무조건 법인에게 밝혀내도록 하고 있음. 따라서 상여로 처분하여야 함.

2. 기부금명세서

구분 1.유형	구분 2.코드	3.과목	4.월	4.일	5.적요	기부처 6.법인명등	기부처 7.사업자(주민)번호등	8.금액	비고
l조제2항제1호에	10	기부금	4	15	이재민구호금품			4,000,000	
기타	50	기부금	5	26	대표이사 종친회 기부			700,000	
l조제3항제1호에	40	기부금	10	8	아동복지시설기부			2,500,000	
기타	50	기부금	4	15	이재민구호금품			5,000,000	
9.소계	가. 「법인세법」 제24조제2항제1호에 따른 특례기부금						코드 10	4,000,000	
	나. 「법인세법」 제24조제3항제1호에 따른 일반기부금						코드 40	2,500,000	
	다. 〔조세특례제한법〕 제88조의4제13항의 우리사주조합 기부금						코드 42		
	라.그 밖의 기부금						코드 50	5,700,000	
	계							12,200,000	

3. 소득금액확정

⇒ 가산조정 : 4,500,000 + 어음기부금(5,000,000) + 종친회(700,000) = 10,200,000원

2.소득금액확정 [새로 불러오기] [수정 해제]

1.결산서상 당기순이익	2.익금산입	3.손금산입	4.기부금합계	5.소득금액계(1+2-3+4)
212,000,000	10,200,000	1,500,000	6,500,000	227,200,000

4. 기부금조정명세서

① 기부금이월맥 명세

5 5.기부금 이월액 명세

사업연도	기부금 종류	21.한도초과 손금불산입액	22.기공제액	23.공제가능 잔액(21-22)	24.해당연도 손금추인액	25.차기이월액 (23-24)
합계	「법인세법」 제24조제2항제1호에 따른 특례기부금					
	「법인세법」 제24조제3항제1호에 따른 일반기부금	10,000,000		10,000,000		10,000,000
2019	「법인세법」 제24조제3항제1호에 따른 일반	10,000,000		10,000,000		10,000,000

② 특례기부금 손금산입한도 계산

1 1. 「법인세법」 제24조제2항제1호에 따른 특례기부금 손금산입액 한도액 계산

1.소득금액 계	227,200,000	5.이월잔액 중 손금산입액 MIN[4,23]	
2.법인세법 제13조제1항제1호에 따른 이월 결손금 합계액(기준소득금액의 80% 한도)		6.해당연도지출액 손금산입액 MIN[(④-⑤)>0, ③]	4,000,000
3. 「법인세법」 제24조제2항제1호에 따른 특례기부금 해당 금액	4,000,000	7.한도초과액 [(3-6)>0]	
4.한도액 {[(1-2)〉 0]X50%}	113,600,000	8.소득금액 차감잔액 [(①-②-⑤-⑥)>0]	223,200,000

③ 지정기부금 손금산입한도 계산

3 3. 「법인세법」 제24조제3항제1호에 따른 일반기부금 손금산입 한도액 계산

3. 「법인세법」 제24조제3항제1호에 따른 일반기부금 해당금액	2,500,000	16. 해당연도지출액 손금산입액 MIN[(14-15)>0, 13]	2,500,000
4. 한도액 ((8-11)x10%, 20%)	22,320,000	17. 한도초과액 [(13-16)>0]	
5. 이월잔액 중 손금산입액 MIN(14, 23)	10,000,000		

4 4.기부금 한도초과액 총액

8. 기부금 합계액 (3+9+13)	19. 손금산입 합계 (6+11+16)	20. 한도초과액 합계 (18-19)=(7+12+17)
6,500,000	6,500,000	

④ 기부금이월액 명세(손금추인 10,000,000원 입력)

5 5.기부금 이월액 명세

사업연도	기부금 종류	21.한도초과 손금불산입액	22.기공제액	23.공제가능 잔액(21-22)	24.해당연도 손금추인액	25.차기이월액 (23-24)
합계	「법인세법」 제24조제2항제1호에 따른 특례기부금					
	「법인세법」 제24조제3항제1호에 따른 일반기부금	10,000,000		10,000,000	10,000,000	
2019	「법인세법」 제24조제3항제1호에 따른 일반	10,000,000		10,000,000	10,000,000	

5. 법인세과세표준 및 세액조정계산서

① 각 사업 연도 소득 계산	101.결 산 서 상 당 기 순 손 익		01	212,000,000
	소 득 조 정 금 액	102.익 금 산 입	02	10,200,000
		103.손 금 산 입	03	1,500,000
	104.차 가 감 소득금액 (101+102-103)		04	220,700,000
	105.기 부 금 한 도 초 과 액		05	
	106.기부금 한도초과 이월액 손금산입		54	10,000,000
	107.각사업연도소득금액(104+105-106)		06	210,700,000
②	108.각 사업 연도 소득금액(108=107)			210,700,000

제90회 전산세무 1급

합격율	시험년월
15%	2020.06

이 론

01. 다음 중 재무제표 항목의 표시와 분류에 대한 설명으로 틀린 것은?

① 일반기업회계기준에 의하여 재무제표 항목의 표시와 분류의 변경이 요구되는 경우에는 예외적으로 재무제표 항목의 표시와 분류를 변경할 수 있다.
② 원칙적으로 재무제표의 기간별 비교가능성을 제고하기 위하여 재무제표 항목의 표시와 분류는 매기 동일하여야 한다.
③ 당기에 재무제표 항목의 표시나 분류 방법이 변경되더라도 전기의 항목은 재분류하지 않는다.
④ 사업 결합 또는 사업 중단 등에 의해 영업의 내용이 유의적으로 변경되는 경우에는 예외적으로 재무제표 항목의 표시와 분류를 변경할 수 있다.

02. 일반기업회계기준 상 무형자산으로 인식하기 위한 요건이 아닌 것은?

① 권리의 법적 집행 가능성　② 기업의 통제
③ 식별 가능성　④ 미래 경제적 효익

03. ㈜고양은 20x0년 1월 3일 ㈜민진의 사옥을 신축하기로 계약하였으며 관련 자료는 다음과 같다. ㈜고양의 수익 인식에 진행 기준을 적용할 경우 20x2년에 인식하여야 할 공사이익은 얼마인가?

1. 계약금액 : 150,000,000원
2. 사옥 신축 관련 원가 자료는 다음과 같다.

구 분	20x0년	20x1년	20x2년
당기발생공사원가	20,000,000원	52,000,000원	47,000,000원
추가소요추정원가	80,000,000원	48,000,000원	
공사대금청구액	40,000,000원	60,000,000원	50,000,000원

① 3,000,000원　② 8,000,000원　③ 13,000,000원　④ 39,000,000원

04. 다음은 사채 발행가액에 따른 상각액, 이자비용, 장부가액의 변동이다. 옳은 것은?

번호	구분	상각액	이자비용	장부가액
①	할인발행	매년증가	매년감소	매년증가
②	할증발행	매년증가	매년감소	매년증가
③	할인발행	매년감소	매년증가	매년감소
④	할증발행	매년증가	매년감소	매년감소

05. 다음은 회계변경과 오류수정에 대한 설명이다. 가장 옳지 않은 것은?

① 회계추정의 변경은 소급적으로 처리하여 그 효과를 전기와 그 이전의 기간에 반영한다.
② 매출채권에 대한 대손 설정률을 2%에서 1%로 변경하는 것은 회계추정의 변경으로 본다.
③ 당기에 발견한 전기 또는 그 이전 기간의 중요하지 않은 오류는 당기손익에 반영한다.
④ 회계정책의 변경과 회계추정의 변경을 구분하기가 어려운 경우에는 이를 회계추정의 변경으로 본다.

06. 다음의 원가 행태에 따른 원가 분류에 대한 설명 중 잘못된 것은?

① 원가 행태란 조업도 수준의 변동에 따라 일정한 양상으로 변화하는 원가 발생액의 변동 양상을 말한다.
② 조업도가 증가 또는 감소함에 따라 단위당 변동원가는 증가 또는 감소한다.
③ 특정 범위의 조업도 내에서는 총 원가가 일정하지만 조업도가 특정 범위를 벗어나면 일정액 만큼 증가 또는 감소하는 원가를 준고정원가라 한다.
④ 조업도의 변동에 관계없이 총 원가가 일정하게 발생하는 원가를 고정원가라 한다.

07. ㈜사랑은 제조간접비를 직접 노무 시간으로 예정 배부하고 있다. 당기말 현재 실제 제조간접비 발생액이 3,500,000원이고, 실제 직접 노무 시간이 40,000시간일 때 당기의 제조간접비는 100,000원 과소 배부된다. 이 경우 제조간접비 예정 배부율은 직접 노무 시간당 얼마인가?

① 85원　　② 95원　　③ 110원　　④ 125원

08. 당사는 결합 제품 A, B, C를 생산하고 있으며 결합 원가의 배부에는 순실현가치법을 사용하고 있다. 다음 원가 자료에 의한 결합 원가 총액이 350,000원이라면 C의 결합원가 배부액은 얼마인가?

구분	생산량(단위)	총판매가치(생산량×판매단가/단위)(원)	추가가공원가(원)
A	200	350,000	50,000
B	150	400,000	100,000
C	300	500,000	100,000

① 85,000원 ② 100,000원 ③ 140,000원 ④ 200,000원

09. 다음 중 생산부서의 공장 임차료를 판매관리비로 회계 처리할 경우 발생되는 것으로 틀린 것은? (단, 기말재고자산은 없다.)

① 매출원가가 감소된다. ② 매출총이익이 증가된다.
③ 당기총제조원가가 감소된다. ④ 당기순이익이 감소된다.

10. 표준원가제도 하에서 다음 자료를 참고하여 실제 발생한 노무 시간 및 실제 시간당 임률은 얼마인가?

· 시간당 표준임률 : 5,000원
· 제품단위당 표준시간 : 1시간
· 실제제품생산량 : 2,000개
· 능률차이 : 150,000원(불리)
· 임률(가격)차이 : 609,000원(유리)

	실제노무시간	실제시간당 임률		실제노무시간	실제시간당 임률
①	2,030 시간	5,300원	②	2,030 시간	4,700원
③	1,970 시간	5,300원	④	1,970 시간	4,700원

11. ㈜고양이 임원 및 종업원에게 지급한 상여금 · 퇴직금과 세법상 상여금 · 퇴직금 지급기준은 다음과 같다. 이 경우 필요한 세무조정은?

1. 임원의 상여금 지급 : 30,000,000원(임원상여금 지급기준 한도액 : 20,000,000원)
2. 종업원의 상여금 지급 : 20,000,000원(종업원상여금 지급기준 한도액 : 10,000,000원)
3. 임원의 퇴직금 지급 : 100,000,000원(임원퇴직금 지급기준 한도액 : 90,000,000원)
4. 종업원의 퇴직금 지급 : 50,000,000원(종업원퇴직금 지급기준 한도액 : 40,000,000원)

① 〈손금불산입〉 기준한도초과액 10,000,000원(상여)
② 〈손금불산입〉 기준한도초과액 20,000,000원(상여)
③ 〈손금불산입〉 기준한도초과액 30,000,000원(상여)
④ 〈손금불산입〉 기준한도초과액 40,000,000원(상여)

12. 다음은 법인세법상 내국법인의 각 사업연도 소득 금액과 법인세 과세표준 계산에 대한 설명이다. 가장 틀린 것은?

① 법인세 과세표준은 각 사업연도 소득 금액에서 이월결손금, 비과세소득, 소득공제액을 차례로 공제한 금액으로 한다.

② 2019년 1월 1일 이후 개시하는 사업연도부터 이월결손금에 대한 공제는 각 사업연도 소득의 60%를 한도로 한다.

③ 과세표준을 계산할 때 공제되지 않은 비과세소득 및 소득공제액(최저한세 적용으로 인하여 공제되지 않은 소득공제액 포함)은 다음 사업연도 이후로 이월하여 공제할 수 없다.

④ 중소기업에 해당하는 내국법인은 각 사업연도에 세무상 결손금이 발생한 경우 그 결손금을 소급공제하여 감소되는 직전 사업연도 법인세액을 환급 신청할 수 있다.

13. 다음 중 소득세법상 기타소득의 과세방법이 다른 것은?

① 뇌물, 알선수재 및 배임수재에 의하여 받은 금품

② 연금계좌에서 연금외수령하는 기타소득

③ 복권, 승마투표권, 슬롯머신 등의 당첨금품

④ 서화, 골동품의 양도로 발생하는 소득

14. 다음 중 소득세법상 종합소득공제에 관한 설명으로 가장 옳지 않은 것은?

① 기본공제 대상 판정에 있어서 배우자와 부양가족의 해당 과세기간의 소득 금액은 종합소득금액, 퇴직소득금액, 양도소득금액을 포함한다.

② 거주자 및 배우자의 형제자매는 기본공제대상에 포함될 수 있으나, 형제자매의 배우자는 기본공제대상에 포함하지 않는다.

③ 배우자가 없는 거주자로써 종합소득금액이 3천만원을 초과하는 경우에는 한부모 추가공제를 적용받을 수 없다.

④ 인적공제금액 합계액이 종합소득금액을 초과하는 경우 그 초과하는 공제액은 없는 것으로 한다.

15. 다음의 부가가치세법상 간이과세자에 대한 설명으로 옳지 않은 것은?

① 계속 사업자인 간이과세자의 과세기간은 1월 1일부터 12월 31일까지이며 그 과세기간 종료 후 25일 이내에 신고 및 납부하여야 한다.

② 간이과세자의 해당 과세기간에 대한 공급대가가 4,800만원미만인 경우에는 예정부과 · 납부 및 신고 · 납부 규정에도 불구하고 납부 의무를 면제한다.

③ 간이과세를 포기하고자 하는 자는 일반 과세를 적용받고자 하는 달의 전달 말일까지 간이과세포기 신고서를 제출하여야 한다.

④ 간이과세를 포기한 후 간이과세를 재적용 받고자 하는 자는 3년간 간이과세 적용이 불가능하다.

실 무

㈜수락산업(0900)은 제조 · 도소매업을 영위하는 중소기업이며, 당 회계기간은 20x1. 1. 1. ~ 20x1. 12. 31.이다. 전산세무회계 수험용 프로그램을 이용하여 다음 물음에 답하시오.

문제 1 다음 거래에 대하여 적절한 회계처리를 하시오.(12점)

[1] 3월 30일 미국 애너하임에서 원재료를 수입하면서 인천세관장으로부터 아래와 같은 수입 전자세금계산서를 발급받고 부가가치세와 통관 제비용(관세 500,000원, 통관수수료 150,000원)을 현금으로 지급하였다.(제비용은 미착품 계정을 사용할 것.)(3점)

(청 색)

수입전자세금계산서(수입자 보관용)

세관명			수입자				
	등록번호	121-83-00561		등록번호	308-81-12340		
	상호	인천세관장		상호	(주)수락산업	성 명 (대표자)	김효성
	사업장 주소	인천시 중구 항동7가 1-18		사업장 주소	경기도 과천시 별양로 66-10		
	수입신고번호 또는 일괄발급기간(총건)	1326345698		업 태	제조, 도소매		종사업장번호
				종목	전자부품		

납부			과 세 표 준														세 액											비 고
년	월	일	공란수	조	천	백	십	억	천	백	십	만	천	백	십	일	백	십	억	천	백	십	민	천	백	십	일	
X1	3	30								5	0	0	0	0	0	0						5	0	0	0	0	0	

월	일	품 목	규 격	수 량		공급가액	세 액	비 고
3	30	원재료		1		5,000,000원	500,000원	

※ 과세표준은 관세의 과세가격과 개별소비세, 주세, 교통세 및 농어촌특별세의 합계액으로 한다.

[2] 4월 26일 매출거래처 ㈜마음 구매팀 직원과 ㈜영의정에서 점심 식사를 하고 165,000원(공급대가)을 법인카드(국민카드)로 결제하였다.(3점)

[3] 7월 29일 백두식당으로부터 공장 생산라인 직원들의 야근 식사를 제공받고 다음과 같이 종이세금계산서를 수취하였다. 2기 예정 부가가치세 신고 시 해당 세금계산서를 누락하여 2기 확정 부가가치세 신고서에 반영하려고 한다. 반드시 해당 세금계산서를 2기 확정 부가가치세 신고서에 반영시킬 수 있도록 입력/설정하시오.(3점)

(청 색)

세 금 계 산 서(공급받는자 보관용)

책번호: 권 호
일련번호: -

구분	항목	내용			구분	항목	내용		
공급자	등록번호	113-25-26745			공급받는자	등록번호	308-81-12340		
	상호(법인명)	백두식당	성 명	최백산		상호(법인명)	(주)수락산업	성 명	김효성
	사업장주소	경기도 과천시 별양로				사업장주소	경기도 과천시 별양로 66-10		
	업 태	음 식	종 목	한 식		업 태	제조, 도소매	종 목	전자부품

작성 년	월	일	공란수	공급가액	세액	비고
X1	07	29	3	1500000	150000	

월	일	품목	규격	수량	단가	공급가액	세액	비고
07	29	식대				1,500,000원	150,000원	

합계금액	현금	수표	어음	외상미수금	이 금액을 영수/청구 함
1,650,000원	500,000원			1,150,000원	

[4] 10월 12일 다음은 ㈜수락산업의 20x0년 12월 31일 자본구성을 표시한 것이다. 20x1년 10월 12일 자기주식 200주를 총 1,000,000원에 처분하고 대금은 보통예금으로 수령하였다.(3점)

부분 재무상태표
20x0년 12월 31일

항목		금액
자본금(보통주 10,000주 @5,000원)		50,000,000원
자본잉여금		2,400,000원
주식발행초과금	2,000,000원	
자기주식처분이익	400,000원	
자본조정		(1,200,000원)
자기주식(200주, @6,000원)	1,200,000원	
기타포괄손익누계액		
이익잉여금		400,000,000원
자본총계		451,200,000원

문제 2 **다음 주어진 요구사항에 따라 부가가치세 신고서 및 부속서류를 작성 하시오.(10점)**

[1] 당사의 부가가치세 신고와 관련된 다음의 자료를 토대로 20x1년 제1기 확정 부가가치세 신고서를 작성하시오.(모두 4~6월에 발생한 거래로 가정하고 전표입력은 생략한다.)(6점)

1. 6월 10일 과세사업에 사용하던 기계장치를 면세재화의 생산에 전용하였다. 면세사업에 전용된 기계장치에 대한 내용은 다음과 같다. 당해 기계장치는 매입 시 세금계산서를 수령하였고 매입세액은 전액 공제되었다.
   · 취득일 : 20x0년 6월 25일
   · 취득가액 : 30,000,000원(부가가치세 별도)

2. 다음은 제1기 확정 신고 기간 중 당사의 제품을 전용한 내용이다. 부가가치세 신고서에 반영하시오.

	전용내역	원가	시가
1	거래처 접대목적으로 사용	200,000원	300,000원
2	면세사업에 전용	5,000,000원	7,000,000원
3	업무용 승용차(2,000CC)의 수선에 사용	1,000,000원	2,000,000원
4	서울시에 무상으로 제공	2,000,000원	3,000,000원

   · 전용된 당사의 제품은 매입세액공제를 적용받은 것이며, 부가가치세 과세사업에 해당하는 것이다.
   · 상기 원가와 시가는 공급가액이다.

3. 제품의 직매장 반출액 : 원가 10,000,000원, 시가 15,000,000원이며 적법하게 세금계산서는 발급하였고, 당 사업장은 사업자단위과세 사업자나 총괄납부승인사업자가 아니다.

[2] 다음의 자료에 의하여 ㈜수락산업의 20x1년 제2기 부가가치세 확정 신고 기간에 대한 부동산임대공급가액명세서를 작성하시오.(단, 전표입력은 생략하고, 적용이자율은 3.5%로 가정한다.)(4점)

1. ㈜수락산업의 임대내역

임차인	층/호	사업자등록번호	면적	용도	임대기간	보증금(원)	월세(원)
㈜백두상사	2/1	109-85-39022	150㎡	사무실	20x1.07.01.~20x3.06.30.	200,000,000	3,000,000
한우갈비	2/2	305-11-75265	100㎡	음식점	20x1.11.01.~20x3.10.31.	150,000,000	2,000,000

※ 위의 임대료는 매월 말일 날 받기로 계약하고 전자세금계산서를 발급하고 있다.

문제 3 **다음의 결산정리사항에 대하여 결산정리분개를 하거나 입력을 하여 결산을 완료하시오.(8점)**

[1] 다음은 제2기 부가가치세 확정신고와 관련된 내용이다. 입력된 데이터는 무시하고 아래의 자료를 이용하여 12월 31일 부가가치세 확정신고와 관련된 계정을 정리하는 회계 처리를 하시오.(2점)

1. 합계잔액시산표

합계잔액시산표
20x1년 12월 31일 현재

㈜수락산업 (단위 : 원)

차변		계정과목	대변	
잔액	합계		합계	잔액
		〈자산〉		
3,200,000	3,200,000	미수금		
33,100,000	136,134,000	부가세대급금	103,034,000	
		〈부채〉		
	153,304,000	부가세예수금	196,404,000	43,100,000

2. 기타
- 미수금 계정에는 제2기 부가가치세 예정신고 미환급세액 500,000원이 포함되어 있다.
- 제2기 부가가치세 확정 신고 시 세금계산서 관련 가산세 200,000원이 발생하였다.
- 납부할 세액은 미지급세금으로 환급세액은 미수금으로 처리할 것.

[2] 다음은 당사의 결산일 현재 정기예금 및 장기차입금에 대한 내용이다. 일반기업회계기준에 따라 결산분개를 실시하시오.(단, 이자 계산은 월할 계산으로 하고 1월 미만은 1월로 한다.)(2점)

계정과목	거래처	발생일자	만기일자	금액(원)	연이자율	이자수령(지급)일
정기예금	시민은행	20x1.7.1.	20x2.6.30.	20,000,000	1.5%	20x2. 6. 30.
장기차입금	내마음금고	20x1.10.1.	20x3.9.30.	100,000,000	3%	매년 4월 1일과 10월 1일에 6개월분씩 지급(후지급함)

[3] 당사는 퇴직연금에 가입하고 있으며 12월 31일에 생산부서 직원에 대한 퇴직연금은 확정급여형(DB)으로 가입하고 25,000,000원을 보통예금으로 납입하였고 판매부서 직원에 대한 퇴직연금은 확정기여형(DC)으로 가입하고 13,000,000원을 보통예금으로 납입하였다.(2점)

[4] 회사는 영업권에 대한 상각 기간으로 내용연수 5년, 상각 방법으로 정액법 그리고 표시 방법으로 직접법을 채택하고 있다. 영업권은 20x0년 1월 1일 취득한 것으로 20x0년 기말 잔액이 64,000,000원이었다. 영업권에 대한 상각을 행하시오.(2점)

문제 4 원천징수와 관련된 다음 물음에 답하시오.(10점)

[1] 다음 자료를 이용하여 이미란(사번 : 500번, 사무직, 주민등록번호 : 931111 - 2111111)씨의 원천징수 관련물음에 답하시오.(6점) ☞ 주민등록번호는 모두 올바른 것으로 가정한다.

1. 다음 자료를 이용하여 사원등록을 하시오.
   1) 입사일(최초 취업일) : 20x1년 5월 1일
   2) 4대 보험 모두 적용대상자로써 사원등록에 등록하도록 하며 기준금액은 2,500,000원이다.
   3) 부양가족은 다음과 같다.

관 계	이 름	주민등록번호	비 고
배우자	주세영	871121 - 1812412	소득금액 없음
자 녀	주민세	171211 - 3012417	

   4) 중소기업취업자 소득세 감면을 최대한 적용받고자 신청하였다.
   5) 중소기업취업자 감면은 연말정산 시 일괄 적용하기로 한다.

2. 다음 자료를 이용하여 5월 귀속 급여자료를 입력하고, 원천징수이행상황신고서를 작성하시오.
   1) 급여지급일 : 20x1년 6월 10일
   2) 수당 및 공제

급여	기본급	기타수당	식대
금액	2,100,000원	300,000원	200,000원

공제구분	국민연금	건강보험	장기요양보험	고용보험	대출금	소득세	지방소득세
금액	112,500원	83,370원	8,540원	20,000원	300,000원	16,530원	1,650원

   3) 기타
      · 회사는 구내식당을 운영하지 않고 있으며 별도의 식사 제공은 하지 않는다.
      · 필요한 수당공제항목은 등록한다.
      · 수당항목 중 기타수당은 과세에 해당한다.

[2] 다음은 20x1년 3월 귀속 기타소득 지급내역이다. 자료를 참조하여 기타소득자 등록 및 자료입력을 하시오.(소득자의 세부담이 최소화되도록 처리할 것.)(2점)

> · 기타소득자 : 코드(101), 최국민(890123 - 1546944) · 고용관계 없는 일시적 강연료 : 5,000,000원
> · 지급일 : 20x1년 03월 16일
> · 최국민은 국내에 거주하는 내국인으로 등록한다.
> · 제시된 주민번호는 정확한 것으로 가정한다.

[3] 다음 자료는 20x1년 9월 30일 퇴사한 영업부 최유람에 관한 자료이다. 자료를 이용하여 사원등록내용 수정 및 퇴직소득자료를 입력하고, 퇴직소득원천징수영수증을 작성하시오.(2점)

> · 입사 : 2005년 12월 1일 · 퇴사 : 20x1년 9월 30일
> · 퇴직금 : 74,300,000원(전액 과세)
> · 퇴직사유 : 자발적 퇴직 · 퇴직금 지급일 : 20x1년 10월 10일

문제 5 **알프스전자㈜(0901)은 컴퓨터주변기기를 생산하고 제조 · 도매업을 영위하는 중소기업이며, 당해 사업연도는 20x1.1.1.~20x1.12.31.이다. 법인세무조정메뉴를 이용하여 재무회계 기장자료와 제시된 보충자료에 의하여 당해 사업연도의 세무조정을 하시오.(30점)**
※ 회사선택 시 유의하시오.

[1] 다음 자료를 이용하여 "수입금액조정명세서" 및 "조정후수입금액명세서"를 작성하시오. (6점)

1. 손익계산서상 수입금액

구분	수입금액	업종코드
제품매출	2,400,000,000원	300101
상품매출	1,150,000,000원	515050
임대료수입	120,000,000원	701201

· 제품매출에는 직수출 50,000,000원이 포함되어 있다.
· 상품매출에는 면세수입 150,000,000원이 포함되어 있고, 그 외의 수입금액에는 면세수입이 없다.
· 임대료 수입에는 부가가치세법상 간주임대료 4,200,000원이 포함되어 있지 않다.

2. 당사는 매출거래처에 접대 목적으로 상품(매입원가 5,000,000원, 시가 8,000,000원)을 증여하고, 적정한 회계 처리를 하였다.

3. 부가가치세 신고 내역은 관련 규정에 따라 적법하게 신고하였다.

[2] 다음은 대손충당금 관련 자료이다. 대손충당금 및 대손금조정명세서를 작성하고 필요한 세무조정을 하시오.(단, 세무상 유리한 방향으로 세무조정을 한다.)(6점)

<table>
<tr><td>1. 대손충당금
변동내역</td><td>대손충당금
<table><tr><td>9/10</td><td>외상매출금</td><td>3,000,000원</td><td>1/1</td><td>기초잔액</td><td>25,000,000원</td></tr><tr><td>12/31</td><td>기말잔액</td><td>30,000,000원</td><td>12/31</td><td>대손상각비</td><td>8,000,000원</td></tr><tr><td></td><td></td><td>33,000,000원</td><td></td><td></td><td>33,000,000원</td></tr></table></td></tr>
<tr><td>2. 대손발생
내역</td><td>· 9/10 : 당기 대손처리한 3,000,000원은 채무자 파산 종결에 따른 회수불가능액으로 확인된 채권(외상매출금)
· 당기 중 소멸시효 완성된 외상매출금이 6,000,000원이 있고 신고조정으로 손금산입하기로 한다.</td></tr>
<tr><td>3. 대손충당금
설정대상 채권내역</td><td>· 전기 말 외상매출금 잔액 : 2,100,000,000원
· 당기 말 외상매출금 장부가액 : 1,100,000,000원</td></tr>
<tr><td>4. 전기말 자본금과
적립금 조정명
세서(을)</td><td>· 대손충당금 한도초과액 : 5,000,000원</td></tr>
</table>

[3] 당 회사는 전기 3월 30일에 제품을 USD 3,000에 외상으로 매출하고 당기 말 현재 회수하지 못한 상태이다. 다음 자료에 따라 당기 외화자산등평가차손익조정명세서를 작성하고 세무조정사항이 있는 경우 소득금액조정합계표에 반영하시오.(6점)

1. 알프스전자㈜는 기말 현재 매매기준율 등으로 평가하는 방법으로 관할세무서장에게 신고하였으나, 회사는 매년 외화자산 및 부채에 대해 기말 평가에 관한 회계 처리를 하지 않고 있다. 전기 세무조정은 법인세법상 적절하게 실시하였다.

2. 환율자료(기말 환율은 매매기준율에 따름)는 다음과 같다.
   · 전기 3월 30일 : ₩1,100/$　　· 전기 말 : ₩1,300/$　　· 당기 말 : ₩1,200/$

[4] 다음은 손익계산서 및 제조원가명세서상 세금과공과로 비용 계상된 자료들이다. 관련 세무조정을 하고 세금과공과금명세서를 작성하시오. (단, 반드시 모든 내용을 세금과공과금명세서에 입력하고 손금불산입 표시를 표시하라)(6점)

계정과목	날짜	내용	금액	기타
세금과공과 (손익계산서)	4월 1일	취득세	6,500,000원	토지의 취득에 따른 취득세
	5월 1일	부가가치세	2,000,000원	세금계산서 불분명 매입세액
	6월 1일	부가가치세	700,000원	기업업무추진비 관련 매입세액
	12월 31일	간주임대료	420,000원	간주임대료에 대한 부가가치세
세금과공과 (제조원가 명세서)	10월 30일	회비	3,000,000원	주무관청에 등록된 단체 회비로서 특별회비 1,000,000원 포함
	11월 1일	지체상금	2,000,000원	거래처에 대한 납품을 지연하고 부담한 금액
	11월 10일	부담금	10,000,000원	폐수배출부담금
	12월 10일	산재보험료	1,500,000원	납부 지체에 따른 연체료

[5] 다음의 자료를 이용하여 소득금액조정합계표를 완성하시오.(6점)

재무상태표 및 손익계산서에는 다음과 같은 계정과목이 포함되어 있으며 기업회계기준에 따라 정확하게 회계 처리 되었다.

· 기업업무추진비 : 한도초과액 28,000,000원
· 국고보조금 : 정부로부터 국고보조금 30,000,000원을 지원받고 자본조정 계정으로 회계처리함. 이 국고보조금은 상환의무가 없고 일시상각충당금이나 압축기장충당금의 설정 대상이 아니다.
· 전기오류수정이익 : 전기 법인세 과다납부로 환급 받은 금액 4,000,000원이 포함되어 있으며, 영업외수익으로 처리하였다.

제90회 전산세무1급 답안 및 해설

이 론

1	2	3	4	5	6	7	8	9	10	11	12	13	14	15
③	①	③	④	①	②	①	③	④	②	②	②	①	③	④

01. 재무제표 항목의 **표시나 분류방법이 변경**되는 경우에는 **당기와 비교하기 위하여 전기의 항목을 재분류한다.**

02. 권리의 법적 집행가능성은 무형자산으로 인식하기 위한 요건은 아니다.

03.

	20x1년	20x2년
누적공사원가(A)	72,000,000	119,000,000
총추정공사원가(B)	120,000,000	119,000,000
누적진행율(A/B)	60%	100%
당기공사수익(C)	-	150,000,000×(1－0.6)＝60,000,000
당기공사원가(D)	-	47,000,000
당기공사이익(C－D)	-	**13,000,000**

04. 사채를 유효이자율법에 따라 상각하는 경우, **할인발행과 할증발행 여부와 관계없이 상각액은 매년 증가**한다. 사채를 할인발행하는 경우 이자비용은 매년 증가하는 반면, 할증발행하면 이자비용은 매년 감소한다. 사채의 장부가액은 할인발행하는 경우 매년 증가하고, 할증발행하는 경우 매년 감소한다.

번호	구분	상각액	이자비용	장부가액
①	할인발행	매년증가	***매년증가***	매년증가
②	할증발행	매년증가	매년감소	***매년감소***
③	할인발행	***매년증가***	매년증가	***매년증가***

05. **회계추정의 변경은 전진적으로 처리**하며 그 효과를 당기와 당기 이후의 기간에 반영한다.

06. 단위당 변동원가는 조업도의 변동에 관계없이 일정하다.

07.

제조간접비

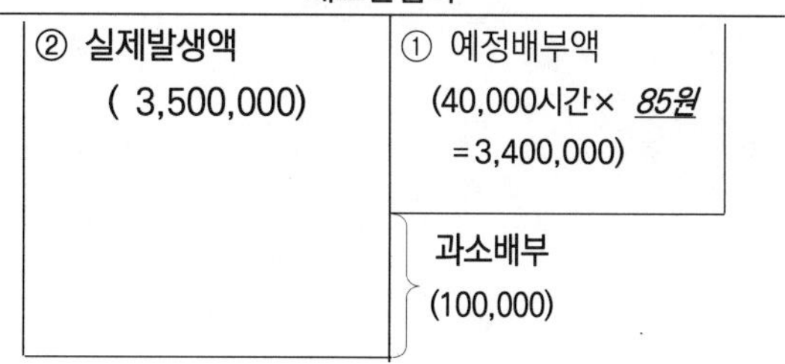

08. C의 결합원가배부액 = 140,000원

제품	생산량	판매가액(A)	추가가공원가(B)	순실현가치(A - B)	배부액
A	200	350,000	50,000	300,000	105,000
B	150	400,000	100,000	300,000	105,000
C	300	500,000	100,000	400,000(40%)	**140,000**
합계	650	1,250,000	250,000	1,000,000	350,000

09. **기말재고자산이 없다**는 것은 모두 판매되었다고 보므로 **판관비를 처리하든 제조경비를 처리하든 당기순이익에는 변동없다.**

10.

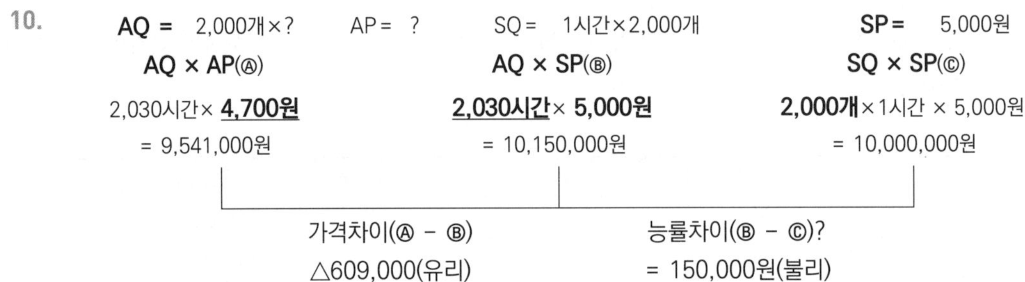

11. 임원상여금과 임원퇴직금 한도초과액에 대해서 세무조정을 한다. 종업원에 대해서 상여금이나 퇴직금에 대해서 한도는 없다.

12. **이월결손금공제는 각 사업연도 소득금액의 80%를 한도**로 한다. 다만, 중소기업과 회생계획을 이행중인 기업 등은 100%를 한도로 이월결손금 공제할 수 있다.

13. ① 무조건 종합과세, 원천징수 대상 아님, ②③④는 무조건 분리과세, 원천징수 대상임.

14. **한부모 추가공제는 소득금액의 제한이 없다.**

15. **간이과세를 포기한 후 간이과세 포기의 철회가 가능**하다.

실 무

문제 1 전표입력

문항	일자	유형	공급가액	부가세	거래처	전자세금
[1]	3/30	55.수입	5,000,000	500,000	인천세관장	여
분개유형	(차) 부가세대급금		500,000	(대) 현금		1,150,000
혼합	미착품		650,000			

[2] 4월 26일 일반전표입력

(차) 기업업무추진비(판) 165,000원 (대) 미지급금(국민카드) 165,000원

문항	일자	유형	공급가액	부가세	거래처	전자세금
[3]	7/29	51.과세	1,500,000	150,000	백두식당	부
		F11간편집계→SF5 예정누락분→확정신고 개시년월 20x1년 10월 입력→확인(Tab)				
분개유형	(차) 복리후생비(제)		1,500,000	(대) 현금		500,000
혼합	부가세대급금		150,000	미지급금		1,150,000

[4] 10월 12일 일반전표입력

(차) 보통예금 1,000,000원 (대) 자기주식 1,200,000원
자기주식처분이익 200,000원

문제 2 부가가치세

[1] 확정신고서(4~6월)

(1)과세표준

① 면세전용 과세표준(기타) : 30,000,000원 × (1 - 25%×2기) = 15,000,000원

② 타계정대체(기타) : 300,000원(거래처 접대목적으로 사용) + 7,000,000원(면세사업에 전용) + 2,000,000원(업무용 승용차 수선에 사용) = 9,300,000원

→ 지방자치단체(서울시)에 무상 기부한 것은 면세에 해당한다.

③직매장반출액 : 10,000,000원(세금계산서 발급)

구분				정기신고금액		
				금액	세율	세액
과세표준및매출세액	과세	세금계산서발급분	1	10,000,000	10/100	1,000,000
		매입자발행세금계산서	2		10/100	
		신용카드 · 현금영수증발행분	3		10/100	
		기타(정규영수증외매출분)	4	24,300,000		2,430,000
	영세	세금계산서발급분	5		0/100	
		기타	6		0/100	
	예정신고누락분		7			
	대손세액가감		8			
	합계		9	34,300,000	㉮	3,430,000

[2] 부동산임대공급가액명세서(10~12월)(적용이자율 3.5%)

상호	층	호	면적	용도	임대기간	보증금	월세	간주임대료
㈜백두상사	2	1	150	사무실	20x1.07.01. ~20x3.06.30.	200,000,000	3,000,000	1,764,383
한우갈비	2	2	100	음식점	20x1.11.01.~ 20x3.10.31.	150,000,000	2,000,000	877,397
과세표준합계							13,000,000	2,641,780

문제 3 결산

[1] [수동결산]

(차) 부가세예수금	43,100,000	(대) 부가세대급금	33,100,000
세금과공과금(판)	200,000	미수금	500,000
또는 잡손실		미지급세금	9,700,000

[2] [수동결산]

(차) 미수수익	150,000	(대) 이자수익	150,000
이자비용	750,000	미지급비용	750,000

☞ 미수수익 : 20,000,000원×1.5%×6/12 = 150,000원
미지급비용 : 100,000,000원×3%×3/12 = 750,000원

[3] [수동결산]

(차) 퇴직연금운용자산	25,000,000	(대) 보통예금	38,000,000
퇴직급여(판)	13,000,000		

[4] [수동/자동결산]

(차) 무형자산상각비	16,000,000	(대) 영업권	16,000,000

☞ 상각비 = 장부가액/잔여내용연수 = 64,000,000÷(5년 – 1년) = 16,000,000원

문제 4 원천징수

[1] 사원등록 및 급여자료, 원천징수이행상황신고서(이미란)

1. 사원등록

(1) 기본사항(500.이미란. 931111-2111111)

1.입사년월일	2025 년 5 월 1 일		
2.내/외국인	1 내국인		
3.외국인국적	KR 대한민국	체류자격	
4.주민구분	1 주민등록번호	주민등록번호	931111-2111111
5.거주구분	1 거주자	6.거주지국코드	KR 대한민국
7.국외근로제공	0 부	8.단일세율적용 0 부	9.외국법인 파견근로자 0 부
10.생산직등여부	0 부	연장근로비과세 0 부	전년도총급여
11.주소			
12.국민연금보수월액	2,500,000	국민연금납부액	112,500
13.건강보험보수월액	2,500,000	건강보험산정기준	1 보수월액기준
건강보험료경감	0 부	건강보험납부액	88,620
장기요양보험적용	1 여 11,470	건강보험증번호	
14.고용보험적용	1 여	65세이상 0 부	(대표자 여부 0 부)
고용보험보수월액	2,500,000	고용보험납부액	22,500
15.산재보험적용	1 여		

(2) 부양가족명세

관계	요건		기본공제	추가(자녀)	판단
	연령	소득			
본인(여)	-	-	○	부녀자	☞**배우자가 있는 여성이나 종합소득금액이 불분명하므로 부녀자공제여부는 채점대상에서 제외됨.**
배우자	-	○	○		
자녀(8)	○	○	○	자녀	

(3) 추가사항

11.감면여부	1 중소기업취업감면	나이(만)	32 세
감면기간	2025-05-01 ~ 2030-05-30	감면율 4 90 %	감면입력 2 연말입력

감면기간	**대상자가 청년(15세이상 34세이하)일 경우 5년 이외는 3년을 입력한다.**
감면율	**청년의 경우 90%, 이외는 70%**를 선택한다.
감면기간 종료일	**시작일로부터 5년이 속하는 달의 말일**

2. 5월 급여자료입력 및 원천징수이행상황신고서 작성

(1) 수당등록(기타수당) 및 공제등록(대출금)

No	코드	과세구분	수당명	근로소득유형			월정액	통상임금	사용여부
				유형	코드	한도			
6	1006	비과세	자가운전보조금	자가운전보조금	H03	(월)200,000	부정기	부	여
7	1007	비과세	야간근로수당	야간근로수당	001	(년)2,400,000	부정기	부	여
8	2001	과세	기타수당	급여			정기	부	여

수당등록 공제등록

No	코드	공제항목명	공제소득유형	사용여부
2	5002	건강보험	고정항목	여
3	5003	장기요양보험	고정항목	여
4	5004	고용보험	고정항목	여
5	5005	학자금상환	고정항목	여
6	6001	대출금	대출	여

(2) 급여자료 입력(귀속년월 5월 지급일 6월 10일)

급여항목	금액	공제항목	금액
기본급	2,100,000	국민연금	112,500
상여		건강보험	83,370
직책수당		장기요양보험	8,540
월차수당		고용보험	20,000
식대	200,000	대출금	300,000
자가운전보조금		소득세(100%)	16,530
야간근로수당		지방소득세	1,650
기타수당	300,000	농특세	
과세	2,400,000		
비과세	200,000	공제총액	542,590
지급총액	2,600,000	차인지급액	2,057,410

(3) 원천징수이행상황신고서(귀속기간 : 5월, 지급기간 : 6월, 1.정기신고)

소득자 소득구분		코드	소득지급		징수세액			당월조정 환급세액	납부세액	
			인원	총지급액	소득세 등	농어촌특별세	가산세		소득세 등	농어촌특별세
	간이세액	A01	1	2,600,000	16,530					
	중도퇴사	A02								

[2] 기타소득 입력

1. 기타소득자 등록(101.최국민)

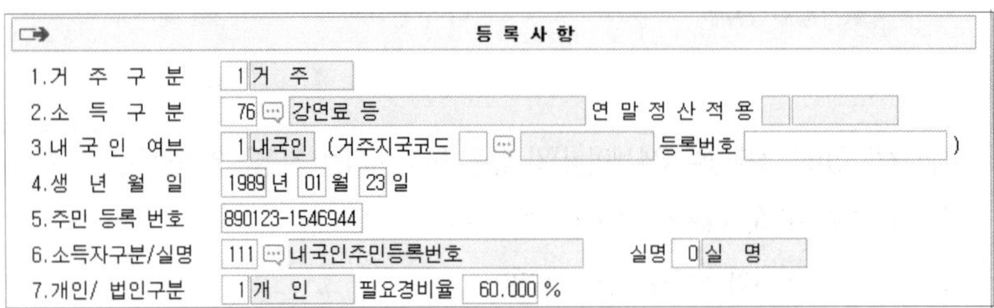

등록사항

1.거주구분	1 거주
2.소득구분	76 강연료 등 / 연말정산적용
3.내국인 여부	1 내국인 (거주지국코드 / 등록번호)
4.생년월일	1989 년 01 월 23 일
5.주민 등록 번호	890123-1546944
6.소득자구분/실명	111 내국인주민등록번호 / 실명 0 실 명
7.개인/ 법인구분	1 개 인 / 필요경비율 60.000 %

2. 기타소득자 자료입력(지급년월일 3월 16일)

소 득 자 내 역

1.거 주 구 분	1 거 주	
2.소 득 구 분	76 강연료 등	연 말 정 산 적 용
3.내 국 인 여부	1 내국인 (거주지국코드	등록번호)
4.주민 등록 번호	890123-1546944	
5.개인/ 법인구분	1 개 인	필요경비율 60 %

지급 및 계산내역

1.지 급(영 수) 일 자	20X1 년 03 월 16 일	
2.귀 속 년 월	20X1 년 03 월	
3.지 급 총 액	5,000,000	
4.필 요 경 비	3,000,000	
5.소 득 금 액	2,000,000	
6.세 율(%)	20 %	7.세액감면및제한세율근거
8.기타소득(법인)세액	400,000	
9.지 방 소 득 세	40,000	

[3] 퇴직소득(최유람)

1. 사원등록(퇴사일 입력 : 20x1년 9월 30일)

2. 퇴직소득자료입력(지급년월 10월, 소득자 구분 : 1. 근로, 지급일(영수일) 10월10일, 퇴직사유 : 자발적퇴직)

	중 간 지 급 등		최 종	
근 무 처 명			(주)수락산업-로그인	
등록번호/퇴직사유	___-__-_____		308-81-12340	자발적 퇴직
기 산 일/입 사 일	____/__/__	____/__/__	2005/12/01	2005/12/01
퇴 사 일/지 급 일	____/__/__	____/__/__	2025/09/30	2025/10/10
근 속 월 수			238	
제 외 월 수				
가 산 월 수				
과 세 퇴 직 급 여			74,300,000	

☞ 소득세 등은 자동 계산되어 집니다.

3. 퇴직소득원천징수영수증(지급년월 10월) 조회만 하시면 됩니다.

문제 5 세무조정

[1] 수입금액 및 조정후수입금액명세서

1. 수입금액조정명세서

수입금액조정계산 | 작업진행률에 의한 수입금액 | 중소기업 등 수입금액 인식기준 적용특례에 의한 수입금액 | 기타수입금액조정

1 1.수입금액 조정계산

	계정과목		③결산서상 수입금액	조정		⑥조정후 수입금액 (③+④-⑤)	비 고
	①항 목	②계정과목		④가 산	⑤차 감		
1	매 출	제품매출	2,400,000,000			2,400,000,000	
2	매 출	상품매출	1,150,000,000			1,150,000,000	
3	매 출	임대료수입	120,000,000			120,000,000	
4		1.매 출 2.영업외수익					

2. 조정후수입금액명세서

① 업종별 수입금액명세서

1 1.업종별 수입금액명세서

①업 태	②종 목	순번	③기준(단순) 경비율번호	수입금액				
				수입금액계정조회	내 수 판 매		⑦수 출 (영세율대상)
				④계(⑤+⑥+⑦)	⑤국내생산품	⑥수입상품	
제조,도매, 부동(	컴퓨터주변기기, 임대	01	300101	2,400,000,000	2,350,000,000		50,000,000
도매및 상품중개(	도매 및 소매업 / 컴퓨	02	515050	1,150,000,000	1,150,000,000		
부동산업	부동산업 / 비주거용	03	701201	120,000,000	120,000,000		
		04					

② 과세표준과 수입금액 차액검토

업종별 수입금액 명세서 | 과세표준과 수입금액 차액검토

2 2.부가가치세 과세표준과 수입금액 차액 검토 　부가가치세 신고 내역보기

(1) 부가가치세 과세표준과 수입금액 차액

⑧과세(일반)	⑨과세(영세율)	⑩면세수입금액	⑪합계(⑧+⑨+⑩)	⑫조정후수입금액	⑬차액(⑪-⑫)
3,482,200,000	50,000,000	150,000,000	3,682,200,000	3,670,000,000	12,200,000

(2) 수입금액과의 차액내역(부가세과표에 포함되어 있으면 +금액, 포함되지 않았으면 -금액 처리)

⑭구 분	코드	(16)금 액	비 고	⑭구 분	코드	(16)금 액	비 고
자가공급(면세전용등)	21			거래(공급)시기차이감액	30		
사업상증여(접대제공)	22	8,000,000		주세 · 개별소비세	31		
개인적공급(개인적사용)	23			매출누락	32		
간주임대료	24	4,200,000			33		
자산 고정자산매각액	25				34		
매각 그밖의자산매각액(부산물)	26				35		
폐업시 잔존재고재화	27				36		
작업진행률 차이	28				37		
거래(공급)시기차이가산	29			(17)차 액 계	50	12,200,000	
				(13)차액과(17)차액계의차이금액			

[2] 대손충당금 및 대손금조정명세서

1. 대손금 세무조정

〈손금산입〉 소멸시효 완성 외상매출금(신고조정) 6,000,000원 (유보발생)

1 2. 대손금조정 (크게)

	22. 일자	23. 계정과목	24. 채권내역	25. 대손사유	26. 금액	대손충당금상계액 27. 계	28. 시인액	29. 부인액	당기손금계상액 30. 계	31. 시인액	32. 부인액
1	09.10	외상매출금	1.매출채권	1.파산	3,000,000	3,000,000	3,000,000				
2											

2. 채권잔액

2 채권잔액 (크게)

	16. 계정과목	17. 채권잔액의 장부가액	18. 기말현재대손금부인누계 전기	18. 기말현재대손금부인누계 당기	19. 합계 (17+18)	20. 충당금설정제외채권 (할인, 배서, 특수채권)	21. 채 권 잔 액 (19-20)
1	외상매출금	1,100,000,000		-6,000,000	1,094,000,000		1,094,000,000
2							

⇒ 당기 신고조정으로 손금산입한 -6,000,000원을 입력한다.

3. 대손충당금 조정

대손충당금(외상매출금)

	대손	3,000,000 (시인액)	기 초	25,000,000 (유보 5,000,000)	← 8.기초충당금 / ← 10.충당금부인
12.(기말잔액 – 설정액) →	기말잔액	30,000,000	설 정	8,000,000	← 4.당기계상액
	계	33,000,000	계	33,000,000	

대손실적률 계산 = (3,000,000원 + 6,000,000원) ÷ (2,100,000,000원) = 0.42%

대손설정율 = MAX{0.42%, 1%} = 1%

3 1.대손충당금조정

손금산입액 조정	1. 채권잔액 (21의금액)	2. 설정률(%) ◉ 기본율	◎ 실적율	◎ 적립기준	3. 한도액 (1×2)	회사계상액 4. 당기계상액	5. 보충액	6. 계	7. 한도초과액 (6-3)
	1,094,000,000	1			10,940,000	8,000,000	22,000,000	30,000,000	19,060,000

익금산입액 조정	8. 장부상 충당금기초잔액	9. 기중 충당금환입액	10. 충당금부인 누계액	11. 당기대손금 상계액(27의금액)	12. 충당금보충액 (충당금장부잔액)	13. 환입할금액 (8-9-10-11-12)	14. 회사환입액 (회사기말환입)	15. 과소환입 · 과다 환입(△)(13-14)
	25,000,000		5,000,000	3,000,000	22,000,000	-5,000,000		-5,000,000

4. 대손충당금 세무조정

〈손금산입〉 전기 대손충당금 한도초과분 5,000,000원 (유보감소)

〈손금불산입〉 대손충당금한도초과액 19,060,000원 (유보발생)

[3] 외화자산등평가차손익조정명세서

계정과목	전기말 기준환율	외화금액 ($)	장부상 평가금액	장부상 평가손익 (A)	세무상 평가환율	세무상 평가금액	세무상 평가손익 (B)	차이 (B - A)
외상매출금	1,300	3,000	3,900,000	0	1,200	3,600,000	-300,000	-300,000
회계상 손익금계상액				**0**	**세무상손익**		**-300,000**	

외화자산,부채의평가(을지) | 통화선도,스왑,환변동보험의평가(을지) | 환율조정차,대등(갑지)

	②외화종류(자산)	③외화금액	④장부가액		⑦평가금액		⑩평가손익
			⑤적용환율	⑥원화금액	⑧적용환율	⑨원화금액	자 산(⑨-⑥)
1	USD	3,000.00	1,300.0000	3,900,000	1,200.0000	3,600,000	-300,000
2							

〈손금산입〉 외상매출금 전기 외화환산이익 300,000원 (유보감소)

[4] 세금과공과금 명세서

□	코드	계정과목	월	일	거래내용	코드	지급처	금 액	손금불산입표시
□	0817	세금과공과금	4	1	토지취득에 따른 취득세납부			6,500,000	손금불산입
□	0817	세금과공과금	5	1	세금계산서불분명매입세액			2,000,000	손금불산입
□	0817	세금과공과금	6	1	접대비관련매입세액			700,000	
□	0517	세금과공과금	10	30	특별회비			1,000,000	손금불산입
□	0517	세금과공과금	11	1	납품지연지체상금			2,000,000	
□	0517	세금과공과금	11	10	폐수배출부담금			10,000,000	손금불산입
□	0517	세금과공과금	12	10	산재보험료 연체료			1,500,000	
□	0817	세금과공과금	12	31	부동산 간주임대료			420,000	
□	0517	세금과공과금	10	30	특별회비			2,000,000	
					손 금 불 산 입 계			19,500,000	
					합 계			26,120,000	

☞ 특별회비 중 1,000,000원은 손금불산입 2,000,000원은 손금으로 직접 분류 입력

〈손금불산입〉 취득세 6,500,000원 (유보발생)

〈손금불산입〉 불분명매입세액 2,000,000원 (기타사외유출 또는 상여)

☞ <u>매입세액에 대해서 국가에 귀속(매출자가 납세)되었다면 기타사외유출로 하고 이외의 경우에는 상여처분한다.</u>

〈손금불산입〉 폐수배출부담금 10,000,000원 (기타사외유출)

〈손금불산입〉 특별회비 1,000,000원 (기타사외유출)

[5] 소득금액조정합계표

[손금불산입] 기업업무추진비한도초과 28,000,000원 (기타사외유출)

[익금산입] 국고보조금 30,000,000원 (기타)

[익금불산입] 전기오류수정이익 4,000,000원(기타)

저 자 약 력

■ **김영철 세무사**

- 고려대학교 공과대학 산업공학과
- 한국방송통신대학 경영대학원 회계 · 세무전공
- (전)POSCO 광양제철소 생산관리부
- (전)삼성 SDI 천안(사) 경리/관리과장
- (전)강원랜드 회계팀장
- (전)코스닥상장법인CFO(ERP. ISO추진팀장)
- (전)농업진흥청/농어촌공사/소상공인지원센타 세법 · 회계강사

로그인 전산세무 1급 핵심요약 및 기출문제집

12판발행 : 2025년 2월 18일
저자 : 김 영 철
발행인 : 허 병 관
발행처 : 도서출판 어울림
주소 : 서울시 영등포구 양산로 57-5, 1301호 (양평동3가)
전화 : 02-2232-8607, 8602
팩스 : 02-2232-8608
등록 : 제2-4071호
Homepage : http://www.aubook.co.kr

저자와의 협의하에 인지생략

ISBN 978-89-6239-967-7 13320 정 가 : 30,000원